6907

AF797969

राजनीति शास्त्र का इतिहास

राजनीति शास्त्र का इतिहास

शालिनी वाधवा

arjun
अर्जुन पब्लिशिंग हाउस

राजनीति शास्त्र का इतिहास

© सर्वाधिकार स्वरक्षित

प्रथम संस्करण, 2003

ISBN 81-88775-17-7

प्रकाशक :

अर्जुन पब्लिशिंग हाऊस

4831/24, प्रह्लाद गली,

अंसारी रोड, दरियागंज,

नई दिल्ली—110002

फोन : 23272541, 23257835

फैक्स : 91-011-23257835

e-mail : campusbooks@hotmail.com

टाइपसेटिंग :

अर्जुन कम्प्यूटर्स

दिल्ली—110051

प्रिन्टर्स :

रोशन ऑफसेट प्रिंटर्स

दिल्ली

भूमिका

राजनीति शास्त्र भी इतना ही पुराना है जितना कि मानव जाति व मानव सभ्यता का इतिहास है। परन्तु राजनीति शास्त्र सुकरात, अरिस्टोटल व प्लेटो से आरम्भ किया जाता है तथा हॉब्स, लॉक और रूसो से लेकर वर्तमान राजनीति शास्त्र के नीतिज्ञों से जोड़ा जाता है।

राजनीति शास्त्र का इतिहास बहुत विस्तृत है क्योंकि प्रत्येक काल में बहुत राजनीतिज्ञ हुए हैं। समसामयिक काल में राजनीति शास्त्र मार्क्स पर आकर ठहर सा जाता है क्योंकि विश्व की राजनीति कार्ल मार्क्स के सिद्धान्तों से बहुत प्रभावित हुई है और बहुत से देशों में विशेषकर रूस और चीन में मार्क्सवाद इन्हीं सब पक्षों को इस पुस्तक में उभारा गया है।

राजनीति शास्त्र के विद्यार्थी की सबसे बड़ी समस्या यह रहती है कि वह किसी एक विचारक के निर्णयों और विचारों, निदानों और सुझावों को अंधे-श्रद्धालु की भाँति स्वीकार कर लेने में असमर्थ होता है। दूसरी ओर स्थिति यह है कि प्रत्येक राजनीतिक विचारक यही समझता है कि जो कुछ उसने किसी समस्या पर लिख दिया है- वही अंतिम शब्द है। इन दोनों दृष्टियों में आकाश-पाताल का अन्तर है। इस परिप्रेक्ष्य में यह पुस्तक इन भ्रांतियों को दूर करने का प्रयास किया है।

पुस्तक की भाषा सरल और विषय के प्रतिपादन की शैली काफी दिलचस्प है। इस दृष्टि से राजनीति शास्त्र के छात्रों और अध्यापकों के अलावा इसको वे लोग भी पढ़ सकते हैं जो राजनीति शास्त्र के इतिहास के सन्दर्भ में एवं देश के सामाजिक-आर्थिक एवं राजनीतिक विकास में दिलचस्पी रखते हैं।

शालिनी वाधवा

विषय-सूची

	भूमिका	*v*
अध्याय		**पृष्ठ**
1.	राजदर्शन का जन्म और विकास	1
2.	यूनान में राजदर्शन का विकास	16
3.	प्लेटो के पूर्ववर्ती विचारक	28
4.	प्लेटो	41
5.	अरस्तू और उसके उत्तराधिकारी	69
6.	यूनानी विचारों के अनुदाय तथा उनका प्रभाव	91
7.	रोम की राजनीतिक विचारधारा और उसके विचारक	97
8.	मध्ययुग का पूर्वावलोकन	114
9.	ईसा तथा उसके अनुयायी	131
10.	पोपशाही और पवित्र रोमन साम्राज्य का जन्म	147
11.	मध्ययुग में सामन्तवाद	158
12.	धर्मसत्ता और राजसत्ता का द्वन्द (1)	188
13.	धर्मसत्ता और राजसत्ता का द्वन्द (2)	213
14.	मध्य युग की समाप्ति	242
15.	मैकियावली	265
16.	सुधारवादी आन्दोलन का युग	292
17.	सुधारवादी आन्दोलन की प्रतिक्रिया और राजतंत्र विरोधी प्रवृत्तियाँ	311
18.	जीन बोदाँ और ह्यूगो ग्रोशस	322

19. इंग्लैण्ड में राजदर्शन का विकास 344

20. हॉब्स और लॉक 365

21. सत्रहवीं शताब्दी के यूरोपियन विचारक 395

22. मॉण्टेस्क्यू और उसके कुछ पूर्ववर्ती विचारक 404

अध्याय—1

राजदर्शन का जन्म और विकास

राजदर्शन का जन्म और विकास, राजदर्शन के भेद और उपभेद, पौर्वात्य राजदर्शन का सिंहावलोकन, पौर्वात्य राजदर्शन का साहित्य, उपसंहार।

जिस प्रकार हम किसी भी विषय के लिए यह नहीं कर सकते कि अमुक शास्त्र या विद्या का जन्म अमुक सन् या सम्वत् में हुआ उसी प्रकार राजदर्शन के लिए भी यह नहीं कहा जा सकता कि उसका जन्म कब और किस तिथि को हुआ। उसकी उत्पत्ति का पता केवल प्राचीनतम मानव-प्रवृत्तियों के मूल से ही लगाया जा सकता है।

राजदर्शन का जन्म कैसे हुआ ?

यह कहने की तो आवश्यकता ही प्रतीत नहीं होती कि मानव-वृत्तियों की रचना और उनका निर्माण तथा विकास भौगोलिक वातावरण पर निर्भर करता है; यह मानवीय प्रवृत्तियाँ समाज की विभिन्न आवश्यकताओं को जन्म देती हैं। आवश्यकताओं से मानव-संस्थानों या सामाजिक-संस्थानों की सृष्टि होती है। राजनीति संस्थानों का स्वरूप कुछ सामाजिक संस्थानों का ही विकसित रूप है। उदाहरण के लिए राज्य को ही लीजिये। यह क्या है ? इसकी आवश्यकता क्यों पड़ी ? इसीलिए न कि वह सामाजिक-आकांक्षाओं की पूर्ति कर सके। लेकिन राजनीतिक संस्थान कभी एक समान नहीं रहे। इनमें बराबर परिवर्तन होता गया। इस परिवर्तन का कारण भी आवश्यकताओं का क्रमशः जटिल होता जाना था। ज्यों-ज्यों मनुष्य उन्नति करता गया और उसका मस्तिष्क विकसित होता गया, त्यों-त्यों उसकी आवश्यकताएँ जटिल होती गईं और अपने राजनीतिक-संस्थानों को भी-अन्य संस्थानों को विकसित करने की इच्छा की भाँति ही—विकसित करने की आकांक्षा

उसे सताती रही। यही बेचैनी राजदर्शन के जन्म का कारण बनी। यह राजदर्शन के उद्भव की मनोवैज्ञानिक भूमिका है। इस प्रकार राजदर्शन में हम जहाँ एक ओर राज्य के सिद्धान्तों का अध्ययन करते हैं-वहाँ दूसरी ओर हम राजनीतिक परम्पराओं के क्रमागत विकास और इतिहास का भी अध्ययन करते हैं।

राजदर्शन की विविधता के कारण

जैसा कि ऊपर संकेत किया जा चुका है—राजदर्शन की मनोवैज्ञानिक-भूमि मानव-समाज की वृत्तियों की विभिन्न आवश्यकताओं पर निर्भर करती है। यह बात तो ऐसी है जो सभी देशों के राजदर्शन के लिए एक समान रूप से लागू होती है। किन्तु इतने पर भी हम देखते हैं कि सभी देशों का राजदर्शन का इतिहास बिल्कुल एक समान नहीं है। उनमें परस्पर बड़ी विविधताएँ हैं। यही नहीं एक देश के दो विचारकों में भी सदैव मतैक्य नहीं पाया जाता किन्तु इसके साथ ही यह भी नहीं कहा जा सकता कि वे विचारक शुभानुध्यायी बुद्धि रखने वाले नहीं थे। उदाहरण के लिए यहाँ पर प्लेटो और अरस्तू को ही ले लीजिए। दोनों ही विचारक और दार्शनिक यही चाहते थे कि यूनान के नगर-राज्यों का पतन न होने पाये। वे कीर्ति और कर्म के उच्चतम शिखर पर सदैव आसीन रहें। लेकिन लक्ष्य एक होते हुए भी दोनों के 'साधन' भिन्न थे, दृष्टियाँ भिन्न थीं। जहाँ प्लेटो समूह दृष्टि से विचार करता है और व्यक्ति को महत्व नहीं देता—वहां अरस्तू की दृष्टि व्यक्तिवादी है। उसे व्यक्तिवाद में ही समूहगत लाभ के दर्शन होते हैं। यह तो विविधता का एक स्थूल और सीमित-सा उदाहरण हुआ। लेकिन इसके अतिरिक्त अन्य कई कारण भी उल्लेखनीय हैं। विभिन्न युगों में विभिन्न प्रकार की समयाएँ होती हैं और उन समस्याओं के राजदर्शन में दार्शनिक और विचारक अपने-अपने ढंगों से निदान करते हैं। यह निदान विभिन्न प्रकार के राजनीतिक सिद्धान्तों को जन्म देते हैं। एक सिद्धान्त की प्रतिक्रिया उसके निर्माण के बाद होती है और वह प्रतिक्रिया दूसरे विरोधी सिद्धान्त को जन्म देती है। अन्त में मूल सिद्धान्त और विरोधी सिद्धान्त के बीच समन्वय होता है और उन दोनों के आधार पर एक नया समन्वयकारी सर्वमान्य सिद्धान्त जन्म लेता है। कालान्तर में इसकी भी प्रतिक्रिया होती है और यह क्रम अनन्त रूप से चलता जाता है। सिद्धान्तों की क्रिया-प्रतिक्रिया का यह मत कल्पनाशील विचारक **हीगल** ने बड़े अच्छे ढ़ग से प्रतिपादित किया है। लेकिन यह तो निर्विवाद सत्य है कि विभिन्न राजदर्शन के सिद्धान्त अपने-अपने समय की माँगों की देन होते हैं। अतएव इन सिद्धान्तों को भलि-भाँति समझने के लिए तत्कालीन परिस्थितियों का अध्ययन अत्यन्त आवश्यक ही नहीं अनिवार्य हो गया है। किसी भी राजनीतिक सिद्धान्त को समझने के लिए उसकी सामाजिक-भूमिका को जानना उतना ही आवश्यक है जितना अपना मुँह देखने के लिए दर्पण की।

राज-शास्त्र और राजदर्शन में अन्तर

यहाँ से राजदर्शन दो भागों में विभक्त हो जाता है। एक मार्ग तो स्थूल और भौतिकवादी दिशा की ओर चला जाता है और दूसरा सूक्ष्म की ओर—जिसमें विचार और

कल्पना ही प्रगति की आधार-शिलाएँ मानी जाती हैं। पहली दिशा में हम शासन-प्रशासन, विधियाँ, अन्तर्राष्ट्रीय सम्पर्क आदि के सिद्धान्तों का अध्ययन करते हैं। दूसरी दिशा में हम राज्य के विकास और सिद्धान्तों, राज्य की उपयोगिता, राज्य के तत्वों आदि पर विचार करते हैं। वस्तुतः इन दोनों विषयों के स्वरूपों में मौलिक दृष्टि से कोई विशेष अन्तर नहीं है और वे एक ही मुद्रा के दो पहलुओं के समान हैं। किन्तु राजदर्शन के इतिहास में हम मुख्य रूप से उल्लिखित दूसरे पक्ष का अध्ययन करते हैं। राजदर्शन की गतिदिशा स्थूल से सूक्ष्म की ओर, विग्रह से एकता की ओर तथा विशृंखलाओं और असमानताओं से सामंजस्य और समन्वय की ओर रहती है। राजदर्शन की दृष्टि उस अंतिम सत्य पर केन्द्रीभूत रहती है जहाँ समस्त ज्ञान-विज्ञान आकर एकाकार हो जाते हैं और अखिल जीवन और जगत् के कल्याण मार्ग की ओर निर्देश करते हैं।

राजदर्शन की समस्याएँ

राजदर्शन के विद्यार्थी की सबसे बड़ी समस्या यह रहती है कि वह किसी एक दार्शनिक या विचारक के निर्णयों और विचारों, निदानों और सुझावों को अंधे-श्रद्धालु की भाँति स्वीकार कर लेने में असमर्थ होता है। दूसरी ओर स्थिति यह है कि प्रत्येक राजनितिक विचारक यही समझता है कि जो कुछ उसने किसी समस्या पर लिख दिया है—वही अंतिम शब्द है। इन दोनों ही दृष्टियों में आकाश-पाताल का अन्तर है। यदि हम एक ही विचारक के शब्दों को अंतिम मान लेते हैं तो फिर प्रगति की कोई गुंजाइश ही नहीं रहती और यदि हम किसी विद्वान की कोई बात स्वीकार ही नहीं करते तो किसी भी परिणाम पर पहुँचेंगे कैसे ? इस समस्या का सबसे अच्छा समाधान यह है कि मध्यमार्ग का अवलम्बन किया जाए। नीर-क्षीर विवेक से हंस के समान मोतियों को चुन लिया जाए और कंकड़ियों को छोड़ दिया जाए। लेकिन इसके लिये राजदर्शन के विद्यार्थी को भी सामान्य स्तर से अधिक ऊँचे धरातल पर जाना होगा।

विभिन्न राजनीतिक विचारकों में आज हमें अनेक त्रुटियाँ दिखलाई पड़ती हैं और हमें आश्चर्य होता है कि इतने विद्वानों ने अपनी विचार-शृंखला में ऐसी अशुद्धियाँ कैसे रह जाने दीं ? लेकिन हम यह बात उस समय बड़ी आसानी से समझ लेंगे जब किसी वर्तमान समस्या पर विचार करने बैठेंगे। उदाहरण के लिए बीसवीं सदी के उत्तरार्ध की मुख्य समस्या 'विश्वशांति की स्थापना है'। इस समस्या को हल करने में आज जितनी विघ्न-बाधाओं का सामना हमें करना पड़ रहा है कालान्तर में वही विघ्न-बाधाएँ भावी पीढ़ियों को स्वल्प और अत्यन्त सरल प्रतीत होंगी। यही बात अतीत के विचारकों के साथ भी है। अतीत की जो समस्याएँ हल की दृष्टि से हमें इतनी सरल प्रतीत होती हैं—वही तत्कालीन युग में आज की समस्याओं की भाँति ही कठिन रही होंगी—इसमें कोई संदेह नहीं किया जा सकता। इस दृष्टि से देखने पर विभिन्न विचारकों और दार्शनिकों की विचारधाराओं के होते हुए भी राजदर्शन का कारण स्पष्ट हो जाता है। विचारों की त्रुटियों

और अशुद्धियों के होते हुए भी राजदर्शन का अध्ययन मस्तिष्क के विकास तथा उच्चतर अभिव्यक्तियों की क्षमता प्राप्त कर लेने के लिए आवश्यक है।

रूढ़िवादी और प्रगतिशील विचारों का संघर्ष

राजदर्शन के इतिहास का यदि हम ध्यान से अध्ययन करें तो यह स्पष्ट होने में अधिक समय न लगेगा कि इसमें भी दो पक्ष हैं जिनके बीच एक प्रकार का शाश्वत संघर्ष राजदर्शन के आदि काल से चलता आया है। यह संघर्ष है कट्टर और प्रगतिशील तत्वों का। कट्टरता पक्षपाती तत्व स्वभाव से ही अनुदार है और इसका इतिहास बतलाता है कि उस समाज के उसी स्वरूप की उसने एक स्वर से हिमायत की है जिसमें वह रहता चला आया है। उसने क्रान्तियों और परिवर्तनों का सब भाँति विरोध किया है। इसके विपरीत प्रगतिशील तत्व सदैव से आदर्शवादी रहा है और उसका विचरण क्षेत्र कल्पनालोक का विस्तृत अंचल है। प्रगतिशील तत्व ने परिवर्तनों तथा क्रान्तियों की माँग की है। अन्यायकारी प्राचीन व्यवस्थाओं के विरोध में अपना दृढ़ कण्ठस्वर उठाया है। लेकिन दोनों ही पक्षों की अपनी-अपनी त्रुटियाँ और अभाव तथा कुछ विशेषताएँ रही हैं। जहाँ अनुदारतावादी कट्टर पक्ष ने शांति और व्यवस्था की स्थिरता में महत्वपूर्ण योगदान दिया है—वहाँ दूसरी ओर यह भी सिद्ध है कि उसने प्रगति के स्रोत का मार्ग अवरुद्ध किया है और बहुधा अत्यन्त आवश्यक सुधारों के रास्ते में रोड़ा अटकाया है। अतएव इस पक्ष की दृष्टि से उत्पन्न होने वाली सडाँध को रोकने तथा जीवन-नीर को अबाध गति से प्रस्रवित होने देने के लिए यह जरूरी है कि इसकी प्रतिक्रिया-स्वरूप दूसरे एवं विरोधी पक्ष के तत्वों का जन्म हो। प्रगतिशील तत्व जहाँ प्रथम पक्ष के दोषों का परिष्कार तथा परिमार्जन कर जीवनधारा को आगे प्रवाहित करने में औषध का कार्य करता है—वहीं दूसरी ओर इसमें सबसे बड़ी कठिनाई यह है कि प्रगतिशील-पंथ के लोग अपने कल्पनायुक्त आदर्शों को मूर्तिमान रूप देने की धुन में व्यावहारिकता और यथार्थवादी पक्ष को बिल्कुल ही भूल जाते हैं और वास्तविकताओं के प्रति उनकी यह अवहेलना, प्रायः अशान्ति एवं अव्यवस्था को जन्म देती है।

अध्ययन के स्रोत

राजदर्शन के अध्ययन के अनेक स्रोत हैं। इन स्रोतों में चार-पाँच अत्यन्त महत्वपूर्ण हैं। इनमें सबसे पहला स्रोत विभिन्न विचारकों की लिखित सामग्री है। लिखित-सामग्री के अध्ययन से हमें लेखक के विचारों तथा उसकी कल्पनाओं का ज्ञान हो जाता है। लेकिन यदि हम केवल लिखित-सामग्री का अध्ययन की करते रहें तो वह साहित्य के अध्ययन के तुल्य हो जाता है—दर्शन का अध्ययन नहीं रहता। अतएव हम दूसरे स्रोतों का सहारा लेते हैं। दार्शनिकों के विचारों को भली-भाँति हृदयंगम करने के लिये हम तत्कालीन सामाजिक

स्थितियों का अध्ययन करते हैं। दार्शनिक अपने समय के जिन-जिन विषयों से प्रभावित हुआ है—उनका भी हम अध्ययन करते हैं। इन स्रोतों के अध्ययन से दार्शनिक की विचारधारा की समझने में हमें सहायता मिलती है। हम उसके विचार की त्रुटियों और गुणों का अवलोकनात्मक अध्ययन करने में सफल हो जाते हैं। अध्ययन का तीसरा स्रोत अधिकारियों और जनता के नेताओं के भाषण हैं। चौथा स्रोत सरकारी कागज-पत्र होते हैं। पाँचवाँ स्रोत तत्कालीन साहित्य होता है जिसमें उस समय की समस्त प्रवृत्तियाँ दिग्दर्शित होती हैं। किन्तु, इन सभी स्रोतो के अध्ययन में चाक्षुष अवलोकन अनिवार्य है। बिना इसके अशुद्ध परिणामों के निकलने की आशंका बराबर बनी रहती है।

अनुदाय एवं मूल्यांकन

राजदर्शन के इतिहास का सबसे बड़ा अनुदाय यह है कि वह अतीत के विचारकों को समझने में बड़ी सहायता प्रदान करता है। प्राचीन और मध्ययुगीन तथा आधुनिक दार्शनिकों के मतों एवं विचारों के अध्ययन से हम न केवल उनको तथा उनके युग के मनोवैज्ञानिक स्वरूप को समझते हैं अपितु अपने आपको समझते हैं। अपने आपको समझने की यह प्रक्रिया—जिसे आत्मज्ञान की संज्ञा भी सीमित अर्थों में दी जा सकती है—हमारी उच्चत्तर कल्पनाओं की अभिव्यक्ति का अत्यन्त महत्वपूर्ण साधन है। यदि राजदर्शन के अध्ययन से विद्यार्थी में अपने आपको समझने की प्रवृत्ति उत्पन्न हो जाती है तो उसकी उपयोगिता स्वतः सिद्ध है।

राजदर्शन में सिद्धान्तों का नहीं विशिष्ट युग की मूल प्रवृत्तियों का विचारकों के विचारों के माध्यम से विश्लेषण किया जाता है। इस विश्लेषण से हम कुछ उपयोगी परिणाम निकाल सकते हैं जो बोधपाठों का कार्य भी कर सकते हैं किन्तु इसके लिए कुछ सावधानी रखनी चाहिए। किसी भी युग के बोधपाठों से प्राप्त शिक्षाओं को व्यावहारिक क्षेत्र में प्रयुक्त करते समय यह न भूल जाना चाहिए कि तब और अब की परिस्थितियों में कितना अन्तर हो चुका है। जो परामर्श नगर-राज्यों के युग में उनकी सत्ता को स्थिर बनाये रखने के लिए दिये जा सकते थे—उनका राष्ट्र-राज्यों के अस्तित्व की रक्षा में एक सीमा तक ही प्रयोग किया जा सकता है और बहुत-सी दशाओं में तो वे सलाहें सर्वथा असामयिक भी हो सकती हैं।

जैसा **गैटिल** ने लिखा है, राजदर्शन का एक सबसे महत्वपूर्ण अनुदान यह भी है कि विचार-विनिमय, उनकी आलोचना-प्रत्यालोचना से हम में एक प्रकार की मानसिक और बौद्धिक सहिष्णुता प्रस्फुटित हो विकसित हो जाती है। वह हमें अपने विरोधी के भी विचारों को सुनने-समझने तथा उनको सोचने के लिए बाध्य करती है। यदि इतनी-सी प्रवृति भी हम में राजदर्शन के अध्ययन से उत्पन्न हो जाती है तो उसके अध्ययन का औचित्य कितना स्पष्ट है।

राजदर्शन के भेद और उपभेद

स्थूलतः राजदर्शन को हम दो भागों में विभक्त कर सकते हैं: (अ) प्राचीन और (आ) आधुनिक। आधुनिक राजदर्शन में पाश्चात्य राजदर्शन ही महत्वपूर्ण है–जो इस पुस्तक का मुख्य विषय है। इसके अतिरिक्त प्राचीन काल में पूर्वी देशों में भी राजदर्शन का विकास हुआ था। प्रस्तुत खण्ड में अतीत काल में राजनीतिक-संस्थानों के जन्म तथा विकास पर द्रुत दृष्टिपात् करते हुए हम पूर्वी देशों में राजदर्शन के विकास-विशेषताओं का भी सिंहावलोकन करेंगे।

प्राचीन राजदर्शन

इसके पहले कि हम अतीतकालीन राजदर्शन की विशेषताओं का द्रुत अवलोकन करें हमें तत्संबंधी ज्ञान प्राप्त करने के स्रोतों को भी देख लेना होगा। हमें यह स्वीकार करना पड़ेगा कि अतीतकाल की राजनीतिक-विचारधारा का ज्ञान प्राप्त करने के हमारे स्रोत अत्यन्त सीमित हैं। फिर भी जो कुछ हैं–वे इस प्रकार हैं : (क) उन राजनीतिक संस्थानों के मौलिक सिद्धान्त जिन पर वे आधारित थे और जिनकी प्राचीन ग्रन्थों में तथा अन्य लिखित सामग्री में हमें चर्चा मिलती है; (ख) आंरभिक काल में मानव समाज के कुछ विश्वास, प्रथाएँ और परम्पराएँ जिनके अध्ययन से भी हमें अतीत के राजदर्शन का ज्ञान प्राप्त होता है; और (ग) उन जातियों रीति-रिवाजों तथा जीवन-व्यापारों का सूक्ष्म अवलोकन जिनका अभी समुचित विकास नहीं हो पाया है–तथा जो अब भी प्राचीन-काल की अवस्थाओं में जीवन व्यतीत कर रहे हैं।

प्राचीन-काल के राजदर्शन के उक्त स्रोतों को अध्ययन करने से जो सबसे बड़ी विशेषता हमें प्रतीत होती है–वह यह है कि अतीत में विभिन्न मानव-जातियाँ, धर्म और रीति-रिवाज तथा विधि के बीच कोई स्पष्ट भेद नहीं कर पाती थीं। तीनों ही वस्तुएँ एक दूसरे की सीमाओं से इतनी सटी हुई हैं कि कोई एक लकीर तीनों के बीच नहीं खींची जा सकती। प्रत्येक जीवन-व्यापार में धर्म को प्राथमिकता दी जाती थी और तत्कालीन मानव-समाज के प्रत्येक कार्य में धार्मिक भीरूता की स्पष्ट छाप थी। आज के राष्ट्र-राज्यों की भाँति सामाजिक एकता का सूत्र मातृदेश में न होकर 'धर्म की समानता' था। अधिकांश मनुष्य जाति-समूह या कबीलों के रूप में जीवन-यापन करती थी। शासन-कार्य के अधिकार का स्रोत भी दैवी माना जाता था। आधुनिक राजनीति के शब्दों में शासक की संप्रभुता का स्रोत देवता होते थे–कबीले वाले या समूह में निवास करने वाले मनुष्य नहीं।

यदि अतीत की विधि संहिताओं का अध्ययन किया जाए तो इस परिणाम पर पहुँचने में अधिक समय न लगेगा कि तत्कालीन विधियों का मुख्य उद्देश्य निषेधात्मक होता था। विधियों की निषेधात्मक विशेषता का स्रोत तत्कालीन-समाज के अंध-विश्वास तथा अल्प ज्ञान में ही है। प्राकृतिक शक्तियों का ज्ञान-सीमित तथा अधिकाशतः बाह्य था। वैज्ञानिक

अध्ययन के अधिक साधन उपलब्ध नहीं थे। अल्प ज्ञान के अंध-विश्वास तथा अंध-विश्वास से जादू-टोनों का जन्म हुआ था। आज भी प्राचीन-साहित्य में जादू-टोनों द्वारा प्राकृतिक शक्तियों को नियंत्रित करने के मंत्र मिलते हैं। ऋग्वेद में तो ऐसे मंत्रों का स्पष्टतः उल्लेख है।

मातृक परिवारों का युग

पारिवारिक संस्थान ने राजदर्शन के विकास में अत्यन्त महत्वपूर्ण भाग लिया है। उदाहरण के लिए, राज्य के जन्म तथा विकास में तो उसका बड़ा ही महत्व माना गया है। परिवार-विकास की कथा में एक ऐसा स्थल है—जहाँ हमारे आज के विश्वासों के विपरीत पिता के स्थान पर परिवार की अध्यक्षा माता होती थी। बच्चों की पीढ़ियाँ मातृक होती थीं। अर्थात् अमुक इस बच्चे की माँ है—इसी से समाज में परिचय दिया जाता था। पिताओं की संख्या एक से अधिक हुआ करती थी। यह रक्त-संबंध ही समूह या कवीले की एकता का कारण था। एक ही परिवार में परस्पर विवाहादि निषिद्ध थे। विवाह-संबंध अन्य परिवारों से किये जाते थे। आज भी इस प्रकार के मातृक परिवारों के समाज कई स्थानों में पाये जाते हैं जैसे—ट्रावनकोर, कोचीन इत्यादि का नाम लिया जा सकता है। मातृक समाज के जन्म तथा विकास के संबंध में **सर हेनरी मेन, मॉर्गन, मेकलेनान** तथा **जेंक्स** और **विलोबी** आदि विद्वानों में काफी मतभेद रहा है और इस प्रश्न को लेकर इनके बीच काफी लम्बा शास्त्रार्थ भी चला है जो मनोरंजक तो है ही—साथ ही ज्ञानवर्धक भी है।

पैतृक परिवार

मातृक परिवार उस काल की विशेषता है जिसमें मनुष्य जाति के जीवनयापन के साधन सीमित थे और वह जंगलों में घूम-घूम कर अपने जीवन निर्वाह की सामग्री तलाश किया करता था। किन्तु, सामाजिक विकास की अवस्था में एक ऐसी स्थिति आई जब मानव-समाज ने पशु-पालन की कला सीख ली। इस प्रकार बनजारों के जीवन का सूत्रपात हुआ। पशुओं को पाल कर उनके द्वारा जीवन-निर्वाह करना इस काल की विशेषता है। इस युग में समूह में राजनीतिक विचार परिपक्व हो गये। स्त्री परिवार की स्वामिनी नहीं रही—पुरुष उसका स्वामी हो गया और इस प्रकार एक ऐसा युग आंरभ हुआ जिसमें पिता के नाम से ही परिवार चलने लगा। पैतृक-परिवार के युग में ही शत्रुओं की हत्या करने के बजाय उन्हें बंदी बनाकर अपने काम कराने की प्रथा चल पड़ी। यह दास-प्रथा का सूत्रपात था। अपराधियों को दण्ड देने की व्यवस्था करने वाली विधियों में या तो यह माना गया कि पीड़ित व्यक्ति लड़कर अपराधी को मार डाले या अपराधी पीड़ित को अपने अपराध के प्रायश्चित्-स्वरूप एक निश्चित रकम दे। पाकिस्तान के सीमाप्रांत में इस प्रकार की प्रथा आज भी देखने को मिलती है। पैतृक परिवारों के युग में भी सामूहिक एकता का शृंखला-सूत्र मुख्यतः रक्त-संबंध हुआ करता था।

परिवार-युग की कुछ कठिनाइयाँ

रक्त-संबंध पर आधारित पारिवारिक जीवन प्रधान युग की अपनी कुछ कठिनाइयाँ भी थीं। ऐसी कोई संस्था न थी जो परिवारों के बीच शांति रख सके और ऐसी व्यवस्था कर सके जिसमें अशान्ति का उन्मूलन हो जाए। पारस्परिक छोटे-मोटे झगड़ों को निपटाने के लिये भी कोई सर्वमान्य सत्ता न थी। युद्ध की अवस्था में एक ही रक्त के अनेक परिवारों की रक्षा करने के लिए संयुक्त कार्रवाई की व्यवस्था करने वाली भी कोई सत्ता न थी। इस प्रकार : (1) आन्तरिक शांति, (2) न्याय-व्यवस्था, तथा (3) बाह्य आक्रमणों से उत्पन्न होने वाले भयों के निवारण के लिए अपेक्षाकृत बलवान और व्यापक शक्ति की आवश्यकता थी जो उस समय के पारिवारिक-जीवन के युगों में पूरी नहीं हो पा रही थी। इन तीनों आवश्यकताओं ने परिवार-समूहों के एक सरदार चुने जाने की प्रथा तथा भारत में जाति व्यवस्था का सूत्रपात किया। भारत में क्षत्रिय जाति का उत्थान इसी प्रकार हुआ। पश्चिम में ग्राम सरदारों के चुनाव की परिपाटी पड़ी। सरदारों का चुनाव उनकी आयु, योग्यता, बल तथा बुद्धि के आधार पर किया जाता था। उसके अधिकार शांति-काल में युद्ध-काल की अपेक्षा अधिक सीमित हुआ करते थे। यही व्यवस्था क्रमशः उन्नत होती गई और धीरे-धीरे सरदार के हाथ में विधायन कार्य तथा कार्यपालिका और न्यायपालिका के अधिकार भी केन्द्रित हो गये। अंत में इसी सरदार की सत्ता ने राजा का रूप धारण कर लिया। इस प्रकार परिवार के बीज से आरंभ होकर समाज में सामन्तशाही तथा राजतंत्र प्रणाली का प्रादुर्भाव हुआ। समय की प्रगति के साथ-साथ राजा की शक्ति बढ़ती गई और सामाजिक क्षेत्र में राजकीय-स्वर और अधिकार बराबर प्रबल होता चला गया।

छोटे-छोटे गाँवों में रहने वाले जन-समूहों से बढ़कर बड़े राज्यों का निर्माण प्राचीन-काल में अनेक प्रकार से हुआ। पद्धति यह रही कि या तो कई समूह परस्पर विलयित हो गये अथवा छोटे-छोटे समूहों को बल-प्रयोग से बड़े समूह ने अपनी सत्तान्तर्गत कर लिया। उस समय के युग की सबसे बड़ी विशेषता यह थी कि अस्थायी अन्तर्राज्यीय मैत्रियाँ नहीं हुआ करती थीं। पड़ोसी राज्य सदैव एक दूसरे को अपना शत्रु ही माना करते थे। राज्यों के स्थायी-संघ तो अश्रुत थे। साम्राज्यों की स्थापना तलवार के बल से होती थी। बड़े राज्य छोटे राज्यों पर आक्रमण कर अपने प्रभाव क्षेत्र को निरंतर बढ़ाने के कार्य में लगे रहते थे। इसी बल-प्रयोग की क्रिया से बड़े-बड़े साम्राज्यों का विस्तार हुआ।

पौर्वात्य राजदर्शन का सिंहावलोकन

पौर्वात्य राजनीति-दर्शन का जन्म और विकास मुख्यतः यहूदियों, हिन्दुओं और चीनियों में हुआ है। मिस्र, बेबीलोनिया, असीरिया तथा फारस में राजदर्शन अधिक विकसित नहीं हो सका। प्राचीन भारत तथा चीन में राज-व्यवस्था के पीछे धर्म का हाथ सर्वोपरि था। उस काल में राजनीति, धर्म तथा सामाजिक नियमों में किसी प्रकार का भेद

नहीं किया जाता था। धार्मिक गुरु या पुरोहित ही के हाथ में राजनीतिक शक्ति केन्द्रित रहती थी। वही समाज का शासक तथा नेता कहलाता था। पौर्वात्य दर्शन ने राजनीतिक संस्थाओं को पवित्रता के आसन पर बैठाया, राजनीतिक और धार्मिक निरंकुशता का परिपोषण किया और समाज के सामूहिक जीवन को ही सब कुछ समझा। पौर्वात्य दर्शन व्यक्ति को नहीं, समाज को महत्व देता है। आधुनिक काल के व्यक्तिवादी-विचारकों को पौर्वात्य दर्शन में भले ही व्यक्ति की स्वतंत्रता का अपहरण दिखलाई पड़े लेकिन इसमें संदेह नहीं कि जब तक उनकी व्यवस्था में दोष या त्रुटियाँ बाह्य स्रोतों से प्रविष्ट न हुईं, वह व्यवस्था बड़ी सफलतापूर्वक चली। यही कारण है कि पाश्चात्य-दर्शन ने जहाँ भौतिक दृष्टि से चाहे जितनी प्रगति की हो—आध्यात्मिक उन्नति की दिशा में उसने जो भी प्रगति की है—वह उसे सब पौर्वात्य दर्शन द्वारा ही मिली है।

पौर्वात्य दर्शन के अनुदान

पौर्वात्य देशों के दर्शनों की विशेषताओं पर अलग-अलग विचार करने के पूर्व नीचे की कुछ पंक्तियों में पौर्वात्य दर्शन के कुछ अनुदानों पर संक्षेप में विचार कर लेना उपयोगी होगा। पाश्चात्य दर्शन की तुलना में, जैसा ऊपर संकेत किया जा चुका है, पौर्वात्य दर्शन ने जीवन के प्रति भौतिकवादी और ऐहिकता-परक दृष्टिकोण अधिक नहीं रखा है। पौर्वात्य दर्शन ने इहलोक के जीवन को ही सब कुछ नहीं समझा। इस संसार और इस लोक से परे भी एक जीवन है। पौर्वात्य दर्शन की बौद्धिक-कल्पना में पारलौकिक जीवन का इस सांसारिक-जीवन से अधिक महत्व बतलाया गया है। 'कर्मफल' और 'पुर्नजन्म'- ये दो विश्वास पौर्वात्य दर्शन के अधिकांश भाग में—विशेषकर भारतीय या हिन्दू-दर्शन में—सबसे ऊँची स्थिति प्राप्त सिद्धान्त हैं। यही कारण है कि भौतिक एवं सांसारिक-प्रगति की दिशा में पौर्वात्य दर्शन की जिज्ञासा आवश्यकता से अधिक नहीं दिखलाई पड़ती। ब्राह्मणों में, बौद्ध साहित्य में, कनफ्यूशियस के लेखों में—जो अधिकांशतः इहलौकिक हैं—राजदर्शन की दृष्टि धर्म-दर्शन की तुलना में अत्यल्प है। इतना होते हुए भी हिन्दुओं ने तथा चीनवासियों ने पाश्चात्य-विचारकों से कहीं पहले मानव-समानता तथा प्रजातंत्रवादी आदर्शों के दर्शन कर लिये थे।

शासक को ईश्वर का अंश मानने की प्रवृत्ति

पौर्वात्य दर्शन की कल्पना में राज्य की रूपरेखा मुख्यतः धर्म-प्रधान रही है। इसीलिए पूर्व के देशों में शासक को केवल भौतिक शक्तियों का प्रतीक कभी नहीं समझा गया। शासक को पहले ईश्वर की शक्ति का प्रतीक माना गया और तब जनता का प्रतिनिधि। यह मान्यता चीन और भारत में ही सीमित नहीं रही—मिस्र आदि देशों में भी यही सिद्धान्त शासक के संबंध में स्थिर रखा गया। मिस्र में तो शासक को कुछ समय तक ईश्वर ही माना जाता था। असीरिया और फारस में अवश्य ही वह ईश्वर नहीं बल्कि ईश्वर की शक्ति का

प्रतिनिधि समझा जाता था। इन शासकों को या राजाओं को प्रशासन अथवा राज्य-कार्य चलाने के लिए अमात्य या मंत्रि-परिषद् की नियुक्ति करने का परम्परागत अधिकार था लेकिन शासक पर धर्म-पुरोहित का बड़ा नियंत्रण रहता था।

राज्य का एकता सूत्र देवताओं की समानता

पौर्वात्य राजदर्शन का अध्ययन एक अन्य विशेषता की ओर भी निर्देश करता है—और वह यह है कि राज्य की एकता का सूत्र भाषा या जातियों के रक्त की समानता न होकर देश के देवताओं की समानता हुआ करता था।

दिग्विजयों और साम्राज्यों की स्थापना का विचार भी मूलतः पौर्वात्य ही है। पूर्व में ही सबसे पहले साम्राज्यों की स्थापना दूसरे देशों को विजय करके की गई। यही नहीं, शक्तिशाली राजा की अधीनता स्वेच्छा से तथा अपने राज्य की रक्षा की दृष्टि से निर्बल राजाओं द्वारा स्वीकार कर लेने की परम्परा भी सर्वप्रथम पूर्व में ही उदयीभूत हुई।

पौर्वात्य साम्राज्य क्यों असफल रहे ?

जिस प्रकार पश्चिम में संश्लिष्ट और सुगठित प्रशासनिक-व्यवस्था का विकास हम पाते हैं—वैसा विकास पूर्व के साम्राज्यों में नहीं हुआ। उनका प्रशासनिक कार्य सदैव ढुलमुल तथा शिथिल-सा रहा। अधिकृत राज्यों को साम्राज्य की इकाइयाँ नहीं माना गया—बल्कि उनको स्वतंत्र राज्य ही समझा गया जिसके परिणामस्वरूप केन्द्रीय सत्ता की अधिकार सीमा छोटी रही। अधीन राजाओं द्वारा वार्षिक राजकर तथा युद्ध की अवस्था में केन्द्रीय सत्ता की सैनिक-सहायता ही कर देना सम्राट के प्रति तथा साम्राज्य के प्रति उनके कर्तव्यों की इतिश्री समझी जाती थी। इसका एक दुष्परिणाम यह होता था कि अधीन राज्य साम्राज्य की केन्द्रीय-शक्ति के निर्बल पड़ते ही विद्रोह कर देते थे।

पौर्वात्य राजदर्शन का साहित्य

भारतीय हिन्दू-साहित्य, चीनी और यहूदी साहित्य में सबसे अधिक राजदर्शन हमें मिलता है। प्रस्तुत परिखण्डों में क्रमशः हिन्दुओं, चीनियों तथा यहूदी राजदर्शनों की विशेषताओं का ही संक्षेप में उल्लेख किया जायेगा।

भारतीय राजदर्शन

भारतीय राजदर्शन का इतिहास संभवतः सबसे अधिक पुराना है। यूनान में नगर-राज्यों की स्थापना तो ईसा के जन्म के सात सौ वर्ष पूर्व हुई थी लेकिन भारत में नगर-राज्य इसके बहुत पहले स्थापित हो चुके थे। सर्वप्रथम ऐत्तरेय ब्राह्मण में भारतीय गणराज्यों का जिक्र मिलता है। उससे प्रतीत होता है कि आर्यावर्त में उत्तर, पश्चिम और दक्षिण में गणराज्य थे। पाणिनी की अष्टाध्यायी के गणपाठ में पश्चिमोत्तर तथा उत्तर-पूर्व

में अनेक गणराज्यों के नाम मिलते हैं। महाभारत में भी अनेक गणराज्यों के नाम दिये गये हैं। जैन तथा बौद्ध साहित्य तो गणराज्यों के नामों से भरे पड़े हैं। इन सबसे विदित है कि भारत में गणराज्यों की स्थापना का इतिहास 2000 शती ईसा पूर्व से भी अधिक पुराना है। गणतंत्र राज्यों की यह प्रणाली ईसा के पश्चात् पाँचवीं शती तक बनी रही। यूनान नगर-राज्यों को एक साम्राज्य में देखने की कल्पना करता ही रह गया लेकिन भारत में नगर-राज्यों का विकास अपनी सीमाओं को लाँघता हुआ साम्राज्यों तक पहुँच गया। ई. सन् पूर्व चार सौ वर्ष पहले यूनान के नगर-राज्य जब परस्पर लड़ते हुए अपने विनाश का मार्ग प्रशस्त कर रहे थे तब भारत में गंगा-यमुना की घाटी में संभवतः संसार का सबसे शक्तिशाली साम्राज्य स्थापित हो चुका था और द्रुतगति से भारतीय इतिहास के स्वर्ण-काल की ओर चरण रखता चला जा रहा था।

भारत ने राजदर्शन के विकास में सक्रिय भाग लिया। भौगोलिक दृष्टि से भारत इतना विस्तृत और समृद्ध देश है कि इसमें बाहर से आनेवाली अनेक जातियाँ आकर बस सकीं और अपना बौद्धिक विकास कर सकीं। यह सत्य है कि भारत में कोई साम्राज्य बहुत अधिक दिनों तक स्थिर नहीं रह सका लेकिन यह बात तो यूरोप के बारे में भी लागू होती है।

हिन्दू राजदर्शन के इतिहास की सबसे बड़ी विशेषता संभवतः यह है कि उसमें समन्वय, सामंजस्य एवं अनुपात पर सबसे अधिक बल दिया गया। सभी धर्मों के प्रति सहिष्णुता और इस प्रकार वेदान्तिक दृष्टि का रखना भी भारतीय साम्राज्यों के शासकों की विशेषता थी। धर्म को ऊँचा माना गया—लेकिन उसे जीवन के व्यक्तिगत पक्ष तक ही सीमित रखा गया। पर-धर्मावलंबियों की हत्या करना भारतीय राजदर्शन के इतिहास में अश्रुतपूर्व है। पुरोहितों को और ऋषियों को राज्य सर्वाधिक मान देता था। लेकिन वे धर्म के नाम पर शासक के दैनिक राज्य-कार्य में कभी भी हस्तक्षेप नहीं किया करते थे। **मैकियावली** की भाँति शासक और शासितों के लिए भारतीय धर्म-प्रवक्ताओं ने आचार और नैतिकता के दो धरातल कभी निर्धारित नहीं किये।

भारतीय या हिन्दू विचारक मानव-स्वभाव की दुर्बलताओं को समझते थे। वे इन निर्बलताओं पर संयम और अनुशासन से विजय प्राप्त करने के पक्षपाती थे। वे राज्य का और राजा का कर्तव्य यह मानते थे कि वह मानव-स्वभाव की दुर्बलताओं के शमन एवं दमन की व्यवस्था करता हुआ व्यक्ति को उच्चतर मानवीय मस्तिष्क की अभिव्यक्तियों की ओर लेता चले। शमन कार्य के लिए उन्होंने बल-प्रयोग के औचित्य को सिद्ध किया है। शठ को अधिक शठता करके ही दबाया जा सकता है—यह सिद्धान्त भी उन्होंने निर्धारित किया। इसमें उनकी व्यावहारिक दृष्टि परिलक्षित होती है।

इतना होते हुए भी राजा को विधियों, नैतिक एवं आचारशास्त्र की परम्पराओं एवं प्रथाओं से मुक्त नहीं किया गया। भारतीय राजदर्शन में ऐसे उदाहरण हैं जहाँ जन-हित की अवहेलना करने वाले तथा सामाजिक रीतियों और नीतियों का निरादर करने वाले राजाओं को भी हटा दिया गया है। राजा के विरुद्ध क्रान्ति करने का अधिकार प्रजा को दिया गया था। शुक्र नीति में हमें उन सब नियमों का उल्लेख मिलता है जो राजाओं को प्रजा के ऊपर शासन करते समय पालन करने पड़ते थे।

राजा की शक्तियाँ अपरिमित थीं। इसकी कल्पना इसी बात से की जा सकती है कि राजा का शब्द ही कानून या विधि माना जाता था। न्याय के मामलों में उसका फैसला अंतिम होता था। सारे राज्य-कार्य को तथा प्रशासन को उचित ढ़ग से चलाने का उत्तरदायित्व राजा पर ही हुआ करता था। लेकिन हिन्दू राजा अपने पद-भार को बड़ा गुरु मानते थे और साथ ही उसके खतरों से भी परिचित थे। यही कारण है कि वे प्रजा के प्रतिनिधियों से बराबर सलाह लेते रहते थे। हिन्दू विचारकों ने निरंकुश एवं स्वच्छन्द राजा के स्थान पर संयमित तथा सीमित राजशक्ति की कल्पना की थी। प्राचीन गणराज्यों की शासन-प्रणाली से जिसमें राजा मंत्रिमंडल, जनपद, मतदान तथा गंभीर विचार के द्वारा ही अपनी प्रजा पर राज करते थे, यह बात एकदम स्पष्ट है। प्रजातंत्रवादी समानता और बंधुत्व के जिस सिद्धान्त का नारा 17वीं शताब्दी में फ्रांस की राज्यक्रान्ति के दौरान में लगाया गया—वह समानता और बंधुत्व का सिद्धान्त बुद्ध की शिक्षाओं के कारण पाँचवीं शताब्दी में भारत में तथा इसके बाद भारत द्वारा विश्व भर में सार्वभौमिक मान्यता प्राप्त कर चुका था।

हिन्दू राजदर्शन की एक विशेषता यह भी थी कि उसने शांतिवाद का समर्थन किया। आचार-नीति ने हिंसा को बुरा बतलाया और बल-प्रयोग को अच्छा नहीं माना और इसी की स्वाभाविक उपसिद्धि के रूप में सेनादि को भी कम महत्व दिया लेकिन कभी-कभी राजा को सैन्य-बल प्रयोग की भी निश्चित सलाह दी गई। हर स्थिति का सामना करने के लिए तैयार रहने की शिक्षा भी राजा को दी गई। राजा के लिए कूटनीति और शठता का औचित्य भी सिद्ध किया गया। चाणक्य की शिक्षाएँ इस संबंध में उल्लेखनीय हैं।

चीन का राजदर्शन

हिन्दू राजदर्शन के विकास के साथ ही साथ लगभग उसी गति एवं बल से चीन में भी राजदर्शन का उत्थान हुआ है। चीन तथा भारत के हिन्दू-राजदर्शनों में अन्य पौर्वात्य देशों के राजदर्शनों की तुलना में कहीं अधिक समानता है। भौगोलिक दृष्टि से चीन का भू-विस्तार भारत से भी अधिक बड़ा तथा जनसंख्या भी भारत से अधिक रही है। चीन की सीमाओं पर लुटेरों के बराबर आक्रमण होते रहे और उनमें से कुछ तो चीन में आकर बस भी गये लेकिन चीन पर कोई विदेशी शक्ति अधिक समय तक अपना आधिपत्य नहीं

रख सकी। आन्तरिक अशान्ति और ऊहापोह से चीन मुक्त रहा। केन्द्रीय साम्राज्य सत्ता तो रही किन्तु वह इतनी सशक्त कभी नहीं हो सकी कि स्थानीय स्वतंत्रताओं का अपहरण कर ले या विचारों की, भिन्नता का दमन कर दे। यही कारण है कि विभिन्न विचारों के उदयास्त ने वहाँ की संस्कृति को कल्पनातीत रीति से समृद्ध बनाया है। विचार-स्वातंत्र्य और सहिष्णुता चीन के राजदर्शन की विशेषता रही है। वहाँ का सामाजिक स्थिति में वृद्धों को सर्वत्र मान्य माना गया है जिसके परिणामस्वरूप अनुभवी विचारकों के विचार—वे चाहे जिस विषय पर हों, सदैव बड़े आदरपूर्ण ढ़ंग से देखे जाते रहे हैं। इस भावना ने चीन के राजदर्शन के इतिहास को जीवित बनाये रखने में बड़ी सहायता प्रदान की है। चीन के विचार-दर्शन का स्वर्ण-काल ईसा के जन्म से 11वीं और तीसरी शताब्दी के बीच का है। वहाँ के सबसे अधिक प्रसिद्ध और ख्यातिलब्ध विचारकों में **कनफ्यूशियस, मैनशीयस, मोह-ती** और **साओ-त्से** आदि के नाम उल्लेखनीय हैं।

मानव-प्रकृति के संबंध में विचार

चीन के दार्शनिकों के विचार मानव प्रकृति या स्वभाव के संबंध में भी बड़े ही सुलझे हुए हैं। जहाँ वे एक ओर मानव-स्वभाव की उच्चता तथा उन्नति की आकांक्षा से परिचित थे-वहीं वे यह भी जानते थे कि प्रकृतितः मनुष्य की बुद्धि संयम और अनुशासन के अभाव में उर्ध्वगामिनी भी हो सकती है। वे यह जानते थे कि प्राचीन शासकों ने आचार-शास्त्र, नैतिक शास्त्र एवं विधि-संहिता आदि की रचना मानव-प्रकृति की दुर्बलताओं के उन्मूलन के लिये ही की। यह विचार **सुन-त्से** का था लेकिन **मेनशीयस** कहा करता था कि मनुष्य "भली बातों की तरफ ठीक उसी प्रकार बढ़ता है जिस प्रकार पानी ढ़ाल की ओर।" **मेनशीयस** की यह उक्ति मानव-स्वभाव की सहज शुभ-बुद्धि की ओर इगिंत करती है।

मोहती ने ई. पू. सन् 500 से 420 तक सार्वभौमिक बंधुत्व के धर्म को निःसृत किया था।

मेनशीयस ने राज्य में सबसे अधिक महत्व प्रजा को और इसके बाद धर्म को तथा सबसे कम महत्व राजा को दिया था। मेनशीयस समाजवादी एकता के सिद्धान्त का सर्वप्रथम प्रवर्तक था। उसका कहना था, सब मनुष्य समान हैं और राजा का धर्म है कि वह अपने संगीत, पार्क तथा आमोद-प्रमोद की सुविधाओं का जनता के साथ मिलकर उपभोग करे। यह सिद्धान्त प्रजा की शक्तिमत्ता और आधुनिक लोक संप्रभुता की ओर संकेत करता है। पंच-परमात्मा का सिद्धान्त चीन में भी प्रचलित रहा है। जनता-जनार्दन की इच्छा ही ईश्वर की इच्छा है—यह बात चीन में युगानुयुग से मानी जाती रही है।

चीन में तो राजा को दण्डित करने की प्रथा भी प्रचलित थी। वहाँ धर्मपुरोहित अस्थायी रूप से राजा को नजरबन्दी में भी बुराइयों के सुधरने तक रख सकता था।

युद्ध को चीन के विचारकों ने बर्बर सभ्यता का प्रतीक बतलाया है। युद्ध-कला तथा सामरिक-कुशलता को चीन के इतिहास में बहुत अच्छी दृष्टि से नहीं देखा गया है। इसका पाश्चात्य शक्तियों ने तथा पड़ोसी जापान ने अनुचित लाभ भी उठाया है। लेकिन आधुनिक काल में चीन की रणकौशल विद्या ने बड़ी उन्नति की है और वहाँ एशिया के बड़े अच्छे-अच्छे सेनापतियों ने जन्म लिया है।

चीन के राजदर्शन का निष्कर्ष उसकी मौलिक उदारता तथा प्रगतिशीलता में निहित है।

यहूदियों का राजदर्शन

मिस्र, बेबीलोनिया तथा असीरिया आदि पौर्वात्य देशों की भाँति यहूदियों का राजदर्शन भी मूलतः धार्मिक है। उसमें भारतीय तथा चीनी विचारकों की-सी धर्म-निरपेक्ष दृष्टि का सर्वथा अभाव है। यहूदी राज्य के उद्‌गम के संबंध में दैवी-सिद्धान्त को मानते हैं लेकिन अन्य पूर्वी देशों की तुलना में यहूदी विचारधारा पर इस तथ्य का संभवतः सबसे अधिक प्रभाव पड़ा है कि वहाँ एक देवता की उपासना पर ही सबसे अधिक बल दिया गया है। अतएव धार्मिक एकता यहूदी विचारधारा की प्रमुख विशेषता है। अन्य पौर्वात्य साम्राज्यों की तुलना में उक्त कारणवश राज्य की एकता अधिक सुदृढ़ रही है। राष्ट्रीय एकता और राष्ट्रीय लक्ष्यों की समानता यहूदी राजदर्शन में कहीं अधिक पाई जाती है।

राज्य का उद्‌गम

यहूदी राजनीतिक-विचारधारा के अनुसार राज्य का जन्म ईश्वर की इच्छावश हुआ और राज्य के विधि-विधान यहूदियों के देवता **जेहोवा** की इच्छा के परिणाम हैं। उक्त विधि-विधान प्रजा और राजा दोनों के लिए समान रूप से मान्य समझे गये हैं। पारलौकिक कल्याण के लिये, कहा जाता है, यहूदियों ने राज्य के बंधनों को स्वीकार किया है। यदि वे विधियों का उल्लंघन करते हैं तो वे दोषी हैं और दण्ड के भागी हैं। इससे स्पष्ट है कि राज्य के विरुद्ध क्रान्ति करने का अधिकार प्रजा को नहीं दिया गया है।

यहूदियों का यह भी विश्वास रहा है कि **जेहोवा** से समय-समय पर सलाह ली जा सकती है। यह सलाह **जेहोवा** के चुने हुए पैगम्बर या दूत ही देते हैं। ये देवदूत किसी एक वर्ग के या वंश के नहीं होते अपितु जो अपनी योग्यता–स्वभावगत योग्यता के बल पर आगे बढ़ जाते हैं–वही ईश्वरीय दूत समझे जाते हैं। धार्मिक पुरोहित राजा और प्रजा तथा ईश्वर के बीच का प्रतिनिधि माना जाता है। यह भी माना जाता है कि पुरोहित सैम्यूअल के जरिए प्रथम यहूदी राजा **सॉल** को गद्दी दी गई थी।

जनमत का महत्व

यहूदी राजदर्शन में प्रजातंत्रवादी तत्वों का भी साक्षात्कार होता है। राज्य संबंधी समझौते का सिद्धान्त प्रतिनिधित्व को प्रकट करता है तथा इसके साथ ही यह निर्देश कि

राजा जनमत के अनुसार चले–जनमत के अनिवार्य प्रतिनिधित्व की ओर भी इंगित करता है। यहूदी अपने राजाओं के कार्यों की–जब भी वे अनुचित हुए आलोचना करने से कभी नहीं चुके। राजा **डेविड** तथा राजा **अहाब** की तो बहुत ही आलोचना की गई है। **सोलोमन** की कठोर शासन-व्यवस्था, साम्राज्यवादी महत्वकांक्षा, भारी कर-व्यवस्था तथा बेगार आदि को बुरा बतलाया गया है। यही नहीं, जन-कल्याण तथा लोक-मंगल की दृष्टि राजा के लिए अत्यन्त आवश्यक बतलाई गई है। सम्पत्ति का समान वितरण आधुनिक समाजवादी सिद्धान्तों की ओर संकेत करता है। न्याय-कार्य में धर्मनिरेपक्षता की दृष्टि उल्लेखनीय है। उन्होंने मुसलमानों जैसा धार्मिक अत्याचार धार्मिक एकता के बावजूद कभी नहीं किया। **मोजेज** की विधि-संहिता प्रसिद्ध है। इसके अतिरिक्त अन्य कई विधि संहिताएँ भी यहूदी दर्शन में उपलब्ध हैं। ई. सन् पूर्व पाँचवीं शताब्दी में विधियों को अंतिम रूप से संहिताओं में संकलित किया जा चुका था।

यहूदी विचार पर आलोचनात्मक दृष्टिपात् किए बिना यह अध्याय संभवतः अपूर्ण-सा ही रह जायेगा। यहूदी विचार में कालान्तर में कुछ दोष उत्पन्न हो गये। विविध देवताओं की उपासना तथा विविध धर्मावलम्बियों के कारण जहाँ भारतीय या हिन्दू तथा चीनी राजदर्शन ने विविधता के प्रति एक प्रकार की सहिष्णुता उत्पन्न कर ली थी–वहाँ दूसरी ओर कालान्तर में यहूदी दर्शन में असहिष्णुता का दुर्गुण आ बसा। धार्मिक कट्टरता और युद्धाचार की प्रवृत्ति ने यहूदियों में आपस में संघर्ष करा दिया। बाद में यहूदी धर्म में यूनानियों तथा ईसाइयों ने सुधार किया और उसे यूरोप भर में फैला दिया।

उपसंहार

प्राचीन पौर्वात्य दर्शन के इतिहास में अन्तर्राष्ट्रीय विधि संहिता का अभाव है। अन्तर्राष्ट्रीय संबंधों का मुख्य आधार शक्ति हुआ करती थी। राजा को कूटनीति की शिक्षा दिया जाना अनिवार्य समझा जाता था। प्रजा को इस बात की शिक्षा दी जाती थी कि उसका कल्याण भले-स्वभाव के विकास में ही है। धार्मिक तथा रक्त-संबंधों पर राज्यों की एकता कायम रखी जाती थी। व्यापार-वाणिज्य का आधुनिक-काल की भाँति विकास नहीं हुआ था। इस क्षेत्र में यहूदियों तथा मिस्रवासियों ने अच्छा कार्य किया तथा मैत्रीपूर्ण व्यापार संबंध रखकर अन्य देशों का इस दिशा में पथ-प्रदर्शन किया।

अध्याय—2

यूनान में राजदर्शन का विकास

यूनान की भौगोलिक स्थिति तथा इतिहास, यूनान के राजनीतिक संस्थान, यूनानी विचारों का स्वभाव, यूनानी राजदर्शन की विशेषताएँ उपसंहार।

पिछले अध्याय में हम ज्ञान-संसार की कला शाखा में राजदर्शन के स्थान, जन्म तथा विकास आदि पर विचार करते हुए पौर्वात्य राजदर्शन की एक झाँकी दे चुके हैं। यह भी बतलाया जा चुका है कि राजदर्शन को स्थूलतः पौर्वात्य और पाश्चात्य राजदर्शनों में विभक्त किया जा सकता है। प्रस्तुत पुस्तक का विषय-वस्तु पाश्चात्य राजदर्शन का अध्ययन करना है। पिछले अध्याय में पौर्वात्य राजनीतिक विचारों के इतिहास का द्रुत सिंहावलोकन राजदर्शन के एक पक्ष का हल्का-सा चित्र पृष्ठभूमि तैयार करने के लिये दे दिया गया था।

पाश्चात्य राजदर्शन के इतिहास का श्रीगणेश यूनानी राजदर्शन से होता है। यूनानी राजदर्शन में भी मुख्यतः ऐसे दो विचारक हैं—प्लेटो और अरस्तू—जो यूरोप के राजदर्शन के गणेश माने जाते हैं। शायद ही कोई ऐसा यूरोपियन विचारक हो जो इन दो दार्शनिकों से अलग-अलग या सामूहिक रूप से प्रभावित न हुआ हो। इसमें सन्देह नहीं कि प्लेटो और अरस्तू दोनों की महान् दार्शनिक थे लेकिन उनके विचारों को विकसित करने में तत्कालीन अन्य विचारों तथा विरोधी राजनीतिक विचारधारा में विश्वास करने वालों का भी पर्याप्त हाथ है। अतएव, इन दो विचारकों के साथ ही यूनान के तत्कालीन राजनीतिक-सम्प्रदायों एवं पंथों की पृष्ठभूमि को भी ध्यान में रखना होगा।

यूनानी विचारकों या विचार-पंथों पर प्रकाश डालने के पूर्व यह जान लेना उपयोगी होगा कि यूनानी राजदर्शन की क्या विशेषताएँ हैं?

यूनानी विचारकों के कण्ठस्वर में हमें दो बातें स्पष्ट रूप से ध्वनित होती दिखलाई पड़ती हैं—पहली तो यह कि उन्होंने अपने समय के यूनान को पतन के गर्त में जाने से बचाने का भरसक प्रयत्न किया और दूसरी यह कि सुधारों के लिए उन्होंने जो भी प्रयत्न किये—वे अपनी बौद्धिक सच्चाई से किये। यही कारण है कि जहाँ एक ओर हम यह देखते हैं कि उनके विचार-दर्शन के स्वर स्थानीय है—वहाँ दूसरी ओर राज्य तथा तत्संबंधी सिद्धान्तों की बौद्धिक व्याख्या का सच्चाई से किया गया प्रयत्न उनके स्वर में सार्वभौमिकता की विशेषता को भी अंकित करता हुआ चलता है।

यूनान की भौगोलिक स्थिति तथा इतिहास

यूनान की राजनीतिक विचार-संस्कृति एक विशिष्ट भौगोलिक वातावरण की देन थी। अतएव इस विचार-संस्कृति की धारा की तंरगों का सूक्ष्म अवलोकन कर उनके सौन्दर्य का वास्तविक आनन्द लाभ करने के और यह जानने के लिए कि उसकी जानकारी से क्या लाभ उठाया जा सकता है—हमें यूनान की भौगोलिक स्थिति पर एक सरसरी दृष्टि डाल लेनी चाहिए।

यूनान की भौगोलिक स्थिति

यूनान भौगोलिक दृष्टि से पूर्वी यूरोप का प्रायद्वीप है जो दक्षिणी समुद्र में अन्दर तक घुसा चला गया है। यूनान 39° अक्षांश से 36° अक्षांश तक तथा 20° देशान्तर से 23° देशान्तर तक लम्बा और फैला हुआ है। यूनान की भूमि पहाड़ी और पठारी है। कुल वर्गफल 1,32,562 किलोमीटर या 51,168 वर्गमील है। देश के भूमि-भाग को दो भागों में विभक्त किया जा सकता है। मुख्य भूमि-भाग, का वर्गफल 41,317 वर्गमील है और द्वीपों का 9,850 वर्गमील।

भौगोलिक स्थिति की दृष्टि से यूनान पहाड़ियों तथा घाटियों का देश है। घाटियों में तथा पहाड़ की तलहटियों में बसी प्राचीन बस्ती में लगभग 2700 वर्ष पूर्व यूनानी सभ्यता तथा संस्कृति का विस्तार हुआ था। तत्कालीन संसार में यूनानी-विचार संस्कृति आज भी श्रेष्ठ मानी जाती है।

इतिहास का सिंहावलोकन

यूनान के राजदर्शन इतिहास ईसा के जन्म से 700 वर्ष पहले से आरंभ होता है। तत्कालीन परम्पराओं, प्रथाओं तथा इतिहास की अन्य सामग्रियों से विदित होता है कि उस समय यूनानी राज्यों का शासन-कार्य राजा के रूप में नगर का वृद्धतम और अनुभवी पुरुष किया करता था। पद-भार सम्पूर्ण जीवन के लिये हुआ करता था और एक राजा के मृत्यु के बाद दूसरे राजा की नियुक्ति हो जाती थी। लेकिन शनैः शनैः इस व्यवस्था के दोष बढ़ते गये तथा शक्ति के राजाओं के पास हटकर आभिजात्य वर्ग के कुछ लोगों के पास आना

आरंभ हो गया। आभिजात्य वर्ग का शासन जब तक शुभ-बुद्धि एवं निस्वार्थ सेवा के भाव से होता रहा तब तक कोई गड़बड़ी नहीं हुई लेकिन बाद में स्वार्थी तथा लोक-कल्याण की बातों को तिरस्कृत कर उसकी अवहेलना करने वाले व्यक्तियों के एक समूह में शक्ति आ गई। आभिजात्य वर्ग के इस पतन का अंत करने के लिए शक्ति अब जनता ने अपने हाथ में ले ली परन्तु शासन का वास्तविक नेतृत्व अब भी जनता के कुछ चुने हुए आभिजात्य वर्ग के लोग ही करते रहे। उदाहरण के लिए पेरीक्लीज और उनके साथी ऐसे ही नेताओं में से थे।

पारस्परिक एवं आन्तरिक संघर्ष

लेकिन समस्या प्रजातंत्रवाद की स्थापना से ही समाप्त नहीं हो गई। यूनानी नगर राज्यों में आपस में ही संघर्ष आरंभ हो गये। हेलाज या यूनान के नेतृत्व के लिए विभिन्न राज्यों में आपस में होड़ चल पड़ी और प्रत्येक नगर-राज्य अखिल यूनान का नेतृत्व करने का सपना देखने लगा। अन्य छोटे-मोटे नगर-राज्यों के यें सपने तो मिट्टी के खिलौनों की तरह जल्दी ही टूट गये लेकिन स्पार्टा तथा एथेन्स का संघर्ष अन्त तक बन्द न हुआ। इसी प्रतिद्वंदिता ने पेलोपोनेशियन युद्ध को जन्म दिया जो लम्बे अरसे तक चला जिसमें दोनों ही राज्य समाप्त हो गये।

एकता के प्रयत्न

ऐसा नहीं है कि जिन दिनों नगर-राज्यों के पारस्परिक संघर्ष चल रहे थे उन दिनों यूनान की एकता की कल्पना राजनीतिक विचारकों के मस्तिष्क में न आई हो। कई विचारकों ने नगर-राज्य के संघ-शासन की रूपरेखाएँ तैयार कीं लेकिन वे अपूर्ण ही रहीं तथा क्रियान्वित न की जा सकीं। बीच में एक बार ऐसा अवश्य हुआ कि फारस ने यूनान के नगर-राज्यों पर हमला किया। इस आक्रमण के लिए नगर-राज्यों ने परस्पर एकता कर ली लेकिन यह एकता अस्थायी ही रही—स्थायी न हो सकी।

यूनान के राजनीतिक संस्थान

यूनान में निवास करने वाली जातियों का जहाँ तक संबंध है—उनका उद्गम सूत्र एक ही है। उनकी सामाजिक पृष्ठभूमि भी समान थी। सभी यूनानी यूनान से बाहर निवास करने वाले तथा अपने से भिन्न जाति के लोगों को बर्बर एवं असभ्य मानते थे। अरस्तू ने तो बर्बर जातियों को जीतकर उनको सभ्य बनाने की शिक्षाएँ भी दी थीं। सभ्यता और संस्कृति के एकमात्र ठेकेदार होने का यूनानियों का स्वप्न उस समय भंग हुआ जब सिकन्दर ने भारत पर आक्रमण किया और यहाँ के राज्य-संस्थानों को यूनान के बहुत से संस्थानों के अपने से कहीं अधिक शक्तिशाली एवं समुन्नत पाया।

यूनानी सभ्यता एवं संस्कृति के मूल आधार नगर-राज्य थे। वे राजनीतिक दृष्टि से

एक दूसरे से सर्वथा स्वतंत्र रहा करते थे। राजदर्शन की सारी पृष्ठभूमि यूनानी विचारकों को यूनान के नगर-राज्यों की सभ्यता से ही मिली। तत्कालीन यूनानी नगर-राज्यों के समाज में दो ही आदर्श नगर-राज्य माने जाते थे—पहला तो स्पार्टा और दूसरा एथेन्स। अपनी-अपनी रुचि के अनुसार अन्य छोटे-छोटे नगर-राज्य इनमें किसी भी राज्य के आदर्श का अनुकरण करते थे। यह रुचि राजदर्शन के अध्ययन में अभी तक चली आई है। एक फ्रेंच लेखक ने लिखा है, "स्पार्टा-एथेन्स...ये दोनों नगर एक दूसरे से मुश्किल से 100 मील की दूरी पर होंगे किन्तु दोनों में कितना अन्तर था—उनकी राजनीति, उनका रहन-सहन, उनके आदर्श, सभी कुछ तो एक दूसरे भिन्न थे। स्पार्टा का जीवन युद्ध करते बीता और एथेन्स का व्यापार करते। यदि जर्मन इतिहास लेखकों का सबसे रुचिकर विषय स्पार्टा है तो अँग्रेजों का एथेन्स।"

यदि हम एक बार स्पार्टा और एथेन्स के संविधानों को ध्यान से देख लें तो हमें यूनान के राजनीतिक संस्थानों का ज्ञान भली-भाँति हो जायेगा।

स्पार्टा का संविधान

स्पार्टा के संविधान पर विचार करते हुए हम सबसे पहले वहाँ के सामाजिक-संघटन का एक चित्र उपस्थित करेंगे। स्पार्टा की सामाजिक व्यवस्था मूलतः कृषि पर आधारित थी। वहाँ का समाज तीन भागों में विभक्त था। तीन सामाजिक वर्गों में सबसे नीचे का वर्ग दासों का था जो या तो पराजित यूनानी युद्धबंदी हुआ करते थे या यूनानियों से भिन्न जातियों के हुआ करते थे। दासों को प्राप्त करने का स्रोत या तो युद्ध हुआ करता था अथवा खरीददारी। तत्कालीन यूनान में ऐसे व्यापारी थे जो दासों का व्यापार किया करते थे। इस दास वर्ग को स्पार्टावासी हीलट कहा करते थे। इस वर्ग को भोजन-वसन के अतिरिक्त समाज में कोई अधिकार प्राप्त न था। इसका कार्य उच्चतर समाज की विभिन्न सेवाएँ करना ही हुआ करता था। यदि तुलना की जाए तो भारतीय वर्ण-व्यवस्था में जो स्थान शूद्रों का था—उससे कहीं भ्रष्ट स्थान स्पार्टा-वासियों ने दासों को दिया था। दासों के व्यक्तिगत जीवन में वह आत्मगौरव का भाव नहीं मिलता जो आरंभ में वर्ण-व्यवस्था में रखे गये शूद्रों में था। भारतीय वर्ण-व्यवस्था कार्य विभाजन के सिद्धान्त पर आधारित रही। वैदिक काल में शूद्रों के साथ कभी नीच व्यवहार नहीं किया गया। उन्हें सामाजिक व्यवस्था का एक अत्यन्त आवश्यक तथा उपयोगी वर्ग माना गया। यह ठीक है कि आगे चलकर जाति-व्यवस्था जटिल हो गई और विशेषकर दक्षिण में शूद्रों के साथ, अमानुषिक व्यवहार किया गया परन्तु फिर भी स्पार्टा के दासों से भारतीय शूद्रों का स्थान कहीं उच्चतर था। दास-वर्ग से ऊँचा लेकिन यूनानी नागरिक वर्ग से नीचा मध्यम श्रेणी के स्त्री-पुरुषों का भी एक वर्ग था जो उद्योगों तथा व्यवसायों का संचालन कर अपना जीवन व्यतीत किया करता था। इस वर्ग पर दासों की भाँति बंधन न थे। व्यवसाय-चयन या अपने मन का उद्योग आरंभ करने की स्वतंत्रता इस वर्ग को प्राप्त थी लेकिन इस वर्ग को भी किसी प्रकार के

कोई राजनीतिक अधिकार प्राप्त न थे। इस वर्ग को स्पार्टावासी यूनानी भाषा में '**पेरियोकोई**' कहा करते थे।

स्पार्टा का उच्चतम या नागरिक वर्ग

स्पार्टा के बहुसंख्यक निवासी तो दासों या मध्यम-वर्ग के लोगों में निकल गये—जो बाकी बचे वे स्पार्टा के उच्चतम वर्ग के व्यक्ति माने जाते थे। यही स्पार्टा के नागरिक थे। स्पार्टा के नागरिकों का यह सीमित और लघु समूह उन मूल विजेताओं का वंशज था जो अपने आपको **डोरियन** कहा करते थे। स्पार्टा का सम्पूर्ण शासन इसी उच्च वर्ग के हाथों में था। इस उच्च-वर्ग के बालकों को नगर-राज्य का शासक-वर्ग सात वर्ष की अवस्था के बाद से उनके माता-पिताओं से ले लेता था—तथा उनकी सारी शिक्षा-दीक्षा राजकीय-व्यय से होती थी। सात वर्ष की अवस्था से लेकर युवावस्था तक स्पार्टा के विद्यार्थियों को अनिवार्यतः सैनिक शिक्षा दी जाती थी। सभी विद्यार्थियों की देखरेख एक वृद्ध अधिकारी या मैजिस्ट्रेट किया करता था। युवकों को अपनी शिक्षा के आंरभ से लेकर अन्त तक एक ही भोजनालय में एक साथ बैठकर भोजन करना पड़ता था। सभी प्रकार की विलासिता या आराम की सामग्रियों का उपभोग करना निषिद्ध था। लिखित विधियों के लिए कोई स्थान न था। प्रायः सभी मामलों में न्यायाधीशों का निर्णय अंतिम समझा जाता था।

स्पार्टा के राजनीतिक संस्थान

समस्त स्पार्टा-वासियों की एक सभा (असेम्बली) थी। इस सभा के साथ 28 निर्वाचित सदस्यों की एक परिषद् (सीनेट) हुआ करती थी। दो राजा हुआ करते थे। शक्ति एक ही किन्तु सीमित वर्ग के हाथ में थी। ऐसे सदस्यों को हटा दिया जाता था जो सार्वजनिक-भोजनालयों को चलाने के लिए अन्नराशि न दे पाते थे। ऐसा करने में बहुत से नागरिक असफल रहते थे। फलस्वरूप वे निष्कासित कर दिये जाते थे और शक्ति निरन्तर एक लघु से लघुत्तर वृत में सीमित होती जाती थी। इन सबके ऊपर पाँच सदस्यों का एक मण्डल भी था—जो सर्वशक्तिमान था। इसे 'एफर' कहा जाता था।

यही थी राजनीति संस्थानों की रूपरेखा। अब जरा एक नजर इनके कर्तव्य एवं कार्यों पर डाल ली जाए। स्पार्टा-वासियों की असेम्बली या सभा—जिसमें सभी नागरिक भाग लिया करते थे—किसी भी मामले का अंतिम रूप से फैसला किया करती थी किन्तु इसकी बैठकें बहुत कम हुआ करती थीं। और जब हुआ भी करती थीं तो उसके कार्यक्रम को परिषद् या सीनेट ही निर्धारित किया करती थी। पाँच सदस्यों का मण्डल सर्वशक्तिमान सत्ता था। दिन-प्रति-दिन का शासन-कार्य वही चलाता था। दो राजाओं में से एक तो सेना का सर्वोच्च सेनापति हुआ करता था और दूसरा धर्माध्यक्ष किन्तु दोनों के ही हाथ में शक्ति कुछ भी न होती थी। उन्हें निर्वाचित मण्डल की आज्ञाओं को ही मानना पड़ता था।

अपने इन राजनीतिक-संस्थानों के फलस्वरूप तथा कठोर शासन-व्यवस्था के कारण स्पार्टा ने सामाजिक स्थिरता तथा सैनिक-सफलताओं के क्षेत्र में उच्चतम शृंगों तक पहुँचने का कठिनतम मार्ग तय किया था।

एथेन्स का संविधान

एथेन्स की अर्थ-व्यवस्था का मूल आधार व्यापार तथा वाणिज्य था। स्पार्टा की भाँति एथेन्सवासी कृषि-कार्यों पर ही निर्भर नहीं रहते थे। व्यापार-वाणिज्य-प्रधान अर्थ-व्यवस्था ने एथेन्स के यूनानियों की दृष्टि को विस्तृत एवं मस्तिष्क को नये-नये विचारों से युक्त कर दिया था। स्पार्टा ने अच्छे सेनापति भले ही पैदा किये हों—लेकिन वहाँ विचारक एक भी पैदा नहीं हुआ। स्पार्टा के सैनिकों का मस्तिष्क संकुचित, विचार सीमित तथा दृष्टि संकीर्ण हुआ करती थी—इसके विपरीत एथेन्स का सामान्य नागरिक स्पार्टा के नागरिक से कहीं अधिक ज्ञानवान् तथा व्यवहार-कुशल हुआ करता था। कठोरता नहीं उदारता उसका मुख्य गुण था। यह अन्तर शिक्षा-दीक्षा तथा संस्थानों की व्यवस्थाओं का अन्तर था। यह उन आदर्शों का अन्तर था जो दोनों नगर-राज्यों ने अपने-अपने सामने रखे थे।

सामाजिक व्यवस्था

एथेन्स की सामाजिक व्यवस्था में भी स्पार्टा की भाँति तीन वर्ग हुआ करते थे। सबसे नीचा वर्ग दासों का था। पहले एथेन्स में भी इस वर्ग का वही हाल था जो स्पार्टा में, लेकिन बाद में दासों की अवस्था में सुधार हो गया। यह सब अरस्तू तथा उसके समकालीन-विचारकों की शिक्षाओं का फल था। दासता संबंधी अन्य पक्षों पर हम आगे विचार करेंगे। दास-वर्ग से ऊपर चलने पर मध्य वर्ग में एथेन्स के विदेशी-निवासियों का वर्ग आता था। एथेन्स में यह वर्ग इसलिए पनप गया कि वहाँ पर व्यापार कार्य के लिए बराबर विदेशों के निवासी आया करते थे और उनमें से कुछ वहीं बस गये। इन दोनों वर्गों के ऊपर नागरिकों का वर्ग था। जहाँ एक ओर दास उत्पादन-कार्य करते थे और मध्य-वर्ग के सदस्य व्यापार-वाणिज्य द्वारा नगर-राज्य की सम्पत्ति बढ़ाते थे—वहाँ दूसरी ओर नागरिक वर्ग का कार्य केवल राजनीतिक कार्य करते रहना था। एथेन्स के नागरिक वर्ग का व्यवसाय ही राजनीति था। यूनानी साहित्य में चौराहों, बाजारों तथा अन्य सार्वजनिक स्थानों में राजनीतिक एवं अन्य सार्वजनिक विषयों पर बहस करते हुए एथेन्स के नागरिकों का यथेष्ट विवरण मिलता है।

प्रजातंत्रवादी शासन-व्यवस्था का रूप

एथेन्स में प्रजातंत्रवादी शासन-व्यवस्था का रूप कुछ मिश्रित-सा था। मिश्रित इन अर्थों में कि जहाँ शासन की समस्त शक्ति नागरिकों में स्थित थी वहाँ उसका संचालन और परिचालन ऐसे नेताओं के हाथ में था जो आभिजात्यवर्ग के थे। यह आभिजात्यतंत्र मुख्यतः बौद्धिक था। पेरीक्लीज तथा उनके साथी—इसी वर्ग के व्यक्ति थे जिन्होंने एथेन्स के प्रजातंत्रवादी आदर्शों पर बड़ा अच्छा प्रकाश डाला है।

यद्यपि बौद्धिक आभिजात्य नेताओं के हाथ में ही सम्पूर्ण शक्ति रहा करती थी किन्तु ये नेता अपनी शक्ति नागरिकों की महासभा या असेम्बली से प्राप्त करते थे। यह असेम्बली ही सब मामलों का अंतिम निर्णय करती थी। इसके अतिरिक्त एक परिषद् भी हुआ करती थी जिसके 400 सदस्य होते थे। इन दोनों ही संस्थानों की स्थापना ई. पू. 570 में हुई थी—जब एथेन्स से निरंकुश शासक को निकाल दिया गया था। अधिकारों तथा पदों के वितरण के लिए नागरिकों को चार भागों में विभक्त कर दिया गया था। जहाँ प्रथम वर्ग के नागरिक राज्य के उच्चतम पदों तक पहुँच सकते थे—वहाँ चतुर्थ वर्ग के नागरिकों को शासनाधिकार के किसी पद पर नियुक्त नहीं किया जाता था। अन्त में चतुर्थ वर्ग को भी कुछ अधिकार दिये गये थे लेकिन यह व्यवस्था भी बाद में हो पाई थी। इसके पहले तो आभिजात्यतंत्र के सदस्यों का ही सब पदों पर बोलबाला रहा करता था। नई व्यवस्था समझौतों और सुधारों का परिणाम थी। इन सुधारों को कराने में एथेन्स के प्रसिद्ध नेता **'सोलोन'** ने बड़ा नाम कमाया था।

नागरिकों की महासभा या असेम्बली का कार्यविधियां (कानून) बनाना नहीं था क्योंकि एथेन्सादि नगरों में जो रीति-रिवाज वर्षों से चले आ रहे थे—उन्हीं को विधि के समान माना जाता था। पहले वे लिखे हुए भी नहीं थे किन्तु बाद में उनका संकलन कर लिया गया था। फिर भी असेम्बली में नई-व्यवस्थाओं के प्रस्ताव कभी-कभी रख दिये जाया करते थे। इतना अवश्य था कि परम्परा-विरुद्ध व्यवस्था का प्रस्ताव रखनेवालों को अपराध सिद्ध हो जाने पर दण्डित कर दिया जाता था।

एथेन्स में नागरिकों की संख्या काफी थी तथा परिषद् में भी चार सौ सदस्य होते थे। इसका फल यह हुआ कि दोनों ही संस्थाओं की बैठकें बहुधा नहीं हो पाती थीं। वह केवल कभी-कभी ही हुआ करती थीं। सभी निर्णय बहुमत से होते थे।

असेम्बली या महासभा तथा परिषद् की बैठकें जल्दी-जल्दी न हो सकने के कारण दस सेनापतियों तथा दस अनुभवी राजनीतिज्ञों के दो मण्डल थे जो सेना संबंधी व्यवस्थाएं करते और कूटनीतिक एवं प्रशासनिक कार्य करते थे।

यूनानी विचारों का स्वभाव

यूनानियों में आदि आर्यों की भाँति प्रकृति-पूजा का भाव बहुत अधिक था। उनके देवता भी अधिकांशतः प्राकृतिक शक्तियों का ही प्रतिनिधित्व करते थे। अतएव, समस्त प्राकृतिक तत्वों और पदार्थों में यूनानियों को बड़ा विश्वास था। यही विश्वास उनको प्रत्येक प्राकृतिक तत्त्व में तर्कसंगतता का दर्शन कराता था। वे मानते थे कि प्रकृति मानव-हितकारिणी है और वह जो कुछ भी करती है उसमें मानव-मंगल की भावना प्रत्यक्ष या परोक्ष ढंग से छिपी रहती है। धर्म यूनानी-समाज में सदैव व्यक्तिगत और अप्राथमिक माना गया। परिणामतः पाश्चात्य-दर्शन में लौकिकता या धर्म-निरपेक्षता का विचार यूनानी विचारकों से

ही ग्रहणकर विकसित किया गया। यूनानियों के देवता नगर-देवता हुआ करते थे और उनमें वीर पूजा का भाव रहा करता था। यूनान में मध्यपूर्व के देशों की भाँति या मध्ययुग के ईसाइयों की तरह धर्मान्धता नहीं थी। अतएव देवताओं के नाम से जो भी कार्य होते थे—उनमें अधंविश्वास नहीं अपितु बौद्धिकता की छाप अमिट रूप से अंकित रहा करती थी। रूढ़िवादिता के अभाव ने दो गुण यूनानियों के समाज तथा उनके संस्थानों को प्रदान किये—जो आगे चलकर आधुनिक पाश्चात्य राजदर्शन के लिए भी वरतुल्य सिद्ध हुए—वे गुण थे सहिष्णुता और समन्वयता। अपने इन्हीं गुणों के कारण यूनानी-समाज ने अपने अन्दर पुरोहितों जैसा कोई वर्ग विकसित न होने दिया। इसका यह आशय नहीं है कि वहाँ पुरोहित होते ही नहीं थे—वे होते थे लेकिन भारत में जैसी शक्ति ब्राह्मण वर्ग ने बौद्धिक आभिजात्यतंत्र स्थापित कर प्राप्त कर ली थी—वैसी शक्ति यूनानी समाज में कोई ऐसा वर्ग न पा सका।

जीवन के विकास के लिये यूनानी दार्शनिकों ने बौद्धिक विकास आवश्यक बतलाया। उच्चतर बौद्धिक अभिव्यक्तियाँ मानवीय क्षमता के विकास के लिए आवश्यक हैं—यह बात प्लेटो और अरस्तू आदि ने प्रकारान्तर से दोहराई हैं। मनुष्य का अधिकतम और उच्चतम विकास समाज में ही हो सकता है तथा अच्छा समाज राज्य में बना रह सकता है—इसीलिए यह यूनानी सिद्धान्त कहावत की भाँति चल निकला—कि "मनुष्य राजनीतिक जीव है"। मनुष्य राज्य के बिना नहीं रह सकता। यदि कोई ऐसा दावा करता है कि मनुष्य राज्य के बिना भी रह सकता है तो अरस्तू के शब्दों में वह "या तो पशु है अथवा देवता।"

समाज और राज्य की इतनी आवश्यकता बता देने के बाद यह बिल्कुल स्वाभाविक था कि यूनानी दार्शनिक इस बात पर बल देते हैं कि राजनीतिक गतिविधियों में यूनानी नागरिक सबसे अधिक रुचि ग्रहण करें और सक्रिय रूप से भाग लें। यूनानी दार्शनिकों की इस माँग ने नगर-राज्यों में प्रजातंत्रवाद के विकास में बड़ी सहायता दी। फलतः नगर-राज्यों की सीमित जनसंख्या तथा भूमि-विस्तार एवं दार्शनिक वर्ग के आग्रह के कारण प्रत्यक्ष प्रजातंत्रवाद की ऐसी पद्धति विकसित हो गई—जो मूलतः आधुनिक राष्ट्र-राज्य के प्रजातंत्र स्वरूप से भिन्न नहीं है—यद्यपि इसका बाह्य-स्वरूप यूनानी-प्रजातंत्र की तुलना में अवश्य जटिल हो गया है।

राज्य की सामाजिक एवं व्यक्तिगत जीवन के विकास के लिये इतनी अधिक उपयोगिता मान ली गई थी (शासन के स्वरूपों की चाहे कितनी ही आलोचनाएँ-प्रत्यालोचनाएँ की गई हों) कि राज्य की आलोचना अथवा उसकी प्रारंभिक उपयोगिता के संबध में किसी दार्शनिक ने कभी कोई संदेह प्रकट नहीं किया। यहाँ तक कि राज्य को जीवन की अन्तरंग बातों के नियंत्रण का भी अधिकार दे देने में कुछ यूनानी दार्शनिकों या शासकों को कोई आपत्ति नहीं प्रतीत हुई। प्लेटो का साम्यवाद—स्त्रियों और सम्पत्ति के संबंध में तथा स्पार्टा की सात वर्ष के बाद बालकों का राज्य के सुपुर्द कर देने की प्रथाएँ इसी दिशा की ओर

इंगित करती हैं। राजनीतिक अधिकारों की कल्पना तो यूनानी विचार-दर्शन में मिलती है—लेकिन नागरिक अधिकारों की नहीं। इसका कारण है और वह यह है कि राजनीतिक अधिकार—सामाजिक और समूहगत अधिकारों से संबंधित है। नागरिक अधिकारों का संबंध व्यक्तियों से है और क्योंकि समाज से व्यक्ति को यूनानी राजदर्शन-शास्त्रियों ने बिल्कुल ही भिन्न नहीं माना, इसलिए उन्होंने समाज के अधिकारों को ही व्यक्ति का अधिकार भी समझा। यूनानियों के मतानुसार व्यक्ति और समाज के हित में किसी प्रकार का विरोध नहीं था। 'समाज एक वृहद व्यक्ति है', यही यूनानियों की धारणा थी। इसी कारण समाज के विरुद्ध व्यक्तियों के अधिकारों का प्रश्न कभी उठाया ही नहीं गया। जो समाज के लिए श्रेयस्कर है, वही व्यक्ति के लिए हितकर है, यही इन दार्शनिकों का मत था।

यूनानी राजदर्शन की विशेषताएँ

यूनानी राजीनीतिक-विचारों के स्वभाव की इस संक्षिप्त और लघु भूमिका को पृष्ठभूमि में रखकर अब हम सुविधापूर्वक यूनानी विचार-दर्शन की विशेषताओं को उँगलियों पर गिन सकते हैं। ये सभी विशेषताएँ यूनानियों के : (क) विशिष्ट भौगोलिक वातावरण, (ख) प्रकृति और जीवन संबंधी दृष्टिकोण (जिसकी ऊपर की पंक्तियों में विस्तारपूर्वक चर्चा हम कर आये हैं), और (ग) उनकी कृषि या व्यापारिक अर्थ-व्यवस्था पर—जो मूलतः दास प्रथा पर आधारित थी—आश्रित हैं। विशेषताएँ इस प्रकार हैं : (अ) नगर, राज्यों का जीवन, (आ) नागरिक जीवन को सफल बनाने के लिए निर्धारित और सुनिश्चित शिक्षापद्धतियाँ, (इ) नागरिकता संबंधी विचार, (ई) विधियों के प्रति अति श्रद्धाभाव, और (उ) धर्म संबंधी विचार। इनमें से प्रत्येक पर अब हम क्रमपूर्वक विचार कर सकते हैं।

नगर-राज्यों का जीवन

यूनानी नगर-राज्यों की सबसे बड़ी और उल्लेखनीय विशेषता यह थी कि वहाँ का शासन-कार्य प्रत्यक्ष-प्रजातांत्रिक प्रणाली से हुआ करता था। यूनान में प्रत्यक्ष-प्रजातांत्रिक प्रणाली में सफलता से कार्य इसलिए संभव हो सका क्योंकि : (1) नगर-राज्य छोटे और सीमित भूमि-क्षेत्र में बसे हुए रहते थे, (2) उनकी जनसंख्या तथा स्वल्प (10 हजार से 30-40 हजार तक) हुआ करती थी और नागरिक वर्ग के लोग एक दूसरे से भली-भाँति परिचित होते थे, तथा (3) उनकी जातिगत समानता उन्हें एकता के सूत्र में बाँधे रहती थी। नगर-राज्यों के शासन-स्वरूप भले ही भिन्न हुआ करें किन्तु वास्तविक शक्ति और सत्ता नागरिकों के समूह में ही केन्द्रित रहा करती थी। नगर-देवता की पूजा सब नागरिकों को समान रूप से करनी पड़ती थी। ऐसा नहीं होता था कि नागरिकों का एक वर्ग किसी एक देवता की पूजा करे और दूसरा वर्ग किसी दूसरे देवता की। राज्य और धर्म के प्रति भक्तियाँ विभक्त नहीं थी। नगर-जीवन में शासन-संस्थानों का गहरा प्रवेश था और यह

नहीं माना जाता था कि व्यक्ति के अधिकार अलग हैं तथा राज्य के अलग। व्यक्तिगत जीवन में भी राज्य अनेक बातों का नियंत्रण किया करता था। उदाहरणार्थ स्पार्टा में सात वर्ष की अवस्था के बाद बालकों को राज्य अपने नियंत्रण में ले लिया करता था। आजकल की सरकारें ऐसे अधिकारों से वंचित हैं। यूनानी नागरिक का सारा समय नगर के बाजारों, चौराहों तथा अन्य सार्वजनिक स्थानों में राजनीतिक विषयों की चर्चा करते ही बीता करता था। किसी एक नागरिक का कोई एक कार्य निर्धारित नहीं था। यही कारण है कि यूनान के इतिहास में जहाँ एक ओर किसी नागरिक को हम सेनापति का पद-भार सँभालते पाते हैं—वहीं थोड़े काल पश्चात् दूसरी ओर उसे दण्डनायक या न्यायाधीश के रूप में भी काम करते देखते हैं। **बांरकर** ने लिखा है 'राज्य बनाम नागरिक' के अधिकारों का संघर्ष यूनानियों के लिए कल्पनातीत था। इसका अर्थ यही है कि यूनान में राज्य तथा व्यक्तिगत अधिकारों में कोई अन्तर नहीं माना जाता था। यूनानियों का नगर-जीवन केवल व्यक्तियों का समूह नहीं हुआ करता था वरन् वह इससे भी कुछ अधिक होता था। वे समूहगत जीवन को ही जीवन मानते थे और तत्संबंधी उनका दृष्टिकोण सावयव था। वे मानते थे—जिस प्रकार कटे हुए हाथ का किसी व्यक्ति से अलग होकर कोई जीवन शेष नहीं रहता—ठीक उसी प्रकार व्यक्ति का राज्य तथा समाज से अलग कोई जीवन नहीं होता। उनके इसी दृष्टिकोण ने **अरस्तू** की इस प्रसिद्धि लोकोक्ति को जन्म दिया कि "मनुष्य राजनीतिक प्राणी है।" इस लोकोक्ति में यह अर्थ निहित है कि मनुष्य सामाजिक प्राणी भी है। राज्य समाज का बौद्धिक रूप से विकसित स्वरूप है—इसीलिए उसे राजनीतिक प्राणी कहा गया। **अरस्तू** ने राज्यकार्यों की कल्पना के जगत में राजनीति को वही स्थान दिया है जो व्यक्ति के जीवन में आचार-शास्त्र का होता है। **अरस्तू** का कहना था कि संविधान के शासक के पदों तथा अधिकारियों की व्यवस्था का ही ज्ञान नहीं होता वरन् उससे किसी भी समाज के रहन-सहन के तौर-तरीकों का भी पता चल जाता है। इस कथन की उपयोगिता आज भी स्वयं सिद्ध है।

शिक्षा संबंधी यूनानी दृष्टिकोण

शिक्षा संबंधी यूनानी दृष्टिकोण अत्यन्त विकसित था। सोक्रेटीज के पहले होमर के समय में यूनानी शिक्षा-पद्धति अत्यन्त साधारण और अविकसित थी। यूनानी नागरिक छोटे-छोटे समूह में रहा करते थे और उनको शिक्षा प्रकृति के अंक में मिला करती थी। वृद्ध नागरिक बालकों को परम्परागत ज्ञान दिया करते थे। सोक्रेटीज के पहले शिक्षा का उद्देश्य बालकों को मुख्यतः व्यवहारकुशल बनाना होता था। वे भली-भाँति भाषण-संभाषण कर सकें और उन्हें रण-नीतियों का ज्ञान हो जाए-शिक्षा बस इन्हीं दो बातों तक सीमित थी। बाद में शिक्षा संबंधी दृष्टिकोण को प्लेटो तथा अरस्तू ने बहुत अधिक विकसित किया और यह सिद्धान्त स्थिर किया कि शिक्षा ऐसी होनी चाहिए जो नगर-राज्यों के संविधान के अनुरूप हो तथा ऐसे नागरिकों का निर्माण कर सके जो नगर-राज्यों की परम्पराओं के

अनुकूल चलकर परम्पराओं का निर्वाह कर सके। इस प्रकार सोद्देश्य शिक्षा देने के सिद्धान्तों को यूनानी विचारकों ने जन्म दिया। रूसो ने तो यूनानियों को सबसे उत्तम शिक्षा-विशेषज्ञ माना है। प्लेटो की रिपब्लिक के बारे में उसने कहा था कि "रिपब्लिक शिक्षा संबंधी संसार की सबसे अच्छी रचना है।"

नागरिकता संबंधी विचार

यूनानियों के नागरिकता संबंधी विचार आजकल के राष्ट्र-राज्यों के विचारों से भिन्न थे। नागरिकता संबंधी उनकी दृष्टि संकीर्ण और सीमित थी। वे यह नहीं मानते थे कि नगर-राज्य में रहने वाले सभी व्यक्तियों को नागरिकता के अधिकार दे दिये जाएं। जो व्यक्ति राज्य-कार्य में रुचि ले सके तत्संबंधी समस्याओं पर अपने विचार प्रकट कर सके और विरोधी विचारों को भी सुन सके—वे ऐसे व्यक्ति को नागरिकता के अधिकार देने को प्रस्तुत होते थे। नागरिकता का प्राप्त हो जाना राजनीतिक-गतिविधियों और हलचलों में भाग लेने का अधिकार प्राप्त हो जाने का अर्थ रखता था। नागरिकता इन अर्थों में सीमित थी कि जो यूनानी होते थे और नगर-राज्य की सत्ता-प्राप्त जाति के होते थे—उन्हीं को नागरिकता का अधिकार मिल पाता था। ऐसा नहीं था कि विदेशी या दास वर्ग के लोग भी नागरिकता के अधिकार पा सकें। एथेंस में आंशिक-नागरिकता दीर्घकाल से रहने वाले कुछ विदेशियों को दे दी जाती थी लेकिन यह अपवाद था—नियम नहीं। शारीरिक श्रम करने वाले वर्ग के लोग तो नागरिकता योग्य माने ही नहीं जाते थे। नागरिकों के लिये सैनिक-शिक्षा अनिवार्य थी।

विधि

विधि या कानून को यूनान में ईश्वरीय देन माना गया है। इसका अर्थ यह है कि विधियाँ केवल एक व्यक्ति की बुद्धि द्वारा जन्म नहीं लेती वरन् वे युग-युग से चले आने वाले समाज की देन हैं। जिस प्रकार भारतीय साहित्य में वेदों का अपौरुषेय माना गया है—ठीक उसी प्रकार विधियों को भी यूनानी विचारकों ने दैवी माना और उनके प्रति सब भाँति श्रद्धा रखने के लिए विशेष बल दिया। **प्लेटो** ने अपनी प्रथम रचना **'रिपब्लिक'** में यद्यपि विधि को कोई स्थान नहीं दिया है किन्तु बाद में **'दि लॉज'** नाम की पुस्तक में उनकी उपयोगिता स्वीकार करते हुए यह माना है कि समाज का शासन विधियों के आदेशानुसार ही होना चाहिए। यह बात यूनानियों के इस स्वभाव से भी सिद्ध हो जाती है कि वे परम्पराओं के निर्वाह तथा उनके पालन के लिए बड़े सजग रहा करते थे। विधियाँ चाहे गलत हों या सही, उनका पालन किया जाना अनिवार्य समझा जाता था। विधियाँ संचित बौद्धिकता की प्रतीक मानी जाती थीं। विधियों में निहित सिद्धान्त स्थायी तथा पूर्ण माने जाते थे। विधियों का स्रोत प्रकृति मानी जाती थी—लोक-इच्छा नहीं। प्रकृति की

नैतिकता में विश्वास होने के कारण मानवीय नैतिकता की दृष्टि से विधियों का पालन अत्यन्त आवश्यक समझा जाता था।

धर्म संबंधी यूनानी विचार

यूनानियों ने धर्म में मानवीय गुणों की व्यावहारिकता के दर्शन किये थे। धर्म संबंधी विचारों को वैज्ञानिक रूप से व्यवस्थित रूप प्रदान करने का श्रेय **प्लेटो** को प्राप्त है। **प्लेटो** ने धर्म को मनुष्य के अन्तर से संबद्ध बतलाया। **प्लेटो** की सारी तर्क बुद्धि यही सिद्ध करने में जुटी रहती है कि धर्म मनुष्य पर बाहर से थोपी गई कोई वस्तु नहीं है। वह बाह्य उपकरणों की देन नहीं है। धर्म अन्तरंग है। उसका विकास मानव-मस्तिष्क और आत्मा में होता है। प्लेटो की रचना **'रिपब्लिक'** से प्रकट होता है कि धर्म संबंधी विचार **प्लेटो** से पहले भली-भाँति व्यवस्थित न थे और उनको सबसे पहले **प्लेटो** ने ही स्पष्ट किया, तथा उन्हें सुव्यवस्थित रूप प्रदान किया। सीफॉलस, पोलीमारकस, थ्रेसीमेकस तथा ग्लाऊकन के विचारों का खण्डन तथा निषेध तत्कालीन विचारों की अस्पष्टता को ही सिद्ध करता है।

अरस्तू तथा **प्लेटो** दोनों ने यह स्वीकार किया कि धर्म कल्याण और मंगल-चिन्तन तथा विधियों के पालन के लिए उद्यत रहने में निहित है। अधिकारों तथा कर्तव्यों का सामंजस्य धर्म का अंतिम लक्ष्य है। **प्लेटो** की दृष्टि से जिस राज्य में उक्त सामंजस्य हो—वही सर्वोतम है। **अरस्तू** ने भी इन्हीं रेखाओं पर सोचते हुए अति का सर्वत्र निषेध किया और 'स्वर्णिम मध्यम मार्ग' के सिद्धान्त को निर्धारित किया।

उपसंहार

यूनान के विचारकों ने जो दर्शन एवं विचार-संस्कृति आज से 2500 वर्ष पूर्व विकसित कर ली थी—उसके महत्व की कल्पना आधुनिक युग में करना सहज नहीं है। आज का युग प्रायः सभी प्रकार के आधुनिक वैज्ञानिक उपकरणों तथा साधनों का सहज प्रयोग करने के लिए स्वतंत्र हैं किन्तु उस समय जब सभ्यता यूनान की सीमाओं में ही घिरी-सी मानी जाती थी और यूरोप के देश जंगली जीवन से कुछ ही उभरे थे—उस समय यूनानियों का इतना बढ़ जाना उनकी महानता की ओर ही संकेत करता है। लेकिन विचार और दर्शन के क्षेत्र में यूनानियों को महान पद पर आसीन करने वाला यदि कोई वर्ग था तो वह दासों का था। यदि लक्ष-लक्ष दासों ने अपना रक्त बहाकर यूनानियों की आर्थिक-व्यवस्था को सुदृढ़ न बनाया होता तो यूनानी शायद इतना आगे न बढ़ पाते।

अध्याय—3

प्लेटो के पूर्ववर्ती विचारक

सॉफिस्टों और सोक्रेटीज की युग-भूमि, अध्यापक वर्ग के ज्ञान-स्रोत, सॉफिस्टों का जन्म, सोक्रेटीज और उसके अनुयायी, आइसोक्रेट्स तथा सिनिक्स और सिरेनिक्स।

प्लेटो के पूर्ववर्ती-विचारकों में सबसे अधिक महत्वपूर्ण स्थान **सोक्रेटीज** (या सुकरात) का है। किन्तु सुकरात के पूर्व भी कुछ राजनीतिज्ञ हुए थे जिन्हें **सॉफिस्ट** कहा जाता है। **सोक्रेटीज** के विचारों का एक बहुत बड़ा अंश **सॉफिस्टों** के जीवन दृष्टिकोण की आलोचना तथा प्रत्यालोचन है। **सोक्रेटीज** की आलोचना तथा जीवन एवं राजदर्शन संबंधी विचार इतने परिपक्व तथा परिमार्जित थे कि उनको यूनान के प्रसिद्धतम विचारकों ने भी थोड़ा-सा हेरफेर करके या उन्हें और विकसित करके अपना लिया। उदाहरण के लिए **सोक्रेटीज** की शिक्षाओं या उसके शिष्य प्लेटो पर बड़ा प्रभाव पड़ा था और उसने **सोक्रेटीज** के अनेक सिद्धान्तों को न केवल ज्यों का त्यों अपना लिया था—वरन् उन्हें विकसित कर अनके उपयोगी विचारों से पल्लवित कर दिया था। उदाहरण के लिए 'ज्ञान ही गुण है'—यह सिद्धान्त **सोक्रेटीज** ने ही सर्वप्रथम निर्धारित किया था। इसी विचार को **प्लेटो** ने विकसित कर यह सिद्ध किया कि गुणों को सिखाया जा सकता है और इसका साधन ज्ञान ही है।

प्लेटो के पूर्व ऐतिहासिक दृष्टि से सबसे पहले सॉफिस्टों का नाम आता है और इसके बाद **सोक्रेटीज** का और फिर **सिनिक्सों** (सनकियों) और **सिरेनिक्सों** का। इन सबके विचारों का अध्ययन इसलिये आवश्यक है कि पाश्चात्य राजदर्शन का अधिकांश भाग **प्लेटो** तथा **अरस्तू** से आरंभ होता है और **प्लेटो** तथा **अरस्तू** के बहुत से विचारों की आधार भूमि हमें इन्हीं विचारकों से मिलती है। यह बात दूसरी है कि **प्लेटो** तथा **अरस्तू** ने अपने पूर्ववर्ती-विचारकों की सभी बातें ज्यों की त्यों स्वीकार न की हों-लेकिन उनके विचारों को विकसित होने में सबसे बड़ी प्रेरणा-इन्हीं विचारकों से मिली है।

सॉफिस्टों तथा सोक्रेटीज की युग-भूमि

सॉफिस्टों, सोक्रेटीज तथा उसके अनुयायियों का तारा जब यूनान के राजदर्शन संसार में चमका उस समय ईसा के जन्म के पूर्व पाँचवीं शताब्दी चल रही थी। यह शताब्दी यूनानी नगर-राज्यों के इतिहास की सर्वाधिक ऊहापोहमय शताब्दी है। पाँचवीं शताब्दी में जितनी आर्थिक तथा राजनीतिक हलचलें हुईं उतनी हलचलें उसके पूर्व यूनान के इतिहास में कभी नहीं देखी गई थीं। इस शताब्दी के आरंभ तथा अन्त, दोनों ही, दो महायुद्धों से हुए और इन महायुद्धों ने यूनान के नगर-राज्यों के अस्तित्व का सर्वथा उन्मूलन ही कर डाला तथा गौरवशालिनी यशस्वी यूनानी जाति को अप्रतिष्ठा, अगौरव तथा अपयश के अंधेरे गर्त में गिरा दिया। पाँचवीं शती के आंरभिक काल में यूनानियों तथा फारसवासियों के बीच पहला महायुद्ध हुआ। इस महायुद्ध में दो सिद्धान्तों का संघर्ष था। एक पक्ष तो फारस के निरंकुश शासक तथा उनके समर्थकों का था तथा दूसरा पक्ष यूनानियों का था जो स्वायत्त-शासन के पक्के हिमायती थे। फारस के साथ होने वाला पहला महायुद्ध तो एक अन्तर्राज्य या आधुनिक राजनीतिक शब्दावली में अन्तर्राष्ट्रीय संग्राम था किन्तु दूसरा युद्ध जो इस शताब्दी के अन्त में स्पार्टा तथा एथेंस के बीच हुआ-वह तो करीब-करीब यूनान का गृह युद्ध ही था। इस दूसरे युद्ध का नाम यूनानी इतिहास में **पेलोपोनेशियन महायुद्ध** के नाम से प्रसिद्ध है। प्रथम महायुद्ध से यूनान की इतनी क्षति नहीं हुई कि जितनी इस भयंकर गृहयुद्ध से। वस्तुतः यह युद्ध स्पार्टा के सीमित तथा अयोग्य आभिजात्यतंत्र तथा एथेंस के प्रजातंत्रवादी संस्थानों का था। इन दो युद्धों ने यूनान के समस्त बौद्धिक वर्ग को सिर से पैर तक हिला दिया और सभी विचारक यह समझने के लिये आकुल हो उठे कि इस अशान्ति तथा अव्यवस्था का क्या कारण है क्या उस कारण का उन्मूलन हो सकता है? क्या कोई ऐसा संविधान और शासन स्थापित हो सकता है जिससे आये दिन की अशान्तियों से मुक्त हुआ जा सके? ये दो प्रश्न ऐसे थे जिन्होंने यूनानी विचारकों को सम्पूर्ण देश के राजनीतिक, सामाजिक तथा आर्थिक संस्थानों तथा उनकी दशाओं की छानबीन और खोज तथा जाँच-पड़ताल के लिये विवश कर दिया। ऐसी अवस्था में राजदर्शन की उपयोगिता सर्व-सम्मत महत्व पा गई तथा उसकी शिक्षा के लिए एक अध्यापक वर्ग उठ खड़ा हुआ। इसी वर्ग ने सॉफिस्टों तथा सोक्रेटीज आदि को जन्म दिया।

अध्यापक वर्ग के ज्ञान-स्रोत

इस अध्यापक वर्ग ने मुख्यतः यूनान के साहित्य की ज्ञान-प्राप्ति के लिए शरण ली। होमर के काव्य से उन्होंने सीखा कि राजा ईश्वर का अंश है। उसकी स्थिति उस चरवाहे की भाँति है जो अज्ञानी भेड़ों को चराता है। भेड़ प्रजा बतलाई गई है। लेकिन **हीसियड** से राजा के प्रति प्रकट की जानेवाली होमरकालीन भक्तिभाव में कुछ अन्तर आ गया प्रतीत होता है। इसमें राजा के अधिकारों को द्वितिय स्थिति दे दी जाती है और कर्तव्यों का पालन प्राथमिक बतलाया जाता है। सार्वजनिक हितों का राजा कितना ध्यान रखता है तथा उसके

अनुशासन में वह कितना रहता है--यह जानने की स्पष्ट प्रवृति दिखलाई पड़ती है। सात संतों की वाणी तथा **नॉमिक** कवियों की स्फुट रचनाओं में भी इसी मत की पुष्टि की गई है। इससे राजवंशों की शक्ति का क्षीण पड़ना स्वाभाविक ही था। इस शक्ति-क्षीणता से राजवंशों का पतन हुआ। सत्ता पहले योग्य तथा इसके बाद अयोग्य आभिजात्य वंशों के हाथ में गई और अन्त में वह प्रजा के हाथ में केन्द्रित हो गई। एथेंस के प्रजातंत्रवादी युग में न केवल राजदर्शन ही पनपा अपितु ललित कला तथा साहित्य का भी विकास हुआ। यही कारण है पेरीक्लीज का युग एथेंस के इतिहास में यूनान के स्वर्णयुग के नाम से प्रसिद्ध है। इन सभी स्रोतों से समय-समय पर नवोदित अध्यापक वर्ग ने सहायता ली। इनकी शिक्षाओं के ढ़ंग भिन्न-भिन्न भी थे और उद्देश्य भी अलग-अलग थे जिनकी चर्चा बीच-बीच में प्रसंग के अनुसार की जाएगी।

सॉफिस्टों का जन्म

सॉफिस्टो का अर्थ 'बुद्धिमान' होता है और यह शब्द यूनानी भाषा के शब्द 'सोफियस' से बना है। सॉफिस्टों के समय में राजदर्शन की शिक्षा का महत्व अत्यधिक बढ़ गया था--यह तो अभी ऊपर के अनुच्छेदों में बतलाया ही जा चुका है। अतएव सॉफिस्टों ने अपने कंधों पर राजनीति की व्यावहारिक शिक्षा-दीक्षा का भार ले लिया था। ये सॉफिस्ट किसी विशेष विचारधारा की शिक्षा नहीं देते थे अपितु ज्ञान के संबंध में इनका अपना एक विशेष दृष्टिकोण था। वही इनको समानता प्रदान करता है। वे अपने समय के युवकों को ऐसी शिक्षा देते थे जिससे वे अपने व्यवहारिक जीवन में सफलता प्राप्त कर सकें क्योंकि राजनीति ही उन दिनों सबसे अधिक लाभदाई समझी जाती थी--इसीलिये वे उसी की शिक्षा देते थे। वक्तृत्व कला सिखाना उनकी शिक्षा का मुख्य विषय था। किसी भी विषय के पक्ष-विपक्ष में एक ही व्यक्ति किस प्रकार बोल सकता है--यह सिखाना वे भली-भाँति जानते थे।

सॉफिस्टों की प्लेटों के युग के आते-आते तो यह दशा हो गई थी कि आधुनिक वकीलों की भाँति वे बिना पैसे लिये तो बोलते नहीं थे और जब वे बोलने खड़े होते थे तो जो पक्ष उन्हें पैसा देता था वह उसी का समर्थन करते थे। यदि विपक्ष की ओर से अधिक पैसा मिल जाता था तो वे दूसरी ओर से भी बोल देते थे। किसी सिद्धान्त विशेष के लिए ही ज्ञान का उपयोग करना वे आवश्यक नहीं समझते थे। वे ज्ञान को व्यावहारिक जीवन में सफलता का साधन समझते थे--ज्ञान को साध्य नहीं।

सॉफिस्टों का दर्शन

उनका मुख्य कार्य सब विषयों की शिक्षा देना था। इसलिये वे सभी विषयों का भली-भाँति अध्ययन करते थे। सॉफिस्टों के पूर्व ज्ञान की शाखाएँ स्पष्ट न थीं। वे एक दूसरे में लिपटी और उलझी हुई थीं। सॉफिस्टों ने बुद्धिपूर्वक उनका अध्ययन किया तथा

हर विषय के ज्ञान को व्यवस्थित रूप प्रदान किया। वे एक प्रकार से सबसे पहले व्यक्तिवादी थे। उन्होंने ही सर्वप्रथम यह सिद्धान्त स्थिर किया कि मनुष्य सब कुछ है। जो कुछ उसके काम में आता है वही लाभकारी और इच्छा है और जो काम में नहीं आता वह निरर्थक और निरुपयोगी है। आधुनिक काल के आंरभ में उपयोगितावादी बेंथम तथा उनके अनुयायियों ने जो कुछ लिखा है—उसका बहुत कुछ आधार सॉफिस्टों में मिल जाता है। सॉफिस्ट सत्य तथा धर्म के निराधार विचारों में विश्वास न करते थे। इससे पुराने आचार-शास्त्र संबंधी नियमों का अनुपयोगी हो जाना स्वाभाविक था। तर्क की कसौटी पर प्रत्येक तथ्य को कसकर देखना यही सॉफिस्टों की मुख्य शिक्षा थी। वह अंध-विश्वास के घोर विरोधी थे तथा क्यों, क्या, कैसे इत्यादि, तर्कों द्वारा वास्तविकता का ज्ञान प्राप्त करते थे।

विधियों संबंधी दृष्टिकोण

विधियों संबंधी सॉफिस्टों का दृष्टिकोण यह था कि वे परम्परागत होती है। स्वभावतया प्रकृतिगत नहीं होतीं। वे अपने इस दृष्टिकोण को सिद्ध करने के लिए कहते थे कि इसका सबसे अच्छा प्रमाण हमें विधियों की विभिन्नता से मिल जाता है। यदि विधियों को जन्म प्रकृति से हुआ होता तो उनमें समानता होती, विविधता नहीं। वे प्रकृति के सदैव बुद्धियुक्त होने में भी विश्वास नहीं करते थे।

मानव-प्रकृति संबंधी विचार

सॉफिस्टों के मानव-प्रकृति संबंधी विचारों का यदि अवलोकन किया जाए तो स्पष्ट हो जायेगा कि उनकी विचारधारा बहुत कुछ हॉब्स से मिलती थी। वे मानते थे कि मनुष्य स्वभाव से ही लालची और स्वार्थी होता है। निःस्वार्थ भाव से काम करना मनुष्य की प्रकृति के विपरीत है। जब तक मनुष्य को कोई लाभ न हो, वह कोई भी काम मन लगाकर नहीं करता। लेकिन मानव-समाज में बल-प्रयोगं होता है। अतएव जो अधिक बलवान होता है वही दूसरों के स्वार्थों को दबाकर अपना स्वार्थ साधता है। वे 'बल की अधिकार है' के सिद्धान्त में विश्वास करते थे। राज्य के उद्‌गम के संबंध में सामाजिक अनुबंध सिद्धान्त इसी प्रकृति का परिणाम है। राज्य बनने के दो ही कारण थे या तो सभी निर्बल मनुष्यों ने मिलकर अपनी शक्ति संघटित कर ली तथा एक बली को मार भगाया या एक बली ने निर्बलों को अपने शासन में रहने के लिए विवश कर दिया।

विधि और नैतिकता की तुलना

सॉफिस्टों ने विधि और नैतिकता की भी तुलना की थी। उन्होंने बतलाया कि कभी-कभी ऐसी भी विधियाँ होती हैं जो मनुष्य को अपनी बुद्धि के विपरीत कार्य करने के लिए विवश कर देती हैं। इसका कारण यह है कि विधियों का उद्‌गम राजनीतिक-सत्ता

से हुआ है। नैतिकता व्यक्तिवादी होती है, अतएव नैतिकशास्त्र के नियम विधियों से अधिक उपयोगी हैं। विधियों को सॉफिस्ट अधिक उपयोगी नहीं मानते क्योंकि विधियाँ समूहगत आचारशास्त्र की ओर संकेत करती हैं—जो सॉफिस्टों की व्यक्तिवादी विचारधारा के अनुकूल नहीं है।

आलोचना

प्लेटो आदि विचारकों ने सॉफिस्टों की बड़ी आलोचना की है। **प्लेटो** ने तो यूनानी नगर-राज्यों के पतन का कारण भी यही बतलाया था कि उनमें व्यक्तिवादियों की संख्या बहुत अधिक बढ़ गई थी। राज्य में सत्ता के लिये लड़ने वाले तत्वों की संख्या बहुत अधिक बढ़ गई थी। यह तत्व **प्लेटो** के विचार के अनुसार सॉफिस्टों की शिक्षाओं के ही परिणाम थे—जो राज्य को निर्बल बना देते थे। यही कारण है कि **प्लेटो** ने अपनी कल्पना के राज्य में शिक्षा व्यक्तिवादी नहीं वरन् समूहवादी रखी और यह भी कहा कि शिक्षा का नियंत्रण राज्य करेगा और वह व्यक्तियों के हाथ में न रहेगी। इस प्रकार **प्लेटो** ने सॉफिस्ट विचारधारा का बिल्कुल ही उन्मूलन कर डाला।

सॉफिस्टों का अनुदान और मूल्यांकन

सॉफिस्टों के आलोचकों ने यह बहुत कहा है कि राजनीतिक दृष्टि से सॉफिस्टों की शिक्षाओं का प्रभाव अत्यन्त पतनकारी सिद्ध हुआ लेकिन उनका अपना एक रचनात्मक अनुदान भी है और वह यह कि सॉफिस्टों ने अपने दृष्टिकोण की समानता से एक ऐसी व्यक्तिवादी आँधी उठा दी कि उसमें बहुत-सी पुरानी और सड़ी-गली प्रथाएँ तथा परम्पराएँ उड़ गईं। उन्होंने कहा कि सत्य की वास्तविक अनुभूति व्यक्ति को ही होती है, अतएव वही सर्वप्रधान है। सॉफिस्टों के अनुदानों को हम इस प्रकार संक्षिप्त रूप में उपस्थित कर सकते हैं—

(1) सॉफिस्टों ने ज्ञान की विभिन्न शाखाओं और उपशाखाओं को निश्चित सीमा रेखाओं में बाँधा और उनकी सीमाओं में उन्हें व्यवस्थित रूप प्रदान किया।

(2) सॉफिस्टों के पूर्व राजनीतिक-ज्ञान बड़ा अस्त-व्यस्त था। सॉफिस्टों ने राजनीतिशास्त्र का अध्ययन कर न केवल उसे व्यक्तिगत रूप दिया वरन् व्यवहारिक शिक्षा का साधन बना दिया।

(3) सॉफिस्टों का विचारक वर्ग पहला वर्ग था जिसने व्यक्तिवादी विचारधारा को जन्म दिया।

मूल्यांकन की दृष्टि से जब हम उनके पहले अनुदानों पर विचार करते हैं तो इस परिणाम पर पहुँचने में हमें अधिक विलम्ब नहीं लगता कि ज्ञान की विभिन्न शाखाओं के व्यवस्थित हो जाने से विचारक वर्ग का कार्य अधिक सुगम हो गया और विभिन्न शास्त्रों के आधारों का अध्ययन कर सामान्य सूत्रों की रचना भी की जा सकी। व्यवस्थित ज्ञान के

कारण विचारकों की कल्पना अधिक निश्चित और शुद्ध होने लगी। राजनीति शास्त्र के व्यवस्थित रूप का लाभ सभी राजदार्शनिकों ने उठाया। सॉफिस्टों के प्रसिद्ध आलोचक **प्लेटो** ने उनके बहुत से राजनीतिक आदर्शों तथा मान्यताओं को न्यून परिवर्तन के साथ स्वीकार कर लिया। सॉफिस्ट अपने व्यक्तित्व में तत्कालीन की संशयात्मक भावनाओं का प्रतिनिधित्व करते हैं। उनकी व्यक्ति तक ही सीमित रहने वाली विचारधारा का यह परिणाम है कि **प्लेटो** तथा अन्य विचारकों ने आदर्शवादी दृष्टिकोण अपनाया जो मुख्यतः कल्पनात्मक था। सॉफिस्टों की व्यक्तिवादी विचारधारा तथा अन्य शिक्षाओं ने सोक्रेटीज जैसे महान् दार्शनिकों को जन्म दिया।

जार्जियाज (ई. पू. 427), **प्रोटागोराज** (ई. पू. 500-430) और **एण्टीफोन** आदि कुछ प्रमुख सॉफिस्ट थे।

सोक्रेटीज और उसके अनुयायी

सोक्रेटीज (ई. पू. 469-399) को यूनानी (एथेन्सवासी) विचारकों की क्रमधारा में सॉफिस्टों का उत्तराधिकारी माना जाता है। सोक्रेटीज की विचारधारा में सॉफिस्ट का प्रभाव स्पष्ट दिखलाई पड़ता है—यद्यपि उसका प्रभाव सॉफिस्टों की शिक्षाओं के विरुद्ध है। **'रिपब्लिक'** में **सोक्रेटीज-द्वारा थ्रेसीमेकस** में का विरोध इसी ओर संकेत करता है। सोक्रेटीज ने सॉफिस्टों की यह बात मान ली थी कि सत्य की अनुभूति व्यक्ति की बुद्धि पर निर्भर करती है—उसे धर्म या परम्परागत प्रथाओं पर आधारित नहीं माना जा सकता। **सोक्रेटीज** मनुष्य की नैतिक प्रकृति में सुधार करना चाहता था। यहीं उसका सॉफिस्टों में मतभेद था। सॉफिस्टों की दृष्टि से जब मनुष्य स्वभाव से ही लोभी और स्वार्थी है तो फिर उसमें सुधार की कल्पना नहीं की जा सकती लेकिन सोक्रेटीज ने यह बात मानते हुए भी कहा कि उसमें सुधार किया जा सकता है और उस सुधार का साधन ज्ञान है। सोक्रेटीज ने 'ज्ञान को ही गुण' माना है और ज्ञान की विभिन्न शाखाओं को भिन्न-भिन्न गुण बतलाया है। **सोक्रेटीज** का कहना था कि ज्ञान से गुण-प्राप्ति होती है और गुण प्राप्ति से आत्मज्ञान होता है। अतएव सोक्रेटीज ने अपना लक्ष्य बिन्दु-"आत्मज्ञान प्राप्त करो"—यह बनाया था। आत्मज्ञान से सोक्रेटीज का कहना था 'इहलोक तथा परलोक दोनों के आवरण स्वयमेव खुलते चले जाते हैं।' इन शिक्षाओं के प्रकरण में विचारक सोक्रेटीज पर जब हम विचार करते हैं तो हमें इस परिणाम पर पहुँचने में अधिक विलम्ब नहीं लगता कि सोक्रेटीज में दार्शनिकता की अपेक्षा देवदूतत्व की मुद्रा अधिक अंकित थी। सोक्रेटीज का विश्वास था कि बौद्धिक-आभिजात्यवर्ग ही शासन के उपयुक्त है। वह प्रजातंत्रवाद को भीड़तंत्र-शासन से अधिक महत्व नहीं देता था। संक्षेप में सोक्रेटीज के स्थूल सिद्धान्तों से परिचय पा लेने के बाद नीचे की पंक्तियों में सोक्रेटीज के दार्शनिक तत्वों का तनिक विस्तार से विश्लेषण करते हुए उन पर हम विचार करेंगे लेकिन इसके पूर्व अच्छा होगा कि सोक्रेटीज का थोड़ा-सा जीवनवृत्त जान लिया जाए।

प्लेटो तथा अरस्तू को समझने के लिए सोक्रेटीज के विचारों की पृष्ठभूमि आवश्यक ही नहीं अनिवार्य भी है। विशेष रूप से प्लेटो के संबंध में किसी भी प्रश्न का उत्तर लिखते समय यह संकेत करना परम आवश्यक होता है कि उस विचार-विशेष को प्रतिपादित करने में प्लेटो ने सोक्रेटीज से कितनी सहायता ली है।

जीवनवृत्त

सोक्रेटीज का जन्म एथेंस में ई. पू. 469 में हुआ था। **सोक्रेटीज** का परिवार शिल्पियों का था। शिल्पकार के पुत्र **सोक्रेटीज** ने पाषाण की मूर्तियाँ भले ही न गढ़ी हों किन्तु इतना सत्य है कि उसने युग का निर्माण किया था और यदि उसे युगशिल्पी कहा जाए तो अनुचित न होगा। सोक्रेटीज की मृत्यु विषपान द्वारा ई. पू. 399 में हुई थी। यदि हम 469-399 ई. पू. के समय पर इतिहास की दृष्टि से विचार करें तो यह परिणाम निकालने में हमें अधिक विलम्ब न लगेगा कि सोक्रेटीज का जहाँ शैशव और बाल्यकाल पेरीक्लीज के स्वर्णयुग में बीता वहीं मृत्यु का आलिंगन करते समय एथेंस और स्पार्टा आत्महत्याकारी महायुद्ध पेलोपोनेशियन संग्राम में जुटे थे। सोक्रेटीज जैसे संचेत्य विचारक के लिए उस युद्ध के परिणामों की कल्पना करके आकुल हो जाना स्वाभाविक था और यही कारण है कि उसने एथेंस की छिछली ज्ञानबुद्धि के विरुद्ध पूरी शक्ति से आन्दोलन छेड़ा और एथेंस के सत्तारूढ़ व्यक्तियों ने सोक्रेटीज को मृत्युदण्ड दिलाकर उसका बदला निकाल लिया। सोक्रेटीज केवल दार्शनिक या विचारक ही नहीं रहा था उसने सैनिक के रूप में एथेंस के युद्ध में भी भाग लिया था। डीलियम के युद्ध में उसकी वीरता के सारे एथेंस में प्रशंसा हुई थी। 65 वर्ष की आयु में सोक्रेटीज को परिषद् का सदस्य बनाया गया था। लेकिन बाद में सोक्रेटीज के शत्रुओं ने उसे अपदस्थ करा दिया। शेष जीवन भर उसने भाँति-भाँति के ज्ञान-विज्ञान का अध्ययन किया। किन्तु इस अध्ययन से सोक्रेटीज को कोई संतोष नहीं हुआ। इसका कारण यह था कि सभी यंत्र की भाँति यह बतलाते जाते थे कि वस्तुएँ किस प्रकार बनती हैं; लेकिन वे क्यों बनती हैं—यह कोई नहीं बतलाता था। वह वस्तुओं की सोद्देश्य कल्पनाधारा के मूल तक पहुँचना चाहता था। सोक्रेटीज का यह चरण बड़ा महत्वपूर्ण था और इसी चरग ने उसे प्रत्येक युग का सबसे महत्त्वपूर्ण विचारक बना दिया। सोक्रेटीज की इस जिज्ञासा के संबंध में **बारकर** ने लिखा है, "यह एक महान चरण था, ऐसा महान चरण जिसने अकेले ही हमें **एनेक्झीमेण्डर** और **हैराक्लिटस** के विचार संसार से **प्लेटो** तथा **अरस्तू** के दर्शन-संसार तक पहुँचा दिया।"

सोक्रेटीज के व्यक्तित्व में तीव्र समझ तथा सामान्य बुद्धि का अद्‌भुत सम्मिश्रण था, तथा उसकी परिहास-प्रियता ने उसके व्यक्तित्व को बड़ा निखार दिया था। शारीरिक दृष्टि से कुरूप होते हुए भी मानसिक और बौद्धिक-सौन्दर्य में शायद ही कोई यूनानी विचारक उसकी तुलना में ठहर सके।

सोक्रेटीज की पद्धति

सोक्रेटीज की पद्धति का अध्ययन करते समय इस शीर्षक को हमें दो भागों में विभक्त करना होगा—(1) शिक्षा पद्धति, और (2) अध्ययन पद्धति। जहाँ तक अध्ययन पद्धति का संबंध है, ऊपर के अनुच्छेद में हम यह बतला चुके हैं कि उसने अध्ययन में वस्तुओं के जन्म के उद्देश्यों की तह तक पहुँचने का प्रयत्न किया। इस पद्धति को हम अध्ययन की सोद्देश्य पद्धति कह सकते हैं। शिक्षा-पद्धति से हमारा आशय उस पद्धति से है जिसके अनुसार सोक्रेटीज अपने शिष्यों को शिक्षा दिया करता था। यह पद्धति प्रश्नोत्तरी की थी। यदि आपका जी चाहे तो इसे कथोपकथन पद्धति भी कह सकते हैं। किन्तु प्रश्नोत्तरी पद्धति की कहना उचित होगा। क्योंकि सोक्रेटीज अपनी शिक्षाएँ उपदेशों, प्रवचनों या भाषणों के रूप में न देकर अपने शिष्यों से प्रश्न किया करता था और उनके उत्तरों की आलोचना करके अपने संदेश की ओर संकेत किया करता था।

ज्ञान संबंधी विचार

सोक्रेटीज के ज्ञान संबंधी विचारों का अवलोकन किया जाए तो ज्ञात होगा कि वह दो ज्ञानों के अस्तित्व में विश्वास करता था। सोक्रेटीज की ज्ञान संबंधी कल्पना को हम दो भागों में विभक्त कर सकते हैं—(क) इन्द्रिय ज्ञान, तथा (ख) बुद्धि-ज्ञान या सत्य ज्ञान।

(क) **इन्द्रिय ज्ञान**—जो ज्ञान हमें इन्द्रियों द्वारा होता है—वह तो इन्द्रिय ज्ञान हुआ। जो कुछ हम अपनी आँखों से देखते हैं—कानों से सुनते हैं, नाक से सूघँते हैं और जिह्वा से चखते हैं—यह सब इन्द्रिय ज्ञान है। इन्द्रिय ज्ञान नश्वर और परिवर्तनशील होता है। अतएव वह सत्य नहीं है क्योंकि पुष्प का सौन्दर्य स्थायी नहीं होता—उसका सुवास ज्यों का त्यों नहीं बना रहता है, अच्छे भोज्य पदार्थों का स्वाद सदैव नहीं बना रहता; अभिप्राय यह है कि सभी वस्तुएँ—भौतिक वस्तुएँ नश्वर और परिवर्तनशील हैं।

(ख) **सत्यज्ञान**—सोक्रेटीज का कहना था कि संसार के समस्त भौतिक पदार्थों के पीछे एक तत्व छिपा है। सब भौतिक पदार्थ किसी-न-किसी ऐसे विचार या ऐसी कल्पना का प्रतिनिधित्व करते हैं जो शाश्वत है—अनश्वर है—अपरिवर्तनशील है और सदैव ज्यों की त्यों बनी रहती है। इसी विचार या कल्पना का साक्षात्कार करना प्रत्येक व्यक्ति का कर्तव्य है। इसी ज्ञान को—सत्य या सच्चे ज्ञान को सोक्रेटीज ने 'शिवम्' बतलाया था। 'शिवम्' का अर्थ कल्याण होता है और सोक्रेटीज का मत था कि कल्याण की वृत्ति मनुष्यमात्र में होती है और वृत्ति अपने-आप में ही बड़ी क्षमता रखती है। शिक्षा का उद्देश्य इसी वृत्ति को उभारना है।

ज्ञान की इसी कल्पना के आधार पर सोक्रेटीज ने जीवन के विभिन्न पक्षों पर अपने विचार प्रकट किये थे। **सोक्रेटीज** ने स्वयं कुछ भी नहीं लिखा है। उसके शिष्यों ने विचारों

का संकलन किया था--उसी संकलन में हमें सोक्रेटीज के विचार प्राप्त होते हैं। जनोफन तथा प्लेटो द्वारा संकलित विचार इनमें मुख्यतः उल्लेखनीय हैं।

विधियों संबंधी दृष्टिकोण

सोक्रेटीज ने विधियों को अत्यन्त पुनीत और महत्वपूर्ण माना है। उसका कहना था कि विधियों की संहिता में मानव-समाज की बौद्धिक-अनुभूतियों की राशि संचित रहती है। सोक्रेटीज के पूर्व जो सॉफिस्ट थे--उनका विरोधियों में विश्वास न था। वे उनको कल्पनाजन्य और भौतिक आधारों से रहित मानते थे। वे यह भी कहते थे कि वे विधियाँ मानवीय आचरण के पथ-प्रदर्शन के लिये अधिक उपयुक्त नहीं हैं। इसके विपरीत सोक्रेटीज का मत था कि विधियों की संचित राशि का अध्ययन करने के कुछ ऐसे आचारिक नियम बनाये जा सकते हैं जो सबके लिए समान रूप से उपयोगी सिद्ध होंगे। विधियों के प्रति सोक्रेटीज की श्रद्धा का अनुमान इसी बात से लगाया जा सकता है कि वह उन्हें ईश्वर की आज्ञा के बाद प्राथमिक स्थान देता था और कारागृह में जब सोक्रेटीज को भाग जाने की सलाह दी गई तो सोक्रेटीज ने यह कहकर कि ऐसा करना विधि-सम्मत न होगा--भाग जाने से स्पष्ट इन्कार कर दिया। विधि के अतिरिक्त अन्य किसी नियम को सोक्रेटीज ने स्वाभाविक-धर्म नहीं माना। विधियाँ शासक और शासित दोनों के ऊपर हैं। विधियाँ "नागरिकों का एक ऐसा लिखित समझौता हैं जिसमें यह सुनिश्चत कर दिया जाता है कि क्या किया जायेगा और क्या नहीं।"

मानव-स्वभाव

मानव-स्वभाव के संबंध में सोक्रेटीज का विचार यह था कि वह मिश्रित है। उसके दो पक्ष हैं। एक तो दुर्बल और दूसरा सबल। दुर्बल पक्ष मानव मात्र की अकल्याणकारी, लोभी, स्वार्थी और संकुचित प्रवृत्ति का प्रतिनिधित्व करता है। यह पक्ष स्थायी नहीं होता। इसके विपरीत दूसरा पक्ष मानव-स्वभाव की 'शिवम्' या कल्याणकारी वृत्तियों का प्रतिनिधित्व करता है। यहाँ मनुष्य लोभ, स्वार्थ तथा संकुचित वृत्तियों के सीमित क्षेत्रों से ऊपर उठकर लोक-कल्याण के चिन्तन स्थल तक पहुँच जाता है। मनुष्य के इसी पक्ष को सोक्रेटीज ने अपनी चिन्ता-धारा का आधार माना है। इसी आधार पर सोक्रेटीज ने यह सिद्ध किया है कि मनुष्य सामाजिक प्राणी है और राज्य की स्थापना उसके सर्वोत्तम शारीरिक और बौद्धिक विकास के लिए आवश्यक तथा अनिवार्य है।

राज्य और राजनीति

राज्य के संबंध में सोक्रेटीज ने अपने विचार प्रकट करते हुए कहा था कि मनुष्य की बौद्धिक आवश्यकताओं की पूर्ति का अंतिम साधन राज्य ही है। परिवार तथा समाज में उसकी आवश्यकताओं की पूर्ति अवश्य होती है लेकिन यह पूर्ति एक सीमा तक ही होती है।

राजनीति को कला बतलाते हुए **सोक्रेटीज** ने कहा था कि इस दृष्टि से राजनीति के दो पक्ष हैं--(1) जहाँ राजनीति को विशेषज्ञों का क्षेत्र माना जाता है और सब प्रकार की दक्षता पर विशेष बल दिया जाता है। यह पक्ष अपने प्रथम स्वरूप में अप्रजातांत्रिक भले ही दृष्टिगोचर हो लेकिन उसकी कार्यक्षमता में कोई संदेह नहीं रह जाता। (2) इस पक्ष में लोकमत को ही महत्व दिया जाता है अर्थात् राजनीति में विशेषज्ञता नहीं अपितु मतसंख्या को बहुत अधिक महत्व दिया जाता है—जिसका परिणाम यह होता है कि उसमें प्रजातांत्रिकता के तत्वों के रहते हुए भी न तो दक्षता रहती है और न ही सक्षमता। सोक्रेटीज ने क्षमता और दक्षता को प्राथमिकता देते हुए बौद्धिक आभिजात्यतंत्र का समर्थन किया था। राजनीतिज्ञ का आर्दश लोककल्याण का चिन्तन निर्धारित किया गया था।

बुद्धिजीवी ज्ञानवान् राजनीतिज्ञ के निरंकुश शासन का सोक्रेटीज कट्टर समर्थक था।

सोक्रेटीज की मृत्यु और उसका महत्व

ई. पू. 399 में सोक्रेटीज तथा उसके चार अनुयायियों को पकड़कर उन पर एथेन्स की महासभा में मुकद्दमा चलाया गया। **मेलीटस** तथा उसके अन्य जिन साथियों ने सोक्रेटीज पर महाभियोग लगाये थे—वे स्वयं भी किसी-न-किसी रूप में अपने राजनीतिक जीवन की प्रारंभिक अवस्था में सोक्रेटीज के शिष्य या अनुयायी रहे थे।

(क) **अभियोग**—एथेन्स की महासभा में सोक्रेटीज पर जो अभियोग लगाये गये थे—वे दो प्रकार के थे : (1) वे अभियोग जिनमें सोक्रेटीज को अधार्मिक बतलाते हुए यह कहा गया था कि उसने नगर देवताओं का पूजन करना अस्वीकार किया है, तथा (2) वे अभियोग जिनका आधार नैतिकता थी और जिनमें यह कहा गया था कि सोक्रेटीज एथेन्स के नवयुवकों को भ्रष्ट करने के लिए उत्तरदायी है। पहला अभियोग सत्य नहीं था। ऐसा कोई प्रमाण नहीं मिल सका जिससे सोक्रेटीज की नगर-देवताओं के प्रति अवमानता सिद्ध की जा सके। लेकिन दूसरे अभियोगों का रहस्य यह था कि सोक्रेटीज ने एथेन्स की प्रजातांत्रिक शासन-प्रणाली की कटु आलोचना की थी और कहा था कि महासभा या असेम्बली की रचना सदोष है और एथेन्स के राजनीतिज्ञ अज्ञानी हैं। यही नहीं, उस समय तक स्वयं एथेन्सवासी अपनी शासन-प्रणाली की दुर्बलताओं को अनुभव कर रहे थे और यह समझ रहे थे कि वे बड़े अरक्षित हैं। यही कारण है कि वे सोक्रेटीज की आलोचनाओं से झुँझला उठे और नैतिक अभियोगों को प्रमाणित मानते हुए उसे विषपान की आज्ञा दे दी गई।

(ख) **दो महत्वपूर्ण सिद्धान्त**—यह सत्य है कि सोक्रेटीज की विषपान द्वारा मृत्यु हो गई लेकिन उससे केवल उसके पंचभूत शरीर का ही अन्त हुआ—उन सिद्धान्तों का नहीं जिसके लिए उसने जीवन और मरण दोनों को समान

समझा। सोक्रेटीज की मृत्यु से दो सिद्धान्त स्पष्ट हो जाते हैं : (1) प्रत्येक व्यक्ति को अपनी बुद्धि से अच्छी या बुरी बात का फैसला करने का अधिकार है। उसकी अन्तरात्मा जो कुछ कहती है–उसके लिए वही अंतिम सत्य है, तथा (2) जहाँ एक ओर व्यक्ति अपनी अन्तरात्मा द्वारा प्रदर्शित मार्ग का अवलम्बन करने के लिए स्वतंत्र है–वहाँ दूसरी ओर उसे राज्य के न्याय तथा निर्णयों एवं विधियों को मान्यता देनी चाहिए। व्यक्ति अपने विचारों तथा क्रियाओं के लिए स्वतंत्र है लेकिन उसे राज्य की सत्ता को ही अंतिम मानना पड़ेगा और यहाँ पर ए.एम. एडम्स के शब्दों में "सोक्रेटीज ने शासक-सत्ता की निरंकुशता और अनुत्तरदायित्व की वृत्ति का हॉब्स की भाँति स्पष्ट समर्थन किया है"। सोक्रेटीज और महात्मा गाँधी के विचारों में कितनी सत्यता है यह इस बात से स्पष्ट है कि दोनों व्यक्तिगत तर्क को अच्छाई का मूल मानते हैं, परन्तु जहाँ गाँधीजी ने उस तर्क को आगे बढ़ाकर व्यक्तियों को राज्य की आज्ञा का उल्लंघन करना सिखाया, वहाँ सोक्रेटीज ने ऐसा नहीं किया। उसने किसी भी दशा में राजाज्ञा का उल्लंघन श्रेयस्कर नहीं माना।

आइसोक्रेट्स

सोक्रेटीज ने अपनी विचार-धारा द्वारा जिस चिन्तन दिशा की ओर संकेत किया था–यूनान के सभी विचारक महारथी उसी ओर बढ़े। प्लेटो की समस्त राजनीतिक-चिन्ताधारा सोक्रेटीज पर आधारित थी और अरस्तू ने अपने विचार क्षेत्र की सीमाओं के निर्धारण में प्लेटों से पथ-प्रदर्शन ग्रहण किया था लेकिन सोक्रेटीज के बाद एक और भी उल्लेखनीय सोक्रेटीज का शिष्य था जिसका नाम था **जेनोफन**। आइसोक्रेट्स की विचार-धारा उन्हीं से कुछ मिलती-जुलती है। **जेनोफन** तथा **आइसोक्रेट्स** दोनों ही द्वितीय वर्ग के विचारक थे। इनका राजनीति पर महान दार्शनिकों-सा अधिकार न था लेकिन अपने युग की प्रवृत्तियों को सूत्र रूप में कह देने की दार्शनिकों जैसी क्षमता उनमें अवश्य थी। इनकी कल्पना-दृष्टि सूक्ष्म और भविष्यदर्शी नहीं थी। लेकिन आइसोक्रेटों का दृष्टिकोण सोक्रेटीज से कुछ भिन्न था। वे लोकमत से पथ-प्रदर्शन प्राप्त करना अधिक उचित समझते थे और यह नहीं मानते थे कि निरर्थक-ज्ञान प्राप्ति में समय नष्ट किया जाए। उनका कहना था कि राजनीति संबंधी महत्वपूर्ण विषयों पर संभावित लोकमत की कल्पना करके ही कोई कार्य करना चाहिए। एक प्रकार से आइसोक्रेट-विचारकों के वर्ग का यह विश्वास था कि राजनीति में लोक-मनोविज्ञान की शिक्षा से बड़ा लाभ उठाया जा सकता है।

राज्य संबंधी विचार

आइसोक्रेट विचारकों का विश्वास था कि यूनान के नगर-राज्यों की आन्तरिक अव्यवस्था तथा अशान्ति से तब तक मुक्ति नहीं हो सकती जब तक अखिल यूनानी

साम्राज्य की स्थापना नहीं हो जाती। उनका विश्वास था कि सारे यूनान की संस्कृति समान है। लेकिन वे यह साम्राज्य किसी सांस्कृतिक या आध्यात्मिक उन्नति के लिये न चाहकर पूर्वी देशों की विजय के लिए चाहते थे। इस दृष्टि से वे सच्चे यूनानी नागरिक थे। आइसोक्रेट्स के इन विचारों का तत्कालीन राजनीति पर काफी प्रभाव पड़ा था।

सिनिक्स और सिरेनिक्स

'सिनिक्स' का अर्थ 'सनकी' होता है और 'सिरेनिक्स' भी लगभग 'सनकी' का ही पर्यायवाची शब्द है। कुछ यूनानी विचारकों को सनकी क्यों कहा गया ? इस प्रश्न का रहस्य इस उत्तर में निहित है कि इस वर्ग के विचारक लौकिक परम्पराओं तथा सामाजिक व्यवस्थाओं के प्रति अति उदासीन रहा करते थे। विचारधारा की दृष्टि से वे सोक्रेटीज के शिष्य थे और जो शिक्षाएँ सोक्रेटीज ने उन्हें दी थीं—उनको उन्होंने अपने जीवन में व्यावहारिक रूप दे डाला था। सोक्रेटीज ने आत्मज्ञान को ही जीवन का उच्चतम लक्ष्य बतलाया था। इस आत्मज्ञान को प्राप्त करने का साधन क्या है ? इस प्रश्न का उत्तर देते हुए सोक्रेटीज ने कहा था कि मनुष्य को अपनी आवश्यकताएँ न्यूनतम कर देनी चाहिए। अतएव सिनिक्स और सिरेनिक्स वर्ग के विचारकों का पथ-प्रदर्शनकारी सिद्धान्त "आत्मनिर्भर हो जाने" का था। सोक्रेटीज के ये शिष्य जीवन में आत्मा को ही सब कुछ समझते थे और बाह्य वातावरण से कोई संबंध न रखते थे। वे उग्र व्यक्तिवादी थे और किसी भी सामाजिक संस्थान को उपयोगी नहीं मानते थे। सिनिक्स विचारक राज्य की सत्ता नहीं स्वीकार करते थे और न उसका नागरिक ही अपने आपको मानते थे। उनकी तुलना एक भारतीय लोकोक्ति में "रमता जोगी और बहता पानी" से की जा सकती है। जिस प्रकार बहता हुआ पानी का कोई ठिकाना नहीं होता वैसे ही इन विचारकों का भी कोई घर-द्वार न था। सारा विश्व उनका अपना राज्य था और वे विश्व के नागरिक थे। मानवमात्र को समान समझना उनका सिद्धान्त था। अराजकतावादियों की भाँति सम्पत्ति, परिवार, समाज और राज्य से उनकी शत्रुता थी। उनका कहना था कि यदि ज्ञान ही सब गुणों की खान है तो भौतिक पदार्थों से किसी भी प्रकार का मोह क्यों किया जाए। प्लेटो के स्त्रियों तथा सम्पत्ति के साम्यवाद की बहुत आलोचना हुई है लेकिन इस प्रकार के साम्यवाद की कल्पना एक सिनिक विचारक ने ही सबसे पहले की थी। इसका नाम **डायोजीनीज** था। **डायोजीनीज** परिवार को मोह का कारण मानता था और कहता था कि परिवार की वजह से ही सम्पत्ति जुटाने की प्रवृत्ति उत्पन्न होती है। यदि स्त्रियों का उपयोग परिवार की स्थापना के लिये न किया जाए अर्थात् उनका कोई एक पति न हो तो सम्पत्ति को जुटाने के लोभ की वृत्ति की पैदा न होगी और इस प्रकार एक ऐसे मोह का बड़ा भारी साधन नष्ट हो जायेगा जो ज्ञान-प्राप्ति के मार्ग में बाधा डालता है।

सिरेनिक्स विचारकों की दृष्टि भी सिनिक्स विचारकों से अधिक भिन्न न थी। वे बौद्धिक आनन्दों की प्राप्ति पर विशेष बल देते थे। राज्य की उनकी दृष्टि से कोई आवश्यकता न थी।

यदि इस विचारक वर्ग की तुलना आइसोक्रेटों से की जाए तो हम पायेंगे कि जहाँ आइसोक्रेट यूनानी नागरिकता तक ही सीमित थे वहीं सिनिक्स और सिरेनिक्स विचारक विश्व की नागरिकता के समर्थक थे। इस वर्ग के विचारकों के रूप में यूनान में एक ऐसी बौद्धिक श्रेणी के व्यक्ति पैदा हो गये जो भिक्षा माँग कर जीवन निर्वाह करते थे।

अध्याय–4
प्लेटो

प्लेटो का जीवन-चरित, प्लेटो पर प्रभाव, प्लेटो की राजनीति, प्लेटो की रचनाएँ, रिपब्लिक, प्लेटो के पूर्ववर्तियों के धर्म संबंधी विचार, प्लेटो का आदर्श राज्य, प्लेटो का शिक्षा सिद्धान्त, साम्यवाद, शासनतंत्रों का विभक्तीकरण, प्लेटो का राज्य संबंधी सिद्धान्त, कार्य विशेषज्ञता के सिद्धान्त और उसके दोष, स्टेट्समैन, लॉज, प्लेटो का अनुदाय और महत्व।

प्लेटो की विचारधारा तथा उसमें झलकनेवाला राजदर्शन संभवतः यूनान के उज्ज्वलतम विचारों का प्रतीक है। प्लेटो का राजदर्शन यूनान के स्वर्णयुग के इतिहास के एक ऐसे पक्ष का प्रतिनिधित्व करता है जिसे मानव इतिहास में विस्मृत नहीं किया जा सकता। प्लेटो के जन्म काल तक विभिन्न शासन-प्रणालियों के प्रयोगों का एक वृत्त पूरा हो चुका था तथा यूनान द्रुत गति से विनाश की ओर बढ़ा चला जा रहा था। अव्यवस्था और अशान्ति दिवसादेश थे। फूट, बैर और कलह के बीच यूनान के नगर-राज्यों में बोये ही नहीं जा चुके थे–वरन् उनमें अंकुर भी निकल आये थे।

प्लेटो का जीवन-चरित

यूनान के नगर-राज्यों की ऐसी अस्त-व्यस्त अवस्था में ई. पू. 428 में प्लेटों का जन्म एथेन्स में हुआ। प्लेटो के माता-पिता का नाम एरिस्टन और पेरिक्टियन था। वंश ऊँचा और आभिजात्यवर्ग से संबंधित था। प्लेटो की प्रांरभिक शिक्षा के बाद युवावस्था में ही सोक्रेटीज के विद्यालय में भेज दिया गया जहाँ प्लेटो ने आठ वर्षों तक सोक्रेटीज के चरणों में बैठकर ज्ञान-लाभ किया। इसी बीच ई. पू. 399 में जब सोक्रेटीज को मृत्युदण्ड मिला तो प्लेटो पर उसकी ऐसी मानसिक प्रतिक्रिया हुई कि सोक्रेटीज का वह तरुण शिष्य एथेंस में अधिक दिनों तक न रह सका और वह भ्रमण के लिए निकल पड़ा। दस वर्षों

से भी अधिक समय तक प्लेटो एशिया माइनर से लेकर दक्षिणी इटली तक के देशों में घूमता फिरा और उसने उन देशों की तत्कालीन विद्याओं का अध्ययन किया। एक युग बीत जाने पर पितृभूमि के प्रेम ने प्लेटो को फिर सताया और वह एथेन्स लौट आया। सोक्रेटीज की मौत के ठीक ग्यारह वर्षों बाद विदेश-यात्रा से लौटकर प्लेटो ने ई. पू. 388 में एक विद्यालय खोला जिसमें उसने शेष जीवन बिता दिया। बीच-बीच में केवल कुछ दिनों के लिए प्लेटो सायराक्यूज अवश्य गया लेकिन वहाँ अधिक समय न देकर वह अपने एथेन्स स्थित विद्यालय ही वापस लौट आया। ई. पू. 327 में प्लेटो की मृत्यु हो गई। मृत्यु के पूर्व प्लेटो के जीवन के अनेक उतार-चढ़ाव देखे थे। 'रिपब्लिक' में जिस कल्पना-दृष्टि का आश्रय प्लेटो ने लिया है—'स्टेट्समैन' में वह नहीं रही है। 'स्टेट्समैन' में एक आदर्श राजनीतिज्ञ को खोजने का यत्न है। इसके बाद जब भी प्रयत्न विफल हुआ तो प्लेटो ने 'दि लॉज' में विधि की संप्रभुता के दर्शन कराये हैं। दार्शनिक राजा से आदर्श राजनीतिज्ञ की ओर तथा आदर्श राजनीतिज्ञ से विधि की संप्रभुता की ओर—यह प्लेटो की गतिदिशा है। कल्पना और आदर्श के काव्य सदृश मधुर अंचल से प्लेटो ने शनैः शनैः यर्थाथवाद की कठोर-वस्तुस्थितिपूर्ण बातों को मान्यता दी है। 'रिपब्लिक' से 'दि लॉज' की रचना तक की प्लेटो की प्रगति एक ऐसे पक्षी की ओर इंगित करती है जो निस्सीम सुनील गगन का चक्कर काटते हुए क्षितिज में संध्या की गहरी कालिमा के प्रवेश को जब देखता है तो चुपचाप अपने पंख समेट घोंसले को वापस चला आता है।

प्लेटो पर प्रभाव

वैसे तो प्लेटो पर अपने समय की सभी विचारधाराओं का किसी-न-किसी रूप में प्रभाव पड़ा था लेकिन उसकी रचनाओं पर तीनों स्रोतों का सैद्धान्तिक प्रभाव सर्वाधिक पड़ा था। वे हैं : (अ) मेगेरियन और पाइथागोरियन, (आ) सोक्रेटीज के विचार, तथा (इ) व्यावहारिक राजनीति।

मेगेरियन और पाइथागोरियन

प्लेटो में यह प्रभाव हम वहाँ पाते हैं—जब उसका गणित तथा संगीत के लिए विशेष आग्रह देखते हैं। उसने गणित तथा संगीत के मानसिक विकास पड़ने वाले प्रभावों का अध्ययन अपने इटली के प्रवास में किया था। अपने आदर्श कल्पना-राज्य में प्लेटो ने शिक्षा-व्यवस्था निधारित करते हुए दार्शनिक राजा के लिये इनकी शिक्षा दिया जाना आवश्यक बतलाया है। यही नहीं शासकों के जिस बौद्धिक वर्ग की कल्पना प्लेटो ने की है वह बहुत अंशों में तीन सौ पाइथागोरियनों के मण्डल (लीग) पर आधारित है।

सोक्रेटीज के विचार

प्लेटो पर अपने गुरु सोक्रेटीज के विचारों तथा उसकी मृत्यु का बड़ा जबर्दस्त प्रभाव पड़ा था। पहले प्रभाव ने उसकी दार्शनिक विचारधारा को सुनिश्चित दिशा में गति दी तथा

दूसरे प्रभाव ने प्लेटो को एथेन्सवासियों की प्रजातांत्रिक-व्यवस्था का कठोर आलोचक बना दिया। इन प्रभावों पर हमें जरा विस्तार से विचार करना होगा। इसलिये हम इनको दो भागों में विभक्त करेंगे–पहला, दार्शनिक प्रभाव और दूसरा, प्रजातांत्रिक व्यवस्था का विरोध।

गत अध्याय में सोक्रेटीज की दार्शनिक विचारधारा की चर्चा करते हुए हम यह तो बतला ही आये है कि सोक्रटीज ज्ञान को ही गुण तथा ज्ञान की विभिन्न शाखाओं को गुणों के विभिन्न स्वरूप माना करता था। प्लेटो ने इस सिद्धान्त को और विकसित किया तथा कहा कि ज्ञान मनुष्य को सिखाया जा सकता है–इसलिये, इसका अर्थ यह है कि ज्ञान की शिक्षा द्वारा मनुष्य को गुण-सम्पन्न भी बनाया जा सकता है। प्लेटो ने यह भी कहा कि ज्ञान केवल तथ्यों की संचित राशि ही नहीं है इसका आचरण से भी निकटतम संबंध है। ज्ञान बुद्धि को प्रभावित करता है और बुद्धि ज्ञान के प्रभाव सम्पूर्ण व्यक्तित्व को प्रभावित करती है। ज्ञान द्वारा ही संयम की शिक्षा मिलती है और व्यक्ति साहस, सहिष्णुता एवं धर्म के विभिन्न गुणों से अपने आपको सुसज्जित करता है। वास्तविकता संबंधी सोक्रेटीज के विचार भी प्लेटो के विचारों के आधार थे। इस सिद्धान्त के अनुसार "वास्तविकता विचारों पर आधारित रहती है–ऐसे विचारों में जो अपने आप में पूर्ण, स्थायी और अपरिवर्तनीय होते हैं।" भौतिक पदार्थ इन्हीं वास्तविक पदार्थों की छाया मात्र होते हैं जो निरन्तर घटते-बढ़ते रहते हैं। प्लेटो की समस्या यह थी कि "वास्तविक विचारों" या "सत्य के ज्ञान" को किस प्रकार प्राप्त किया जाए। प्लेटो ने इसका हल यह निकाला था कि "सत्य" की प्राप्ति दर्शन (विचारों के साक्षात्कार) से ही हो सकती है। "सत्य" विचारों के संसार में है और उसके गुण हैं 'पवित्रता, सुन्दरता और मंगलमयता'। विचारों के या दर्शन के संसार तथा इन्द्रिय ज्ञान के संसार के बीच एक खाई है जिसको पार करना मनुष्य मात्र का कर्तव्य है। जीवन का लक्ष्य दर्शन संसार में पहुँचकर "सत्यं शिवम् सुन्दरम्" से साक्षात्कार करना है।

प्लेटो इस भौतिक संसार को दर्शन-संसार की छाया मात्र मानता है और भौतिकता में विचारों का साक्षात्कार करते हुए एक सशक्त कवि की भाँति उसकी कल्पना इतनी अधिक ऊँची उठ जाती है कि साधारण व्यक्ति के लिए उस पर दृष्टि रखना कठिन हो जाता है। इसी कारण प्लेटो के विचारों में व्यावहारिकता का स्पर्श बहुत कम है और यह एक कवि की भाँति विचारों की दुनियाँ में छलांग लगाने में आनन्द लेता है।

प्लेटो यह स्वीकार नहीं करता था कि राजनीति–व्यावहारिक राजनीति–साधारण जनों का कार्यक्षेत्र है। व्यावहारिक-राजनीति प्लेटो के मतानुसार विशेषज्ञों की वस्तु है और साधारण जनों को विशेषज्ञों द्वारा प्रदर्शित मार्ग का अनुसरण करना चाहिए। अपने गुरु सोक्रेटीज के मृत्यदण्ड को प्लेटो ने प्रजातांत्रिक-व्यवस्था का सबसे बड़ा अभिशाप माना था।

वह ऐसी व्यवस्था का स्पष्टतः विरोधी था जिसमें सोक्रेटीज जैसे विद्वानों के विचारों के लिये कोई सहिष्णुता न हो। सोक्रेटीज की भाँति प्लेटो भी बौद्धिक आभिजात्य वर्ग के शासन का प्रबल समर्थक था।

व्यावहारिक राजनीति

प्लेटो को व्यावहारिक राजनीति के सम्पर्क में अपने मित्र सायराक्यूज के निरंकुश शासक डायोनिसियस की वजह से आना पड़ा क्योंकि वह समय-समय पर प्लेटो से मंत्रणा किया करता था। प्लेटो ने परामर्शदाता के रूप में ही कार्य करते हुए दार्शनिक-राजा की असंभवता को अनुभव किया और इसके बाद यह भी अनुभव किया कि 'आदर्श राजनीतिज्ञ' का पैदा होना भी कितना कठिन है। उसके पश्चात् ही उसने अपनी अंतिम पुस्तक 'दि लॉज' में विधियों की संप्रभुता स्वीकार की। इस प्रकार व्यावहारिक राजनीति का प्लेटो पर कितना असर पड़ा यह स्पष्ट है।

प्लेटो की राजनीति

प्लेटो की राजनीति की परिभाषा करने यदि हम बैठें तो आधुनिक राजनीति की परिभाषाओं तथा राजनीति संबंधी प्लेटो के विचारों में हमें जमीन-आसमान का अन्तर दिखलाई पड़ेगा। प्लेटो की राजनीति आधुनिक राजनीति से कहीं अधिक व्यापक है। जो सिद्धान्त हम समाजविकास शास्त्र, नैतिक और आचार शास्त्र, शिक्षा शास्त्र, मनोविज्ञान तथा धर्मशास्त्र में पढ़ते हैं—वे सब न्यूनाधिक अंश में प्लेटो की राजनीति में आ जाते हैं। यह प्लेटो की राजनीतिक-रचनाओं के अध्ययन की पहली कठिनाई है। दूसरी कठिनाई इस संबंध में यह है कि प्लेटो की शिक्षा पद्धति भी प्रश्नोत्तरी है। इस प्रश्नोत्तरी में प्लेटो रूपक खड़े करता है और उन रूपकों से प्लेटो के विभिन्न सिद्धान्त छन-छनकर निकलते हैं। राजनीति की व्यापकता और रूपकों की प्रधानता से प्लेटो की रचनाओं में काव्य तथा कल्पना का अनोखा सम्मिश्रण झलकता है।

प्लेटो की रचनाएँ

अपने जीवनकाल में कुल मिलाकर प्लेटो ने 36 ग्रंथ लिखे हैं। इन सब में लेखन प्रणाली प्रश्नोत्तरी की ही है। किन्तु इन 36 ग्रंथों में सबसे महत्वपूर्ण तीन ग्रंथ हैं:— (1) दि रिपब्लिक, (2) दि स्टेट्समैन, और (3) दि लॉज। 'रिपब्लिक' को प्लेटो ने ई. पू. 386 में लिखा था। इसमें आध्यात्म, नैतिकता, शिक्षा और राजदर्शन संबंधी लेख या निबंध हैं। 'स्टेट्समैन' 6 वर्ष बाद ई. पू. 380 में लिखा गया तथा अंतिम ग्रंथ 'दि लॉज' प्लेटो की मृत्यु के बाद (ई. पू. 327 के बाद) प्रकाशित हुआ। इसके अतिरिक्त 'एपॉलाजी' 'प्रोटागोराज', 'जॉजियाज', 'क्रिटियाज', 'क्रीटो' और 'मेनो' आदि छोटे-छोटे ग्रंथ भी प्लेटो ने लिखे हैं। 'मेनो' तथा 'प्रोटागोराज' में प्लेटो ने यह बतलाया है कि गुणों की शिक्षा दी जा सकती है या नहीं। 'क्रीटो' में विधियों के प्रति आज्ञाकारिता पर विशेष बल दिया है।

रिपब्लिक

प्लेटो ने 'रिपब्लिक' (जिसका यदि भाषान्तर किया जाए तो अर्थ "गणतंत्र" होता है) चालीस वर्ष की परिपक्व अवस्था में लिखी। प्लेटो के समस्त ग्रंथों में रिपब्लिक का स्थान सब प्रकार से अद्वितीय है। यूनानी विद्वता की इसमें सर्वोत्कृष्ट झाँकी मिलती है और इसके विचारों की सर्वमान्यता और सार्वभौमिकता इसकी दूसरी विशेषता है। 'रिपब्लिक' में यूनान के किसी एक नगर-राज्य को चित्रित नहीं किया गया है अपितु प्लेटो ने अपनी कल्पना से एक आदर्श राज्य का निर्माण किया है। व्यावहारिक जगत में यह आदर्श-राज्य आपको कहीं भी नहीं मिलेगा लेकिन कल्पना जगत में तर्क द्वारा जहाँ-जहाँ दार्शनिक जा सका है—वहाँ-वहाँ वह गया है और व्यावहारिक जगत में न सही तो कम-से-कम कल्पना जगत में सम्पूर्ण, सर्वविधि सम्पन्न तथा सक्षम राज्य का निर्माण करने का प्रयत्न रिपब्लिक में किया गया है। रिपब्लिक के संबंध में विभिन्न विचारकों ने विभिन्न प्रकार के मत अभिव्यक्त किये हैं। शेली के शब्दों में "वह (प्लेटो) संभवत, प्रथम और अंतिम ऐसा विचारक था जिसने यह स्थिर किया कि किसी भी राज्य का शासन धनिकों, या महत्वाकांक्षियों या बड़े घरानों द्वारा नहीं अपितु सबसे अधिक बुद्धिमानों द्वारा होना चाहिए।" रूसो ने रिपब्लिक को "शिक्षा पर लिखा गया सर्वोत्तम निबंध" बतलाया है। नटिलशिप ने लिखा है कि "रिपब्लिक मानव-जीवन के दर्शन का नाट्य रूप है।"

रिपब्लिक के पाँच भाग

अध्ययन की दृष्टि से रिपब्लिक को **अर्नेस्ट बार्कर** ने निम्नांकित पाँच भागों में विभक्त किया है:—

(क) **आध्यात्मिक भाग**—इसमें क्या 'अच्छा', 'भला' या 'नेक' है—इस प्रश्न पर विचार करते हुए प्लेटो ने इन शब्दों की परिभाषा की है और सब भौतिक पदार्थों में एक ही तत्व की समानता बतलाई है। इस भाग में हमें प्लेटो के एक रहस्यवादी के रूप में दर्शन होते हैं।

(ख) **नैतिक दर्शन**—इस भाग में मानव-आत्मा के गुणों पर प्रकाश डाला गया है और बतलाया गया है कि धर्म न्याय के संयोग से ही आत्मा पूर्णता प्राप्त करती है।

(ग) **शिक्षा**—इस विभाग में आदर्श राज्य के निवासियों की शिक्षा-दीक्षा की व्यवस्था दी गई है। प्लेटो सोद्देश्य शिक्षा पर विशेष बल देता है क्योंकि आदर्श राज्य का संचालन दार्शनिक-शासक किसी एक वंश का नहीं अपितु राज्य की शिक्षा द्वारा ही तैयार किया गया व्यक्ति हो सकता है।

(घ) **सम्पत्ति और परिवार**—स्त्रियों और सम्पत्ति का एक वर्ग विशेष के लिये साम्यवाद स्थापित किया गया है।

(ङ) **आदर्श राज्य का पतन**–इतिहास के दर्शन की ओर इंगित करते हुए प्लेटो ने रिपब्लिक के इस भाग में बतलाया है कि यदि उन अवस्थाओं पर नियंत्रण न रखा जाए जिनके अस्तित्व पर ही आदर्श राज्य जीवित रह सकता है तो वह किस प्रकार निरंकुश और अत्याचारी राज्य में बदल सकता है।

इन पाँच भागों में दूसरे, तीसरे तथा चौथे भाग ही सबसे अधिक महत्वपूर्ण हैं। अतएव पहले हम संक्षेप में प्रथम भाग पर विचार करेंगे और फिर इसके बाद जरा विस्तार से दूसरे, तीसरे तथा चौथे भाग पर।

अच्छा या भला क्या है ?

प्लेटो की रिपब्लिक का यह आध्यात्मिक भाग है। प्लेटो ने बतलाया है कि अच्छा या भला सत्य है। यह सत्य कल्पना जगत में अवस्थित है और इसकी प्राप्ति का साधन दर्शन है जिसमें विचारों का साक्षात्कार होता है। संसार के समस्त भौतिक पदार्थों में सत्य ही प्रतिबिम्बित होता है। इस प्रकार प्लेटो संसार की प्रत्येक वस्तु में उस एक और अंतिम सत्य के दर्शन करके हमारे सामने अपने रहस्यवादी व्यक्तित्व के पक्ष को उपस्थित करता है। प्लेटो का कहना है कि यही अंतिम सत्य प्राप्त करना मानव जीवन का लक्ष्य है। मनुष्य जब सब में सम्यक् दृष्टि रखने लगता है तो वह 'भला' (महान्) बन जाता है।

धर्म क्या है ?

ऊपर के अनुच्छेदों में 'अच्छे' 'भले' या नेक की परिभाषा कर देने के बाद 'रिपब्लिक' ने दूसरे भाग में यह प्रश्न प्लेटो ने उपस्थित किया है कि भला मनुष्य कौन है ? मनुष्य को भला बनाया जा सकता है या नहीं ? यदि हाँ, तो कैसे ? इन प्रश्नों का उत्तर यह है कि–मनुष्य को नेक, भला या अच्छा बनाया जा सकता है–उसे गुण-सम्पन्न बनाकर। गुणों की शिक्षा ज्ञान द्वारा दी जा सकती है। ज्ञान शिक्षा द्वारा दिया जा सकता है–इसलिये मनुष्य को गुण-सम्पन्न भी बनाया जा सकता है लेकिन इतना ही पर्याप्त नहीं हैं। गुणों का गुण क्या है ? प्लेटो कहता है-गुणों का गुण धर्म है। इसी के पालन से मनुष्य का उत्थान होता है। तो धर्म क्या है ? प्लेटो इसी प्रश्न से अपने आदर्श राज्य के निर्माण की ओर चरण बढ़ाता है।

प्लेटो के पूर्ववर्तियों के धर्म सम्बन्धी विचार

प्लेटो के धर्म संबंधी विचारों को जानने के पूर्व यह अधिक हितकर होगा कि हम प्लेटो के पूर्ववर्ती धर्म संबंधी विचार जान लें। प्लेटो के पूर्ववर्ती धर्म संबंधी विचारों को हम तीन भागों में विभक्त कर सकते हैं। यथा, (1) धर्म संबंधी परम्परागत दृष्टिकोण, (2) सॉफिस्टों का क्रान्तिकारी धार्मिक दृष्टिकोण, तथा (3) कार्य-करण द्वारा उत्पन्न धर्म। अब हम इनमें से प्रत्येक पर क्रम से विचार करेंगे।

धर्म संबंधी परम्परागत दृष्टिकोण (ई. पू. 327-336)

'रिपब्लिक' की प्रश्नोत्तरी सोक्रेटीज के इस प्रश्न से आरंभ होती है कि "धर्म क्या है?" सोक्रेटीज के आसपास एथेंस के कई विद्वान नागरिक बैठे हुए हैं–वे इसका अपने-अपने ढंग से उत्तर देते हैं। सबसे पहले एथेंस का एक प्रवासी नागरिक (मेटिक) **सीफॉलस** उत्तर देने के लिये खड़ा होता है। वह उत्तर देता है कि परम्परा के अनुसार सत्य बोलना और अपने ऋणों से उऋण होना ही धर्म है। लेकिन सीफॉलस उस नाटक के पात्र के रूप में अधिक दिन नहीं रह पाता और उसकी मृत्यु के कारण उसका पुत्र **पोलीमारकस** उसके दृष्टिकोण का समर्थन करता है। योग्य पुत्र पोलीमारकस अपने पिता के दृष्टिकोण को और भी विकसित करता है और बतलाता है कि परम्परागत धर्म वह है जिसमें हम प्रत्येक व्यक्ति के साथ उचित व्यवहार करते हैं लेकिन यह 'उचित व्यवहार' क्या है। इसका उत्तर यह मिलता है कि मित्र के साथ मित्रवत् और शत्रु के साथ शत्रुवत् व्यवहार करना ही उचित व्यवहार है। इसका अर्थ यह निकाला जाता है कि धर्म कला है क्योंकि कला का ही तो चतुराई से प्रयोग किया जाता है। उदाहरण के लिये शल्य चिकित्सा करने वाले डॉक्टर को ले लीजिए। उसने शल्य चिकित्सा की कला सीखी है यदि वह चाहे तो किसी रोगी के जीवन की रक्षा करने के स्थान पर उसे मार भी सकता है। तो क्या इसका अर्थ यह है कि धर्म भी ऐसी ही कला है। सोक्रेटीज इसका निषेधात्मक उत्तर देता है। शत्रु और मित्र की पहचान नहीं की जा सकती क्योंकि यदि कोई मित्रवत् आचरण प्रकटतः करता है और गुप्त रूप से शत्रुता करता है–तब क्या होगा? कभी-कभी बाह्य रूप धोखे का होता है। परम्पराएँ कठिनाइयों के सामने ताश के घर के समान गिर जाती हैं। दूसरे परम्परागत धर्म का पालन वही व्यक्ति कर सकता है जिसके पास विपुल साधन हों जिनसे वह मित्रों को उपकृत कर सके और शत्रुओं का प्रतिकार कर सके। लेकिन यह दृष्टिकोण समाज के लिए घातक है–क्योंकि ऐसा व्यक्ति समाज की अवहेलना करेगा। अंत में **प्लेटो** कहता है कि धर्म का अर्थ यह नहीं है कि मित्रों से मित्रवत् तथा शत्रुओं से शत्रुवत् व्यवहार किया जाए।

क्रान्तिकारी सॉफिस्टों का दृष्टिकोण

धर्म संबंधी सॉफिस्टों का क्रान्तिकारी दृष्टिकोण यह है कि वे धर्म को "जिसकी लाठी उसकी भैंस" वाली दृष्टि से देखते हैं। सॉफिस्टों का प्रतिनिधित्व थ्रेसीमेकस करता है। सोक्रेटीज अपने प्रश्नों द्वारा थ्रेसीमेकस को दो बातें कहने के लिए विवश कर देता है जिसका परिणाम यह होता है कि वे दोनों ही बातें गलत निकल जाती हैं और **थ्रेसीमेकस** पराजित होकर बैठ जाता है।

थ्रेसीमेकस सबसे पहले तो यह कहता है कि समाज में जो बलवान होता है–वही शासन करता है और उसी की बात चलती है। यदि ऐसा है तो जो शासक है–वह सबसे

बलवान् है—उसी की बात चलनी चाहिए किन्तु सदैव ऐसा नहीं होता। कभी-कभी शासक भी अपने मन की बात नहीं कर पाता। दूसरे, सच्चा धार्मिक तो वही हुआ जो शासक की आज्ञा का पालन करे। लेकिन इसका अर्थ यह है कि लोग जैसा चाहेंगे वैसा नहीं कर सकेंगे। इसलिये वे अपने धर्म का पालन नहीं कर सकेंगे क्योंकि इसके पहले **थ्रेसीमेकस** ने यह कहा था कि प्रत्येक कार्य की अच्छाई या बुराई इस बात पर निर्भर करती है उस कार्य से व्यक्ति को संतोष होता है या नहीं। शासक की आज्ञा पालन से यह जरूरी नहीं है कि हर बार व्यक्ति को आत्मसंतोष भी हो। ऐसी अवस्था में उस व्यक्ति ने शासक के प्रति अपने धर्म का पालन तो किया लेकिन अपने धर्म का अपने प्रति पालन नहीं किया। क्योंकि धर्म अवरोधी होता है—इसलिये वह धर्म कोई धर्म नहीं है जिसमें दोनों पक्ष संतुष्ट न हो।

थ्रेसीमेकस यहाँ बौखला-सा जाता है और यह कह बैठता है कि जहाँ बलप्रयोग का भय हो वहाँ तो व्यक्ति को शासक की आज्ञा का पालन करना चाहिए और जहाँ वह शासक की निगाह बचा सके वहाँ उसे निगाह बचाकर निकल जाना चाहिए। इसका दूसरे शब्दों में यह अर्थ हुआ कि अधर्म धर्म से कहीं अधिक अच्छा है। यह बात अपने आप में ही गलत है।

इस प्रकार **थ्रेसीमेकस** दो दृष्टिकोण उपलब्ध करता है : पहला यह कि सरकारें अपने हितों के लिये शासन करती हैं और दूसरा यह कि अधर्म धर्म से अच्छा है।

सोक्रेटीज दोनों दृष्टियों की एक-एक करके आलोचना करता है और दोनों दृष्टियों के पुष्ट करने वाले तर्कों को काट देता है। सोक्रेटीज ने कहा था कि शासन करना या सरकार चलाना एक कला है। प्लेटो ने इसी कथन का विस्तार कर कहा कि शरीर के किसी-न-किसी दोष के कारण ही कलाओं का जन्म होता है। गुरु शिष्य के मस्तिष्क के दोषों को दूर करता है—अतएव शिक्षा एक कला है। डॉक्टर मरीज के रोग को दूर करता है—अतएव रोग शरीर का दोष है और शरीर को दोषमुक्त कर मरीज को निरोग कर देना कला है। अतएव शासक जब निस्वार्थ भाव से शासितों के हितों की रक्षा करता है तब तक कोई अनुचित बात नहीं करता। जीवनयापन के लिए धनार्जन करना अपराध नहीं है। गुरु और डॉक्टर भी ऐसा करते हैं। वैसा ही शासक भी करता है तो कुछ बुरा नहीं करता। इसलिये यह नहीं कहा जा सकता कि शासक सदैव अपने हितों के लिए शासन करता है।

थ्रेसीमेकस के दूसरे विश्वास का उत्तर देते हुए प्लेटो ने सोक्रेटीज से कहलवाया है कि—प्रत्येक वस्तु के लिए कोई-न-कोई एक कार्य निर्धारित होता है। वह कार्य अन्य कोई दूसरी वस्तु नहीं कर सकती। उदाहरण के लिए आँख का काम कान से और कान का काम आँख से नहीं लिया जा सकता। जब कोई वस्तु अपना निर्धारित कार्य भलि-भाँति करती है तब वह अपना गुण सिद्ध करती है। यह कार्य जितना ही अच्छा होगा उतना ही संतोष

सब संबंधित तत्वों को होगा। उदाहरण के लिए आँख का काम देखना है। अच्छी दृष्टि होना आँख का गुण है। जितनी ही अच्छी दृष्टि होगी उतना ही साफ अच्छी दृष्टिवाले व्यक्ति को दिखलाई पड़ेगा। अतएव गुण क्या है? जो कार्य जिस वस्तु या व्यक्ति के लिये निर्धारित हो जब वह उसके द्वारा भलि-भाँति होता है तो वही उस वस्तु या व्यक्ति का गुण होता है। इसी प्रकार आत्मा का कार्य जीवन को आगे बढ़ाना है। यदि आत्मा जीवन को दीर्घ न बना सके तो वह अपना कार्य नहीं कर पा रही है। जब उसे अपना कार्य करने दिया जायेगा तभी वह अपना गुण दिखा सकेगी। आत्मा का गुण अच्छा जीवन देना है। हमें दीर्घजीवी बनाकर ही आत्मा अच्छे जीवन की ओर अग्रसर कर सकती है। क्योंकि आत्मा का गुण अच्छा या भला जीवन है। इसलिए वही आत्मा का या व्यक्ति का धर्म है। अच्छे का अच्छे से कोई विरोध नहीं हो सकता। अतएव धर्म अच्छा होने के कारण अविरोधी है। इसीलिए यह भी स्वाभाविक ही है कि अधर्म से धर्म अच्छा है।

कार्य-करण पर आधारित धर्म का दृष्टिकोण

इस पक्ष का प्रतिपादन **ग्लाउकन** ने किया है। **ग्लाउकन** का कहना है कि धर्म वस्तुतः कृत्रिम है और वह परम्पराओं तथा क्रियाओं का परिणाम है। जब मनुष्य प्रकृति के अंक में था तो बहुधा उस पर अन्याय हो जाया करते थे जिनकी वजह से वह कष्ट उठाया करता था। इन कष्टों ने स्थिति असह्य कर दी। इसके तीन परिणाम हुए; पहला, निर्बलों ने आपस में एक समझौता किया; दूसरा, इस समझौते में विधि निर्धारित कर दी गई और उस विधि को ही अच्छे आचरण का आदर्श मान लिया गया और तीसरा, मानव ने अपने स्वभाववश विधियों तथा परम्पराओं में छिपी आत्म-संतोष की वृत्ति को भुला दिया और केवल भयवश उनका पालन करने लगा। धर्म भी इसी प्रकार बना। अतएव धर्म भय का परिणाम है। इस प्रकार जहाँ थ्रेसीमेकस ने मनुष्य की पशुवृत्ति को शासक में देखा है और कहा है कि शासन दूसरों का दमन करने के लिये किया जाता है और वह शक्तिशाली व्यक्ति के लिये ही लाभदायी है—वहीं **ग्लाउकन** का कहना है कि भयवश शासक को जन्म दिया जाता है क्योंकि वह सब कमजोरों के हितों की रक्षा करता है।

तीनों दृष्टिकोणों की विशेषता

सीफॉलस और पोलीमारकस, थ्रेसीमेकस तथा ग्लाउकन जिन तीन दृष्टिकोणों का प्रतिनिधित्व करते हैं—उन तीनों की ही एक समान विशेषता है और वह यह है कि वे धर्म को बाह्य मानते हैं। इनके विपरीत प्लेटो धर्म की आत्मा की—अन्तर की वस्तु को मानता है और बस इसी आधार पर वह तीनों दृष्टिकोणों के समर्थकों को परास्त कर देता है। प्लेटो का कहना है कि धर्म आत्मा की उचित अवस्था है। यह उचित अवस्था मानवीय स्वभाव की माँग है। राज्य व्यक्ति का ही विकसित स्वरूप है—इसलिये धर्म व्यक्ति में भी होता है और राज्य में भी। राज्य में धर्म और स्पष्ट रूप से लक्षित किया जा सकता

है—ठीक उसी प्रकार जिस प्रकार छोटे अक्षरों को यदि किसी दूरबीन से देखा जाए तो बड़े-बड़े दिखालाई पड़ेंगे और उनको आसानी से पढ़ा जा सकेगा। अतएव धर्म को बतलाने के लिए प्लेटो अपने आदर्श के कल्पित-राज्य की प्रतिष्ठा करता है।

व्यक्ति का धर्म कल्पित राज्य के गुण

अपने आदर्श कल्पित राज्य के प्लेटो ने चार मौलिक गुण बतलाये हैं—(1) धर्म, (2) विद्धता या बुद्धिमानी, (3) साहस, और (4) आत्म-संयम या सहिष्णुता। कल्पित आदर्श राज्य के निवासियों को तीन वर्गों में बाँटा गया है—(1) शासक वर्ग, (2) सैनिक या रक्षक वर्ग, (3) सेवक या उत्पादक वर्ग। शासक वर्ग का गुण बुद्धिमान और विद्वान होना है। सैनिक और रक्षक वर्ग का गुण साहसी होना है तथा सेवक या उत्पादक वर्ग का गुण आत्मसंयमी या सहिष्णु होना है। प्लेटो का कहना है कि जब ये तीनों वर्ग अपने-अपने गुणों के अनुसार कार्य करते हैं तब ही राज्य में धर्म का अस्तित्व माना जाता सकता है। धर्म वस्तुतः अपने कर्तव्य पालन से परे कोई वस्तु नहीं है। जब व्यक्ति अपने वर्ग में रहते हुए जहाँ वह नियुक्त है उस स्थान के कर्तव्य का पालन करता है—तभी वह धर्मवान् है—अन्यथा नहीं। जिस प्रकार प्लेटो ने राज्य को तीन वर्गों में विभक्त किया है उसी प्रकार मनुष्य के मस्तिष्क को भी त्रिपक्षीय माना है। प्लेटो के अनुसार राज्य की भाँति मानव-मस्तिष्क में भी शासक, सैनिक तथा उत्पादक के गुण होते हैं। मानव-मस्तिष्क बौद्धिकता, साहस तथा संयम तीनों का संयोजन है। ये तीनों गुण जब उचित अनुपात में मानवीय मस्तिष्क में विद्यमान रहते हैं—तभी वह अपने धर्म का पालन कर पाता है। इस प्रकार प्लेटो ने धर्म को स्वस्थ मानव-मस्तिष्क का स्वभाव तथा आत्मा का गुण बतलाया है। राज्य में जब शासक निस्वार्थ भाव से शासितों के हितों की रक्षा करता है, सैनिक अपनी जान हथेली पर रख देश की सीमाओं की हिफाजत करता है और उत्पादक वर्ग सब कष्टों को सहन कर अपने उपयोग से अधिक उपभोग की सामग्रियां पैदा करता है—तब ही राज्य में धर्म कायम रहता है। मनुष्य भी इसी प्रकार जब अपनी बुद्धि का प्रयोग करते हुए जहाँ आवश्यकता होती है वहाँ साहस दिखलाकर सहिष्णुतापूर्वक अपने कर्तव्यों का पालन करता है—तभी वह धार्मिक कहलाने का अधिकारी होता है। व्यक्ति का धर्म यही है कि वह अपने बुद्धि, अपने साहस तथा अपनी क्षुधा को उचित सीमाओं में रखे। उसे अपने शासक की समस्त आज्ञाओं का बिना किसी आपत्ति के पालन करना चाहिए।

प्लेटो के धर्म की आलोचना

प्लेटो ने व्यक्ति के धर्म का निर्धारण का एथेन्स को पतन से बचाने का प्रयत्न किया था। लेकिन प्लेटो के धर्म की सबसे पहली त्रुटि तो यह है कि इसमें व्यक्ति या नागरिक से राज्य के प्रति अत्यधिक श्रद्धा की माँग की गई है। जितना राज्य (या देश) प्रेम प्लेटो में एथेन्स के प्रति है—आवश्यक नहीं कि वह उतना की अन्य सब में भी हो। दूसरी त्रुटि यह है कि प्लेटो का धर्म केवल व्यक्ति के कर्तव्यों को ही निर्धारित करता जाता है—उसके

अधिकारों की कहीं चर्चा ही नहीं है। किसी भी राज्य को सफल बनाने के लिये यह तो बड़ा ही आवश्यक है कि कर्तव्यों तथा अधिकारों के बीच उचित समन्वय हो। यदि ऐसा नहीं होता तो किसी भी राज्य की सफलता संदिग्ध हो जायेगी। तीसरी त्रुटि प्लेटो के धर्म में यह दिखलाई पड़ती है कि उसमें व्यक्ति के विकास के लिये कोई स्थान नहीं है। प्रत्येक व्यक्ति को शासक, रक्षक या उत्पादक इन तीन वर्गों में से किसी एक वर्ग में रख दिया गया है और इसके बाद फिर राज्य के कर्णधार उस व्यक्ति के अस्तित्व को एक वर्ग के अस्तित्व में विलयित कर देते हैं। इससे सबसे बड़ी हानि यह होती है कि व्यक्ति की प्रगति रुक जाती है, स्वयं समाज का विकास खतरे में पड़ जाता है। यह स्थिति व्यक्ति और समाज के साथ राज्य को भी ले डूब सकती है। यह निस्सन्देह कहा जा सकता है कि चौथी बात इन्हीं त्रुटियों के साथ यहीं भी कही जा सकती है कि प्लेटो के धर्म में शासकों को अत्युच्च स्थान दिया गया है। किन्तु शासक भी तो भ्रष्ट हो सकते हैं इसलिये यह कैसे कहा जा सकता है कि एक बार आदर्श राज्य स्थापित होने के बाद व्यक्ति को अपनी सारी चिन्ताएँ छोड़ देनी चाहिए। केवल अपने कर्त्तव्यों का ही पालन करना चाहिए। कुल मिलाकर प्लेटो के धर्म के संबंध में यह कहा जा सकता है कि वह एक शुभानुध्यायी बुद्धिवाले व्यक्ति की एक अव्यावहारिक कल्पना है।

प्लेटो का आदर्श राज्य

प्लेटो की कल्पना के आदर्श राज्य के संबंध में एक बात स्पष्ट रूप से आरंभ में ही समझा लेनी चाहिए। वह यह है कि प्लेटो ने अपनी कल्पना के आदर्श राज्य के निर्माण में व्यावहारिकता का नहीं–कल्पनात्मक तर्कों का सहारा लिया है। प्लेटो ने प्रारंभ में ही यह स्पष्ट कर दिया है कि वह किसी ऐसे राज्य का चित्र नहीं उपस्थित करने जा रहा जो वस्तुतः कहीं हो; वरन् उसका उद्देश्य तो एक ऐसे राज्य की रूपरेखा तैयार कर देना है जैसा राज्य होना चाहिए। प्लेटो का उद्देश्य राज्य की आदर्श कल्पना उपस्थित करना था–उस कल्पना को ऐसा रूप प्रदान नहीं करना जिससे वह व्यावहारिक रूप धारण कर सके।

लेकिन स्पष्ट यह है कि कल्पना का आर्दश राज्य भी व्यक्ति की सादृश्यता में बनाया गया था। प्लेटो की व्यक्ति संबंधी कल्पना भी यूनानी विश्वासों तथा संस्थानों पर आधारित थी। इस सादृश्यता को स्थापित करने में राज्य तथा व्यक्ति के बीच अनेक समान बात प्लेटो ने बतलाई है लेकिन उनमें से कुछ तो सर्वथा कपोल-कल्पित हैं।

आदर्श राज्य का आधार

प्लेटो ने आदर्श राज्य का आधार मनोविज्ञान है। प्लेटो ने यह मनोविज्ञान पाइथागोरियन विद्वानों से ग्रहण किया है। पाइथागोरियनों ने समाज को तीन भागों में विभक्त किया था : (1) बौद्धिक विकास के प्रेमी, (2) सम्मान या आदर के प्रेमी, तथा (3) धन के प्रेमी। इसी आधार पर संभवतः प्लेटो ने समाज को और उसके आधार पर

व्यक्ति के मस्तिष्क को इन तीन भागों में बाँटा था– (1) बुद्धि, (2) साहस, और (3) क्षुधा। क्षुधा उत्पादन की प्रेरणा देती है। उत्पादन से सम्पत्ति बढ़ती है। सम्पत्ति से राज्य विस्तार होता है। राज्य विस्तार और सम्पत्ति-वृद्धि से उसकी रक्षा की आवश्यकता होती है। रक्षा की प्रवृति के लिये आक्रमण भी कभी-कभी आवश्यक होता है जो बिना साहस के नहीं होता और अन्त में दोनों वर्गों को उचित सीमाओं में रखने के लिए क्षुधा तथा साहस की वृत्तियाँ के अनुपात में रखने के लिये शासक वर्ग या बुद्धि प्रकाश में आती है। प्लेटो का कहना है कि व्यक्ति का साहस अल्पजीवी होता है लेकिन राज्य का साहस हम एक बार युद्धों में देख लेने के बाद युगों तक इतिहास में पढ़ते हैं। व्यक्ति की सम्पत्ति भुलाई जा सकती है–लेकिन राज्य का वैभव इतिहास की वस्तु है। इसलिये व्यक्ति को समझने के लिये राज्य को समझने की आवश्यकता है।

आदर्श राज्य का निर्माण

प्लेटो आदर्श राज्य का निर्माण तीन बार में करता है। सबसे पहले तो वह एक शिक्षा प्रणाली की रूपरेखा खींचता है। शिक्षा योजना को कार्यान्वित करने का दायित्व वह राज्य के कंधों पर रखता है। इसके बाद सम्पत्ति को दो वर्गों के लिये राष्ट्रीयकरण कर देता है। यह राष्ट्रीयकरण प्लेटो के साम्यवाद के सिद्धान्त के नाम से अधिक प्रख्यात है और अन्त में राज्य को स्थिर कर देने के लिये वह दार्शनिक-शासक की व्यवस्था देता है।

दार्शनिक-शासक के संबंध में प्लेटो का मत यह है कि वह बुद्धि का प्रतिनिधित्व करता है। बुद्धि के दो कार्य होते हैं। एक तो यह कि बुद्धि से हमें ज्ञान प्राप्त होता है और दूसरे यह कि जब हम बुद्धि द्वारा किसी अच्छी बात को समझ जाते हैं तो उससे प्रेम करने लगते हैं। दार्शनिक-शासक बुद्धि का प्रतिनिधित्व करता है-इसलिये वह राज्य के हित को भी समझता है और उससे प्रेम भी करता है। यदि ऐसा शासक राज्य का शासन भार सँभाले है तो वह निश्चित रूप से निस्स्वार्थ भाव से शासन करेगा।

यहाँ प्लेटो का यह भी कहना है कि प्रत्येक व्यक्ति दार्शनिक नहीं हो सकता। दार्शनिक बनने की प्रतिभा होनी चाहिए लेकिन केवल प्रतिभा ही पर्याप्त नहीं है–उसके साथ उचित शिक्षा तथा ज्ञानानुभूति भी होनी चाहिए। उसे भले-बुरे, सुन्दर-असुन्दर का ज्ञान होना चाहिए। इस व्यक्ति में इतनी क्षमता होनी चाहिए कि उसकी सहायता से राज्य अपने पावन-लक्ष्य की ओर निरन्तर अग्रसर होता जाए। अतएव दार्शनिक-शासक आदर्श राज्य की प्रथम और अंतिम तथा अनिवार्य आवश्यकता है।

प्लेटो के राज्य के वर्ग

यह तो हमें ऊपर बतला ही चुके हैं कि मानवीय प्रवृतियों को पाइथागोरियन मनोविज्ञान के आधार पर प्लेटो ने तीन वर्गों में बाँटा है। क्षुधा आर्थिक आवश्यकताओं का प्रतिनिधित्व करती है क्योंकि वही उत्पादन का कारण है–इसलिये राज्य में किसानों तथा

कारीगरों के रूप में उपादक वर्ग उत्पन्न होता है। इनकी रक्षा के लिये सैनिक वर्ग आता है और इन दोनों वर्गों में सन्तुलन बनाये रखने के लिये शासक वर्ग आता है। वह दोनों वर्ग तथा अपने वर्ग की भी शिक्षा व्यवस्था करता है तथा राज्य के संविधान को कार्यान्वित करता है। फिर भी प्लेटो ने यह स्पष्ट कर दिया है कि वर्ग व्यवस्था सदैव सभी पीढ़ियों के लिये एक-सी नहीं रह सकती। शासकों को प्लेटो ने यह स्पष्ट आज्ञा दी है कि जब भी कोई बालक उत्पन्न हो उसके ऊपर यह दृष्टि रखें कि उसकी प्रतिभा क्या और कैसी है तथा वह बालक जिस वर्ग के सबसे अधिक अनूकुल हो उसे उसी वर्ग की शिक्षा दी जाए।

प्लेटो के आदर्श राज्य की त्रुटियाँ

प्लेटो के आदर्श राज्य की सबसे बड़ी त्रुटि यह है कि उसमें सामूहिकता पर आवश्यकता से अधिक बल दिया गया है। व्यक्ति के विकास की अवहेलना की गई है। दूसरे उत्पादक वर्ग की बिल्कुल उपेक्षा की गई है। एक प्रकार से वे यूनानी नगर-राज्यों के दास वर्ग के लोग बना दिये गये थे। इस प्रकार एक ढंग से प्लेटो दासता की निन्दा करने में असफल रहा है। इस कारण इसकी संभावनाएँ अधिक हैं कि एक वर्ग दूसरे के विरुद्ध असंतुष्ट रहे तथा वास्तविक प्रगति न कर सके।

प्लेटो का शिक्षा सिद्धान्त

साम्यवाद के अतिरिक्त प्लेटो ने राज्य में शिक्षा सबसे अधिक महत्वपूर्ण है। यद्यपि कुछ विचारकों ने आरोप लगाया है–शिक्षा-व्यवस्था का भार राज्य के कंधों पर डालकर राज्य का कार्य-भार प्लेटो ने बढ़ा दिया है। लेकिन ऐसी बात वस्तुतः नहीं है। यदि प्लेटो राज्य के शासकों को शिक्षा-व्यवस्था नियंत्रित करने का आदेश देता है तो वह विधि-रचना के कार्य से भी तो उनको मुक्त कर देता है। डनिंग के शब्दों में, "यदि नागरिकों का चरित्र दृढ़ है तो विधियां अनावश्यक हैं–यदि चरित्र शिथिल है तो विधियाँ निरर्थक हैं"। शिक्षा राज्य द्वारा धर्म के पालन के लिये तथा व्यक्ति के धर्मवान् बनाने के लिये शिक्षा प्लेटो के राज्य का आवश्यक अंग है।

शिक्षा से प्लेटो का आशय व्यक्ति के मस्तिष्क को विकसित कर देने के लिये एक ऐसे वातावरण में रख देना है जिससे उसकी उन्नति का क्रम स्वयंमेव बनता चले। जहाँ साम्यवाद व्यक्ति के विकास तथा उन्नति के मार्ग में प्रलोभन रूपी अवरोधों को हटाता है–वहाँ दूसरी ओर शिक्षा का उद्देश्य व्यक्ति के विकास-मार्ग को प्रशस्त बनाना है। प्लेटो की शिक्षा निपट व्यक्ति के विकास की पद्धति ही नहीं है–वह एक समाज-निर्माण की प्रणाली भी है जिसके बिना आदर्श-राज्य के वर्गों की रचना ही नहीं हो सकती। दार्शनिक-शासक का शासन प्लेटो की शिक्षा का प्रत्यक्ष परिणाम है। शिक्षा द्वारा ही प्लेटो व्यक्ति का सत्य से साक्षात्कार कराता है।

प्लेटो से पूर्व शिक्षा की व्यवस्थाएँ

प्लेटो से पहले जो शिक्षा व्यवस्थाएँ थीं—उनके दो ही आदर्श आधार थे—पहला एथेन्स की शिक्षा प्रणाली और दूसरा स्पार्टा की शिक्षा प्रणाली। यूनान के नगर-राज्यों की शिक्षा इन्हीं दो प्रणालियों में से किन्हीं एक पर आधारित रहा करती थी। प्लेटो ने दोनों की प्रणालियों के गुण-दोषों का अध्ययन कर अपनी शिक्षा-प्रणाली आविष्कृत की थी—इसलिये अच्छा होगा कि यदि हम यह जान लें कि दोनों प्रणालियों का क्या स्वरूप था।

एथेन्स की शिक्षा-प्रणाली पर राज्य का कोई नियंत्रण नहीं था और वह व्यक्तिगत उद्यम पर निर्भर करती थी। सम्पूर्ण शिक्षा को हम तीन भागों में विभक्त कर सकते हैं : (च) प्राथमिक, (छ) माध्यमिक, तथा (ज) सैनिक या उच्च शिक्षा। प्राथमिक शिक्षा में तो केवल साधारण अक्षर ज्ञान तथा अंकगणित से परिचय करा दिया जाता था। प्राथमिक शिक्षा 14 वर्ष की आयु तक दी जाती थी। इसके बाद माध्यमिक शिक्षा का विधान था। माध्यमिक शिक्षा 14 वर्ष से 18 वर्ष तक की अवस्था तक दी जाती थी। वह धनिकों का विशेषाधिकार थी। इसके बाद उच्च शिक्षा सैनिक शिक्षा के रूप में प्रदान की जाया करती थी। एथेन्स की शिक्षा की चार विशेषताएँ थीं : (1) वह अत्यन्त व्यय-साध्य हुआ करती थी, (2) शिक्षा पर राज्य का नियंत्रण नहीं था, (3) शिक्षा व्यापक हुआ करती थी, और (4) इस शिक्षा के परिणामस्वरूप अच्छे नागरिक बना करते थे।

स्पार्टा में शिक्षा-प्रणाली एथेन्स से बिल्कुल भिन्न थी। वहाँ सात वर्ष की आयु के बाद बालकों पर राज्य का अधिकार हो जाया करता था। बालक राज्य की सम्पत्ति समझे जाते थे—और उनकी शिक्षा-दीक्षा की व्यवस्था भी राज्य ही करता था। स्पार्टा में सम्पूर्ण शिक्षा का आधार ही सैनिक-प्रशिक्षण था। वहाँ कलात्मक विद्याओं के अध्ययन पर विशेष बल नहीं दिया जाता था। यदि कोई कला सिखाई जाती थी तो वह युद्धकला होती थी। स्पार्टा की शिक्षा की विशेषताएँ ये थीं : (1) सैनिक अनपढ़ हुआ करते थे, (2) उनकी दृष्टि संकीर्ण और अनुदार होती थी, (3) उनके व्यक्तित्व का समुचित विकास नहीं हो पाता था, और (4) स्पार्टावासी बड़े चतुर सैनिक हुआ करते थे।

प्लेटो की प्रणाली

यदि एथेन्स तथा स्पार्टा की प्रणालियों का तुलनात्मक अध्ययन किया जाए तो यह परिणाम निकालने में अधिक समय न लगेगा कि प्लेटो की शिक्षा-प्रणाली एथेन्स तथा स्पार्टा की शिक्षा-प्रणालियों का सम्मिश्रण थीं। प्लेटो को जहाँ एक ओर एथेन्स की शिक्षा-प्रणाली व्यापकता तथा अच्छे नागरिक पैदा करने की क्षमता के कारण पसन्द थी वहीं उसे उसका व्यक्तिगत उद्यम के रूप में चलाया जाना पसन्द नहीं था। प्लेटो स्पार्टा की भाँति शिक्षा पर राज्य का नियंत्रण चाहता था और चाहता था कि अच्छे नागरिकों के साथ ही अच्छे सैनिक भी प्रशिक्षित हों। स्पार्टा के सैनिकों की भाँति उनकी दृष्टि संकीर्ण और अनुदार न हो।

शिक्षा ऐसी हो जो व्यक्ति के विकास में पूरी-पूरी सहायता कर सके। इस प्रकार एथेन्स और स्पार्टा दोनों की ही शिक्षा प्रणालियाँ एक दूसरे को पर्याप्त ले-दे सकती थीं। प्लेटो ने यह विनिमय करा दिया और स्पार्टा की शिक्षा संघटन व्यवस्था एथेन्स के पाठ्यक्रम से संबद्ध कर दी गई।

प्लेटो का शिक्षा दर्शन

अच्छा हो प्लेटो की शिक्षा-प्रणाली पर विचार करने के पूर्व प्लेटो के शिक्षा-दर्शन पर भी विचार कर लें। प्लेटो का मत था कि मनुष्य का मस्तिष्क सदैव सक्रिय रहता है। वह अपने आसपास के वातावरण में जो कुछ देखता है—उसी की तरफ दौड़ता है। अध्यापक को प्लेटो के अनुसार विद्यार्थी की इसी शक्ति पर निर्भर करना चाहिए। मानव-मस्तिष्क की सक्रियता पर विश्वास करते हुए अध्यापक को वातावरण की वस्तुओं पर ध्यान देना चाहिए। जहाँ बालक को शिक्षा के लिये रखा जाए उसके आसपास सुन्दर वस्तुएँ ही होनी चाहिए। मस्तिष्क जिज्ञासा शक्ति की प्रेरणा से उन सुन्दर वस्तुओं की ओर स्वयमेव आकृष्ट होगा। मस्तिष्क इतना संचेत्य होता है कि उस पर सुन्दर वस्तुओं का प्रभाव तत्काल पड़ता है। इस प्रकार एक वाक्य में प्लेटो का शिक्षादर्शन मस्तिष्क में होने वाली वातावरण की प्रतिक्रिया पर आधारित है। मस्तिष्क को शरीर की भाँति खाद्य चाहिए। शिक्षा द्वारा मस्तिष्क को उसके अनुकूल भोजन मिलना चाहिए। मस्तिष्क का विकास निरन्तर होता जाता है—इसलिये उसे भोजन भी निरन्तर चाहिए ही। ऐसी कोई अवस्था नहीं है—जब मस्तिष्क को खाद्य की आवश्यकता न पड़ती हो; अतएव, प्लेटो की शिक्षा जीवनभर चलती है। राज्य क्या है? इस प्रश्न का उत्तर देते हुए शिक्षा के प्रसंग में प्लेटो ने कहा है कि वह मस्तिष्क का ही तो विकसित स्वरूप है। अतएव शिक्षा का लक्ष्य केवल तथ्यज्ञान कराना ही नहीं है—अपितु नागरिक-कर्तव्यों की शिक्षा देना भी है। जिस प्रकार मस्तिष्क से राज्य का विकास हुआ है उसी प्रकार प्रत्येक शिशु के मस्तिष्क का भी उन्हीं अवस्थाओं में से होते हुए विकास होना चाहिए, जिन-जिन अवस्थाओं से राज्य को गुजरना पड़ा है।

प्लेटो की शिक्षा का उद्देश्य तथा उसकी विषय-वस्तु मानव-जीवन की अनुभूति की पूर्णता पर आधारित है। प्लेटो की शिक्षा का यह लक्ष्य प्लेटो के धर्म की प्रत्यक्ष उपसिद्धि है।

शिक्षा-प्रणाली की व्यवस्था

शिक्षा-व्यवस्था इस प्रकार रखी गई है। प्रथमतः शिक्षा सोद्देश्य है। शिक्षा का उद्देश्य अंतिम सत्य से साक्षात्कार कराना है। पूरे पाठ्यक्रम को तीन भागों में विभक्त कर दिया गया है। वे हैं; पहला, शरीर-निर्माण; दूसरा, विद्यासंस्कार; तीसरा, संगीत शिक्षा। प्लेटो ने जब शिक्षा में शरीर-निर्माण को प्राथमिक स्थान दिया तो उसका लक्ष्य केवल व्यायाम अभ्यास करना ही नहीं था। शरीर-निर्माण का व्यापक अर्थ प्लेटो ने ग्रहण किया था।

अध्यापक को ऐसे सुविज्ञ वैद्य की भाँति कार्य करना पड़ता था जिससे वह छात्र की शारीरिक दुर्बलताओं को समझकर उसके लिए ऐसी भोजन सामग्री निश्चित करे कि वे उन निर्बलताओं की पूर्ति कर दें तथा शरीर का अधिकतम विकास हो सके। यहाँ प्लेटो का पथ-प्रदर्शक सिद्धान्त यह था कि "स्वस्थ शरीर में स्वस्थ मस्तिष्क निवास करता है।" सैनिकों की शिक्षा में तो शारीरिक व्यायामों को बड़ा महत्व दिया जाया करता था। मस्तिष्क की स्नायुविक त्रुटियों के निर्धारण करने के लिये प्लेटो ने संगीत की व्यवस्था की थी। जिस प्रकार शरीर-निर्माण की शिक्षा द्वारा अध्यापक को छात्र के शरीर के विकास के समस्त अवरोध दूर करने हैं, ठीक उसी प्रकार संगीत द्वारा मस्तिष्क की समस्त त्रुटियों से अध्यापक को छात्र को मुक्ति दिलानी है। शरीर और मस्तिष्क के विकास के मार्ग को प्रशस्त करने के उपरान्त उच्चशिक्षा की व्यवस्था थी जिसमें गणित सबसे पहले आती है। गणित की शिक्षा पर प्लेटो ने जो इतना बल दिया है—वह पाइथागोरियन प्रभाव का परिणाम है। गणित में सबसे पहले छात्र को अंकगणित में प्रशिक्षित किए जाने का विधान था। इसके उपरान्त रेखागणित तथा बीजगणित में छात्र का प्रवेश कराया जाता था। प्लेटो के मत से गणित द्वारा मस्तिष्क के छोटे-मोटे दोष भी दूर हो जाते हैं। इसके बाद ज्योतिषादि विषयों की शिक्षा का विधान था।

प्लेटो की शिक्षा का सारा उद्देश्य यह था कि जब उच्चशिक्षा समाप्त हो उस समय संसार में "सत्यं शिवं सुन्दरम्" क्या है—इसका पूरा-पूरा ज्ञान छात्र को हो जाए। इससे न केवल व्यक्ति ही का विकास होगा वरन् समस्त मानवता की उन्नति होगी।

शिक्षक और छात्र का रूपक

एक छोटे से रूपक द्वारा अत्यन्त कुशलतापूर्वक प्लेटो ने शिक्षक और छात्र की स्थितियों का चित्रण किया है। छात्र की तुलना एक गहरी अंधेरी गुफा में पड़े व्यक्ति से की गई है। उसे अपने आसपास कुछ नहीं दिखलाई पड़ता। बाहर प्रकाश में अध्यापक है। यह अध्यापक का ही कार्य है कि वह छात्र को उसे अंधेरी गुफा से बाहर निकालकर लाये। अध्यापक प्रकाश में है—वह सब कुछ देख सकता है—इसीलिये छात्र को अपना पूरा उत्तरदायित्व अध्यापक को ही सौंप देना चाहिए।

शिक्षा के संबंध में प्लेटो की एक सबसे बड़ी विशेषता यह है कि उसने स्त्री-पुरुषों दोनों की समान शिक्षा व्यवस्था की है। शिक्षा-प्रणाली में किसी प्रकार का कोई परिवर्तन करने की अनुमति प्लेटो ने आदर्श राज्य के दार्शनिक-शासक को भी नहीं दी है।

शिक्षा संबंधी वर्ग आयु के अनुसार निश्चित किये गये हैं। प्राथमिक शिक्षा 7 वर्ष की आयु से लेकर बीस वर्ष की आयु तक दी जायेगी तथा इसके बाद एक परीक्षा होगी। इस परीक्षा में असफल होने वाले विद्यार्थी उत्पादक वर्ग में तथा सफल होने वाले छात्र सैनिक वर्ग में भेज दिये जाएंगे। बीस वर्ष से तीस वर्ष तक सैनिक शिक्षा की व्यवस्था है

जिसके बाद पुनः एक परीक्षा होगी। इस परीक्षा में सफल होने वाले व्यक्तियों को शासक वर्ग में तथा असफल होने वाले व्यक्तियों को सैनिक वर्ग में भेज दिया जायेगा। इसके बाद शासक वर्ग की विज्ञान संबंधी शिक्षाएँ चलती रहेंगी और इसी वर्ग में एक को दार्शनिक शासक पद के लिये चुना जायेगा। दार्शनिक-शासक राज्य का शासन तथा शिक्षादि की समुचित व्यवस्था करेगा। राज्य में उसका स्थान सर्वोपरि होगा। उसकी आज्ञा तथा निर्णय राज्य की विधियाँ होंगे। शासक-वर्ग के शेष सदस्यों की शिक्षा बराबर होती रहेगी। जो जीवन की अंतिम घड़ियों तक जारी रहेगी।

त्रुटियाँ

प्लेटो की शिक्षा-प्रणाली की कुछ बड़ी जबर्दस्त त्रुटियाँ हैं। उनमें सबसे पहली त्रुटि यह है कि प्लेटो की शिक्षा में उत्पादक वर्ग की प्रारंभिक शिक्षा के बाद कोई और ज्ञान देने की व्यवस्था नहीं की गई है। ऐसा प्रतीत होता है कि उत्पादक वर्ग को शिक्षा देने की कोई आवश्यकता ही नहीं समझी गई और सारा ध्यान शासक तथा सैनिक वर्ग की शिक्षा पर ही केन्द्रित कर दिया गया। प्लेटो का कहना है कि उत्पादक वर्ग को प्रारंभिक से अधिक शिक्षा की आवश्यकता नहीं है। सबसे बड़ी और उल्लेखनीय दूसरी त्रुटि यह है कि इस शिक्षा-व्यवस्था में विविधता के लिये कोई स्थान नहीं है। सबको एक-सी ही शिक्षा दी जायेगी और सब नागरिक एक ही प्रकार के निकलेंगे जो उत्पादक, सैनिक या शासक—इन तीनों में किसी एक वर्ग में अनिवार्यतः रखे जाएंगे। आलोचकों का कहना है कि ऐसा करके प्लेटो ने अपने आदर्श राज्य की विविधता संकीर्ण कर दी है जो अहितकर है। तीसरे, इस शिक्षा का परिणाम यह होगा कि दार्शनिक ही अधिक निकलेंगे और ऐसे व्यक्ति न पैदा हो सकेंगे जो कमजोर हों। किन्तु इस आलोचना में कुछ अधिक बल नहीं है क्योंकि जब प्रारंभ से ही ऐसी शिक्षा दी जायेगी कि शासक का मस्तिष्क और शरीर-दोनों की पुष्ट रहें तो कोई कारण नहीं कि शासक सदैव विचारक ही बना रहे और समय पड़ने पर सक्रिय न हो सके। यह कहा जा सकता है कि वह दार्शनिकों को पैदा करने के अधिक योग्य है। यह तो प्लेटो का उद्देश्य ही है। यह कहना तो ठीक इसी प्रकार होगा कि प्लेटो अपने उद्देश्य में सफल रहा। चौथे, प्लेटो की शिक्षा-प्रणाली में साहित्य-शिक्षा को कम स्थान दिया गया है और गणित को अधिक।

साम्यवाद

प्लेटो के आदर्श राज्य में से यदि साम्यवाद को निकाल भी दिया जाए तो भी उसकी पूर्णता में कोई अन्तर नहीं आता। वस्तुतः यदि विचार किया जाए तो मालूम पड़ेगा कि प्लेटो का साम्यवाद सतर्कतात्मक चरण से अधिक कुछ भी नहीं है। उसका एकमात्र उद्देश्य यही है कि शासक और सैनिक वर्ग के नागरिकों के सामने पथ-भ्रष्ट करनेवाले कोई प्रलोभन न आ सकें। किन्तु, यह सतर्कतात्मक चरण भी उस समय अनावश्यक-सा प्रतीत

होता है--जब हम यह देखते हैं कि प्लेटो ने कितनी व्यापक शिक्षा-व्यवस्था का विधान आदर्श राज्य के लिये निर्धारित कर दिया था। ऐसा प्रतीत होता है कि प्लेटो को मानव-स्वभाव की दुर्बलताओं का ज्ञान भली-भाँति था--इसीलिये शिक्षा की दुर्भेद्य रक्षा-पंक्ति खड़ी कर देने के बाद भी उसने साम्यवाद के रूप में दूसरी रक्षा-पंक्ति खड़ी कर दी।

प्लेटो के साम्यवाद को हम दो भागों में विभक्त कर सकते हैं: (1) सम्पति, और (2) स्त्री। इन दोनों प्रकार के साम्यवादों की जो व्यवस्था आदर्श राज्य के लिये प्लेटो ने दी है उसमें से साम्यवाद का दूसरा भाग तो ऐसा है कि उससे आज तक मानवीय कल्पना समझौता नहीं कर सकी है और कोई आश्चर्य नहीं कि उस समय भी यूनान में इसका कठोर विरोध हुआ हो। **अरस्तू** की आलोचना उस कठोर-विरोध का प्रतीक है।

साम्यवाद के विचार का यूनानी इतिहास

क्या प्लेटो ने साम्यवाद की व्यवस्था निर्धारित करके अपनी मौलिक कल्पना का आश्रय ही लिया था? या उसके पहले भी साम्यवाद यूनानी नगर-राज्यों में कहीं-कहीं पर था? इन दोनों प्रश्नों का उत्तर यूनान के इतिहास के अवलोकन से हमें मिल जाता है। इनका उत्तर यह है कि प्लेटो ने इस संबंध में अपनी मौलिक कल्पना का ही प्रयोग नहीं किया था। सबसे पहले तो सार्वजनिक-भोजनालयों की स्पार्टा की व्यवस्था का ही नाम इस संबंध में लिया जा सकता है। सार्वजनिक भोजनालय व्यक्तिगत रूप से भूमि जोतने वालों से राज्याज्ञा द्वारा अन्न वसूल करके चलाये जाते थे। यही नहीं, स्पार्टा में तो पति राज्य के कार्य से अपनी पत्नियों को कुछ काल के लिए अन्य पुरुषों को दे दिया करते थे। क्रीट में समस्त भूमि के जोतने-बोने का प्रबंध राज्य के जिम्मे ही था। **यूरीपिडीज** ने अपनी एक रचना **'प्रोटेसिलास'** में स्त्रियों के साम्यवाद का समर्थन किया है।

सम्पत्ति का साम्यवाद

सम्पत्ति के साम्यवाद के प्लेटो ने दो आधार बतलाये हैं : मनोवैज्ञानिक और व्यावहारिक। इन्हीं दो आधारों पर प्लेटो ने सिद्ध किया है कि सम्पत्ति का साम्यवाद संभव है। प्लेटो का दृष्टिकोण सामूहिकतापरक है। वह व्यक्ति को या व्यक्तियों की विविधता को कोई महत्व नहीं देता। प्लेटो का कहना है कि प्रत्येक वस्तु या व्यक्ति की उपयोगिता का आधार समाज है। यदि वह सामाजिक दृष्टि से उपयोगी है तो रहेगी--अन्यथा नहीं। व्यक्ति को केवल अपना निश्चित कार्य निश्चित स्थान पर करना चाहिए। इससे अधिक उसे न तो कुछ सोचने की आवश्यकता है और न करने की। उसे राज्य के अतिरिक्त और किसी शक्ति में अपना हित नहीं समझना चाहिए। अतएव, उसे निजी सम्पत्ति रखने की भी कोई आवश्यकता नहीं है। प्लेटो को भय था कि निजी सम्पत्ति रखने की लालसा पारस्परिक संघर्ष का कारण बन सकती है। यह संघर्ष व्यक्ति और व्यक्ति में ही नहीं--व्यक्ति तथा राज्य के बीच भी हो सकता है। इसलिये उसे बचाने के लिये सर्वोत्तम विधि यह होगी कि

सम्पत्ति रखी ही न जाए। शासक तथा सैनिक वर्ग की पूर्ण व्यवस्था का भार राज्य पर रहेगा और वही उनकी आर्थिक आवश्यकताओं की पूर्ति करेगा। शासकों और सैनिकों को न परिवार रखने की आवश्यकता है और न धन की।

स्त्रियों का साम्यवाद

शासक और सैनिक वर्ग के लिये परिवार तथा सम्पत्ति वर्जित कर देने के बाद प्लेटो ने स्त्रियों का साम्यवाद दो प्रकार से स्थापित किया है। सबसे पहले तो परिवारों की चहारदीवारी से स्त्रियों को मुक्ति दिला दी गई है और दूसरे विवाह व्यवस्था में सुधार कर दिया गया है। पहली अवस्था तो समान-व्यवस्था देकर उत्पन्न कर दी गई है जिससे स्त्री-पुरुष दोनों ही समान स्तर पर अपने आपको अनुभव कर सकें। दूसरी अवस्था में विवाह जीवन भर के लिये न होकर अस्थायी रूप से होने की व्यवस्था की सिफारिश की गई है। यह व्यवस्था मुसलमानों में प्रचलित 'मुता विवाह' से बहुत कुछ मिलती-जुलती है। इस व्यवस्था का एक मुख्य उद्देश्य यह था कि संतान उत्पन्न करने का अधिकार समाज के केवल स्वस्थ एवं बुद्धिमान व्यक्तियों की ही मिले जिससे उनकी संतान भी यशस्वी एवं कर्मशील बन सके। कौन व्यक्ति किस स्त्री के साथ संबंध स्थापित करे, यह राज्य द्वारा निर्धारित किया जाए जिससे परिवार विज्ञान की शिक्षा से लाभ उठाकर, समाज में अति बुद्धिमान एवं सबल व्यक्तियों को जन्म दिया जा सके।

प्लेटो के साम्यवाद की विशेषताएँ

प्लेटो का साम्यवाद आधुनिक साम्यवाद से भिन्न है। इसका उद्देश्य शासकादि वर्गों के लिये प्रलोभनहीन वातावरण तैयार करना है। इस दृष्टि से वह सीमित और आंशिक है। दूसरे प्लेटो का विश्वास था कि धन और सत्ता तथा उपभोग-सामग्रियों की विपुलता किसी भी बुद्धिमान से बुद्धिमान व्यक्ति का भ्रष्ट करने की सामर्थ्य रखती है। शासकों को तथा रक्षकों को भिक्षुओं की भाँति सांसारिक चिन्ताओं से मुक्त करना चाहिए। सामूहिक दृष्टि से प्लेटो का कहना था, "यदि कुछ लोगों को अपने सुखों को भी तिलांजलि देनी पड़े तो उन्हें ऐसा करने से हिचकना नहीं चाहिए।" इस दृष्टि से प्लेटो का साम्यवाद राजनीतिक है, आर्थिक नहीं।

आधुनिक और प्लेटो के साम्यवाद में अन्तर

निम्नांकित बातों में आधुनिक साम्यवाद तथा प्लेटो के साम्यवाद में अन्तर है : (1) उत्पादन के सारे साधन प्लेटो के साम्यवाद में राज्य के हाथों में नहीं सौंपे जाते। प्लेटो का साम्यवाद केवल उत्पादित वस्तुओं के समान वितरण तक ही सीमित रहता है। (2) प्लेटो का साम्यवाद आधुनिक साम्यवादी विचार-धारा की भाँति प्राथमिक नहीं है क्योंकि वह द्वितिय रक्षा-पंक्ति के रूप में हमारे सामने आता है। उसमें प्राथमिकता बौद्धिक आभिजात्यतंत्र

को दी गई है। (3) आधुनिक साम्यवाद की भाँति प्लेटो के साम्यवाद के आर्थिक लक्ष्य नहीं हैं—वरन् आध्यात्मिक लक्ष्य हैं। इन आध्यात्मिक लक्ष्यों द्वारा राज्य की पुनः प्रतिष्ठा का प्रयत्न किया गया है। (4) आधुनिक साम्यवाद सब वर्गों के लिये है जबकि प्लेटो का साम्यवाद केवल दो ही वर्गों अर्थात् शासक और सैनिक वर्गों के लिये था, साधारण जनता के लिये नहीं था।

आधुनिक साम्यवाद तथा प्लेटो के साम्यवाद में समानता

परन्तु इन भेदों के रहते हुए भी दोनों प्रकार के साम्यवादों में कुछ समानताएँ हैं—उदाहरणार्थ (1) दोनों का ही उद्देश्य राज्य की एकता की रक्षा करना है। (2) दोनों में राज्य के किसी भी पदभार के लिये खुली प्रतिद्वंदिता करने का कोई क्षेत्र नहीं है। ऐसा कर देने से इस बात का भय उत्पन्न हो जाता है कि राज्य में गृह-कलह तथा राज्यद्रोही प्रवृतियाँ बल ग्रहण कर लें। (3) दोनों ही साम्यवादों में शासकों को बंधु और मित्र की दृष्टि से देखा जाता है—स्वामियों या शोषकों की दृष्टि से नहीं।

आलोचनात्मक सिंहावलोकन

प्लेटो के साम्यवाद की सबसे कठोर आलोचना **अरस्तू** ने की। इस पर हम नीचे के अनुच्छेद में विचार करेंगे। सामान्य आलोचनात्मक सिंहावलोकन से यह स्पष्ट हो जाता है कि **प्लेटो** ने सम्पत्ति और व्यक्ति का विच्छेद करा के मानवीय स्वभाव की एक आवश्यक दुर्बलता की अवहेलना की है। इस बात की अनिवार्यता को सिद्धान्ततः अस्वीकार नहीं किया जा सकता कि सम्पत्ति व्यक्तित्व की अभिव्यक्ति को प्रकट करने का साधन रही है। यह ऐसी आवश्यकता है—जिस पर युगों का कोई प्रभाव नहीं पड़ा है। प्लेटो का साम्यवाद विविधता का अन्त कर देता है। इसके परिणामस्वरूप शक्ति का अत्यधिक केन्द्रीकरण हो जाता है। स्त्रियों का साम्यवाद सर्वथा अस्वाभाविक ही नहीं—अव्यावहारिक भी है। प्लेटो का बड़े से बड़े भक्त और प्लेटो के दर्शन में पूर्ण विश्वास रखने वाला व्यक्ति भी इस कल्पना को मूर्त रूप नहीं दे सकता। राजनीतिक जीव होते हुए भी मनुष्य व्यक्ति बना रहता है। उसमें व्यक्तित्व का बिल्कुल दमन कर देने की माँग करना उसके मौलिक स्वभाव के विरुद्ध हो जाता है। स्त्रियों की कोमल भावनाओं को सार्वजनिक कर्तव्यों के पाषाण-भार के नीचे बुरी तरह दबा दिया गया है। कुछ कहते हैं कि बौद्धिक माता-पिता की संतान भी बौद्धिक होगी। लेकिन स्वयं प्लेटो ने यह स्वीकार किया है कि ऐसा होना जरूरी नहीं है। इसका उल्टा भी हो सकता है।

अरस्तू ने प्लेटो के साम्यवाद को विविधता का शत्रु ठहराया है। अरस्तू का कहना था कि बिना विविधता के बौद्धिकता का विकास हो ही नहीं सकता। अतएव ऐसा करके प्लेटो ने बौद्धिक विकास के द्वार को ही बंद कर दिया है। **अरस्तू** का कहना था कि एकता

अनेकता में होनी चाहिए। निर्जीव एकरूपता नाशकारी है। नैतिक दृष्टि से **प्लेटो** के स्त्रियों के साम्यवाद में निकट संबंधियों के साथ भी अनाचार हो जाने की शंका है। योग्य युगलों का खोजना राज्य के लिये कोई आसान बात नहीं है। इससे असामंजस्य अधिक होगा। समाज दो भागों में बँट जाता है। यही नहीं सबके बच्चे किसी के बच्चे न होंगे और उन पर कोई ध्यान न देगा। जिसके परिणामस्वरूप वे सबके सब उपेक्षित रहेंगे।

शासनतंत्रों का विभक्तीकरण

प्लेटो ने परिवर्तन के सिद्धान्त को स्वीकार किया है। प्लेटो ने यह भी माना है कि कोई शासनतंत्र शाश्वत नहीं होता, वह चाहे कितना भी अच्छा क्यों न हो। इसी आधार पर प्लेटो ने शासनतंत्रों को पाँच भागों में विभक्त किया है। इस विभाजन में स्वभावतः प्रथम स्थान दार्शनिक-शासक के आदर्श राज्य को दिया गया है। इसके बाद आभिजात्यतंत्र आता है। आभिजात्यतंत्र के बाद अयोग्य धनिकवर्ग का शासनतंत्र उसका स्थान ग्रहण कर लेता है। प्रजातंत्र अयोग्य धनिकवर्ग तंत्र का उत्तराधिकारी है। प्रजातंत्र के पतन पर निरंकुश और स्वच्छन्द शासनतंत्र आता है। इनमें से प्रथम तथा अंतिम तंत्र में एक ही शासक रहता है। बीच में तीन तंत्रों में से प्रथम दो तंत्रों में सत्ता दो वर्गों के हाथ में रहती है तथा तीसरे तंत्र में सत्ता जनता के हाथ में चली जाती है। प्लेटो को न केवल निरंकुश शासनतंत्र से चिढ़ थी—वरन् वह प्रजातंत्र के भी विरुद्ध था।

प्रजातंत्र के विरुद्ध अत्यन्त भद्दी धारणा होने का कारण प्लेटो के तत्कालीन एथेंस के अपने व्यक्तिगत अनुभव भी थे। प्लेटो के अंतिमकाल में एथेंस का शासन अयोग्य, अदूरदर्शी, स्वार्थी तथा निकृष्ट श्रेणी के लोगों के हाथ में चला गया था। प्लेटो के अत्यन्त संचेत्य मस्तिष्क पर इसका बड़ा बुरा प्रभाव पड़ा था। प्लेटो ने **सोक्रेटीज** को मृत्यदण्ड दिये जाने के बाद यह समझ लिया था कि उसका नगर-राज्य यदि प्रजातंत्र बना रहा तो अवश्य नष्ट हो जायेगा। दूसरे प्लेटो स्वयं एक बड़े ऊँचे घराने का था। प्लेटो को भली-भाँति प्रशिक्षित बौद्धिकता में विश्वास था। वह जनता की सामान्य बुद्धि में बिल्कुल विश्वास नहीं करता था।

प्लेटो का राज्य संबंधी सिद्धान्त

प्लेटो ने राज्य को व्यक्ति का विकसित रूप ही माना है। व्यक्ति के तथा राज्य के गुणों को भी वह समान मानता है। इसीलिये व्यक्ति का धर्म निर्धारित करते समय वह राज्य के धर्म की खोज में चल पड़ता है और कहता है कि जिस प्रकार छोटे अक्षरों की तुलना में बड़े अक्षर आसानी पढ़ जा सकते हैं उसी प्रकार राज्य के धर्म को समझ लेने के बाद हम व्यक्ति के धर्म को आसानी से समझ सकते हैं। जर्मन विचारकों की भाँति प्लेटो ने या प्लेटो की भाँति जर्मन विचारकों ने यह सोचा था कि राज्य ही मानव गुणों का अधिक-से-अधिक विकसित स्वरूप है। राज्य के विभिन्न संस्थानों द्वारा मनुष्य के विभिन्न

नैतिक सिद्धान्तों की झाँकी मिलती है। मानव-मस्तिष्क को प्लेटो ने तीन भागों में बाँटा था–(1) क्षुधा या लालसा, (2) शौर्य, और (3) बुद्धि। इन्हीं तीन तत्वों की विशेषताओं को दृष्टि में रखते हुए प्लेटो ने राज्य के निवासियों को तीन वर्गों में विभक्त किया : (1) किसान और कारीगर या उत्पादक वर्ग, (2) सैनिक वर्ग, तथा (3) शासक या दार्शनिक वर्ग। इससे हमें प्लेटो के मनोवैज्ञानिक राज्य-सिद्धान्त का ज्ञान हो जाता है। प्लेटो ने **राज्य का आर्थिक सिद्धान्त** भी दिया है। प्लेटो ने यह स्वीकार किया है कि जिस प्रकार समाज की समस्त आवश्यकताओं को एक ही वर्ग द्वारा पूरा नहीं कराया जा सकता उसी प्रकार एक व्यक्ति अपने आप सारी आवश्यकताओं की पूर्ति नहीं कर सकता। इसके लिये पारस्परिक या सामाजिक सहयोग की आवश्यकता पड़ती है। अतएव सर्वप्रथम आर्थिक दृष्टि से राज्य की आवश्यकता पड़ती है। नागरिक शीघ्र ही आर्थिक आधारों पर कार्य-विभाजन और विशेषज्ञता के लाभों का अनुभव करने लगते हैं। किन्तु आर्थिक आवश्यकताओं की पूर्ति के बाद ही मनुष्य संतुष्ट नहीं हो जाता। वह विकास और विस्तार चाहता है। इसलिये राज्य का क्षेत्र बढ़ता है। अतएव सैनिक वर्ग प्रकाश में आता है। यह वर्ग युद्ध-कला में प्रवीण होता है। इसको युद्ध-कला में विशेषज्ञता की शिक्षा दी जाती है। अन्त में एक ऐसा वर्ग उत्पन्न होता है जो सब वर्गों की आवश्यकताओं की ओर ध्यान देता है–अर्थात् उनपर शासन करता है। संक्षेप में **प्लेटो** का विश्वास था कि राज्य सर्वप्रथम आर्थिक सहयोग की लालसा के कारण उत्पन्न हुआ और कार्यों में विशेषज्ञता प्राप्त करने की प्रेरणा तीन उल्लिखित मौलिक मानवीय प्रवृतियों से मिलीं–जिन्होंने तीन विभिन्न वर्गों को जन्म दिया : उत्पादक, सैनिक और शासक वर्ग। यह वर्ग क्रमशः क्षुधा, शौर्य और बुद्धि का प्रतिनिधित्व करते हैं। राज्य में ये तीनों वर्ग होते हैं। इसलिये ऐसे राज्य में धर्म, विद्वत्ता, साहस और आत्म-संयम ये चारों गुण विद्यमान होते हैं।

कार्य-विशेषज्ञता का सिद्धान्त और उसके दोष

प्लेटो के आदर्श राज्य की चर्चा करते हुए हम यह कह चुके हैं कि वह व्यक्तियों तथा वर्गों की कार्य-विशेषज्ञता तथा कार्य-विभाजन की प्रवृतियों पर निर्भर करता है। प्लेटो का कार्य-विशेषज्ञता का सिद्धान्त **सोक्रेटीज** के 'ज्ञान ही गुण है'–इस सिद्धान्तवाक्य पर आधारित है। कैसे ?–इस प्रश्न का उत्तर यह होगा कि प्लेटो ने यह माना था कि मनुष्यों की प्रवृत्ति एक दूसरे की आवश्यकताओं की पूर्ति करने की होती है लेकिन इसके साथ ही प्लेटो यह भी मानता था कि एक ही व्यक्ति या वर्ग सबकी या केवल अपनी ही सारी आवश्यकताओं की पूर्ति नहीं कर सकता। इसीलिये एक दूसरे के परिश्रम से लाभ उठाने की अथवा सहयोग की वृत्ति प्रकाश में आती है। अतएव, जो व्यक्ति या वर्ग कोई एक कार्य कर सकता है–वह उसमें विशेषज्ञता प्राप्त करने का प्रयत्न करता है तथा दूसरा वर्ग उसकी सेवाओं का लाभ उठाता है। यही बात दूसरे वर्ग के संबंध में भी लागू होती है। अर्थात् दूसरे वर्ग की विशेषज्ञता का लाभ पहला वर्ग उठाता है। सहयोग की वृत्ति से प्लेटो

का यही अभिप्राय है। कार्य-विशेषज्ञता प्लेटो के धर्म की प्रत्यक्ष उपस्थिति है। प्लेटों के धर्म का अर्थ यह है कि निश्चित स्थान पर निश्चत वर्ग या व्यक्ति द्वारा निश्चित कार्य भली प्रकार से किया जाना। ऐसा तभी हो सकता है–जब व्यक्ति या वर्ग विशेष अपने कार्य में दक्षता प्राप्त कर ले। यदि किसान या उत्पादक वर्ग भली प्रकार अन्न उपजाता है या समुचित उत्पादन करता है तो किसी के असंतुष्ट होने का कोई प्रश्न ही उत्पन्न नहीं होता। इसी प्रकार यदि शासक योग्यता से शासन करता है तो उस राज्य में क्रान्तियों आदि के लिये कोई गुंजाइश नहीं हो सकती क्योंकि शासक से कोई भी असंतुष्ट नहीं रहेगा।

प्लेटो ने इसी आधार पर अर्थात् कार्य-विशेषज्ञाताजनित दक्षता के आधार पर राज्य को तीन वर्गों में बाँटा है। इसमें संदेह नहीं कि इससे दक्षता तथा गति में वृद्धि होती है लेकिन निम्नलिखित ऐसे दोष भी आ जाते हैं जिनकी अवहेलना नहीं की जा सकती।

(1) मनुष्य का मस्तिष्क एक है। उसे बिल्कुल अलग-अलग तीन भागों में नहीं बाँटा जा सकता। जब हम मस्तिष्क की किसी एक प्रवृति की बात करते हैं तो यह समझ लेना चाहिए कि उसमें अन्य दो प्रवृतियाँ भी समाविष्ट हैं। यदि क्षुधा की प्रवृत्ति कहीं पर है तो यह नहीं कहा जा सकता कि शौर्य तथा बुद्धि की वृत्तियाँ हैं ही नहीं। प्लेटो ने मस्तिष्क की प्रवृत्तियों को बिल्कुल अलग-अलग मानकर पहली तथा मौलिक भूल की।

(2) यदि मनुष्य मस्तिष्क की केवल एक ही वृत्ति को विकसित करेगा तो उसका विकास एकांगी होगा। इसका मतलब यह हुआ कि उसका सम्पूर्ण व्यक्तित्व कभी भी निखर न सकेगा।

(3) विशेषज्ञता के आधार पर खड़ी की गई वर्ग-व्यवस्था नौकरशाही में बदल जायेगी। उसकी दृष्टि स्थूल और सीमित होगी और वह अनेक भूलें करेगी।

(4) प्लेटो ने सारी सत्ता दार्शनिक शासकवर्ग को दे दी है। ऐसी अवस्था में ऐसी संभावनाओं से इन्कार नहीं किया जा सकता कि यह वर्ग अन्य वर्गों के हितों को अपनी विशेषज्ञता के भ्रम में बिल्कुल भूल जाए और इस प्रकार राज्य के समस्त शासन-कार्य को ही बिगाड़ दे।

स्टेट्समैन

'रिपब्लिक' के बाद प्लेटो की सबसे महत्वपूर्ण रचना 'स्टेट्समैन' है। 'स्टेट्समैन' के पढ़ने से ऐसा लगता है कि प्लेटो 'रिपब्लिक' के कल्पना तथा काव्य जगत के क्षेत्र में असफल होकर यर्थाथवादिता की दिशा में बढ़ा है। 'रिपब्लिक' की तुलना में 'स्टेट्समैन' अधिक क्रमबद्ध और तर्कसंगत है। 'रिपब्लिक' लिखने के बाद संभवतः प्लेटो ने यह अनुभव किया कि आदर्श राज्य का दार्शनिक-शासक व्यावहारिक संसार के तल पर मिलना असंभव है। अतः वह दार्शनिक शासक के बजाय एक ऐसे आदर्श राजनीतिज्ञ को खोजता है जो भली-भाँति शासन कर सके। 'स्टेट्समैन' में मुख्यतः दो प्रश्नों का उत्तर दिया गया

है। पहला तो यह है कि कोई व्यक्ति सच्चा शासक बनना चाहता है तो उसे कैसी शिक्षा प्राप्त करनी चाहिए और किन आदर्शों की ओर बढ़ने का प्रयत्न करना चाहिए? दूसरे शिक्षा में राजनीतिशास्त्र या दर्शन का क्या महत्व है? प्लेटो ने इस संबंध में कहा है कि राजनीति द्वारा जनता को गुण तथा धर्मों की शिक्षा दी जानी चाहिए।

विधि और शासनतंत्र

प्लेटो ने '**स्टेट्समैन**' में यह स्वीकार कर लिया है कि वास्तविक राज्यों में विधि के बिना शासन नहीं हो सकता। वास्तविक राज्यों के शासकों को प्रजा की भलाई और लाभ तथा धर्म की शिक्षाएँ देनी चाहिए। शासक यह शिक्षाएँ नहीं दे सकता यदि वह स्वयं भला नहीं है। जैसा शासक होता है वैसी ही प्रजा भी होती है। विधियाँ युगों के भले और अच्छे अनुभवों की संचित राशि हैं—इसलिये वे व्यावहारिक राज्यों के लिये आवश्यक हैं। उन्हीं के आधार पर राज्यों की शासन नीति का वर्गीकरण किया जा सकता है। प्लेटो ने विधिसम्मत और विधि-विरुद्ध दोनों राज्यों की ओर से स्पष्टतः निर्देश किया है।

विधि के आधार पर वर्गीकरण

विभिन्न शासन-तंत्रों का विधि के आधार पर प्लेटो ने इस प्रकार वर्गीकरण किया है।

विधिसम्मत शासनतंत्र	भ्रष्ट शासनतंत्र
(1) **राजतंत्र** में केवल एक व्यक्ति के हाथ में सत्ता रहती है। राजा सत्ता का प्रजा के हित में प्रयोग करता है।	(1) **निरंकुशतंत्र** में सत्ता एक ही व्यक्ति के हाथ में रहती है किन्तु वह उसका दुरुपयोग करता है।
(2) **आभिजात्यतंत्र** में सत्ता एक ही वर्ग के हाथ में रहती है जो उसका उपयोग सबके हित में करता है।	(2) **अयोग्यधनिकतंत्र** में सत्ता अयोग्यवर्ग के हाथ में चली जाती है जो उसका अनुचित प्रयोग करता है।
(3) **सहिष्णु प्रजातंत्र** में सत्ता प्रजा में होती है जिसका सावधानी से सोच-समझकर प्रयोग किया जाता है।	(3) **समूहतंत्र** में सत्ता मूर्ख प्रजा के हाथ में चली जाती है और उसका वह अनुचित कार्यों में प्रयोग करती है।

इस वर्गीकरण में प्लेटो के मत से राजतंत्र सबसे अच्छा है, लेकिन इसमें सबसे बड़ी कठिनाई यह है कि जब किसी निरंकुश व्यक्ति के हाथों में सत्ता चली जाती है—तब वह सबसे अधिक भ्रष्ट शासनतंत्र हो जाता है। आभिजात्यतंत्र राजतंत्र के बाद आता है। इसमें बौद्धिक वर्ग प्रजा के हितों की रक्षा करते हुए शासन करता है। लेकिन कभी-कभी आभिजात्यतंत्र के नाम पर ऐसा धनिकवर्ग शासनारूढ़ हो जाता है जिसे शासन-कार्य का

कोई अनुभव या योग्यता नहीं होती। वह प्रजा का अपनी सत्ता बनाये रखने के लिये शोषण करता है। प्लेटो ने प्रजातंत्र को सबसे निकृष्ट तंत्र माना है। प्लेटो का कहना है कि इससे किसी भी दशा में कोई लाभ नहीं होता। प्रजातंत्र में सत्ता अदूरदर्शियों तथा अनपढ़ों के हाथ में चली जाती है।

लॉज

'लॉज' प्लेटो का तीसरा और अंतिम सर्वाधिक महत्वपूर्ण ग्रन्थ है। इसमें प्लेटो ने **'रिपब्लिक'** के आदर्श राज्य की अव्यावहारिकता अनुभव कर ली है और कल्पना से प्रेरणा न लेकर जागतिक आवश्यकताओं का ध्यान रखा है। **'लॉज'** में पहली और सबसे उल्लेखनीय बात यह है कि उसमें प्लेटो ने यह अनुभव कर लिया है कि विवाह और परिवार ये दोनों सामाजिक संस्थान आवश्यक हैं। इनको किसी भी प्रकार नष्ट नहीं किया जा सकता। दूसरी बात यह है कि प्लेटो ने सम्पत्ति की भी महत्ता व्यक्तिगत जीवन में स्वीकार कर ली है। इन दोनों को अर्थात् विवाह और सम्पत्ति को अनिवार्य मानकर साम्यवादी कल्पना का प्लेटो ने परित्याग कर दिया है किन्तु इसका यह अभिप्राय नहीं है कि प्लेटो ने उनका बिना किसी शर्त के साथ समर्थन किया है। प्लेटो ने विवाह तथा सम्पत्ति की अनिवार्यता जीवन में स्वीकार की है—लेकिन साथ यह भी कहा है कि दोनों पर राज्य का कठोर नियंत्रण रहना चाहिए। विवाह के मामलों में राज्य यह देखे कि अनमेल जोड़ों द्वारा अयोग्य सन्तानोत्पत्ति तो नहीं होने दी जा रही है। साथ ही वह यह भी देखे कि किसी वर्ग के पास आवश्यकता से अधिक सम्पत्ति तो नहीं है। यदि हो तो उस पर राज्य अधिकार कर ले।

इसके अतिरिक्त **'रिपब्लिक'** की तुलना में 'लॉज' में शिक्षा पर राज्य का अधिक कठोर नियंत्रण नहीं रखा गया है। पुरुषों के समान ही स्त्रियों को भी माना गया है और उन्हें समस्त सार्वजनिक कार्यों में भाग लेने का अधिकार दिया गया है।

विधि की महत्ता को मान्यता

स्त्रियों और सम्पत्ति के साम्यवाद की कल्पना से मुक्त होने के बाद प्लेटो ने यह स्वीकार किया है कि जिस आदर्श मानव या आदर्श राज्य की बात वह सोचता है—वह संभव नहीं है। इसका अर्थ यह है कि मानव-चरित्र सदा त्रुटिपूर्ण रहेगा। इन त्रुटियों पर नियंत्रण रखने की आवश्यकता है। अतएव, बिना विधियों के यह कार्य अन्य कोई शक्ति नहीं कर सकती। इसीलिये **'लॉज'** में ('लॉज' का शब्दार्थ ही 'विधियाँ' है) विधियों को सर्वोच्च मान्यता दी गई है।

सामाजिक व्यवस्था

प्लेटो ने 'लॉज' में सामाजिक व्यवस्था इस प्रकार की रखी है कि अधिकतम सम्पत्ति

बुद्धिसम्पन्न व्यक्तियों के पास ही रहे और राजनीतिक सत्ता पर उनका पूरा-पूरा अधिकार रहे। सम्पत्ति का मौलिक अधिकार भूमि को ही माना गया है। वाणिज्य हो महत्व नहीं दिया गया है। सम्पत्ति-वितरण की दृष्टि से सम्पूर्ण समाज को चार वर्गों में बाँट दिया गया है। सबसे नीचे वाले वर्ग के लिये भूमि का एक क्षेत्रफल निश्चित कर दिया गया है। दूसरे तीसरे तथा सबसे ऊँचे और चौथे वर्ग के पास पहले वर्ग की तुलना में क्रमशः दुगुनी, तिगुनी और चौगुनी भूमि रहेगी। यदि कभी किसी के पास अधिक भूमि चली जाती है तो राज्य का यह कर्तव्य होगा कि वह उसे जब्त कर ले क्योंकि अधिक सम्पत्ति से पारस्परिक ईर्ष्या, द्वेष तथा संघर्ष बढ़ते हैं जिनके परिणामस्वरूप राज्य का अस्तित्व खतरे में पड़ने की संभावना बनी रहती है। समाज में यद्रि सम्पत्ति निश्चित अनुपात में रहती है तो अनुपातहीन सम्पत्ति वाले समाज की अपेक्षा उस समाज में अधिक सामंजस्य रहेगा।

शासनतंत्र की रूपरेखा

विधियों को सर्वोच्च मान्यता देने वाले समाज या राज्य के शासनतंत्र की रूपरेखा भी प्लेटो ने दी है। इस व्यवस्था के अधीन 37 व्यक्तियों की एक सर्वोच्च परिषद् रहेगी जो राज्य के सम्पूर्ण शासनतंत्र को अपने हाथों में रखेगी और जिसकी सदस्यता केवल वही नागरिक प्राप्त कर सकेंगे जिनकी आयु 50 से अधिक तथा 70 वर्ष से कम होगी। आयु की यह उच्च सीमा निर्धारण करने का कारण यह है कि प्लेटो अनुभव को ही योग्यता की सबसे बड़ी कसौटी मानता है। 70 वर्ष से अधिक अवस्था के नागरिक शारीरिक दृष्टि से निर्बल हो जाते हैं—इसलिये उन्हें सक्रिय राजनीति से अलग कर दिया गया है। 37 व्यक्तियों की इस सर्वोच्च परिषद् के नीचे 360 व्यक्तियों का एक प्रशासन मण्डल रहेगा जिसका चुनाव होगा। इसमें द्वितिय वर्ग के नागरिक लिये जायेंगे। प्लेटो का यह संकेत ध्यान देन योग्य है। सर्वोच्च-परिषद् की सदस्यता को जहाँ सर्वोच्च वर्ग के नागरिकों तक ही सीमित रखा गया है—वहाँ दूसरे प्रशासन-मण्डल की सदस्यता की योग्यता के संबंध में प्लेटो अधिक उदार हो गया है। सर्वोच्च परिषद् का कार्य अधिकांशतः निर्देशात्मक रखा गया है। दूसरे शब्दों में जहाँ राज्य की महत्वपूर्ण नीतियों का निर्धारण सर्वोच्च परिषद् का कार्य रहेगा वहाँ उन नीतियों को कार्यान्वित करने का भार प्रशासन-मण्डल पर पड़ेगा। इसके अतिरिक्त एक न्यायपालिका की भी व्यवस्था की गई है जिसमें स्त्री-पुरुष दोनों की समान रूप से नियुक्त किये जा सकते हैं। दस व्यक्तियों के एक सर्वोच्च न्यायालय की भी व्यवस्था की गई है जिसका कार्य यह देखना होगा कि संविधान का पालन होता है या नहीं और ऐसा तो नहीं है कि संविधान के विरुद्ध विधियाँ पारित की जा रही हैं। इस न्यायपालिका को सहायता के लिये दो समितियों की व्यवस्था की गई है : (क) 20 गुणसम्पन्न पुरोहितों की समिति, तथा (ख) 20 प्रतिभासम्पन्न तरुणों की समिति। ये दोनों समितियाँ इसका ध्यान रखेंगी कि वृद्ध अपनी सनक में और तरुण अपनी धुन में कहीं कोई ऐसा तो काम नहीं करने जा रहे हैं जिससे राज्य की क्षति हो जाए।

यह व्यवस्था नागरिकों के राज्यनीतियों में तथा राज्य की गतिविधियों में सक्रिय रुचि लेने के अधिकार पर स्थिर है। शासनतंत्र को संतुलित और नियंत्रित रखने का भी प्रयत्न किया गया है।

शासनतंत्र की रूपरेखा उपस्थित करने में प्लेटो ने '**लॉज**' में स्पार्टा तथा एथेंस की लाभदायी व्यवस्थाओं का संयोग करा दिया है।

प्लेटो का अनुदाय और महत्व

प्लेटो केवल एक यूनानी विचारक ही नहीं था। उसके विचार अपने समय तथा देश की सीमाओं के पाश में ही आबद्ध नहीं रहे। वे यूनान से बाहर आज विश्व भर के राज-दर्शन का आधार बने हुए हैं। प्लेटो की '**रिपब्लिक**' ने केवल आधुनिक विचारक **सर टॉमस मूर** को ही प्रभावित नहीं किया--वरन् **सिसेरो** की '**डी रिपब्लिका**' में भी **प्लेटो** की इस रचना का उल्लेख किया गया है। **सेण्ट ऑगस्टाइन** ने '**रिपब्लिक**' की सहायता से ही स्वर्ग के नगर की कल्पना को चित्रित किया है। रोम साम्राज्य के पतन के कारण बतलाते हुए **सेण्ट ऑगस्टाइन** ने प्लेटो के भी उद्धरण दिये हैं। मध्ययुग में भी प्लेटो ने अपने विचारों से विचारकों को प्रभावित किया है। मध्ययुग की सामाजिक व्यवस्था के वर्गीकरण का उद्गम प्लेटो के सामाजिक वर्गीकरण में देखा जा सकता है। प्लेटो ने जो कार्य राज्य को सौंपे थे--वही कार्य मध्ययुग में गिर्जाघर करते नजर आते हैं। **दाँते** की '**डी मोनार्किया**' बहुत अंशों में प्लेटो से ही प्रभावित है। आधुनिक काल में प्लेटो ने अपने विचारों से राज्य उद्गम के अनुबंध के सिद्धान्त के विचारकों को प्रभावित किया। इन सब विचारकों में रूसो को नाम विशेष उल्लेखनीय है। इस प्रकार प्लेटो का महत्व युगों पर पड़नेवाली प्रभाव-किरणों से होने वाले प्रकाश से स्पष्ट है।

प्लेटो की सार्वभौमिकता का प्रमाण उसकी शिक्षा, विषयों की समानता, बौद्धिक वर्ग के शासन के लिये किये जानेवाले आग्रह, राज्यदण्डविधि तथा नागरिक दण्ड-विधि के बीच किये जाने वाले अन्तर आदि के विचारों से स्पष्ट है। आज वे यूनान के विचार नहीं माने जाते। वे संसार के अखिल मानवता के विचार माने जाते हैं। शिक्षा पर आज भी राज्य का नियंत्रण अधिकाधिक बढ़ता जा रहा है। रूस और अमेरिका तक ही यह चीज सीमित नहीं है--संसार का प्रत्येक प्रगतिशील देश शिक्षा को राष्ट्रीय आधारों पर नियोजित कर उस दिशा में चरण बढ़ा रहा है। स्त्रियों को घर की चहारदीवारी से मुक्त करा के उन्हें सार्वजनिक हलचलों और गतिविधियों में भाग लेने के लिये राज्यों द्वारा भी प्रोत्साहन दिया जाने लगा है। नवनिर्मित संविधानों तक में उनकी समानता को माना जा रहा है। भारत का संविधान इसका स्पष्ट उदाहरण है। राज्य-दण्ड तथा नागरिक-दण्ड विधियों का अन्तर तो अब अभ्यास के कारण पुराना-सा पड़ गया है।

लेकिन इसका अर्थ यह नहीं है कि प्लेटो ने सभी बातें सार्वभौमिक महत्त्व की ही कहीं। कई स्थल ऐसे भी हैं जहाँ ऐसा नहीं हुआ है। प्लेटो के आदर्श राज्य का बाह्य ढाँचा स्पार्टा के सामाजिक एवं शासनतांत्रिक संस्थानों से ग्रहण किया गया है। स्पार्टा की शिक्षा-व्यवस्था को तो आदर्श माना ही गया है। सोने-चाँदी पर प्रतिबंध, प्रशासकों के लिए सार्वजनिक भोजनालयों की व्यवस्था, दुर्बल शिशुओं को नष्ट कर देने पर बल, ये सब विचार स्पार्टा की परम्परओं तथा विचारों से लिये गये हैं। 'लॉज' में बहुत-सी बातें एथेंस की परम्पराओं तथा संस्थानों से ली गई हैं। प्रतिनिधि-शासन का सम्पूर्ण विचार ही एथेंस का है।

प्लेटो पाश्चात्य राजदर्शन के इतिहास में ऐसा प्रथम विचारक है जो राजनीतिक प्रगतिवाद का प्रतिनिधित्व करता है। उसके विचार क्रान्तिकारी तथा सामाजिक-व्यवस्था की सड़ी-गली वस्तुओं को जड़ से हिला देने वाले हैं। प्लेटो को व्यवस्थित विचारों के कारण ही पाश्चात्य संसार राजदर्शन का प्रथम विचारक मानता है—हालाँकि राजनीति के विषय-क्षेत्र की सीमाओं को निर्धारण करने में वह भी सफल नहीं रहा है।

अध्याय—5

अरस्तू और उसके उत्तराधिकारी

जीवन-कथा और विचार पद्धति, प्लेटो और अरस्तू, राज्य की उत्पत्ति और विकास, सर्वोत्तम राज्य, राजक्रान्तियाँ, संप्रभुता, विधि और धर्म, अरस्तू का अनुदाय और प्रभाव, एपीक्योरियन विचारक, स्टोइक विचारधारा।

अरस्तू ने जब राजदर्शन के क्षेत्र में प्रवेश किया तब राष्ट्रीय राज्य का विचार उभरना आरंभ हो गया था। जहाँ तक नगर-राज्यों का संबंध है, उनका स्वर्णकाल तो प्लेटो के समय से ही समाप्त होना आरंभ हो गया था। स्पार्टा ने एथेंस को पराजित कर दिया—निपट पशुबल से। प्लेटो पर इसका बड़ा प्रभाव पड़ा। **'रिपब्लिक'** इसी प्रभाव के परिणामस्वरूप लिखी गई। कालान्तर में स्पार्टा को थेबीज ने परास्त कर दिया और प्लेटो को अपने विचार बदलने पड़े। **'स्टेट्समैन'** और **'लॉज'** की रचना इसका प्रमाण है। ई. पू. 384 में एक आँधी आई। मेसीडोनिया के तरुण शासक सिकन्दर ने यूनान के समस्त नगर-राज्यों को अपने सैनिक-शक्ति के समक्ष नतमस्तक होने के लिये विवश कर दिया और इस प्रकार 'राष्ट्रराज्य' की कल्पना ने जन्म लिया। अरस्तू के राजदर्शन की रंगभूमि में आगमन का काल नगर-राज्यों की सभ्यता का पतन-काल था। अरस्तू के विचार युग-संधि के विचारों के प्रतीक हैं। उनमें प्लेटो की कल्पना और आदर्शवाद का अभाव है। अरस्तू के विचार-दर्शन में यर्थाथवाद की रक्तिम-रेखा सुस्पष्ट रूप से अंकित है। विचारों में व्यवस्था है। वे तर्क और तुलनात्मक अध्ययन पर आधारित हैं।

जीवन-कथा और विचार पद्धति

अरस्तू का जन्म एथेंस में होना चाहिए था क्योंकि आज संसार अरस्तू से एथेंस के विचारक के रूप में ही परिचित है, किन्तु ऐसा नहीं हुआ। अरस्तू का जन्म स्टेजिरा नगर की थीरेस नाम की बस्ती में ई. पू. 387 में हुआ था। अरस्तू के पिता एक मध्यवर्गीय

डॉक्टर थे। उनका संबंध मेसीडोनिया के राजघराने से एक चिकित्सक के रूप में था। अरस्तू का पालन-पोषण सम्पन्नता और विपुलता के वातावरण में हुआ। सत्रह वर्ष की अवस्था में अरस्तू का प्लेटो के विद्यालय में अध्ययन करने के लिये भेज दिया गया। वहाँ 17 वर्ष तक अरस्तू ने अपनी पढ़ाई जारी रखी। पढ़ाई समाप्त करने के बाद अरस्तू ने विदेश-भ्रमण किया। इसी बीच तीन वर्ष तक वह मेसीडोनिया में भी सिकन्दर के शिक्षक के रूप में रहा। तेरह वर्षों तक देश-विदेश की यात्रा करके जब वह एथेंस वापस लौटा तो उसने अपने मित्र तथा निरंकुश शासक **हर्मियास** की गोद ली हुई पुत्री से विवाह कर लिया। अरस्तू का यह दाम्पत्य-जीवन इतना सुखपूर्ण सिद्ध हुआ कि अपने अनुभवों के आधार पर अरस्तू ने प्लेटो के साम्यवाद की अत्यन्त कटु आलोचना की। अरस्तू साधारणतः जीवन भर सम्पन्न रहा और वह पारिवारिक जीवन तथा निजी सम्पत्ति को अनिवार्य आवश्यकताएँ मानता था। अरस्तू अपने युग का सर्वश्रेष्ठ विद्वान् था। उसकी बुद्धि बड़ी तेज तथा दृष्टि सूक्ष्मतत्वदर्शिनी थी। उसका नीतिशास्त्र, आचारशास्त्र, अर्थशास्त्र तथा राजनीति आदि विषयों पर बड़ा व्यापक अधिकार था और इन सभी विषयों पर उसने विपुल मात्रा में लिखा है। तर्कशास्त्र का तो वह जन्मदाता ही है। केवल गणित से ही उसे अरुचि थी।

सिकन्दर की मृत्यु के बाद कुछ दिनों के लिये अरस्तू विपत्तियों में पड़ गया था। उसके विरोधियों ने उसके विरुद्ध कुछ दोषारोपण किये थे। अभियोगों तथा न्यायालय से बचने के लिये अरस्तू को एथेंस से हट जाना पड़ा। वह नहीं चाहता था कि विद्या और विद्वानों के विरुद्ध एथेंस पुनः इतिहास के न्यायालय में अपराधी की भाँति खड़ा हो। कुछ दिनों बाद वह पुनः वापस लौट आया और जीवन के शेष दिन अरस्तू ने अपनी जमींदारी चाल्सीज में शान्तिपूर्वक बिताये। ई. पू. 322 में 62 वर्ष की अपेक्षाकृत अल्पायु में अरस्तू की मृत्यु हो गई।

कहा जाता था कि अरस्तू राजनीतिशास्त्र और राजदर्शन का जनक था। यह कथन अक्षरशः सत्य है। राजनीति को नीति और आचारशास्त्र से अलगकर स्वतंत्र और निश्चित स्वरूप दे देने का श्रेय अरस्तू को ही है। यह कार्य प्लेटो भी नहीं कर सका था। बुद्धिजीवी जगत् शताब्दियों से राजनीति के इस जनक को विद्वानों के गुरु के रूप में मान्यता देता आया है और यह मान्यता अरस्तू के बौद्धिक-अनुदानों पर आधारित होने के कारण सर्वथा उचित ही है।

विचार-पद्धति

अरस्तू की विचार-पद्धति व्याप्तिमूलक और विश्लेषणात्मक है। व्यक्तिवादिता और यर्थाथवादिता उसकी विशेषता है। प्लेटो जैसी सामूहिकतापरकता का उसमें अभाव है। वह आदर्शवादी और कल्पनाशील न होकर पर्यवेक्षणशील है। संश्लिष्टता उसका दूसरा गुण है।

प्लेटो और अरस्तू की विचार-पद्धति में एक बात समान है और वह यह है कि दोनों के प्रश्नोत्तरी प्रणाली का अवलम्बन किया है। लेकिन इसका यह अर्थ नहीं है कि अरस्तू की विचार-शैली सर्वथा त्रुटिहीन और निर्दोष है। उसकी सामग्री और कृतियों का अध्ययन बड़ा कठिन है। छोटी-छोटी बातों पर बारम्बार के आग्रह से उनमें पुनरुक्ति दोष आ गया है। प्लेटो तथा उसके पूर्ववर्ती विचारकों की अनेक स्थलों पर अनावश्यक आलोचना की गई है। वह अपने विचार कों को कहीं-कहीं स्पष्ट नहीं करता और आगे बढ़ जाता है—यह आश्वासन देते हुए वह उन्हें अन्य किसी स्थल पर विस्तारपूर्वक समझायेगा। लेकिन वे स्थल पुनः कभी नहीं आते। विचार-पद्धति के गुणों में कथनों की व्यापकता, दूरदर्शिता, शुभानुध्यायिता एवं सार ग्रहण करने की प्रवृत्ति आदि गुण उल्लेखनीय हैं। वह मध्यमार्ग का आग्रही है। राज्य तथा समाज संबंधी अरस्तू का दृष्टिकोण सावयवी है। वह व्यक्ति को समाज और राज्य का अंग मानता है। वह व्यक्ति की समाज या राज्य से अलग कोई हैसियत नहीं समझता। भौतिक संसार की प्रत्येक वस्तु में उसे एक चरमशक्ति की परिणति दिखलाई पड़ती है और उनका अस्तित्व अरस्तू को सोद्देश्य प्रतीत होता है। प्रत्येक वस्तु गतिशील है और अरस्तू के अनुसार वह एक निश्चित लक्ष्य की ओर बढ़ती जा रही है। सबकी सामान्य वृत्ति स्थूल से सूक्ष्म की ओर है—इसीलिये वह शरीर से अधिक आत्मा को लालसाओं से अधिक बुद्धि को महत्व देता है।

अरस्तू की कृतियाँ

अरस्तू की मुख्य कृति '**पॉलिटिक्स**' है। इसके अतिरिक्त अरस्तू ने अन्य कई पुस्तकें भी लिखी हैं जिनमें 'एथेंस का संविधान' का नाम उल्लेखनीय है। अरस्तू के सिद्धान्तों का ज्ञान हमें उसके उस शिष्य के व्याख्यान-संकेतों से मिलता है जो उसके विद्यालय की कक्षाओं में लिखे गये थे। '**पॉलिटिक्स**' में उसके विचारों का संग्रह है। यद्यपि इसमें भी प्रश्नोत्तरी का अवलम्बन किया गया है किन्तु अरस्तू ही प्रश्न करता है और वही उन प्रश्नों का उत्तर भी देता है। यह ग्रंथ अत्यन्त अस्पष्ट, अव्यवस्थित और अपूर्ण-सा है। ऐसा लगता है कि उसके विभिन्न भागों को बलात् किसी ने एक साथ जोड़-तोड़कर मिला दिया है। पूरा ग्रंथ आठ पुस्तकों में विभक्त है। लेकिन ये सब-की-सब एक दूसरे से असम्बद्ध है। विभिन्न पुस्तकों की असम्बद्धता उनके परिचय से स्पष्ट हो जायेगी।

प्रथम पुस्तक—ग्रंथ के आरंभ में ही अरस्तू मानव-स्वभावादि पर विचार न करके दासता पर वाद-विवाद छेड़ देता है।

दूसरी पुस्तक—इसमें प्लेटो के आदर्श राज्य की समालोचना की गई है। प्लेटो ने शासनतंत्रों का जो वर्गीकरण किया है उनकी भी चर्चा इसमें है।

तीसरी पुस्तक—संविधानों के उल्लेखनीय स्वरूपों को स्पष्ट किया गया है। शासनतंत्रों के भेद बतलाये गये हैं और यह भी संकेत किया गया है कि सामान्यतः कैसा संविधान अच्छा होता है।

चौथी पुस्तक–शासनतंत्रों का और अधिक सूक्ष्म वर्गीकरण और उनकी समालोचना इस भाग में है।

पाँचवीं पुस्तक–यह भी चौथी पुस्तक का ही एक अंग है।

छठी पुस्तक–राज्यक्रान्तियों के कारणों और उनके निरोधों पर विस्तारपूर्वक प्रकाश डाला गया है।

सातवीं पुस्तक–सर्वोत्तम राज्य कौन-सा है? इस प्रश्न के संबंध में अरस्तू ने अपने विचार प्रकट किये हैं।

आठवीं पुस्तक–राज्य के विभिन्न स्वरूपों तथा उनकी समस्याओं पर विस्तारपूर्वक पुनः विचार किया गया है।

इन आठों पुस्तकों को संश्लिष्ट करके विचार-निरूपण की दृष्टि से तीन भागों में विभक्त किया जा सकता है–(क) राज्य के मौलिक सिद्धान्तों का विवेचन (पुस्तक 1, 2 और 3 में किया गया है); (ख) संविधानों के स्वभाव और उनके अन्तर का निरूपण पुस्तक 4, 5 और 6 में किया गया है; और (ग) सर्वोत्तम राज्य के संबंध में विचार पुस्तक 7 और 8 में प्रकट किये गये हैं।

अरस्तू के सर्वोत्तम राज्य के सिद्धान्त मूलतः प्लेटो के **'लॉज'** से ग्रहण किये गये हैं। **'पॉलिटिक्स'** को वार्नर जेगर के अनुसार दो बार में लिखा गया है और विद्वानों ने शोध करके पता लगाया है कि ग्रन्थ को तैयार करने में पन्द्रह वर्षों का समय लगा था।

अरस्तू के राज्य, नागरिकता, संप्रभुसत्ता, राज्यक्रान्ति, शिक्षादि संबंधी विचार उल्लेख योग्य तथा महत्वपूर्ण हैं जिन पर हम लोग आगे के पृष्ठों में विचार करेंगे। इसके पहले अच्छा होगा यदि प्लेटो तथा अरस्तू का तुलनात्मक अध्ययन संक्षेप में कर लिया जाए।

प्लेटो और अरस्तू

बहुधा यह प्रश्न पूछा जाता है कि क्या प्लेटो और अरस्तू में कोई मौलिक अन्तर है? यदि समानताएँ हैं तो वे क्या हैं और यदि अन्तर हैं तो वे क्या हैं? इनका उत्तर बड़ा सहज है। मौलिक दृष्टि से यदि देखा जाए तो राज्य के उद्‌गम और उसके उद्देश्यों एवं लक्ष्यों के संबंध में प्लेटो तथा अरस्तू के बीच कोई मतभेद नहीं है। यथा, (1) प्लेटो तथा अरस्तू दोनों ही यह स्वीकार करते हैं कि राज्य की उत्पत्ति स्वाभाविक है। उसका जन्म मनुष्य की भौतिक आवश्यकताओं की पूर्ति के लिए हुआ। राज्य के उत्पत्ति के सामाजिक अनुबंध अथवा परम्परागत निर्माण के सिद्धान्त में उनका विश्वास नहीं है जैसा कि **ग्लाउकन** तथा **सॉफिस्टों** आदि का विश्वास था, (2) वे यह भी मानते थे कि भले जीवन के लिये ही राज्य का अस्तित्व बना रहता है, (3) दोनों के आचारशास्त्र तथा राजनीतिशास्त्र

को एक दूसरे से संबद्ध माना है। यह संबद्धता इस प्रकार सिद्ध की गई है कि राज्य और व्यक्ति के गुणों को एक-सा बतलाया गया है, और (4) शिक्षा-व्यवस्था के संबंध में दोनों का मत यह है कि उसका नियंत्रण राज्य द्वारा होना चाहिए। लेकिन यह मतैक्य केवल मौलिक बातों के संबंध में ही है। इन मौलिक सिद्धान्तों को जहाँ तक कार्यान्वित करने का प्रश्न है—दोनों के दृष्टिकोणों में आकाश और भूमि का अन्तर है। प्लेटो इन मौलिक सिद्धान्तों के आधार पर कल्पनात्मक आदर्शों का हवाई किला खड़ा कर लेता है। इसके विपरीत अरस्तू के चरण भूमि-स्पर्श करना नहीं छोड़ते। उसमें दूरदर्शिता के साथ व्यावहारिकता स्पष्टतः झलकती है। अन्तर निम्नांकित बातों से और भी स्पष्ट हो जाता है। जैसे, (1) राज्य की एकता के संबंध में प्लेटो और अरस्तू के विचार प्लेटो के आदर्श राज्य में सामाजिक-वर्गीकरण एक बार कर दिया जाता है और इसके बाद जो जिस वर्ग में आ गया सो आ गया। उत्पादक वर्ग, सैनिक वर्ग में नहीं जा सकता और सैनिक शासक वर्ग में नहीं जा सकता और न इसका उल्टा ही हो सकता है। प्लेटो ने राज्य की एकता बनाये रखने के लिये प्रत्येक नागरिक की स्वरूपात्मक एकता पर बड़ा बल दिया है। इसका परिणाम यह हुआ है कि प्लेटो के राज्य में भिन्न प्रकार से सोचनेवाले दो नागरिक मिल ही नहीं सकते। अरस्तू को यह स्वरूप यांत्रिक और अमानवीय-सा लगता है। प्लेटो के जटिल सामाजिक वर्गीकरण से पूर्णतः असहमत होते हुए भी अरस्तू ने यह बतलाया है कि राज्य की एकता किस प्रकार बनी रः सकती है। अरस्तू का कहना है कि स्वरूप और स्वभाव की एकता हो जाने पर जब कहीं कोई मतभेद रहेगा ही नहीं तो बौद्धिक प्रगति के समस्त मार्ग अवरुद्ध हो जायंगे। बौद्धिक प्रगति के लिये मतभेद और असंतोष—ये दो तत्व आवश्यक हैं। लेकिन इतने पर भी सभी नागरिकों में मौलिक बातों पर मतैक्य हो सकता है—जो राज्य की एकता की रक्षा करेगा। इस प्रकार विविधताओं और अनेकताओं के बीच अरस्तू ने राज्य की एकता के दर्शन किये हैं। प्लेटो और अरस्तू का यह विचारान्तर मानवीय-स्वभाव संबंधी दृष्टिकोण के कारण है। यदि हम प्लेटो के विचारों का इस संबंध में सूक्ष्म दृष्टि से अध्ययन करें तो यह स्पष्ट हो जायेगा कि प्लेटो मानवीय मस्तिष्क या उसके विभिन्न पक्षों को विभिन्न जातीय मानता है। इस से आशय यह है कि मस्तिष्क के तीन पक्षों में (क्षुधा, शौर्य और विवेक) से जब प्लेटो किसी एक पक्ष पर विचार करता है तो यह नहीं मानता कि अन्य दोनों पक्ष भी उस एक पक्ष में उपस्थित रहते हैं। इसके विपरीत अरस्तू ने मानव-मस्तिष्क को सजातीय माना है। अर्थात् जब हम मानव-मस्तिष्क के किसी एक पक्ष पर विचार करते हैं तो उससे शेष दो पक्षों के प्रभाव को मुक्त नहीं कर सकते। इस मौलिक अन्तर के कारण राज्य की एकता के संबंध में प्लेटो तथा अरस्तू के विचारों में इतना अन्तर पड़ गया है। (2) अरस्तू ने प्लेटो के सम्पत्ति तथा स्त्रियों के साम्यवाद के सिद्धान्त से पूर्ण असहमति प्रकट की है। प्लेटो ने किन कारणों से सम्पत्ति से अपने राज्य के शासकों को वंचित रखा था—यह हम पिछले अध्याय में देख चुके हैं। यहाँ इस बात पर विचार करेंगे कि अरस्तू ने सबके लिये सम्पत्ति क्यों आवश्यक

बतलाई। अरस्तू का इस संबंध में यह मत है कि सम्पत्ति व्यक्तित्व की अभिविचारों का साधन है। सम्पत्ति द्वारा यह ज्ञान हो जाता है कि किस व्यक्ति की क्षमता किस कोटि की है। यदि व्यक्ति को सम्पत्ति से वंचित कर दिया जाता है तो सभी क्षमताओं के व्यक्ति समान हो जाते हैं। यह समानता पुनः बौद्धिक-विकास की अवरोधक है—इसलिये अरस्तू ने साम्पत्तिक-साम्यवाद का विरोध किया है। स्त्रियों के साम्यवादीकरण के विरोध का कारण स्पष्ट करते हुए अरस्तू ने लिखा है कि राज्य का मूल आधार व्यक्ति है और व्यक्ति की प्राथमिक आवश्यकताओं की पूर्ति का साधन परिवार है और परिवार में सर्वाधिक महत्व का स्थान गृहणी का है। यदि वही परिवार में नहीं रहती है तो परिवार का उन्मूलन हो जाता है। और परिवार के उन्मूलन का अर्थ व्यक्ति का या व्यापक रूप से राज्य का निराधार हो जाना है। अतएव, व्यापक अर्थों में राज्य के लिये और सीमित अर्थों में व्यक्ति के लिये परिवार अत्यावश्यक है क्योंकि वही दोनों के विकास का मूलभूत आधार है। स्त्रियों के साम्यवादीकरण के सिद्धान्त के विरोध में अरस्तू का एक व्यक्तिगत तत्व भी था और वह था सरस और सुखी दाम्पत्य जीवन का अनुभव। अरस्तू को अपने वैवाहिक जीवन में बड़ा सुख मिला था—इसीलिये वह परिवाररूपी सामाजिक-संस्थान का कट्टर समर्थक हो गया था। अरस्तू ने प्लेटो से उत्पादक-वर्ग की अवहेलना की भी शिकायत की है। अरस्तू का कहना है कि शिक्षा के क्षेत्र में प्लेटो ने उत्पादक वर्ग के नागरिकों का उचित शिक्षा देने की व्यवस्था नहीं की। किन्तु अरस्तू की यह शिकायत ठीक नहीं है क्योंकि वह स्वयं भी अपने राज्य के निम्नवर्गीय निवासियों को नागरिकों के अधिकार नहीं देता इतने पर भी प्लेटो के प्रभाव से अरस्तू मुक्त नहीं है। अपने सर्वोत्तम राज्य का रेखाचित्र उपस्थित करते हुए अरस्तू ने प्लेटो के 'लॉज' से प्रत्यक्षतः बहुत अधिक सहायता ली है।

राज्य की उत्पत्ति और विकास

प्लेटो और अरस्तू के विचारों की मौलिक समानताओं तथा बाह्य अन्तरों तथा असमानताओं पर विचार कर लेने के बाद अब हम अरस्तू के राज्य की उत्पत्ति के सिद्धान्त पर विचार करेंगे। अरस्तू के विचारों में राज्य की उत्पत्ति का सिद्धान्त सर्वाधिक महत्व का है और वह विकास सिद्धान्त के रूप में हम लोग बहुत पहले से जानते आये हैं। इस प्रश्न को हम इस प्रकार विभक्त कर सकते हैं; (अ) मानव स्वभाव, (आ) राज्य का विकास, (इ) राज्य की प्राथमिकता या स्वाभाविकता और अनिवार्यता। इस प्रकार के विभक्तीकरण के उपरान्त एक-एक भाग पर आसानी से हम विचार कर सकते हैं।

मानव स्वभाव

मानव-स्वभाव पर राज्य का स्वभाव और उत्पत्ति जानने के लिये इसलिये विचार करना आवश्यक है क्योंकि अरस्तू ने भी अन्य यूनानी राजनीतिक विचारकों के भाँति राज्य को व्यक्ति का विकसित स्वरूप ही माना है। इसलिये यदि मानव-स्वभाव को पहले समझ

लिया जाए तो राज्य का स्वभाव भी बड़ी आसानी से समझा जा सकता है। जिस प्रकार प्लेटो ने मानव-मस्तिष्क का तीन पक्षों में (क्षुधा, शौर्य और विवेक) विभक्तीकरण किया है—इसी प्रकार किन्तु कुछ भिन्न ढंग से अरस्तू ने भी मानव-मस्तिष्क को तीन भागों में विभक्त किया है। यह विभक्तीकरण इस प्रकार है—(क) जड़ अवस्था, (ख) पशु अवस्था, और (ग) बौद्धिक अवस्था। लेकिन इस विभक्तीकरण का यह आशय नहीं है कि जड़ावस्था में मानव-मस्तिष्क के पशु एवं बौद्धिक अवस्था के तत्व मिश्रित नहीं रहते हैं या पशु अवस्था में जड़ावस्था तथा बौद्धिकावस्था के तत्व नहीं रहते हैं। हमें यहाँ यह स्मरण रखना होगा कि अरस्तू मानव-मस्तिष्क को सर्वांगीण या सजातीय मानता था। यह समझ लेने के बाद हम मानव-मस्तिष्क की सभी अवस्थाओं पर शनैः-शनैः विचार कर सकते हैं।

जड़ अवस्था

मानव-मस्तिष्क की पहली अवस्था की अरस्तू ने पेड़-पौधों की अवस्था से तुलना की है। पेड़-पौधों का क्या स्वभाव होता है? पहला तो यह कि जीवन-धारण किये रहें और दूसरा यह कि अपनी जाति का विस्तार करें। जीवन-धारण करने के लिये सबसे पहले आवश्यकता इस बात की पड़ती है कि भोजनादि की सामग्री मिलती रहे। जाति-विस्तार के लिये पुंसवन की आवश्यकता पड़ती है। ये दोनों ही कार्य पेड़-पौधे तथा अन्य जड़ पदार्थ प्रकृति-दत्त साधनों की सहायता से करते हैं। यहाँ जड़ता केवल गतिहीनता की ही द्योतक है।

पशु अवस्था

पशुओं की क्या अवस्था होती है? पशुओं में जड़-जीवों या पेड़-पौधों का यह गुण तो होता है कि वे अपने मतलब की भोजन-सामग्री खोजकर जीवनधारण किये रहें तथा मादा पशु के समागम से अपनी जाति परंपरा को आगे बढ़ायें लेकिन उनके साथ एक और गुण होता है और वह यह है कि वे चल-फिर भी सकते हैं अर्थात् उनमें गतिशीलता भी होती है।

बौद्धिक अवस्था

मनुष्य के मस्तिष्क की प्रारंभिक अवस्था में उसमें पहली स्वाभाविक प्रवृत्ति तो भोजनादि प्राप्त करके जीवनधारण करने की होती है और इसके बाद अपना वंश बढ़ाने की। यह दोनों प्रवृतियाँ जड़ या पेड़-पौधों के स्वभाव का प्रतिनिधित्व करती हैं। इसके बाद मानव मस्तिष्क में गतिशीलता भी होती है। इस रूप में वह पशुओं की अवस्था का प्रतिनिधित्व करता है? लेकिन इसके अतिरिक्त मानव-मस्तिष्क विवेकयुक्त भी होता है। जड़ पदार्थों में या पशुओं में विवके नहीं होता—इसी प्रकार प्रारंभिक अवस्था में तथा द्वितीय अवस्था में मानव-मस्तिष्क पूर्णतः बुद्धिहीन न होते हुए भी बुद्धि के पूर्ण विकास को नहीं कर पाता। बुद्धि का पूरा-पूरा विकास तीसरी अवस्था में ही होता है।

राज्य का विकास

अरस्तू ने परिवार, गाँव और राज्य को बाह्य रूप से मानवीय-मस्तिष्क की इन्हीं तीन अवस्थाओं का प्रतीक–भौतिक और चाक्षुष प्रतीक माना है। अरस्तू का कहना है कि परिवार में मानव या व्यक्ति के मस्तिष्क का जड़ावस्था की आवश्यकताओं की पूर्ति होती है। अर्थात् परिवार में मनुष्य को जीवनधारण करने के लिये भोजन-सामग्री मिलती है और वह परिवार में ही अपने वंश की वृद्धि भी कर पाता है। परिवार में इन दो उद्देश्यों की सिद्धि के लिये दो प्रकार के संबंध अरस्तू ने बतलाये हैं–(1) स्वामी और दास का, तथा (2) पति और पत्नी का। स्वामी और दास का संबंध इसलिये आवश्यक है कि दास खेतों में काम करता है–स्वामी के निर्देशों के अनुसार तथा अपने तथा स्वामी और परिवार के लिये भी अन्न उपजाता है जो भोजन का आधार है। पति-पत्नी के संबंधों द्वारा वंश-विस्तार होता है–इसलिये वह जड़ अवस्था की दूसरी आवश्यकता की पूर्ति करता है। लेकिन यहीं संबंधों की समाप्ति नहीं हो जाती है। परिवार का एक तीसरा संबंध भी होता है–वह माता-पिता द्वारा बच्चों के अभिभावकत्व का। बच्चों की शिक्षा-दीक्षा, उनका भविष्य, सुख-दुख बहुत कुछ माता-पिता की समझदारी पर ही निर्भर करता है। अतः, यह संबंध बौद्धिकता का प्रतीक है और मस्तिष्क की सर्वांगीणता की एक झलक दिखलाता है। किन्तु परिवार से ही मनुष्य की सारी आवश्यकताओं की पूर्ति नहीं हो जाती। व्यक्ति को परिवार से जीवन की प्राथमिक आवश्यकताओं की पूर्ति का आधार तो अवश्य मिलता है लेकिन और लोगों से मिलने-जुलने की प्रवृत्ति भी मनुष्य में होती है। इस मानसिक प्रवृत्ति को हम सामाजिक-वृत्ति कह सकते हैं। फलतः जो परिवार दूर-दूर भी बस सकते थे वे पास-पास आकर बसने लगते हैं और इस प्रकार ग्राम की उत्पत्ति होती है। ग्राम में मनुष्य की गतिशीलता की पशु-दशा की अवस्था की पूर्ति हो जाती है और वह एक दूसरे के आसपास उठने-बैठने लगता है। इस प्रकार धीरे-धीरे अनेक ग्राम बस जाते हैं और इनके संगठन और संश्लिष्टीकरण की आवश्यकता पड़ती है। दूसरे शब्दों में हम इसे प्रशासन भी कह सकते हैं। इस प्रशासनिक आवश्यकता की पूर्ति के लिये राज्य की उत्पत्ति होती है। अतएव अरस्तू ने राज्य को व्यक्तियों का उच्चतम संघ बतलाया है। राज्य विस्तार तथा अन्य सभी आवश्यकताओं की दृष्टि से आत्मनिर्भर होता है।

राज्य की प्राथमिकता या स्वाभाविकता तथा अनिवार्यता

अरस्तू ने राज्य के प्रश्न पर विचार करते हुए यह भी कहा है कि राज्य प्राथमिक है। वह व्यक्ति से भी पहले आता है। यह कहते समय अरस्तू का यह भाव नहीं था कि ऐतिहासिक दृष्टि से राज्य का जन्म पहले हुआ–वरन् उसके कहने का अभिप्राय यह था कि मानसिक या मनोवैज्ञानिक दृष्टि से राज्य का जन्म पहले ही हो चुका था। यह कैसे हुआ ? इस प्रश्न का उत्तर एक दृष्टान्त से और भी अधिक स्पष्ट हो जायेगा। जब आप एक वृत्त या गोला खींचते हैं तो उस गोले को खींचने का भाव या विचार सबसे पहले

आपके मस्तिष्क में आता है और आप पेंसिल उठाकर तदनुसार रेखा खींचना आरंभ कर देते हैं। तो प्रत्यक्षतः पूरा वृत्त या गोला तो आपकी दृष्टि के सामने बाद में आया–इसमें संदेह नहीं लेकिन उस वृत्त को मानसिक दृष्टि से तो आपने अपने मस्तिष्क में पहले ही देख लिया था। वृत्त की कल्पना वास्तविक वृत्त से पहले मस्तिष्क में आई–इसलिये यह कहा जा सकता है कि पूर्णवृत्त का जन्म वृत्त के एक भाग के कागज पर रेखा रूप में आने से पहले ही हो चुका था। इसी प्रकार मनुष्य के बौद्धिक विकास की पूर्ण कल्पना के रूप में राज्य का जन्म व्यक्ति, परिवार, ग्राम के अस्तित्व में आने के पूर्व ही हो चुका था–इसलिए, राज्य व्यक्ति से भी पहले आता है। वह प्राथमिक है।

इसके बाद यह प्रश्न उठता है कि राज्य स्वाभाविक और अनिवार्य क्यों है? इस प्रश्न को हम दो भागों में विभक्त कर लेंगे। पहले तो यह देखेंगे कि स्वाभाविकता से अरस्तू का क्या आशय है और इसके बाद उसकी अनिवार्यता पर विचार करेंगे।

यह तो हम अपने दैनिक जीवन में भी देखते हैं कि प्रत्येक वस्तु सदा एक-सी नहीं रहती। कलम का निब, जिससे हम लिखते हैं वैसा नहीं है जैसा कलम को खरीदते समय था और आज से चार-पाँच बर्ष बाद जैसा वह आज है–वैसा भी न रहेगा। इतना समयान्तर दे देने का आशय यह है कि परिवर्तन स्पष्ट रूप से दिखलाई पड़ने लगता है। अरस्तू ने भी पर्यवेक्षण द्वारा यह देखा कि प्रत्येक वस्तु लगातार बदलती रहती है। वस्तु को अरस्तू ने पदार्थ कहा है। अपने पर्यवेक्षण में अरस्तू ने यह सूत्र निकाला कि प्रत्येक पदार्थ परिवर्तनशील है। यहाँ यह जिज्ञासा उत्पन्न होती है कि पदार्थों के स्वरूप में परिवर्तन क्यों होता है। संक्षेप में अरस्तू के विचार से इसका उत्तर यह है कि परिवर्तन बिना किसी उद्देश्य या लक्ष्य के नहीं होता। उसका भी एक लक्ष्य है और वह यह है कि स्वरूपहीन पदार्थ पदार्थहीन स्वरूप में बदल जाए। परिवर्तन कैसा होता है? परिवर्तन के कारण क्या हैं? यह प्रश्न महत्व का है। इसे भली-भाँति समझ लेना चाहिए। अरस्तू ने परिवर्तन के चार कारण बतलाये हैं–(1) पदार्थिक कारण, (2) क्रियात्मक कारण, (3) औपचारिक कारण, और (4) अंतिम या स्वरूप कारण। ये चारों किसी भी प्रकार के परिवर्तन के लिये आवश्यक हैं। यदि इनमें से कोई भी कारण अनुपस्थित रहता है तो परिवर्तन न हो सकेगा। इनमें से प्रत्येक कारण से अरस्तू का आशय क्या है–यह भी समझ लेना चाहिए।

पदार्थिक कारण

जब तक कोई पदार्थ न होगा तब तक कोई परिवर्तन संभव नहीं है।

क्रियात्मक कारण

परिवर्तन के लिये कोई-न-कोई क्रियाशील शक्ति भी चाहिए? चाहे वह शक्ति मनुष्य की हो या प्रकृति की।

औपचारिक कारण

परिवर्तन के उपयुक्त सामग्री या वातावरण का होना भी आवश्यक है। बिना इसके भी कोई परिवर्तन नहीं हो सकता।

अंतिम कारण

अंतिम कारण से आशय पदार्थ के उस विकसिततम स्वरूप से है जिसके लिये उल्लिखित समस्त परिवर्तन होते हैं।

दो उदाहरणों से यह कथन बिल्कुल स्पष्ट हो जायेगा। बीज और वृक्ष को पहले ले लीजिए। वृक्ष की कल्पना बीज का विकसिततम स्वरूप है। इसलिये वह अंतिम कारण है। इस स्वरूपसिद्धि के लिये बीज बोया जाता है। इसलिये बीज पहला और पदार्थिक कारण हुआ। प्रकृति उस बीज को पनपाती है—अंकुरित करती है—अतः वह क्रियात्मक कारण हुई और वायु, जल, धूप आदि औपचारिक कारण हुए। इसके विपरीत मेज को लीजिए। मेज वृक्ष की लकड़ी का परिवर्तित स्वरूप ही तो है। अतएव लकड़ी पदार्थिक कारण हुई। बढ़ई ने उस लकड़ी को काटा, छीला और मेज का रूप दिया। इसलिये वह क्रियात्मक कारण हुआ। बढ़ई की आरी, उसका वसूला आदि औपचारिक कारण हुए और मेज अंतिम कारण जिसकी कल्पना के कारण लकड़ी को मेज का विकसिततम रूप मिल सका।

लेकिन जहाँ हम बीज के रूप में पनप जाने को स्वाभाविक कहते हैं—वहीं लकड़ी के मेज के रूप में आ जाने को वैसा नहीं कहते और उसे कहते हैं कि वह कृत्रिम है। क्यों? इसलिये कि जहाँ बीज में परिवर्तन का क्रियात्मक कारण प्रकृति है—वहाँ लकड़ी को परिवर्तित स्वरूप देने का क्रियात्मक कारण मनुष्य है। इसलिये जो परिवर्तन प्रकृति के कारण हो वह स्वाभाविक होता है और जो मनुष्यकृत होता है वह कृत्रिम। राज्य को अरस्तू ने स्वाभाविक इसलिये बतलाया कि उसने यह नहीं माना कि राज्य का निर्माण करने वाला मनुष्य है। राज्य-निर्माण या उत्पत्ति का क्रियात्मक साधन मनुष्य नहीं; मनुष्य की प्रकृति या स्वभाव है—अतः, राज्य स्वाभाविक हुआ। बिना राज्य के मनुष्य शांतिपूर्वक व्यवस्थित जीवन नहीं बिता सकता। इसलिये वह अनिवार्य है। एक क्षण के लिये बिना राज्य के मानव-जीवन की कल्पना तो कीजिए। पुलिस न रहे, अदालतें न रहें, सरकारें और विधानसभाएँ न रहें—तो बलवान व्यक्तियों को दुर्बलों पर अत्याचार करने से कौन रोक सकता है? उन्हें लूट-पाट करने से, मारने-पीटने से कौन रोक सकेगा? यह राज्य की संघटित शक्ति ही है जो बलवान व्यक्तियों को अन्याय से रोकती है। हमारे जीवन की तुलनात्मक दृष्टि से अधिक शान्त और सुखमय बनाती है। इसलिये राज्य आवश्यक है—दूसरे शब्दों में अनिवार्य है। वह पहले तो जीवनरक्षा के लिये आविर्भूत होता है और इसके बाद जीवन को अधिक अच्छा बनाये रखने के लिये चलता रहता है।

अरस्तू की दृष्टि से सर्वोत्तम राज्य कौन-सा है—इस पर इसी अध्याय में हम लोग आगे विचार करेंगे।

सर्वोत्तम राज्य

शासनतंत्रों का वर्गीकरण

अब हम अरस्तू के शासनतंत्रों के वर्गीकरण पर संक्षेप में विचार करेंगे। इससे हमें अरस्तू के सर्वोत्तम राज्य के शासनतंत्र का ज्ञान हो जायेगा। शासनतंत्रों के वर्गीकरण में अरस्तू ने निम्नलिखित दो तत्वों को दृष्टि में रखना आवश्यक बतलाया है। वे तत्व हैं– (1) संप्रभुता कितने व्यक्तियों तक सीमित है, और (2) शासनतंत्रों का मूल लक्ष्य-बिन्दु क्या है? इन आधारों की कसौटी पर किसी भी शासनतंत्र को कसकर हम उसकी उपयोगिता या भ्रष्टता के संबंध में निर्णय कर सकते हैं।

उक्त दो तत्वों के आधार पर अरस्तू ने विभिन्न राज्यों के शासनतंत्रों का वर्गीकरण इस प्रकार किया है:–

(क) शासनतंत्रों का उपयोगी स्वरूप	**(ख) शासनतंत्रों का भ्रष्ट स्वरूप**
(1) राजतंत्र	(1) निरंकुश राजतंत्र
(2) आभिजात्यतंत्र	(2) अयोग्य धनिकतंत्र
(3) प्रजाराज्य का मध्यवर्गीय तंत्र	(3) समूहतंत्र

इन शासनतंत्रों के विभिन्न स्वरूपों पर यदि हम विचारपूर्ण दृष्टि डालें तो निम्न बातें स्पष्ट हो जाती हैं। प्रथम राजतंत्र सर्वोत्तम शासनतंत्र है क्योंकि उसका लक्ष्य अरस्तू के शब्दों में लोक-कल्याण है किन्तु राजतंत्र की यह विशेषता बराबर बनी नहीं रहती। इतिहास के अध्ययन द्वारा अरस्तू को यह परिणाम निकालने में अधिक कठिनाई नहीं हुई कि राजतंत्र शासन में जो जन्म पर आधारित है, वंश-परम्परा का प्रथम शासक लोक कल्याण का उत्तम चिन्तक हो सकता है और उसके बाद के एक-दो उत्तराधिकारी भी न्यूनाधिक रूप से उक्त गुण-सम्पन्न बने रह सकते हैं किन्तु कालान्तर में ऐसी स्थिति उत्पन्न हो जाना कठिन नहीं है जिसमें बाद के उत्तराधिकारी लोक-कल्याण-चिन्तक होने के बजाय स्वार्थचिन्तक अधिक हो जाएं और इस प्रकार लोकमान्य मर्यादाओं का उल्लंघन करते हुए निरंकुश शासन स्थापित कर लें। इसी प्रकार आभिजात्यतांत्रिक शासन लोककल्याण तथा धनसंम्पन्नता का मिश्रित स्वरूप है। जबकि अयोग्य धनिकतंत्र केवल धनिक वर्ग के हितों का ही प्रतिनिधित्व करता है और सामूहिक-कल्याण-कार्यों की उपेक्षा। प्रजाराज्य के मध्यमवर्ग तंत्र को अरस्तू ने श्रेष्ठ बतलाया है क्योंकि इसमें धनी और निर्धन, लोककल्याण तथा वर्गहित साधन दोनों का संतुलित अस्तित्व विद्यमान रहता है और सत्ता मध्यवर्ग के हाथ में रहती है। इसके विपरीत समूहतंत्र में सत्ता निर्धनों के हाथ में चली जाती है। बौद्धिकता का पतन हो जाता है और निर्धनता तथा बुद्धिहीनता के समस्त गुण उसमें आ जाते हैं।

सर्वोत्तम राज्य का संविधान

राज्यों के स्वरूप, शासन और राज्य का अन्तर, शासनतंत्रों के भेद, राज्य का संविधान आदि जान लेने के बाद हम लोग अब अरस्तू के सर्वोत्तम राज्य के संविधान पर विचार करेंगे। सर्वोत्तम राज्य के संविधान की चर्चा करते हुए अरस्तू ने आदर्शवादिता और व्यावहारिकता का उत्तम मिश्रण किया है। संविधान के निर्माण में प्लेटो के 'लॉज' से अरस्तू ने उदारतापूर्वक सहायता ली है। अरस्तू ने सर्वोत्तम राज्य के संविधान को पाँच भागों में बाँटा है जो इस प्रकार है : जनसंख्या, क्षेत्रफल, सामाजिक वर्गीकरण, राज्यवासियों का चरित्र और शिक्षा-व्यवस्था। सबसे पहले जनसंख्या की चर्चा करते हुए अरस्तू ने बतलाया है कि सर्वोत्तम राज्य की जनसंख्या कम-से-कम इतनी अवश्य होनी चाहिए कि वह अपनी आवश्यकता भर की जीवनोपयोगी सामग्री का उत्पादन कर ले। जनसंख्या का कोई न्यूनतम या अधिकतम अंक निर्धारित नहीं किया गया है किन्तु यह कहा गया है कि प्रत्येक नागरिक एक दूसरे से इतना परिचित अवश्य होना चाहिए कि वह उसके बारे में आवश्यकता पड़ने पर कोई भी अच्छा या बुरा फैसला कर सके। क्षेत्रफल के संबंध में अरस्तू ने पुनः मध्यम मार्ग का "स्वर्णपथ" अपनाया है। क्षेत्रफल न तो इतना बड़ा होना चाहिए कि शासनाधिकारी उसकी समुचित व्यवस्था करने में असमर्थ और असफल हों और न इतना कम ही होना चाहिए कि राज्य के समस्त निवासियों को रहने-बसने और उपयुक्त जीवनोपयोगी सामग्री का उत्पादन करने के लिये भूमि का अभाव प्रतीत हो। भूमि इस प्रकार की होनी चाहिए कि वहाँ के रहने वालों को प्रवेश में कोई कठिनाई न हो लेकिन साथ ही विदेशी शत्रु उसमें सुविधा से प्रवेश न पा सकें। **सामाजिक वर्गीकरण** को हम दो भागों में विभक्त कर सकते हैं। प्रथम, नागरिकों का वर्ग और द्वितीय, अनागरिकों का वर्ग। नागरिक वर्ग में तो सैनिक, सम्पन्न और धनिक, पुरोहित तथा शासक श्रेणी के लोग आते हैं तथा अनागरिक वर्ग में शारीरिक श्रम पर निर्भर रहने वाले खेतिहर, कारीगर तथा दास अर्थात् सेवक श्रेणी के लोग आते हैं। राज्य की अधिकांश भूमि नागरिक वर्ग की श्रेणियों में आने वाले लोगों के पास रहेगी। अरस्तू ने अपने सर्वोत्तम राज्य के **राज्यवासियों का चरित्र** भी निर्धारित किया है। इस बारे में अरस्तू का कहना है कि चरित्र और योग्यता की दृष्टि से राज्यवासी समस्त यूनानी गुणों से विभूषित होने चाहिए। उनमें बौद्धिकता और शौर्य का संतुलन एवं समुचित मिश्रण होना चाहिए। शिक्षा के संबंध में अरस्तू का कहना है कि वह राज्य के संविधान के अनुरूप होनी चाहिए। राज्य का जैसा लक्ष्य हो उसी के अनुसार नागरिकों तथा शेष राज्यवासियों को **शिक्षा** मिलनी चाहिए। राज्यवासियों का चरित्र तथा समाज का कण्ठ-स्वर बहुत कुछ शिक्षा पर ही निर्भर करता है। शिक्षा से ही बौद्धिक, नैतिक और शारीरिक सौन्दर्य और गुणों की अभिवृद्धि होती है।

इसके अतिरिक्त सर्वोत्तम राज्य की सुरक्षा, उसकी भौगोलिक स्थिति, जलपूर्ति-व्यवस्था आदि के संबंध में भी अरस्तू ने प्रकाश डाला है। अरस्तू ने यह भी बतलाया है कि शासन

को तीन भागों में विभक्त होना चाहिए और वे हैं: (1) कार्यपालिका, (2) विधायिका, और (3) न्यायपालिका। विधि-निर्माण के लिये सर्वोच्च संस्थान एक विधान सभा को बनाया गया है जिसकी सदस्यता प्रत्येक नागरिक के लिये अनिवार्य बतलाई गई है।

आलोचना

सर्वोत्तम राज्य की अरस्तू की कल्पना सर्वथा त्रुटिहीन नहीं है। यद्यपि इस कल्पना को व्यावहारिक रूप देने के लिये मध्यम मार्ग के "स्वर्णपथ" का अवलम्बन किया गया है किन्तु यह कहने में राजदर्शन के किसी भी विद्यार्थी को शायद ही कोई हिचक हो कि इसकी कल्पना में दूरदर्शिता का अभाव है। अरस्तू ने सर्वोत्तम राज्य का काल्पनिक निर्माण करते समय अतीत की सामग्री से अधिक सहायता ली और भावी परिवर्तनों की ओर ध्यान नहीं दिया। यही कारण है कि अरस्तू का सर्वोत्तम राज्य देशराज्यों या राष्ट्रराज्यों के विकास की संभावनाओं की ओर संकेत भी नहीं करता—केवल नगर राज्यों की तत्कालीन कल्पनाओं पर ही आधारित है। अतः इसका उपयोग आधुनिक राष्ट्रराज्यों या देशराज्यों के लिये लगभग बिल्कुल ही नहीं किया जा सकता। नागरिकता संबंधी अरस्तू की परिभाषा जिसमें श्रमजीवियों को दासता के साथ बाँध दिया जाता है, आजकल के समाजवादी लक्ष्यों की दिशा में बढ़नेवाले राज्यों को किसी भी प्रकार पसन्द नहीं आ सकती और प्रजातंत्रवादी राज्य भी उनको मानने के लिये तैयार नहीं हैं।

कुछ बातें ऐसी हैं जो कालविजयी और सार्वभौमिक हैं और उनकी उपयोगिता कभी नष्ट नहीं हो सकती। जैसे मध्यम मार्ग की पुष्टि और अति का अथवा उग्रता का निषेध। आजकल का "नियंत्रण और संतुलन का सिद्धान्त" इसी पर आधारित है। जनसंख्या के नियोजन पर आधुनिक राष्ट्र-राज्यों में भी ध्यान दिया जा रहा है। भूमि-वितरण की भी उपयुक्त प्रणालियाँ खोजी जा रही हैं। शिक्षा-व्यवस्थाओं को भी राज्य के नियंत्रण में रखा जाने लगा है। रूस तथा पूर्वी यूरोप के देशों में तो शिक्षा-व्यवस्था पूर्णतः राज्याधीन है। अमेरिका तथा इंग्लैण्ड में भी जो निजी उद्यम के सिद्धान्त के पूँजीवादी देश हैं, शिक्षा-व्यवस्था राज्य के नियत्रंण में ही रहती है।

राजक्रान्तियाँ

'**पॉलिटिक्स**' नाम के अपने महाग्रंथ की पाँचवीं पुस्तक में राजक्रान्तियों के संबंध में अरस्तू ने अपने विचार प्रकट करते हुए राजक्रान्तियों के होने के कारण और उनके निरोध के उपाय बतलाये हैं। अरस्तू ने राजक्रान्तियों के तीन स्वरूप बतलाये हैं। पहली प्रकार की राजक्रान्तियाँ तो ऐसी होती हैं जिनमें राज्य का क्रान्तिकारी तत्व बलपूर्वक शासनतंत्र के अधिकारियों को अपदस्थ कर देता है तथा राज्य का रूप बदलने की कोई कोशिश नहीं करता, अर्थात् ऐसी राजक्रान्ति में सरकार बदल जाती है राज्य का संविधान नहीं बदलता। दूसरे प्रकार की राजक्रान्तियों में सत्ता एक वर्ग से दूसरे वर्ग के हाथ में चली

जाती है। जैसे रूसी क्रान्ति में धनी और राज-घराने के लोगों के हाथ से सत्ता निकलकर श्रमजीवी वर्ग के हाथ में चली गई। तीसरी प्रकार की गति में ऐसी राजक्रान्तियाँ आती हैं जिनमें शासनतंत्र को नहीं बदला जाता अपितु व्यक्तियों को या व्यक्तियों के एक समूह को अपदस्थ कर दिया जाता है।

राजक्रान्तियाँ सामान्यतः तीन कारणों से होती हैं। वे हैं–पद-लाभ, सम्मान-लाभ और समानता की आकांक्षा। यदि किसी राज्य में सब वर्गों को उचित प्रतिनिधित्व तथा पद-भार वितरित किये जाएं तो उस राज्य में अपेक्षाकृत क्रान्ति होने का कम अवसर आयेगा। कभी-कभी राजक्रान्तियों के कारण राजकर्मचारियों की उद्धतता, पक्षपात, नियुक्तियों में योग्यता की तरफ ध्यान न देना आदि भी होते हैं। इनको सतर्कता द्वारा रोका जाता सकता है। विभिन्न प्रकार के राज्यों में क्रान्तियों के भिन्न-भिन्न प्रकार के कारण होते हैं। उदाहरण के लिये समूहतंत्रों में कुछ नेता धनी वर्ग पर इतना अत्याचार करते हैं कि वे उनके विरुद्ध ही हो जाते हैं। अयोग्य धनिकतंत्र अयोग्यता तथा अपने वर्ग के अन्दर होने वाले पारस्परिक संघर्षों के कारण क्रान्ति द्वारा अपदस्थ किया जाता है। आभिजात्यतंत्र में भी कभी-कभी बुद्धिवादी नेताओं के मतभेद इतने बढ़ जाते हैं कि उनके कलह का क्रान्तिकारी वर्ग लाभ उठाकर, उन्हें पदच्युत कर देता है। इनके संबंध में अरस्तू ने निरोध के कूटनीतिक उपाय बतलाये हैं जो मुख्यतः दूरदर्शिता और समझदारी पर आधारित हैं।

संप्रभुता

संप्रभुता का विधिगत दृष्टिकोण अपेक्षाकृत राजदर्शन का नूतन विकास है। संप्रभुता के आधुनिक विधिवत दृष्टिकोण से यूनानी जगत् अपरिचित था। इसलिए अरस्तू को भी इसका आधुनिक राजनीतिक विचारधारा के अनुसार व्यवस्थित ज्ञान नहीं है। फिर भी सर्वोच्च राज-सत्ता के संबंध में उसने जो विचार यत्र-तत्र प्रकट किये हैं–उनको यहाँ संकलित रूप से उपस्थित किया जा रहा है। उसने **'पॉलिटिक्स'** में एक स्थल पर बतलाया है कि राज्य की सर्वोच्च सत्ता कहाँ स्थित रहनी चाहिए। इस प्रश्न पर विचार करते हुए भी अरस्तू ने अपनी मौलिक प्रतिभा का परिचय दिया है। अरस्तू का कहना है कि यदि सर्वोच्च राजसत्ता (या संप्रभुता) निर्धनों के हाथ में चली जाती है तो वे उसका प्रयोग धनिक वर्ग को तंग करने के लिये करेंगे। यदि सर्वोच्च सत्ता केवल धनिक वर्ग के हाथ में रहती है तो वे ऐसी विधियाँ बनायेंगे जिससे निर्धन वर्ग को क्षति होगी। यदि वह एक व्यक्ति के हाथ में रहती है तो वह उसका अपने हितों के साधन में उपयोग करेगा। ऐसी स्थिति में अरस्तू ने संप्रभुता की सबसे अच्छी स्थिति वह बतलाई है जहाँ वह मध्यम वर्ग के हाथ में रहे। अरस्तू की दृष्टि से संप्रभुता की स्थिति ही राज्य का स्वरूप निर्धारण करती है। जिस राजक्रान्ति से उच्चतम सत्ता या संप्रभुता की स्थिति नहीं बदलती वह केवल शासन-परिवर्तन के लक्ष्य से की गई क्रान्ति है। अरस्तू ने संप्रभुता को आधुनिक विचारकों

की भाँति विधि-विधायन की शक्ति तक ही सीमित नहीं कर दिया है। अरस्तू का यह भी कहना है कि राज्य की संप्रभुता स्वाभाविक विधि पर आधारित है। लोकप्रिय संप्रभुता का विचार अरस्तू के मस्तिष्क में नहीं था। लेकिन राज्य की सर्वोच्च्व सत्ता को अरस्तू ने विधि की मर्यादा-रेखा के पाश में बाँध दिया है। राजसत्ता या संप्रभुता चाहे जिस वर्ग, समूह या व्यक्ति के हाथ में हो, उसे संप्रभुता की शक्ति का प्रयोग राज्य की विधियों की स्पष्ट आज्ञाओं की सीमारेखा में ही करना चाहिए।

विधि और धर्म

अरस्तू ने विधि को तर्कबुद्धि या विवेक का तटस्थ रूप माना है। उसने यह तो अवश्य कहा है कि विधियाँ पौरुषेय या मनुष्य-निर्मित हैं। अपौरुषेय नहीं हैं, किन्तु वे स्वाभाविक हैं। अतएव जीवन-रक्षक तथा वर्धक हैं और अपने इस गुण के कारण उनका नैतिक मूल्य है। सभी यूनानियों की भाँति अरस्तू भी आचरण के सामान्य नियमों को जो विवेकजन्य होते हैं, स्वाभाविक विधियाँ मानता है। विधियाँ सामाजिक अनुभवों और परिपक्व सामूहिक विद्वत्ता और विवेक का प्रतिनिधित्व करती हैं। स्वाभाविक विधियों के नियमों तथा सिद्धान्तों का ध्यान विधि-निर्माण करने वाले व्यक्ति या व्यक्तियों को रखना चाहिए। विधि बन जाने के बाद राज्य के किसी नागरिक को यह अधिकार नहीं है कि वह विधियों का किसी भी आधार पर उल्लंघन करे। अरस्तू स्वाभाविक विधियों का तो समर्थक था लेकिन वह स्वाभाविक अधिकार नहीं मानता था। विधि का शासन व्यक्ति या व्यक्तियों के शासन से अच्छा है। अच्छी या बुरी विधियों का बनना राज्य के संविधान पर निर्भर करता है।

'धर्म संबंधी अरस्तू की कल्पना प्लेटो की भाँति ही थी। जिस प्रकार प्लेटो ने धर्म को गुणों का सक्रिय या व्यावहारिक रूप बतलाया था उसी प्रकार अरस्तू ने भी धर्म को माना था'। अरस्तू का कहना था कि प्रत्येक नागरिक को समाज के प्रति अपने उत्तरदायित्वों की पूर्ति करनी चाहिये। सामान्य या पूर्ण धर्म या लोकधर्म वह है तो सभ्य समाज में नैतिक-समन्वय स्थापित कर दे।

अरस्तू का अनुदाय और प्रभाव

अपने समय से लेकर आधुनिक काल तक अरस्तू ने विभिन्न युगों के विचारकों को अपनी मौलिक प्रतिभा तथा विचार सम्पन्नता द्वारा प्रभावित किया है। राजनीति में ही नहीं आचार-शास्त्र, नैतिक शास्त्र, अर्थशास्त्र आदि क्षेत्रों में भी अतीत काल से अरस्तू के विचारों से प्रत्येक विचारक ने किसी-न-किसी रूप में सहायता अवश्य ली है। यह बात दूसरी है कि कभी अरस्तू के विचारों का खण्डन किया गया हो तो कभी मण्डन, लेकिन वे जीवन के प्रत्येक क्षेत्र को प्रभावित करते रहे हैं--यह कथन अविवादास्पद है। यहाँ हमें संक्षेप में देखना है कि राजदर्शन के क्षेत्र में अरस्तू का क्या अनुदाय है और उसका प्रभाव कहाँ तक पड़ा है।

इसमें संदेह नहीं कि अरस्तू की विचारधारा पर तत्कालीन यूनानी राजनीतिक परिस्थितियों का बड़ा प्रभाव पड़ा। नगर-राज्य, दासता, नागरिकता आदि संबंधी अरस्तू के विचारों पर यूनानी विचार-दर्शन की मुद्रा स्पष्टतः अंकित है। शिक्षा-पद्धति संबंधी उसकी विचारधारा भी स्पार्टा से प्रभावित है। अरस्तू एक यूनानी या फासिस्ट जर्मन विचारक की भाँति जाति-श्रेष्ठता में विश्वास करता है तथा यूनानी जाति से इतर जातियों को बर्बर कहता है और उनको दास बनाये जाने पर भी उसे कोई आपत्ति नहीं है। किन्तु इन्हीं यूनानी विचार-रेखाओं के ताने-बाने में सार्वभौमिकता की रक्तिम रेखा स्पष्ट रूप से चमकती दिखलाई पड़ती है। यदि विचार किया जाए तो सार्वभौमिकता के सिद्धान्त का आदि प्रवर्तन हमें अरस्तू में ही देखने को मिलेगा। संक्षेप में अरस्तू के अनुदायों का विवरण इस प्रकार दिया जा सकता है:

अधिकार और स्वतंत्रता के बीच संतुलन एवं समन्वय की शाश्वत आवश्यकताओं पर अरस्तू ने उचित बल दिया है। अधिकारों द्वारा सत्ता का भाव जागृत होता है। परन्तु मदोन्मत्त व्यक्ति बहुधा अधिकारों की सीमा का उल्लंघन कर अपने नाश के बीज बो लेता है। अरस्तू ने मदान्धता से सावधान रहने की चेतावनी शासकों को दी है। उसने स्वतंत्रता की व्याख्या करते हुए बतलाया है कि इसका अर्थ निस्वार्थ एवं संवैधानिक शक्तियों की सत्ता स्वीकार कर लेना है। विधि के प्रति प्रत्येक नागरिक में पूर्ण आज्ञापालन का भाव होना चाहिए। अरस्तू यह नहीं मानता कि स्वतंत्रता का अर्थ सब प्रकार के निषेधों का अभाव होता है। वह यह भी विश्वास नहीं करता कि सब व्यक्ति समान होते हैं। सब व्यक्तियों की क्षमताओं को बराबर समझने वाला समानता का सिद्धान्त अरस्तू की दृष्टि से अराजकताजनक है।

संप्रभुता संबंधी विचार

विधि की संप्रभुता का समर्थन करने वाले अरस्तू के विचार युगों के आवरणों को लाँघकर सुदूर भविष्य को भी देख लेनेवाली सूक्ष्मदर्शिनी बुद्धि का परिचय देते हैं। विधि को उच्चतम स्थान देने का समर्थन करके अरस्तू ने अपने आपको आधुनिक विचारकों की कोटि में रख लिया है। विधियों को उच्चतम मान्यता देने के बाद अरस्तू ने बहुमत की क्रूरता एवं निरंकुश शासकों की स्वच्छन्दता सर्वथा मुक्ति दिला दी है।

आधुनिक युग में लोकमत को बड़ा महत्व दिया जाता है किन्तु मूलतः लोकमत को वर्तमान श्रेष्ठतम स्थिति में प्रतिष्ठापित करने का श्रेय अरस्तू को ही है।

अरस्तू ने "निर्णयात्मक उच्चतम शक्तियुक्त मानव" का महत्व पहले ही अनुभव कर लिया था। यही वस्तु बाद में **ऑस्टिन** की संप्रभुता की परिभाषा के रूप में सामने आई।

शासनतंत्र के अंगों का विभक्तीकरण सबसे पहले अरस्तू ने ही किया था। अरस्तू ने यह बतलाया कि प्रशासन को सुचारु रूप से चलाने के लिये यह आवश्यक है कि उसे कार्यपालिका, न्यायपालिका और विधानमंडल—इन तीन अंगों में विभक्त कर दिया जाए। यही विभक्तीकरण का सिद्धान्त **मॉण्टेस्क्यू** के शक्ति-विभाजन के सिद्धान्त के रूप में हमारे सामने और अधिक विकसित रूप में आया।

अरस्तू ने यह बतलाया कि राजनीतिक संस्थानों के नाश और निर्माण में आर्थिक तत्वों का भी बड़ा हाथ होता रहता है। मार्क्स के द्वन्द्वात्मक भौतिकवाद के विचारदर्शन में यह बात पूर्ण रूप से सिद्ध हो जाती है। मार्क्स ने स्पष्ट रूप से लिखा है कि स्मरणातीत काल से लेकर अब तक जो भी राजनीतिक उथल-पुथल हुई है उनका एकमात्र संचालन बिन्दु आर्थिक शक्तियों का स्थान-परिवर्तन होना ही रहा है।

अरस्तू ने मध्यम मार्ग का सुनहला सूत्र राजदर्शन के आचार्यों के हाथ में दिया। उसी के परिणामस्वरूप आधुनिक काल में नियंत्रण और संतुलन का सिद्धान्त विकसित हुआ।

यूनानी विचारकों में अरस्तू पहला उच्च कोटि का व्यक्तिवादी विचारक था। इस दृष्टि से यदि आधुनिक व्यक्तिवादी विचारधारा का जनक अरस्तू को बतलाया जाए तो कोई आश्चर्य नहीं है।

बहुधा अरस्तू को आधुनिक राजनीतिशास्त्र का जनक, प्रणेता या पितामह कहा जाता है। ये संज्ञाएँ और विशेषण अरस्तू के उल्लिखित अनुदायों के प्रमाण तो हैं ही—साथ ही वे इस बात की ओर भी संकेत करते हैं कि वह राजनीतिक को कितना अधिक महत्व देता था। इसमें संदेह नहीं कि व्यवस्थित राजनीतिक विचार का इतिहास यूरोपियन दर्शन में अरस्तू से ही आरंभ होता है। इसमें संदेह नहीं कि प्लेटो ने भी राजदर्शन में कुछ अमूल्य विचार-रत्न दिये। किन्तु प्लेटो की राजनीति की रासायनिक शोध की जाए तो उसमें राजनीति के अलावा अन्य कई शास्त्रों के तत्व भी मिलते हैं। इसके विपरीत अरस्तू ने राजनीति को अन्य शास्त्रों के तत्वों से बिल्कुल अलग कर दिया। उसने आचारशास्त्र को व्यक्तियों के आचरणों को नियमित करने वाले शास्त्र तक ही सीमित रखा और राजनीति को सामूहिक या सामाजिक कल्याण का साधन माना। अर्थशास्त्र अरस्तू के अनुसार पारिवारिक कल्याण का चिन्तन करने वाला शास्त्र है और वह राजनीति के बाद आता है। आचारशास्त्र, अर्थशास्त्र और राजनीतिशास्त्र के बीच अरस्तू ने राजनीतिशास्त्र को श्रेष्ठतम स्थान दिया है। यही कारण है कि अरस्तू को राजनीतिशास्त्र का जनक कहा जाता है। राजनीतिशास्त्र की वर्तमान स्वतंत्र स्थिति अरस्तू की ही देन है। प्लेटो की भाँति अरस्तू ने आचारशास्त्र और राजनीतिशास्त्र को एक विषय नहीं माना है न एक निबंध में ही उनके संबंध में विचार किये हैं। उसने दोनों को अलग-अलग विषय मानते हुए अलग-अलग निबंधों में दोनों पर विचार प्रकट किये हैं। अरस्तू के विचार सुस्पष्ट, परिणाम और व्यवहार योग्य होते हैं। यह उनकी सबसे बड़ी विशेषता है।

अरस्तू के राजनीतिक विचारों का प्रभाव अपने समय की राजनीति पर तो पर्याप्त मात्रा में पड़ा ही था किन्तु बीच में एक ऐसा समय भी आया जब अरस्तू की **'पॉलिटिक्स'** नाम की पुस्तक लुप्त-सी हो गई। मध्ययुग में रोमन विचारकों में से किसी एक विद्वान् ने **'पॉलिटिक्स'** का लैटिन में अनुवाद किया। चर्च (गिरजा) के पादरियों ने इसका गहन अध्ययन किया और अरस्तू को "विद्वानों का गुरु" माना। यह तेरहवीं शताब्दी की बात है। आगे जब हम पादरी **टामस एक्वीनाज** के विचारों का अध्ययन करेगें तब हमें ज्ञात होगा कि अरस्तू के दर्शन का **सेण्ट टॉमस एक्वीनाज** पर कितना प्रभाव पड़ा। अरस्तू की भाँति एक्वीनाज का भी विश्वास है कि विधि ही विवेक है। दोनों की यह स्वीकार करते हैं कि सर्वोत्तम शासनतंत्र वही है जो विधि पर आधारित हो अर्थात् जिसका मूल आधार बुद्धि और विवेक हो। इस प्रकार धार्मिक विचारधारा के विचारकों पर अरस्तू का कितना प्रभाव पड़ा यह बात एक्वीनाज के विचारों से प्रकट हो जाती है। लेकिन इतना ही नहीं, अरस्तू के विचारों ने चर्च विरोधी विचारकों को भी प्रभावित किया। **मार्सीलिओ ऑफ पेदुआ** की पुस्तक **"डिफेन्डर पेसीज"** के अध्ययन से यह धारणा प्रमाणित हो जाती है। **दांते** ने भी अरस्तू के प्रति **'पॉलिटिक्स'** में प्रकट किये गये विचारों के अध्ययन से हुए लाभ के लिये कृतज्ञता प्रकट की है। मध्ययुग का सबसे अधिक प्रसिद्ध विचारक **मैकियावली** था। मैकियावली ने अपने ग्रंथ **"प्रिंस"** में राजा और व्यक्ति-दोनों के लिये आचरण की भिन्न कसौटियाँ निर्धारित की हैं। यह प्रभाव स्पष्टतः अरस्तू का ही है क्योंकि अरस्तू ने आचारशास्त्र तथा राजनीतिशास्त्र को दो भिन्न विषयों के रूप में जगत के सामने रखा था।

आधुनिक काल में **बोंदाँ, हैरिंगटन** तथा **मॉण्टेस्क्यू** ने अरस्तू के विचारों से पर्याप्त लाभ उठाया है और अपनी विचार सामग्री के लिये वे अरस्तू के काफी ऋणी हैं। माण्टेस्क्यू का शक्ति-विभाजन का सिद्धान्त तो अरस्तू के शासनतंत्र के अंगों के विभक्तीकरण का ही विकसित रूप है। **हीगल** ने कहा है कि किसी देश का संविधान "उस देश की आत्मचेतना" का ही प्रतिनिधित्व करता है। इस कथन की विचार-रेखाओं का मूल हमें स्पष्टतः अरस्तू के संविधान संबंधी विचारों में दिखलाई पड़ता है। संभवतः यह दोहराने की आवश्यकता नहीं है कि अरस्तू के संप्रभुता संबंधी विचार ही **ऑस्टिन** की संप्रभुता की परिभाषा के मौलिक अधिकार हैं। **कार्लमार्क्स** ने कहा है कि राजनीतिक ऊपापोहों में आर्थिक तत्वों का ही हाथ मुख्यतः रहता है। इसका उद्‌गम भी अरस्तू में खोजा जा सकता है।

एपीक्योरियन विचारक

एपीक्योरियन विचारधारा के अध्ययन से प्लेटो और अरस्तू को पढ़ने के बाद ऐसा प्रतीत होता है कि सॉफिस्टों के युग में हम पुनः वापस चले गये हैं। एपीक्योरियन

विचारधारा मुख्यतः व्यक्तिवादी है और उसका केन्द्रीय भाव भी यही रहता है कि राजनीति से जहाँ तक संभव हो, दूर रहा जाए। अरस्तू तथा उसके गुरु प्लेटो जहाँ एक ओर यह शिक्षा दी थी कि राज्य ही व्यक्ति के जीवन को सुखी करने का सबसे बड़ा साधन है—वहाँ एपीक्योरियन—विचारकों ने बतलाया कि ऐसी कोई बात नहीं है। व्यक्ति अपने निजी हित की चिताओं में लगा रह सकता है—और राजनीति में भाग न लेने से या न्यूनतम भाग लेने से उसे कोई विशेष क्षति नहीं होती। एपीक्योरियन विचारक राजनीतिक जीवन के विकास के बजाय आध्यात्मिक और पारमार्थिक जीवन के विकास पर अधिक बल देते हैं।

जन्म और विकास

इस विचारधारा के संस्थापक के रूप में एपीक्योरस (ई. पू. 342) का नाम लिया जाता है। किन्तु इसका प्रतिनिधि विचारक **ल्यूक्रीशस** नाम का एक रोमन कवि है। एपीक्योरियनों का जीवनदर्शन व्यक्तिगत आनन्द की प्राप्ति था। वे यह व्यक्तिगत आनन्द भौतिक आवश्यकताओं को न्यूनतम करके तथा आत्मसाधना द्वारा करने के पक्षपाती थे। **एपीक्योरस** का कहना था कि सब यही चाहते हैं कि उन्हें कम-से-कम दुखी होने का मार्ग यही है कि भौतिक सम्पदाओं से न्यूनतम लगाव रखा जाए। **ल्यूक्रीशस** का कहना था कि व्यक्ति यदि सच्चे आत्मानंद को अनुभव करना चाहता है तो उसे चाहिए कि वह सामाजिक गतिविधियों से दूर रहे, परिवार में न रहे। उसे केवल मित्रता करनी चाहिए। उनका कहना था कि मनुष्य पहले कुछ इच्छाएँ करता है। इच्छाएँ उसे पूर्ति के लिये प्रयत्न करने के लिये प्रेरित करती हैं और जब वह अपने प्रयत्नों में असफल हो जाता है तो दुखी होता है। इच्छाओं का कोई अन्त नहीं है। इसलिये बुद्धिमान का कर्तव्य है कि वह इच्छा ही न करे। इस प्रकार वह कष्टों से और दुखों से बचा रहेगा। जीवन के व्यवहारों में केवल आवश्यकता भर के लिये ही प्रवेश किया जाए। भौतिक जीवन की हलचलों से दूर रहने पर जो भी समय व्यक्ति को मिले वह उस समय को अपनी आध्यात्मिक अन्तरंग उन्नति में लगाये। वे आनन्द चाहते हैं किन्तु भौतिक सभ्यता के सुखों से दूर भागते थे।

मानव स्वभाव

एपीक्योरियनों ने मानव-स्वभाव को मूलतः स्वार्थी माना है। स्वार्थी होने के कारण वे मानव प्रकृति को संकीर्ण और संकुचित मानते हैं और जहाँ तक मानव-स्वभाव की अन्य बातों का संबंध है, हॉब्स का उनसे पूरा-पूरा मेल बैठ जाता है।

राज्य की उत्पत्ति

क्योंकि मानव स्वभाव से ही स्वार्थी होता है—इसलिये उसे राज्य के अभाव में कष्ट उठाने पड़ते हैं। अतः वह आपस के समझौते से एक ऐसी शक्तिमान सत्ता स्थापित करता है जो लोगों को अन्याय और अत्याचार करने से रोकती है। इस शक्ति की स्थापना ही

राज्य की स्थापना है। शासन, विधियाँ और न्याय आदि उसी उद्देश्य की सिद्धि के साधन हैं। एपीक्योरियन इस प्रकार राज्य की उत्पति के मामले में अनुबंध के सिद्धान्त के पक्षपाती हैं। वे ऐसे किसी भी राज्य को मानने के लिये तैयार हैं जो शांति और व्यवस्था की रक्षा कर सकता हो। उनको इस बात से कोई संबंध नहीं है कि शासक दयालु है या स्वच्छन्द।

एपीक्योरियनों की विचारधारा इस प्रकार यूनान की पतनशील विचार-प्रवृत्तियों की ओर निर्देश करती है। एपीक्योरियनों ने जहाँ एक ओर राज्य की उत्पत्ति के मामले में समझौते के सिद्धान्त की ओर चरण बढ़ाये, वहीं दूसरी ओर मनुष्य का लक्ष्य आनन्द प्राप्त करना बताकर उन्होंने **वैन्थम** और **मिल** की व्यक्तिवादी उपयोगितावादी विचारधारा की भी नींव रखी।

स्टोइक विचारधारा

स्टोइक-विचारकों का दर्शन विवेक-बुद्धि से आरंभ होता है। वे लालसाओं या वासनाओं से एपीक्योरियन-विचारकों की भाँति अपना विचार दर्शन आरंभ नहीं करते। स्टोइक्स 'सत्यं शिवम्' चाहते थे। वे ऐसे आनन्द को प्राप्त करने के प्रयत्न में संलग्न रहते थे जो स्थायी हों। वासनाएँ या उनको शान्त करने वाले साधन स्थायी नहीं होते हैं। बहुधा वासनाओं से या बासनाओं को शान्त करने वाली सामग्री से कष्ट ही होता है। इन्द्रियों का सुख स्थायी नहीं होता। स्टोइक विचारकों का ध्यान मुख्य रूप से पारलौकिक कल्याण पर केन्द्रित रहता था। वे नैतिकता और प्रकृति को समान बतलाते हुए कहते थे कि प्राकृतिक नियमों या विधियों का पालन ही नैतिक आचरण है तथा उनके विरुद्ध चलना ही अनैतिक।

स्टोइक विचारधारा के जन्मदाता

इस विचारधारा की मुख्य बातों को जान लेने के बाद अब इनके जन्मदाताओं के विषय में भी थोड़ा-सा ज्ञान प्राप्त कर लेना अच्छा होगा। इस विचारधारा का मुख्य प्रवर्तक **जेनो** (ई. पू. 32 में मृत्यु) था। जेनो ने इस विचारधारा के अन्तर्गत दो मुख्य सिद्धान्तों का प्रर्वतन किया। इसमें से पहला सिद्धान्त या प्राकृतिक 'विधि' और दूसरा सार्वदेशिकता। सार्वदेशिकता का इतिहास सिनिक विचारकों से आरंभ होता है, किन्तु सिनिक विचारकों के युग में उसका पनपना कठिन था। वह सिद्धान्त जेनो के समय में ही फल-फूल सका क्योंकि उस समय तक सिकन्दर महान् की विजयों ने सार्वदेशिकता के सिद्धान्त के लिये वातावरण तैयार कर दिया था। जेनो के बाद सिसेरो, सेनेका और मारकस आरेलियस आदि ने इस विचारधारा का प्रतिपादन किया और जेनो की सार्वदेशिकता के सिद्धान्त को मानवतावादी सिद्धान्त में बदल दिया।

प्रकृति और प्राकृतिक विधियाँ

स्टोइक विचारक प्रकृति को सर्वोत्कृष्ट निर्देशक मानते हैं। उनकी दृष्टि से प्रकृति "उस एक और अविभक्त शक्ति की प्रतीक है जो इस संसार के प्रत्येक भौतिक पदार्थ में

विद्यमान है और जिसके द्वारा सब पदार्थ एक दूसरे से संबद्ध हैं तथा जिनका आधार उचित विवेक है।" इसलिये प्रकृति में जीवन तथा विकास के संबंध में जिन नियमों का पालन हम देखते हैं–वही मनुष्य के भी जीवन-रक्षक हैं, अतः, नैतिक हैं और इसी नैतिकता का पालन मनुष्य को करना चाहिए। स्टोइक विचारकों का यह मत था कि प्राकृतिक नियम या विधियाँ सार्वभौमिक होती हैं। इसका अर्थ यह था कि वे कहीं भी बदलती नहीं हैं। वे काल और देश के बन्धनों से मुक्त हैं। वे अलौकिक या दैवी हैं क्योंकि उनकी रचना करना या नष्ट करना मनुष्य के हाथ की बात नहीं है। प्राकृतिक विधियों द्वारा ही हम सभी प्राकृतिक पदार्थों में उचित समन्वय और सामंजस्य देखते हैं। अतएव, यह सिद्ध होता है कि उसकी पृष्ठभूमि में कोई तर्कबुद्धि है जो विवेकपूर्वक सब पदार्थों का इस जगत् में उचित स्थान निर्धारण करती है। अतएव प्राकृतिक विधियों को कार्यान्वित करने वाली शक्ति मनुष्य के विवेक के विरुद्ध नहीं जा सकती। वस्तुतः मनुष्य के स्वभावगत विवेक का बाह्य रूप प्राकृतिक विधियों में दृष्टिगोचर होता है। इस प्रकार प्राकृतिक विधियों का पालन मनुष्यमात्र के लिये नैतिक उपयोग का बताकर स्टोइक विचारकों ने कहा है कि शासनों द्वारा बनाई जानेवाली नागरिक विधियों का आधार भी प्राकृतिक विधियों को ही होना चाहिए क्योंकि प्राकृतिक विधियाँ संप्रभु और अपरिवर्तनीय होती हैं। यही कारण है कि स्टोइक विचारकों ने एक मनुष्य और दूसरे मनुष्य के बीच कोई भेद नहीं माना है। उनकी दृष्टि से यूनानी और बर्बर तथा असभ्य जातियों के मनुष्य समान हैं यही उनका सार्वभौमिकता का सिद्धान्त है।

इस प्रकार यूनानी विचारदर्शन में पहली बार स्टोइक विचारधारा के अन्तर्गत प्राकृतिक विधियों को इतना सुनिश्यित स्वरूप प्रदान किया गया है।

मानव स्वभाव

स्टोइक विचारकों का कहना था कि मानवता को यदि सामूहिक रूप में देखा जाए तो ऐसा प्रतीत होगा कि वह अदूरदर्शी, स्वार्थी एवं वासनाओं की दास है किन्तु यदि व्यक्ति के अनुरूप मानव-स्वभाव का विश्लेषण किया जाए तो अंतिम तत्त्व यह निकलेगा कि वह स्व-हिताकाँक्षी है। वह अपनी भलाई चाहता है–अपना कल्याण चाहता है। इस दृष्टि से एपीक्योरियनों तथा स्टोइक विचारकों में कोई विशेष भेद नहीं प्रतीत होता किन्तु दोनों की पद्धतियों में अन्तर है। जहाँ एपीक्योरियन मानव-स्वभाव की जागतिक वासनाओं तथा लालसाओं की पूर्ति की भी थोड़ी-सी अनुमति देते हैं, स्टोइक विचारक समाज से बिल्कुल संबंध तोड़ लेने के लिये व्यक्ति को प्रोत्साहित करते हैं। उनका धर्म व्यक्ति का धर्म है, समाज या लोक धर्म नहीं है। वे व्यक्ति को श्रेष्ठतर स्थिति में पहुँचा कर उसके स्वभाव को समाज की सब गतिविधियों के प्रति तटस्थ बना देना चाहते हैं। वे व्यक्ति को ही इकाई मानते हैं। स्टोइक विचारकों का कहना था कि अपनी मंगल-कामना के स्वभाव से प्रेरित होने के कारण मनुष्य स्वयं भी समाज की अपेक्षा अपने व्यक्तिगत विकास तथा उन्नति की ओर अधिक ध्यान देता है। वे मानव-स्वभाव के इसी पक्ष को और सबल बनाना चाहते थे।

समाज और राज्य

समाज और राज्य के प्रति व्यक्ति के संबंधों का विवेचन करते हुए स्टोइक विचारकों ने बतलाया था कि व्यक्ति की स्वतंत्रता आवश्यक होते हुए भी वह समाज से सर्वथा मुक्त नहीं हो सकता। अतएव उसे समाज को और कालान्तर में राज्य को भी एक "अनिवार्य बुराई" के रूप में स्वीकार कर लेना चाहिए।

स्टोइक तथा एपीक्योरियन विचारकों की समानताएँ और असमानताएँ

स्टोइक तथा एपीक्योरियन दोनों की विचारधाराओं के प्रवर्तक **व्यक्तिवाद** के समर्थक हैं और दोनों ही **व्यावहारिक जीवन** की शिक्षाएँ देते हैं। दोनों ने यह भी माना है कि **राजनीतिक व्यवस्था** तथा **राज्य**–ये दोनों **बुराइयाँ** हैं और इनसे जहाँ तक हो सके बचना चाहिए।

स्टोइक विचारक **विवेक-बुद्धि** पर बल देते हुए यह कहते हैं कि मनुष्य को या व्यक्ति को अपना श्रेष्ठतर कल्याण पहले देखना चाहिए जब कि एपीक्योरियन लालसाओं और इच्छायों की पूर्ति को श्रेष्ठतर स्थान देते हैं। एपीक्योरियनों का लक्ष्य व्यक्ति को अधिक-से-अधिक सुख देना है जब कि स्टोइक विचारक मुख्य रूप से ऐसी नैतिक व्यवस्था की स्थापना के पक्षपाती हैं जो सार्वभौमिक कल्याण को दृष्टि में रखती है।

स्टोइक और एपीक्योरियन विचारधाराओं का प्रभाव

स्टोइक तथा सम्मिलित विचारधाराओं का प्रभाव आधुनिक राजनीतिक विचारों के विकास पर पर्याप्त रूप से पड़ा है। आधुनिक व्यक्तिवादी तथा उपयोगितावादी विचारधाराएँ इन्हीं के आधारों पर पनपी हैं। स्टोइक विचारधारा के दो अनुदाय बड़े महत्वपूर्ण हैं और वे हैं: (1) मनुष्यमात्र की समानता, तथा (2) विश्व-बंधुत्व। इसके अतिरिक्त प्राकृतिक विधियों संबंधी उनकी व्याख्या आज भी आधार-तत्व के रूप में मानी जाती है। मनुष्य मात्र की समानता से स्टोइक विचारकों का अभिप्राय यह था कि प्रत्येक व्यक्ति अपनी निजी उन्नति तथा विकास के लिये स्वतंत्र है और उसके इस कार्य में किसी प्रकार की बाधा नहीं पड़नी चाहिए। विश्वबंधुत्व से उनका आशय यह था कि जब सभी मनुष्य प्राकृतिक विधियों से संबद्ध हैं तो उनकी विवेक-बुद्धि के अस्तित्व में तो कोई अन्तर हो ही नहीं सकता। यह बात दूसरी है कि किसी भी विवेक-बुद्धि का विकास कम हुआ हो किसी का अधिक। अतएव अधिक सभ्य को दयालुता का परिचय देते हुए पिछड़े हुए व्यक्तियों को आगे बढ़ने के लिये सहारा देना चाहिए। स्टोइक विचारधारा के इस दर्शन का रोमन शासकों पर बड़ा प्रभाव पड़ा और इन विचारों की मुद्रा उनकी राजनीतिक लेखसामग्री में अंकित मिलती है। ईसाई धर्म पर भी स्टोइकों ने किसी-न-किसी रूप में अपना प्रभाव डाला है।

अध्याय–6

यूनानी विचारों के अनुदाय तथा उनका प्रभाव

मनुष्य राजनीतिक जीव है, नगर-राज्य भक्ति बनाम देश भक्ति, राज्य और व्यक्ति मंगल, विधि की संप्रभुता, विचार-स्वातंत्र्य और स्वतंत्रता और प्रजातांत्रिकता।

पिछले अध्यायों में हमने ईसा के जन्म से 700 वर्ष पूर्व फलने-फूलनेवाली यूनानी सभ्यता के राजनीतिक विकास और ह्रास के इतिहास पर दृष्टिपात किया और यूनानी राजनीतिक दर्शन की एक झाँकी देखी। आज से लगभग पौने तीन हजार वर्ष पूर्व चमकी हुई इस सभ्यता का आज नामो निशान भी शेष नहीं है। केवल इतिहास में ही हम उसका स्मरण करते चले आते हैं। परन्तु आधुनिक पाश्चात्य राजदर्शन पर यूनानी प्रभाव एकदम स्पष्ट तथा व्यापक है। इस अध्याय में हम उन यूनानी अनुदायों का सार रूप में क्रमपूर्वक सिंहावलोकन करेंगे जिन्होंने राजनीतिक विचारधारा को प्रभावित किया है।

मनुष्य राजनीतिक जीव है

यूनानी नगर-राज्य नागरिक जीवन के आधार पर हुआ करते थे। प्लेटो तथा अरस्तू ने तो नगर-राज्यों को सर्वोच्च स्थान दिया ही था, सॉफिस्ट, एपीक्योरियन तथा स्टोइक विचारधाराओं के भी विचारक पूर्ण रूप से व्यक्तिवादी होते हुए भी राज्य का बहिष्कार करने में असफल रहे थे। इसका कारण यह था कि तत्कालीन यूनानी, नागरिकों का मत ऐसी किसी विचारधारा को श्रेष्ठता प्रदान करने के लिये प्रस्तुत न था जो राज्य का बहिष्कार करे। यूनानी नागरिक के लिये उसका नगर-राज्य ही सब कुछ था। वह नगर को अपने ही जीवन का विकसित स्वरूप मानता था और उसकी राजनीतिक गतिविधियों में भाग लेना अपना परम कर्तव्य समझता था। नगर-राज्यों के निवासियों के लिये नागरिक

होना उनके जीवन की पुनीततम कल्पना थी और यूनानियों का इन्हीं मनोवृत्तियों का संश्लेषण कर अरस्तू ने निष्कर्ष निकाला था कि "मनुष्य स्वभाव से ही राजनीतिक जीव है।" अरस्तू का निष्कर्ष आज भी सत्य के रूप में विद्यमान है और संसार भर के सभी विचारक यह मानते हैं कि मनुष्य बिना समाज या राज्य के जीवित नहीं रह सकता। वे यूनानी विचारकों के इस मत से पूर्णतः सहमत हैं कि जो व्यक्ति बिना राज्य या समाज के जीवित रह सकता है उसके बारे में विचार करने की कोई आवश्यकता नहीं है क्योंकि वह या तो पशु है या देवता। इसका अर्थ यह है कि ऐसे प्राणी शायद ही कभी पैदा होते हैं और यदि कभी पैदा भी हो गये तो उनकी संख्या इतनी कम होती है कि उन्हें उक्त नियम का अपवाद मानकर छोड़ा जा सकता है। राजनीति सामूहिक विज्ञान है–व्यक्तिगत नहीं।

नगर-राज्यभक्ति बनाम देश भक्ति

नगर-राज्यों के यूनानी नागरिकों की दूसरी उल्लेखनीय बात उनका नगर-प्रेम था। आजकल देशप्रेम एवं राष्ट्रभक्ति की बहुत चर्चा चलती है। यह यूनानी नागरिकों की नगर-राज्य भक्ति का ही विकसित स्वरूप है। आधुनिक राष्ट्रभक्ति की भावना उतनी गहन नहीं है जितनी यह यूनानी नगर-राज्यों के नागरिकों में थी। यूनानी नगर-राज्यों के नागरिकों के लिये राज्य की सत्ता उन्हीं के जीवन का एक अंग थी। वह उनके समस्त जीवन आचार-विचारों और शिक्षा-दीक्षा तथा धार्मिक एवं आर्थिक जीवन पर अपनी प्रभुता स्थापित किये हुए थी। अतएव यूनानी नागरिक के लिये नगर-राज्य ही धर्म था–नगर-राज्य ही विद्यालय था और नगर-राज्य ही समस्त राजनीतिक जीवन का केन्द्रबिन्दु था। नगर-देवताओं के प्रति आस्था प्रकट करना, उनकी पूजा करना और उनसे भयभीत रहना–नागरिकों का सामान्य धर्म था और कोई नागरिक अपने नगर-देवताओं के अतिरिक्त अन्य नगर के देवताओं को नहीं मानता था, क्योंकि ऐसा करने का अर्थ राजद्रोह हो जाता था। नगर-राज्यों जैसा प्रेम आधुनिक राष्ट्र-राज्यों या देश राज्यों में नहीं मिलता क्योंकि अब न तो वैसा भौगोलिक वातावरण है और न वैसी आर्थिक व्यवस्था। इन्हीं परिवर्तनों के प्रकाश में राष्ट्र-प्रेम या देश-प्रेम की भावनाएँ भी परिष्कृत हो गई हैं। आज देश-राज्यों में एक ही प्रकार की शिक्षा-व्यवस्था नहीं है। उनमें एक ही धर्म नहीं माना जाता और विभिन्न जातियों, धर्मों तथा भाषाओं के बोलने वाले व्यक्ति साथ-साथ रहते हैं। उनमें जो सहिष्णुता की भावना आज दृष्टिगोचर होती है–वह यूनानी नगर-राज्यों के युग में कल्पनातीत थी। फिर भी उन स्थानों के प्रति सहज मोह हो जाना जहाँ कोई भी रहता हो, नगर-राज्य या देश-राज्य के प्रति अनन्य भक्ति का प्रतीक है।

राज्य और व्यक्तिगत मंगल

यूनानी विचारक राज्य को व्यक्ति का ही विकसित स्वरूप मानते थे। अतएव वे

व्यक्ति के स्वभाव का विश्लेषण कर इस परिणाम पर पहुँचे थे कि व्यक्ति न केवल जागतिक-कल्याणाकांक्षी होता है अपितु वह पारमार्थिक मंगल का अभिलाषी भी होता है। वह अपने परम कल्याण के लक्ष्य की प्राप्ति के लिये आचरण संबंधी नियम निर्धारित करते थे और चाहते थे कि राज्य के भी ऐसे लक्ष्य हों जिनसे वह व्यक्ति की इस सर्वोच्च कामना में अधिकाधिक सहायक हो सके। आचारशास्त्र यूनानी राजनीतिक विचारकों की दृष्टि से व्यक्तिगत कल्याण का शास्त्र था और राजनीतिशास्त्र राज्य के मंगल-चिन्तन का साधन। यूनानी विचारकों ने दोनों को इस प्रकार संयुक्त कर दिया था कि उससे राज्य और व्यक्ति के लक्ष्यों में किसी प्रकार का संघर्ष उत्पन्न न होने पाये। आज भी इस सिद्धान्त की परिपुष्टि अनेक देशों के संविधान करते हैं और उनमें राज्यों के संबंध में यह घोषणा की जाती है कि वे कल्याणकारी राज्य हैं, पुलिस राज्य नहीं। इसका यह अभिप्राय है कि आजकल राज्य के कर्तव्य केवल निषेधात्मक ही नहीं समझे जाते। राज्य के कर्तव्य-क्षेत्र में व्यक्ति के विकास के लिये वे आवश्यक बातें भी समाविष्ट हैं, जो व्यक्ति की निजी उन्नति के लिये आवश्यक हैं। शिक्षा, सफाई आदि की व्यवस्था, चिकित्सा प्रबंध आदि राज्य के हाथों में होना कल्याणकारी राज्य की दिशा में अग्रसर होने वाले चरणों का ही द्योतक है। **अरस्तू** तथा **प्लेटो** ने प्रारंभ से ही नगर-राज्यों के शासकों का उक्त विषय अपने हाथ में रखने का परामर्श दिया था।

विधि की संप्रभुता

विधियों को यूनानी विचारक युगों की विवेक-बुद्धि की संचित राशि मानते थे। प्लेटो ने केवल अपने दार्शनिक-शासक को विधियों से मुक्त रखा था किन्तु बाद में प्लेटो ने भी विधियों को सर्वोच्च स्थान दिया था। 'रिपब्लिक' के बाद 'स्टेट्समैन' तथा 'लॉज' की रचनाएँ इस कथन का प्रमाण हैं। अरस्तू ने तो सर्वोच्च प्राथमिकता विधियों को ही दी। वह जनता के संप्रभुता को भी उतना नहीं मानता जितना विधियों की संप्रभुता को। नागरिक विधियों के दास समझे जाते थे। आधुनिक विधि के शासन का सिद्धान्त इसी आधार पर विकसित हुआ है। इंग्लैण्ड तो इसका केन्द्रस्थल ही है। अमेरिका में भी न्यायपालिका को इतना ऊँचा स्थान विधियों की संप्रभुता की भावना को मान्यता देने की मनोवृत्ति पर ही आधारित है।

विचार-स्वातंत्र्य

विचार-स्वातंत्र्य का प्रारंभिक अनुदाय भी हमें यूनानी-विचारकों से ही मिला। **सोक्रेटीज** की मृत्यु के बाद से विचार-स्वातंत्र्य का सिद्धान्त स्थिर हो गया। सोक्रेटीज ने स्वयं प्राणत्याग करके यह शिक्षा दी कि मनुष्य तब तक स्वतंत्रतापूर्वक विचार करने का अधिकारी है जब तक वह राज्य के निर्णयों के विरुद्ध नहीं जाता है और उसे अपने विचारों के अनुसार कार्य करने का भी अधिकार है। सोक्रेटीज के प्राणोत्सर्ग का परिणाम यह हुआ

कि एथेन्सवासी नागरिक विचारों के मामले में पर्याप्त सहिष्णु हो गये और **प्लेटो** ने जब स्त्रियों तथा सम्पत्ति के साम्यवाद की शिक्षा दी तब उसका विरोध उग्रतापूर्वक भले ही किया गया हो किन्तु प्लेटो को अपने विचारों का जवाब देने के लिये किसी न्यायालय के सम्मुख नहीं उपस्थित होना पड़ा। एक बार भावावेग में अरस्तू ने शत्रुओं ने अरस्तू पर मामला चलाने की ठानी लेकिन कुछ समय के पश्चात् वे भी ठण्डे पड़ गये और अरस्तू पर कोई मामला एथेन्स वापस लौटने पर नहीं चलाया गया। **गेटिल** के मतानुसार पौर्वात्य बौद्धिक जीवन की तुलना में यूनान में बौद्धिक जीवन अपेक्षाकृत स्वतंत्र, अंधविश्वासहीन और बाह्य नियंत्रणों से मुक्त था।

विचार-स्वातंत्र्य तथा कार्य-स्वातंत्र्य की इस परम्परा का प्रभाव पाश्चात्य राजनीतिक परम्पराओं पर और उनके द्वारा विश्वभर पर पड़ा। आजकल प्रजातंत्रवादी देशों की संसदों और विधान मण्डलों का यह सर्वमान्य सिद्धान्त है कि उनके सदनों में कही गई बातों के लिये किसी भी न्यायालय में मामला नहीं चलाया जा सकता। प्रत्येक नागरिकों को प्रत्येक प्रजातंत्रवादी देश में एक न्यूनतम विचार और कार्य-स्वातंत्र्य का अधिकार दिया जाता है। बहुत से देशों में तो ये अधिकार मौलिक अधिकारों से सम्मिलित कर लिये गये हैं और संविधान में उनका उल्लेख कर दिया गया है। भारत का संविधान विचार-स्वातंत्र्य प्रदान करता है। अमेरिका में भी यही व्यवस्था है। इस प्रकार बौद्धिक जीवन को राजनीतिक शक्तियों के चंगुल से छुड़ाने में यूनानी विचार-दर्शन ने विचार-स्वातंत्र्य के क्षेत्र में बड़ा योगदान दिया।

स्वतंत्रता और प्रजातांत्रिकता

विचार क्षेत्र में यूनान के राजनीतिज्ञों के और अनुदाय तो हैं ही, स्वतंत्रता और समानता के क्षेत्र में उनके अनुदायों को कभी भुलाया नहीं जा सकता। यूनानी नागरिक अपनी तथा अपने नगर-राज्य की स्वतंत्रता का सबसे कट्टर समर्थक हुआ करता था। जब हम तत्कालीन इतिहास पर विचार करते हैं तब उसके सिंहावलोकन मात्र से हमें यह ज्ञान प्राप्त कर लेने में कोई कठिनाई नहीं होती कि उन दिनों व्यक्तिगत स्वतंत्रता का फारस के निरंकुश और स्वच्छन्द राजाओं के सामने क्या मूल्य था। किन्तु यूनानी नगर-राज्यवासी नागरिकों ने शक्तिशाली फारस के शासकों की स्वच्छन्दता के विरुद्ध राजनीतिक और व्यक्तिगत स्वतंत्रता का ध्वज खड़ा किया और व्यक्ति की स्वतंत्रता की सफलतापूर्वक रक्षा की। लेकिन यूनानियों की व्यक्तिगत स्वतंत्रता की कल्पना संकीर्ण थी। वे यह स्वतंत्रता केवल अपने यहाँ के नागरिकों को ही देते थे और विदेशियों की तो बात ही क्या, जीवन भर सेवा कराने के बाद दासवर्ग के नगरवासियों को भी यह स्वतंत्रता प्राप्त न हो पाती थी। स्त्रियों को भी इस प्रकार की स्वतंत्रता वर्जित थी। प्लेटो ने स्त्रियों को पुरुषों के समान

लाकर कुछ स्वतंत्रता अवश्य प्रदान की थी किन्तु **प्लेटो** ने पुरुषों की स्वतंत्रता भी राज्य के अत्यधिक हस्तक्षेप द्वारा सीमित कर दी थी। रोमन शासकों की विजयों ने यूनानी नागरिकों की व्यक्तिगत स्वतंत्रता को समाप्त कर दिया। लेकिन उसका प्रभाव अन्य विचारों की भाँति पाश्चात्य राजदर्शन पर पड़ा और व्यक्तिवादी सिद्धान्तों के आधुनिक राजनीतिक विचारकों ने यूनान की स्वतंत्रता संबंधी कल्पनाओं से यथेष्ट सहायता ली। यूनानियों की स्वतंत्रता की कल्पना में कुछ त्रुटियाँ भी थीं। वे अपने नगर-राज्य को सर्वथा वाह्य नियंत्रण मुक्त इकाई के रूप में रखना चाहते थे। इसका परिणाम यह हुआ कि यूनानी नगर-राज्यों का कभी कोई संघ नहीं बन सका और उनको रोमन शासकों ने अपने शक्ति के चक्र में उन्हें पीस डाला। लेकिन इस स्वतंत्रता की कल्पना का एक लाभ भी हुआ और वह यह कि निरंकुश राजाओं का शासन या अयोग्य धनिकों का शासनतंत्र कभी लोकप्रिय नहीं हो सका।

अरस्तू ने कहा था कि प्रत्येक व्यक्ति को अपनी आत्मा की उन्नति तथा साम्पत्तिक विकास के लिये एक न्यूनतम स्वतंत्रता मिलनी चाहिए। इसी आधार पर बेंथम, मिल, स्पेन्सर आदि ने अनेक व्यक्तिवादी सिद्धान्तों की मीनारें खड़ी कीं। यूनानी स्वतंत्रता की कल्पना ने प्रेरणादायी आदर्श का कार्य किया।

आधुनिक प्रजातंत्र के मूल सिद्धान्त अपने अविकसित स्वरूप में हमें यूनान के नगर-राज्यों में देखने को मिलते हैं। यूनान के प्रजातंत्रवादी सिद्धान्तों को अविकसित सिद्धान्त इसलिये कहा गया है कि वहाँ अप्रत्यक्ष प्रजातंत्रवादी प्रतिनिधि शासन की पद्धतियाँ नहीं थीं। यूनान के नगर-राज्य अपनी भौगोलिक अवस्थाओं के कारण छोटे-छोटे हुआ करते थे और वहाँ सब नागरिक एकत्रित होकर राज्य-कार्य पर विचार कर सकते थे। इस प्रकार शासनतंत्र प्रत्यक्ष प्रजातंत्रवादी पद्धति के अनुसार चल जाता था। लेकिन शनैः शनैः राज्यों की सीमाओं में विस्तार होता चला गया और राष्ट्रीय राज्यों की नींव पड़ी, जिनके फलस्वरूप प्रजातंत्रवादी शासन की प्रत्यक्ष पद्धतियाँ अव्यवहार्य हो गईं। ऐसी अवस्था में संसदीय या विधानमण्डलीय प्रतिनिधि-शासन या अप्रत्यक्ष शासन-पद्धतियों का विकास हुआ।

समानता का सिद्धान्त भी अन्य प्रजातंत्रवादी सिद्धान्तों की भाँति ही यूनान में ही विकसित हुआ। इसमें संदेह नहीं कि प्लेटो ने दासता की निन्दा नहीं की और अरस्तू ने यूनानी जाति के व्यक्तियों को अन्य जातियों के समकक्ष नहीं माना लेकिन इनके बाद स्टोइक-विचारधारा ने यह बात सिद्ध की कि मनुष्य-मनुष्य बराबर होते हैं। उनमें मौलिक क्षमताओं की दृष्टि से कोई अन्तर नहीं होता। यह बात दूसरी है कि कुछ जातियों के व्यक्तियों को अपने बौद्धिक विकास का अधिक अवसर मिल जाए और कुछ जातियाँ ऐसे

अवसरों से वंचित रहें। ऐसी अवस्था में उन्हें जन्मजात अयोग्य सिद्ध कर देना ठीक नहीं है। करुणा और दयालुता से सहानुभूतिपूर्ण व्यवहार करते हुए उनका भी बौद्धिक विकास किया जा सकता है। यह बात स्टोइक विचारकों से रूसो ने ग्रहण की। रुसो से यह विचार फ्रांसीसी क्रान्ति के द्रष्टाओं तक पहुँचा और उनके द्वारा अमेरिका गया तथा विश्वभर में फैला।

अध्याय—7

रोम की राजनीतिक विचारधारा और उसके विचारक

राजनीतिक संस्थान, रोमन राजनीतिक विचारों का स्वभाव, रोमनों का विधि सिद्धान्त, रोमन विचारक—पोलिबियस, सिसरो और सेनेका, रोमन राजनीतिक विचारधारा के अनुदाय।

इटली में पो नदी के दक्षिण में यूनान के नगर-राज्यों की भाँति ही पर्वतों के आँचल में रोम का राजनीतिक विकास भी आरंभ हुआ। ऐतिहासिक दृष्टि से रोम की सभ्यता यूनानी नगर-राज्यों की तुलना में अपेक्षाकृत नई है। रोम का राजनीतिक विकास भी एथेन्स, स्पार्टा आदि यूनानी नगर-राज्यों के बाद ही आरंभ हुआ। किन्तु रोम ने यूनानी नगर-राज्यों की गतिदिशा का ही अनुकरण नहीं किया। यूनानी नगर-राज्य आरंभ से अन्त तक नगर-राज्य ही बने रहे। किन्तु रोम की विकास-कथा कुछ भिन्न है। इसमें संदेह नहीं कि आरंभ में रोम की स्थापना नगर-राज्य के रूप में हुई, लेकिन रोमन गणतंत्र महानता के उच्चतम शिखर तक पहुँचकर अन्त में निरंकुश साम्राज्य में बदल गये। रोमन-साम्राज्य का प्रभाव एकदेशीय या क्षेत्रीय न रहा। रोमन व्यवस्था का प्रभाव रोमन-साम्राज्य द्वारा समग्र यूरोप के देशों पर पड़ा। यह प्रभाव सार्वभौमिक था। यूनानी नगर-राज्य की कल्पना में इतने आधुनिक तत्व विद्यमान नहीं हैं जितने रोमन-साम्राज्य में। आधुनिक देश-राज्य तथा राष्ट्र-राज्यों का उद्गमस्थल रोमन-साम्राज्य ही है। इतना सब होते हुए भी रोमन सभ्यता प्लेटो या अरस्तू की भाँति कोई महान विचारक मानवता को नहीं दे सकी। यूनान के राजनीतिक द्रष्टाओं की तुलना में रोमन विचारक बौने से प्रतीत होते हैं। उनमें यूनानी विचारकों-सी मौलिक प्रतिभा-सम्पन्नता का अभाव है। इसके विपरीत रोमन विचारकों में विचारों को संश्लिष्ट और संघटित कर उन्हें व्यावहारिक रूप देने की विलक्षण क्षमता थी। रोमन विचारकों का मस्तिष्क अनिवार्यतः वैधानिक था। इसलिये जहाँ रोमन विचारधारा ने

आधुनिक संसार को विधियों का व्यवस्थित और संचित अनुदाय दिया वहाँ राजदर्शन के क्षेत्र में उनका अनुदाय शून्यवत है।

राजनीतिक संस्थान

रोम की नगर-राज्य के रूप में स्थापना प्रथमतः आसपास के पहाड़ों पर रहनेवाली जातियों ने मिलकर की थी। नगर राज्य का शासन राजतंत्रात्मक था। राजतंत्र वंशपरम्परा के अनुसार नहीं चलता था अपितु हर बार एक राजा का निर्वाचन किया जाता था। अतएव रोम का शासन प्रारंभ में वंशक्रमानुगत राजतंत्र के हाथ में न होकर निर्वाचनात्मक राजतंत्र के हाथ में रहा करता था। रोम का समाज दो भागों में विभक्त था। पहले वर्ग में तो आभिजात्यवर्ग के लोग आते थे जो **पेट्रीशियन** कहलाते थे और दूसरे वर्ग में सर्वसाधारण थे जिन्हें **प्लेब्स** कहा जाता था। राजसत्ता पर वास्तविक अधिकार आभिजात्यवर्ग या पेट्रीशियनों का ही रहा करता था। पेट्रीशियनों की एक सभा थी–जो **कमेटिय क्यूरियाटा** या राज्यसभा कहलाती थी।

साम्राज्य की शासन-व्यवस्था

रोम नगर की शासन-व्यवस्था पर तो ऊपर संक्षेप में हम प्रकाश डाल ही आये हैं, लेकिन रोम साम्राज्य के अन्तर्गत जो राज्य थे उनमें किस प्रकार की शासन-व्यवस्था थी–यह जान लेना भी उपयोगी होगा। राज्यों को रोमन-साम्राज्य का प्रांत मान लिया गया था। इन प्रान्तों की शासन-व्यवस्था के लिये एक दण्डनायक भेजा जाता था जो उप-अमात्य कहलाता था। प्रान्त की सैनिक तथा असैनिक–समूची सत्ता इसी उप-अमात्य के हाथ में रहती थी। रोम जब तक गणराज्य रहा तब तक प्रान्तवासियों को रोमन नागरिकता नहीं दी जाती थी। कुशासन के विरुद्ध केवल यही मार्ग था कि जब उप-अमात्य का कार्यकाल समाप्त हो जाए तो उस पर रोम जाकर महाभियोग लगाया जाए। इतनी अधिक स्वच्छन्दता से उप-अमात्यों का शासन निरंकुश-शासकों से भी अधिक खतरनाक हो गया। शासन में अव्यवस्था तथा भ्रष्टाचार का चारों ओर बोलबाला हो गया। स्वयं रोम की यह दशा हो गई कि वहाँ महाभियोग की कोई भी कार्रवाई सफल नहीं हो पाती थी। इस सारी कुव्यवस्था का परिणाम यह हुआ कि जिस समय गणतंत्र शासन का रोम में पतन हुआ उस समय शासित प्रान्तों की बड़ी दुर्दशा हो चुकी थी।

जूलियस सीजर और **ऑगस्टस** के समय के बाद रोम में सम्पूर्ण राजसत्ता एक ही व्यक्ति के हाथ में रहने लगी थी। यह कार्य जूलियस तथा उसके उत्तराधिकारियों का ही था। राज्य-परिषद् अधिनायक तंत्र में भी काफी उपयोगी सिद्ध हो रही थी। लोक-सभाओं के सदस्यों की संख्या इतनी अधिक बढ़ गई थी उनका राज-कार्य में कोई स्वर शेष न रह गया था। **डायोक्लोटियन** तथा **कांस्टेनटीन** (ई. पू. ३००) ने काफी शासन-सुधार किये और उनका यह परिणाम हुआ कि रोम की साम्राज्य शासन-व्यवस्था का प्रत्यक्षतः प्राचीन

शासन-व्यवस्थाओं से कोई संबंध न रह गया। पहले सत्ता का स्रोत जनता को माना जाता था लेकिन बाद में यह स्थिति उत्पन्न हो गई कि राजा को दैवी शक्ति का प्रतिनिधि माना जाने लगा। किन्तु जब रोम का राज्य-धर्म ईसाई-धर्म मान लिया गया तो राजा को दैवी शक्ति न मानकर राजसत्ता को दैवी शक्ति माना जाने लगा। राजा दैवी-इच्छा से अपने अफसरों द्वारा शासन करता था। दैवी-इच्छा का निमित मात्र था।

रोमन राजनीतिक विचारों का स्वभाव

सामान्यतः रोमन राजनीतिक विचारों पर यूनानी राजनीतिक विचारों का पर्याप्त प्रभाव पड़ा है, विशेष रूप से स्टोइक राजनीतिक विचारकों का। रोम के राजनीतिक-संस्थान परम्पराओं और आवश्यकताओं की देन हैं। उनके निर्माण में किसी सुविचारित या सुचिन्तित योजना का स्थान कभी नहीं रहा। इसमें संदेह नहीं कि रोम अपने दो शत्रुओं को परस्पर लड़ा देता था और बाद में उनके झगड़ों में हस्तक्षेप कर उनका क्षेत्र अपने राज्य में मिला लेता था किन्तु यदि देखा जाए तो रोम का साम्राज्य तत्कालीन परिस्थितियों का परिणाम ही अधिक प्रतीत होता है, किसी निश्चित योजना का सुफल नहीं। इतने बड़े साम्राज्य के निर्माण के बाद भी अरस्तू की भाँति रोम में किसी ऐसे राजनीतिक विचारक का न उत्पन्न होना जो सम्पूर्ण रोमन राजनीतिक विचारों को सुव्यवस्थित कर सकता—इसी ओर संकेत करता है। इतना होते हुए भी रोमन राजनीतिज्ञों ने बहुत से राजनीतिक विचार यूनानियों से ग्रहण किये और उनका समुचित संशोधन कर व्यावहारिक प्रयोग किया। यह व्यावहारिक प्रयोग प्रगति का ही चिन्ह है। इनमें **रचनात्मक विधि** का नाम लिया जाना आवश्यक है। रचनात्मक विधि के विचार को लेकर रोमनों ने राजनीतिशास्त्र तथा आचारशास्त्र को विभक्त कर दिया। राज्य का कल्पित स्वरूप निर्धारित किया और उसके वैधानिक व्यक्तित्व के विकास के विचार को उन्नत बनाया।

रोमन राजनीतिक विचारों की दूसरी उल्लेखनीय विशेषता यह है कि उसमें **एपीक्योरियनों** की भाँति राज्य में व्यक्ति को वियलित नहीं कर दिया गया है। रोमनों ने राज्य और व्यक्ति दोनों का स्थान अलग-अलग माना था और यह भी स्वीकार किया था कि दोनों के कर्तव्यों और अधिकार भी भिन्न-भिन्न हैं। राज्य के सामाजिक स्वरूप की रूपरेखा का आवश्यक और स्वाभाविक अंग बतलाते हुए रोमन विचारकों ने व्यक्ति को अपने राजनीतिक चिन्तन का विचार-केन्द्र माना। राज्य को रोमन विचारक एक वैधानिक व्यक्ति मानते हैं जिसे अपने अधिकारों का एक निश्चित सीमा में प्रयोग करने का अधिकार है। नागरिक को भी एक वैधानिक व्यक्ति माना जाता है जिसके कुछ निश्चित अधिकार हैं। रोमन विचारकों का मत है कि नागरिक के उन अधिकारों का भी शासन द्वारा कहीं अपहरण न हो जाए। इसी आधार पर रोमनों की **निजी विधि** का इतना अधिक विकास हुआ है। रोमन विचारक यह भी मानते हैं कि राजसत्ता का स्रोत जनमत होता है। रोमन विचारक यूनानियों की भाँति

राज्य को इतना स्वाभाविक मानते हैं कि उनकी दृष्टि से राज्य का औचित्य सिद्ध करने की कोई आवश्यकता ही नहीं है। सामाजिक-समझौते के सिद्धान्त के आधार पर राज्य की उत्पत्ति में उनका कोई विश्वास नहीं है। वे यह अवश्य मानते हैं कि शासन तथा शासितों के बीच अवश्य समझौता होता है। लेकिन वे यह भी नहीं मानते थे कि यदि शासन अपने उत्तदायित्वों को पूरा करने में असमर्थ है और वह समझौते की अपनी शर्तों को पूरा करने में असफल सिद्ध हुआ तो उसे पदच्युत कर देने का शासितों को अधिकार है। उन्होंने प्रजा को ऐसी क्रान्ति का कोई हक नहीं दिया। उनका कहना था कि एक बार किसी व्यक्ति को जब प्रजा-राज शक्ति दे देती है तो उसे वापस लेने का कोई अधिकार नहीं रह जाता है। वे हॉब्स की भाँति शासक की निरंकुश-स्वच्छन्दता में विश्वास करते थे। शासक की इच्छा को ही सब कुछ मानते थे। विधि के संबंध में उनका मत था कि वह शासक की इच्छा नहीं है। विधि उनकी दृष्टि से ऐसा समझौता है जो दोनों पक्षों से विचार-विमर्श करने के पश्चात् राज्याधिकारियों द्वारा लागू किया जाता है। रोमनों की निजी विधियाँ उनकी मानव-स्वभाव की इस कल्पना पर आधारित हैं कि व्यक्ति के संबंधों में समझौतों का बहुत बड़ा स्थान है।

रोमनों का विधि सिद्धान्त

रोमनों के विधि-सिद्धान्तों का मूल स्थल खोजने की चेष्टा करने पर विदित होगा कि उनका आरंभ सबसे पहले धार्मिक रीति-रिवाजों के रूप में ही हुआ। प्रारंभ में सार्वजनिक हितों के विरुद्ध किया गया किसी भी व्यक्ति का कोई भी कार्य देवताओं के विरुद्ध किया गया अपराध माना जाता था। किन्तु धीरे-धीरे धार्मिकता के विरोध में किये गये कृत्यों तथा सामाजिक प्रथाओं के विरुद्ध किये जाने वाले अपराधों को अलग-अलग श्रेणियों में रख दिया गया और रोमन विधियों की प्रथम संहिता ई. पू. 450 में प्रादुर्भूत हुई। यह 12 सूत्रों में थी। इस संहिता में केवल तत्कालीन परम्पराओं अर्थात् धार्मिक और सामाजिक परम्पराओं को लिखित रूप प्रदान कर दिया गया था। लेकिन इस द्वादशसूत्रीय संहिता का सबसे बड़ा अनुदान यह है कि इसने धार्मिकता के तत्व को दबा दिया और विधि का उल्लंघन राजाज्ञा का उल्लंघन माना। इसका अर्थ यह था कि जब कोई व्यक्ति विधि का उल्लंघन कर कोई अपराध करता है तो वह राज्य के विरुद्ध अपराध करता है—देवताओं के विरुद्ध नहीं। अतएव, अपराधी को दण्ड देने का अधिकार राज्य को है न कि देवताओं को। इस प्रकार विधि-संहिताओं में से क्रमशः धार्मिकता लुप्त हो गई। विधियों को क्रियान्वित करने का अधिकार भी राज्य के हाथ में चला गया। विधि को राज्य की इच्छा माना जाने लगा। द्वादशसूत्रीय विधि-संहिता में परिवर्तन भी किया जा सकता था; लेकिन, इसके लिये यह आवश्यक समझा जाता था कि प्रत्येक संशोधन के लिये समस्त रोम वासियों की स्वीकृति ले ली जाए। सभी परिवर्तनों, संशोधनों और परिवर्धनों के लिये प्लेब्स और

पेट्रीशियनों की सामूहिक संयुक्त स्वीकृति आवश्यक थी। परिणामतः रोमन विचारकों ने विधियों को राज्य की इच्छा का प्रकट-स्वरूप माना और कहा कि उनकी रचना करने का एकमात्र अधिकार राज्य को ही है। ज्यों-ज्यों रोम का नगर-राज्य एक विशाल साम्राज्य के रूप में बदलता गया त्यों-त्यों रोमन विधियों का भी विकास और विस्तार होता गया। जो विधियाँ केवल नगर-राज्य की सीमित आवश्यकताओं की पूर्ति के लिये पर्याप्त समझी जाती थीं—वही विश्व-साम्राज्य के शासन के लिये अब अपर्याप्त सिद्ध हुईं तो उनको भी आवश्यकतानुरूप परिवर्द्धित किया गया। इस कार्य में रोम के न्यायपालिका के अधिकारियों तथा सम्राटों का योगदान उल्लेखनीय है। इन अधिकारियों के न्याय-कार्यों के परिणामस्वरूप रोमन विधियों का अभिनवीकरण हुआ और सार्वभौमिक विधि तथा प्राकृतिक विधि के विकास का मार्ग खुला।

सार्वभौमिक और प्राकृतिक विधियाँ

इस स्थल पर सार्वभौमिक विधि तथा प्राकृतिक विधि के स्वरूप, प्रकार तथा अन्तर को भली-भाँति समझ लेना उपयोगी होगा। सार्वभौमिक विधि का अर्थ ऐसी विधियों से लिया जाता है जिनका सब राष्ट्रों में बिना किसी भेदभाव के प्रयोग किया जाता है। रोमन विधि सिद्धान्त में वे विधियाँ सार्वभौमिक विधि मानी जाती थीं और जो रोम साम्राज्य के अन्तर्गत आने वाले सभी राज्यों में स्वाभाविक न्याय, परम्पराओं और कानूनों के अनुकूल मानी जाती थीं। इसी आधार पर न्यायता के कुछ स्वाभाविक सिद्धान्त भी स्थिर हुए। ये सिद्धान्त सहज मानवीय विवेक पर आधारित थे। अतएव इनके आधार पर जो कानून या विधियाँ विकसित हुईं वे स्वाभाविक विधियाँ कहलाई जाने लगीं। सार्वभौमिक विधि के विकास के तथा उसकी सामग्री के संबंध में बहुत से विद्वानों ने विभिन्न प्रकार के मत प्रकट किये हैं। उदाहरण के लिये **नेटिलशिप** का कहना है कि "सार्वभौमिक विधि का अर्थ है संसार भर की, सारी मानवता की परम्पराएँ।" इस शब्द का प्रयोग, कहा जाता है, सबसे पहले ई. पू. दूसरी शताब्दी में हुआ था। इसका प्रयोग सबसे पहले उन विधियों के लिये हुआ था जो अन्तर्राष्ट्रीय युद्धों, यात्राओं तथा व्यापार-वाणिज्य के दौरान में विकसित हो गई थीं। इसके विपरीत **सोहम** ने यह कभी नहीं माना कि सार्वभौमिक विधियाँ रोम की रचनात्मक विधियों के एक अंश के अतिरिक्त और भी कुछ थीं।

सार्वभौमिक विधि तथा प्राकृतिक विधि के संयुक्तीकरण के परिणामस्वरूप रोमन विधि सिद्धान्त और विधि-संहिताओं में उदारता एवं व्यापकता का तत्त्व अधिक मात्रा में आ गया। रोमन साम्राज्य के विभिन्न भागों से जो वैधानिक अपीलें रोमन सम्राटों के पास आया करती थीं उनको वे रोमन न्यायाचार्यों के पास भेज देते थे और उनके संबंध में जो भी फैसले होते उनको उतना ही महत्व प्राप्त होता था जितना किसी विधि को। ये न्यायाचार्य अपने फैसलों में ऐसे सामान्य न्याय-सिद्धान्तों को स्थिर कर देते थे जिनका सर्वत्र, बिना

देश-काल के भेद के, प्रयोग किया जा सके। उन्हीं पर न्यायता की वैज्ञानिक-व्यवस्था स्थिर करने का भी दायित्व था। इसमें **जस्टीनियन की संहिता** भी सम्मिलित है। जस्टीनियन संहिता में स्टोइक-विचारधारा का स्पर्श हमें स्पष्टतः दिखलाई पड़ता है। स्टोइक विचारक मानवता के बीच जिस विश्वबंधुत्व की भावना का प्रचार करते थे उसे इस संहिता में विधि की सार्वभौमिकता के रूप में व्यावहारिक रूप प्रदान किया गया है।

जस्टीनियन संहिता

पाश्चात्य विचारधारा पर जस्टीनियन संहिता का ईसाई धर्म के बाद सबसे अधिक प्रभाव पड़ा है। यह संहिता सम्राट जस्टीनियन के शासन-काल (सन् 527-65) में संकलित की गई थी। जस्टीनियन संहिता को निम्नांकित चार भागों में विभक्त किया जा सकता है : (1) दि इन्स्टीट्यूट्स, (2) दि डाइजेस्ट, (3) इम्पीरियल लॉज, (4) दि नॉवेली। पहले भाग में रोमन न्यायाचार्यो **गेस, मार्सीयन** तथा **फ्लोरेण्टीनस** के विधि-संबंधी विचारों का संकलन है। इन तीनों को रोम का सबसे बड़ा न्यायाचार्य माना गया है। दूसरे भाग में रोम के अन्य न्यायाचार्यों के विधियों-संबंधी महत्वपूर्ण विचारों का संकलन किया गया है। प्रथम और द्वितिय ये दोनों ही भाग सन् 533 में प्रकाशित किये गये थे। तीसरे भाग में साम्राज्य के आरंभिक काल से लेकर जस्टीनियन के समय तक की विधियों तथा फैसलों का संग्रह किया गया है। इनमें निजी विधियों तथा सार्वजनिक विधियों दोनों से संबंधित मामलों के महत्वपूर्ण फैसले संकलित किये गये हैं। चौथे भाग में सम्राट् जस्टीनियन की विधियों को संकलित किया गया है।

जस्टीनियन संहिता में विधियों संबंधी कई महत्वपूर्ण पक्षों पर प्रकाश डाला गया है। इन पक्षों पर हम निम्नांकित रूप से विचार कर सकते हैं : (क) विधियों के विभिन्न स्वरूप, (ख) दासता और सम्पति की वैधानिकता, (ग) नागरिक विधि, और (घ) राजनीतिक सत्ता का स्वभाव और उद्‌गम।

(क) विधियों के विभिन्न स्वरूप

विधियों के विभिन्न स्वरूपों पर विचार करते हुए संहिता में **गेस** के मत को उदधृत किया गया है। गेस ने तीन प्रकार की विधियाँ बतलायी हैं :— (1) सार्वभौमिक विधियाँ (2) नागरिक विधियाँ, और (3) प्राकृतिक विधियाँ विभिन्न देशों की विधियाँ या अन्तर्राष्ट्रीय विधियाँ सार्वभौमिक विधियाँ हैं। नागरिक विधियों से **गेस** का आशय रोम की निगम विधियों से है। प्राकृतिक विधियाँ वे हैं जो न्यायता और विवेक के स्वाभाविक सिद्धान्तों पर आधारित हैं। **गेस** का मत है कि प्राकृतिक विधियाँ ही आदर्श विधियाँ हैं। समस्त विधि संहिताएँ प्राकृतिक-विधियों के आदर्श की दिशाओं की ओर ही बढ़ने का प्रयत्न करती हैं। प्राकृतिक-विधियाँ वे कानून हैं जिनको स्वयं-प्रकृति ने सारी मानवता को पढ़ाया है।

(ख) दासता और सम्पत्ति

यूनानी दासता को स्वाभाविक मानते थे। उदाहरण के लिये अरस्तू के उस कथन को इस स्थल पर याद किया जा सकता है जब उसने कहा था कि सब लोगों की प्रकृति एक समान नहीं होती! स्वभावों में भेद होता है। कुछ शासक बनने के लिये पैदा होते हैं और कुछ शासित। यह स्वभाव का अन्तर ही सिद्ध करता है और उसके इस मत को पुष्ट करता है कि दासता की प्रथा को प्रकृति का समर्थन प्राप्त है। लेकिन रोमन विचारकों ने विशेषकर **गेस** ने यह नहीं माना। उसने दासता को कृत्रिम बतलाया। **अल्पियन** ने भी कहा कि दासता मानव-स्वभाव की दुष्टता का ही परिणाम है। **सेनेका** और **सिसेरो** ने कहा है कि दासों के साथ दयापूर्ण व्यवहार किया जाना चाहिए। सम्पत्ति को भी रोमन विचारकों ने कृत्रिम माना है। उनका कहना है कि सम्पत्ति संग्रह मनुष्य के दुष्ट हो जाने का परिणाम है। किन्तु, उन्होंने इतने पर भी सम्पत्ति को पूर्णतः त्याज्य नहीं बतलाया है और मानव इतिहास में उसका औचित्य ही सिद्ध करने का प्रयत्न किया है।

(ग) नागरिक विधियाँ

गेस ने कहा था कि विधियाँ मानव-विवेक की संचित राशि हैं। लेकिन यहाँ प्रश्न उठता है—मानव-विवेक क्या है? विवेक का कोई स्थिर मानदण्ड नहीं है। "मुण्डे मुण्डे मतिर्भित्रा" की संस्कृत लोकोक्ति के अनुसार प्रत्येक मनुष्य के विवेक का अपना एक अलग मानदण्ड होता है। **मार्सीयन** का कहना था कि देवताओं की आज्ञा ही विधि है। **अल्पियन** का कहना था कि मनुष्य की अन्तरात्मा बराबर यह बतलाती रहती है कि क्या अच्छा है और क्या बुरा। अन्तरात्मा का जो पक्ष अच्छाई की ओर संकेत करता है—वह विवेक है और उसी की आज्ञा का विधियों में प्रतिनिधित्व किया जाता है। लेकिन इसमें भी अनेक शंकाएँ उठती हैं। इसी प्रकार अन्य कई रोमन विचारकों ने भी विधि की परिभाषाएँ की हैं लेकिन ये सभी परिभाषाएँ अपूर्ण, विवादास्पद और शंकायुक्त हैं। इन त्रुटियों के होते हुए भी विधि के संबंध में दो बातों को सभी विचारकों ने स्वीकार किया है और वे हैं : (अ) विधियों की आज्ञाओं का पालन अवश्य होना चाहिए, और (आ) विधियाँ किसी-न-किसी बाह्य शक्ति का प्रतिनिधित्व करती हैं। रोमन विचारकों ने विधियों का कार्य न्याय करना तो बतलाया लेकिन यह नहीं बतलाया कि न्याय क्या है। अल्पियन ने एक अस्पष्ट परिभाषा-सी दी है जिसका संक्षेप में आशय यह निकलता है कि न्याय का अर्थ व्यवहार की समानता है। जस्टीनियन संहिता के प्रथम भाग में न्याय को इच्छा का वह स्थिर और शाश्वत स्वरूप बतलाया जिसके द्वारा सबके साथ जो उचित होता है—वही व्यवहार किया जाता है। लेकिन क्या "उचित" है जो होना चाहिए—यह तय करने वाला कौन है? जब तक यह निश्चित न हो जाए तब तक यह व्याख्या तथा परिभाषा निरर्थक-सी है। नागरिक विधि को रोमन विचारकों ने बतलाया कि उसमें न तो सार्वभौमिक और न प्राकृतिक विधियों का पूर्णतः बहिष्कार किया जाता है और न पूर्णतः अनुसरण। इस विधि का उद्देश्य मनुष्य

को नगर-निवास के योग्य बनाना है। यही कारण है कि रोम के निगम की विधियों को ही मुख्यतः नागरिक विधियाँ माना जाता था।

(घ) राजनीतिक सत्ता का स्वभाव और उद्‌गम

राजनीतिक सत्ता के स्वभाव और उद्‌गम के संबंध में रोमनों का अन्य कई विषयों की भाँति कोई निश्चित या स्थिर मत नहीं है। वे राजनीतिक सत्ता का उद्‌गम यूनानी विचारक अरस्तू की भाँति परिवार में नहीं मानते। यदि हम रोमनों के संवैधानिक इतिहास पर दृष्टि डालें तो यह प्रारंभ में ही स्पष्ट हो जायेगा कि वे जनता को ही राजनीतिक सत्ता का केन्द्रस्थल मानते थे और यह भी स्वीकार करते थे कि जनता को यह अधिकार है कि वह यह सत्ता अपने हित के लिये किसी को भी सौंप दे। **गेस** ने कहा भी है कि "जनता ही समस्त वैधानिक सत्ता का स्रोत है।" जनता को सत्ता एक व्यक्ति से दूसरे व्यक्ति के हाथ में भी दे देने का अधिकार है। शासक की इच्छा ही विधि है और इसे 'रेक्स लेजिस' कहा गया है किन्तु यह इच्छा भी तो अन्त में जनता की सहमति पर निर्भर करती है। शासक की इच्छा की विधि मान लिया जाता है क्योंकि जनता शासक की इच्छा की विधि के रूप में मान लेने के लिये तैयार है। इसी सिद्धान्त के आधार पर महान राजनीतिज्ञों ने विशेषकर **ऑस्टिन** आदि जैसे वैधानिक विचारकों ने संप्रभुता की परिभाषाएँ बनाई। यही नहीं जनता ही में संप्रभुता स्थित है—यह कल्पना भी रोमन विचारकों की देन है। नागरिक विधि का स्रोत इसी सत्ता को बतलाया गया है।

रोमन विचारक

रोम के राजनैतिक संस्थानों, सांवैधानिक विकास के इतिहास की मुख्य बातों, राजनीतिक विचारों के स्वभाव तथा विधि सिद्धान्तों के स्वरूपों पर सामान्य विचार कर लेने के बाद अब हम तीन मुख्य रोमन राजनीतिज्ञों के विचारों पर दृष्टि डालेंगे।

पोलिबियस

रोमन विचारकों में सबसे पहला नाम पोलिबियस का लिया जाता है। लेकिन वस्तुतः पोलिबियस रोम का निवासी न था। वह यूनानी था जिसे बंधक के रूप में रोमन ले आये थे। इसका जीवन-काल ई. पू. 204 से 122 तक माना जाता है। इसकी सबसे प्रसिद्ध कृति **'रोम का इतिहास'** है। इस पुस्तक में रोम की महानता का वर्णन करते हुए उसकी उन्नति के कारण पर प्रकाश डाला गया है। जिस समय पोलिबियस ने रोम का इतिहास लिखना आरंभ किया उस समय रोम का गणराज्य अपनी महानता की चरम-स्थिति में पहुँच गया था। वह अपने इतिहास में रोम की शक्तिशालिता पर प्रकाश डालना चाहता था और बतलाना चाहता था कि उसका शासन-प्रबंध किस प्रकार होता है। ऐसा करते हुए पोलिबियस ने सबसे पहले राज्य की उत्पत्ति के सिद्धान्त पर प्रकाश डाला है। शासन के विभिन्न भेद बतलाये हैं और यह भी बतलाया है कि सर्वोत्तम राज्य कौन-सा होता है।

(क) शासन के भेद

शासन के भेदों पर प्रकाश डालते हुए पोलिबियस ने इस दिशा में अरस्तू का ही अनुसरण किया है। उसने स्वीकार किया है कि शासन तीन प्रकार के होते हैं–(1) राजतंत्र, (2) आभिजात्यतंत्र, और (3) प्रजातंत्र। पोलिबियस का कहना है कि यह शासन-भेद राज्यों में अपने शुद्ध या भ्रष्ट किन्हीं दो स्वरूपों में से एक में सदैव बना रहता है। प्रत्येक शासन में अपनी उन्नति के साथ ही अपने पतन के बीज भी छिपे रहते हैं। राजसत्ता का प्राचीनतम स्वरूप राजतंत्र है। राजतंत्र की सत्ता का आधार बल प्रयोग है। बल प्रयोग द्वारा ही स्वभावतः एकता के सूत्र में बंधे जनसमूह पर राजतंत्र का पहला शासक अपनी राजसत्ता स्थापित करता है। ज्यों-ज्यों अनुभव तथा विवेक ने शासन का मूल्य और उसकी आवश्यकताओं को सिखलाया और ज्यों-ज्यों न्याय, धर्म और नैतिकता के विचारों का विकास होता गया त्यों-त्यों जनता राजा की आज्ञाओं का स्वेच्छा से पालन करती चली गई लेकिन जब राजा ने जनहित के विरुद्ध रीति-रिवाजों और सामाजिक मर्यादाओं का उल्लंघन करना आरंभ कर दिया तो राजतंत्र भ्रष्ट होकर निरंकुश शासन में बदल गया और अन्त में इस भ्रष्ट स्वरूप का अन्त आभिजात्यतंत्र ने किया। राजतंत्र की भाँति ही आभिजात्यतंत्र का भी पतन हुआ और प्रजातंत्र आया। बारम्बार होने वाले इन परिवर्तनों को रोकने के लिये पोलिबियस ने यह सलाह दी कि शासन के इन तीनों ही स्वरूपों के अच्छे तत्वों को मिलाकर जो शासनतंत्र स्थापित किया जायेगा वह स्थायी होगा और उसके भ्रष्ट होने की संभावना भी कम रहेगी।

(ख) मिश्रित शासनतंत्र ही सर्वोत्तम शासन

तीनों प्रकार के शासनतंत्र के सर्वोत्तम तत्वों से मिलकर बने शासन को स्थायित्व का गुण प्रदान करने के बाद इसी मिश्रित शासनतंत्र को पोलिबियस ने सर्वोत्तम बतलाया है। मिश्रित शासनतंत्र का विचार पोलिबियस की अपनी मौलिक कल्पना नहीं थी। लाइकरमस ने स्पार्टा के लिये भी पहले एक ऐसा ही संविधान बनाया था। किन्तु इस संविधान का स्पार्टा में प्रयोग न हो पाया। इसके विपरीत रोम में इसको अत्यन्त सफलतापूर्वक कार्यान्वित किया गया। रोम में अमात्य राजतंत्रात्मक तत्व का प्रतिनिधित्व करते थे। राज्य-परिषद् आभिजात्यतंत्र की प्रतिनिधि थी तथा लोकसभाएँ प्रजातंत्र के तत्व का प्रतिनिधित्व करती थीं। इन सभी राजनीतिक संस्थानों में किसी-न-किसी रूप में सत्ता विद्यमान रहती थी लेकिन सम्पूर्ण सत्ता का प्रयोग अपनी इच्छा के बल पर कोई एक संस्थान नहीं कर सकती थी। प्रत्येक राज्यकार्य के लिये प्रत्येक संस्थान की सहमति आवश्यक थी। प्रत्येक संस्थान का एक दूसरे पर किसी-न-किसी रूप में नियंत्रण बना रहता था। इस प्रकार रोम की शासन व्यवस्था में पोलिबियस ने नियंत्रण और सन्तुलन का एक व्यवस्थित क्रम दिखलाया था। वैसे तो प्लेटो तथा अरस्तू ने भी इस सिद्धान्त का अपनी

राज्य संबंधी कल्पनाओं में एक सीमा तक प्रतिपादन किया था, किन्तु सामान्यतः उनकी दृष्टि साधारण शासन स्वरूप निर्धारित कर देने तक ही सीमित रही थी। उन्होंने उसमें जटिलता नहीं आने दी। मिश्रित शासन-व्यवस्था के पक्ष में अपना दृढ़मत प्रकट कर देने वाला पोलिबियस प्रथम विचारक था। मिश्रित शासन-संबंधी पोलिबियस का यह मत बाद के युगों में भी व्यवहारतः नहीं तो सिद्धान्तः तो अवश्य ही माना जाता रहा—और इसका प्रभाव आधुनिक पाश्चात्य राजनीति की कल्पना पर भी पड़ा है।

पोलिबियस की दृष्टि की विशेषता यह थी कि उसने रोम के गुण-दोषों का विवेचन एक तटस्थ पर्यवेक्षक के रूप में किया था। उसकी दृष्टि निष्पक्ष तथा बौद्धिकता प्रधान थी। वह मानव स्वभाव के बारे में यह मानकर चलता था कि वह स्वार्थवश ही कोई भी कार्य करता है। अतएव राजनीतिज्ञ को मनुष्यों के स्वार्थों का राजनीति का गतितत्व या शक्ति-तत्व मानकर ही आगे बढ़ना चाहिए। अच्छी राजनीतिक-व्यवस्था में सभी वर्गों के स्वार्थों का सन्तुलित स्वरूप बना रहता है। यह सन्तुलन पारस्परिक नियंत्रणों का ही परिणाम होता है जो प्रतिबंधों के रूप में हमारे सामने आते हैं। इस प्रकार पोलिबियस ने मानव-स्वभाव का विवेचन करते समय एक सीमा तक इस दृष्टिकोण की रचना की थी जिसको **मैकियावली** ने आगे चलकर अपनाया।

सिसरो

पोलिबियस ने स्थायी और सर्वोत्तम शासनतंत्र के सिद्धान्त तो स्थिर कर दिये लेकिन यहीं पर कार्य समाप्त नहीं हुआ। मिश्रित शासनतंत्र को चलने की शक्ति सन्तुलन और नियंत्रण के सिद्धान्त से मिलती है और सन्तुलन तथा नियंत्रण का सिद्धान्त गतिरोध के आधार पर आगे बढ़ता है। शांतिकाल में जब शासन के किन्हीं दो अंगों में गतिरोध उत्पन्न हो जाता है तो वह समझौतों द्वारा अधिकारों और सुविधाओं के आदान-प्रदान द्वारा दूर हो जाता है लेकिन जब सामाजिक तनातनी और अशान्ति की स्थिति होती है तब इस गतिरोध को दूर करने के लिये बहुधा बल का प्रयोग किया जाता है। रोमन गणतंत्र के अंतिम काल में बल-प्रयोग ही गतिरोधों को दूर करने का नियम-सा बन गया था। रोम का गणतंत्र अपने अंतिम समय में साम्राज्य बन गया था और बहुत से राज्य उसके शासनाधीन हो गये थे। इसका प्रभाव रोम के समाज पर भी पड़ा था। रोम का सम्पूर्ण समाज दो भागों में विभक्त हो गया था। पहले वर्ग के पास तो बहुत अधिक धन संचित हो गया था और दूसरा बिल्कुल निर्धन था। इन दोनों ही वर्गों के प्रतिनिधि राज्यपरिषद् तथा लोकसभाओं में पहुँच गये थे। दोनों ही संस्थाओं में अपने-अपने वर्ग के हितों को लेकर बहुधा गतिरोध उत्पन्न हो जाते थे और इन गतिरोधों का अन्त गृहयुद्धों द्वारा होता था। इन गृहयुद्धों की दशा में राजदर्शन का विकास होना असंभव-सा था।

(क) सिसरो की रचनाएँ

सिसरो ने देखा कि इन गृहयुद्धों की आग में रोम का सारा संवैधानिक ढ़ाँचा ही जला जा रहा है। ऐसी अवस्था में उसने दो पुस्तकें लिखी : (1) **डी रिपब्लिका**, और (2) **डी लेजिबस**। इन दोनों ही पुस्तकों की मुख्य आधार रेखा रोमनों को यह शिक्षा देना है कि वे शासन के पुराने संवैधानिक ढ़ंगों को ही पुनः अपना ले। लेकिन सिसरो की यह शिक्षा उस समय सुनने के लिये कोई तैयार नहीं था। विचारों और शब्दावली की दृष्टि से अत्युच्च कोटि की पुस्तकें होने पर भी इनका अपने समकालीन राजनीतिज्ञों पर कोई प्रभाव न पड़ा क्योंकि उस समय युद्ध का वातावरण था और कोई किसी की बात सुनने के लिये तैयार न था। डी रिपब्लिका और डी लेजिबस का प्रभाव रोमनों के बाद साम्राज्यवादी विधानाचार्यों तथा ईसाई पादरियों पर अवश्य पड़ा लेकिन कालान्तर में जिस स्वरूप में उनकी रचनाएँ आधुनिक राजनीति के विद्यार्थी के सामने आईं उनसे वह अधिक लाभ नहीं उठा सका।

डी रिपब्लिका में सिसरो ने **प्लेटो** के आदर्श राज्य की भाँति अपनी कल्पना के सर्वोत्तम राज्य को अंकित करने का प्रयत्न किया है। इसकी रचना भी प्रश्नोत्तरी प्रणाली के आधार पर ही की गई है। लेकिन **प्लेटो** की रिपब्लिक की भाँति सिसरो का सर्वोत्तम राज्य केवल कल्पना-संसार की ही वस्तु नहीं है—वह व्यवहारिकता और सांसारिकता को भी अपने सामने रखता है। सिसरो की इच्छा यह है कि वह सर्वोत्तम राज्य एक ऐसा सच्चा राज्य हो जो पृथ्वी पर निर्मित किया जा सके। वह यह मानकर आगे चलता है कि मनुष्य स्वभावतः अन्य मनुष्यों के साथ रहना चाहता है। सामाजिकता मनुष्य के स्वभाव का मुख्य लक्षण है। वह एकान्त में अपने आपको निर्बल अनुभव करता है। सामाजिकता की मानव-स्वभाव की प्रवृत्ति ही शासन की स्थापना में सहायक होती है। **पोलिबियस** की भाँति सिसरो भी यह मानता है कि राजतंत्र, आभिजात्यतंत्र और प्रजातंत्र तीनों चक्रवत् घूमते रहते हैं और तीनों ही अपने गुण-दोष हैं जिनकी वजह से उनका उत्थान और पतन होता रहता है। सिसरो यह मानता है कि गणतंत्रात्मक पद्धति ही ऐसी शासन-पद्धति है जिसमें तीनों शासनों के अच्छे तत्वों का समावेश है और वही सर्वोत्तम पद्धति भी है। आचारशास्त्र, न्यायशास्त्र और राजनीति सिद्धान्त के संगम बिन्दु पर डी रिपब्लिका में सिसरो द्वारा प्रकट किये उक्त विचार अत्यन्त महत्वपूर्ण हैं। सिसरो ने स्वाभाविक विवेक तथा विधि के बीच निकटतम संबंध स्थापित कर यह बतलाया कि मानवीय कार्य-व्यापार उन्हीं से संचालित होते हैं। सिसरो ने राज्य को स्टोइक विचारकों के विपरीत सामाजिक न मानकर उसके राजनीतिक स्वरूप पर अधिक आग्रह किया था। सिसरो ने यह बतलाया कि शासन जनता का एजेण्ट मात्र होता है। संप्रभुता या अंतिम राजसत्ता पर वस्तुतः जनता का ही अधिकार होता है।

डी लेजिबस में सिसरो ने '**डी रिपब्लिका**' के सिद्धान्तों का स्पष्टीकरण किया है। इसमें सिसरो ने बतलाया है कि नागरिक तथा संवैधानिक विधियों का आधार प्राकृतिक

विधियों और विवेक पर ही होना चाहिए। अगर नागरिक और संवैधानिक विधियों के उक्त आधार नहीं हैं तो वे अवैध हैं। सिसरो प्राकृतिक विधियों की सार्वदेशिकता में विश्वास करता था। उसका लक्ष्य भी विश्वबंधुत्व का प्रचार करना था और इस स्थल पर स्टोइक विचारकों के विचारों की मुद्रा सिसरो पर स्पष्ट रूप से अंकित मिलती है। सिसरो की नागरिक और संवैधानिक विधि संहिताएँ सार्वभौमिकता पर आधारित थीं। इसका आशय यह है कि वे संहिताएँ केवल रोमन गणतंत्र के निवासियों के लिये ही नहीं अखिल मानव समाज के लिये थीं और दूसरे उनका प्रभाव केवल रोमन युगों तक ही सीमित न रह कर बाद के युगों में भी प्रतिध्वनित होता रहा था। सिसरो में कोई विशेष मौलिक प्रतिभा न थी। उसके विश्वबधुत्व के सिद्धान्त रोमन विश्व साम्राज्य की कल्पना के अनुकूल थे। उसने रोमन विधि सिद्धान्तों को अनिवार्यतः न्यायता और समानता की आधार भूमि पर खड़ा करके उनकी व्यापकता और बढ़ा दी थी। प्राकृतिक विधियों की व्यापकता और सार्वभौमिकता का संबंध है—वह भी उसने स्टोइकों से ही प्राप्त की थी। रोम की वैधानिक विचारधारा में सिसरो के न्याय तथा प्राकृतिक विधियों संबंधी विचारों का बड़ा गहन प्रभाव पड़ा है। साम्राज्यवादी न्यायाचार्यों तथा ईसाई लेखक सिसरो के इन विचारों से बड़े प्रभावित हुए हैं—यह बात हम ऊपर भी एक स्थल पर कह आये हैं।

मानव स्वभाव संबंधी विचार

सिसरो के मानव-स्वभाव विचार संबंधी प्लेटो तथा अरस्तू से भिन्न थे। प्लेटो तथा अरस्तू जहाँ एक ओर यह मानकर आगे चले हैं कि समस्त मनुष्यों का स्वभाव एक समान नहीं होता। उनमें मौलिक भेद होता है। वहीं सिसरो का यह कहना है कि मनुष्य स्वभावतः समान होते हैं—या सभी मनुष्यों का स्वभाव समान होता है। इसका अर्थ यह होता है कि ऐसी कोई जाति या सामाजिक वर्ग नहीं होता जो सर्वथा गुणहीन हो या किसी गुण को प्राप्त न कर सके। इस आधार पर सिसरो ने दासता संबंधी अरस्तू के इस सिद्धान्त का खण्डन कर दिया था कि दासता स्वाभाविक होती है। सिसरो का कहना था कि दासता की प्रथा अस्वाभाविक और कृत्रिम है।

राज्य संबंधी विचार

राज्य की उत्पत्ति के संबंध में सिसरो का कहना था कि चाहे कोई समझौता हुआ हो या न हुआ हो—राज्य की उत्पत्ति अनिवार्यतः जनता की स्पष्ट सहमति के आधार पर हुई है। राज्य की उत्पत्ति के कारण पर भी सिसरो ने प्रकाश डाला है। इस संबंध में सिसरो का कहना है कि राज्य इसलिये निर्मित नहीं हुआ कि जन-समूह के लोग अपने आपको निर्बल अनुभव करते थे—अपितु इसलिये हुआ कि वे साथ-साथ रहना चाहते थे। उनमें सामाजिकता की स्वाभाविक वृत्ति थी। इसी से राज्य की उत्पत्ति हुई। इस प्रकार विभिन्न स्वार्थोंवाले वर्गों के एक जनसमूह में एक सर्वोच्च वैधानिक सत्ता की स्थापना की। इस

प्रकार राज्य में सभी व्यक्ति विधियों के बंधनों में बँधे रहते हैं।

विधि का सिद्धान्त

सिसरो ने विधि के सिद्धान्त के संबंध में भी अपना मत प्रकट करते हुए बतलाया है कि सच्ची या वास्तविक विधि क्या है? इस संबंध में विधि की एक परिभाषा सिसरो ने दी है जो इस प्रकार है "विधि स्वभाव सम्मत सामान्य विवेक है जो सार्वभौमिक और शाश्वत होती है।" इसका अर्थ यह है कि विधि के दो महत्वपूर्ण गुण हैं—पहला तो यह है कि सच्ची विधि का प्रयोग सब पर सब व्यक्तियों द्वारा किया जा सकता है। इसे हम सार्वभौमिकता कह सकते हैं और सच्ची विधि का दूसरा गुण यह होता है कि उसका प्रयोग किसी भी काल में किया जा सकता है। युगों का, काल का या समय परिवर्तन का उस विधि पर कोई प्रभाव नहीं पड़ता। यह गुण सच्ची विधि को शाश्वतता प्रदान करता है। सिसरो का कहना है कि राज्य की उत्पत्ति का आधार भी यही विधि-सिद्धान्त है। इस दृष्टि से सिसरो की 'डी रिपब्लिका' या उसका सर्वोत्तम राज्य प्लेटो या अरस्तू के सर्वोत्तम राज्य से भी अधिक विधि पर निर्भर करता है। राजनीति में विधि का प्रभाव उसी प्रकार बना रहता है जिस प्रकार व्यक्तिगत आचरण में नैतिकता का। इस प्रकार राजनीति के आचारों का निर्धारण करने वाली विधियाँ ही होती हैं।

सेनेका

सेनेका रोम के पतित और भ्रष्ट सम्राट् नीरो का परामर्शदाता था। उसने इस पद पर लगभग आठ वर्षों तक कार्य किया। वह भी स्टोइकों की विश्व-बंधुत्व तथा मानवमात्र की समानता के सिद्धान्तों में विश्वास करता था। उसने एक ऐसी स्थिति की कल्पना की थी जिसमें मनुष्य बिल्कुल मासूम, निर्बोध और दोष रहित रहता था। इस अवस्था में वह बड़ा सुखी था। इस अवस्था में—जिसे बाद के विचारकों ने प्राकृतिक अवस्था बतलाया है—न तो दास प्रथा थी और न सम्पत्ति। सभी मनुष्य बराबर थे और उन्हें पूर्ण स्वतंत्रता थी। लेकिन **सेनेका** ने बतलाया कि मनुष्य प्राकृतिक अवस्था में बना न रह सका और शनैः शनै उसका पतन हो गया। मनुष्य-स्वभाव में स्वार्थ की प्रवृत्ति आई। स्वार्थ की प्रवृत्ति ने सम्पत्ति रखने का भाव पैदा किया। सम्पत्ति को लेकर विवाद और संघर्ष हुए जिनके परिणामस्वरूप राज्य का जन्म हुआ। इस प्रकार **सेनेका** के राज्य संबंधी विचार यह बतलाते हैं कि राज्य की उत्पत्ति मनुष्य में आई बुराइयों के कारण हुई। राज्य का प्राथमिक कर्तव्य निषेधात्मक और प्रतिबंधात्मक है। अर्थात् राज्य को सबसे पहले यह देखना है कि कोई व्यक्ति किसी के अधिकार न छीने, किसी की सम्पत्ति न हड़पे अथवा किसी की स्वतंत्रता का अपहरण न करे। यदि ध्यान से देखा जाए तो **सेनेका** के इन कथनों में कोई मौलिकता नहीं है। यह सब बात स्टोइक विचारक पहले ही कह चुके थे। इन्हीं को लेकर ईसाई पादरियों ने राज्य की उत्पत्ति का विवेचन किया और उसे एक आवश्यक बुराई

बतलाया। सेनेका का राज्य की उत्पत्ति का सिद्धान्त बहुत अधिक विकसित नहीं है। यदि उसका समुचित विकास हुआ होता हो उसकी मूल और आरंभिक प्रवृत्तियों को देखते हुए यह कहा जा सकता है कि वह राज्य की उत्पत्ति के परम्परागत सिद्धान्त का विवेचन कर रहा था। कोई मौलिक विचार न देने के कारण ही सेनेका को महत्वपूर्ण विचारक नहीं समझा जाता।

रोमन राजनीतिक विचारों का अनुदाय

रोमन राजनीतिक विचारधारा का अनुदाय यूनानी राज दर्शन की भाँति किसी महान् दार्शनिक को उत्पन्न करने के रूप में नहीं हुआ है। यूनानी राजनीतिक विचारों में जहाँ एक ओर हम कल्पना-प्राचुर्य पाते हैं—वहाँ दूसरी ओर उसमें व्यावहारिकता का अभाव भी हमें स्पष्टतः खटकता है। इसी प्रकार रोमन राजनीतिज्ञों में जहाँ एक ओर राजनीतिक कल्पना-दृष्टि का अभाव है—वहाँ दूसरी ओर व्यावहारिकता की प्रबल क्षमता है। जो राजनीतिक विचार यूनानी नगर-राज्यों के काल में काल्पनिकता के आँचल में छिपे रहे उनको रोमन राजनीतिक विचारक व्यावहारिकता के मूर्तमान रूप में ले आये। प्लेटो ने राज्य में जिस एकता की कल्पना की थी और जिसकी व्यावहारिकता आज भी संदिग्ध है, उसे रोमन गणतंत्र में प्रत्यक्षकर दिखलाया गया। अरस्तू ने अपने सर्वोत्तम राज्य में जिस मिश्रित शासनतंत्र की कल्पना में राज्य की अनेकता और विविधमयता में एकता के दर्शन किये थे वह भी रोमन गणतंत्र में साक्षात् हो सकी। इसी प्रकार विधि को सर्वोच्च स्थान भी रोमनों ने ही दिया। यही कारण है कि **गेटिल** ने एक स्थान पर यूनानी और रोमन राजनीतिक विचारों की तुलना करते हुए एक दूसरे को एक दूसरे का "पूरक" बतलाया है। इसका अर्थ यह है कि यूनानी राजनीतिक कल्पना व्यवहार के क्षेत्र में यदि शिथिल पड़ती थी तो उस शिथिलता को रोमनों ने अपनी राजनीतिक-व्यवहार-कुशलता द्वारा दूर कर दिखलाया और रोमन राजनीतिक क्षमता कल्पना के क्षेत्र में यदि निर्बल पड़ती दिखलाई दी तो उसकी पूर्ति यूनानी विचारधारा ने कर दी।

आधुनिक देश और राष्ट्र-राज्यों में हमें चार ऐसी उल्लेखनीय विशेषताएँ दिखलाई पड़ती हैं जिनका श्रीगणेश रोमन साम्राज्य से ही हुआ था और वे हैः विधि-व्यवस्था, सत्ता का केन्द्रीकरण, राज्य की एकता और सार्वभौमिकता की भावना। ये चारों विशेषताएँ रोमन राजनीतिक व्यावहारिकता के ऐसे अनुदाय हैं जिनको आधुनिक युग विस्मृत नहीं कर सकता है।

विधि-व्यवस्था

प्लेटो ने **'लॉज'** में विधि की सर्वोच्चता पर सबसे पहले बल दिया था क्योंकि प्लेटो ने **'रिपब्लिक'** में जिस आदर्श राज्य की कल्पना की थी बाद में उसे ऐसा लगा कि कल्पना-जगत की वस्तु ही रह जायेगी और संसार में ऐसा दार्शनिक राजा शायद ही पैदा

हो जो आदर्श राज्य का आदर्श राजा बन सके। इसके बाद अरस्तू ने भी अपने सर्वोत्तम राज्य में विधि की प्राथमिकता पर विशेष रूप से बल दिया। अरस्तू के इस मत ने प्लेटो से ही प्रेरणा प्राप्त की थी। लेकिन प्लेटो तथा अरस्तू द्वारा विधि को दी गई यह प्राथमिकता यूनानी नगर-राज्यों में जैसा वह चाहते थे—उस तरह के कार्यान्वित नहीं हो सकी। उसका सच्चा स्वरूप रोमन गणतंत्र और रोमन-साम्राज्य में ही निखर सका। विधि के क्षेत्र में रोमनों की प्रतिभा अत्यन्त सफल रीति से मुखरित हुई। रोम की **जस्टीनियन विधि संहिता** इसका प्रमाण है। यह संहिता एक दिन के कार्यों का परिणाम नहीं है। शताब्दियों पूर्व वे इस संहिता को संकलित करने के लिये अनेक प्रतिभासम्पन्न विद्वानों ने प्रयत्न किये तब जाकर यह कहीं तैयार हो सकी। रोमनों के धैर्य तथा बौद्धिक-क्षमता की इस संहिता के अध्ययन द्वारा भली-भाँति कल्पना की जा सकती है। आजकल का शायद ही ऐसा कोई सभ्य राष्ट्र हो जिसकी नागरिक विधियाँ किसी-न-किसी रूप में रोमन विधि संहिताओं से प्रभावित न हों। इसका कारण रोम के प्रति किसी विशेष रुचि का होना नहीं है—अपितु रोमन विधि संहिताओं की व्यापकता तथा सार्वदेशिक उपयोगिता का गुण ही है। रोमन विधि वेत्ताओं ने ही संसार को यह यह शिक्षा दी है कि विधियाँ लोकमत की इच्छा को व्यक्त करती हैं और उन्हीं के नैतिक आचरण तथा विधि सम्मत आचरण—इन दोनों के बीच अन्तर स्थापित करते हुए बतलाया कि यह अनिवार्य नहीं है कि प्रत्येक नैतिक कार्य को सदैव विधि का भी समर्थन प्राप्त हो। नैतिकता व्यक्तिगत आचरण की वस्तु है और नैतिकतासम्मत प्रत्येक कार्य को विधि का समर्थन मिलना कठिन ही नहीं अपितु असंभव है। लेकिन एक स्थिति ऐसी भी आती है जब नैतिकता की सार्वभौमिक मान्यताओं के आधार पर ही विधियों का निर्माण हो जाता है। लेकिन रोमन मस्तिष्क विधियों पर बहुत अधिक आग्रह करने के कारण एक सीमा के बाद इतना कुठिंत हो गया कि वह व्यावहारिकता के जिस लक्ष्य को लेकर आगे चला था—वही नष्ट हो गया। विधियों पर बहुत अधिक बल देने के कारण कभी-कभी ऐसी भी बातें हो गई जो व्यावहारिकता की दृष्टि से त्याज्य थीं। नागरिक-विधियों में कानून संबंधी भी बहुत से दोष हम देखते हैं—वे इसी वैधानिकता के अपविकास के द्योतक हैं। उदाहरण के लिये विधियों में विशेषकर रोमन विधि में न्यायालयों में दोष सिद्ध करने के लिये प्रमाणों को उपस्थित करने के लिये इतना बल दिया जाता है कि उचित प्रमाण उपस्थित न कर सकने की अवस्था में दोषी व्यक्ति भी वेदाग छूट जाते हैं और कभी-कभी इसका उल्टा भी हो जाता है। अत्यधिक वैधानिक मस्तिष्क में यह दोष आ जाना स्वाभाविक है और यही दोष हम रोमन विधि प्रणाली में भी पाते हैं।

रोमनों में ईसाई धर्म के प्रचार होने के बहुत पहले ही यूरोप भर में अपना साम्राज्य स्थापित कर लिया था। इस साम्राज्य में व्यवस्था स्थापित करने के लिये उन्होंने बड़े-बड़े राजपथो का निर्माण कराया था। प्रतिरक्षा के लिये सीमाओं पर बड़ी-बड़ी दीवालें बनावाई

थीं जिनमें सैनिकों के पहरों की व्यवस्था थी। साम्राज्य भर में शांति बनाये रखने के लिये जगह-जगह पर रोमनों के नगर रक्षक सैनिक दल रहा करते थे। इसी व्यवस्था के बने रहने के कारण रोम साम्राज्य में व्यापार और वाणिज्य खूब पनपा था। लेकिन विधि-व्यवस्था की स्थापना का लक्ष्य शांति की रक्षा करने तक ही बाद में सीमित न रहा बल्कि शांति रक्षा के नाम पर कुछ काल बाद रोमन अधिकारियों ने और सैनिक अफसरों ने प्रजा का दमन करना आरंभ कर दिया। इसलिये शांति-व्यवस्था के नाम पर की जानी वाली सरकारी कार्रवाइयों को निरंकुश आतंकवाद की संज्ञा दी जाने लगी। प्रजातंत्रवाद तथा समानता यूनानी नगर-राज्यों के राजनीतिक आदर्शों को कुचल डाला गया। रोमन साम्राज्य में शांति-व्यवस्था के नाम पर किसी भी नये काम को करने की अनुमति नहीं दी जाती थी। इसका परिणाम यह हुआ कि रोमन साम्राज्य का स्वाभाविक विकास रुक गया और "जैसी स्थिति थी वैसी ही स्थिति बनी रहे" की भावना ने उन्माद जैसा भाव धारण कर लिया। यह विचार-भ्रष्टता रोमन साम्राज्य के पतन का कारण बन गई।

सत्ता का केन्द्रीकरण

सत्ता को एक व्यक्ति के हाथ में केन्द्रित कर देने की कल्पना भी अपने मौलिक स्वरूप में यूनानी ही है। सबसे पहले **प्लेटो** ने ही यह बतलाया था कि आदर्श राज्य की सारी सत्ता दार्शनिक-राजा के हाथ में ही केन्द्रित होनी चाहिए। बाद में इस कल्पना में यह संशोधन किया गया कि सत्ता विधि-सम्मत राजनीतिक संस्थानों में केन्द्रित कर दी जाए। इसी का समर्थन अरस्तू ने भी किया था। लेकिन यूनानी नगर-राज्यों के क्षेत्रीय दृष्टि से सीमित होने के कारण सत्ता के केन्द्रीकरण की आवश्यकता यूनानी नगर-राज्यों के शासकों ने कभी अनुभव नहीं की। लेकिन रोमन साम्राज्य का क्षेत्र अत्यन्त विस्तृत था और उसमें यह संभव नहीं था कि प्रत्यक्ष प्रजातंत्रवाद के सिद्धान्तों के अनुसार शासन-कार्य चलाया जा सके। इस प्रकार रोम-साम्राज्य में सत्ता का केन्द्रीकरण एक राजनीतिक आवश्यकता बन गया। समस्त साम्राज्य का शासन-कार्य रोम से ही संचालित होता था। लेकिन सत्ता के इस केन्द्रीकरण के कारण एक बड़ी क्षति यह हुई कि शासकों और शासितों के दो अलग वर्ग बन गये और उनमें परस्पर कोई समानता शेष न रह गई। इसके साथ ही यूनानी नगर-राज्यों में जो प्रजातंत्रवादी भावना थी वह भी समाप्त हो गई। शासकों और शासितों के राजनीतिक अधिकारों में बड़ा अन्तर आ गया। लेकिन सत्ता के केन्द्रीकरण का लाभ भी हुआ। वह यह था कि विधि के अनुसार साम्राज्य का शासन होने लगा—व्यक्तियों की इच्छा के अनुसार नहीं। रोमन साम्राज्य में एथेन्स या स्पार्टा की भाँति किसी एक व्यक्ति की जनसमूह को सम्मोहित कर लेने की योग्यता पर राज्य का शासन नहीं चलता था। वहाँ तो निश्चित राजनीतिक संस्थान थे। उनके विधि द्वारा निर्दिष्ट अपने कर्तव्य और अधिकार थे जिनके अनुसार शासन-कार्य हुआ करता था। यद्यपि यूनानी ढंग का प्रजातंत्र जिसे आजकल हम **प्रत्यक्ष प्रजातंत्र** की संज्ञा देते हैं रोमन-साम्राज्य में नहीं चल सका किन्तु

उसने उस प्रतिनिधि प्रजातंत्र के लिये मार्ग खोल दिया जो आजकल राष्ट्र-राज्यों में सर्वाधिक प्रचलित एवं लोकप्रिय है।

राज्य की एकता

आधुनिक राष्ट्र-राज्यों में हम अनेक जातियों, विभिन्न भाषाओं तथा विभिन्न संस्कृति के लोगों को एक साथ रहते पाते हैं। अमेरिका, चीन, रूस, स्विटजरलैण्ड, भारत आदि ऐसे ही राष्ट्र-राज्य हैं। यदि इस अवस्था की तुलना हम प्राचीन यूनान के नगर-राज्यों से करें तो दखेंगे कि तत्कालीन यूनानी नगर-राज्य के किसी भी नागरिक के लिये ऐसी कल्पना करना भी कठिन था। एक राज्य में विभिन्न जातियों, संस्कृतियों और भाषाओं के संगम की कल्पना सर्वप्रथम रोमन साम्राज्य में ही मूर्तिमान हुई थी। यूरोप के अधिकांश राज्य रोमन साम्राज्य के अन्तर्गत थे। इन सभी राज्यों को एकता के सूत्र में पिरो देने का कार्य रोमन साम्राज्य ने किया था। रोमन अधिकारियों ने इस सभी राज्यों को एक-से राजनीतिक संस्थान और एक-सी विधि व्यवस्था प्रदान की। राजनीतिक संस्थानों की एकता तथा विधियों की समानता ने विभिन्न जातियों को शिक्षा दी कि वे एक ही राज्य में एक साथ भी रह सकती हैं बशर्ते उनके अधिकार विधि द्वारा रक्षित हों। रोमन साम्राज्य नष्ट हो गया लेकिन उसकी ये विशेषताएँ राष्ट्र-राज्यों के विकास के लिये वरदान तुल्य सिद्ध हुईं।

सार्वभौमिकता

रोमन साम्राज्य भर में क्रमशः राजनीतिक, वैधानिक और सामाजिक संस्थानों के एक समान हो जाने के कारण उसकी व्यापकता बहुत अधिक बढ़ गई। स्थानीय भेदभावों के प्रति सहिष्णु हो गये और उन्हें अत्यन्त तुच्छ दृष्टि से देखा जाने लगा। यह भी समझा जाने लगा कि सभी मनुष्य समान हैं। समानता के इस भाव ने एक नई स्नेह या प्रेम की भावना को जन्म दिया जो कालान्तर में विश्वबधुत्व के नाम से विख्यात हो गई। आजकल विश्वबंधुत्व की भावना रोमन साम्राज्य के दिनों की अपेक्षा और भी प्रबल हो गई। संयुक्त राष्ट्र संघ की स्थापना की पृष्ठभूमि में एक सीमा तक विश्वबंधुत्व की भावना ही है। मानवाधिकार आयोग का कार्य तो इसी भावना से प्रेरित है। यूनानी नगर-राज्यों के जीवन के अंतिम काल में स्टोइक विचारकों ने जिस विश्वबंधुत्व का प्रचार किया था—उसको आगे बढ़ाने में रोमन विचारधारा ने अजागरूक भाव से सक्रिय सहयोग दिया।

अध्याय–8

मध्ययुग का पूर्वावलोकन

प्रस्तावना, मध्ययुग की त्रुटियाँ एवं अनुदाय, मध्ययुगीन विचारकों के अध्ययन स्रोत एवं पद्धति, मध्ययुग की विशेषताएँ, क्या मध्ययुग अराजनीतिक था?, प्राकृतिक-विधि की मध्ययुगीन कल्पना, मध्ययुग में राज्य की कल्पना।

प्रस्तावना

मध्ययुग या मध्यकाल पर एक सरसरी-सी दृष्टि डालने से ही उसके विस्तृत अंचल का ज्ञान हो जाता है। यह ईसा के जन्म से लेकर मैकियावली तक फैला हुआ है। यह समय लगभग 1500 वर्षों का है। डेढ़ हजार वर्षों के इस काल को राजदर्शन के विद्यार्थी दो भागों में बाँट कर पढ़ते हैं। इसका प्रथमार्ध तो पहली शताब्दी से लेकर आठवीं शताब्दी तक का है और द्वितीयार्ध आठवीं से लेकर पन्द्रहवीं शताब्दी तक का। यह विभाजन विचार करने की मौलिक दृष्टि में भेद आ जाने के आधार पर किया गया है। लेकिन कुल मिलाकर मध्ययुग को एक ही काल मान लेने पर दोनों भागों की कुछ समान विशेषताएँ भी प्रकट होती हैं। इन विशेषताओं का प्रारंभ में ही अध्ययन कर लेने से मध्ययुग के विचारकों और विचारों के स्वभाव को समझ लेने में बड़ी सहायता मिलेगी।

मध्ययुग की त्रुटियाँ एवं अनुदाय

मध्ययुग को राजनीतिक विचारों का इतिहास लिखनेवाले कुछ विद्वानों ने अंधयुग भी बतलाया है। इसका कारण यह है कि मध्ययुग में व्यवस्थित राजनीतिक विचारों का अभाव तथा तत्कालीन विचारों की मौलिक असंबद्धता है। प्रायः सभी विचारकों की शैली त्रुटिपूर्ण, अपर्यवेक्षणशील तथा अशुद्ध है जिसकी वजह से राजनीतिक क्षेत्र में कोई विशेष प्रगति, काल की दीर्घता को दृष्टि में रखते हुए, नहीं दिखलाई पड़ती। जितनी प्रगति प्राचीन काल

में 750 वर्षों में यूनानी राजनीतिक विचारधाराओं द्वारा हुई—उस प्रगति का अर्धांश भी मध्ययुग के लगभग 1500 वर्षों में नहीं दिखलाई पड़ता। यह गतिहीनता, अवरोध और शिथिलता राजनीतिक विचारों के क्षेत्र तक ही सीमित नहीं थी। इसका प्रभाव कला और साहित्य पर भी पड़ा। कला और साहित्य के अपेक्षाकृत व्यापक संसार में व्याप्त गत्यवरोध की झलक हमें राजनीतिक विचारों के क्षेत्र में भी दिखलाई पड़ती है।

यह सत्य है कि मध्ययुग में कला तथा साहित्य के साथ राजनीतिक विचारों के जगत में भी कोई प्रगति नहीं दिखलाई पड़ती किन्तु अंधयुग का सूक्ष्म अध्ययन करने से प्रकट होगा कि उस युग का इतिहास पूर्णतः अंधकारमय भी नहीं है। मध्यथुग में कुछ भी न हुआ हो—ऐसी बात नहीं है। मध्ययुग के भी कुछ अपने अनुदाय हैं। ध्यान से देखा जाए तो मध्ययुग में ही यूरोप में धर्म का शुद्धीकरण हुआ। मूर्तिपूजा तथा असंख्य देवोपासना के चंगुल से यूरोप मुक्त हुआ। एक ही ईश्वर की कल्पना को मान्यता प्राप्त हुई। इस मान्यता का परिणाम यह हुआ कि समस्त मानव जाति को एक ही ईश्वर का पुत्र समझा जाने लगा और इसी मान्यता की स्वाभाविक उपसिद्धि के रूप में विश्वबंधुत्व का सिद्धान्त सामने आया।

यही नहीं, प्रतिनिधि संस्थाएँ भी इसी युग में पनपीं। ग्रामों में कारीगरों की संस्थाओं के संघ बने। इन संघों की प्रशासनिक व्यवस्था मूलतः प्रतिनिधियों के निर्वाचन पर आधारित रहती थी। ईसाई मठों का प्रशासन भी इसी प्रकार होता था। पोप तक का निर्वाचन हुआ करता था। ईसाई मठों के प्रबंध के लिये विभिन्न समितियाँ हुआ करती थीं। इन समितियों के सदस्य भी निर्वाचित होते थे। इस प्रकार प्रजातंत्र की भूमिका प्रतिनिधि निर्वाचन प्रणाली के विकास तथा उसके द्वारा प्रशासन एवं प्रबंध करने की प्रवृत्ति की सहायता से तैयार की गई।

सभी मनुष्य एक ही ईश्वर के पुत्र हैं—इस विश्वास ने इस सिद्धान्त को जन्म दिया कि सभी मनुष्य भाई-भाई हैं और इस भाईचारे के कारण वे समान हैं। अतएव, दासता की प्रथा को हेय समझा जाने लगा और इस मनोवृत्ति ने दासता के उन्मूलन में अनुकूल पृष्ठभूमि का कार्य करते हुए अन्त में दासता की प्रथा को—जो यूनानी काल से चली आ रही थी और जिसके विरुद्ध स्पष्ट रूप से प्लेटो तथा अंशतः अरस्तू ने भी यही कहा था—उखाड़ ही फेंका। यह एक बड़ी जबरदस्त बात थी।

धर्म के शुद्धिकरण, विश्वबंधुत्व के सिद्धान्त, प्रतिनिधि संस्थानों के विकास तथा दासता की प्रथा के उन्मूलन आदि ने मध्ययुग की त्रस्त मानव आत्मा को नया जन्म-सा दिया। पादरियों तथा गिरिजाघरों के पतन के चिह्न ज्यों-ज्यों स्पष्ट होने लगे त्यों-त्यों धर्म-सत्ता की पहले तो कठोर आलोचना हुई और फिर राजसत्ता से उसके अलग किये जाने की माँग की जाने लगी। इसके बाद धर्मसत्ता की राजनीतिक क्षेत्रों में अवहेलना होने लगी

और उसके प्रति राजसत्तायुक्त व्यक्ति शनैः शनैः उदासीन हो गये। **मैकियावली** के समय तक यह स्थिति उत्पन्न हो गई थी कि धर्मसत्ता को राजसत्ता के अन्तर्गत ही मानना आवश्यक-सा हो गया था। मध्ययुग के द्वितियार्ध के समाप्त होते-होते फ्लोरेंस तथा वेनिस आदि में विशुद्ध ज्ञान के अध्ययन के लिये अपेक्षाकृत उच्च स्तर की विद्यापीठों की स्थापना हो गई थी। इन्हीं सब अनुदायों के कारण सुधारों का युग आया जिसमें व्यक्ति स्वातंत्र्य, सार्वभौमिकता, मानव-अधिकार आदि के सिद्धान्त पनपे।

मध्ययुगीन विचारकों के अध्ययन स्रोत एवं पद्धति

हम ऊपर कह आये हैं कि मध्ययुग के राजनीतिक विचार बड़े अस्त-व्यस्त हैं। उनमें अव्यवस्था है और क्रमबद्धता का अभाव है। ऐसा क्यों है? इस प्रश्न का उत्तर हमें उस समय मिल जायेगा जब हम मध्ययुग के विचारकों के स्रोतों का अध्ययन करेंगे और यह जानने का प्रयत्न करेंगे कि अपने विचारों के निर्माण में तत्कालीन राजदर्शनशास्त्रियों ने कौन-कौन-सी सामग्री और किन-किन पद्धतियों का प्रयोग किया?

स्थूल रूप से मध्ययुग के विचारकों के स्रोतों की गणना इस प्रकार की जा सकती है—(अ) बाइबिल, (आ) रोमन विधियाँ, (इ) यूनानी राजदर्शन, तथा (ई) गिरजाघर के पादरियों के लेखादि। इन चारों स्रोतों के स्वभाव का अध्ययन स्पष्ट कर देता है कि मध्ययुग के विचारों में क्रमबद्धता क्यों नहीं थी। पहले स्रोत को ही लीजिए। यह बाइबिल है। बाइबिल में पुराने यहूदी समाज का चित्रण है। उस समय की परिस्थितियाँ विश्वास तथा मान्यताओं का दर्शन बाइबिल में मिलता है। बाइबिल में जिन सिद्धान्तों का निरूपण किया गया है उनमें से काफी सिद्धान्त सार्वभौमिक है लेकिन कुछ ऐसी भी बातें है जो सभी कालों में उसी ढंग से लागू नहीं की जा सकतीं जिस प्रकार से वह यहूदी जगत् में लागू होती थीं। यह बात मध्ययुग के पूर्वार्ध के विचारक मानने को तैयार न थे। उनके लिये तो जो कुछ बाइबिल में लिखा था—वह अकाट्य था और जो कोई उसका खण्डन या विरोध करता था—वह गिरजाघर के क्रूरतापूर्ण अत्याचारों का शिकार होता था। कोपरनिकस, गेलिलिओं और बूनो आदि बहुत दिनों तक यह नहीं कह सके कि पृथ्वी गोल है और वह अपनी धुरी तथा निश्चित मार्ग पर नाचती है और सूर्य स्थिर है। बाद में जिन लोगों ने कहा उनको या तो गिरजा के क्रूर अत्याचारों के सामने झुक जाना पड़ा या फिर उन्हें कालकोठरी में घुट-घुट कर दम तोड़ना पड़ा अथवा उन्हें जिंदा जला दिया गया। एक ओर तो बाइबिल में इतना अधिक विश्वास था और दूसरी ओर रोमन विधियों से भी मध्ययुग के विचारक सहायता लेते थे जो बाइबिल की भाँति ग्राम-सभ्यता तथा सत्ता के विकेन्द्रीकरण की परिस्थितियों में नहीं उत्पन्न हुई थीं अपितु केन्द्रीय सत्ता और बड़े साम्राज्य के शासन के लिये जिनका निर्माण हुआ था। रोमन विधियों में प्रजा के अधिकारों के लिए स्वल्प स्थान था। शासनसत्ता सर्वोच्च मानी जाती थी। रोमन-विधियों के ठीक विरुद्ध यूनानी राजनीतिक

सिद्धान्त थे। तत्कालीन विचारक, **अरस्तू** की लिखी सामग्री से भी सहायता लेते थे। अरस्तू ने प्रजातंत्रवादी परिस्थितियों में अपने विचार लिखे थे—जबकि उस समय सामन्तवाद प्रबल था और अरस्तू द्वारा प्रतिपादित प्रजातंत्रवाद कहीं भी नहीं था। मध्यकालीन विचारक अपने पूर्ववर्ती पादरियों की लेख-सामग्री का भी प्रयोग करते थे जिनका आधार बाइबिल थी। इन चारों स्रोतों के प्रयोग से मध्यकालीन विचारकों ने जो खिचड़ी पकाई उसमें और चाहे जो कुछ हो सकता हो—क्रमबद्धता और व्यवस्था तो असंभव थी। इन चारों स्रोतों की धाराओं-प्रधाराओं के घात-प्रतिघातों ने मध्ययुग के राजनीतिक विचारों की गति को अवरुद्ध कर दिया।

इनके अतिरिक्त मध्ययुग की विचार-पद्धति भी कम असंबद्ध न थी। वैज्ञानिकता और पर्यवेक्षणशीलता का तो बिल्कुल अभाव था। ऐतिहासिक प्रणाली का भी विचारों का निरूपण करने में प्रयोग नहीं किया जाता था। इस प्रकार हम देखते हैं कि समस्त विचार-पद्धति धार्मिक कूपमण्डूकता और अंधविश्वासों पर आधारित थी।

मध्ययुग की विचार-पद्धति तथा विचारों के स्रोतों को समझ लेने के बाद अब हम मध्ययुग की विशेषताओं पर विचार कर सकते हैं।

मध्ययुग की विशेषताएँ

मध्ययुग की सात विशेषताएँ हैं जो इस प्रकार हैं—पहली, केन्द्रीय सत्ता का अभाव और ग्राम-व्यवस्था की प्रबलता; दूसरी, अशान्ति तथा अव्यवस्था के वातावरण का प्रभाव; तीसरी, धर्म की श्रेष्ठता; चौथी, क्रमबद्ध राजनीतिक विचारों का अभाव; पाँचवीं, विश्वबंधुत्व की भावना; छठी, धर्म और राज्य का संबंध; और सातवीं, संधियुग के रूप में महत्ता।

इन विशेषताओं पर अब हम एक-एक करके विचार कर सकते हैं।

रोमनों ने जो साम्राज्य स्थापित किया था, कालान्तर में उसमें सत्ता के केन्द्रित हो जाने से ऐसी निर्बलताएँ आ गईं कि जब पूर्व से बर्बर जातियों ने यूरोप पर आक्रमण किया तो सारा का सारा रोमन साम्राज्य ताश के मकान के तरह ढह गया। बारम्बार होने वाले बर्बर जातियों के हमले के सामने बाहर से अत्यन्त सुदृढ़ दिखलाई पड़ने वाली रोमन साम्राज्य व्यवस्था के सहसा इस प्रकार के पतन से सम्पूर्ण यूरोप छोटे-छोटे टुकड़ों में विभक्त हो गया और उनका शासन स्थानीय सरदारों या सामन्तों के हाथ में चला गया। सामन्तवाद के प्रसार तथा प्रचार में स्थानीय देशभक्ति का भी काफी बड़ा हाथ था। सामन्तवादी व्यवस्था की स्थापना से एक तो कोई केन्द्रीय सत्ता नहीं रही दूसरे, सारे यूरोप में ग्राम-समाज तथा ग्राम-सभ्यता का उत्तरोत्तर विकास होता गया। इस विकास में इसलिये और भी सहायता मिली कि गमनागमन के साधन अधिक न थे और जिन राजमार्गों और राजपथों का निर्माण रोमनों ने कराया था उनकी देखभाल करने वाले कोई शेष न रह गया

था। बड़े-बड़े मार्गों की मरम्मत न होने से वे नष्ट-भ्रष्ट हो गये तथा जंगल बन गये। ग्राम्यीकरण की राह में गमनागमन के साधनों की दुर्गमता ने और भी अधिक सहायता दी। यूनानी तथा रोमन सभ्यता मध्ययुग में समाप्त-सी हो गई थी। नागरिकों को शिक्षा देने की जैसी व्यवस्था यूनानी और रोमन युगों में थी, उसका अन्त हो गया। अधिकांश लोग निरक्षर रहने लगे। ईसाई धर्म भी प्रबल न हो सका और ईसा के अनुयायियों को बर्बर जातियों के शासकों (जिन्हें सरदार कहना अधिक उचित होगा) के संकेतों पर ही कार्य करना पड़ता था। ईसाई पादरियों ने साक्षरता प्रसार का यथाशक्ति प्रयास किया लेकिन वह अधिक सफल न हुआ। फिर भी ईसाई पादरियों द्वारा प्राचीन यूनानी संस्कृति और रोमन सभ्यता की प्राण-ज्योति किसी-न-किसी प्रकार जीवित रखी गई। ईसाई पादरियों का उक्त कार्य विशेष रूप से उल्लेखनीय है।

अशान्ति और अव्यवस्था का जन-जीवन पर प्रभाव

जहाँ केन्द्रीय सत्ता के अभाव में ग्राम-समाज और सभ्यता का विकास हो सका वहीं दूसरी ओर बर्बर जातियों के निरन्तर होनेवाले आक्रमणों के कारण सारे महाद्वीप का जनजीवन अत्यन्त अशान्त और अव्यवस्थित रहने लगा। सदैव कहीं-न-कहीं मार काट मची रहती। लूट-पाट तो साधारण-सी बात हो गई थी। जीवन और सम्पत्ति सदैव खतरे में-रहती थी। न जाने कब और किधर से आक्रमण हो जाए—यह भय सदैव ग्रामवासियों को घेरे रहता था। मृत्यु के भय से आंतकित रहने के कारण तत्कालीन समाज में लोगों की मनोवृत्ति सांसारिकता के बजाय लोकोत्तर जीवन पर अधिक ध्यान देने की हो गई थी। धार्मिक भावना की प्रधानता का एक यह उल्लेखनीय कारण था। लोगों की ईसाई मठों और गिरजों के प्रति बड़ी भक्ति थी। इसका एक व्यावहारिक कारण भी था। वह यह कि बर्बर आक्रमणकारी भी गिरजों या मठों पर आक्रमण नहीं करते थे और न उनमें रहने वालों को किसी प्रकार की क्षति ही पहुँचाते थे। ऐसी दशा में जब राजसत्ता लोगों की रक्षा करने में असफल रही तो मठों और गिरजों के प्रति ग्राम-समाज की श्रद्धा और भक्ति रहना स्वाभाविक था। इस प्रकार तत्कालीन अशान्ति और अव्यवस्था का जनजीवन पर दो प्रकार का प्रभाव पड़ा, एक तो सांसारिक जीवन से उदासीनता तथा दूसरा धर्म तथा धर्म से संबंधित संस्थाओं के प्रति अंधविश्वास।

धर्म की श्रेष्ठता

ऊपर के अनुच्छेद में हम लिख आये हैं कि शनैः शनैः यूरोप में धर्म ने किस प्रकार श्रेष्ठ स्थान प्राप्त कर लिया। धर्म में ही रोम और यूनान की सभ्यता एवं संस्कृति केन्द्रित हो गई। इसका कारण क्या था ? इसका कारण यह था कि जन-साधारण तो अशिक्षित थे। उन्हें इस बात का ज्ञान नहीं रह गया था कि यूनान और रोम क्या हैं ? उनकी सभ्यता

क्या थी? उनकी संस्कृति क्या थी और उनके अनुदाय क्या थे? लेकिन गिरजों के ईसाई पादरियों के संबंध में यह नहीं कहा जा सकता। उन दिनों के ईसाई पादरी केवल पढ़े-लिखे ही न होते थे, अपितु वे लगन के साथ सत्य की शोध में बराबर जुटे रहते थे। यह बात दूसरी है कि स्रोतों की मौलिक विरोधी बातों तथा पद्धति और शैली की न्यूनताओंवश वे अधिक कृतकार्य न हुए हों किन्तु जहाँ तक ज्ञानवर्धन के प्रयत्नों की सच्चाई का संबंध है—वे किसी से कम न थे। कुछ तो इस वजह से तथा कुछ जनसाधारण की अशिक्षाजनित विवेक-शून्यता के कारण। यूरोप में कुछ ऐसी स्थिति उत्पन्न हो गई थी कि धर्म-संबंधी बातों को बिना किसी तर्कबुद्धि का प्रयोग किये स्वीकार कर लिया जाता था। इस पर भी तुर्रा यह था कि राजनीतिक सिद्धान्तों का निर्धारण भी इन्हीं अंधविश्वासों के आधार पर निकाल लिया जाता था। इस प्रकार के निष्कर्षों में निगमन प्रणाली का उपयोग किया जाता था।

क्रमबद्ध राजनीतिक विचारों का अभाव

क्रमबद्ध राजनीतिक विचारों का अभाव तत्कालीन युग की एक और महत्वपूर्ण विशेषता थी। इसका मुख्य कारण यह था कि उस समय राजसत्ता ही निर्बल पड़ गई थी; अतएव, यह स्वाभाविक था कि राजनीतिक विचार अत्यन्त आरंभिक अवस्था में हों। अंधयुग में अरस्तू की '**पॉलिटिक्स**' तो खो ही गई थी। उसका बहुत दिनों बाद आगे चलकर उद्धार हुआ। जो कुछ राजनीतिक ग्रंथ उन दिनों लिखे गये उनमें **कैसियोडोरस** का '**इन्स्टीट्यूट्स**' और **इसीडोर** का '**एनसाइक्लोपीडिया**' उल्लेखनीय हैं। इनमें प्रकट किये गये राजनीतिक विचार अत्यन्त सामान्य है। प्रतिभा का अभाव इसमें स्पष्टतः झलकता है। वह मानसिक-प्रौढ़ता भी नहीं दिखलाई पड़ती जो सामान्यतः राजनीतिक विचारों के लिये अपेक्षित है। भाषा अलंकृत और जटिल है। मतों की स्थिरता और दृढ़ता अंधयुग के प्रथम भाग में नहीं दिखलाई पड़ती। यह इससे प्रकट होता है कि कभी तत्कालीन राजनीतिक विचारक राजसत्ता की प्रशंसा करते थे और कभी निन्दा। इस स्थल पर यह स्मरण रखने योग्य बात है कि उन दिनों राजसत्ता बर्बर जातियों के सरदारों के हाथ में थी। जहाँ प्रारंभिक विचारकों ने इनकी प्रशंसा की है, वहीं अन्य परवर्ती विचारकों ने, विशेषकर **संत ऑगस्टाइन** ने उस राजसत्ता को लुटेरों और बटमारों की सत्ता बतलाया है जिसे धर्म का समर्थन उपलब्ध न था। ईसाई पारदियों ने राजसत्ता को कभी धर्म के ऊपर नहीं माना। वे सदैव या तो समानता का उपदेश देते थे, जैसा कि दो तलवारों के सिद्धान्त से प्रकट है, या धर्मसत्ता के सामने राजसत्ता को निरन्तर मानते थे। जब राजसत्ता को निम्न स्तर समझा जाए तब राजनीतिक विचारों में धर्म का प्राबल्य होना स्वाभाविक था। धार्मिक विचारों का कोई क्रम तो था नहीं—इसलिये उस युग के राजनीतिक विचारों में भी कोई क्रमबद्धता न आ पाई।

विश्वबधुत्व या सार्वभौमिकता की भावना

मध्ययुग के प्रथमार्ध में इस विश्वास की प्रबलता थी कि सारी मानव जाति एक ही ईश्वर की औलाद है। सब मनुष्य एक ही पिता के पुत्र हैं। यह विश्वास ईसाई-धर्म के प्रचार के साथ निरन्तर बढ़ता ही गया। सारे संसार के ईसाई एक दूसरे के बंधु हैं—और उनका एक विश्वव्यापी समाज है—इस पर मध्ययुग के सभी विचारकों ने बड़ा जोर दिया। इसमें संदेह नहीं कि आगे चलकर इसी समाज में दो प्रतिद्वंदी शक्तियाँ—आध्यात्मिक और राजनीतिक—उत्पन्न हो गईं। लेकिन प्रारंभ में तो विश्वव्यापी समाज की इस कल्पना का परिपोषण धार्मिक रोमन सम्राटों ने ईसाई मठों को अपने आधिपत्य में रखकर किया तथा कालान्तर में जब ईसाई मठों तथा गिरजों की शक्ति बढ़ गई तो पोपतंत्र ने राजाओं को अपने अन्तर्गत रखकर इस लक्ष्य की पूर्ति की।

धर्म और राजसत्ता के बीच संघर्ष

जैसा कि हम ऊपर कह आये हैं; आगे चल कर ईसाइयों ने विश्व मानव समाज की कल्पना में दो शक्तियाँ उत्पन्न हो गईं। ये दोनों शक्तियाँ थीं—आध्यात्मिक और राजनीतिक। आध्यात्मिक शक्ति का प्रतिनिधित्व ईसाइयों के मठों तथा संघों के सर्वोच्च पादरी अर्थात् पोप करते थे, तथा राजसत्ता का प्रतिनिधित्व रोमन सम्राट्। प्रारंभ में तो पोपतंत्र के उदय से लेकर दसवीं शताब्दी तक राज और धर्मसत्ता के बीच पारस्परिक सहयोग की भावना विद्यमान थी। किन्तु शक्ति के बढ़ने के साथ प्रभाव बढ़ा और शक्ति तथा प्रभाव की वृद्धि के साथ यह प्रश्न उठा कि किस सत्ता के अधिकार अधिक हैं और किसका स्थान अपेक्षाकृत उच्चतर है। प्रारंभ में—अर्थात् दसवीं शताब्दी के बाद जब राज्य और धर्म की शक्तियों के बीच संघर्ष आरंभ हुआ तब धार्मिक शक्तियों की सत्ता ने ही विजय प्राप्त की और यह स्थिति ग्यारहवीं से लेकर तेरहवीं शताब्दी तक बनी रही। तेरहवीं शताब्दी में कालचक्र पुनः घूमा और अबकी बार उसकी गति पोपतंत्र के प्रतिकूल हो गई और पोप की शक्ति का चौदहवीं शताब्दी तक बिल्कुल ह्रास हो गया। राजसत्ता की स्थिति दृढ़तर हो गई और धर्म राज्य के अन्तर्गत आ गया। इस समस्या के हल की ओर मध्ययुग के प्रायः सभी विचारकों ने बहुत अधिक ध्यान दिया। प्रत्येक पक्ष का विचारक एक ही प्रकार के स्रोतों से तर्क लेकर अपने दृष्टिकोण का औचित्य सिद्ध करता था और प्रतिकूल पक्ष को अनुचित बताता था; किन्तु पन्द्रहवीं शताब्दी तक स्थिति स्पष्ट हो गई तथा **मैकियावली** ने स्पष्ट रूप से धर्म को राजसत्ता के अन्तर्गत मानकर धर्म संबंधी आधुनिक युग की कल्पना को जन्म दे दिया।

संधियुग के रूप में

मध्ययुग को संधियुग भी कहा जाता है। इसका कारण यह है कि इस युग में ही प्राचीनताओं को छोड़कर यूरोप आधुनिक युग की दिशा में अग्रसर हुआ। आधुनिक युग का आरंभ निरंकुश राजतंत्रों से हुआ। लेकिन पोपतंत्र की निरंकुशता ने इस प्रकार के

राजतंत्रों के स्वरूप की झलक पहले ही दिखा दी थी। सामन्तवाद का व्यापक प्रभाव था और बर्बर जातियों की स्वतंत्रता का समन्वय उसके साथ हुआ था। इस विचार ने विभिन्न राष्ट्रीयताओं के जन्म में अत्यन्त महत्वपूर्ण योग प्रदान किया। कुछ राजनीतिक विचारक मध्ययुग को क्षेपक की संज्ञा भी देते हैं। वे कहते हैं कि मध्ययुग के आरंभ होने से पूर्व प्राचीन युग में जिन आदर्शों का प्राधान्य था वे आधुनिक युग में पुनः स्थान पाने में सफल हो गये। रोमन विधि संहिताओं की मान्यता, धर्म की गौणता, राजशक्ति की प्रमुखता आदि ऐसे आदर्श थे जिनका मध्ययुग में पतन हो गया था और उनको नहीं माना जाता था लेकिन वे आधुनिक युग के आरंभ में पुनः माने जाने लगे।

क्या मध्ययुग अराजनीतिक था?

डनिंग ने लिखा है कि मध्ययुग अराजनीतिक था। इसी कथन को **गेटिल** ने और अधिक स्पष्ट करते हुए बतलाया है कि मध्ययुग अनिवार्यतः इन अर्थों में अराजनीतिक था कि उसमें राजनीतिशास्त्र और राजदर्शन को शोध का अलग-अलग विषय नहीं माना जाता था। इसका मुख्य कारण यह था कि राजसत्ता मुख्यतः धर्मसत्ता के अधीन थी। जब राजसत्ता को धर्मसत्ता से मुक्ति प्राप्त हो गई तभी उक्त विषय शोध एवं अध्ययन के स्वतंत्र विषय बन सके।

राजनीतिशास्त्र और सिद्धान्तों के स्वतंत्र अध्ययन में सबसे बड़ी बाधा इसलिये पड़ी कि धर्मसत्ता की नीति कालान्तर में बड़ी असहिष्णु हो गई। स्थिति यह थी कि ईसाई धर्मग्रन्थों के अंधविश्वास के विरुद्ध कोई भी बात कही या लिखी नहीं जा सकती थी। इस संबंध में यह स्मरणीय है कि ज्योतिषविद् कोपरनिक्स पचीसों वर्षों तक पृथ्वी के अपनी धुरी पर घूमने का वैज्ञानिक मत प्रकट नहीं कर सका। इसका कारण यह था कि उक्त कथन या वैज्ञानिक सत्य ईसाई धर्म की मान्यताओं के विरुद्ध पड़ता था। ब्रूनो और गेलीलियों ने ऐसा करने का दुस्साहस किया था, उनको उसका परिणाम भोगना पड़ा। उन्हें कारागार में डाल दिया गया और बाद में उनमें से एक को जीवित ही जला दिया गया—केवल इसी अपराध में कि उसने पृथ्वी के घूमने की बात कह दी थी। ऐसी अवस्था में किसी प्रकार की वैज्ञानिक शोध, इस अंधविश्वासों के वातावरण में, संभव न थी। ईसाई धर्म की ऐसी कट्टरवादी नीति आरंभ से ही नहीं थी। जब ईसाई धर्म का जन्म हुआ था उस समय उसमें बड़ी क्रान्तिकारिणी शक्ति विद्यमान थी। राज्य का कोई आश्रय न मिलने पर भी इसका प्रचार हुआ लेकिन जब ईसाई धर्म के कर्णधारों को राज्याश्रय प्राप्त हो गया तो उनकी नजरें बदल गईं। जहाँ राज्यश्रय प्राप्ति के पूर्व धार्मिक विश्वासों को व्यक्तिगत माना जाता था और ईसाई पादरी सबके प्रति सहिष्णुता रखने का उपदेश अपने अनुयायियों को देते फिरते थे, वहीं शक्ति प्राप्त हो जाने पर ईसाई गिरजों तथा मठों के अधिनायक पोप ने ऐसे सत्यों के अध्ययन तथा भाषणों पर भी प्रतिबंध लगा रखा था जो ईसाई धर्म-ग्रंथों तथा बाइबिल के कथनों के विपरीत हों। ऐसी दशा में यह स्वाभाविक था कि सभी

विषयों के वैज्ञानिक अध्ययन को बंद कर दिया जाता और लोग मौन बैठे रहते। राजनीतिक शास्त्र और सिद्धान्त के वैज्ञानिक अध्ययन के संबंध में भी यही बात लागू होती है। धर्मसत्ता द्वारा उत्पन्न की गई असंभव परिस्थितियों के कारण ही राजनीति के अध्ययन के क्षेत्र में मध्ययुग में कोई प्रगति नहीं हुई। राजनीति संबंधी जो अध्ययन हम मध्ययुग में देखते हैं—उन सब पर धर्म की मुद्रा अंकित रहती है और राजनीति का स्थान गौण दिखलाई पड़ता है। तत्कालीन युग में तथाकथित राजनीतिक विचारकों को संप्रभुता या विधि की श्रेष्ठता जैसी किसी कल्पना का कोई ज्ञान नहीं था। संप्रभुता का ज्ञान होने पर राजसत्ता का धर्मसत्ता के अधीन होना असंभव हो जाता और यदि विधि की श्रेष्ठता मान ली जाती तो फिर न्यायकार्य बाइबिल तथा उसके सहायक धर्मग्रन्थों से न हो पाता।

मध्ययुग के राजनीतिक विचारकों की पद्धति पर्यवेक्षणात्मक नहीं थी। पर्यवेक्षणात्मक पद्धति से यहाँ आशय यह है कि वे वास्तविक दशाओं का अध्ययन करके समस्याओं का हल निकालने का प्रयत्न नहीं करते थे। उनके हल धार्मिक आदर्शों के अनुकूल होते थे। वे इतिहास का भी अध्ययन नहीं करते थे। इतिहास का जो कुछ न्यूनाधिक प्रयोग किया जाता था वह भी इस रूप में कि किसी समस्या का पहले धार्मिक आदर्शों के अनुरूप हल निकाल लिया गया और फिर उसके समर्थन के लिए इतिहास के उदाहरण ढूँढ़ लिये गये। विचार पद्धति की यह त्रुटियाँ उनके राजनीतिशास्त्र एवं सिद्धान्तों के अध्ययन में बड़ी बाधक थीं।

जहाँ अध्ययन सामग्री और स्रोतों का संबंध है—यह भी एक दूसरे के विरुद्ध जाते थे। जैसा कि पिछले पृष्ठों में हम कह आये हैं, उन दिनों विचारक वर्ग के अध्ययन स्रोत तीन थे—(1) बाइबिल, (2) यूनानी और रोमन ग्रंथ, तथा (3) ईसाई पादरियों के लेखादि। पहला स्रोत बाइबिल था। इसकी सबसे बड़ी त्रुटि यह थी कि वह सर्वथा अवैज्ञानिक और अनैतिहासिक है। इस स्रोत के आधार पर तत्कालीन विचारकों ने एक ऐसे समाज की कल्पना की थी जिसके समस्त व्यक्ति ईसाई धर्म के अनुयायी होंगे। आलोचनात्मक वृत्ति न होने के कारण तथा पद्धति के अपर्यवेक्षणात्मक होने के परिणामस्वरूप तत्कालीन विचारक यह न देख पाये कि जिस यूरोप में वे विश्वबंधुत्वयुक्त एक मानव-समाज की कल्पना को साक्षात् देखने का दावा कर रहे हैं—वह है कहाँ? यूरोप उस समय छोटे-छोटे सामन्तों की असंख्य रियासतों में बँटा हुआ था। अतः सार्वभौमिक ईसाई राज्य की कल्पना में मध्ययुग के विचारकों के लेखों तथा अन्य सामग्रियों को अयथार्थवादी बना दिया। दूसरा स्रोत था, यूनानी राजनीतिक विचारों का तथा रोमन विधियों का। ये दोनों ही चीजें मौलिक दृष्टि से एक दूसरे भिन्न थीं। यूनानी राजनीतिक विचार मुख्यतः अरस्तू की **'पॉलिटिक्स'** से ग्रहण किये गये थे। यह ग्रन्थ अनिवार्यतः प्रजातांत्रिक व्यवस्था पर आधारित है। इसमें किसी एक साम्राज्य की सत्ता के अस्तित्व की कल्पना नहीं की गई है। बल्कि उसमें एक ऐसे नगर-राज्य का चित्रण है जिसमें सत्ता विकेन्द्रित है। अर्थात् नगर-राज्य के शासन का

भार और उत्तरदायित्व प्रत्येक नागरिक का माना जाता था। इसके विपरीत रोमन विधि-संहिताओं का लक्ष्य ही दूसरा था। उनका लक्ष्य सत्ता का विकेन्द्रीकरण नहीं—केन्द्रीकरण था; क्योंकि रोमन विधियों के रचयिताओं को एक संघटित साम्राज्य की शासनिक तथा प्रशासनिक समस्याओं का हल निकालना था। अतएव **अरस्तू** की '**पॉलिटिक्स**' और रोमन विधियों के लक्ष्यों में मौलिक अन्तर होने के कारण तथा विचारकों द्वारा दोनों के प्रयोग किये जाने के कारण उनके विचारों तथा निष्कर्षों में और भी अधिक अस्तव्यस्तता आ गई थी। परिणाम यह हुआ कि मध्ययुग के राजनीतिक विचार दबे-से, कुछ उलझे हुए और अत्यन्त जटिल-से लगते हैं और जब परिश्रम करके उनके अध्ययन का यत्न किया जाता है तो आधनिक युग के राजनीति के विद्यार्थी को उसके अध्ययन के परिश्रम की तुलना में अत्यन्त लाभ होता है।

परिणामतः हमारे सामने ऐसी तीन बातें आती हैं जिनमें मध्ययुग की अराजनीतिक घोषित करने का दावा किया जा सकता है—(1) मध्ययुग के विचारकों की विचार-पद्धति अनैतिहासिक, अवैज्ञानिक, अनालोचनात्मक एवं अपर्यवेक्षणात्मक थी। विचार-पद्धति की इन त्रुटियों के कारण मध्ययुग में कोई भी लाभकारी राजनीतिक सिद्धान्त स्थिर न हो सका तथा इस पद्धति ने ईसाई गिरजों के पादरियों तथा राजनीतिज्ञों में ऐसा संघर्ष करा दिया कि अन्त में धर्म को राज्य की अधीनता में चला जाना पड़ा। (2) राजनीति के सिद्धान्त और व्यवहार में बड़ा अन्तर पड़ गया। तत्कालीन विचारक जब सार्वभौमिक ईसाई राज्य की कल्पना करते रहते थे और जब उनके दिमाग में रोमन साम्राज्य का भूत चक्कर काटा करता था तब यूरोप की दशा यह थी कि वह सामन्तवादी रियासतों में बँटकर छिन्न-विच्छिन्न हो चुका था। (3) समाज पर दोहरा शासन होता था। एक ओर राज्य का और दूसरी ओर गिरजा का। दोहरे शासन का अन्त में यह परिणाम हुआ कि "गिरजा राज्य हो गया और राज्य गिरजा हो गया।"

प्राकृतिक-विधि की मध्ययुगीन कल्पना

इसमें संदेह नहीं कि मध्ययुगीन की मौलिक समस्या गिरजा तथा राज्य के पारस्परिक संबंधों को स्थिर करने की थी लेकिन इसके अतिरिक्त कुछ और पूरक या सहायक समस्याएँ भी थीं। इनमें ही प्राकृतिक विधि की कल्पना भी सम्मिलित है।

मध्ययुग के सर्वसाधारण तथा विद्वान् विचारक दोनों ही प्राकृतिक विधि को यथार्थ समझते थे। उनका मत था कि यह प्राकृतिक विधि ऐसे नियमों का संकलन है जिनकी रचना मनुष्य द्वारा नहीं होती। जिस प्रकार हिन्दू धर्मावलम्बी वेदों को अपौरुषेय मानते हैं; ठीक उसी प्रकार मध्ययुग में लोग प्राकृतिक विधि को अपौरुषेय मानते थे। वे यह भी कहते थे कि प्राकृतिक विधि "ईश्वर की आवाज की कठोर पुत्री" है। मध्ययुग के विचारकों के कथनानुसार प्राकृतिक विधियाँ मानवीय विवेक का परिणाम थीं और उन प्राकृतिक विधियों

द्वारा मनुष्य ईश्वर की खोज में समर्थ हो सकता है। प्राकृतिक विधियों का कोई मानवीय संस्था विधेयन नहीं करती। वे मनुष्य के स्वभाव से ही उत्पन्न होती हैं। इसलिए दैवी हैं। प्राकृतिक विधियों के दैवी तथा स्वाभाविक होने के कारण उनको सार्वभौमिक और शाश्वत माना जाने लगा। इन दो मान्यताओं की वजह से दो स्वाभाविक उपसिद्धियाँ प्रकट हो गईं। वे उपसिद्धियाँ यह थीं कि प्राकृतिक विधियों का उल्लंघन कोई मानवीय संस्था नहीं कर सकती। इसका अर्थ यह हुआ कि संसार भर के नरेशों द्वारा उनका पालन अनिवार्य था। दूसरे शाश्वत होने के कारण उनमें स्थायित्व था। इसलिये यह संभव नहीं था कि वे केवल किसी एक समय ही सब राजाओं तथा नरेशों द्वारा मानी जाती। इसका अर्थ यह था कि राजा तथा नरेश उन विधियों को समान रूप से सदैव मानते थे। ऐसी कोई मानवीय विधि नहीं थी जो प्राकृतिक विधियों के प्रतिकूल हो। प्राकृतिक विधि के विरुद्ध निर्मित किसी भी मानवीय विधि को मान्यता नहीं दी जाती थी। प्राकृतिक विधि का उल्लंघन भी नहीं किया जा सकता था क्योंकि यह माना जाता था कि प्राकृतिक विधि सम्मत बात ही उचित होती है और ऐसी कोई मानवीय शक्ति नहीं होती जो उचित को अनुचित और अनुचित को उचित करने की क्षमता रखती हो।

प्राकृतिक विधियाँ शुद्ध विवेक हैं। ये विधियाँ मानवीय स्वभाव के अनुकुल होती हैं। इसलिये, सभी मनुष्यों पर इनका स्वच्छन्दता से प्रयोग किया जा सकता है। इनमें कोई परिवर्तन नहीं होता और न कभी ये समाप्त ही होती हैं। अतएव प्राकृतिक विधियों की तीन विशेषताएँ हुईं जो ये हैं–(1) सार्वभौमिकता, (2) अपरिवर्तनीयता, और (3) शाश्वता। मध्ययुग के विचारकों के अनुसार मनुष्य अपने कर्तव्यों के पालन में इन्ही प्राकृतिक विधियों के आदेश से तत्पर होता है। प्राकृतिक विधियों की निषेधाज्ञाओं के पालन से मनुष्य गलतियों के करने से बचता है। लेकिन यहाँ प्राकृतिक विधिवेत्ताओं का एक और भी मत था। उनका कहना था कि भले मनुष्य अर्थात् सामान्य मस्तिष्क के व्यक्ति पर प्राकृतिक विधि ही रचनात्मक और निषेधात्मक आज्ञाओं का अनुकूल प्रभाव पड़ता है तथा बुरे मनुष्यों या अपसामान्य मस्तिष्क पर उनका प्रभाव या तो पड़ता ही नहीं या पड़ता भी है तो वह प्रतिकूल होता है। इन्हीं विधि-वेत्ताओं का यह भी कहना था कि प्राकृतिक विधियों को मानवीय विधेयन द्वारा अवैध या निषिद्ध घोषित करने का प्रयत्न नैतिक दृष्टि से कभी अच्छा नहीं होगा। इसलिये ऐसा करना सर्वथा अनुचित है। प्राकृतिक विधियों के प्रयोग-निषेध की अनुमति भी कभी नहीं दी जा सकती और प्राकृतिक विधियों को सर्वथा अनुपयोगी कर देना तो असंभव ही है। प्राकृतिक विधि का जो नियम दिल्ली में लागू होगा वही ठीक उसी रूप में रोम तथा एथेंस में भी लागू होगा। ऐसा भी नहीं हो सकता कि प्राकृतिक विधि का कोई रूप आज कुछ और हो और कल कुछ और। प्राकृतिक विधि का एक नियम होगा और वह सर्वकालव्यापी, अपरिवर्तनीय, सार्वभौमिक तथा शाश्वत होगा। प्राकृतिक विधियाँ ईश्वर के आदेशों की स्वाभाविक व्याख्याएँ हैं। जो लोग इन विधियों के आदेशों का पालन

नहीं करेंगे–वह दुखी होंगे, जो इनका पालन करेंगे–वे सुख से रहेंगे। प्राकृतिक विधियों के उल्लंघनकर्ताओं को दुख इसलिये भोगना पड़ेगा कि वह अपने-अपने स्वभाव के अनुकूल कार्य नहीं कर रहे। जो भी व्यक्ति अपने स्वभाव के अनुरूप कार्य नहीं करता–उसे दुख होगा ही। एक उदाहरण से यह बात स्पष्ट हो जायेगी। मानवीय स्वभाव की दृष्टि से किसी भी व्यक्ति को भोजन के लिए अपने दोनों हाथों का प्रयोग करना चाहिए। लेकिन यदि कोई भोजन में हाथों का प्रयोग न करके पैरों का प्रयोग करना चाहे तो उसे स्वभावतः कष्ट होगा।

चूँकि, प्राकृतिक विधियाँ ईश्वर के आदेशों के रूप में मानी जाती थीं और सभी मनुष्य ईश्वर के पुत्र माने जाते थे–इसलिए मध्ययुग में एक सार्वभौमिक समाज की कल्पना की गई। क्योंकि प्राकृतिक विधियाँ अपने-आप में सम्पूर्ण और संप्रभु होती थीं–इसलिए वे राज्य के अन्दर तो राजाओं तथा विधान सभाओं अधिकारों को नियंत्रित करती थीं और बाह्य दृष्टि से अन्तर्राज्यीय संबंधों को। मध्ययुग के विचारक यह मानकर चलते थे कि प्रकृति ने मनुष्य की कुछ सीमाएँ निर्धारित कर दी हैं और रचनात्मक विधियों को उन सीमाओं का बराबर ध्यान रखना चाहिए। किसी भी विधि में ऐसी कोई बात नहीं होनी चाहिए जो प्राकृतिक विधि के प्रतिकूल हो अर्थात् मानवीय स्वभाव के विरुद्ध हो। यह मान्यता न केवल पूरे मध्ययुग भर चली अपितु आधुनिक काल तक चली आई। यह दूसरी बात है कि इसमें किसी प्रकार का रूप परिवर्तन हो गया हो। जैसा कि **सर फ्रेडरिक पोलक** ने कहा है, "रोमन गणतंत्र से लेकर आधुनिक काल तक प्राकृतिक विधियों का मुख्य भाव यह रहा है कि वे मनुष्य के बौद्धिक और सामाजिक स्वरूप के बीच सामंजस्य का वह अंतिम सिद्धान्त स्थिर करती हैं जो किसी भी रचनात्मक विधि का औचित्य होता है या होना चाहिए।"

क्रमशः मध्ययुग में प्राकृतिक विधि की कल्पना बहुत अधिक विशद् होती गई। प्राकृतिक विधि का अन्य विधियों से अत्यन्त सूक्ष्म अन्तर निर्धारित किया जाने लगा। सन्त टॉमस एक्वीनाज ने इस दिशा में बड़ा महत्वपूर्ण काम किया। सन्त टॉमस एक्वीनाज ने सम्पूर्ण विधियों को चार भागों में विभक्त कर डाला और प्राकृतिक विधि को उन सबसे अलग बतलाया। सन्त टॉमस एक्वीनाज का विभाजन इस प्रकार था–(1) शाश्वत विधियाँ, (2) प्राकृतिक विधियाँ, (3) दैवी विधियाँ, और (4) मानवीय विधियाँ। सन्त टॉमस का कहना है कि ये चारों प्रकार की विधियाँ विवेक या बुद्धि के ही चार स्वरूप हैं। ये जागतिक यथार्थता के विभिन्न स्तरों को बतलाती हैं किन्तु इनमें विवेक का न्यूनाधिक अंश बराबर बना रहता है। जिन विधियों से ईश्वर ब्रह्माण्ड को चलाता है–वे तो शाश्वत विधियाँ हुईं। इन शाश्वत विधियों का अंग बन जाने के बाद मनुष्य जिन विधियों को अपने विवेक से आचारिक नियंत्रण के लिए बनाता है, वे प्राकृतिक विधियाँ हुईं। जागतिक व्यवहार के लिए मानवीय बुद्धि के प्रयोग से जिन विधियों की रचना होती है, वे मानवीय विधियाँ हुईं। दैवी

विधियाँ वे विशिष्ट प्रकार की वाणियाँ हैं जो उक्त तीनों प्रकार की विधियों के पूरक का कार्य करती हैं। प्राकृतिक विधि का व्यवस्थित विवरण देते हुए संत टॉमस ने एक स्थान पर लिखा है "जागतिक वस्तुओं में दैवी विवेक की झलक ही प्राकृतिक विधियों को जन्म देती हैं। यह इसी बात से प्रकट है कि प्रत्येक प्राणी बुराई से बचना चाहता है और भलाई की ओर बढ़ने का प्रयत्न करता है। प्राणी-मात्र का ऐसा प्रयत्न क्यों होता है? इसका कारण यह है कि मनुष्य का स्वभाव ही ऐसा है कि वह अनुकूल परिस्थितियों में रहना चाहता है और यथाशक्ति अधिक-से-अधिक समय तक अपने जीवन की रक्षा करना चाहता है।" मनुष्य के संबंध में यही बात **अरस्तू** के शब्दों में इस रूप में लागू होती है कि मनुष्य इच्छा करता है कि उसका अधिकतम बौद्धिक विकास हो। **संत टॉमस** ने इसी आधार पर यह बतलाने का प्रयत्न किया कि मनुष्य अपने बौद्धिक विकास के लक्ष्य की पूर्ति के लिए स्वभावतः समाज में रहना चाहता है, सन्तानोपत्ति करना चाहता है और चाहता है कि उसको अच्छी-से-अच्छी शिक्षा प्राप्त हो। वह सत्य जानने की उत्कट अभिलाषा रखता है और इसलिए चाहता है कि वह अधिक-से-अधिक बुद्धिमान बने। प्राकृतिक विधि में वे सब बातें आ जाती हैं जो इन मानवीय आकांक्षाओं एवं अभिलाषाओं की विकास का व्यापकतम क्षेत्र प्रदान करती हैं। प्राकृतिक विधि सभी मनुष्यों पर समान रूप से लागू होती है। चाहे वह मनुष्य सभ्य हो या असभ्य–ईसाई हो या मूर्तिपूजक। इसलिए जहाँ तक नैतिक सिद्धान्तों और सरकारों का सवाल है, वे सामान्यतः केवल ईसाइयत पर ही अवलम्बित नहीं हैं। प्राकृतिक विधि को मान्यता देने से राज्य के प्रति नागरिक सहयोग और आज्ञा-पालन का भाव घटना नहीं चाहिए। इसके विपरीत उसे और अधिक बढ़ना चाहिए। ईसाई प्रजा का कर्तव्य है कि यदि नरेश गैर-ईसाई या मूर्तिपूजक भी हो तब भी उसकी आज्ञाओं का पालन करे। यदि ईसाई प्रजा राजा की आज्ञाओं का पालन नहीं करती तो यह अनुचित है और वह दण्ड की भागिनी अवश्य बनेगी। प्राकृतिक विधि संबंधी इस व्याख्या का यह परिणाम हुआ कि ईसाई प्रजा की सहिष्णुता में और अधिक वृद्धि हुई।

संत टॉमस ने विस्तारपूर्वक यह भी बतलाने का भी यत्न किया है कि मानवीय विधियों का स्रोत भी प्राकृतिक विधियाँ ही हैं। सन्त टॉमस यह मानता था कि मानवीय विधियों द्वारा मनुष्यों के नियंत्रण का जो प्रयत्न किया जाता है और उस प्रयत्न में जो बल प्रयोग किया जाता है वह सर्वथा उचित है और वास्तविकता यह है कि यह चीज मानवीय स्वभाव में ही होती है। बाह्य बल केवल उसी चीज को और अधिक शक्ति प्रदान कर देता है जो विवेक-सम्मत और ठीक होती हैं। इस प्रकार कुल मिलाकर मानवीय विधियाँ प्राकृतिक विधियों की स्वाभाविक उपसिद्धियाँ ही हैं। उदाहरण के लिए हत्या करना सामान्यतः कोई भी विवेकशील मनुष्य पसन्द नहीं करता क्योंकि एक तो मनुष्य की आत्मा के लिए ऐसा कार्य देखना, सुनना या करना स्वाभाविक नहीं है और दूसरे, ऐसा करने से

वह स्वयं भी सुरक्षित नहीं रह सकता। दूसरे शब्दों में हत्या से शांति और व्यवस्था का वातावरण नहीं बन सकता—लेकिन प्राकृतिक विधि जहाँ हत्या को अनैतिक बतलाती है और कहती है कि ऐसे जघन्य कार्य को रोकना चाहिए वहाँ वह यह नहीं बतलाती कि हत्या रोकने के लिए हत्यारों को क्या दण्ड दिया जाए या उसके लिए कौन-सी एक सर्वमान्य नीति निर्धारित की जाए। वह हत्या की कोई विशेष परिभाषा भी नहीं देती। इसी बात को हम यों भी कह सकते हैं कि हत्या करना गलत काम है क्योंकि इससे सामाजिक आचरण के एक निश्चित सिद्धान्त का उल्लंघन होता है। इस आधार पर ऐसे काम को रोकने की और हत्याकार्य हो जाने पर दण्ड की व्यवस्था हो जानी चाहिए। इस आधार पर हम यह कह सकते हैं कि प्राकृतिक विधियों का कार्य केवल एक सामान्य एवं स्वाभाविक वृत्ति की ओर संकेत कर देना भर है। लेकिन हत्याओं को रोकने और हत्यारों को दण्डित करने की सर्वोत्तम विधि या नीति कौन-सी होगी—यह बात काल, स्थान, पात्र तथा परिस्थितियों पर निर्भर करती है। सिद्धान्त सर्वत्र सब समय एक ही रहेगा क्योंकि मनुष्य की भौतिक आकांक्षाओं में कोई परिवर्तन नहीं होता लेकिन प्रत्येक समुदाय और जाति के सोचने या विचार करने का ढंग भिन्न-भिन्न होता है—इसलिए नीतियाँ और दण्ड-विधियाँ देश-देश में समय-समय पर भिन्न-भिन्न सकती हैं। इसीलिए सरकारें एक ऐसे प्रकाश का बाह्य आवरण हैं जिनमें प्रकाश-ज्योति तो एक ही होती है लेकिन आवरण के रंग विभिन्न होते हैं।

मध्ययुग में राज्य की कल्पना

बहुधा यह प्रश्न किया जाता है कि मध्ययुग में राज्य की कल्पना कहाँ तक सुस्थिर हो पाई थी ? यहाँ राज्य की कल्पना का आशय आधुनिक राज्य की परिभाषा की तुलना में है। ऐसी अवस्था में हमें प्रारंभ में ही यह स्पष्ट कर देना होगा कि मध्ययुग में राज्य के वह सारे तत्व नहीं पनप पाये थे जो आज राज्य के आवश्यक अंग समझे जाते हैं। यहाँ यह प्रश्न उठता है कि आजकल राज्य के कौन-कौन से अंग आवश्यक समझे जाते हैं ? अतएव यह अच्छा होगा कि राज्य की आधुनिकतम परिभाषा क्या है—यह जान लिया जाए।

राज्य की परिभाषा करते हुए एक स्थान पर गारनर ने लिखा है, "व्यक्तियों का एक ऐसा समुदाय जो न्यूनाधिक रूप से किसी निश्चित भू-भाग का स्थायी निवासी हो और बाह्य नियंत्रण से पूर्णतः या लगभग स्वतंत्र हो और किसी एक ऐसी संघटित सरकार द्वारा शासित हो जो उस सरकार की आज्ञाओं का स्वभावतः पालन करता हो।" यदि इस परिभाषा का हम विश्लेषण करें तो राज्य के निम्नलिखित तत्त्व हमें स्पष्टतः दिखलाई पड़ेंगे—

(1) व्यक्ति का समुदाय (अर्थात् जनसंख्या),

(2) निश्चित 'भू-भाग' में स्थायी निवास,

(3) बाह्य नियत्रंण से मुक्ति (अर्थात् संप्रभुता), और

(4) संघटित सरकार।

उक्त चार तत्व राज्य के आवश्यक अंग माने जाते हैं। इनमें से भू-भाग तथा संप्रभुता—ये दो सबसे अधिक आवश्यक तत्व हैं। व्यक्तियों के एक समुदाय की एक ही प्रकार के आदर्शों के प्रति समान रूप से आस्था हो और परस्पर बंधुत्व की भावना हो—इसके लिये यह बड़ा ही आवश्यक है कि वे साथ-साथ रहें। साथ-साथ रहने के लिए निश्चित भू-भाग भी बड़ा आवश्यक है। कोई घूमनेवाली कबायली या जनजाति 'राज्य' की संज्ञा नहीं प्राप्त कर सकती। किसी भी राज्य का भू-भाग ऐसा होना चाहिए जो अन्य राज्यों के भू-भाग से बिल्कुल अलग हो। जिससे एक ही भू-भाग के लिए दो या अधिक राज्यों में परस्पर संघर्ष न हो जाए। दूसरे, वह भू-भाग एक ही स्थान पर ही होना चाहिए। ऐसा न हो कि राज्य का एक भू-भाग पूर्व में हो तो दूसरा पश्चिम में। यदि ऐसा होगा तो संबंधित राज्य को बराबर यह खतरा बना रहेगा कि कहीं पड़ोसी राज्य उसके भू-भाग को हड़प न कर लें। दूसरे, भू-भाग का एक ही स्थान पर होना इसलिए भी आवश्यक है कि बिना साथ-साथ रहे बंधुत्व की भावना जाग नहीं सकती है। इसके अतिरिक्त राज्य का दूसरा आवश्यक गुण संप्रभुता है। संप्रभुता के कारण ही राज्य अन्य समस्त संस्थानों से श्रेष्ठ समझा जाता है। विधि की दृष्टि से राज्य के ऊपर राज्य में या उसके बाहर कोई अधिकारी नहीं होता। राज्य के समस्त निवासियों को राज्य के संप्रभु के समक्ष स्वभावतः आज्ञापालकता प्रकट करनी अनिवार्य होती है। अतएव किसी भी राज्य में दो शक्तियों में जब परस्पर संघर्ष होता है तो उस अवस्था में संप्रभुतावान शक्ति की इच्छा का ही अनिवार्यतः पालन किया जाना चाहिए। संप्रभु शक्ति की इच्छा के समक्ष अन्य सभी शक्तियों को—यदि वे उसी राज्य की ही हैं—तो नतमस्तक होना ही चाहिए।

इस परिभाषा तथा उसके अनिवार्य अंगों की कसौटी पर जब हम मध्ययुग की राज्य संबंधी कल्पना को कसते हैं तो यह स्पष्ट हो जाता है कि उस समय राज्य की वह कल्पना नहीं थी जो आधुनिक काल में है। इसमें संदेह नहीं कि मध्ययुग में भी जनसंख्या तथा सरकार—ये दो तत्व थे लेकिन कठिनाई उस समय होती है जब हम यह प्रयत्न करते हैं कि निश्चित भू-भाग तथा संप्रभुता के तत्व भी खोज निकालें। राज्य की श्रेष्ठता का सिद्धान्त तो अरस्तू से चला आ रहा है किन्तु संप्रभुता का एक निश्चित सिद्धान्त के रूप में अपेक्षाकृत अभी हाल में ही विकास हुआ है। मध्ययुग के अन्त में जब राष्ट्र-राज्यों का जन्म होने लगा उस समय राज्य के कर्णधार के अधिकारों को सर्वोपरि बतलाने तथा उनका औचित्य सिद्ध करने के लिए संप्रभुता के सिद्धान्त को जन्म दिया गया। इसी संप्रभुता के बल पर राज्य की कर्णधार शक्ति या शक्तियों को नागरिक विधियों की अन्तर सामग्री तथा

स्वरूप निर्धारित करने का अधिकार मिल सका। इसके विपरीत मध्ययुग में हम यह देखते हैं कि राजसत्ता तथा धर्मसत्ता दोनों ही अपनी-अपनी सत्ता को श्रेष्ठ बताने के लिए प्रयत्नशील थीं। इसी के लिए दोनों में संघर्ष भी चलता रहता है। इस प्रकार मध्ययुग के इस राजसत्ता तथा धर्मसत्ता के काल में–जो लगभग 1000 वर्ष तक चला–हम द्वैध संप्रभुता का काल कहते हैं। जब तक ईसाई धर्म निषिद्ध और वर्जित समझा जाता रहा–तब तक ईसाई धर्माधिकारी यह प्रचार करते थे कि धार्मिक मामले व्यक्तिगत और निजी होते हैं और इनमें सहिष्णुता से काम लिया जाना चाहिए। लेकिन कालान्तर में जब ईसाई धर्म को राज्य का संरक्षण प्राप्त हो गया तब सहिष्णुता के सिद्धान्त का परित्याग कर दिया गया। इस सिद्धान्त के परित्याग के कई कारण थे। एक कारण तो यही था कि धार्मिक विचारों से लोगों को यह आशंका थी कि उससे राज्य की एकता खतरे में पड़ जायेगी। यह कारण तो राजनीतिक हुआ। दूसरा धार्मिक कारण था। धार्मिक कारण यह था कि गिरजाघर ने यह सिद्धान्त स्थिर कर दिया था कि मुक्ति केवल गिरजा द्वारा ही हो सकती है–इसलिये ऐसी कोई बात कही या सुनी नहीं जा सकती जो गिरजा के विरुद्ध हो। इसका परिणाम यह हुआ कि विचार-स्वातंत्र्य पर प्रतिबंध लग गया। गिरजा के अनुयायी और अधिकारी असहिष्णु हो गये। असहिष्णुता के परिणामस्वरूप लोगों के विचार करने का ढंग पुराणपंथी हो गया। हर बात बाइबिल को आधार बनाकर ही कही जाने लगी। सोचने के वैज्ञानिक ढंग को बिल्कुल तिलांजति-सी दे दी गई। राज्य का स्वतंत्र व्यक्तित्व युद्ध तथा राजनीति के क्रान्तिकारी संघर्षों के बीच लुप्तप्रायः हो गया। हालाँकि ईसाई गिरजा एक ही विश्वसाम्राज्य तथा उस पर एक ही धर्मसत्ता के शासन के सपने बराबर देखा करता था लेकिन यथार्थताएँ इसके बिल्कुल विरुद्ध थीं। कहाँ विश्वसाम्राज्य तथा उस पर एक ही सत्ता के शासन की कल्पना तथा कहाँ मध्ययुग का सामन्तवादी विकेन्द्रित सत्ता के युग का यूरोप। दोनों में जमीन आसमान का फर्क था।

इसमें संदेह नहीं कि तत्कालीन गिरजा तथा राज्य ने मिलकर एक समाज का निर्माण किया लेकिन साथ ही यह भी सच है कि समाज पर दो सरकारों का शासन चला। दो सत्ताओं का अस्तित्व बना रहना तथा ईसाई पादरियों द्वारा अपने लेखों में स्पष्टतया दो सत्ताओं का उल्लेख किया जाना–इस अवैज्ञानिक विश्वास के जन्म का कारण बन गया कि राज्य का शासन दो सत्ताओं द्वारा ही होता है। इस सिद्धान्त का विवेचन पोप ने सम्राट को लिखे एक पत्र में इस प्रकार किया था–"इस संसार का शासन दो सत्ताओं द्वारा होता है। ये सत्ताएँ हैं–पादरियों की और राजा की। इन दोनों सत्ताओं में राज्य सत्ता से पादरियों की सत्ता श्रेष्ठतर है क्योंकि पादरियों को ही कयामत में राजाओं के कर्मों का भी उत्तर देना पड़ेगा।" प्रारंभ में यह समझा जाता था कि वह शासनसत्ता समाज के लिए सबसे अच्छी है जिस शासनसत्ता में धर्म और राज्य दोनों सत्ताओं का सहयोग रहे। प्रत्येक सत्ता का अपना-अपना अलग-अलग क्षेत्र रहे और प्रत्येक सत्ता उसी प्रकार कार्य करती रहे। एक

दूसरे के क्षेत्र में कोई सत्ता किसी प्रकार का हस्तक्षेप न करे। इस प्रकार द्वैध-सत्ता के सिद्धान्त में दोनों के बीच संभावित संघर्ष को टालने की भावना ही अधिक दिखलाई पड़ती है। इसी इरादे से उक्त पत्र भी लिखा गया था किन्तु व्यावहारिक क्षेत्र में यह सिद्धान्त सफलतापूर्वक कार्यान्वित नहीं हो सका। प्रत्येक सत्ता एक दूसरे पर यह आरोप लगाती थी कि प्रतिपक्षी सत्ता उसके क्षेत्र में अनुचित हस्तक्षेप कर रही है। प्रत्येक सत्ता ऐसे सिद्धान्तों का औचित्य सिद्ध करने का प्रयत्न करती थी जिससे उसके अधिकार क्षेत्र में वृद्धि हो सके।

अध्याय–9

ईसा तथा उसके अनुयायी

भगवान ईसा का जन्म, संत पॉल और ईसाई धर्म, फिलो, जस्टिन और टर्टूलियन, संत एम्ब्रोस और पोप गिलोसियस प्रथम, संत ऑगस्टाइन, ऑगस्टाइन के राज्य, सम्पत्ति और दासता सम्बन्धी विचार, ऑगस्टाइन का प्रभाव और स्थान, सारांश।

भगवान ईसा का जन्म

भगवान ईसा का जन्म रोमनों से अपमानित किन्तु सादा जीवन में विश्वास करने वाले इन्हीं यहूदी सम्प्रदायों में से एक में हुआ। इनकी माँ का नाम कुमारी मेरी था। ईसा के बड़े होने पर लगभग 30 वर्ष की अवस्था में एक आकाशवाणी हुई जिसमें ईसा को भगवान का पुत्र घोषित किया गया और सर्वसाधारण से कहा गया कि वे ईसा के उपदेशों के अनुसार आचरण करें–इसी से उनका कल्याण होगा। ईसा ने अपनी शिक्षाओं में व्यावहारिक जीवन में नैतिकता पर अधिक बल दिया तथा सांसारिक जीवन से पारलौकिक जीवन को अधिक दिव्य बतलाया। ईसा ने कहा कि सांसारिक जीवन में कष्ट उठाकर भी जो सबके प्रति करुणापूर्ण व्यवहार करते हैं–वहीं स्वर्ग में ईश्वर के निकट स्थान प्राप्त करते हैं। ईसा ने व्यक्ति की गरिमा तथा मानव की प्रतिष्ठा पर बल दिया। उन्होंने सर्वप्रथम मानव-एकता तथा समानता का पाठ पढ़ाया और बतलाया कि बड़े वहीं हैं जो नैतिक आचरण में विश्वास रखें। इस प्रकार उन्होंने बताया कि व्यक्तियों के नैतिक आचरण से समाज अपने आप ही नैतिक हो जायेगा। यही कारण है कि व्यक्ति के आन्तरिक सुधार तथा आत्मोन्नति पर ईसा ने सबसे अधिक बल दिया।

ईसा की शिक्षाएँ

संक्षेप में ईसा की शिक्षाएँ इस प्रकार थीं—ईश्वर का दर्शन उन्हीं को हो सकता है जो पवित्र हैं। पवित्र वही व्यक्ति कहला सकते हैं जिनका हृदय शुद्ध है। अतएव, प्रत्येक व्यक्ति को अपना हृदय शुद्ध रखना चाहिए तभी वह पवित्र हो सकता है और उसे ईश्वर के दर्शनों की प्राप्ति हो सकती है। मानसिक पाप भी उतना ही त्याज्य है जितना वह पाप जो व्यवहारतः किया जाता है। जिस प्रकार चोरी त्याज्य है उसी प्रकार चोरी करने की मन में भावना का जन्म होना भी पाप है। मनसा, वाचा, कर्मणा, मनुष्य को पवित्र विचारों में विश्वास रखना चाहिए। उसे शत्रुओं से प्रेम करना चाहिए। यदि कोई हमारे गाल पर एक थप्पड़ मारे तो उसके सामने हमें दूसरा गाल भी कर देना चाहिए। यदि कोई हमें गाली दे तो हमें उसे आशीर्वाद देना चाहिए। सब मनुष्य एक ही ईश्वर के पुत्र हैं, अतएव सब भाई-भाई हैं। न कोई किसी से बड़ा है और न कोई किसी से छोटा। जो बुद्धि तथा बल में बढ़े-चढ़े हैं। उनका कर्तव्य है कि वे पिछड़े हुए लोगों को भी अपने बराबर लाने का यत्न करें। धन त्याज्य है; क्योंकि उससे अहंकार बढ़ता है और अहंकारी व्यक्ति कभी स्वर्ग में प्रवेश नहीं पा सकता। वह कभी सच्चा ईश्वर--पुत्र नहीं हो सकता। ईश्वर-पुत्र विनम्र तथा सहृदय व्यक्ति ही हो सकता है।

शिक्षाओं का प्रभाव

ईसा की शिक्षाओं का तत्कालीन समाज पर बड़ा क्रान्तिकारी प्रभाव पड़ा। यदि हम ईसा की शिक्षाओं की तुलना प्लेटो तथा अरस्तू के विचारों से करें तो हमें दोनों विचारधाराओं का अन्तर स्पष्ट हो जायेगा। **प्लेटो** तथा **अरस्तू** व्यक्ति को साधन मानकर राज्य को साध्य मानते थे। यही कारण है कि प्लेटो ने विवेक तथा ज्ञान पर अधिक बल दिया और करुणा, सहानुभूति, दया और दान आदि को अपेक्षाकृत कम महत्व दिया। अरस्तू ने भी प्लेटो के ही विचारों की पुष्टि की। इनके विपरीत ईसा की शिक्षाओं ने एक ऐसी विचार-रेखा अंकित की जो उपरोक्त विचारधाराओं से सर्वथा भिन्न थी। अरस्तू ने स्पष्टतः कहा था कि मनुष्य स्वभावतः असमान होते हैं। **प्लेटो** ने भी मानवमात्र की समानता का प्रतिपादन नहीं किया और दासता की प्रथा को उचित ठहराया। ईसाई धर्म ने जहाँ एक ओर मनुष्यमात्र की समानता का समर्थन किया वहीं इसके साथ दासता की प्रथा का विरोध किया। यह तो हुई यूनानी विचारधारा से ईसाई विचारधारा की भिन्नता। अब हम ईसाई धर्म की रोमन विचारधारा से भिन्नता का अध्ययन करेंगे। सिकन्दर की दिग्विजय से लेकर रोमन साम्राज्य के अन्त के कुछ पूर्व तक स्थिति यह थी कि राजनीति को दैवी कार्यों से अधिक श्रेष्ठ माना जाता था। धर्म राजनीति का एक अंग मात्र समझा जाता था। वीर-पूजा की भावना की प्रमुखता प्राप्त थी। यह वीरत्व क्या था ? इसका आधार क्या था ? इन प्रश्नों का उत्तर बड़ा आसान है। मध्ययुग का सारा वीरत्व पशुबल पर आधारित था।

इस काल में जिसकी लाठी उसकी भैंस वाली कहावत पूर्णतया चरितार्थ होती थी। डाकू और सिकन्दर का प्रसिद्ध वार्तालाप इसी ओर संकेत करता है। ऐसी परिस्थितियों की पृष्ठभूमि में ईसा की शिक्षाओं का प्रभाव यह हुआ कि राजनीति और धर्म का बिल्कुल पृथक्-पृथक् अस्तित्व हो गया। ईसा ने अपनी शिक्षाओं में कहा कि "जो सीजर का है उसे सीजर को दो और जो ईश्वर का है उसे ईश्वर को दो।" इस शिक्षा का आशय यह था कि राजनीतिक जीवन बाह्य एवं सांसारिक जीवन का प्रतिनिधित्व करता है तथा दैवी या अध्यात्मिक जीवन व्यक्ति के अन्तरतम का। व्यक्ति का कर्तव्य है कि वह बाह्य और आन्तरिक दोनों संसारों के प्रति अपने कर्तव्य का पालन करे। आध्यात्मिक संसार का बाह्य या भौतिक संसार की अपेक्षा अधिक महत्व प्रदान करना चाहिए। ईसा ने यह भी कहा कि आध्यात्मिक या दैवी और भौतिक आदर्शों में जब संघर्ष हो तो मनुष्यों को दैवी आदर्शों को मानना चाहिए। ईसाई विचारधारा ने राज्य की कल्पना को स्टोइक विचारकों की भाँति नगर-राज्य की सीमित एवं संकुचित परिधि से बाहर निकालकर उसे एक सार्वभौमिक रूप देने का प्रयत्न किया। कुछ विचारकों को ऐसा भी लगता है कि ईसा ने अपनी विचारधारा द्वारा राज्य की एकता को मिटाने का प्रयत्न किया। लेकिन ऐसा सोचना ठीक नहीं हैं। ईसा व्यक्ति के नैतिक उत्थान के कट्टर समर्थक होते हुए भी अराजकतावादी नहीं थे। ईसा की विचारधारा अपेक्षाकृत उदार थीं। वे आत्मसंतोष की शिक्षा देते थे। भौतिक पदार्थों की लिप्सा बढ़ाने का यत्न नहीं करते थे। किसी प्रकार के राष्ट्रीय आन्दोलन की सृष्टि करना उनका लक्ष्य नहीं था। यही कारण है कि रोमनों ने उनके विरुद्ध कोई कार्रवाई नहीं की। एक बार उनके विरुद्ध मुकदमा भी चलाया गया तो रोमन न्यायालय ने ईसा को निर्दोष घोषित करके छोड़ दिया। यहूदियों को ईसा से चिढ़ थी। इस चिढ़ का कारण यह था कि ईसा धन को पाप का घर मानते थे। वह धनिकों से तो नहीं लेकिन धन के प्रभावों से घृणा करते थे। यह मानते थे कि सांसारिक धन और वैभव आध्यात्मिक जीवन की सबसे बड़ी बाधा है। इस काल में यहूदी ही अधिकतर धनी थे; अतएव, उन्हें लगता था कि ईसा उनके विरुद्ध प्रचार कर रहे हैं। दूसरे, यहूदी पुरोहितों या रब्बियों में ईसा को कोई विश्वास न था। इस सबसे जलकर कुछ विद्वेषी यहूदियों ने ईसा को उनके एक शिष्य जूड़ो की सहायता से पकड़ लिया और अपनी अदालत के सामने पेशकर 33 वर्ष की अल्पावस्था में सूली की सजा सुना दी। कहा जाता है कि यहूदियों पर आज तक जो भाँति-भाँति के अत्याचार किए जाते हैं वे सब ईसा की हत्या के ही अभिशाप हैं।

ईसा की मौत के बाद ईसाई धर्म के प्रचार तथा प्रसार पर रोक लगा दी गई। ईसा के बहुत से शिष्यों को पकड़ लिया गया। कई को फाँसी दे दी गई तथा कई कालकोठरियों में डाल दिये गये। उनके अनुयायियों पर भाँति-भाँति के अत्याचार किए गये। इतने पर भी ईसाइयों ने यहूदियों के हित के लिए जहाँ तक संभव हुआ, कार्य किये। प्रारंभ में ईसाई-धर्म का प्रचार यहूदियों में ही हुआ और बाद में वह अन्य लोगों में फैला।

सन्त पॉल और ईसाई धर्म

ईसा को सूली पर चढ़ा दिये जाने के बाद ईसाई धर्म का ध्वज टारसस नगरवासी सन्त पॉल ने उठाया। सन्त पॉल पहले यहूदी था परन्तु एक बार यात्रा करते समय उसे अकस्मात् दैवी वाणी सुन पड़ी कि संसार में ईसाई धर्म ही सर्वश्रेष्ठ है। इससे वह ईसाई धर्म का अनन्य भक्त बन गया। सन्त पॉल का ईसाई बनने के पूर्व का नाम सॉल था। वह रोमन नागरिक था और इस नाते उसने ईसाइयों पर बड़े अत्याचार किये थे। बाद में दैवी प्रेरणावश उसके विचार बदल गये और उसे स्वयमेव विश्वास हो गया कि ईसाई धर्म अखिल विश्व के लिए कल्याणकारी है। वह यहूदियों के लिए ही नहीं, सारी मानवता के लिए मोक्षगामी है। इस विश्वास ने सन्त पॉल को अपूर्व शक्ति प्रदान की और वह ईसाई धर्म के प्रचार और प्रसार में जी जान से जुट गया।

विचार-स्रोत

सन्त पॉल के विचारों का अध्ययन करने से उसके विचार-स्रोत स्पष्ट हो जाते हैं। इन विचारों पर यूनानी तथा यहूदी प्रभाव स्पष्टतः दृष्टिगोचर होता है। पॉल जन्म से यहूदी था परन्तु जिस काल में वह पैदा हुआ उस पर यूनानी प्रभाव सर्वोपरि था। सन्त पॉल ने दोनों स्रोतों से प्रभावित होकर उनकी अच्छी बातों को अपनाया। उसने एक ओर यहूदी समाज को अपनी व्यापक दृष्टि से गति प्रदान की और दूसरी ओर यूनानी दृष्टिकोण की कभी-कभी निराधार रह जाने वाली कल्पनाओं को साधार और यथार्थ बनाया।

मनुष्य का स्वभाव

मनुष्य के स्वभाव संबंधी सन्त पॉल के प्रारंभिक विचार यहूदी समाज के हैं। यहूदियों की भाँति सन्त पॉल का विचार था कि मनुष्य पापी है। संसार निस्सार है। मनुष्य का स्वभाव दुष्ट है और वह सदा पाप ही करने की इच्छा रखता है। शरीर और आत्मा सदैव संघर्षरत रहते हैं। शरीर सांसारिक सुखपभोगों तथा पापों में डूबा रहना चाहता है और आत्मा मुक्ति चाहती है। यदि मनुष्य ईश्वर की शरण में चले जाएं तो उन्हें मुक्ति प्राप्त हो सकती है।

ईसाई धर्म का कार्य

मानव-स्वभाव का उक्त प्रकार से विवेचन कर देने के पश्चात् सन्त पॉल ने बतलाया कि ईश्वर की शरण में हम किस प्रकार जा सकते हैं। शरण पाने के लिए पथ-प्रदर्शक या गुरु की आवश्यकता पड़ती है। इस प्रकार का पथ-प्रदर्शक केवल ईसा ही कर सकते हैं। वे सशरीर उपस्थित नहीं हैं लेकिन उनके धर्म के अनुसरण करने से ईश्वर की प्राप्ति हो सकती है। मुक्ति-मार्ग बाधाओं और कठिनाइयों से जकड़ा पड़ा है। उन्हें पार करना कोई सरल कार्य नहीं है। इसके लिए सभी प्रकार के कष्ट और अत्याचार सहन करने पड़ते हैं।

जो पीड़ा सहेंगे, दमन बरदाश्त करेंगे और जिन्हें वेदना में भी दूसरों की भलाई का ही ध्यान रहेगा, वही ईश्वर के प्रेम के भागी और दया के पात्र बनेंगे। उनको ही मुक्ति मिलेगी। सन्तपॉल ने ईसाई धर्म की शिक्षाओं का सर्वग्राह्य भाष्य किया। सन्त पॉल ने कहा कि अकेले यहूदी ही नहीं–समस्त ईसाई ईश्वर के पात्र हो सकते हैं और ईसाई कोई भी हो सकता है। सन्त पॉल के परिव्रजन करके स्थान-स्थान पर ईसाई धर्म की असंख्य व्यक्तियों को दीक्षा दी। मठों तथा गिरजाघरों की स्थापना की और इस प्रकार एक ऐसे ईसाई समाज की नींव डाली जिसका सामना करने में यूरोप के बड़े-से-बड़े राजा-महाराजा काँपते थे। सन्त पॉल ने राजसत्ता को ईश्वरीय बतलाया और कहा कि सरकारी अधिकारियों को भगवान् का सेवक समझना चाहिए। जैसा पहले बताया जा चुका है, ईसा ने कहा था कि "जो ईश्वर का है उसे ईश्वर को दो और जो सीजर का है उसे सीजर को दो"। इसी शिक्षा के आधार पर सन्तपॉल ने कहा कि ईसाइयों को राजसत्ता का पालन करना चाहिए।

सन्त पॉल की शिक्षाओं का ईसाई-धर्म पर बड़ा प्रभाव पड़ा। सन्त पॉल ने ईसाई धर्म को कुछ ऐसे सिद्धान्त प्रदान किए कि ईसाई धर्म आगे चलकर अपने पैरों पर आप खड़ा हो गया। सन्त पॉल की शिक्षाओं ने ईसाई आन्तरिक दुर्बलताओं को दूर किया और उसे अविछिन्न एकता के सूत्र में बाँधा कि बाह्य शक्तियों के हजार अत्याचार करने पर भी ईसाई-धर्म की शक्ति क्रमशः बढ़ती ही चली गई।

फिलो, जस्टिन और टर्टूलियन

ये तीनों ही यहूदी थे। फिलो ईसा की पहली शताब्दी में उत्पन्न हुआ था; लेकिन **जस्टिन** तथा **टर्टूलियन** दूसरी शताब्दी में हुए थे। इन तीनों ही विचारकों ने ईसाई धर्म के प्रचार और प्रसार के लिए जितना इनसे संभव हुआ, कार्य किया। ईसाई धर्म में इन तीनों ही विचारकों ने यथाशक्ति समन्वय की भावना भरने का यत्न किया। फिलो तथा जस्टिन ने यहूदियों के धर्मग्रन्थों का अध्ययन किया। **प्लेटो** के राजनीतिक एवं धार्मिक विचारों को पढ़ा तथा अन्य उपलब्ध सामग्री को संयोजित कर सबके सार को निकाला और बतलाया कि ईसाई धर्म इन सब का किस प्रकार प्रतिनिधित्व करता है। फिलो सिकन्दरिया का रहने वाला था। इसका सबसे बड़ा अनुदाय यह है कि उसने प्लेटो का भली-भाँति अध्ययन-ईसाई धर्म तथा प्लेटो के विचारों की समानता पर प्रकाश डाला। फिलो के प्रयत्नों के फलस्वरूप ईसाई धर्म पर लगभग 1000 वर्षों तक प्लेटो के विचारों का प्रभाव बना रहा। जस्टिन दूसरी शताब्दी का यहूदी विचारक था। इसका नाम प्लेटो तथा स्टोइक विचारधाराओं के अध्ययन के कारण बड़ा प्रसिद्ध है। उसने प्लेटो तथा स्टोइक विचारों का अध्ययन कर यह परिणाम निकाला कि ईसाई धर्म ही दोनों से उत्तम है। इस नतीजे पर पहुँचने के बाद जस्टिन ने ईसाई धर्म स्वीकार कर लिया। ईसाई धर्म के लिए लड़ते-लड़ते सन् 168 में इसकी मृत्यु हो गई। इसीलिए जस्टिन को शहीद की उपाधि भी दी जाती है।

वह मूर्ति-पूजकों का बड़ा विरोधी था। शहीद जस्टिन ने ईसाइयों का आचरण बड़े अच्छे ढ़ंग से बतलाया। उसने लिखा है, "पहले हम लोगों को अशुद्ध एवं अपवित्र जीवन बिताने में ही सुख मिला करता था; लेकिन अब (अर्थात् ईसाई धर्म स्वीकार कर लेने के पश्चात्) हमें शुद्ध जीवन ही सर्वोत्तम लगता है। हम लोग पहले मूर्तिपूजा, जंत्र, तंत्र एवं मंत्र में विश्वास करते थे लेकिन अब हम एक ईश्वर की शरण में जा चुके हैं। पहले हमें अपनी चीजों को अपने पास रखने में ही सुख मिलता था लेकिन अब हमें उन्हें दूसरों के बीच बाँटने में आनन्द आता है। अब हम घृणा नहीं करते—सब से प्रेम करते हैं; शत्रुता नहीं करते शत्रुओं के लिए भी ईश्वर से प्रार्थना करते हैं। इसमें संदेह नहीं कि ईसाइयों की इस शांतिभावना तथा प्रेम का कुछ मूर्तिपूजक रोमन सम्राटों ने घोर असम्मान किया और उनको हर तरह से तंग किया। उदाहरण के लिए नीरो का नाम लिया जा सकता है। रोमन सम्राट बहुत से ईसाइयों को एक साथ पकड़कर उन्हें सूली पर चढ़ा दिया करता था। उन पर बर्बर और खूँखार जानवर छोड़ देता था जो लाशें तथा अर्धमृतकों को चीर-फाड़कर खा जाते थे और कुछ में तेल छिड़ककर आग लगवा देता था और स्वयं इन सब कार्य में बड़ा आनन्द लेता था। दूसरी शताब्दी में शहीद जस्टिन के बाद **टर्टूलियन** नाम का एक दूसरा यहूदी विचारक आया। उसने संसार को असार बतलाया। जीवन की निस्सारता बतलाते हुए उसने 'विरक्ति' पर विशेष बल दिया। उसने कहा, "सभी व्यक्तियों में एक समान आध्यात्मिक बल होता है और प्रयत्न करके कोई भी ईश्वर की शरण में पहुँच कर मुक्ति लाभ कर सकता है।" टर्टूलियन को मूर्तिपूजकों या अन्य गैर-ईसाइयों से सहानुभूति न थी। उसने यहाँ तक कह दिया था कि जब गैर-ईसाई खुश हो तो ईसाईयों को शोक मनाना चाहिए और जब गैर-ईसाई शोक मनावें तब ईसाइयों को खुशियाँ मनानी चाहिए। इस प्रकार यदि ध्यान से देखा जाए तो यह स्पष्ट हो जायेगा कि टर्टूलियन ने तीन बातों का प्रचार किया। पहली यह कि संसार निस्सार है; उससे जितनी जल्दी कोई विरक्त हो उतना ही अच्छा। दूसरी यह कि गैर-ईसाइयों से अलग रहा जाए और तीसरी यह कि मनुष्यमात्र ईसाई धर्म की शरण में आने के बाद ही जीवन से उद्धार पा सकता है।

फिलो, शहीद जस्टिन तथा टर्टूलियन के विचारों की तुलना यदि सन्त पॉल के विचारों से की जाए अथवा उक्त तीनों विचारकों के विचारों की तुलना परस्पर की जाए तो सिद्धान्तों और विचारों की भिन्नता स्पष्ट होते देर न लगेगी। इसका मुख्य कारण यह था कि ईसाई धर्म के सन्तों तथा महात्माओं और प्रचारकों ने जिन परिस्थितियों में ईसाई धर्म का प्रचार किया वे बराबर बदलती रहीं। इन बदलती हुई परिस्थितियों के अनुरूप ईसाई के समर्थकों ने अपनी शिक्षाओं और सिद्धान्तों में भी समुचित परिवर्तन करने में कोई आनाकानी नहीं की।

संत एम्ब्रोस और पोप गिलोसियस प्रथम

संत एम्ब्रोस का जन्म 340 ई. में हुआ था। सन्त एम्ब्रोस को ईसाई धर्म की

लोकशक्ति में उसकी लोकप्रियता के कारण बड़ा विश्वास था। यही कारण है कि सम्राट की शक्ति के आगे झुकने से उसने इन्कार कर दिया। उसने ईसाई धर्म को परमुखापेक्षी भावना से बचाया और ईसाई धर्म की स्वतंत्रता का विशेष रूप से समर्थन किया। उसका मत था कि ईसाई धर्म-संघ को सम्राट् के अधीन नहीं अपितु सम्राट् को ईसाई धर्म-संघ के अधीन रहना चाहिए। उसका कहना था कि जिस प्रकार अन्य ईसाई धर्म-संघ के पुत्र हैं उसी प्रकार सम्राट् भी धर्म-संघ का पुत्र है। वह धार्मिक मामलों में बिशपों को सम्राट् से भी ऊँचा समझता था और कहता था कि सम्राटों को धर्म के संबंध में बिशपों का मत ही मानना चाहिए। बिशपों पर अपना मत लादने का प्रयत्न नहीं करना चाहिए। इसका यह अर्थ नहीं है कि सन्त एम्ब्रोस ने प्रजा को सम्राट के विरुद्ध किसी प्रकार की क्रान्ति करने के लिए भड़काया। इसके विपरीत सन्त एम्ब्रोस का कहना था कि प्रजा को सम्राट् की आज्ञाओं का अवश्य पालन करना चाहिए क्योंकि सम्राट् जो भी आज्ञाएँ देता है—वह प्रजा के हित के लिए देता है। सन्त एम्ब्रोस का सम्राट् के प्रति विरोध ईसाई धर्म-संघ की स्वतंत्रता बनाये रखने तक ही सीमित था। वह यह नहीं चाहता था कि ईसाई धर्म-संघ के अधिकारों पर किसी प्रकार का आघात हो। एक बार सम्राट वैलेनटीनियन ने एनियन सम्प्रदाय के उत्सव के लिए गिरजाघर माँगा। एरियन सम्प्रदाय को सिकन्दरिया के एरियस नाम के निवासी ने आरंभ किया था। इस सम्प्रदाय की शिक्षाओं की 325 ईसवी में नाइस की परिषद् के अधिवेशन में निन्दा की जा चुकी थी और उसका साहित्य रखना भी धर्मविरुद्ध घोषित किया जा चुका था। ऐसी दशा में सन्त एम्ब्रोस यदि गिरजाघर को ईसाई धर्म-विरोधी सम्प्रदाय के किसी उत्सव के लिए दे देता तो लोक-मर्यादा की दृष्टि से ऐसा करना अत्यन्त अनुचित होता। अतएव उसने गिरजा देना अस्वीकार कर दिया। सम्राट वैलेनटीनियन को सन्त एम्ब्रोस ने साफ-साफ लिख दिया कि "राजमहल सम्राट के हैं और गिरजाघर बिशपों के। गिरजाघरों पर सम्राट का कोई अधिकार नहीं है।" सन्त एम्ब्रोस की स्पष्टवादिता का यह परिणाम हुआ कि आगे चलकर ईसाई धर्म-संघ और सम्राट के बीच संघर्ष अनिवार्य हो गया। ईसाई धर्म-संघ के समर्थकों ने अनेक बार सन्त एम्ब्रोस के मत को अपने दृष्टिकोण की पुष्टि के लिए प्रयुक्त किया। सम्राट् की प्रशासन तथा शासन-संबंधी प्रभुता को मानते हुए भी सन्त एम्ब्रोस ने बिशपों का यह अधिकार माना कि नैतिक, आध्यात्मिक और धार्मिक मामलों में बिशपों का मत अन्तिम रूप से माना जाए। सन्त एम्ब्रोस की सन् 397 ई. में मृत्यु हो गई।

सन्त एम्ब्रोस ने राजसत्ता और धर्मसत्ता के बीच जो विभेद करना आरंभ कर दिया था, पोप गिलोसियस प्रथम ने उसकी पुष्टि की। पोप गिलोसियस ने दो तलवारों का सिद्धान्त स्थिर किया। उसने कहा कि एक तलवार आध्यात्मिक शक्ति की है जो धर्मसत्ता अर्थात् ईसाई धर्म-संघ के हाथ में रहनी चाहिए और दूसरी तलवार राजशक्ति की है जो राजसत्ता अर्थात् सम्राट के हाथ में होनी चाहिए। दोनों ही शक्तियों के अधिकार क्षेत्र

अलग-अलग हैं। एक का अधिकार-क्षेत्र आध्यात्मिक संसार है और दूसरे का लौकिक संसार। दोनों तलवारों के अधिकारियों को एक दूसरे के अधिकार क्षेत्र में कोई हस्तक्षेप नहीं करना चाहिए। यही कारण है कि पोप गिलोसियस ने यह भी सिद्धान्त स्थिर किया कि आध्यात्मिक और धार्मिक मामलों का फैसला चर्च द्वारा किया जाए तथा सांसारिक मामलों का फैसला सम्राट की अदालत में हो। सन्त एम्ब्रोस की भाँति पोप गिलोसियस ने यह भी कहा कि सम्राट को धार्मिक मामलों में ईसाई धर्मपुरोहितों की सत्ता स्वीकार करनी चाहिए और उनको सम्मान का स्थान देना चाहिए। धर्मपुरोहितों का यह भी कर्तव्य है कि वे सम्राट् के साथ सहयोग करें। पोप गिलोसियस के मतानुसार पादरियों तथा बिशपों का उत्तरदायित्व सम्राटों से अधिक था।

संत ऑगस्टाइन

जीवनी

ऑगस्टाइन का जन्म सन् 354 ई. में उत्तरी अफ्रीका में हुआ था और मृत्यु सन् 430 ई. में। ऑगस्टाइन का पिता मूर्तिपूजक था और उसका ईसाई धर्म की शिक्षाओं में कोई विश्वास नहीं था। इसके विपरीत ऑगस्टाइन की माता ईसाई थी। ऑगस्टाइन के पिता का नाम पेट्रीशियस था और माता का नाम मोनिका। ऑगस्टाइन का बाल्यकाल ऐसा बीता जिसमें उसने माता-पिता द्वारा परस्पर विरोधी मतों को माने जाने पर भी दोनों के दृष्टिकोणों का समन्वय देखा था। बारह वर्ष की आयु तक उसकी शिक्षा-दीक्षा घर में ही हुई लेकिन बाद में ऊँची शिक्षा प्राप्त करने के लिए ऑगस्टाइन को मदौरा भेज दिया गया। यहाँ भाषाओं के एक स्कूल में उसने रोमन शिक्षा पद्धति के अन्तर्गत विभिन्न भाषाओं का अध्ययन किया। मदौरा के व्याकरण विद्यालय में पाँच वर्ष शिक्षा प्राप्त कर लेने के पश्चात् वह कार्थेज विश्वविद्यालय चला गया, जहाँ उसने उच्च साहित्य तथा अलंकारशास्त्र की शिक्षा पाई। कार्थेज में जीवन की विविधता के अनुभव भी सन्त ऑगस्टाइन ने प्राप्त किये। वह कुछ दिनों के लिए मैनीकियन सम्प्रदाय का भी सदस्य हो गया था लेकिन बाद में उसने वह सम्प्रदाय छोड़ दिया। ऑगस्टाइन ने लिखा है कि उसने मैनीकियन सम्प्रदाय को तो छोड़ दिया क्योंकि उसकी समझ में आ गया कि वह मत गलत है, किन्तु तब तक उसका विश्वास ईसाई धर्म में नहीं जम पाया था–इसलिए वह बड़ी उलझन में था। उसे आगे का रास्ता साफ दिखलाई नहीं पड़ता था। इसी उलझन की अवस्था में वह रोम पहुँचा। रोम में उसे आचार्य का पद मिल गया। लेकिन यह कार्य भी उसे पसन्द नहीं आया क्योंकि समय-समय पर उसे सम्राट की प्रशंसा में भाषण लिखने पड़ते थे। वे भाषण लिखना उसे पसन्द नहीं था। इन भाषणों में उसे झूठी बातें लिखनी पड़ती थीं जिनकी वजह से उसे बड़ा आत्मिक क्लेश पहुँचता था। तरुण अवस्था के कारण ऑगस्टाइन को सांसारिकता से भी अधिक मोह था। जागतिक वैभव और विलास के जीवन की ओर उसकी मनोवृत्तियाँ अधिक

दौड़ती थीं। इसी बीच ऑगस्टाइन को किसी काम से मिलने जाना पड़ा। यहाँ उसकी भेंट सन्त एम्ब्रोस से हुई। सन्त एम्ब्रोस की सच्चाई से वह बड़ा प्रभावित हुआ और क्रमशः उसने ईसाई धर्म के ग्रन्थों का अध्ययन आरंभ किया। इनमें सन्त पॉल के लेखादि प्रमुख थे। ऑगस्टाइन सन्त एम्ब्रोस की आध्यात्मिक सच्चाई और आत्मिक स्वच्छता से बहुत प्रभावित हुआ। सन्त एम्ब्रोस भी ऑगस्टाइन की प्रतिभा-सम्पन्नता तथा सत्य की खोज से बहुत प्रभावित हुए। फलतः दोनों की घनिष्ठता बढ़ती गई। जिस माया से ऑगस्टाइन बड़ा प्रभावित था, जिसे मोह की वह सच्चा समझता था, सन्त एम्ब्रोस की शिक्षाओं के फलस्वरूप वह उन्हें काल्पनिक और भ्रामक मानने लगा। ऑगस्टाइन का यह आत्मनिर्माण काल था। इस बीच उसने यूनानी और ईसाई दर्शनशास्त्रों का अत्यन्त गंभीर अध्ययन कर डाला। क्रमशः ईसाई धर्म उसे आकृष्ट करता गया और सन् 387 में उसने ईसाई धर्म स्वीकार कर लिया। ऑगस्टाइन के धर्म-परिवर्तन से सबसे अधिक खुशी उसकी माता को हुई। ऑगस्टाइन की माता की यह तीव्र लालसा थी कि उसका पुत्र ईसाई हो, किन्तु उस दिशा में ऑगस्टाइन की प्रगति अत्यन्त मन्द थी। इसी कारण वह बड़ी चिन्तित रहती थी। अन्त में जब एक दिन उसके पुत्र का बपतिस्मा हो गया तो उसे बड़ी ही प्रसन्नता हुई। ऑगस्टाइन की माता की यह प्रसन्नता ठीक उसी प्रकार की थी जब किसी का पुत्र दीर्घकाल तक रोगी रहने के पश्चात् स्वास्थ्य-लाभ कर ले। ईसाई हो जाने के बाद ऑगस्टाइन ने अनेक ग्रंथ लिखे जिनमें न केवल धार्मिक एवं अध्यात्मिक विचार ही प्रकट किये गये हैं अपितु राजनीतिक विचार भी हैं। वह बाद में उत्तरी अफ्रीका में हिप्पो का बिशप बनाकर भेज दिया गया और अन्त तक वहीं रहा।

ऑगस्टाइन के ग्रंथ

ऑगस्टाइन का सबसे अच्छा ग्रंथ 'ईश्वर का नगर' है। इसके अतिरिक्त उसने 'कनफेशन्स' नाम की एक पुस्तक भी लिखी जिसमें उसने अपने जीवन के सारे अनुभवों को सत्यशः लिपिबद्ध कर दिया है। यह पुस्तक उसके मर जाने के बाद प्रकाशित हुई थी। उसने छोटी-छोटी धर्मोपदेशों संबंधी अनेक पुस्तिकाएँ भी लिखी हैं।

ऑगस्टाइन के कार्यकाल की विशेषताएँ

ऑगस्टाइन के संबंध में कहा जाता है कि उसी के समय से मध्ययुग आरंभ हुआ। उसे मूर्तिपूजकों के धर्म तथा ईसाई धर्न दोनों का भली-भाँति ज्ञान था इसलिए उसने समन्वय की ओर ध्यान दिया। उन दिनों ईसाई धर्म क्रमशः फैल रहा था लेकिन इसके साथ ही मूर्तिपूजकों का धर्म भी बिल्कुल समाप्त नहीं हो गया था। अतएव, ऑगस्टाइन का समय संधिकाल था। एक युग समाप्त हो रहा था और दूसरे युग के चरण शनैः शनैः सामने आ रहे थे। ऐसे युग में समन्वयवादी दृष्टि की बड़ी अपेक्षा थी। युग की इस माँग की पूर्ति ऑगस्टाइन ने बड़ी सफलतापूर्वक की। उस आने वाले युग में ईसाई धर्म यूरोप

को एक माला के दानों के समान एकता के सूत्र में बाँध रहा था। उसके पहले तक धर्म की दृष्टि से यूरोप में मूर्तिपूजकों के भिन्न-भिन्न सम्प्रदायों का प्राबल्य था। यह समय वह था जब उत्तर तथा पश्चिम से बर्बर जातियों के आक्रमण बराबर यूरोप पर हो रहे थे। सम्पूर्ण ईसाई धर्म का भाग्य अधर में लटका हुआ था। सन् 410 में एलरिक और गोथ जातियों ने रोम को हरा दिया और उसे तहस-नहस कर डाला। रोम के इस नाश के कारण कुछ लोग ईसाई धर्म को बतलाने लगे। ईसाई धर्म के विरोधियों का यह भी कहना था कि जिस प्रकार रोम का नाश हुआ है उसी प्रकार ईसाई धर्मावलम्बी शेष यूरोप का भी नाश हो जायेगा। इन निन्दाओं से सन्त ऑगस्टाइन की आलोचना-प्रखर बुद्धि जाग उठी और उसने अनेक ग्रंथ लिख डाले।

दि सिटी ऑफ गॉड

'ईश्वर का नगर' सन्त ऑगस्टाइन का सर्वोत्तम ग्रंथ माना जाता है। यह पुस्तक बाईस अध्यायों में विभक्त है। पुस्तक के प्रथम चार अध्यायों में यह बतलाया गया है कि ईश्वर के नगर तथा सांसारिक नगर में क्या अन्तर है और दोनों की उत्पत्ति किस भाँति हुई। इसके बाद चार अध्यायों में ईसाई धर्म के इतिहास का विवरण दिया गया है और तत्पश्चात् चार अध्यायों में बतलाया गया है कि दोनों नगरों में किये गये कर्मों का फल किस प्रकार मिलता है। वस्तुतः ये अध्याय मुख्य विचारों की भूमिका मात्र हैं। इसके बाद अंतिम अध्यायों में सन्त ऑगस्टाइन ने अपने सामाजिक और राजनीतिक विचारों को प्रकट किया है। राजनीति के विद्यार्थी के लिए पुस्तका का यही अंश सबसे अधिक महत्वपूर्ण है। पुस्तक मूलतः लैटिन भाषा में लिखी गई थी और लैटिन में इसका नाम 'डी सिविटेट डेई' है 'दि सिटी ऑफ गॉड' अँग्रेजी में अनूदित पुस्तक का नाम है। पुस्तक की रचना काल सन् 413-426 माना जाता है।

मनुष्य का स्वभाव

सन्त ऑगस्टाइन ने ईसाई धर्म की मान्यताओं के अनुसार मनुष्य के स्वभाव का विवेचन किया है। उन्होंने विस्तारपूर्वक बतलाया है कि मनुष्य दो प्रकार का जीवन व्यतीत करता है। पहला जीवन तो सांसारिक होता है जो शरीर से संबंध रखता है। दूसरा जीवन आध्यात्मिक होता है जिसका संबंध आत्मा से होता है। दोनों प्रकार के जीवन एक दूसरे से संबंधित हैं और दोनों का हित बिना एक दूसरे की सहायता से नहीं हो सकता। सांसारिक नगर तथा ईश्वरीय नगरों की सन्त ऑगस्टाइन की कल्पना प्रतीकात्मक है। ऑगस्टाइन का कहना है कि माया-मोह में फँसे लोग सांसारिक नगर के पाश में अधिकाधिक फँसते चले जाते हैं और ईश्वरीय नगर के व्यक्ति आध्यत्मिकता की ओर झुकते हैं। सच्ची शान्ति ईश्वरीय नगर में ही मिलती है। इसलिए सांसारिक आवश्यकताओं को न्यूनतम करके आत्मा की तुष्टि के लिए आध्यात्मिकता की दिशा में मनुष्य को अग्रसर होना चाहिए। ईश्वरीय नगर का शासन क्राइस्ट करते हैं और सांसारिक नगर का शैतान।

जैसा कि पिछले पृष्ठों में हम कह आये हैं, उक्त पुस्तक लिखने का उद्देश्य यह था कि ईसाई धर्म की मूर्तिपूजकों की निन्दा से रक्षा की जाए। इस उद्देश्य की सिद्धि सन्त ऑगस्टाइन ने यह ग्रंथ लिखकर की। रोम ईसाई धर्म का केन्द्र स्थल था लेकिन अत्यन्त-वैभव-सम्पन्न हो जाने के कारण उसमें विलासिता इतनी बढ़ गई थी कि वह मायानगरी हो गया था। माया से मोह होता है। अतएव रोम को सांसारिक नगर बनने से बचाने के लिए बर्बर जातियों का उस पर आक्रमण हुआ और उसकी सारी सम्पत्ति लूट ली गई तथा अन्य बहुत-सी सामग्री जला दी गई। इससे रोम ईश्वरीय नगर बना रह गया क्योंकि जहाँ शैतान का राज्य हो वहाँ ईश्वर की कृपा नहीं हो सकती।

मनुष्य जाति के संबंध में सन्त ऑगस्टाइन का विश्वास था कि उसका उद्धार अवश्य होगा लेकिन इतने पर भी प्रत्येक मनुष्य कर्म के लिए स्वतंत्र हैं। यदि उसके सुकर्म होंगे तो वह ईवश्रीय नगर जायेगा और यदि कुकर्म करेगा तो उसे शैतान के साथ नरक की ज्वाला में जलना पड़ेगा। बुराई के संबंध में सन्त ऑगस्टाइन का मत था कि वह एक निषिद्ध पक्ष है और भलाई से भिन्न उसका कोई अस्तित्व नहीं है।

ईश्वर के नगर की रचना

ईश्वरीय नगर की रचना का वर्णन करने के पूर्व सन्त ऑगस्टाइन ने बतलाया है कि सांसारिक नगर एक न एक दिन अवश्य नष्ट होंगे और जब तक वे रहेंगे तब तक उनमें दुःख और दैन्य बराबर बना रहेगा। इसके विपरीत ईश्वरीय नगर शाश्वत है, वह कभी नष्ट नहीं होगा। ईश्वरीय नगर की रचना में सन्त ऑगस्टाइन ने केवल **सिसरो** से ही सहायता नहीं ली, अपितु **प्लेटो** के आदर्श राज्य की कल्पना से भी बहुत कुछ उधार लिया। सिसरो तथा प्लेटो की रचनाओं की कल्पना को ईसाई धर्म की कल्पना के विचारों से उपयुक्त तथा अनुकूल बनाकर सन्त ऑगस्टाइन ने उनको ईश्वरीय नगर के रूप में उपस्थित किया। ऑगस्टाइन का ईश्वरीय नगर वस्तुतः ईसाई धर्म के गिरजा की विशद कल्पना है क्योंकि ईसाई धर्म में गिरजा को ईश्वर का वासस्थल माना भी जाता है। राज्य को गिरजा गुणों तथा भलाई के प्रसार का साधन मानते हैं। सन्त ऑगस्टाइन ने ईश्वरीय नगर की रचना में एक ऐसे ईसाई राज्य की कल्पना को साकार बनाने का प्रयत्न किया है जिसमें सर्वोच्च सत्ता को धार्मिक नेताओं अर्थात् पादरियों के हाथ में सौंप दिया गया है। इस नगर में ईसाई धर्म न मानने वाले किसी भी व्यक्ति के लिए कोई स्थान नहीं हैं।

ईश्वरीय नगर की कल्पना का बहुत-सा भाग, इसमें संदेह नहीं, ईसाई गिरजा तथा सिसरो के विश्वराज्य से लिया गया है; किन्तु दोनों ही स्रोतों से **ऑगस्टाइन** की कल्पना कुछ भिन्न-सी है। ईसाई-संघ से ईश्वरीय नगर के सदस्यों की संख्या अधिक है। ईश्वरीय नगर के सदस्य ईश्वर के कृपापात्र ईसाई ही नहीं, मृतात्माएँ तथा देवदूत भी हैं। **सिसरो** के विश्वव्यापी राज्य में मनुष्यमात्र को उसका सदस्य माना गया है। इसके विपरीत ईश्वरीय

नगर में ईसाई धर्म को मान्यता अनिवार्य ठहराई गई है। ऑगस्टाइन ने ईसाई सिद्धान्तों के अनुसार यह कहा है कि मानव-जाति का मूल पाप के कारण पतन हो चुका है। अतएव पतितों को तभी ईश्वरीय नगर में स्थान मिल सकता है जब ईश्वर की कृपा प्राप्त हो। ईश्वर की कृपा केवल ईसा ही दिला सकते हैं। इसलिये ईसा का अनुयायी होना आवश्यक है। ईश्वरीय नगर के सभी निवासी ईश्वर के कृपा-पात्र होते हैं और उन सबको ईश्वर से एकाकार हो जाने का आनन्द मिलता है—इसलिए वे सब-के-सब एकता के बंधन से युक्त होते हैं। ऑगस्टाइन का कहना था कि ईश्वरीय नगर की दो सबसे बड़ी विशेषताएँ हैं—धर्म तथा शान्ति।

धर्म क्या है ?

ऑगस्टाइन ने धर्म की भी परिभाषा की है। ऑगस्टाइन का कहना है कि धर्म वह सद्‌गुण है जिसके द्वारा प्रत्येक मनुष्य को अपना कर्तव्य पालन करने पर वह मिलता है जो उसे मिलना चाहिए। इस परिभाषा में ऑगस्टाइन ने प्लेटो से भी सहायता ली है। प्लेटो की भाँति ऑगस्टाइन ने प्रत्येक व्यक्ति द्वारा अपने कर्तव्य पालन पर विशेष बल दिया। यदि कोई मनुष्य अपने कर्तव्यों का पालन करता है तो उसे धर्मवान् माना जायेगा।

ऑगस्टाइन ने समाज के संबंध में अपने विचार प्रकट करते हुए कहा है कि प्रत्येक समाज किसी-न-किसी व्यवस्था पर आधारित होता है तथा उस समाज की विभिन्न इकाइयाँ परस्पर शृंखलित होती हैं। बहुत से परिवारों की शृंखला से एक समाज का निर्माण होता है। यदि कोई व्यक्ति परिवार तथा समाज के प्रति अपने-अपने कर्तव्यों का पालन करता है तो वह धर्मवान् कहा जायेगा लेकिन परिवार राज्य का भी एक अंग होता है। अतः परिवार की व्यवस्था राज्य की ही व्यवस्था का एक अंग है। यदि दोनों अर्थात् राज्य और परिवार के हितों में संघर्ष है तो मनुष्य एक ही के प्रति अपने कर्तव्यों का पालन कर सकता है। लेकिन ऑगस्टाइन ने यहाँ राज्य को भी मनुष्य की सामाजिक कल्पना की उच्चतम अभिव्यक्ति नहीं स्वीकार किया है। इसके विपरीत सन्त ऑगस्टाइन ने एक अखिल मानव-जाति के सार्वभौमिक समाज की कल्पना भी की है। इस कल्पना के सहारे ऑगस्टाइन ने बतलाया है कि राज्य में धर्म की पूर्ति अंशतः ही होती है। धर्म की सर्वांश में पूर्ति तो राज्य में नहीं अपितु सार्वभौमिक मानव-समाज की व्यवस्थान्तर्गत हो सकती है। ऑगस्टाइन की धर्म संबंधी कल्पना काल या स्थान की सीमाओं के पाश में आबद्ध नहीं है जब कि प्लेटो राज्य को मानव-समाज की सर्वोच्च अभिव्यक्ति मानता है। प्लेटो अन्तर्राज्यीय संबंधों के विषय में चुप रहता है। प्लेटो के राज्य की जनसंख्या भी सीमित रहती है और राज्य का भूमि-विस्तार भी। फलतः प्लेटो के धर्म की कल्पना स्थान और समय द्वारा सीमित कर दी गई है।

ऑगस्टाइन के राज्य, सम्पत्ति और दासता सम्बन्धी विचार

राज्य के संबंध में ऑगस्टाइन के विचारों को यदि हम सूक्ष्मतापूर्वक अवलोकन करें तो यह स्पष्ट हो जायेगा कि सन्त ऑगस्टाइन धर्म को गिरजा की विशेषता मानता था राज्य की नहीं। उसका कहना था कि गिरजा के हाथ में सर्वोच्च अधिकार होने चाहिए। राज्य के अधिकारियों को ईसाई पादरियों की श्रेष्ठता और अधीनता स्वीकार कर लेनी चाहिए। यहाँ **सन्त ऑगस्टाइन** का यूनानी विचारकों तथा रोमन विचारक **सिसरो** से भी मतभेद था। यूनानी तथा रोमन विचारकों की भाँति सन्त ऑगस्टाइन यह नहीं मानता था कि प्रत्येक राज्य का आधार धर्म होता है इसका कारण यह था कि धर्म को केवल ईसाई गिरजे की विशेषता बतला देने के बाद सन्त ऑगस्टाइन यह तो नहीं कह सकता था कि प्रत्येक राज्य ईसाई होता है। ऐसी अवस्था में सन्त ऑगस्टाइन को कहना पड़ा कि धर्म केवल किसी ईसाई राज्य में ही हो सकता है।

राज्य की उत्पत्ति और शांति संबंधी विचार

सन्त ऑगस्टाइन ने राज्य की उत्पत्ति पाप से मानी और कहा कि राज्य मनुष्य को पाप से मुक्त कराने का एक साधन है। राज्य की उत्पत्ति मनुष्य को पाप से मुक्ति दिलाने के लिए अवश्य हुई लेकिन इसका यह अर्थ नहीं है कि राज्य पाप का प्रतिनिधि है। राज्य की उत्पत्ति सीधे ईश्वर से हुई है। राजा ईश्वर का प्रतिनिधि है। इस प्रकार राज्य की उत्पत्ति के सिद्धान्त के संबंध में हम देखते हैं कि सन्त ऑगस्टाइन ने कोई नई बात नहीं कही। उस समय राज्य की उत्पत्ति के संबंध में जो दैवी सिद्धान्त प्रचलित था, एक प्रकार से उसी का सन्त ऑगस्टाइन ने समर्थन कर दिया। राज्य को ऑगस्टाइन ने आवश्यक माना है क्योंकि गिरजा को भी तो अपने लक्ष्यों की सिद्धि के लिए भौतिक सम्पत्ति (भूमि, भवन आदि) की आवश्यकता पड़ती है और ये वस्तुएँ गिरजा को केवल राज्य से ही मिल सकती हैं। राज्य के संबंध में अपने विचार व्यक्त करने के पश्चात् ऑगस्टाइन ने राज्य के मुख्य कर्तव्य शांति-स्थापना का विश्लेषण किया है। उसने अपने ग्रंथ में प्रश्न किया है कि शांति क्या है? इस प्रश्न का उत्तर देते हुए वह लिखता है कि सामान्यतः शांति का अर्थ लोग यह समझते हैं कि यह वह अवस्था है जिसमें कोई युद्ध या संघर्ष न हो। परन्तु शांति संबंधी यह कल्पना एक प्रकार से निषेधात्मक है। इसके विपरीत ऑगस्टाइन शांति के संबध में अपने रचनात्मक विचार प्रकट करता है। ऑगस्टाइन लिखता है कि जब सद्भावना और सामंजस्य का वातावरण मानव-समाज में रहता है तब उस समय समाज के विभिन्न अंगों में जिस व्यवस्था द्वारा शांति रहती है, उसी का नाम शांति है। ऑगस्टाइन कहना चाहता है कि बिना समाज के—बिना व्यक्तियों के—रचनात्मक शांति की कल्पना नहीं की जा सकती।

प्राणीमात्र में शांति की भावना स्वाभाविक होती है। पशु-पक्षी सभी शांति के लिए उत्सुक रहते हैं। शांति के अवस्था में ही वे जीवन के सुख को अपेक्षाकृत अधिक अच्छी तरह अनुभव करते हैं। शांति द्वारा सुख या आनन्द की प्राप्ति की भावना पशुओं की तुलना में मनुष्य में और भी अधिक प्रबल होती है। वह चाहता है कि जिस समाज में वह रहे वह समाज शान्त और व्यवस्थित हो क्योंकि ऐसे समाज में परिश्रम के फल को चखा जा सकता है। ऐसे ही समाज में जीवन सुरक्षित रह सकता है। कभी-कभी शांति की प्राप्ति के लिए ही मनुष्य संघर्षरत हो जाता है और उन तत्वों को निकाल फेंकने की कोशिश करता है जो अशान्तकारी होते हैं।

लेकिन ऑगस्टाइन ने शांति को दो भागों में विभक्त कर दिया है। ऑगस्टाइन का मत है कि एक सांसारिक शांति होती है और दूसरी आध्यात्मिक शांति। सांसारिक शांति अधिकतर सामाजिक व्यवहारों का नियमन कर उनके बीच सामंजस्य स्थापित करने के लिए सचेष्ट रहती है। इसके विपरीत आध्यात्मिक शांति का लक्ष्य अपेक्षाकृत उच्चतर होता है। आध्यात्मिक शांति का उद्देश्य ईश्वर तथा ईश्वर में समाये हुए व्यक्तियों में लवलीन हो जाना होता है। जो व्यक्ति वास्तविक आध्यात्मिक शांति प्राप्त कर लेता है उसमें तथा ईश्वर में कोई अन्तर ही शेष नहीं रहता। वह ईश्वर का ही एक अंग हो जाता है। सांसारिक नगरों के शांतसाधन और प्रसाधन उच्चतर आध्यात्मिक शांति-प्राप्ति के लिए आवश्यक हैं। शरीर द्वारा ही मनुष्य धर्मवान् बनता है। धर्म और कर्म से शरीर की वृद्धि होती है और उसी के बाद आत्मा शुद्ध होती। आत्मा की शुद्धता से दिव्य जीवन मिलता है। यही मानवमात्र का लक्ष्य है। सन्त ऑगस्टाइन ने आत्मात्मिक शांति के जैसी व्यापक कल्पना की--वैसी कल्पना न तो किसी यूनानी विचारक ने की थी और न किसी रोमन विचारक ने। और तो और ऑगस्टाइन के पूर्ववर्ती किसी सन्त ने भी ऐसे विचार प्रकट नहीं किये थे। प्लेटो तक ने शांति पर इतना बल नहीं दिया था। शांति और युद्ध दोनों की संभावनाओं को उसने अपने समक्ष रखा। धर्म की भाँति प्लेटो को शांति की कल्पना भी काल और देश की सीमा में बँधी है। इसके विपरीत ऑगस्टाइन की शांति विश्वव्यापी है--वह अखिल मानवता को स्पर्श करती चलती है। यह कल्पना भी प्लेटो की मानव समाज संबंधी कल्पना की भाँति किसी राज्य से बँधी नहीं है।

विद्रोह का अधिकार

राज्य की उत्पत्ति और राजा के अधिकारों को दैवी सिद्धान्तों के अनुरूप बता देने के पश्चात् राजा या सम्राट के अधिकारों के संबंध में भी सन्त ऑगस्टाइन ने उक्त ग्रंथ में अपने विचार प्रकट किये हैं। ऑगस्टाइन के अनुसार साधारण अवस्था में--अर्थात् जब तक सम्राट या सर्वोच्च शासनाधिकारी का आचरण नैतिक और धर्मानुकूल रहता है तब तक उसकी आज्ञाओं का पालन करना प्रजा का कर्तव्य और धर्म है। लेकिन जब सम्राट

नैतिकता के सिद्धान्तों का उल्लंघन करे और धर्म की श्रेष्ठता की अवहेलना करे-ऐसे संकट के समय प्रजा को उसकी आज्ञाओं को न मानने का अधिकार है। इस प्रकार ऑगस्टाइन ने प्रजा को क्रान्ति का अधिकार तो दिया लेकिन वह सीमित था और गिरजाघर के हितों की रक्षा के लिए था।

सम्पत्ति संबंधी विचार

सम्पत्ति के अधिकार को भी ऑगस्टाइन ने आवश्यक बतलाया। ऑगस्टाइन का कहना था कि बिना सम्पत्ति के कर्तव्यों का, चाहे वे सांसारिक हों या आध्यात्मिक—भली-भाँति पालन नहीं किया जा सकता। इसके विपरीत सम्पत्ति के अधिकार को अरस्तू की भाँति वह स्वाभाविक नहीं मानता था। सम्पत्ति का अधिकार सन्त ऑगस्टाइन की दृष्टि से परम्परागत था जो राज्य द्वारा ही प्राप्त किया जा सकता है।

दासता संबंधी विचार

दासता को ऑगस्टाइन ने दैवी प्रतिशोध का साधन माना है। यद्यपि वह अरस्तू की भाँति यह तो नहीं कह सकता कि दासता स्वाभाविक है लेकिन उसका कहना था कि पतनशील होने के कारण मनुष्य जो अपराध करता है उसके दण्ड का यह उत्तम साधन है। लेकिन ऑगस्टाइन के दासता संबंधी विचारों में कुछ विरोधाभास-सा है। एक ओर तो वह कहता है कि समूची-मनुष्य-जाति आदम के पाप के कारण पापी है और दूसरी ओर वह दासता को पाप का दण्ड बतलाता है। पहली दृष्टि से समूची मानव-जाति को ही पाप होने के कारण दासता करनी चाहिये। लेकिन प्रत्यक्षतः ऐसा नहीं है। मनुष्य-जाति का एक अंश ही दासता भोगता है। शेष भाग स्वामी के पद पर आसीन रहता है। इसका यह अर्थ है कि कुछ लोग कम पापी हैं और कुछ अधिक लेकिन ऑगस्टाइन ने ऐसी कोई बात नहीं कही है। सच तो यह है कि दासता को आर्थिक दृष्टिकोण से यूनानी और रोमन दोनों विचारकों ने उचित सिद्ध करने की चेष्टा की लेकिन वे असफल रहे। ऑगस्टाइन ने भी दासता को आर्थिक हितों की सिद्धि के लिए ही धार्मिक औचित्य का जामा पहनाया लेकिन तर्क की तराजू पर वह अधिक देर तक नहीं ठहर सकती। स्पष्ट है कि दासता-संबंधी ऑगस्टाइन के विचार स्पष्ट और सीधे-सादे नहीं हैं। वे उलझे हुए हैं और तर्क-बल द्वारा उनके सहारे किसी निश्चित परिणाम पर हम नहीं पहुँच सकते।

ऑगस्टाइन का प्रभाव और स्थान

सन्त ऑगस्टाइन का प्रभाव केवल मध्ययुग तक ही सीमित नहीं रहा है। वह प्रभाव आज तक चला आ रहा है। ईसाई धर्म के जो संस्थान आजकल हैं—वे भी सन्त ऑगस्टाइन द्वारा निर्धारित आदर्शों की ओर बढ़ने के लिए निरन्तर सचेष्ट रहते हैं। मध्ययुग के जिस काल में चर्च के पादरी विचारकों के हाथ में राजनीति की बागडोर थी—वे स्वतंत्रापूर्वक

अपने मत के समर्थन के लिए सन्त ऑगस्टाइन के लेखों को उद्धृत करते थे। पवित्र रोमन साम्राज्य की तो नींव ही सन्त ऑगस्टाइन द्वारा निर्धारित आदर्शों के आधार पर पड़ी। **ब्राइस** का तो कहना है कि सन्त ऑगस्टाइन का प्रभाव इससे भी कहीं अधिक था। आधुनिक काल में भी सार्वभौमिक मानव-समाज की कल्पना के निर्माण से सन्त ऑगस्टाइन के विचारों को सम्मानपूर्ण स्थान दिया जाता है। राजसत्ता को धर्मसत्ता से निम्नतर बतलाते हुए भी ऑगस्टाइन ने प्रजा को सामान्य अवस्था में क्रान्ति का अधिकार प्रदान न कर राज्य की स्थिरता का प्रबल समर्थन किया।

सारांश

ईसा की शिक्षाएँ तो नैतिक थीं। राजनीतिक और भौतिकवादी आस्थाओं के प्रति ईसा का दृष्टिकोण तटस्थ था। लेकिन ईसा के अनुयायी सन्त पॉल ने ईसा की शिक्षाओं की व्यापक व्याख्याएँ तथा परिभाषाएँ कीं। ईसा के समय तक ईसाइयत केवल यहूदियों तक ही सीमित थी लेकिन सन्त पॉल ने उसको और सार्वभौमिक बनाया और कहा कि ईसाई धर्म का कोई भी मनुष्य अनुयायी बन सकता है। सन्त एम्ब्रोस और **पोप गिलोसियस प्रथम** ने धर्म और राजसत्ता में अन्तर स्थापित किया तथा बतलाया कि धर्मसत्ता के अधिकार-क्षेत्र में राजसत्ता का हस्तक्षेप अवांछनीय है और राजसत्ता को यथासंभव धर्मसत्ता की श्रेष्ठता मानते हुए उसके नियंत्रण में ही रहना चाहिए। सन्त ऑगस्टाइन मनुष्य की आत्मिक शांति को उच्चतम लक्ष्य बतलाकर धर्मसत्ता का हाथ और मजबूत किया है। इस प्रकार ईसा के जन्म से लेकर पाँचवीं शताब्दी के प्रथम चतुर्थांश तक वह ईसाई धर्म जो पहले एक छोटे से यहूदी सम्प्रदाय तक सीमित था, एक प्रबल शक्ति के रूप में यूरोप में फैल गया और उसने पोपतंत्र की स्थापना कर दी—ऐसे पोपतंत्र की जिसके सामने बड़े-बड़े राजाओं ने घुटने टेक दिए।

अध्याय–10

पोपशाही और पवित्र रोमन साम्राज्य का जन्म

(पाँचवीं शताब्दी से नवीं शताब्दी तक)

ईसाई धर्म को राज-संरक्षण, बर्बरों के राजनीतिक विचार, ईसाई गिरजा की उन्नति के कारण, ईसाई गिरजा संघ का उत्थान, रोम में पोपशाही की स्थापना, पोप ग्रेगरी।

पिछले अध्याय में हम ईसाई धर्म के जन्म तथा विकास पर ईसा की जीवनी तथा उनकी शिक्षाओं पर विचार करते समय प्रकाश डाल आये हैं। हम यह भी देख आये हैं कि ईसाई धर्म का जन्म यूरोप के सुदूर पूर्वी भाग में ऐसे सम्प्रदाय के बीच हुआ जो घृणा की दृष्टि से देखा जाता था तथा जो बलवान यहूदियों तथा रोमनों की दमन की चक्की में पिसा करता था। प्रारंभ में तो ईसाई धर्म का प्रचार दुखी, दलित और पीड़ित यहूदियों के बीच हुआ किन्तु **सन्त पॉल** की शिक्षाओं के उपरान्त स्थिति बदल गई। सन्त पॉल की विद्वता तथा प्रगाढ़ सहानुभूति ने ईसाई धर्म को नवजीवन प्रदान किया। उसने इस धर्म को समाज के बहुत बड़े भाग का समर्थन प्रदान किया। सन्त पॉल ने जगह-जगह जाकर ईसाइयों के छोटे-छोटे समाज स्थापित किये। इन समाजों में पारस्परिक एकता तथा बांधविक भावना की तो कमी नहीं थी। लेकिन मूर्तिपूजकों का समाज इनको तब भी घृणा की दृष्टि से देखा करता था। रोमन सम्राटों का भी इन्हें कोपभाजन बनना पड़ता था। परन्तु यह स्थिति होते हुए भी ईसाई धर्म की लोकप्रियता क्रमशः बढ़ती गई और इसका प्रसार पूर्वी तथा पश्चिमी यूरोप के देशों में निरंतर फैलता गया। सन्त एम्ब्रोस, पोप गिलोसियस प्रथम तथा सन्त ऑगस्टाइन के काल तक पश्चिमी यूरोप के अनेक सभ्य घरानों एवं वर्गों ने ईसाई धर्म स्वीकार कर लिया था और घृणा का भाव क्रमशः घटता जा रहा था।

ईसाई धर्म को राज-संरक्षण

इसी बीच एक दैवी घटना हुई। रोमन सम्राट् कांस्टेनटीन को एक दिन दोपहर में रहस्यमय क्रॉस दिखलाई पड़ा। इसके पश्चात् रात को उन्हें एक स्वप्न दिखलाई पड़ा जिसमें भगवान् ईसा ने उन्हें दर्शन देकर आज्ञा दी कि वह क्रॉस को अपना धर्मध्वज बनावें। कांस्टेनटीन ने उस आज्ञा का पालन किया और उसके बाद उसे अनेक युद्धों में आशातीत सफलता मिली। युद्ध की इन सफलताओं का यह परिणाम हुआ कि समस्त यूरोप में ईसाई धर्म फैल गया। बहुत से व्यक्तियों ने सामूहिक रूप से ईसाई धर्म को स्वीकार कर उसका अंधानुकरण आरंभ कर दिया। सम्राट् कांस्टेनटीन को ईसाई गुरुओं ने नेता मान लिया और इसका प्रभाव यह हुआ कि सम्राट को ईसाई धर्म की अनेक परिषदों के अधिवेशनों में भी भाग लेना पड़ा।

सम्राट कांस्टेनटीन ने एक ओर तो ईसाई धर्म स्वीकार कर लिया—दूसरी ओर अपनी राजधानी रोम से कुस्तुनतुनिया स्थानान्तरित कर दी। राजधानी स्थानान्तरण का कारण यह था कि रोम पर मध्य यूरोप की बर्बर जातियों के आक्रमण अधिक हो गये थे। सम्राट् कांस्टेनटीन के साम्राज्य के पश्चिमी भाग के चले जाने का परिणाम यह हुआ कि पश्चिमी साम्राज्य की स्थिति और खराब हो गई। बर्बरों के आक्रमण बढ़ गये और म्योसीडियस के बाद तो रोमन साम्राज्य स्पष्टता पूर्व और पश्चिम—इन दो भागों में बँट गया। बर्बर जातियों के लोग जर्मनी तथा जर्मनी से पश्चिम के भाग में बसने लगे। रोम में उनकी चलने लगी। रोमन सेना में वे भर्ती भी किये जाने लगे और उनमें से कुछ ने तो ईसाई धर्म भी ग्रहण कर लिया। पश्चिम में रोम सम्राट की यह हालत थी कि सन् 410 में एक बर्बर जाति के राजा ने रोम को तीन बार लुटवाया। इस प्रकार की घटनाओं के 66 वर्ष बाद सन् 476 में जव **रोमुनस ऑगस्टुलस** नाम का एक कमजोर व्यक्ति रोम का सम्राट वन वैठा तब एक बर्वर आक्रमणकारी **ओडोवकार** ने उसे गद्दी से उतार दिया। इस प्रकार ऐतिहासिक रोम साम्राज्य का अन्त हो गया और पवित्र रोमन साम्राज्य की नींव पड़ने के लिए स्थान रिक्त हो गया। सम्राट कांस्टेनटीन के राजधानी हटा ले जाने के बाद में रोम साम्राज्य के विभक्त हो जाने से राज्य की शक्ति तो पहले ही क्षीण हो गई थी, बाद में रोम के सिंहासनारोहण के प्रश्न को लेकर उत्तराधिकार के संबंध में जो पारस्परिक झगड़े हुए उनसे उसकी स्थिति और भी बिगड़ गई। ऐसे समय में बर्बर जातियों के आक्रमणकारियों की बन आई क्योंकि उन्हें रोमन साम्राज्य की कमजोरी से बराबर विजय मिल रही थी तथा इन विजयों से उनका उत्साह भी निरन्तर बढ़ता जा रहा था। रोमन साम्राज्य के शासकों ने जनता को वड़ा तंग किया था। प्रजा से अधिक-से-अधिक कर वसूल करने में ही रोम के शासक पटु न थे अपितु वे प्रजा के कुछ वर्गों को निश्चित रूप से घृणा की दृष्टि से देखते थे। इस प्रकार वे व्यवहार के कारण जव रोम में शासक वर्वर आक्रमणकारियों से पिटने लगे तो उनकी सहायता के लिए प्रजा भी सामन नहीं आई। रोमन शासकों की आर्थिक स्थिति के बिगड़ जाने से उनकी सेना भी निर्वल हो गई।

रोम साम्राज्य के पतन के पश्चात् बर्बर जातियों का बोलबाला हो गया। लेकिन इन आक्रमणकारियों को बर्बर कहने वाले रोमन ही थे। इसमें संदेह नहीं कि यूनानियों और रोमनों की विकसित और समुन्नत बौद्धिकता के समक्ष बर्बर जातियों का मस्तिष्क बौना-सा लगता है लेकिन यह कहना सर्वथा गलत है कि बर्बर जातियाँ बिल्कुल असभ्य थीं। इनके कोई सामाजिक या राजनीतिक आदर्श नहीं थे और इनका रोमनों पर कोई प्रभाव नहीं पड़ा। वस्तुतः ऐसी बात नहीं है। बर्बर जातियों के लोगों के राजनीतिक विचारों तथा सामाजिक संघटन का रोमन साम्राज्य के बाद के यूरोप पर काफी प्रभाव पड़ा। यह अच्छा होगा कि यदि हम उनके राजनीतिक विचारों के बारे में भी जानकारी प्राप्त कर लें।

बर्बरों के राजनीतिक विचार

बर्बरों के राजनीतिक विचारों का सिंहावलोकन करते ही हमारे सामने उनकी पांच चीजें स्पष्ट रूप से आ जाती हैं जो इस प्रकार हैं–(1) व्यक्ति स्वातंत्र्य, (2) प्रतिनिधि शासन, (3) संवैधानिक शासन, (4) बर्बरों की विधि-व्यवस्था, और (5) सामन्तवाद की स्थापना। इनके राजनीतिक विचारों की उक्त रूपरेखा से यह स्पष्ट हो जाता है कि आधुनिक राज्य की कल्पना के कई तत्व जो आज हमें अनिवार्य से प्रतीत होते हैं, बर्बरों के राजनीतिक विचारों से ही प्राप्त किये गये हैं।

व्यक्ति स्वातंत्र्य

आधुनिक प्रजातंत्रवादी एवं लोक-सत्तात्मक राज्यों में व्यक्ति स्वातंत्र्य को कितना महत्व दिया जाता है–इस पर अधिक प्रकाश डालने की आवश्यकता नहीं है। बंदी प्रत्यक्षीकरण का विधान होना इसी बात की ओर संकेत करता है। व्यक्ति स्वातंत्र्य की यह कल्पना मूलतः बर्बर जाति-समूहों की है। बर्बर जातियों के लोग अपने अधिकारों की रक्षा के लिए अत्यन्त सचेष्ट और जागरूक रहते थे। यह बात उनकी दण्ड व्यवस्था के अध्ययन से भी स्पष्ट हो जाती है। बर्बरों की दण्ड व्यवस्था ऐसी थी कि उसमें जिस व्यक्ति पर अत्याचार या अन्याय होता था, वही व्यक्ति समूह के सामने आततायी को दण्ड देता था। इस प्रकार की दण्ड-व्यवस्था में व्यक्तिगत प्रतिशोध की भावना थी परन्तु इससे इस बात का पता चलता है कि बर्बर कहे जाने वाले लोग व्यक्ति के महत्त्व और उसकी मान-मर्यादा की कितनी रक्षा करते थे। ऐसी व्यवस्था में स्पष्ट है कि राज्य के अधिकार सीमित हो जाते हैं और व्यक्ति का महत्व बढ़ जाता है।

प्रतिनिधि शासन

बर्बरों की शासन-व्यवस्था में स्थानीय और केन्द्रीय परिषद् एवं सभाएँ हुआ करती थीं जिनका बराबर चुनाव किया जाता था। स्थानीय परिषदों का काम स्थानीय विवादास्पद समस्याओं को सुलझाना होता था। वे न्याय-कार्य भी सम्पादित किया करती थीं। केन्द्रीय

सभा का काम राष्ट्र के शासक को निर्वाचित करना तथा राष्ट्रीय समस्याओं का फैसला करना होता था। न्याय संबंधी अपीलों की सुनवाई भी केन्द्रीय सभा करती थी। बर्बरों ने स्थानीय शासन कार्य स्थानीय जनता को सौंप कर तथा राष्ट्रीय महत्व की चीजें केन्द्र के हाथ में रखकर ऐसी शासन प्रणाली का बीज बोया कि जिसके आधार पर आजकल की शासन व्यवस्था चलती है।

संवैधानिक शासन

प्रांरभ में बर्बर जातियों में राजाओं का निर्वाचन किया जाता था। बाद में परम्परागत शासन करने वाले राजवंश भी आये। यदि कभी ऐसा अनुभव हुआ कि कोई राजा अपने पद के उपयुक्त नहीं है तो उसे पदच्युत कर दिया गया। इस तथ्य के आधार पर कहा जा सकता है कि उनमें राजा का निर्वाचन भी होता था। कालान्तर में बर्बर जातियों का पतन हो गया लेकिन इसके पश्चात् भी उनका चुनाव सिद्धान्त बना रहा। इंग्लैण्ड, जर्मनी आदि में उनकी परंपरा चलती रही, और वहीं से राष्ट्रीय शासक को चुनने की व्यवस्था अन्य प्रजातंत्रवादी राज्यों ने अपनाई। इंग्लैण्ड में अनेक बार ऐसा हुआ कि लोकमत के विरुद्ध चलने वाले शासकों को पदच्युत किया गया। जर्मनी में पवित्र रोमन साम्राज्य का सम्राट् निर्वाचित किया जाता था। अमेरिका, भारत आदि में राष्ट्रपति को चुनने की प्रथा इसी सिद्धान्त पर आधारित है।

सामन्तवाद का जन्म

यूरोप के मध्यकाल में कई सौ वर्षों तक सामन्तवाद की तूती बजती रही। बड़े-बड़े राजाओं के दरबार में बहुत से सामन्त हुआ करते थे जो राजाओं को आर्थिक भेंट और सैनिक सहायता देते थे और उनको राजा की ओर से बड़े-बड़े इलाके दे दिये जाते थे। इन इलाकों के शासन का भार इन्हीं सामन्तों पर रहता था। यह सामन्तवादी व्यवस्था बर्बर जातियों की ही देन है। बर्बरों में जो राजा सरदार होते थे—उनकी वीरता पर मुग्ध होकर राजा, या शासक, उन्हें बड़ी-बड़ी जमीन दे डालते थे, और वहाँ की जनता भी उन सरदारों को इतना मानती थी कि उनके प्रति भक्ति की शपथ तक ग्रहण कर लेती थी।

विधि व्यवस्था

बर्बरों का राज्य की व्यवस्था में अधिक विश्वास न था। वे विधियों को सर्वोपरि मानते थे, राज्य को नहीं। उनमें यह प्रथा नहीं थी कि विधियों तथा कानूनों की रचना कोई सभा बैठ कर करे। प्रत्येक व्यक्ति अपने आप कानून बनाता था। वह यह भी कहता था कि उसको न्याय भी अपनी विधि के अनुसार ही मिलना चाहिए। बर्बर जातियों की विधि व्यवस्था प्रारंभिक और अविकसित थी। लेकिन इस व्यवस्था ने सामान्य विधि के विकास में काफी योग प्रदान किया। इंग्लैण्ड की सामान्य विधि की कल्पना का मूल श्रोत इसी सिद्धान्त में निहित है।

ईसाई गिरजा की उन्नति के कारण

रोमन साम्राज्य का पतन तथा बर्बर जातियों के हाथ में शासनाधिकार चले जाने से ईसाई धर्म की शक्ति का ह्रास नहीं हुआ। वह क्रमशः बढ़ती ही गई। इसका मुख्य कारण यह था कि रोमन साम्राज्य के शासकों की दमन की चक्की में पिसी जनता को बर्बर शासकों से भी कोई राहत नहीं मिली। उसके लिए तो दोनों ही उत्पीड़क थे। अशान्ति, अव्यवस्था और अराजकता से सब लोग घबड़ाये थे। उनको दुख से छुटकारे का कोई मार्ग ही नहीं दिखलाई पड़ता था। ऐसी अवस्था में ईसाई धर्म दया और शांति का संदेश लेकर जनता के सामने पहुँचा। उसने सांसारिक दुखों और यातनाओं की काली घटाओं में मुक्ति रूपी आशा की विद्युत रेखा दिखलाई। इससे जनता को धीरज बँधा और लोगों का साहस बढ़ा। दूसरे ईसाई धर्म के गिरजाघर तथा अन्य धार्मिक संस्थान बर्बर जातियों के कोप से भी बचे रहे। इसका कारण यह था कि आक्रमणकारी ईसाई धर्म के अनुयायियों के तत्कालीन अंधविश्वासों तथा जनश्रुतियों को सुन-सुनकर ईसाई धर्म की शक्ति को ईसाई गिरजाघरों से भयभीत रहने की भावना ने ईसाई धर्म की शक्ति को अभिवृद्धि में और अधिक योग दिया। यही नहीं ईसाई धर्म के प्रचारकों ने कुछ बड़े रचनात्मक काम भी किये। पादरियों ने गाँवों में जा-जाकर शिक्षा प्रसार किया। अस्पताल और स्कूल स्थापित किये। मुफ्त औषधियों के वितरण की व्यवस्था को इन रचनात्मक कार्यों ने ईसाई धर्म की लोकप्रियता को और भी बढ़ा दिया। ईसाई पादरी स्वयं कष्ट सहकर दूसरों की भलाई में लगे रहते थे। अपनी सुविधाओं का कोई ध्यान न रख कर विरक्त जीवन बिताकर दूसरों की असुविधाओं को दूर करने के लिए सचेष्ट रहते थे। इसका प्रभाव साधारण जनता पर ही नहीं निरन्तर मारकाट करती रहने वाली बर्बर जातियों पर भी पड़ा।

फ्रैंक जाति के एक व्यक्ति **क्लोविस** ने इस बीच फ्रांस पर आक्रमण किया और वहाँ अपना राज्य स्थापित करने में सफलता प्राप्त कर ली। उसके वंश का नाम **मेरोविंगियन** था। क्लोविस ने सन् 416 में ईसाई धर्म ग्रहण किया और इस प्रकार फ्रांस में ईसाई धर्म फैल गया। स्पेन और पुर्तगाल में भी फ्रांस के जरिये ईसाई धर्म के प्रचारक गये और वहाँ भी अन्य धर्मों के सामने ईसाई धर्म की श्रेष्ठता मान ली गई। इस प्रकार पश्चिम और पूर्व में पुर्तगाल से लेकर जर्मनी तक तथा उत्तर और दक्षिण में इंग्लैण्ड से लेकर उत्तरी अफ्रीका तक ईसाई धर्म फैल गया। यह स्थिति नवीं शताब्दी के आरंभ होते तक की थी।

ईसाई गिरजा संघ का उत्थान

ईसाई धर्म के प्रचार और प्रसार के साथ ईसाई गिरजा का भी उत्थान हुआ। जब ईसाई धर्म अपनी प्रारंभिक अवस्था में था तब सभी ईसाई परस्पर समान समझे जाते थे तथा वे अपनी-अपनी श्रद्धा एवं भक्ति के अनुरूप प्रार्थना, दान आदि कर्म करते थे। **सन्त पॉल** ने जिन ईसाई समुदायों की स्थापना की थी उनमें प्रार्थनादि कराने के लिए एक

पुरोहित या पादरी भी नियुक्त करने की प्रथा डाल दी थी। इस पादरी को बिशप कहा जाता था। बिशप का कार्य प्रार्थनादि कराना होता था। वह यह भी देखता था कि धार्मिक अनुशासन का पालन किया जाता है या नहीं। बिशप स्थानीय गिरजाघर का भी सर्वोच्च अधिकारी समझा जाता था और उस गिरजाघर की सफाई तथा अन्य प्रकार की देखभाल भी उसी के कर्तव्यों का अंग समझी जाती थी। बिशप को स्थानीय ईसाइयों का समुदाय ईसा का प्रतिनिधि समझा करता था और उसे 'फादर' या 'पिता' कहकर संबोधित किया जाता था। बिशप की सहायता के लिए वयोवृद्धों की एक परामर्शदात्री परिषद् होती थी जो गिरजाघर के प्रशासन एवं अनुशासनात्मक कार्रवाइयों आदि के मामलों में बिशप को सलाह दिया करती थी। प्रारंभ में यह कार्य छोटे पैमाने पर होता था लेकिन राजकीय संरक्षण मिलने तथा ईसाई धर्म के बहुत फैल जाने के बाद स्थिति और बदल गई तथा बिशपों के पद की मर्यादा तथा उत्तरदायित्व और अधिक बढ़ गये। ईसाई गिरजों को धर्म लोकप्रियता बढ़ने के साथ ही अधिकाधिक चल और अचल सम्पत्ति भी मिलने लगी। कांस्टेनटीन ने स्वयं ईसाई धर्म ग्रहण कर उसके प्रचार में योग देना आरंभ कर दिया था। अतएव उसी समय से राजनीति पर धर्म का प्रभाव पड़ना भी आरंभ हो गया। इधर रोम का राजनीतिक महत्व घट गया क्योंकि रोमन सम्राट ने राजधानी वहाँ से हटा ली थी। अतएव रोम में ईसाई धर्म के अधिकारियों का प्रभाव बढ़ने लगा। जब तक सम्राट शांति और व्यवस्था का उत्तरदायित्व सँभाले थे तब तक तो ईसाई धर्माधिकारी तटस्थ और विरक्त जीवन बिताते थे लेकिन जब रोम की शांति तथा व्यवस्था का दायित्व भी उनके कंधों पर आ गया तो उन्हें विवश होकर उसे भी सँभालना पड़ा।

इस प्रकार सत्तारूढ़ हो जाने पर ईसाई धर्माधिकारियों की भी यह आकांक्षा बलवती हो उठी कि वे जनता के आचरण को धर्मानुकूल बनाएँ। इस दिशा में आगे बढ़ते हुए उन्होंने एक ईसाई राज्य स्थापित करने का प्रयत्न किया।

हम ऊपर कह आये हैं कि जहाँ-जहाँ ईसाई समुदाय रहता था वहाँ-वहाँ गिरजाघर के अध्यक्ष के रूप में बिशप या पादरी रहा करता था जो अपने कर्तव्यों के पालन में स्थानीय परामर्शदात्री परिषद् का भी सहयोग प्राप्त कर लिया करता था। इन परिषदों के ऊपर प्रान्तीय स्तर पर भी एक सभा हुआ करती थी जिसे ईसाई धर्म के अनुयायी साइनोड्स कहते थे। प्रान्तीय सभाएँ यथासंभव स्थानीय परिषदों के कार्य में कोई हस्तक्षेप नहीं करती थीं लेकिन आवश्यकता पड़ने पर धर्म के सामूहिक हितों की रक्षा के लिए वे उचित कार्रवाई करने का अधिकार रखती थीं। प्रान्तीय सभाओं के ऊपर एक सर्वोच्च सभा होती थी। सर्वोच्च सभा किसी भी प्रान्तीय सभा के निर्णय को रद्द कर सकती थी। इस सर्वोच्च सभा का अधिवेशवन खास-खास अवसरों पर ही बुलाया जा सकता था क्योंकि आर्थिक दृष्टि से यह कार्य बड़ा व्ययसाध्य था। अतएव यह आवश्यकता अनुभव की जाने लगी कि समस्त विशपों का भी एक उच्चतम विशप हो जो आवश्यकता पड़ने पर सभी

का पथ-प्रदर्शन कर सके। उस समय यह तय करना बड़ा ही कठिन कार्य था कि किस स्थान के बिशप को सबसे बड़ा बिशप समझा जाए।

रोम में पोपशाही की स्थापना

यह तो ठीक ही था कि कोई एक सबसे बड़ा बिशप रहे लेकिन यह तय नहीं हो सका कि वह पद किस स्थान के बिशप को दिया जाए। कुस्तुन्तुनिया, जेरूसलम, सिकन्दरिया, एण्टीऑक आदि सभी स्थानों के बिशप अपने आपको सबसे बड़ा बिशप माने जाने की माँग करने लगे थे। कुस्तुन्तुनिया के बिशप का महत्व इसलिये अधिक था क्योंकि वहाँ से ही ईसाई धर्म फैला था और सम्राट कांस्टेनटीन के उसे राजधानी बना लेने के बाद वह पूर्व में ईसाई धर्म के प्रचार का एक प्रधान गढ़-सा हो गया था। जेरूसलम के बिशप की महानता इसलिए मानी जानी चाहिए थी कि वहाँ स्वयं महाप्रभु ईसा ने जन्म लिया था और दीन-दुखियों के बीच ईसाई धर्म का प्रचार किया था और इसी प्रकार अन्य स्थानों के बिशपों की भी अलग-अलग दलीलें थीं। लेकिन ये सब नगर पीछे रह गये और रोम के बिशप को ही पोप मान लिया गया। रोम की इस प्रकार की प्रधानता स्थापित हो जाने के कई कारण थे। इनमें सबसे पहला कारण तो यह था कि रोम के बिशप अत्यन्त योग्य हुआ करते थे। यह सत्य है कि रोम के आरंभकालीन बिशप अत्यन्त साधारण कोटि के थे लेकिन बाद में यह बात न रही। राजनीतिक, धार्मिक एवं सामाजिक सभी विषयों की समस्याओं पर इनका चिन्तन अत्यन्त गंभीर और गहन हुआ करता था। ऐसे बिशपों की नियुक्ति तीसरी शताब्दी से आरंभ हुई। दूसरा कारण यह था कि रोम में प्रान्तीय ईसाई गिरजाघरों के संघों को स्थापित किया गया। इस संघ की देख-रेख का काम रोम के बिशप को सौंपा गया। अतएव रोम के बिशप इन संघों के काम-काज की देखभाल तथा उनका निरीक्षण ठीक उसी प्रकार किया करते थे जिस प्रकार कोई केन्द्रीय अधिकारी प्रान्तीय शासन की कार्रवाइयों पर नजर रखा करता है। तीसरा कारण यह था कि चौथी शताब्दी के मध्यान्त में सारडिका में ईसाई संघों की सर्वोच्च सभा का जो अधिवेशन हुआ करता था उसने रोम के बिशप को यह अधिकार दे दिया कि वह अन्य स्थानों के बिशपों के आदेशों के विरुद्ध की गई अपीलों को सुने। इसके बाद पाँचवीं शताब्दी में सम्राट् वेलेनटाइन तृतीय ने रोम के बिशप को श्रेष्ठतर घोषित करते हुए उनको सबसे बड़ा बिशप बतलाया। चौथा कारण यह हुआ कि सम्राट् कांस्टेनटीन के रोम छोड़ चले जाने से रोम के बिशप का उस समय तक जो केवल धार्मिक महत्व था वह और बढ़कर राजनीतिक भी हो गया। क्योंकि रोम का शासन-भार भी बिशप तथा उसके सहयोगियों के कंधे पर आ गया। पाँचवाँ कारण यह था कि वहाँ पर ईसा के एक बहुत बड़े अनुयायी **सन्त पीटर** ने ईसाई धर्म की शिक्षाओं का प्रचार किया था और इस कार्य को करते हुए बड़े-बड़े दुख सहे थे। अन्त में वहीं उनकी मृत्यु भी हुई थी। सन्त पॉल ने भी अपना कार्य क्षेत्र रोम को चुना था। रोम की ऐतिहासिकता भी उसकी उत्कृष्टता का एक कारण थी। छठा कारण यह था कि रोमन

सम्राटों के अत्याचार काल में जब अन्य स्थानों में कहीं कोई बिशप नहीं थे तब रोम के बिशप ने दीन, दुखी और दलित जनता को पीड़ा से मुक्ति दिलाने का आश्वासन दिया था। सातवाँ कारण यह था कि जब अनेक बर्बर जातियाँ इटली पर आक्रमण कर रही थीं उस समय रोमन सभ्यता से उनकी रक्षा रोम के बिशप ने ही की थी। सबसे अन्त में **पोप लियो** महान ने पोप को उपाधि केवल पाँचवीं शताब्दी के मध्य में केवल रोम के बिशप के लिए ही सुरक्षित कर दी। उक्त घोषणा के अनुसार केवल रोम के बिशप को ही पोप कहा जा सकता था–अन्य किसी स्थान के बिशप को पोप कहकर सम्मानित नहीं किया जा सकता था। यह परम्परा आज तक चली आ रही है।

पोपतंत्र की स्थापना हो जाने के बाद ईसाई गिरजा संघों का संगठन रोमन साम्राज्य के अनुरूप हो गया। इस राज्य में लगभग सभी ईसाई थे। शासन व्यवस्था प्लेटो की '**रिपब्लिक**' के आदर्शों के अनुसार चलाने का प्रयत्न किया जाता था। पोप का स्थान इस सारी व्यवस्था के बीच लगभग एक दार्शनिक शासक का-सा हो गया था। पोप अपनी सहायता के लिए बहुत से कार्डिनलों की नियुक्ति किया करता था। ये कार्डिनल प्रशासन तथा न्याय कार्य में पोप की सहायता किया करते थे। पोप के राज्य में नागरिकता संबंधी सारे अधिकार मात्र बपतिस्मा से मिल जाते थे। पोप का राज्य एक प्रकार धर्मतंत्र राज्य था। यहाँ पोप द्वारा नियुक्त धार्मिक अधिकारी राज्य के अधिकारियों का काम करते थे। बाइबिल तथा अन्य सन्तों की वाणी में जिन नियमों की चर्चा थी वही नियम पोप राज्य की विधियाँ थीं। जो लोग धार्मिक विधियों का पालन नहीं करते थे उनको ईसाई धर्म से निकाल दिया जाता था। यह निष्कासन एक प्रकार का सामाजिक बहिष्कार-सा हो जाता था और इससे बड़े-बड़े राजा भयभीत रहा करते थे।

पोप तंत्र में कर वसूली

पोप के राज्य में अनेक कर भी वसूल किये जाते थे। इन्हीं करों द्वारा शासनादि का कार्य चलाया जाता था। एनेट्स, पीटर्सपेंस, टाइथ्स आदि नामों के कई कर लिये जाया करते थे। एनेट्स कर उपज पर ही ले लिया जाया करता था। यह कर निश्चित नहीं था। जो पोप अपने समय के लिये जितनी मात्रा निर्धारित कर देता था उतना ही कर ले लिया जाता था। पीटर्सपेंस नाम का कर एक धार्मिक कर था। यह हर वर्ष प्रत्येक परिवार से एक चाँदी की मुद्रा के रूप में लिया जाता था और इसका उपयोग सन्त पीटर के गिरजाघर के निर्माण में किया जाता था। टाइथ्स नाम का कर फसल या उत्पादन पर लिया जाता था। यह आय का दशमांश होता था। करों की वसूली तथा राज्य की रक्षा आदि कार्यों के लिए जब युद्ध की आवश्यकता होती तो टेम्पलर्स संघ के आदमी जाते थे। इसके अतिरिक्त हॉस्पिटलर्स का भी एक संघ था। इसका काम रेडक्रास जैसा था। युद्ध में आहत तथा बीमार सैनिकों की सेवा करना इस संघ के सेवकों का काम हुआ करता था।

पोप के अन्य देशों में भी प्रतिनिधि रहा करते थे। इन प्रतिनिधियों को लीगेट्स कहा जाता था। शिक्षा के लिए बड़े-बड़े विश्वविद्यालयों की स्थापना भी पोप द्वारा की गई थी। यही कारण है कि आज भी विश्वविद्यालयों में धर्माधिकारियों की पदवियों से ही विश्वविद्यालय के अधिकारियों को संबोधित किया जाता है।

पोप ग्रेगरी

पोप ग्रेगरी महान का नाम अपनी योग्यताओ के कारण पोपतंत्र के इतिहास में अत्यन्त विख्यात हो गया है। उसका जन्म इटली के प्रसिद्ध नगर रोम में सन् 540 में हुआ था और ग्रेगरी महान का धनी परिवार अत्यन्त प्रतिष्ठित एवं उच्चकुल का समझा जाता था। तैंतीस वर्ष की अवस्था में वह रोम का एक धर्माधिकारी (प्रीफेक्ट) नियुक्त कर दिया गया। वह प्रारंभ में ही वेनेडिक्टाइन सम्प्रदाय की शिक्षाओं से बड़ा प्रभावित हो गया था और उसने इन शिक्षाओं के अनुरूप ही अपने जीवन को, वैभव और सम्पत्ति का परित्याग कर बड़ा सरल बना दिया था। वेनेडिक्टाइन सम्प्रदाय की स्थापना सन्त बेनेडिक्टो ने की थी। इस सम्प्रदाय का मठ या आश्रम दक्षिणी इटली के एक नगर नेपुल्स के निकट माण्टे केसिनो में था। यह सम्प्रदाय इन्द्रिय निग्रह और आत्म-संयम पर विशेष रूप से बल देता था। इस सम्प्रदाय के अनुयायियों ने विज्ञान और कला के [illegible] में बड़ा महत्वपूर्ण कार्य किया, बड़े-वड़े हस्तलिखित ग्रंथों की प्रतिलिपियाँ तैयार की ग्रेगरी ने भी ऐसे कई काम किये। ग्रेगरी ने '**पेस्टोरल रूल**' नाम का एक ग्रन्थ भी लिखा। इस ग्रन्थ के लिखने में उसने अपनी राजनीति-कुशल बुद्धि एवं दूरदर्शिता का अच्छा परिचय दिया है। लगभग नौ वर्षों तक (576-585 ई.) ग्रेगरी कुस्तुनतुनिया में रोम के प्रतिनिधि के रूप में रहा। इसके वाद लौटने पर सन् 590 में वह पोप के पद के लिये निर्वाचित हुआ। चौदह वर्षों तक पोप के पद पर रहने के वाद सन् 604 में उसकी मृत्यु हुई। वह एक बार इंग्लैण्ड जाते-जाते रुक गया। वह वहाँ एंग्लिकन जाति का धर्म परिवर्तन कराने के लिए जा रहा था। मार्ग में बाइबिल पर एक टिड्डी बैठ गई जिसका अर्थ उसने यह लगाया कि आगे न जाकर वह जहाँ है—वहीं रुक जाए। धर्म प्रचार के लिए अन्त में उसने अपने स्थान पर सन्त ऑगस्टाइन को भेजा। जैसा कि ऊपर कहा जा चुका है—वह एक पटु प्रशासक तथा कुशल राजनीतिज्ञ भी था। इंग्लैण्ड के संवंध में जब उससे कुछ प्रश्न पूछे गये तो उनका उसने अत्यन्त चतुराई से उत्तर दिया था। रोमन आधिपत्य काल में इंग्लैण्ड में मूर्तिपूजन हुआ करता था और रोमनों ने वहाँ बड़े-बड़े मूर्ति मन्दिर स्थापित किये थे। ये मन्दिर बड़े सुन्दर थे। ईसाई धर्म का जब वहाँ प्रचार करने के लिए सन्त ऑगस्टाइन जाने लगे तो ऑगस्टाइन ने पूछा कि क्या इन सब मन्दिरों को नष्ट-भ्रष्ट किया जाना चाहिए? इसका उत्तर ग्रेगरी ने निषेधात्मक दिया और कहा कि मन्दिरों को नहीं उनमें स्थापित मूर्तियों को नष्ट कर दिया जाना चाहिए और उन मन्दिरों को सच्चे ईश्वर के पूजन का स्थान बना

देना चाहिए। इसके अतिरिक्त उन दिनों पोपशाही की आर्थिक अवस्था बड़ी खराब थी। उसने पोप के कोष की समुचित व्यवस्था कर उसकी स्थिति को सन्तुलित किया। बर्बर जातियों की एक जाति लम्बार्डो ने इटली में पोप के राज्य के बहुत से हिस्से पर कब्जा कर लिया था। ग्रेगरी ने अत्यन्त चतुराई से उनको इटली से निकाल बाहर किया और खोई हुई भूमि को पोपशाही के सुपुर्द कर दिया। उसका विश्वास था कि ईसाई धर्म के अनुयायी ही ईश्वर की कृपा के पात्र हो सकते हैं। जो ईसाई नहीं होंगे वे कभी ईश्वर के साक्षात्कार नहीं कर सकेंगे।

ग्रेगरी की शिक्षाएँ

ग्रेगरी ने अपनी शिक्षाओं तथा प्रचार का कार्य से भी पोपशाही की महिमा को बढ़ाया। उसका कहना था कि ईसाई पादरियों या बिशपों को सांसारिकता से विरक्त रहना चाहिए और तटस्थ बुद्धि से व्यावहारिक कर्तव्यों का पालन करना चाहिए। ऐसा करने से हम किसी भी समय ईश्वर से मिलने के लिए तैयार रहेंगे। यदि हम सांसारिकता में लिप्त हो जाते हैं इसका अर्थ यह होगा कि जब उचित अवसर आयेगा तो हम ईश्वर से साक्षात्कार करने के लिए तैयार न होंगे और इस प्रकार अपने जीवन के लक्ष्य से विमुख हो जायेंगे। संसार दुःख और कष्ट का सागर है। इसके दुःखों और कष्टों की महाप्रभु ईसा ने हमें इसीलिए दिखलाया कि उसके अवगुणों का हमें ज्ञान रहे और हमारी बुद्धि उसमें किसी प्रकार लिप्त न हो जाए। जब हमारी बुद्धि निर्लिप्त रहेगी तो हम सदैव सतर्क एवं तत्पर रहेंगे। संसार के संबंध में ग्रेगरी का दृष्टिकोण निराशावादी था। ग्रेगरी ने कहा है कि संसार निरन्तर "वृद्ध एवं जर्जर होता जा रहा है। संसार का कष्टसागर उसे मृत्यु की ओर लगातार घसीटे लिये जा रहा है।" ग्रेगरी पोपशाही का कट्टर समर्थक था और उसका कहना था कि अन्य स्थानों का प्रत्येक बिशप पोप के आधीन है।

राज्य संबंधी विचार

राज्य की उत्पत्ति के संबंध में पोप ग्रेगरी के विचार भी अन्य ईसाई सन्तों की ही भाँति थे। वह मानता था कि राज्य का मूल पाप है और शासन पापी मनुष्य जाति की नियामक शक्ति है। उसका राजसत्ता तथा धर्मसत्ता के संबंधों के विषय में यह मत था कि राजसत्ता को धर्म सत्ता की श्रेष्ठता स्वीकार करनी चाहिए लेकिन राजसत्ता यदि ऐसा नहीं करती तो धर्मसत्ता को उसके विरुद्ध शस्त्र ग्रहण करने का अधिकार नहीं है। राजा यदि धर्मसत्ता के आदेशानुकूल आचरण करता है तो ठीक है। यदि उसका आचरण धर्मादेशों के विपरीत होता है तो उसे पारलौकिक जीवन में कष्ट भोगने के लिए तैयार रहना चाहिए। प्रजा से वह यह कहता था कि अराजकता बुरे राजा की अधीनता से भी भयंकर और खतरनाक है। अतएव राजा यदि पापी भी हो तो भी उसे सहन करना चाहिए। प्रजा का पवित्र कर्तव्य है कि वह पापी राजा की आज्ञाओं का उस सीमा तक पालन करे जब तक

उससे पाप करने के लिए न कहा जाए। पोप ग्रेगरी ने लिखा है कि "यदि राजा के कुछ कार्य सचमुच सदोष हों तब भी उनके विरुद्ध मुँह से कुछ नहीं कहना चाहिए। यदि राजा के कामों के विरुद्ध भूल कर भी कभी जवान खुल जाए तो क्षोभ और लज्जा से मुँह तत्काल नीचे झुका लेना चाहिए जिससे वह उस सत्ता से दब कर रहे जिसने राजसत्ता को उसके ऊपर बैठाया है।" ग्रेगरी का कहना था राजसत्ता का विरोध करना प्रत्यक्षतः ईश्वर का ही विरोध करना है।'

पोप ग्रेगरी का यह मत पूर्ववर्ती ईसाई सन्तों की तुलना में विशेषकर सन्त एम्ब्रोस की तुलना में कुछ निर्बल लगता है। जैसा कि सन्त एम्ब्रोस के विचारों के संबंध में हम लिख आये हैं—वह धर्मसत्ता के मामले में राजसत्ता के हस्तक्षेप को तनिक भी बरदाश्त नहीं कर सकता था। ग्रेगरी के इस सहिष्णुतावादी मत का कारण यह था कि उस समय मध्य यूरोप तक इटली में बड़ी अशान्ति थी।

अध्याय—11

मध्ययुग में सामन्तवाद

ऐतिहासिक पृष्ठभूमि, सामन्तवाद क्या है, सामन्तवादी युग के चार प्रमुख तथ्य, सामन्तवादी समाज, सामन्तवाद में खेतिहरों की दशा, भूमिपति और आश्रित, आश्रित के कर्तव्य, सामन्तवाद के विभेद और व्यापकता, सामन्तवादी युग की कुछ विशेषताएँ, विधि-संहिताओं की रचना, सामन्तवादी युग के न्यायालय, न्याय-व्यवस्था में विधि का स्थान, सामन्तवादी युग के कुछ विचारक, जॉन सैलिसबरी, सामन्तवादी युग में राजा और राज्य की स्थिति, सामन्तवादी युग का महत्व और अनुदाय।

सामन्तवाद मध्ययुग की अनिवार्य प्रवृत्ति थी। एक पाश्चात्य लेखक ने मध्ययुग में सामन्तवाद की प्रमुखता की चर्चा करते हुए लिखा है कि प्राचीनकाल में अर्थात् यूनान तथा रोमन सभ्यता एवं संस्कृति के काल में नगरों की जितनी प्रधानता थी उतनी ही प्रधानता मध्ययुग में सामन्तवाद की थी। यद्यपि यह सच है कि सामन्तवाद की वजह से मध्ययुग में राजनीतिक प्रगति अवरुद्ध रही तथापि कालान्तर में इससे बड़ी सहायता मिली और आधुनिक युग के अनेक संवास और संस्थान भी सामन्तवाद के अनुदाय ही हैं। सामन्तवाद के उदय तथा उसकी उत्पत्ति के क्या आधार थे—उसका राजनीतिक महत्व और अनुदाय क्या है—सामन्तवाद का सही-सही चित्र क्या था—इन सब बातों को समझने और उनकी जानकारी प्राप्त करने के लिए यह उचित होगा कि हम सामन्तवाद की ऐतिहासिक पृष्ठभूमि को समझ लें।

ऐतिहासिक पृष्ठभूमि

रोमन सम्राट् कांस्टेनटीन ने जब अपनी राजधानी रोम से कुस्तुनतुनिया स्थानान्तरित कर दी तो रोम साम्राज्य स्पष्टतः दो भागों में विभक्त हो गया : (1) पौर्वात्य साम्राज्य,

और (2) पाश्चात्य साम्राज्य। एक साम्राज्य की केन्द्रीय सत्ता कुस्तुनतुनिया में रही और दूसरे की रोम में। सम्राट कांस्टेनटीन के रोम से हट जाने के कारण रोम की केन्द्रीय सत्ता अपेक्षाकृत निर्बल हो गई। इस निर्बलता को बर्बर जातियों ने पूरा-पूरा लाभ उठाया और उनके आक्रमणों की संख्या निरन्तर बढ़ती चली गई। बर्बर जातियों के ये आक्रमण पश्चिमी रोमन साम्राज्य पर मध्य यूरोप के रास्ते से किये जाते थे। आक्रमणकारियों में फ्रेंक, लम्बार्ड, गोथ्स आदि जाति समुदायों के नाम विशेष रूप से उल्लेखनीय हैं। इन जातियों के आक्रमणों की तुलना भारत पर हुए हमलों और हूणों के आक्रमण से की जा सकती है। पहले तो इन बर्बर जातियों के आक्रमण केवल लूटपाट के लिए हुआ करते थे किन्तु बाद में इन जाति समुदायों ने पश्चिमी यूरोप में बसना भी शुरू कर दिया। इसके साथ ही बड़े-बड़े साम्राज्यों की नींव भी पड़ी। फ्रैंक विजेताओं ने फ्रांस में साम्राज्य स्थापित किया। पिपिन तथा चार्लमैन—इसी जाति के थे। लेकिन ये साम्राज्य सभी स्थानों में नहीं बने। कहीं-कहीं पर छोटे-छोटे राज्य भी बने। इन छोटे-छोटे स्वतंत्र राज्यों की स्थापना चार्लमैन के पश्चात् पवित्र रोमन साम्राज्य के खण्डित हो जाने के बाद हुई।

बर्बर जातियों के आक्रमण का प्रभाव

यह कहना ठीक न होगा कि बर्बर जातियों के आक्रमण के कारण ही रोमन साम्राज्य ढह गया। वास्तविकता यह है कि रोमन साम्राज्य स्वयं ही पतन के गर्त की ओर बढ़ रहा था। बर्बरों के आक्रमण ने उसे एक और ठोकर मारकर उसकी अन्त्येष्टि कर दी। बर्बर जाति के आक्रमण गुरिल्ला-आक्रमणों की भाँति कभी एक स्थान पर तो कभी दूसरे स्थान पर हुआ करते थे। किसी एक जगह जम कर युद्ध न होने से रोमन सेना उनका सामना करने में अपने आपको बिल्कुल असमर्थ पाती थी। इसका परिणाम यह हुआ कि जनता में अरक्षा की भावना आ गई। चारों ओर अव्यवस्था और अराजकता फैल गई। लोग अपनी सम्पत्ति तथा अपने प्राणों की रक्षा के लिए राज्य की सेना पर निर्भर न रह कर अपने बाहुबल तथा बर्बर आक्रमणकारियों को सन्तुष्ट करने की अपनी क्षमता पर निर्भर रहने लगे। यात्राएँ करना निरापद नहीं रहा। रोमनों ने जो बड़ी-बड़ी सड़कें बनाईं थीं—वे नष्टभ्रष्ट हो गईं। उन पर घास उग आईं और उन सड़कों का स्थान पतली-पतली पगडण्डियों ने ग्रहण कर लिया। राजमुद्रा की एकरूपता नहीं रही। विभिन्न स्थानों के शक्तिशाली शासन अपनी-अपनी मुद्राएँ चलाने लगे। ऐसी अवस्था में व्यापार एवं वाणिज्य के गति भी अवरुद्ध हो गई। केन्द्रीय सत्ता की शक्ति के ह्रास का परिणाम यह हुआ कि बड़े-वड़े नगरों की रक्षा के लिए बड़ी-बड़ी चहारदीवारियाँ खड़ी की जाने लगीं। गाँवों की दशा यह हो गई कि वहाँ रहने वाले अपनी आवश्यकताओं के लिए बाहर के बड़े-बड़े नगरों में उत्पादित वस्तुओं पर न निर्भर रह कर अपनी आवश्यकता की सामग्री गाँवों में ही बनाने लगे। बर्बर जातियों के सैनिकों के आक्रमणों से बचने का यही मार्ग शेष था कि

आसपास के गाँव और नगरों के निवासी किसी निकटवर्ती शक्तिशाली व्यक्ति की अधीनता स्वीकार कर लें और वह उसके बदले उनकी रक्षा करे। बर्बर जातियों के हमलों से बचने का एक और मार्ग यह था कि जब आक्रमणकारी आवें तो लोग गिरजाघरों में जा छिपें क्योंकि हमलावर सैनिक गिरजाघरों पर न तो आक्रमण करते थे और न उनकी सम्पत्ति ही लूटते थे। वे गिरजाघरों को पवित्र मानते थे और ईश्वरीय कोप से भयभीत रहते थे। वे मध्ययुग की इन जनश्रुतियों तथा अंधविश्वासों को मानते थे कि गिरजाघरों पर आक्रमण करने से उसका परिणाम ईश्वरीय कोप के रूप मे भोगना पड़ता है। उन दिनों ऐसे कोप की अनेक जनश्रुतियाँ प्रचलित थीं। इस प्रकार दो संस्थाओं को मध्ययुग में उद्दीयमान होने का अवसर मिला–(1) सरदारशाही, और (2) ईसाई गिरजा। ईसाई गिरजा के अभ्युदय पर तो हम पिछले अध्याय में विचार कर ही चुके हैं। सरदारशाही या सामन्तवाद की उत्पत्ति और विकास तथा उसके महत्व एवं अनुदाय पर हम प्रस्तुत अध्याय में विचार करेंगे।

बर्बर जातियों का रचनात्मक कार्य

आक्रमण और लूटपाट करने की प्रवृत्ति समाप्त हो जाने के बाद जब आक्रमणकारियों ने पश्चिमी यूरोप में फैलना और बसना आरंभ किया तो उनके सामने समाज और राज्य के निर्माण तथा उनकी रचना की समस्याएँ सामने आईं। रोमन समाज और साम्राज्य का ढाँचा तो ढह ही चुका था। उसके रिक्त स्थान की पूर्ति बर्बर विजेताओं को करनी थी। उन्हें मिलकर समाज और राज्य की रूपरेखा निश्चित करनी थी। यह कार्य करने के लिए उन्हें शान्ति का वातावरण नहीं मिला। इसका कारण यह था कि इस काल में युद्ध बराबर होते रहते थे। इन युद्धों में विजय लाभ करने के लिये सैन्य-संचय में बराबर करते रहना पड़ता था। यह तो थी वाह्यस्थिति-आन्तरिक दशा यह थी कि भूमिवितरण एवं कृषि उत्पादन की समस्याओं को हल करना था। यही नहीं राज्य के अन्दर भी दो समाजों का संघर्ष चल रहा था। एक समाज था बर्बर जातियों का। यह समाज पितृ प्रधान था। इसमें घर के मुखिया की स्थिति सर्वोच्च समझी जाती थी और दूसरा समाज वह जिसकी रचना रोमन साम्राज्य के काल में हुई थी। बर्बर जातियों के समाज में जहाँ एक ओर सामूहिकता थी, संश्लिप्टता और एकरूपता थी, वहीं पवित्र रोमन साम्राज्य जनित ईसाई समाज में वैयक्तिकता थी, शैथिल्यता थी और बहुरूपता का जोर था। एक राजा के अन्तर्गत बहुत से सामन्तों के होने के कारण राज्य की एकता नष्ट हो गई थी। यही कारण है कि मध्ययुग में राजनीतिक एकता का अभाव खटकता रहता है। इसके अलावा इन सामन्तों का कोई निश्चित पद या स्तर भी स्थिर नहीं था। सब कुछ व्यक्तिगत शौर्य, बाहुबल और शक्ति पर निर्भर करता था। एक ही राज्य में बहुत-सी छोटी-छोटी रियासतों के पनप जाने का परिणाम यह हुआ कि मध्ययुग में उन राष्ट्र-राज्यों की कल्पना नष्ट हो गई जो आधुनिक युग में जाकर फलफूल सके हैं।

सामन्तवाद क्या है?

उक्त ऐतिहासिक पृष्ठभूमि को दृष्टि में रखते हुए हमारे लिये अब यह संभव हो सकेगा कि सामन्तवाद के विभिन्न तत्वों का विश्लेषण कर हम जान सकें कि सामन्तवाद क्या है? वास्तव में सामन्तवाद की कोई एक परिभाषा करना बड़ा कठिन कार्य है। वैसे तो किसी भी वस्तु की कोई सर्वमान्य परिभाषा करना सरल कार्य नहीं किन्तु सामन्तवाद के मामले में यह कठिनाई और भी इसलिए बढ़ जाती है कि न तो उसकी कोई काल सीमा है और न निश्चित संवास। काल विस्तार की दृष्टि से सामन्तवाद के ऐसे अनेक तत्व हैं जो पाँचवीं शताब्दी में थे और कुछ ऐसे भी तत्व हैं जो 11वीं और 12वीं शताब्दी में सामन्तवाद के अन्त तक विकसित होते रहे। इस प्रकार जहाँ तक सामन्तवाद के तत्वों का संबंध है, यह कहा जा सकता है कि उनका जन्म और विकास 5वीं शताब्दी से लेकर 12वीं शताब्दी तक हुआ। सामन्तवाद के विभिन्न तत्व क्या थे—यह जानने से पूर्व अधिक अच्छा यह होगा कि हम यह जान लें कि उनके तत्वों की उत्पत्ति के साधन क्या थे। इन साधनों में प्रमुखतः रोमन और बर्बर जातियों के संवासों और प्रथाओं का नाम लिया जा सकता है। **विनाग्रेडोफ** नाम के एक विचारक ने लिखा है कि मध्ययुग में सामन्तवादी संवासों का प्रभाव उतना ही प्रवल था जितना प्राचीन युग में नगर-राज्यों का। सच तो यह है कि सामन्तवादी तत्वों की उत्पत्ति शासक और शासित दोनों वर्गों की तरफ से हुई।

अच्छा होगा कि यदि सबसे पहले हम यह समझ लें कि सामन्तवाद के निर्माण में बर्बर जातियों का क्या अनुयोग था? बर्बर जातियों के सदस्य प्रारंभ से लड़ाकू और मारकाट करते रहने वाले व्यक्ति थे। ऐसी जाति का सैनिक स्वभाव हो जाना असाधारण बात नहीं। जिस प्रकार सेनाओं में टुकड़ियों के सरदार और सेनापति आदि होते हैं, उसी प्रकार इन जातियों में छोटे-छोटे सैनिक समूहों के सरदार बन गये थे। इन सब को एक व्यक्ति के नेतृत्व में रहना पड़ता था। इन जाति समूहों के पारस्परिक संबंधों के दो आधार थे। पहला आधार, रोटी-बेटी का संबंध था और दूसरा, पारस्परिक भाई-चारे या मैत्री के नाते का। इन दो प्रकार के संबंधों के कारण ये जाति समूह एक दूसरे की संकट या आपत्तिकाल में सहायता किया करते थे। उनके यहाँ संवासों के केन्द्रीकरण की कोई व्यवस्था न थी। प्रत्येक समूह के अपने-अपने पृथक्-पृथक् संवास होते थे और उनकी परम्पराएँ भी भिन्न-भिन्न हुआ करती थीं। यह भिन्नता स्थानीय स्वशासन या स्वायत्त शासन पर विशेष बल देती थी। इंग्लैण्ड में इस प्रकार के स्वायत्तशासन का विकास बर्बर जातियों के प्रभाव के कारण ही हो सका और आज तो वह इंग्लैण्ड के सम्पूर्ण वैधानिक और प्रशासनिक यंत्र का मूलाधार ही बन गया है। इंग्लैण्ड से ही यह प्रभाव उसके साम्राज्यान्तर्गत देशों तक भी पहुँचा। बर्बर जातियों का रोमनों अथवा यूनानियों की भाँति बहुत अधिक आर्थिक विकास नहीं हो पाया था। इसीलिये यदि उनके आर्थिक इतिहास का अवलोकन किया जाए तो पता चलेगा, कि मध्ययुग के आरंभिक दिनों में ये बर्बर जातियाँ

व्यापार-वाणिज्य आदि की कोई चिन्ता नहीं करती थीं। वे आवास योग्य भूमि के अभाव में बनजारों का-सा घुमक्कड़ जीवन बिताया करती थीं और प्रारंभिक आक्रमणों की लूट-पाट के बाद उनका मुख्य लक्ष्य यह हो गया था कि उनको रहन-बसने के लिये अधिक-से-अधिक भूमि मिल जाए। पश्चिमी रोमन साम्राज्य के विनाश के काल में उनका यह लक्ष्य स्पष्ट हो गया था। बहुत से बर्बर सरदारों में राज्य के बहुत से हिस्सों को हड़प लिया था और वे उन पर शासन करने लगे थे। इस कार्य में '**फ्रेंकिश**' नाम की जाति को बड़ी सफलता प्राप्त हुई थी। चार्लमैन की चर्चा हम ऊपर कर आये हैं। चार्लमैन इसी जाति का था। लेकिन बर्बर जातियों के साम्राज्य स्थापित करने के प्रयत्न अधिक सफल न हो सके और चार्लमैन का साम्राज्य भी उसके पश्चात् छिन्न-विच्छिन्न हो गया। स्थानीय अधिकारी तथा बड़े-बड़े भूमिपतियों की उस अराजकता के युग में बन आई। वे स्थानीय परम्पराओं की तो रक्षा करते थे लेकिन इसके बाद उन्हें जहाँ भी स्वच्छन्दता मिलती उसका वह स्वतंत्रतापूर्वक प्रयोग करते थे। यद्यपि ये अधिकारी और भूमिपति थे तो बर्बर जाति समूहों के, लेकिन इनके आगे-पीछे रोमन साम्राज्य का भूत नाचा करता था। इसका अर्थ यह है कि वे एकछत्र राज्य का स्वप्न देखा करते थे। यह कार्य उनके इतिहास में पहले कभी नहीं हुआ केवल रोमनों ने यह भी कर दिखाया। इसीलिए रोमनों की ओर इनका देखना स्वाभाविक था। इस कार्य में इन भूमिपतियों को प्रारंभ में गिरजाघरों का भी सहयोग मिला। रोमन मूर्तिपूजक थे और उनकी प्रजा ईसाई धर्म की अनुयायिनी थी—इसलिए रोमन शासकों के साथ प्रजा इतना सहयोग न कर पाई लेकिन बर्बर जाति के भूमिपति ईसाई धर्म के परिपोषक निकले। ऐसी अवस्था में भूमिपतियों के साथ उस समय की प्रजा ने अधिक स्वेच्छापूर्वक सहयोग प्रदान किया। इसके अतिरिक्त रोम का प्रभाव विधि-संहिताओं द्वारा भी बढ़ा जिसकी चर्चा आगे के पृष्ठों में की गई है। लेकिन यह सोचना बिल्कुल गलत होगा कि भूमिपतियों और किसानों के पारस्परिक सहयोग का संबंध धार्मिक समानता के कारण ही स्थापित हो सका। इसके कुछ व्यवहारिक कारण भी थे। इनकी चर्चा सरसरी तौर पर ऊपर की जा चुकी है किन्तु स्मरण कराने के लिए यह दोहराया जा सकता है कि उन भूमिपतियों को अपनी भूमि जोतने-बोने के लिये आदमियों की जरूरत थी और अपनी सम्पत्ति की रक्षा के लिये तथा बाह्य आक्रमणों से बचाव करने के लिये सैनिकों की जरूरत थी। इसके साथ ही किसानों को जीवन की आवश्यकता की पूर्ति के लिए अन्न-वस्त्र चाहिए था और यह कार्य बिना भूमि के नहीं हो सकता था। इसलिए उन्हें भूमि की आवश्यकता पड़ी। इसके अतिरिक्त आये दिन के आक्रमणों से अपनी रक्षा के लिए उन्हें नेतृत्व की भी आवश्यकता थी। इस प्रकार हम देखते हैं कि किसानों को भूमिपतियों से भूमि तथा नेतृत्व प्राप्त होता था और भूमिपतियों को ऐसे आदमी मिल जाते थे जो शांतिकाल में उनकी भूमि जोतते-बोते थे और युद्धकाल में सैनिक सहायता देते थे। अतएव भूमि को आधार मानकर सामन्तवाद ने पारस्परिक संबंधों का एक ऐसा जगत तैयार किया जिसका आधार

व्यक्तिगत तथा स्थानीय सम्पर्क बना। यदि हम सामन्तवाद की परिभाषा करने का प्रयत्न करें तो कुछ-कुछ ऐसे कहेंगे कि सामन्तवादी व्यवस्था भूमि के स्वामित्व के आधार पर निर्मित वह सामाजिक रूप-रेखा थी जिसमें सार्वजनिक नेतृत्व व्यक्ति के अपने संबंधों पर निर्भर होता था और राजनीतिक आधार इस बात पर कि किसके पास कितनी भूमि है। सामन्तवादी युग में यह कभी तय नहीं हो पाया कि कौन से अधिकार व्यक्तिगत हैं और कौन से अधिकार सार्वजनिक। यह उलझन मध्ययुग में नहीं बल्कि आधुनिक युग के आरंभ तक बनी रही।

सामन्तवादी युग के चार प्रमुख तत्व

इस स्थल पर यह जान लेना भी आवश्यक होगा कि सामन्तवादी युग के प्रमुख तत्व क्या थे। इन तत्वों का प्रोफेसर सिजविक ने बड़ा अच्छा विश्लेषण किया है। सामन्तवादी युग का प्रथम तत्व यह था कि बड़े-बड़े भूमिपतियों (लार्डों) द्वारा अपने अधिकृत क्षेत्रों में राजनीतिक सत्ता स्थापित कर ली जाती थी। यह भूमिपति किसी एक राजा के प्रति वफादार रहते थे। दूसरा तत्व यह था कि प्रत्येक भूमिपति के पास अनेक ऐसे खेतिहर सर्फ या दास काम करते थे जो शांति काल में उसकी जमीन जोतते-बोते थे तथा युद्धकाल में हथियार लेकर अपने मालिक की रक्षा करते थे। मालिक इसके एवज में अपने सर्फों की रक्षा तथा भूमि के द्वारा भरण-पोषण करता था। तीसरा तत्व यह था कि सामन्तवादी प्रथा में एक शक्तिशाली केन्द्रीय सरकार की स्थापना नहीं हो सकती थी। राजा सामन्तों पर तथा सामन्त अपनी भूमि पर काम करने वाले खेतिहर सर्फों पर निर्भर रहता था। चौथा तत्व यह था कि समाज में व्यक्ति की हैसियत इस बात से तय होती थी कि उसके पास कितनी भूमि है।

भूमिपतियों द्वारा सत्ता का प्रयोग

सामन्तवादी काल के आरंभ में सारी भूमि पर राजा का अधिकार माना जाता था। राजा अपनी भूमि को राजवंश के सदस्यों अथवा अपने कृपापात्रों को वितरित कर देता था। इसके बदले में वे राजा को सैनिकों की सहायता का वचन देते थे। इस ठेके में यह तय हो जाता था कि सैनिकों की संख्या कितनी होगी। यह शर्त युद्ध काल में पूरी की जाती थी। शांति की अवस्था में ये भूमिपति, जो बाद में सामन्त या सरदार भी कहे जाने लगे—राजकोष में निश्चित रकम जमा करते थे। इसी धनराशि से राजा का खर्च चला करता था। आंरभ में ये सामन्त या सरदार राजा के सहायक मात्र समझे जाते थे और प्रजा पर शासन केवल राजा की सत्ता द्वारा ही होता था। सामन्तों या सरदारों के कोई राजनीतिक अधिकार नहीं होते थे। कालान्तर में केन्द्रीय सत्ता निर्बल पड़ गई—तब यह हुआ कि शासन-व्यवस्था का भार भी इन्हीं सामन्तों पर आ पड़ा। इसका परिणाम यह हुआ कि प्रत्येक भूमिपति (लॉर्ड) या सामन्त राजा की भाँति ही अपने अधिकारों का प्रयोग करने

लगा। सरदारों की नियुक्ति की प्रथा सम्राट् क्लोविस ने आरंभ की थी। पूरे राज्य को बहुत-सी काउण्टियों में विभक्त कर दिया जाता था। काउण्टियों (जिलों) के शासन, राजस्व वसूली, न्याय-व्यवस्था आदि कि देखभाल के लिए बहुत से काउण्ट होते थे। कई काउण्टियों की देखभाल के लिये ड्यूक होते थे। काउण्ट पद पर सम्भ्रान्त और प्रतिष्ठित घरानों के व्यक्ति नियुक्त किये जाते थे तथा ड्यूक के पदों पर प्रायः राजघराने के व्यक्ति ही रखे जाते थे। जब यह प्रथा आरंभिक अवस्था में थी उस समय तो यह राजा की मरजी पर निर्भर करता था कि वह किसको कितने दिनों तक रहने देता है। लेकिन बाद में यह अवस्था हो गई कि ये पद घरानों को दिये जाने लगे और कुछ निश्चित पदों पर एक ही घराने की पीढ़ियों के लोग नियुक्त होने लगे। पदों पर आनुवंशिक नियुक्तियों के कारण इनके हाथ में राजसत्ता का भी कुछ अंश आ गया। इस ओर सबसे पहले धर्माधिकारी ही आगे बढ़े। अन्य लोगों ने उनका अनुसरण किया। ये धर्माधिकारी अधिकांशतः ईसाई होते थे। ईसाई भूमिपतियों तथा लोकजीवी भूमिपतियों में अन्तर केवल इतना था कि ईसाई भूमिपतियों को पहले सत्ता मिली और फिर भूमि और लोकजीवी भूमिपतियों को पहले भूमि मिली और तब सत्ता। कालान्तर में दोनों बराबर हो गये।

व्यक्तिगत संबंधों का महत्व

सामन्तवादी युग में व्यक्तिगत संबंधों का भी महत्व बहुत अधिक माना जाता था। रोमन साम्राज्य के अन्त के बाद नागरिकता तथा नागरिकता के अधिकारों जैसी कोई वस्तु शेष न रह गई थी। रोमन साम्राज्योत्तर अशान्ति तथा अव्यवस्था में प्रत्येक व्यक्ति को अपने परिवार तथा सम्पत्ति की रक्षा के लिये अपने बाहुबल पर ही भरोसा करना पड़ता था। यह स्थिति—बाहुबल की क्षमता से युक्त तथा धनी लोगों के लिये तो अपेक्षाकृत अनुकूल थी क्योंकि वे शस्त्रबल से तस्करों और लुटेरे आक्रमणकारियों से अपनी रक्षा करने में समर्थ थे लेकिन गरीबों और दुर्बलों के लिये यह स्थिति अत्यन्त कष्टप्रद थी। कोई भी उनके गाँवों या मकानों पर आक्रमण कर देता और उनका गला दबा कर जो चाहे ले जाता था। अतएव, उन्होंने अपनी रक्षा के लिये आस-पास के धनी और सबल जनों का आंचल पकड़ा। इस प्रकार के आश्रय लेने-देने में दोनों पक्ष एक दूसरे की सेवा का वचन देते थे और वे संबंध एक दूसरे के सहयोग पर आधारित होते थे। जो आश्रितों को संरक्षण देता था उसका जनबल बढ़ता था और जो आश्रय लेता था वह बड़ी शक्ति का पल्ला पकड़ने के बाद सुरक्षा अनुभव करता था। संरक्षक और आश्रित के संबंधों का विवेचन हम इसी अध्याय के अगले अनुच्छेदों में करेंगे।

सामाजिक स्थिति के निर्धारण में भूमि का हाथ

किसी व्यक्ति या उसके परिवार की सामाजिक स्थिति के निर्धारण में मध्ययुग में भूमि तत्व बड़ा महत्वपूर्ण माना जाता था। किसी परिवार के अधिकार में कितनी भूमि है—इसी

बात पर उसे राजसम्मान मिलता था और इसी आधार पर समाज में भी उसका स्थान निश्चित किया जाता था। पश्चिमी साम्राज्य के विघटन के काल में जब बर्बरों ने आक्रमण करने आरंभ किये तो उन्होंने अधिकांश भूमि को अपने कब्जे में ले लिया। थोड़ी-सी भूमि उन लोगों के लिये छोड़ दी गई थी जो वहाँ पहले से रह रहे थे। कहाँ कितनी भूमि छोड़ी गई और कहाँ कितनी भूमि पर कब्जा कर लिया गया इसका कोई प्रमाणिक लेखा-जोखा तो उपलब्ध नहीं है किन्तु कहा जाता है कि **बरगंडियन** जाति के आक्रमणकारियों ने विजितों के पास केवल एक-तिहाई भूमि छोड़ी थी। शेष को अपने अधिकार में ले लिया था। इसमें देश की सारी उपजाऊ भूमि सम्मिलित थी। ऐसा ही **विसिगॉथ** जाति ने भी किया था। **वेण्डाल** जाति ने भी अफ्रीका में यही किया। **फ्रैंक** जाति ने फ्रांस की समस्त भूमि इसी प्रकार हस्तगत कर ली। फ्रैंक जाति ने अपनी अधिकृत भूमि का जो भाग वितरित किया उसमें से कुछ भूमि ऐसे व्यक्तियों को भी दी गई जिस पर उनका केवल जीवन पर्यन्त ही नहीं अपितु उसके बाद भी उत्तराधिकार था। यह क्रम पीढ़ियों तक चलता था। फ्रेंकिश साम्राज्य में फिर भी कुछ भूमि बची रह गई थी। इस बची भूमि का अधिकारी राजा को माना जाता था। इसकी आय सीधी राजकोष में जमा हो जाती थी। इसके अतिरिक्त यह भी व्यवस्था रहती थी कि यदि कोई व्यक्ति राजभक्ति का प्रशंसनीय काम करे तो उसे भी भूमि दे दी जाए। राजा की भूमि को वित्तीय भूमि कहा जाता था। राजा इस वित्तीय भूमि में से अपने कृपापात्रों को कुछ भूमि देकर पुरस्कृत किया करता था और यह इनाम की भूमि या बेनीफिस कहलाती थी। जिस व्यक्ति को यह भूमि मिलती थी वह एक समारोह में सम्राट के प्रति भक्ति की शपथ ग्रहण करता था और राज्य की रक्षा में अपने सहयोग का वचन देता था। सबसे पहले सम्राट् या राजा अपनी इच्छानुसार जब चाहे दी हुई भूमि को किसी से भी छीन सकता था और किसी को भी दे सकता था। लेकिन ऐसा बहुत कम हुआ करता था। इस अधिकार के काम में न लाये जाने से क्रमशः यह अधिकार लुप्त-सा हो गया और एक बार दी गई भूमि पिता के बाद पुत्र को और पुत्र के बाद उसके पुत्र को मिलने लगी। इस प्रकार भूमि की प्राप्ति आनुवंशिक समझी जाने लगी। फ्रांस के बड़े-बड़े भूमिपति सामन्त या सरदार कहलाते थे। उनका यह ओहदा तभी तक कायम रहता था जब तक कि उनके अधिकार में भूमि रहती थी। भूमि के निकल जाने से उनका पद भी समाप्त हो जाता था और उनके राजदरबार आदि में जाने के सारे अधिकार तथा विशेषाधिकार भी समाप्त हो जाते थे। किन्तु भूमि पर घराने का पैतृक अधिकार मिल जाने से अनिश्चय की अवस्था समाप्त हो गई। अब समस्या यह उठी की प्रत्येक सामन्त के पास जितनी भूमि होती थी, वह उसका समुचित प्रबंध, विस्ताराधिक्य के कारण नहीं कर पाता था। अतएव ऐसे सामन्तों ने भूमि को वितरित करना आरंभ कर दिया। भूमि ऐसे ही व्यक्तियों को दी जाती थी जो सामन्त की उन शर्तों को पूरी कर सकें जिनके अनुसार राजा से उसे स्वयं भूमि मिली थी। इस प्रकार सामन्तों के नीचे उप-सामन्त तथा उनके नीचे और छोटे-छोटे भूमिधर बन गये। इस प्रथा का प्रभाव यह पड़ा कि किसान की भक्ति सीधे राजा

के प्रति न होकर उस-सामन्त या उप सामन्त के प्रति हो गई जिससे उसे भूमि प्राप्त हुई। यदि उस समय की सामाजिक स्थिति पर हम दृष्टि डालें तो ज्ञात होगा कि उस समय समाज के कई वर्ग हो गये थे जिसमें सबसे नीचा स्थान तो उस किसान या मेहनतकश मजदूर का होता था जो सर्फ कहलाता था। इसे कुछ शर्तों पर भूमि दी जाती थी। इन शर्तों का पालन न करने पर उसे न्यायालय में उपस्थित किया जा सकता था। लेकिन ऐसा उत्तरदायित्व एकतरफा नहीं होता था। सामन्त के भी उस खेतिहर मजदूर या सर्फ के प्रति कुछ दायित्व रहते थे जिनको न निभा सकने की अवस्था में सर्फ या तो सामन्त के ही दरबार में या राजदरबार में अपील कर सकता था और सामन्त या उप सामन्त को विवश कर सकता था कि वह पूर्व निर्दिष्ट शर्तों का पालन करे। इस प्रकार खेतिहर मजदूर, उप-सामन्त, सामन्त और राजा—सभी अधिकारों और दायित्वों के बंधनों में बँधे रहते थे। प्रत्येक को अपने कर्तव्य की पूर्ति करनी पड़ती थी।

सामाजिक वर्गीकरण

यदि सामन्तवादी युग के सामाजिक संगठन पर दृष्टि डाली जाए तो स्पष्ट हो जायेगा कि राजा, सामन्त और उप-सामन्तों आदि धनिकों का एक अलग उच्च वर्ग होता था जिसकी सारी शान-शौकत, रंग, विलास तथा सत्ता और शक्ति भूमि पर आधारित थी। इनके अतिरिक्त एक और वर्ग था जो निम्नतर समझा जाता था। यह वर्ग बहुत अधिक गरीब तो नहीं था लेकिन इसे धनिक वर्ग में भी शामिल नहीं किया जाता था। इस वर्ग के लोग अच्छे खाते-पीते परिवार के सदस्य होते थे। इस निम्न वर्ग के लोगों को दो प्रकार के उपवर्गों में विभक्त किया जा सकता है। एक तो वह वर्ग जिसका संबंध सैनिकों के रूप में सामन्तों से था और जो पूर्णतः सामन्ती दरबारों पर आश्रित था। दूसरा वह वर्ग जिसे हमें किसान पेशा कह सकते हैं। इन्हें सामन्तों से जोतने-बोने के लिए भूमि मिलती थी। इस भूमि के साथ इनके ऊपर कुछ दायित्व भी थे जिनको ये पूरा करते थे और इसके बदले में इन्हें सामन्त का सैनिक संरक्षण प्राप्त हो जाता था।

सामन्तवादी समाज

यही चार ऐसे तत्व हैं—जिन्होंने मिल कर संयुक्त रूप से सामन्तवादी समाज की रचना की। इनका सम्मिलित रूप कुछ-कुछ इस तरह का था। राज्य की समस्त भूमि का स्वामी राजा होता था। वह अपनी भूमि को बहुत से सामन्तों में बाँट दिया करता था। इन सामन्तों को यह प्रतिज्ञा करनी पड़ती थी कि जब भी आवश्यकता पड़े उन्हें सैनिक सहायता देनी पड़ेगी। सैनिक-सहायता की मात्रा सैनिकों की संख्या निर्धारित करके निश्चित की जाती थी। इन सामन्तों को सामन्त-प्रमुख कहा जाता था। इन सामन्त-प्रमुखों का भी एक नेता होता था जिसे हम प्रधान सामन्त-प्रमुख कह सकते हैं। इस पद पर ईसाई पादरी या किसी लौकिक भूमिपति की नियुक्ति राजा द्वारा की जाती थी। यद्यपि सामन्तवादी समाज

का यह ढाँचा ग्रामीण क्षेत्रों में अच्छी तरह से फैल गया था और ग्राम सभ्यता मुख्यतः कृषि पर आधारित हो गई थी किन्तु कुछ ऐसे स्वतंत्र नगरों का उन दिनों भी अस्तित्व था जो व्यापारादि करते थे और उनकी सभ्यता को ग्रामसभ्यता पर आधारित नहीं कहा जा सकता लेकिन ऐसे नगर सामन्तवाद की प्रभुता के युग में अरक्षित से हो गए। इस अरक्षा की भावना ने उनको किसी बड़े सामन्त का पल्ला पकड़ने के लिए विवश कर दिया। जब सामन्त प्रमुखों को राजा से बड़े-बड़े भूमिभाग मिल जाते थे तब वे उस भूमि के छोटे-छोटे टुकड़ों को अपने आश्रितों को दे देते थे जिनका काम उन टुकड़ों को जोतना-बोना होता था। इसी से वे अपना तथा परिवार का भरण-पोषण करते थे और लगान आदि भी देते थे। इसके अतिरिक्त आपातकाल में उनके परिवार का कोई भी व्यक्ति सेना में भरती हो सकता था। इस प्रकार जिन शर्तों पर सामन्त को राजा से भूमि मिलती थी उन शर्तों के पूरा करने में उसे अपने आश्रितों से बड़ी सहायता मिलती थी। सामन्त केवल राजस्व जमा करने तथा अपने व्यय के लिए ही किसानों से रूपया वसूल नहीं करते थे बल्कि अपने हिस्से के भूमि भाग का प्रशासन और न्याय भी करते थे। ब्रिटिश शासन में चलाई गई जमींदारी प्रथा से सामन्तवाद इन्हीं अर्थों में भिन्न था। जमीदारों को प्रशासन और न्याय के अधिकार प्राप्त नहीं होते थे। सामन्तों को ये अधिकार अक्षुण्ण रूप से प्राप्त होते थे। स्वयं राजा भी इन मामलों में अधिक हस्तक्षेप नहीं कर सकता था। यह सच है कि पहले तो यह हस्तक्षेप इसलिए नहीं किया जाता था कि राजा सामन्तों का प्रशासन अधिकार मानता था। बाद में वह स्वयं इतना निर्बल हो गया कि उसमें हस्तक्षेप करने का साहस ही नहीं रहा। वैसे सैद्धान्तिक दृष्टि से सामन्तवादी अनुबंध में भी राजा अपनी प्रजा को सीधे आदेश दे सकता था परन्तु व्यावहारिकता की दृष्टि से यह सिद्धान्त कभी काम में नहीं लाया गया।

सामन्तवाद में खेतिहरों की दशा

क्या सामन्तवाद में खेतिहरों की दशा यूनान तथा रोम के दासों से भी खराब थी? क्या उनकी तुलना में आधुनिक युग का मजदूर अधिक अच्छी अवस्था में है? इन प्रश्नों के उत्तर के लिए हमें तत्कालीन समाज में खेतिहरों की स्थिति पर विचार करना पड़ेगा। जैसा कि हम ऊपर कह आये हैं इस काल में खेतिहरों को सर्फ कहा जाता था। हमें देखना चाहिए कि समाज में इनका आविर्भाव किस प्रकार हुआ। इनके आविर्भाव का मुख्य कारण यह था कि कुछ लोगों को इतनी अधिक भूमि मिल गई कि वे अकेले उसका उपयोग करने में असमर्थ थे। इसके लिए उन्हें अन्य लोगों की सहायता की आवश्यकता पड़ी। अतएव, भूमि को छोटे-छोटे टुकड़ों में विभाजित कर ऐसे आवश्यकताग्रस्त व्यक्तियों को दे दिया गया जो भूमिहीन थे किन्तु परिश्रम कर सकते थे। ऐसे व्यक्तियों से सैनिकों के रूप में भी सामन्तों को सहायता मिल जाती थी। कभी-कभी सैनिक सेवा करनेवालों को भी भूमि दे दी जाती थी। लेकिन अधिकतर सामन्त या भूमिपति जमीन के मालिक होते थे। यह भी

स्पष्ट है कि भूमिपति किसी भी खेतिहर को जब इच्छा हो बेदखल कर सकता था। लेकिन मध्ययुग के इतिहास से पता चलता है कि उन दिनों बेदखलियाँ इतनी सामान्य न थीं जितनी वे बाद में हो गई। इसका कारण यह था कि ऐसा करने से भूमिपतियों को खेतिहर जनता का सहयोग नहीं मिल पाता था। पहले तो खेतिहरों को भूमि केवल उनके जीवन भर के लिये ही मिलती थी लेकिन बाद में उसे पैतृक रूप दे दिया गया। जो भूमि आश्रित खेतिहर को केवल उसके जीवन भर के लिए ही दी जाती थी वह बेनीफिस कहलाती थी और जो आनुवंशिक रूप से या पीढ़ी-दर-पीढ़ी के लिए दी जाती थी वह फाइफ कहलाती थी। खेतिहरों पर भूमिपति का इतना अधिकार अवश्य रहता था कि वे भूमि छोड़कर भाग नहीं सकते थे। यदि कोई भागता तो वे उसे पकड़वा सकते थे। किन्तु ऐसे भागने के भी मामले बहुत अधिक नहीं होते थे। खेतिहर का काम तो भूमि जोतने से ही चल सकता था। इसलिए वह अपनी एक ही भूमि में रह कर जोतना-बोना अधिक पसन्द करता था। दासों से उसकी स्थिति इस अर्थ में भिन्न थी कि खेतिहरों का अपना एक अलग स्वतंत्र व्यक्तित्व होता था। वे थोड़ी-बहुत अलग सम्पत्ति रखते थे। सामन्त या भूमिपति को निश्चित शर्तों का पालन करना पड़ता था। यदि वह ऐसा नहीं करता था तो उसके विरुद्ध शिकायत कर न्याय की माँग की जा सकती थी। इसके विपरीत मनुष्य के दासों को ऐसे कोई अधिकार प्राप्य न थे। औद्योगिक युग के मजदूरों से भी उनकी हालत अच्छी थी। वह आजकल के मजदूरों की भाँति वेघरबार, सम्पत्तिहीन और गरीब नहीं होते थे। अतएव सामंतवादी युग के खेतिहरों की दशा सुनने में चाहे भले ही दयनीय प्रतीत हो किन्तु वास्तव में उनकी स्थिति आज के मजदूरों और यूनानी नगरों के दासों से कहीं अधिक अच्छी थी।

भूमिपति और आश्रित

हम यह तो बता ही चुके हैं कि खेतिहरों या सर्फों का भूमिपति से क्या संबंध था। लेकिन खेतिहरों के अतिरिक्त समाज में एक और भी वर्ग था जिसका कार्य था कि वह केवल सैनिक के रूप में भूमिपति के साथ काम करता था। ऐसे व्यक्ति जब किसी भूमिपति की सेवा करने जाते थे तो एक समारोह होता था। भूमिपति एक ऊँचे आसन पर बैठता था तथा आश्रय ग्रहण करने के लिये जाने वाले व्यक्ति शस्त्र त्याग कर नंगे पैर और सिर पर बिना किसी टोपी आदि पहने भूमिपति के सम्मुख जाते थे। और वहाँ उसकी अधीनता स्वीकार करते थे और स्वामी के प्रति भक्ति की शपथ लेते थे। इसके बाद भूमिपति उनकी शपथ पर विश्वास प्रकट करके उन्हें कुछ भूमि देता था। जिस पर उन व्यक्तियों को पैतृक अधिकार समझा जाने लगता था। वह भूमि उनके परिवार की हो जाती थी। यह भूमि 'फाइफ' कहलाती थी। भूमि-हस्तान्तरण दो प्रकार से होता था। एक तो इस तरह कि भूमिपति स्वयं आश्रित को उस जगह ले जाता जहाँ उसकी भूमि होती थी और स्वयं अपने सैनिक को भूमि का कब्जा दिला देता था। दूसरा ढ़ग यह कि समारोह स्थल पर ही आश्रित को पेड़ों की डाली आदि देकर सांकेतिक रूप में भूमि का कब्जा दे दिया जाता था। आश्रित

व्यक्ति को स्वामी के प्रति भक्ति-भाव प्रकट करने के लिए स्वयं जाना पड़ता था। ऐसे मौकों पर आश्रित का यह प्रयत्न रहता था कि वह भक्ति-भाव प्रकट करते समय अधिक-से-अधिक दीनता प्रकट करे। भूमिपति भी इसका उत्तर अपनी सहृदयता दिखला कर देता था और उसकी रक्षा का आश्वासन देते हुए उसके भरणपोषण के लिए जमीन देता था। अभिवादन और सम्मान प्रकट करने के लिए जहाँ व्यक्ति का स्वयं उपस्थित होना आवश्यक समझा जाता था वहाँ स्वामिभक्ति की शपथ किसी ऐसे अधिकारी के सम्मुख भी ली जा सकती थी जिसकी नियुक्ति भूमिपति द्वारा कर दी जाती थी। स्वामिभक्ति की शपथ ग्रहण करने के बाद आश्रयदाता के प्रति आश्रित व्यक्ति के कर्तव्य आरंभ हो जाते थे।

आश्रित के कर्तव्य

आश्रित के आश्रयदाता भूमिपति के प्रति जितने कर्तव्य होते थे उनको हम दो भागों में विभक्त कर सकते हैं--(अ) वैयक्तिक कर्तव्य, और (आ) वित्तीय कर्तव्य।

वैयक्तिक कर्तव्य

आश्रित का प्रथम कर्तव्य यह होता था कि वह भूमिपति के दरबार में यथासमय उपस्थित हुआ करे। इस उपस्थिति में आश्रित को कभी तो न्यायकर्ता की हैसियत से जाना पड़ता था और कभी दर्शक की हैसियत से। आश्रित का सामन्त या भूमिपति के दरबार में उपस्थित न होना स्वामी की अवज्ञा समझी जाती थी और यह एक ऐसा अपराध था जिसके लिए भूमिपति यदि रुष्ट हो जाए तो कठोर से कठोर दण्ड दे सकता था। इसके बाद आश्रित का कर्तव्य सैनिक सेवा करना होता था। भिन्न-भिन्न यूरोपियन देशों में सेवा की भिन्न-भिन्न अवधियाँ निश्चित थीं। इन अवधियों के लिए आश्रित व्यक्ति को निःशुल्क सेवा करनी पड़ती थी। उदाहरण के लिए इंग्लैण्ड में इस प्रकार की अनिवार्य सेवा का समय चालीस दिन था। विशेष अवस्थाओं में सैनिक सेवा से कुछ व्यक्तियों को मुक्त भी कर दिया जाता था लेकिन उसकी भी कुछ शर्तें थीं। उन शर्तों में से पहली शर्त यह थी कि जिस व्यक्ति को सैनिक सेवा करनी हो वह कोई ऐसा व्यक्ति अपने स्थान पर दे जो उसी की भाँति भूमिपति की सेना में सैनिक का कार्य कर सके। यदि आश्रित अपने स्थान पर कोई व्यक्ति नहीं ढूँढ़ पाता था तो कभी-कभी ऐसा भी हो जाता था कि यदि वह इतना धन-भूमिपति को दे दे तो उसके स्थान पर दूसरे व्यक्ति से वही काम कराया जा सकता है। यह सैनिक सेवा 'नाइट्स फी' या सामन्त का शुल्क कहलाती थी। इंग्लैण्ड में 20 पौण्ड वार्षिक आय की भूमि को सामन्त शुल्क की भूमि माना जाता था। इसका अर्थ यह है कि ऐसी भूमि पर खेती करने वाला व्यक्ति—जिसकी आय 20 पौण्ड वार्षिक हो सामन्त की 40 दिन निःशुल्क सैनिक सेवा करने के लिए बाध्य है। यदि उसकी भूमि की आय 20 पौण्ड वार्षिक से कम होती थी तो उसी के अनुसार सैनिक सेवा का काल भी घटा दिया जाता था। 60 वर्ष से अधिक आयुवाले वृद्धों, स्त्रियों तथा बच्चों को सैनिक सेवा नहीं करनी

पड़ती थी। सरकारी अधिकारी भी इस सेवा से मुक्त रहा करते थे। वैयक्तिक दायित्वों में आश्रित के कुछ अन्य दायित्व भी थे। उदाहरणार्थ भूमिपति की ऐसी कोई गुप्त बात प्रकट न की जाए जिससे स्वामी को हानि पहुँचाने की संभावना हो। घराने के नाम और उसकी इज्जत को भी बड़ा महत्व दिया जाता था। अतएव, आश्रित, स्वामी की न तो कोई बुराई सुनता था और न मुँह से कहता ही था। उसे स्वामी के विरुद्ध यदि कोई ऐसी बात ज्ञात हो जाए जिससे भूमिपति का अहित होने की संभावना हो तो सैनिक या सर्फ का यह कर्तव्य होता था कि वह उसकी सूचना तत्काल स्वामी को जाकर दे। यही नहीं, युद्ध तक में भी उसे स्वामी की रक्षा को हर दशा में प्राथमिकता देनी पड़ती थी। युद्ध के मैदान में यदि उसके स्वामी का घोड़ा मारा जाता तो सैनिक तत्काल अपना घोड़ा उसे देने के लिये बाध्य होता था। युद्ध-क्षेत्र में स्वामी पकडा न जाए इसका भी ध्यान सैनिकों को रखना पड़ता था। कभी-कभी तो ऐसा होता था कि गिरफ्तार भूमिपति को मुक्ति दिलाने के लिये सैनिक स्वयं अपने आपको पकड़वा देता था।

वित्तीय कर्तव्य

इसके अतिरिक्त आश्रित के कुछ वित्तीय कर्तव्य भी होते थे। इनकी संख्या पाँच या छः होती थी। ये कर्तव्य इस प्रकार हैं—सम्पदा शुल्क या मृत्युकर देना, समारोह या आपत् कर देना, संरक्षण-कर देना, विवाह असहमति की क्षतिपूर्ति का कर देना, सामान्य वित्तीय या अर्थदण्ड देना और उत्तराधिकार-कर देना।

सम्पदा शुल्क या मृत्युकर

यह कर उस समय लिया जाता था जब कोई व्यक्ति मर जाता था और उसका कोई वारिस नहीं होता था। ऐसी अवस्था में मृतक की भूमि पर भूमिपति कब्जा कर लेता था। इस प्रकार की भूमि पर कब्जा करते समय ऐसी भूमि छोड़ दी जाती थी जो मृतक किसी गिरजा या संस्था को दान में दे देता था।

समारोह या आपत्-कर

इस कर की पृष्ठभूमि यह थी कि जब भूमिपति के महल में उसकी कन्या या पुत्र का विवाह होता था अथवा पुत्र को राजा से वीरता की पदवी या 'नाइटहुड' मिला करता था तो बड़ी खुशियाँ मनाई जाती थीं। धन पानी की भाँति बहाया जाता था। अतः यह स्वाभाविक था कि भूमिपति के स्वामीभक्त आश्रित स्वयमेव ऐसे अवसरों पर नजराना दें। प्रारंभ में यह धन कर के रूप में नहीं दिया जाता था। अपितु जिसकी जितनी इच्छा होती थी उतना वह स्वयं भेंट कर देता था। बाद में यह रिवाज एक प्रथा बन गई और इस प्रकार की भेंट देना अनिवार्य हो गया। इसीलिए इस भेंट को कर भी कहा जा सकता है। आश्रित अपने स्वामी को उस समय भी धन दिया करते थे जब कोई संकट आ पड़ता था। उन

दिनों बहुधा दो भूमिपतियों के बीच पैतृक द्वेष-भाव चला करता था और लड़ाइयाँ भी रहती थीं। कभी-कभी शत्रु सामन्त के पुत्र या वारिस भतीजे आदि का अपहरण भी कर लिया जाता था। ऐसे अवसरों पर शत्रु सामन्त के पुत्र को अपने पास रख लेते थे और विपुल धनराशि के बदले ही उसे छोड़ने को तैयार होते थे। ऐसी आपत्ति आ जाने पर आश्रित व्यक्ति द्रव्य देकर स्वामी की सहायता करते थे।

संरक्षण कर

किसी आश्रित की यदि अकाल मृत्यु हो जाती थी और उसका वारिस नाबालिग होता था तो आश्रित की समस्त सम्पत्ति पर भूमिपति अधिकार कर लेता था और जब तक उसका वारिस वयस्क नहीं जो जाता था तब तक वारिस की सम्पत्ति की देखभाल तथा उसका प्रबंध करना भूमिपति का ही दायित्व हुआ करता था। यही नहीं संरक्षित वारिस की शिक्षादि की व्यवस्था करना भी भूमिपति का ही कर्तव्य होता था। इसके बदले सम्पत्ति से होने वाली आय जो भाग व्यय होने से बच जाता था--वह सामन्त के कोष में जमा हो जाता था।

विवाह असहमति कर

संभवतः यह सबसे विचित्र कर था जो मध्ययुग में लिया जाता था। बहुधा ऐसा होता था कि भूमिपति के किसी आश्रित की आकस्मिक मृत्यु हो गई और उसका वारिस अवयस्क हुआ और उसकी कोई अवयस्क बहन भी हुई तो भूमिपति को यह अधिकार हुआ करता था कि वह उस अवयस्क कन्या का उचित वर खोजकर विवाह कर दे। पहले यह विवाह कन्या के वयस्क हो जाने पर हुआ करता था लेकिन बाद में परिस्थितियोंवश या उत्तरदायित्वों को टालने के लिए बालिका की शादी अवयस्कावस्था में ही की जाने लगी, किन्तु कभी-कभी कन्या ऐसे करने को राजी नहीं होती थी। उस अवस्था में अवयस्क कन्या के मृत पिता की सम्पत्ति या उस सम्पत्ति से होने वाली आय से क्षतिपूर्ति के रूप में कुछ रकम वसूल की जाने लगी। बाद में कुछ सामन्तों ने आय का यह अच्छा साधन पाकर लड़कों पर भी यही नियम लागू कर दिया और यदि वह स्थिर किये गये विवाह को करने से इन्कार करता था तो उससे भी रकम ली जाती थी।

उत्तराधिकार कर

जब किसी व्यक्ति को अपने पिता या किसी वृद्ध संबंधी की मृत्यु के बाद जमीन-जायदाद का उत्तराधिकार प्राप्त होता था तो उत्तराधिकारी का यह कर्तव्य होता था कि वह भूमिपति को एक निश्चित रकम दे। ऐसा न कर सकने की दशा में भूनि छिन जाने का आन्देशा रहता था। भूमिपति को यदि एक वर्ष के भीतर उत्तराधिकार कर नहीं मिलता था तो वह उत्तराधिकारी की सारी जमीन-जायदाद पर कब्जा कर सकता था।

सामान्य अर्थ दण्ड

यह दण्ड उस समय लिया जाता था जब भूमिपति द्वारा प्रदत्त जमीन को कोई आश्रित किसी अन्य व्यक्ति को देना चाहता था और भूमिपति उस हस्तान्तरण से सहमत न होता था। कभी ऐसा भी होता था कि भूमिपति यदि हठ करता तो वह सारी भूमि ही मूल्य चुका कर वापस ले लेता था और भूमि पर रहने वाले आश्रित को वह भूमि अन्य किसी को नहीं देने देता था।

सामन्तवाद के विभेद और व्यापकता

यदि हम सामन्तवाद की व्यापकता पर दृष्टि डालने का यत्न करें तो पायेंगे कि मध्य यूरोप में सर्वप्रथम इसका जन्म हुआ और वहाँ से पूर्व और पश्चिम दोनों ओर बढ़ा। पूर्व में इसका प्रसार जर्मनी के बाद पोलैण्ड तथा डैन्यूब की घाटी में हुआ तथा पश्चिम में यह सबसे पहले डेनमार्क, हालैण्ड और फ्रांस में पहुँचा। फ्रांस से इसका प्रसार स्पेन तथा पुर्तगाल में हुआ। जब नार्मनों ने इंग्लैण्ड तथा दक्षिणी इटली पर आक्रमण किया तो वे सामन्तवाद के तत्व अपने साथ ही उक्त देशों में भी ले गये। यद्यपि सामन्तवाद युग की तरंगें पूर्व में बालकन राष्ट्रों तथा पश्चिम में पुर्तगाल तथा उत्तर में इंग्लैण्ड और दक्षिण में इटली तक पहुँचीं किन्तु यह सोचना सर्वथा अशुद्ध होगा कि सामन्तवाद का रूप सभी स्थानों में एक समान ही था। यूरोप के विभिन्न देशों में ही सामन्तवाद के सभी सिद्धान्त एक समान भाव से नहीं माने जाते थे। यही कारण है कि उनका स्वरूप भी भिन्न-भिन्न स्थानों में भिन्न-भिन्न प्रकार का होता था। इंग्लैण्ड में सामन्तवाद का जो स्वरूप था वह यूरोप से बिल्कुल भिन्न था। यह भिन्नता निम्नलिखित बातों से बिल्कुल स्पष्ट हो जायेगी। यूरोप में जहाँ एक ओर व्यक्ति की सामाजिक स्थिति इस बात पर निर्भर करती थी कि वह कितनी भूमि का स्वामी है—वहाँ इंग्लैण्ड में यह बात कभी नहीं मानी गई। व्यक्ति की सामाजिक स्थिति तथा उसका राजनीतिक प्रभाव इंग्लैण्ड में सदैव से उनके व्यक्तिगत प्रभाव पर निर्भर रहता आया है। इंग्लैण्ड के सामन्तवादी जगत में भूमिपति को ही सर्वेसर्वा कभी नहीं माना गया। यही कारण है कि कोई भी भूमिपति वहाँ अपने आश्रित को उसके पक्ष के समर्थन के लिये युद्ध में भाग लेने के लिए विवश न कर सका। इंग्लैण्ड में इसका सर्वोपरि प्रभाव स्पष्टतः दृष्टिगोचर होता है। वहाँ की जनता राजा की पुकार पर युद्ध करने के लिए सदैव तत्पर रहती थी। यह इंग्लैण्डवासियों की राष्ट्रमूलक एकता का ज्वलंत प्रमाण है। यद्यपि भूमिपति किसी आश्रित को अपने पक्ष में लौटने के लिये बाध्य नहीं कर सकता था, किन्तु राजा के संबंध में यह बात नहीं थी। वह किसी से भी अनिवार्यतः सैनिक सेवा ले सकता था। इंग्लैण्ड के राजाओं ने न्यायकार्य सदैव अपने हाथ में रखा। इंग्लैण्ड में सामन्तों को इस बात की कभी अनुमति नहीं दी गई कि वे न्याय भी करें। करों को लगाने का अधिकार भी राजा ने नहीं छोड़ा। इंग्लैण्ड में सदैव यही समझा गया कि प्रजा पर यदि कोई कर लगा सकता है तो केवल राजा ही। राजा को किसानों तथा सामन्तों पर

कर लगाने का समान अधिकार था।

सामन्तवाद की इन्हीं सब विभिन्नताओं के कारण इंग्लैण्ड में एकतामूलक राष्ट्रवाद का विकास अत्यन्त व्यवस्थित रूप से हुआ। इसके विपरीत यूरोप में सामन्तवाद के ही कारण विघटनकारी तत्व पनप गये और कोई व्यवस्थित स्वरूप न बन पाने के कारण किसी प्रकार की राजनीतिक प्रगति सामन्तवादी युग में न हो सकी।

सामन्तवादी युग की कुछ विशेषताएँ

सामन्तवाद की सबसे प्रमुख विशेषता यह है कि उसमें राजा और प्रजा के संबंध आधुनिक युग के शासक और शासितों से भिन्न थे। आज के राज्य में शासन करने वाले वर्ग को प्रजा का सेवक समझा जाता है। किन्तु मध्ययुगीन सामन्तवाद की एक विशेषता यह भी थी कि उसमें प्रजा के शासक और भूमिपति के प्रति श्रद्धा और भक्ति तथा सेवा की अत्यधिक भावना रहा करती थी। यह भावना आज शासकों और शासितों के बीच में नहीं है। सामन्तवाद की अन्य विशेषताएँ यह थीं कि वह व्यक्तिगत, निजी और अराजनीतिक था। इन विशेषताओं को स्पष्ट करते हुए **गेटिल** ने लिखा है कि वह वीरता का युग था। कोई भी व्यक्ति जो युद्ध क्षेत्र में शौर्य-प्रदर्शन कर पाता था और अपने पराक्रम का सिक्का जमा देता था—वही अच्छा शासक समझा जाता था। जैसे ही उसकी शूरता मान ली जाती थी—वैसे ही वह सिक्के ढालने और न्यायालय खोलने आरंभ कर देता था। उन दिनों लोग कर नहीं देते थे। वे सामन्तों को नजराना देते थे। इसके अतिरिक्त सामग्री से तथा सेना में भरती होकर भी किसान योग्य सामन्तों तथा सरदारों की सहायता करते थे। जो किसान सामन्तों की प्रभुता स्वीकार कर लेते थे वे नागरिक नहीं अपितु प्रजा कहलाते थे। उन दिनों संसदों का प्रचार नहीं हो पाया था। बड़े-बड़े सामन्तों के दरबार लगा करते थे। उन दरबारों में प्रजा के कुछ प्रतिनिधि भी जाते थे। ये दरबार न्याय करते थे। न्याय का आधार प्रचलित रीति-रिवाज हुआ करते थे और जहाँ रीति-रिवाज न्यायकार्य में सहायता न कर पाते थे—वहाँ यह कार्य विवेक की सहायता से होता था। इस रूप में इन सरदारों द्वारा विधि का निर्माण भी होता था।

विधि-संहिताओं की रचना

सामन्तवादी युग में विधि संहिताओं का निर्माण मुख्यतः बर्बर जातियों द्वारा हुआ। बर्बर जातियों को विधि के क्षेत्र में रोमनों से बड़ी सहायता मिली। रोमन साम्राज्य तो नष्ट हो गया था, लेकिन वह अपने पीछे इतनी बड़ी विधि संहिताएँ छोड़ गया जो किसी भी बड़े-से-बड़े साम्राज्य के प्रशासन के लिये पर्याप्त थी। रोमन विधि संहिता की कल्पना में मानवमात्र की समानता और एकता के सिद्धान्त में विश्वास प्रकट किया गया था। ईसाई धर्म भी इस सिद्धान्त के आदर्शों से कुछ कम प्रभावित नहीं हुआ। बर्बरों ने अपने आक्रमणों से रोमन साम्राज्य को तो तहस-नहस कर डाला लेकिन यह सर्वविदित है कि उन्होंने ईसाई

धर्म के प्रति श्रद्धा-भाव ही नहीं, बड़ी आस्था भी प्रकट की। इसी आस्था के कारण रोमन विधि संहिताओं के आदर्श तथा सिद्धान्तों का प्रभाव ईसाई धर्म द्वारा बर्बर जातियों की विधि संहिताओं पर भी पड़ा। यही कारण है कि बर्बर जातियों की जो विधियाँ आरंभिक काल में व्यक्तिगत समझी जाती थीं वही रोमन विधियों के प्रभाव की वजह से सार्वजनिक विधियाँ बन गईं। इसका अर्थ यह है कि विधियाँ राजाज्ञा समझी जाने लगीं। विधि संबंधी इस कल्पना परिवर्तन के कारण दण्ड विधान में भी अन्तर आया। जहाँ पहले विधियों को व्यक्तिगत समझे जाने के कारण हत्यारों को सजा देने का अधिकार हत्या किये हुए व्यक्ति के निकट संबंधियों को था और वे उसे मार डालते थे और इस कार्य को सामाजिक सहमति प्राप्त थी, वहाँ आगे चलकर यह होने लगा कि हत्या की शिकायत राजा से की जाने लगी और राजा हत्यारे की हत्या करने के बजाय पीड़ित पक्ष को आततायी पक्ष से क्षतिपूर्ति स्वरूप उचित धनराशि दिलाने लगा। इसका असर यह हुआ कि पहले जो अपराध व्यक्तियों के विरुद्ध समझे जाते थे उनमें से कुछ को अब व्यक्ति के विरुद्ध ही नहीं, राजा के विरुद्ध भी समझा जाने लगा। प्रारंभ में यह विधियाँ जाति-समूहों तक ही सीमित थीं और लिपिबद्ध नहीं की गई थीं। बाद में इनको लिपिबद्ध कर लिया गया। एंग्लो-सेक्सनों की एथलबर्ट नाम्नी संहिता (सन् 610) से विधियों के इस प्रकार लिपिबद्ध किये जाने की पुष्टि होती है। एथलबर्ट संहिता में द्वैध भक्ति दिखलाई गई है। यह भक्ति प्रथमतः ईसाई धर्म के प्रति है और इसके बाद राजा के प्रति। इस संहिता में राजा और व्यक्ति के विरुद्ध किये जाने वाले अपराधों का दण्ड दिया हुआ है। इस संहिता में हत्या के लिये हत्या का विधान नहीं है, अपितु हत्या के लिये आर्थिक या वित्तीय दण्ड की व्यवस्था है। राजा के सम्मुख यदि कोई अपराध किया जाता है तो उसके लिये भी अतिरिक्त जुर्माने की रकम दी हुई है। **'इन'** नाम के व्यक्ति ने भी एक संहिता तैयार की थी। इसमें धार्मिक विधियाँ भी दी गई हैं। इसमें यह व्यवस्था दी हुई है कि जन्म के तत्काल बाद भी शिशु का बपतिस्मा होना आवश्यक है। यदि किसी प्रकार बिना बपतिस्मे के बच्चे की मौत हो जाती है तो अभिभावकों की जमीन-जायदाद कुर्क कर लिये जाने का विधान है। इसी संहिता से कृषक समाज की रूपरेखा की झाँकी भी मिलती है। विधि संहिताओं का यह संकलन और सम्पादन कार्य एंग्लो-सेक्सनों तक ही सीमित नहीं रहा। ऑस्ट्रोगॉथ, लम्बार्ड, बरशंडियन, विसिगॉथ आदि बर्बर जातियों ने भी, अपनी-अपनी संहिताएँ लिपिबद्ध कराईं। ये जातियाँ उन दिनों यूरोप के विभिन्न भागों में बस गई थीं। इन संहिताओं का रचना काल छठी शताब्दी से आठवीं शताब्दी तक माना जाता है। इन सभी संहिताओं की एक सामान्य विशेषता यह थी कि इनमें कहीं भी ऐसी किसी विधि का समावेश नहीं किया गया जो ईसाई धर्म के प्रतिकूल हों। कुछ संहिताओं में रोमन विधियाँ भी संकलित कर दी गईं।

आरंभ में विधियाँ लिपिबद्ध नहीं थीं—पहले ही कहा जा चुका है। इसलिये जब उनको लिपिबद्ध करने का प्रयत्न किया गया तो यह प्रश्न उठा कि उनकी कौन-सी व्याख्या सही

है। इस व्याख्या को जब तक राजा और सामन्तों की सहमति प्राप्त न हो जाती थी तब तक उसका संहिता में समावेश कर लिया जाना विवाद का विषय बन जाता था। अतएव, इस संबंध में बहुधा राजा की ओर से प्रजा और सामन्तों की सहमति द्वारा विधि संबंधी घोषणाएँ की जाती थीं। इन घोषणाओं का स्वरूप कैसा होता था इसकी कल्पना निम्नलिखित उद्धरण से की जा सकती है–सम्राट चार्लमैन, बिशपों, एबटों, काउण्टों, ड्यूकों और ईसाई संघ के प्रति श्रद्धा रखने वाले अन्य प्रजाजनों के सहित तथा उनकी अनुमति और परामर्श से निम्नलिखित विधि घोषित करता है.....जिससे प्रत्येक राजभक्त प्रजाजन, जिसने अपने ही हाथों से उसकी संपुष्टि की है, न्याय एवं विधि की रक्षा कर सके।

घोषणा करने के इस प्रारूप से एक बात स्पष्ट हो जाती है और वह यह कि विधि संबंधी किसी भी व्याख्या के संबंध में अंतिम निर्णय देने या करने का अधिकार राजा को प्राप्त होता था, परन्तु राजा यह अनुभव करता था कि विधियाँ जनता के हित के लिए होती हैं, अतएव किसी विधि की उपयोगिता उस समय तक जनता के लिए अधिक होगी जब उसके निर्माण में सामन्तों और जनता के प्रतिनिधियों से सलाह ले ली जाए। यद्यपि राजा सब भूमि का स्वामी समझा जाता था लेकिन उसके लिये यह आवश्यक था कि वह राज्य का शासन कार्य विधिविहित रीति से करे। सिंहासनारोहण समारोह के समय राजा का प्रजारंजन की प्रतिज्ञा करनी पड़ती थी। इसका प्रमाण उन शपथों की प्रतिलिपियाँ देख कर प्राप्त किया जा सकता है जो आज भी इंग्लैण्ड के राजा या रानी को राज्याभिषेक के समय ग्रहण करनी पड़ती हैं। इस प्रकार यह बात स्वतः सिद्ध है कि राजा को भी कानूनों या विधियों की श्रेष्ठता मान कर उन्हीं के अनुसार राज-काज करना पड़ता था। विधि संबंधी इन बातों को देखते हुए दो मूलभूत सिद्धान्त स्थिर किये जा सकते हैं–पहला तो यह कि उन दिनों विधियाँ सर्वसाधारण के लाभ की दृष्टि में रखकर बनाई या निर्धारित की जाती थीं और दूसरा यह कि वे परिवर्तनशील नहीं थीं।

राजा और विधि

हम ऊपर यह कह आये हैं कि राजा विधि से श्रेष्ठ नहीं माना जाता था। राजा के लिये भी यह आवश्यक होता था कि वह विधि के अनुकूल ही कार्य करे; किन्तु इतना होते हुए भी राजा को सब प्रकार की विधियों का स्रोत माना जाता था। विधि संबंधी सिद्धान्त यही था कि "विधि सर्वसाधारण की अनुमति से राजा द्वारा घोषित की जाए। अतः राजा की मर्यादा तो विधि निर्धारित कर देती थी लेकिन विधि का प्रयोग राजा के विरुद्ध नहीं किया जा सकता था। इसका अभिप्राय यह है कि राजा को क़िसी भी न्यायालय में उपस्थित नहीं किया जा सकता था। यही परम्परा आज भी चली आ रही है। राज्य के अध्यक्ष को–चाहे वह इंग्लैण्ड का राजा (रानी) हो या भारत अथवा अमेरिका का राष्ट्रपति–संविधानों में यह स्पष्ट निर्देश रहता है कि उनके विरुद्ध किसी भी न्यायालय में मामला नहीं चलाया

जा सकता। इसलिये आपत्काल में या आवश्यकता पड़ने पर राजा प्रचलित विधियों से प्रतिकूल कार्य भी कर सकता था। लेकिन इन कार्यों का आधार भी प्रजाहित और कल्याण साधन होना आवश्यक होता था, अन्यथा राजा के विरुद्ध क्रान्ति हो जाने की संभावना रहती थी। रोमन तथा मध्ययुगीन विधिवेत्ताओं की राजसत्ता संबंधी कल्पना भी इसी स्थल पर समझ लेनी चाहिए। रोमन विधिवेत्ता और मध्यकाल के विधिवेत्ता दोनों ही यह स्वीकार करते हैं कि सत्ता का स्रोत जनता ही है और वह राजा को जनता द्वारा उस सत्ता के समर्पण कर देने से ही प्राप्त होती है। लेकिन जहाँ रोमन विधिवेत्ता यह कहते हैं कि सत्ता एक बार हस्तान्तरित हो जाने के उपरान्त सदैव के लिये राजा की हो जाती है, वहाँ इसके विपरीत मध्कालीन विचारकों का मत था कि सत्ता राजा और प्रजा दोनों के सामंजस्य और सहयोगपूर्ण व्यवहार द्वारा ही राजा के हाथ में टिकी रह सकती है। यदि राजा का अपनी प्रजा से मधुर संबंध नहीं बना रहता तो वह एक-न-एक दिन अवश्य ही राजा के हाथ में वापस चली जाएगी। इसी कल्पना के आधार पर राजा की श्रेष्ठता को मानते हुए मध्यकालीन विचारक जहाँ राजा को विधि का स्रोत स्वीकार करते हैं, वहाँ वे राजा और प्रजा दोनों को विधि के अन्तर्गत मानते हैं। उनकी दृष्टि से दोनों की मर्यादा विधि-सम्मत होनी चाहिए। यह सच है कि चूँकि विधि का प्रत्यक्ष संबंध राजा से होता था। इसलिये यह माना जाता था कि विधि व्याख्याओं तथा टीकाओं के संबंध में उसे अपने विवेक का उपयोग करने का अन्य किसी भी व्यक्ति से अधिक अधिकार है।

सामन्तवादी युग के न्यायालय

सामन्तवादी युग के न्यायालयों का संघटन विशेष रूप से उल्लेखनीय है। इन न्यायालयों में आश्रितों तथा भूमिपति दोनों के प्रतिनिधि उपस्थित रहा करते थे। यह तो अब तक स्पष्ट हो ही चुका होगा कि सामन्तवाद के युग में सारा कार्य अनुबंधों पर ही निर्भर था। यदि अनुबंध की शर्तों का उल्लंघन होता था तो अपराधी पक्ष चाहे जो हो—रक्षा पक्ष सदैव इसी न्यायालय में आकर न्याय की याचना किया करता था। यदि मामला आश्रयदाता भूमिपति के विरुद्ध होता था तब भी आश्रित अपने प्रतिनिधियों के समक्ष न्यायालय में जाता था, जहाँ भूमिपति के प्रतिनिधि भी रहते थे और यदि भूमिपति की कोई शिकायत होती थी तो वह भी आश्रित के विरुद्ध इसी न्यायालय में अपना मामला उपस्थित किया करता था। उन दिनों ऐसा नहीं होता था कि राजा या सामन्त अथवा भूमिपति किसी भी मामले का अपनी इच्छानुसार फैसला कर दें। सैद्धान्तिक रूप से मध्ययुग के न्यायालयों में इस बात की व्यवस्था थी कि भूमिपति और उसके आश्रितों को आवश्यकता पड़ने पर उचित न्याय मिल सके। न्याय की व्यवस्था देने वाले निर्णयों के करने में देश और जाति की विधियों का प्रयोग किया जाता था। न्यायालय के निर्णयों को यदि कोई पक्ष उनका शक्ति-प्रयोग द्वारा उल्लंघन करने की चेष्टा करता, तो न्यायालय में उपस्थित भूमिपतियों तथा आश्रितों के प्रतिनिधि अपनी शक्ति से उस निर्णय को कार्यान्वित कराते थे।

कभी-कभी तो यह निर्णय यदि राजा के विरुद्ध भी जाता था, तब भी उसे क्रियान्वित कराया जाता था। इंग्लैण्ड के मेग्नाकार्टा की 61वीं धारा में ऐसी व्यवस्था की गई थी जिससे राजा के अधिकार सीमित हो जाते थे। इस धारा में यह व्यवस्था थी कि राजा के आज्ञापात्र को क्रियान्वित कराने के लिये 25 सरदारों के एक समिति नियुक्त करनी पड़ेगी। सामन्तवादी युग में राजा तथा उसके दरबार में ही कार्यपालिका, न्यायपालिका और विधानमण्डलों की शक्ति अभिविहित रहती थी। सामन्त और आश्रित तथा राजा और सामन्त सभी ऐसे अनुबंधों (समझौतों) द्वारा ग्रंथित थे, जो दोनों के हितों पर आधारित रहा करता था। इसका परिणाम यह होता था कि कोई भी पक्ष अपनी अधिकार-सीमा या कार्यक्षेत्र से बाहर जाकर सहयोगी पक्ष को अनुबंध की शर्तें तोड़ने का अवसर नहीं देता था। इसका नतीजा यह हुआ कि सामन्तवादी युग में शान्ति का केन्द्रीकरण किसी भी स्थान पर नहीं हो पाया।

न्याय-व्यवस्था में विधि का स्थान

सामन्तवादी न्यायालयों के संबंध में उक्त जानकारी प्राप्त कर लेने के बाद यह भी जान लेना उपयोगी होगा कि उन दिनों की व्यवस्था में विधि का क्या स्थान था। यह तो हम कह ही आये हैं कि सामन्तवादी युग में सबके संबंध पारस्परिक सहयोग एवं समझौतों पर आधारित थे। अतएव, जब समझौता किया जाता था तो उसका आधार प्रचलित प्रथाओं और विधियों को मान लिया जाता था। आश्रित व्यक्ति यह कहता था कि वह भूमिपति की सेवा अन्य आश्रितों की भाँति प्रचलित प्रथाओं के अनुसार करेगा और सामन्त या भूमिपति विधि-सम्मत उत्तरदायित्वों एवं आवश्यकता के अनुसार आश्रित को सहायता का वचन दिया करता था। अनुबंध की शर्तों का यदि कोई पक्ष पालन नहीं करता था तो उस का पालन कराने की न्यायालय या दरबार द्वारा चेष्टा की जाती थी। न्यायालय में वे विधिवेत्ता बैठते थे जो आश्रित तथा भूमिपति दोनों के प्रतिनिधि होते थे। राजा यदि विधि के विरुद्ध कार्य करता था तो वह ईश्वर का नहीं शैतान का प्रतिनिधि समझा जाता था। तत्कालीन विचारक **हेनरी ब्रैकटन** (1214-1268 ई.) ने लिखा है कि राजा ही सब कुछ नहीं है। उसके भी ऊपर ईश्वर की सत्ता है। ब्रैकटन विधियों को आपौरुषेय मानता है जिसका अर्थ हम यह भी लगा सकते हैं कि वह विधियों को ईश्वर की वाणी या ईश्वर द्वारा निर्मित समझता है। चूँकि राजा को तत्कालीन समाज में ईश्वरीय सत्ता का प्रतीक माना जाता था—इसलिये यह कहा जाता था कि राजा विधियों का उल्लंघन नहीं कर सकता। राजा सामन्तों का स्वामी ही नहीं है, वह उनका सहयोगी भी है। सहयोगी मित्रों का ब्रैकटन ने यह भी कर्तव्य बतलाया है कि उन्हें देखना चाहिए कि शासक निरंकुश तो नहीं हो जाता, क्योंकि ऐसा होना किसी के भी हित में नहीं है। राजा का तो इससे नाश होना अवश्यम्भावी है ही—साथ ही राज्य के नष्ट हो जाने की सम्भावना से सामन्तों का भी अस्तित्व खतरे में पड़ सकता है। अतएव, सामन्तों का कर्तव्य है कि वह राजा को निरंकुश न होने दें और

राजा का कर्तव्य है कि वह सामन्तों को मनमानी न करने दे। संक्षेप में राजा की स्थिति यह थी कि सैद्धान्तिक रूप से तो वह विधि की पकड़ से दूर था लेकिन नैतिक और व्यावहारिक दृष्टि से वह सार्वजनिक हित में न्यायालय के निर्णयों को अंगीकार करके उनका पालन करना अपना कर्तव्य समझता था। लेकिन यह स्थिति निरन्तर बनी रहने वाली नहीं थी। उस समय भी राजा के हाथ में काफी शक्ति थी। धीरे-धीरे बुद्धिमान राजाओं ने अपनी शक्ति का संचय किया और पूर्णतः निरंकुश राजतंत्रों की स्थापना की। ये राजतंत्र आगे चलकर प्रजातंत्रवादी युग के आरंभ में होने वाली क्रान्तियों में या तो समाप्त कर दिये गये या फिर उनकी शक्ति अत्यन्त सीमित कर दी गई।

सामन्तवादी-युग के कुछ विचारक

मध्ययुग के प्रमुख विचारकों में जॉन सैलिसबरी का नाम सबसे पहले लिया जाता था। लेकिन जॉन सैलिसबरी के अतिरिक्त कुछ ऐसे भी विचारक हुए जिनका स्थान ऐतिहासिक कालचक्र की दृष्टि से पहले लिया जाता है। ऐसे विचारकों में हिल्डे ब्राण्ड, सन्त बर्नार्ड और मेनगोल्ड का नाम उल्लेखनीय है। जॉन सैलिसबरी के जीवन, उसके विचारों तथा ग्रथों आदि पर विचार करने से पूर्व हम उक्त विचारकों पर भी संक्षेप में दृष्टि डालेंगे। ये विचार ग्यारहवीं और बारहवीं शताब्दी के हैं।

हिल्डे ब्राण्ड या पोप ग्रेगरी सप्तम

हिल्डे ब्राण्ड का दूसरा लोक परिचित नाम ग्रेगरी सप्तम भी है। इसका जन्म सन् 1073 ई. में हुआ था। वह राजसत्ता के विरुद्ध धर्मसत्ता की श्रेष्ठता का सबसे बड़ा प्रतिपोषक था। उसने इस कार्य को सम्पन्न करने के लिये न केवल राजसत्ता के नियंत्रण की आवश्यकता को ही समझा अपितु ईसाई गिरजों में उन दिनों जो त्रुटियाँ और दोष आ गये थे उनका भी निवारण किया। ऐसा करने का उसका एकमात्र उद्देश्य यह था कि वह जिस स्थान पर ईसाई गिरजा एवं उसके पादरियों को प्रतिष्ठित कराना चाहता था—वे उसकी मर्यादा और गरिमा के अनुरूप सिद्ध हों। उसने मठों की स्थापना के आन्दोलन को भी पुनः चलाया। हम पिछले अध्यायों में ईसाई मठों के जीवन पर प्रकाश डाल चुके हैं। परन्तु यहाँ स्मरण कराना संभवतः पुनरुक्ति न होगा कि आश्रमों का जीवन जैसा पवित्र और सदाचारी होता था, उसका जनता पर बहुत अधिक प्रभाव पड़ता था। वह चाहता था कि पोप का पद इतना पवित्र, श्रेष्ठ और उत्तम माना जाए कि उसमें जनता को शक्ति और मर्यादा दोनों का मधुर समन्वय दिखलाई पड़े। हिल्डे ब्राण्ड या ग्रेगरी सप्तम के इस स्वप्न के संबंध में प्रोफेसर सिजविक ने लिखा है कि ग्रेगरी सप्तम की कल्पना थी राज्य संबंधी समस्त विवादास्पद विषयों का एकमात्र न्यायकर्ता पोप को माना जाए। पोप का यह अधिकार समस्त ईसाई संसार पर निर्विवाद रूप से मान लिया जाए। युद्ध और शान्ति के मामले भी उसके हाथों में ही रहें। जो राजा अपने पद और मर्यादा की समुचित रूप से

रक्षा न कर सके, विधियों के विरुद्ध आचरण करता हुआ निरंकुश बनने का प्रयास करे, उसे वह अपदस्थ कर दे। इस प्रकार के हिल्बे ब्राण्ड ने एक ऐसे पोप की कल्पना की थी जो समग्र ईसाई संसार का कर्ता-धर्ता मान लिया जाता, जो राजाओं का भी राजा होता। इस कल्पना में हिल्डे ब्राण्ड ने प्लेटो की **'रिपब्लिक'** के दार्शनिक राजा से बड़ी प्रेरणा ली थी।

ग्रेगरी सप्तम या हिल्डे ब्राण्ड सांसारिक वस्तुओं को अत्यन्त तुच्छ दृष्टि से देखता था। आध्यात्मिकता को वह बड़ा महत्व देता था। उसका कहना था–एक छोटे-से-छोटा पादरी एक बड़े-से-बड़े राजी की तुलना में अधिक सम्मान पाने योग्य है। राजा तो अधिक से अधिक इस लौकिक संसार में दण्ड या क्षमा द्वारा अपराधी व्यक्तियों को सुधारने का प्रयत्न कर सकता है किन्तु ऐसा पादरी के संबंध में नहीं कहा जा सकता। पादरी नैतिक और आचारिक शिक्षाओं द्वारा इस लौकिक संसार में तो व्यक्ति को सुधारने का प्रयत्न करता ही है–वह आध्यात्मिक शक्ति द्वारा दुखी और पीड़ित जनों का पारलौकिक जीवन सुधारने की भी कोशिश करता है। यह बात अपने आप में बहुत बड़ी थी। हिल्डे ब्राण्ड का कहना था इसीलिए पादरी की जिम्मेदारी किसी भी राजा की तुलना में कहीं अधिक थी।

राज्य के संबंध में तो उसके विचार थे कि वह एक आवश्यक बुराई है। राज्य की उत्पत्ति इसलिए हुई कि मनुष्य ने पाप किया। इस पाप का प्रायश्चित आवश्यक था, इसीलिए राज्य का आविर्भाव हुआ। राज्य की उत्पत्ति का स्रोत मनुष्य का पापपूर्ण आचरण है किन्तु इसका उद्देश्य अच्छा है। अतएव, ऐसे मनुष्य जाति को आवश्यक बुराई के रूप में स्वीकार कर लेना चाहिए और अपने आचरण को सुधारने का प्रयत्न करना चाहिए। वह राजा की आज्ञाओं का पालन करने की आज्ञा देता था और उसका कहना था कि जब तक राजा की आज्ञाएँ धर्म विरुद्ध न हों तब तक प्रत्येक प्रजाजन का कर्तव्य है कि वह उनका पालन करे। यदि कोई शासक या राजा अत्याचारी है तो इसका अर्थ यह है कि उस राज्य के लोग अधिक पापी हैं और उनकी नीचता के दण्ड के लिए ही ईश्वर ने अत्याचारी शासक के रूप में अपना प्रतिनिधि भेजा है। हिल्डे ब्राण्ड ने क्रान्ति का अधिकार नहीं दिया। उसका कहना है कि यदि राजा क्रूर है तो उसके हित की कामना करते हुए अपने उद्धार के लिए प्रजाजनों को गिरजाघर में प्रार्थनाएँ करनी चाहिए।

हिल्डे ब्राण्ड द्वैधसत्ता के सिद्धान्त में भी विश्वास करता था। इस सिद्धान्त के अनुसार संसार का काम चलाने के लिए ईश्वर ने दो सत्ताओं को भेजा है। एक राजसत्ता है और दूसरी धर्मसत्ता। दोनों सत्ताओं में धर्मसत्ता का स्थान श्रेष्ठतर है लेकिन धर्मसत्ता को राजसत्ता के छोटे-मोटे मामलों तथा सामान्य विषयों में कोई हस्तक्षेप नहीं करना चाहिए। महत्वपूर्ण तथा असाधारण तथा धार्मिक विषयों में राजसत्ता को धर्मसत्ता का पथ-प्रदर्शन ही स्वीकार कर लेना चाहिए।

हिल्डे ब्राण्ड ईसाई साम्राज्य की स्थापना का स्वप्न देखा करता था। वह चाहता था कि राजसत्ता द्वारा इसी साम्राज्य की स्थापना हो। हम यह तो बतला ही चुके हैं कि वह गिरजा की स्वतंत्रता का हिमायती था और चाहता था कि गिरजे की नियुक्तियों में राजसत्ता का कोई हाथ न रहे, लेकिन इस प्रश्न को लेकर राजसत्ता और धर्मसत्ता में बड़ा संघर्ष हुआ। इस संघर्ष के परिणामस्वरूप हिल्डे ब्राण्ड ने एक नया मत स्थिर किया। जिसका आशय था कि राजसत्ता के जो प्रतिनिधि ईसाई गिरजा के विरुद्ध आचरण करते हैं या उसकी नीति का परिपालन नहीं करते उनको निष्क्रिय कर दिया जाए। पोप विरोधी राजाओं को निष्क्रिय बना देने का उपाय यह निकाला गया कि प्रजा को अपराधी राजा की आज्ञा पालन करने की बाध्यता से मुक्त कर दिया जाए। जब प्रजा राजा की आज्ञाओं का पालन ही न करेगी तब राजा की कैसी विचित्र स्थिति हो जाएगी–इसकी कल्पना से ही सामन्तवादी युग के शासन घबड़ाते थे। इस सिद्धान्त का सबसे प्रथम प्रयोग हेनरी चतुर्थ पर किया गया। अन्त में हेनरी चतुर्थ को पराजय माननी पड़ी और ग्रेगरी सप्तम की शरण में आना पड़ा। किन्तु इसके एक साथ दो परिणाम हुए। पहला तो यह कि सभी यूरोपियन शासक घबड़ा गये और पोप से डरने लगे। इसके अलावा दूसरा परिणाम यह हुआ कि सभी शासकों के कान खड़े हो गये। वे सब मिलकर यह सोचने लगे कि पोप के ऐसे आदेशों का प्रतिकार कैसे किया जाए। ग्रेगरी सप्तम के शासक बहिष्कार सिद्धान्त के फलस्वरूप धर्मसत्ता और राजसत्ता में ऐसा संघर्ष छिड़ गया जो लगातार दो शताब्दियों तक चलता रहा। ग्रेगरी सप्तम का यह घोषित मत था कि ईसाई गिरजा को अपने आन्तरिक प्रबंध स्वयमेव करने चाहिए और इसमें राजसत्ता का कोई हाथ नहीं होना चाहिए। राजसत्ता की समस्त गतिविधियों की जाँच कर उनके बारे में फैसला करने का धर्मसत्ता को अधिकार है। यदि धर्मसत्ता के श्रेष्ठतम प्रतिनिधि के रूप में पोप राजा को अपराधी मानता है तो उसे इस बात का पूरा-पूरा हक है कि वह उस अपराधी या दोषी शासक को धर्म-बहिष्कृत कर दे। हिल्डे ब्राण्ड या ग्रेगरी सप्तम की यह इच्छा थी कि वह ईसाई गिरजा को शुद्ध करके संसार भर में न्याय और समता के प्रचार एवं प्रसार का अप्रतिम साधन बना दे। उसके विचारों के स्रोत **सन्त ऑगस्टाइन** के ग्रंथ थे। उसने सन्त ऑगस्टाइन के अतिरिक्त **प्लेटो** के साहित्य का भी अध्ययन किया था। इसीलिए उसकी विचारधारा उतनी यथार्थवादी नहीं थी जितनी आदर्शवादी थी।

सन्त बर्नार्ड

सन्त बर्नार्ड का जन्म सन् 1091 में हुआ था और मृत्यु सन् 1153 में। सन्त बर्नार्ड सन्त स्वभाव के ज्ञानी, धार्मिक और परोपकारी विचारों के थे। मध्ययुग के जिन विचारकों ने धर्मसत्ता की श्रेष्ठता स्थापित करने का प्रयत्न किया उनमें इनका नाम मुख्य रूप से लिया जाता था। महत्वाकांक्षी तो उनमें लेशमात्र भी नहीं थी। कहा जाता है, उन्हें कई बार पोप का पद देने का प्रस्ताव किया गया किन्तु हर बार उन्होंने ऐसा करने से इन्कार कर दिया। उनका मत था कि पादरियों को केवल आध्यात्मिक ज्ञान की ओर ध्यान देना चाहिए और

सांसारिकता से विरत रहना चाहिए। इतना होते हुए भी उनका मत था कि धर्मसत्ता की श्रेष्ठता अविवादास्पद है।

मेनगोल्ड

मेनगोल्ड एलसेटिया के **लटरबैक** नगर का निवासी था। वह ग्रेगरी सप्तम का समकालीन था। धर्मसत्ता के पक्ष में इसने भी प्रचार किया था। राज्य की उत्पत्ति के दैवी सिद्धान्त को वह मानता था। राजा की आज्ञा का पालन किये जाने पर वह विशेष बल देता था। उसका कहना था कि राजगद्दी का सम्मान अवश्य होना चाहिए। उस सम्मान को प्रकट करने का एक साधन राजा की आज्ञा-पालन करना है। अतएव राजा की आज्ञा का पालन इसलिए नहीं होना चाहिए कि वह अन्य मनुष्यों के समान नहीं है या अलौकिक है; अपितु इसलिए होना चाहिए कि वह एक ऐसी गद्दी पर बैठा है जिसका सम्मान करना प्रत्येक व्यक्ति का कर्तव्य है। राजा की स्थिति इस बात पर निर्भर करती है कि वह उन कर्तव्यों का पालन करता है या नहीं जो उसे सौंपे गये हैं। यदि राजा न्यायशील और धार्मिक है तो प्रजा उससे प्रेम करेगी। यदि वह ऐसा नहीं है और अपने उत्तरदायित्वों का पालन न करके क्रूरतापूर्ण व्यवहार करता है तो प्रजा को अधिकार है कि उसे पदच्युत कर दे। मेनगोल्ड का महत्व इसी बात में निहित है कि उसने राजा और प्रजा के संबंधों को अनुबंध (समझौते) के सिद्धान्त पर आधारित कर नये मत का प्रवर्तन किया। इस दृष्टि से **मेनगोल्ड** को **हॉब्स, लॉक** और **रूसो** का पूर्वज मानना होगा। अनुबंध के सिद्धान्त के आधार पर ही पोप ग्रेगरी सप्तम द्वारा हेनरी चतुर्थ के बहिष्कार का समर्थन मेनगोल्ड ने किया था। उसका कहना था कि यदि राजा प्रजा के प्रति अपने उत्तरदायित्व का निर्वाह करने में असफल होता है तो प्रजा भी उसकी आज्ञाओं को मानने के लिए बाध्य नहीं की जा सकती।

जॉन सैलिसबरी

जीवन परिचय

मध्ययुग के विचारकों में सैलिसबरी निवासी जॉन को अत्यन्त सम्मान की दृष्टि से देखा जाता है। यद्यपि राजशास्त्र के क्षेत्र में उसका कोई मौलिक अनुदाय नहीं है लेकिन उसने सबसे बड़ा काम यह किया कि प्रचलित राजदर्शन के समस्त विचारों का संग्रह करके उनको क्रमबद्ध रूप प्रदान किया। मध्ययुग की अव्यवस्था को देखते हुए यह कोई साधारण काम न था। उसका जन्म सन् 1115 में हुआ था। उसे उच्च शिक्षा प्राप्त हुई थी। प्रतिभा-सम्पन्न तो वह था ही। उसकी शिक्षा और बुद्धि-कुशलता से प्रभावित होकर उसे अल्पायु में ही कई उत्तरदायित्वपूर्ण कार्य सौंप दिये गये थे। उसने तीन बड़े पादरियों के निजी सचिवों के पदों पर काम किया। इन बड़े पादरियों में **टॉमस बेकट** का नाम विशेष

रूप से उल्लेखनीय है। जॉन को बाद में चार्ट्रेस का बिशप नियुक्त किया गया। इस पद उसने चार वर्षों तक काम किया और इसके बाद सन् 1180 में उसकी मृत्यु हो गई।

विचारधारा और कृतित्व

जॉन सैलिसबरी पोप ग्रेगरी सप्तम की ही भाँति धर्मसत्ता की श्रेष्ठता का अत्यन्त सबल पोषक था। वह सामाजिक भ्रष्टाचार का बड़ा जबर्दस्त विरोधी था। उसने पादरियों के लोभ, मोह और आचरण की अशुद्धताओं की भी बड़ी तीव्र निंदा की थी। उसने ग्रंथ लेखन कार्य पाँच वर्ष (1155-59) तक किया और समकालीन राजनीतिक विचारों को क्रमबद्ध रूप से संकलित कर शास्त्रीय रीति से उनकी व्याख्या की। उसने दो अत्यन्त महत्वपूर्ण पुस्तकों की रचना की। पहली तो **पॉलीक्रेटिकस** है और दूसरी **मेटलॉजिकस** है। इन दोनों पुस्तकों में पॉलीक्रेटिकस को अत्यन्त महत्वपूर्ण माना जाता है। यह पुस्तक आठ भागों में विभक्त है। पहले भाग में 13 अध्याय हैं; दूसरे में 29, तीसरे में 15, चौथे में 12, पाँचवें में 17, छठे में 29, सातवें में 14 और आठवें में 29 अध्याय हैं। पुस्तक का उद्देश्य जनसत्ता के बीच शासक की स्थिति की विवेचना करना है। पुस्तक के पहले भाग में यह बतलाया गया है कि सत्ता का मद शासकों को किस प्रकार अंधा बना देता है और इस मद से बचने के क्या उपाय हैं? 'जॉन सलाह देता है कि द्युत-क्रीड़ा और आखेट से राजाओं को बचना चाहिए, अपने मत की पुष्टि में उसने अनेक दृष्टान्त भी दिये हैं। आखेट की बुराइयाँ बतलाते हुए उसने **एक्टेअन** नाम के एक शिकारी की चर्चा की है जिसे उन खूँखार कुत्तों ने मार डाला था जिनको उसने शिकार करना सिखाया था। पुस्तक के दूसरे भाग में ज्योतिष विद्या संबंधी बातें है। जॉन ने बतलाया है कि स्वप्नों, शकुनों आदि की सहायता से शासक किस प्रकार भविष्य में होने वाली घटनाओं का अनुमान कर सकता है। तीसरे भाग में धनिक वर्ग के स्वार्थी और खुशामदी स्वभाव का विवरण है। इसी में बतलाया गया है कि अपने तथा राज्य के हित में शासक को धनिकों की चाटुकारिता से क्यों दूर रहना चाहिए। चौथे और पाँचवें अध्यायों में राजा, राज्य और विधि संबंधी समकालीन विचारों का क्रमबद्ध संकलन है। राजा को विद्यार्जन करना चाहिए। उसे प्रियभाषी होना चाहिए। राजा का विधिवेत्ता होना भी लाभदायी होता है। राज्य संबंधी सावयविक कल्पना भी इसी भाग में दी हुई है। छठे भाग में सेना और दण्ड व्यवस्थाओं संबंधी विचार हैं। सातवें और आठवें भाग में विदेशियों के षड्यंत्रों और ठगों से सावधान किया गया है और अत्याचारी शासक के वध की आवश्यकता पर प्रकाश डाला गया है। उसने अपनी पुस्तकों को लिखने में बाइबिल और यूनानी राजदर्शन से पर्याप्त सहायता ली थी। उसकी पुस्तक मेटलॉजिकस पर अरस्तू के सावयवी राज्य की कल्पना का प्रभाव स्पष्ट रूप से दिखलाई पडता है।

धर्मसत्ता और राजसत्ता

जॉन सैलिसवरी के विचारों में धर्मसत्ता और राजसत्ता सम्बन्धी विचारों का प्राथमिक महत्व है। यह तो हम बतला ही चुके हैं कि वह धर्मसत्ता का अत्यन्त प्रबल समर्थक था; किन्तु इसके साथ ही वह राजसत्ता को अत्यन्त हेय दृष्टि से भी देखता था। उसका कहना था कि राजा ईश्वरीय सत्ता का प्रतिनिधि अवश्य है; लेकिन उसे यह प्रतिनिधित्व गिरजा द्वारा ही मिला है। वस्तुतः राजसत्ता भी गिरजा की है; किन्तु, वह इतनी तुच्छ है कि उसका प्रयोग करना गिरजा की मर्यादानुकूल नहीं है—इसीलिये राजसत्ता राजा को उपयोग करने के लिए दे दी गई है। यदि राजा उस सत्ता का दुरुपयोग करता है तो गिरजा के अधिकारियों का यह कर्तव्य है वे उसे ऐसा करने से रोकें। सामान्य अवस्था में धर्मसत्ता को अपने आपको आध्यात्मिक क्षेत्र में ही सीमित रखना चाहिए। सांसारिकता की छोटी-मोटी बातों में धर्माधिकारियों द्वारा हस्तक्षेप किया जाना मर्यादानुकूल नहीं है। राज्य तथा राजा को समझना चाहिए कि वे गिरजा के सेवक हैं। राज्य का लक्ष्य है ऐसे अविनाशी चिरन्तन सत्य की खोज करने की सुविधाएँ उपलब्ध करना जिनमें मानवीय जीवन का कल्याण निहित है। ऐसा तभी हो सकता है जब मानवमात्र का जीवन सुरक्षित हो। अतएव राज्य का प्राथमिक कर्तव्य जीवन-रक्षा की समुचित व्यवस्था करना है। इसके बाद सत्य की शोध की दिशा में तभी बढ़ा जा सकता है जब धर्मसत्ता और राजसत्ता में पूर्णतः सामंजस्य हो।

राज्य की सावयविक कल्पना

राज्य की सावयविक कल्पना सबसे पहले अरस्तू ने की थी। अरस्तू के किसी ग्रंथ का साक्षात् प्रभाव जॉन सैलिसबरी पर पड़ा है या नहीं—यह तो नहीं कहा जा सकता किन्तु मध्ययुग में इस प्रकार की कल्पना को किसी ग्रंथ में लिपिबद्ध करने का श्रेय जॉन को ही है। उसने अपनी पुस्तक '**पॉलिक्रेटिकस**' के चौथे और पाँचवें भाग के कुल 29 अध्यायों में इस कल्पना की विशद रूप से विवेचना की है। उसने राज्य और शरीर—इन दोनों के बीच गहरी सादृश्यता स्थापित की है। जॉन का कहना था कि राज्य में धर्मसत्ता का स्थान वही है जो शरीर में आत्मा का। जिस प्रकार शरीर में रहने वाली आत्मा प्रत्यक्षतः सांसारिक कार्यों से विरत रहती है और समय-समय पर कुमार्ग पर जाने से सावधान करती रहती है, उसी प्रकार धर्मसत्ता भी अन्याय और विनाश के मार्ग पर जाने से राजसत्ता को रोकती है। राजसत्ता की तुलना सिर से की गई है। नेत्र, नासिका, कान आदि राज्य के विभिन्न प्रान्तों के राज्यपाल (गर्वनर) बतलाये गये हैं। मुँह की तुलना राजा से की गई है। प्रशासनाधिकारियों तथा सेना को राज्य के दो हाथ बतलाया गया है। किसानों तथा कारीगरों की राज्य में वही स्थिति है जो शरीर में पैरों की। जिस प्रकार शरीर बिना पैरों के खड़ा नहीं रह सकता—उसी प्रकार राज्य भी बिना किसान और कारीगरों के खड़ा नहीं

रह सकता। राज्य परिषदों की तुलना हृदय से की गई है। जॉन ने बतलाया है कि चिकित्सक शरीर की देखभाल करता है। ठीक यही कार्य राजनीतिज्ञ और दार्शनिक का भी है। राजदार्शनिक राज्य की देखभाल करता है और देखता है कि राज्य को किस प्रकार स्वस्थ और सबल बनाये रखा जा सकता है। राजा का भी वह यही काम मानता था। उसने रोम के इतिहास का गहरा अध्ययन किया था। रोमन राजाओं में **ट्राजन** और **ऑगस्टस** का वह भक्त था। समकालीन राजाओं में हेनरी द्वितीय की वह बड़ी सराहना करता था। राज्य के सावयविक स्वरूप की समुचित विवेचना करने के उपरान्त जॉन ने यह भी बतलाया है कि राज्य को कौन-कौन सी बुराइयाँ खोखला बना देती हैं।

राजा और विधि

जॉन सैलिसबरी ने राजा के कर्तव्यों की विवेचना करते हुए बतलाया है कि लोकप्रिय गुणवान राजा क्या-क्या करता है। प्रजावत्सल राजा का सबसे बड़ा लक्षण तो यह होता है कि वह राज्य का शासन कार्य विधिसम्मत रीति से चलाता है। अपने आपको विधियों से ऊपर नही मानता और विधियों को देववाणी की भाँति सम्मानपूर्वक देखता है। वह उदार होता है। मृदुभाषी होता है। गिरजा और पादरियों का सम्मान करता है। ऐसी कोई विधि नहीं बनाता जो धार्मिक विधियों के प्रतिकूल हो। प्रत्येक लौकिक और सांसारिक कार्य धर्म और गिरजा की विधियों के अनुकूल होना चाहिए और क्योंकि राज्य का अध्यक्ष राजा होता है और धार्मिक विधियों का सबसे बड़ा व्याख्याता पोप होता है, अतएव पोप का सम्मान करते हुए उसकी आज्ञाओं को मानना राजा का पुनीत कर्तव्य है। जॉन ने अत्याचारी और निरंकुश राजा तथा दयालु और प्रजावत्सल राजा का अन्तर बतलाया है। मध्ययुग के किसी लेखक के विचार इस संबंध में इतने स्पष्ट नहीं है। जॉन का कहना है कि जो राजा विधियों के अनूकुल शासन करता है, वह यदि कठोर हो तब भी उसके विरुद्ध कुछ नहीं किया जा सकता। अत्याचारी और निरंकुश शासक वही समझा जाएगा जो विधि के प्रतिकूल आचरण करे। ऐसी अवस्था में राजा को पदच्युत कर देना चाहिए। यही नहीं, राजगद्दी से उतार कर उसको प्राणदण्ड भी दे दिया जाना चाहिए क्योंकि वह सारे राज्य की शांति व्यवस्था को खतरे में डाल सकता है। ऐसा व्यक्ति समस्त मानवता के साथ शत्रुता का व्यवहार करता है। अतएव ऐसे व्यक्ति को जीवित नहीं रहने देना चाहिए। उसने इस शंका का भी समाधान किया कि आरंभ में अत्याचारी राजा का उत्थान क्यों होता है। जॉन का कहना है कि पापी शासकों का उत्थान उनके दुखद अन्त की ही ओर इंगित करता है। उसने लिखा है कि राजा को मारने में धर्मसम्मत उपायों का ही प्रयोग किया जाना चाहिए। राजा को विष देकर उसकी हत्या करना उसे ग्राह्य न था, क्योंकि बाइबिल में इस प्रकार किसी को मारना धर्मसम्मत नहीं कहा गया है।

आलोचना

पॉलीक्रेटिकस तथा मेटलॉजिकस में जो विचार जॉन सैलिसबरी ने प्रकट किये हैं—यदि उन पर आलोचनात्मक दृष्टि डालें तो हमें ज्ञात होगा कि उसके विचारों में नैतिकता का अधिक पुट है। संवैधानिकता तथा विधि-सम्मत बातों की ओर उतना ध्यान नहीं दिया गया है। इसमें संदेह नहीं है कि उसने मध्ययुग के राजनीतिक विचारों का बड़ा अच्छा संकलन किया है तथा उनके संकलन में अन्य मध्ययुग के विचारकों की अपेक्षा अधिक क्रमबद्धता भी है—तब भी पुस्तकों के विचारों को उपस्थित करने में उतनी व्यवस्था नहीं दिखलाई गई है जितनी अपेक्षित है।

सामन्तवादी युग में राजा और राज्य की स्थिति

सामन्तवादी युग में राज्य की कल्पना को अत्यन्त पवित्र दृष्टि से देखा जाता था। इस कारण राजा भी सबकी श्रद्धा का केन्द्र होता था क्योंकि वही राज्य का अध्यक्ष हुआ करता था। उसे सांसारिक व्यक्ति नहीं समझा जाता था। अपितु वह दैवी प्रतीक माना जाता था। साधारण अवस्थाओं में राजा का विरोध उतना ही गर्हित समझा जाता था जितना नास्तिक होना। मध्ययुग के सामन्तवादी विचारकों ने राजा का विरोध करने का अधिकार प्रजा को दिया था किन्तु अत्यन्त सावधानी के साथ असाधारण अवस्थाओं में उक्त अधिकार के प्रयोग का परामर्श दिया था। राजा के विरुद्ध कार्रवाई करने में इतनी अधिक सर्तकता इसलिये व्यवहृत की जाती थी क्योंकि वह राज्य की एकता का प्रतीक माना जाता था। अंधयुग की अराजकता और अव्यवस्था तथा अशान्ति से समकालीन जनता ने यह शिक्षा ली थी कि यदि राजा थोड़ा बहुत निरंकुश और अत्याचारी भी हो तो वह त्याज्य नहीं, कारण उसकी वजह से कम-से-कम शान्ति और व्यवस्था तो कायम रहती है। अशान्ति तथा अव्यवस्था की दशा में तो सत्ता इस प्रकार विकेन्द्रित हो जाती है कि किसी भी व्यक्ति का प्राण या उसका धन सुरक्षित नहीं रहता। राजा में ही राज्य की सम्पूर्ण सत्ता परिवेष्ठित मानी जाती थी। यह कल्पना मलतः **सिसरो** तथा अन्य रोमन विधिवेत्ताओं द्वारा प्रकट किये गये विधि संबंधी विचारों पर आधारित थी। राजा को विधि द्वारा सर्जित माना जाता था। गिरजा के पादरियों ने भी आगे चल कर अपने लिखित निबंधों, प्रवचनों तथा उपदेशों में इसी रोमन विचार की परिपुष्टि की। **जॉन सैलिसबरी** ने भी कठोर शासक के उन अत्याचारों की भी बरदाश्त करने की सलाह दी जो विधि के प्रतिकूल न हों। राजा को ही समस्त विधियों का जनक माना जाता था। उसे किसी न्यायालय में किसी अपराध के लिए उत्तरदायित्व बना कर उपस्थित नहीं किया जा सकता था किन्तु मध्ययुग में अनुबंधों का कुछ ऐसा ताना-बाना बना कि एक दूसरे के सहयोग बिना किसी का भी काम नहीं चला। इसीलिए राजा अपने आपको विधि से ऊपर समझते हुए भी अपने परामर्शदाता सामन्तों की सलाह के अनुसार कार्य करता रहा। यद्यपि **ब्रैकटन** ने अपनी पुस्तक में राजा की स्थिति के संबंध में स्पष्टतः यह लिख दिया है, "अपने राज्य में राजा की बराबरी

करनेवाला कोई भी नहीं होना चाहिए क्योंकि राजा के समान ही यदि कोई दूसरा दावेदार पैदा हो जाता है तो 'समान व्यक्ति एक दूसरे पर शासन नहीं कर सकते' इस सिद्धान्त के अनुसार राजा की सत्ता निष्क्रिय हो जाएगी। राजा के ऊपर भी कोई उससे अधिक शक्तिशाली सत्ता नहीं होनी चाहिए–क्योंकि यदि ऐसा होता है तो राजा का दर्जा अपनी प्रजा से नीचा हो जायेगा और यह असंभव है कि जो निम्नतर हों वे उनके समान हो सकें जिसे अधिक शक्ति प्राप्त है। लेकिन यहाँ राजा के ऊपर किसी व्यक्ति विशेष की सत्ता नहीं होनी चाहिए वहीं राजा को भी ईश्वर तथा विधि की सत्ता के सम्मुख नतमस्तक रहना चाहिए।

ब्रैकटन ने ही राजा की अन्य दो स्थितियों का भी निरूपण किया है। उसने बतलाया है कि एक तो राजा को राज्य की समस्त भूमि का स्वामी समझा जाता था और दूसरी स्थिति में वह सत्ता का प्रतीक माना जाता था। पहली स्थिति के कारण अनुबंधजनित (समझौतों के कारण) जो उत्तरदायित्व उसके कधों पर आ पड़े थे–उनको निपटाने के लिये उसने दरबारों का संघटन किया था जो न्यायालय का कार्य करते थे। यही दरबार आगे चलकर संसद के रूप में विकसित हो गये। इंग्लैण्ड की संसद तक को कुछ काल पृष्ठों तक विधायिनी संस्था के बजाय उच्चतम न्यायालय के रूप में ही अधिक समझा जाता था।

सामन्तवादी युग का महत्व और अनुदाय

इस अध्याय को समाप्त करने के पूर्व संक्षेप में यह बता देना अनुचित न होगा कि राजनीतिक विचारों के इतिहास में सामन्तवादी युग का क्या महत्व है और उसके क्या राजनीतिक अनुदाय हैं। आधुनिक युग में ऐसे अनेक संवास हैं जिनकी उत्पत्ति सामन्तवादी युग में ही हुई थी, उदाहरणार्थ राज दरबार का अन्ततः संसद के रूप में विकसित हो जाना। राष्ट्रमूलक राज्यों की कल्पना का अध्याय भी सामन्तवादी संवासों तथा विभिन्न अंगों के संयुक्तीकरण द्वारा ही आरंभ होता है।. राज्य की उत्पत्ति के संबंध में अनुबंध के सिद्धान्त का भी इसी युग में बीज-वपन हुआ। सामन्तवाद में प्रत्येक राजनीतिक और सामाजिक महत्व का कार्य अनुबंध तथा व्यक्तिगत श्रद्धा पर आधारित रहता था। इसीलिए तत्कालीन प्रतिभा-सम्पन्न विचारकों ने राज्य की उत्पत्ति के संबंध में भी उक्त सिद्धान्त खोज निकाला। इस सिद्धान्त की ऐतिहासिकता चाहे जितनी संदिग्ध हो किन्तु इतना सत्य है कि राजा की उत्पत्ति के दैवी सिद्धान्त के उन्मूलन में अनुबंध के सिद्धान्त ने बड़ी सहायता प्रदान की। विधि के शासन का सिद्धान्त भी सामन्तवादी युग की ही देन है। उन दिनों ही सबसे पहले यह आवाज उठाई गई थी कि राजा को भी प्रजा की ही भाँति विधि के प्रति आज्ञापालन का भाव रखना चाहिए। राज्य के अध्यक्ष को न्यायालय की पकड़ से दूर रखने की परम्परा भी सामन्तवादी युग में ही आरंभ हुई जो आज भी किसी-न-किसी रूप में प्रत्येक राष्ट्रमूलक राज्य में विद्यमान है। इंग्लैण्ड के राजा को, अमेरिका या भारत

के राष्ट्रपति को, सोवियत रूस के संघ के अध्यक्ष (राष्ट्रपति) को कभी भी राज्य के किसी भी सामान्य न्यायालय के सम्मुख उपस्थित नहीं किया जा सकता। यदि उनकी गतिविधियाँ राज्यद्रोही हों तो ऐसी दशा में इन पर महाभियोग लगा कर अधिक-से-अधिक इन्हें संसद, राज्य-परिषद् अथवा लोकसभाओं के सम्मुख उपस्थित किया जा सकता है। राज्य के अध्यक्ष को राजद्रोही अपराध करने की दशा में विधान-मण्डल के समक्ष उपस्थित करने का विधान, सामन्तवादी युग की उस प्रथा की ओर संकेत करता है जिसके अनुसार राजा को दरबार के सम्मुख अपने कार्यों का जवाब देना पड़ता था।

अध्याय–12

धर्मसत्ता और राजसत्ता का द्वन्द (1)

धर्मसत्ता और राजसत्ता के संबंधों की समस्या, उभयसत्ताओं में विभेद, लोथेयर और हेनरी चतुर्थ के पोप से संघर्ष, धर्मसत्ता की सुदृढ़तम स्थिति का युग, पोपतंत्र द्वारा शक्ति संचय, धर्मसत्ता की श्रेष्ठता की सैद्धांतिक पृष्ठभूमि, धर्मसत्ता के दावों की समालोचना, राजसत्ता को दण्डित करने के साधन, द्वन्दकालीन विचारक, सन्त टामस एक्वीनाज, राजदर्शन के इतिहास में टामस का स्थान, एजीडियस रोमुनस।

धर्मसत्ता और राजसत्ता के संबंधों की समस्या

धर्मसत्ता और राजसत्ता के द्वन्द के कारणों की व्याख्या तथा तत्संबंधी विवाद में धर्मसत्ता समर्थक विचारकों के मतों की चर्चा करना प्रस्तुत अध्याय का उद्देश्य है। किन्तु ऐसा करने से पूर्व यह जान लेना उचित ही होगा कि जिन दिनों मध्ययुग में धर्मसत्ता अदमनीय शक्ति के रूप में उभर रही थी और अपने शक्तिकाल के स्वर्णयुग में प्रवेश कर रही थी उस समय धर्मसत्ता और राजसत्ता के परस्पर क्या संबंध थे। दोनों सत्ताओं के सम्बन्धों की जानकारी मध्ययुग के ज्ञानकोष की कुंजी है।

मध्ययुग वैसे तो अराजनीतिक और अव्यवस्थित था किन्तु वास्तविकता यह है कि यदि उन दिनों कोई राजनीतिक समस्या थी तो यही कि धर्मसत्ता और राजसत्ता के संबंध का आर्दश रूप क्या हो और यदि वह आर्दश स्थिर हो जाता है तो उसकी प्राप्ति के क्या साधन हो सकते हैं? धर्मसत्ता और राजसत्ता दोनों ही उन दिनों अपनी महत्ता के प्रति अतिरिक्त रूप से जागरूक थीं और अपनी-अपनी प्रधानता स्वयंसिद्ध सत्य के रूप में उसे

स्थित करना चाहती थी। लेकिन यदि हम नवीं शताब्दी से तेरहवीं शताब्दी तक की प्रवृतियां का विश्लेषण करें तो इस परिणाम पर पहुँचेंगे कि उन दिनों के विचारक धर्मसत्ता की महत्ता को ही अधिक बड़ा सिद्ध करने के लिये प्रयत्नशील रहते थे। वे चाहते थे कि विश्व के राजनीतिक जगत् के ताने-बाने और धार्मिक जगत् में पोपतंत्र उच्चतम शक्ति के आसन पर रहे। धर्मसत्ता की महत्ता के प्रतिपादक विचारकों की तर्कमाला का स्रोत बाइबिल और धार्मिक अधिकारियों की, विशेषरूप से **सन्त ऑगस्टाइन** और **ग्रेगरी महान** की, लिखित सामग्री हुआ करती थी। उन्हीं दिनों **स्कॉलास्टिक** दर्शन के प्रचार का आन्दोलन भी चला था। इस आन्दोलन का मुख्य उद्देश्य यही था कि विवेका युक्त रीति दार्शनिक ज्ञान का धर्मादेशों के इस प्रकार संबंध जोड़ दिया जाए कि जहाँ दोनों के क्षेत्र एक समान हों वहाँ धर्मपुस्तकों तथा धर्म संबंधी आज्ञाएँ सत्य मान ली जायें। नवीं शताब्दी से लेकर लगभग 300 वर्षों तक अनेक विद्वानों ने दर्शन की इस शाखा का प्रचार और प्रसार किया। लेकिन इस दर्शन के लिए जितनी तर्क-सामग्री की आवश्यकता थी वह उन दिनों उपलब्ध न थी। तेरहवीं शताब्दी में **अरस्तू** के सभी ग्रंथ प्राप्त हो गये। इनमें उसके तर्क-शास्त्र संबंधी ग्रंथ भी थे। अरस्तू के पूर्व स्कॉलास्टिक विद्वान् प्लेटो तथा स्टोइक विचारकों द्वारा रचित दर्शन ग्रंथों पर ही निर्भर रहा करते थे। अरस्तू के ग्रंथों की खोज के बाद सर्वाधिक गहन अध्ययन सन्त टॉमस एक्वीनाज ने किया। टॉमस ने राजशास्त्र का उद्धार किया। उस समय तक राजशास्त्र को धर्मशास्त्रों ने जकड़ रखा था। स्कॉलास्टिक विद्वान् के रूप में टॉमस का यह बड़ा जबर्दस्त अनुदाय था। लेकिन यह बहुत बाद की बात थी। टॉमस के पूर्व जब राजनीति पर या यों कहना चाहिए कि राजसत्ता पर धर्मसत्ता हावी थी, उस समय यूनान और रोम के दार्शनिकों और राजनीतिशास्त्रियों की लिखित सामग्री बहिष्कृत-सी होकर एक ओर पड़ी रहती थी। बीच-बीच में इतिहास का प्रयोग कर लिया जाता था। यह प्रयोग भी ऐसी होता था कि लोग अपने सिद्धान्त या तर्क के पक्ष में जो भी ऐतिहासिक घटना पा जाते थे उसका उपयोग अपने मत की पुष्टि के लिए कर लेते थे। ऐसा नहीं होता था कि सम्पूर्ण इतिहास का भली-भाँति अध्ययन कर लिया जाए और तब उस अध्ययन के आधार पर कुछ सिद्धान्तों का निरूपण किया जाए तथा उन सिद्धान्तों के अनुसार समकालीन घटनाचक्र का विश्लेषण कर कोई राजनीतिक कल्पना या अनुमान प्रकट किया जाए। इसका परिणाम यह हुआ कि धर्मसत्ता और राजसत्ता का संबंध ज्यों-ज्यों बढ़ता गया त्यों-त्यों धर्मसत्ता के समर्थकों ने बाइबिल के ओल्ड टेस्टामेण्ट तथा धर्माधिकारियों के लेखों और प्रवचन-सामग्री का प्रयोग और अधिक बढ़ा दिया। न्यू टेस्टामेण्ट का प्रयोग न्यूनतम स्थानों पर किया जाता था। ओल्ड टेस्टामेण्ट का दृष्टिकोण राजसत्ता के विरुद्ध था। वह उसकी कटु आलोचना करता था। उसका दृष्टिकोण अधिक धार्मिक था। इसीलिए वह गिरजा के लिए अधिक उपयोगी था। इसके विपरीत न्यू टेस्टामेण्ट राजसत्ता के प्रति अधिक विनम्रता प्रकट करता था और उसमें राजनीति के प्रति अधिक उदासीनता भी दिखलाई गई है। इसके अलावा चूँकि ओल्ड टेस्टामेण्ट में धर्मभीरु राजाओं की सफलताओं

की विशेष रूप से चर्चा की गई है इसीलिए धर्माधिकारियों को यह कहने का मौका मिल गया कि राजसत्ता को धर्मसत्ता के अधीन रहना चाहिए—यही दैवी इच्छा है।

यहाँ एक बात का स्मरण करा देना अनावश्यक न होगा। वह यह कि मध्ययुग के आरंभिक काल में सार्वभौमिकता की कल्पना अत्यन्त लोकप्रिय हो गई थी। तत्कालीन समाज के कर्णधार-वर्ग में सार्वभौमिकता की कल्पना घर कर गई थी। कहा जाता था कि यूरोप का एक राजा होना चाहिए और एक ही धर्म। सार्वभौमिक राज्य और सार्वभौमिक धर्म की कल्पना में रोमन साम्राज्य के स्वप्न तथा ईसाई धर्म को मानने वाले विश्व-व्यापी समाज की कल्पना का बेजोड़ मिश्रण हो गया था। यह कहा गया है कि धर्मसत्ता और राजसत्ता के अलग-अलग अध्यक्ष हों और दोनों सत्ताओं का ऐसा समन्वय स्थापित हो जाए कि वे दोनों एक दूसरे के हित में कार्य करें। यह भी मान लिया जाए कि समस्त सत्ता दैवी स्रोतों से प्राप्त होती है। दैवी स्रोतों का साधन क्या है? ईसाई गिरजा। अतएव, ईसाई गिरजा को उच्चतर सत्ता मान लिया जाए।

अतएव सार्वभौमिकता के सिद्धान्त में जिस समाज की कल्पना की गई वह तो एक था किन्तु उस समाज के शासन के लिए दो सत्ताओं की सरकार की कल्पना की गई। एक धर्मसत्ता अर्थात् ईसाई गिरजा की सरकार और दूसरी राजसत्ता की सरकार। दो सत्ताओं के अस्तित्व की जो विवेचना ईसाई लेखकों ने की और भौतिकतामय संसार तथा आध्यात्मिक जगत के बीच जो सीमा-रेखा खींची उससे दो सत्ताओं का सिद्धान्त रूढ़िवादी रूप में परिवर्तित हो गया।

जब तक धर्मसत्ता प्रबल रही वह राजसत्ता को बराबर अपने अधीन समझती रही। पोप ने सम्राट को एक पत्र लिखा जिसमें उन्होंने कहा था, "इस संसार का शासन करनेवाली दो सत्ताएँ हैं—धर्माधिकारियों की पुनीत सत्ता और राजकीय सत्ता। इन दोनों सत्ताओं में धर्मसत्ता गुरुतर है क्योंकि फैसले कि दिन (अर्थात् प्रलयकाल में) ईश्वर के सम्मुख राजा के कृत्यों का भी उत्तर धर्म-पुरोहितों को ही देना होगा।" इस उद्धरण से यह कल्पना की जा सकती है कि धर्मसत्ता को कितना अधिक महत्व दिया जाता था और ईसाई गिरजा के उच्चतम अधिकारी पोप किस प्रकार तत्कालीन राजनीतिक, सामाजिक, आर्थिक और बौद्धिक जीवन का नियंत्रण किया करते थे। राजसत्ता की तुलना में धर्मसत्ता को उच्चतम स्थान दिलाने के लिए भाँति-भाँति की उपमाएँ दी जाती थीं। कभी धर्मसत्ता को सूर्य तथा राजसत्ता को चन्द्रमा बतलाया जाता था, तो कभी राजसत्ता को शरीर और धर्मसत्ता को आत्मा सिद्ध करने की चेष्टा की जाती थी। धर्मसत्ता को आध्यात्मिक और लोकोत्तर जीवन की शक्ति मानते हुए राजसत्ता को सांसारिक एवं लौकिक शक्ति सिद्ध किया जाता था। आध्यात्मिक शक्ति को श्रेष्ठतर घोषित करने के लिए जो तर्क दिये जाते थे वे मुख्यतः दो प्रकार के होते थे। पहले प्रकार के तर्कों का आशय यह कहा जा सकता है कि धर्मसत्ता

को उसके समर्थक दैवी मानते थे और इस नाते कहते थे कि वह स्वभावतः लौकिक सत्ता से श्रेष्ठ है। पोप सिलवेस्टर ने एक बार लिखा था कि राजाओं के मुकुट, धर्म-पुरोहितों की टोपियों की तुलना में ठीक उसी प्रकार हैं जिस प्रकार सीसे की तुलना में सोना। इसका अर्थ यह था कि धर्म-पुरोहितों की टोपियाँ स्वर्ण-तुल्य हैं और राजमुकुट सीसे के समान। पीटर डेमियन ने भी इसी प्रकार कहा था कि पोप बादशाहों के भी बादशाह हैं--वे महाराजाओं के महाराजाधिराज हैं। इनका सभी गरिमापूर्ण और मर्यादावान समाजों में सम्मान किया जाता है। दूसरे प्रकार के तर्कों की रेखा पोप के उस अधिकार की ओर इंगित करती थी जिसके अनुसार उन्हें राजसत्तावान् व्यक्तियों के उन मामलों में भी हस्तक्षेप का अधिकार दिया गया जिन्हें नैतिक कहा जा सकता था। **लोथेयर** और **हेनरी** चतुर्थ के मामले इसी अधिकार के ज्वलन्त प्रमाण हैं। नैतिकता के सिद्धान्तों के विरुद्ध आक्रमण करने वाले राजाओं को पहले तो धर्म-बहिष्कृत कर दिया जाता था। इसके बाद भी यदि राजा न मानते तो पोप उनको राजसिंहासनच्युत कर सकते थे। इसके साथ ही प्रजा को भी पोप यह आदेश दे सकते थे कि वह ईसाई होने के नाते धर्म-विरोधी कृत्यों के अपराधी राजा के आदेशों को न माने। मध्ययुग की विवेक सुषुप्तावस्था में इस प्रकार के अधिकार भी प्रयोग में सफल हो जाते थे। चार्लमैन को राजमुकुट पहनाकर पोप ने जो परम्परा स्थापित कर दी थी उसके संबंध में आगे चलकर पोप तथा उनके समर्थकों ने यह कहना आरंभ कर दिया कि राजसत्ता का स्रोत धर्मसत्ता ही है। लेकिन राजसत्ता भी बिना विरोध के धर्मसत्ता के आधिपत्य को केवल कुछ ही समय तक बरदाश्त कर सकी। कुछ ही समय बाद धर्मसत्ता-विरोधी प्रतिक्रिया आरंभ हो गई। राजसत्ता ने यह कहना आरंभ किया कि राजा की उत्पत्ति दैवी स्रोतों से हुई है। अतएव राजा केवल ईश्वर के प्रति ही उत्तरदायी है। अपने पक्ष के समर्थन में धर्मसत्ता विरोधियों ने **न्यू टेस्टामेण्ट** के तर्कों का आश्रय लिया जो ओल्ड टेस्टामेण्ट की तुलना में राजसत्ता के पक्ष का अधिक समर्थन करता था। न्यू टेस्टामेण्ट में **सन्त पॉल** की एक वाणी भी मिल गई जिसमें उन्होंने कहा था कि राजसत्ता "ईश्वर-प्रदत्त शक्ति है। जो भी उसका विरोध करता है वह ईश्वर की इच्छा या आज्ञा का विरोध करता है।" राजसत्ता के समर्थन में स्वर उड़ानेवाले धर्माधिकारियों में जर्मन पादरियों का नाम सबसे पहले लिया जाता है। इसका कारण यह है कि जर्मन पादरी जर्मन सम्राटों के प्रभाव में रहा करते थे और वे पोप से स्वतंत्र रहने के भी इच्छुक थे। किन्तु बाद में राजसत्ता को सर्वोत्तम समर्थन रोमन विधि संहिताओं से प्राप्त हुआ। **बारटोलस** ने कहा कि सम्राट की श्रेष्ठता अविवादास्पद है और इस संबंध में कोई भी शंका करना पाप है। **मार्सोलियो पेदुआ** ने भी इसी प्रकार के विचार प्रकट किये। राजसत्ता के समर्थन में जो विचार प्रकट किये गये हैं उनके संबंध में हम विस्तारपूर्वक अगले अध्याय में प्रकाश डालेंगे। सम्प्रति राजसत्ता और धर्मसत्ता के संबंधों के विषय में उनके पारस्परिक द्वन्द की दृष्टि में रखते हुए इतना कहना ही पर्याप्त होगा कि "राजसत्ता के पोषकों ने ईसाई गिरजा

को लौकिक सत्ता के अधीन सिद्ध करके राज्य को गिरजा बना दिया और पोपतंत्र के समर्थकों ने राजसत्ता को गिरजा के अधीन बतलाकर गिरजा को राज्य बना दिया।"

राजसत्ता और धर्मसत्ता की सापेक्षिक स्थितियों पर गत कुछ पृष्ठों में विचार कर लेने के उपरान्त अब हम उन ऐतिहासिक परिस्थितियों पर विचार कर सकते हैं जो राजसत्ता और धर्मसत्ता के द्वन्द के आरम्भ होने से पूर्व तथा उसके दौरान में विद्यमान थीं।

उभय सत्ताओं में विभेद

जहाँ तक राजसत्ता और धर्मसत्ता के विभेद का प्रश्न है, वह कोई ऐसी वस्तु नहीं है जो द्वन्दकाल में पनपी हो। राजसत्ता और धर्मसत्ता का विभेद तो स्वयं ईसा के समय में ही विद्यमान था। उन्होंने राजसत्ता के प्रति बिल्कुल उदासीनता दिखलाई थी और कहा था कि उनकी दुनिया इस सांसारिक जगत् से सर्वथा भिन्न है। ईसा का तात्पर्य उस समय आध्यात्मिक जगत् से था। जब उनके सामने लौकिक सत्ता और आध्यात्मिक सत्ता के संघर्ष का प्रश्न रखा गया तो उन्होंने यह कह दिया कि "जो सीजर का है वह सीजर को दो और जो ईश्वर का है वह ईश्वर को दो।" यही कारण है कि ओल्ड टेस्टामेण्ट में राजसत्ता का उल्लेख किसी महत्वपूर्ण स्थल पर असामान्य रूप से नहीं मिलता। इसी आधार पर धर्मसत्ता ने राजसत्ता से अपने आपको श्रेष्ठतर सिद्ध करने का भी प्रयास किया। दूसरे, ओल्ड टेस्टामेण्ट में जहाँ कहीं भी राजाओं का उल्लेख मिलता है–वहाँ-वहाँ राजाओं की अत्यन्त प्रतिकूल आलोचना की गई है। इसी आलोचना के आधार पर पोप जब भी आवश्यकता पड़ती थी तभी राजसत्ता की बाइबिल की प्रसिद्ध मुहाविरोदार भाषा में आलोचना कर दिया करते थे। यह बात नहीं है कि राजसत्ता और धर्मसत्ता के बीच केवल ईसा ने ही विभेद किया हो–उनके बाद संत पॉल, सन्त एम्ब्रोस, सन्त ऑगस्टाइन और पोप गिलेसियस ने भी दोनों सत्ताओं का अस्तित्व सर्वथा अलग बतलाया। इन्हीं लोगों ने उभय सत्ताओं की सापेक्ष स्थितियों का विवरण देते हुए धर्मसत्ता को दोनों में श्रेष्ठतर बतलाया। इन सन्तों के विचारों का समर्थन हमें ल्योंस के पादरी (बिशप) **एगोबार्ड**, ह्रीम्स के बड़े पादरी **हिण्कमार**, पोप **निकोलस प्रथम**, पोप **ग्रेगरी सप्तम** या **हिल्डे ब्रांड**, **मेन गोल्ड**, **सन्त बर्नार्ड**, **जॉन सैलिसबरी**, **सन्त टॉमस एक्वीनाज** और **पोप इन्नोसेण्ट तृतीय** द्वारा लिखित सामग्री में मिलता है। सम्राट् के राज्याभिषेक का कार्य सबसे पहले **चार्लमैन** के समय में आरंभ हुआ था। चार्लमैन ने जब लम्बार्ड जाति के आक्रमकारियों को अपनी सेना से परास्त कर पोप की भूमि को उनसे मुक्त करा पोप के हाथों सौंप दिया था, उस समय सन्त पीटर के गिरजाघर में सम्राट् चार्लमैन ईश्वर का स्मरण कर रहा था। पोप ने उस समय वहाँ आकर उसे राजमुकुट पहना दिया। उस समय इस घटना का भले ही कोई महत्व प्रतीत न हुआ हो किन्तु बाद में जैसा कि ऊपर कहा जा चुका है, पोप ने तथा उनके समर्थकों ने इसका पूरा-पूरा फायदा उठाया। इन्होंने कहा कि राजसत्ता की उत्पत्ति दैवी

सिद्धान्त के अनुसार अवश्य हुई है किन्तु सत्ता को देने का निमित गिरजा है और गिरजा का अध्यक्ष पोप हैं–अतएव पोप द्वारा ही राजसत्ता राजा को मिलती है। इस रूप में पोप की स्थिति राजा या सम्राट् से श्रेष्ठतर है। जब राजसत्ताधारियों ने अपनी स्थिति को निर्बल पाया तो उन्होंने असन्तोष प्रकट किया इस असन्तोष के परिणामस्वरूप संघर्ष अनिवार्य हो गया। जहाँ तक चार्लमैन का संबंध था उसने अपने आपको किसी भी धर्मसत्ता के अधीन नहीं होने दिया। लेकिन उसके बाद उसका साम्राज्य छिन्न-भिन्न हो गया और वह बहुत-सी छोटी-छोटी रियासतों में बदल गया। ये रियासतें बहुत-से सामन्तों के अधीन थीं जिनमें से प्रत्येक शासक यह चाहता था कि वहाँ सम्राट् स्वीकार कर लिया जाए। अपनी स्थिति की पुष्टि के लिए ये प्रतिद्वंदी शासक पोप के समर्थन के इच्छुक थे। इन प्रतिद्वन्दियों में ओटो महान् ने अन्ततोगत्वा पोप का समर्थन प्राप्त ही कर लिया। धर्मसत्ता के श्रेष्ठतर हो जाने का प्राथमिक कारण राजसत्ता का निर्बल हो जाना था। यदि राजसत्ता गिरने के भय से आतुर होकर पोप का पल्ला पकड़ने की उत्कण्ठा प्रकट न करती तो ऐसी दशा न आती। कहा जाता है कि पवित्र रोमन साम्राज्य की नींव चार्लमैन के बाद पड़ी किन्तु तथ्यात्मक दृष्टि से पवित्र रोमन साम्राज्य का इतिहास ओटो महान् के शासनारूढ़ होने से ही आरंभ होता है।

पवित्र रोमन सम्राट् तथा रोमन पोप के संबंधों की शृंखला से एक नया संघर्ष आरंभ हो गया। ओटो महान् चार्लमैन का वंशज था। चार्लमैन का साम्राज्य तो उसकी मृत्यु के पश्चात् नष्ट-भ्रष्ट ही हो गया था। इसलिए ओटो चार्लमैन के छिन्न-भिन्न साम्राज्य के एक अंश का ही स्वामी था। यह भाग भी जर्मनी में था। जर्मनी के एक सामन्त या नरेश को पवित्र रोमन साम्राज्य के सम्राट् की पदवी का दे दिया जाना इटली के रहने वालों को बिल्कुल पसन्द न आया। इस असन्तोष में एक और संघर्ष की जड़ छिपी थी। इटली के निवासियों और रोमन सम्राटों की लड़ाई का एक कारण और भी था। ओटो महान् तथा उसके अन्य उत्तराधिकारी फ्रैंक जाति के थे! इटली के निवासी लम्बार्ड थे। लम्बार्डों को ही फ्रैंक जाति के सम्राट् चार्लमैन ने परास्त किया था। इसलिए दोनों में विजित और विजेताओं की भावना भी थी। फलस्वरूप पवित्र रोमन सम्राटों के विरुद्ध इटली में लगातार विद्रोह होते रहे। लगभग 110 वर्षों तक तो यह विद्रोह सफल न हो सके किन्तु ग्यारहवीं शताब्दी के अन्तिम चरण में पोप तथा पवित्र रोमन सम्राटों की निर्बलताओं के कारण इटली में जर्मनों का आधिपत्य समाप्त कर दिया गया।

लोथेयर और हेनरी चतुर्थ के पोप से संघर्ष

गत अध्याय में हम **सन्त एम्ब्रोस** तथा **सम्राट वैलनटीयन** के संघर्ष की चर्चा कर चुके हैं किन्तु यह संघर्ष उतना महत्वपूर्ण नहीं है जितना लोरेन के राजा **लोथेयर** तथा **हेनरी चतुर्थ** से होने वाला पोपों का संघर्ष। इन संघर्षों के परिणामस्वरूप एक अत्यन्त

महत्वपूर्ण यह सिद्धान्त स्थिर हो गया कि पोप को नैतिकता संबंधी मामलों में बोलने का अधिकार है। लोरेन के नरेश लोथेयर का मामला इस प्रकार बतलाया जाता है कि लोथेयर ने अपनी परिणीता रानी का परित्याग कर दिया था और एक रखैल स्त्री से विवाह कर लिया था। रानी ने राजा के इस कृत्य के विरुद्ध पोप से अपील की। पोप ने सारे मामले पर भली-भाँति विचार कर लेने के पश्चात् रानी का पक्ष लेने का निश्चय किया। राजा लोथेयर ने प्रारंभ में तो इस मामले को व्यक्तिगत मानकर किसी की सलाह लेना ही उचित न समझा परन्तु बाद में उसने अपने राज्य के धर्माधिकारियों की स्वीकृति अपना प्रभाव डालकर प्राप्त कर ली। राजा **लोथेयर** का समर्थन उसका शक्तिशाली भाई **लुई** भी कर रहा था, किन्तु पोप ने लोथेयर को आदेश दिया कि वह इस प्रकार के अनैतिक आचरण से तुरन्त विमुख हो जाए; परित्यक्ता रानी को पुनः महल में वापस बुला ले। यह आदेश **पोप निकोलस प्रथम** ने भेजा था। पोप ने यह भी कहलवा दिया था कि यदि राजा लोथेयर उसकी आज्ञा स्वीकार नहीं करेगा तो वह उसे धर्म-बहिष्कृत कर देगा। इस आदेश को पाकर लोथेयर और लुई दोनों ही बहुत ज्यादा बिगड़े। लुई तो सेना लेकर रोम पर चढ़ दौड़ा। पोप की ओर शस्त्रबल का कोई सामना नहीं किया गया। लुई की सेनाएँ जब रोम में पोप के प्रासाद तक पहुँच गईं तब लुई ने अपनी गलती महसूस की और शस्त्रबल का प्रयोग करने के बजाय यही अधिक उचित समझा कि शांतिपूर्वक मामले का निपटारा कर लिया जाए। इस वार्ता का परिणाम पोप की शक्ति को बढ़ानेवाला ही हुआ। पोप ने लुई के सामने लोथेयर के पाप की ऐसी व्याख्या की कि दोनों ने भयभीत होकर पोप के आदेश को मान लेने में ही अपनी भलाई समझी। लोथेयर ने निष्कासित रानी को ससम्मान वापस बुला लिया।

इसके बाद दूसरा संघर्ष **ग्रेगरी सप्तम** या **हिल्डे ब्रान्ड** तथा **हेनरी चतुर्थ** के बीच हुआ। इस संघर्ष के परिणामस्वरूप भी पोप के अधिकारों की ही पुष्टि हुई। हेनरी चतुर्थ जर्मनी का सम्राट् था। यह अपने जिद्दी स्वभाव तथा अल्हड़पन के लिए विख्यात था। बुद्धि की अपरिपक्वता के कारण वह बहुधा अपने हितचिन्तकों से भी लड़ बैठता था और उनका अपमान कर देता था। इन्हीं सब आचरणों का परिणाम यह हुआ कि उसके विरुद्ध ऐसे बहुत से व्यक्तियों का गुट हो गया जो यह चाहने लगा कि हेनरी चतुर्थ को अपदस्थ कर दिया जाए। फलस्वरूप कई षड्यन्त्र रचे गये और कई बार उसके विरुद्ध विद्रोहाग्नि प्रज्ज्वलित हुई, किन्तु हर बार उसने अपने पाशविक बल के सहारे उन सब का दमन कर डाला। इसी सिलसिले में हेनरी चतुर्थ ने कई ऐसे कार्य कर डाले जिनकी वजह से उसका दुराचारी होना सिद्ध हो गया। जब पोप ग्रेगरी सप्तम के यहाँ हेनरी चतुर्थ की शिकायत की गई तो पोप ने प्रचलित परम्परा के अनुसार हेनरी को आदेश दिया कि वह रोम आकर उसके न्यायालय में उपस्थित हो। हेनरी को यह अत्यन्त अपमानास्पद प्रतीत हुआ। इसी

कारण उसने रोम आना अस्वीकार कर दिया। वैसे ग्रेगरी अपने आपको अत्यन्त तुच्छ व्यक्ति समझता था और अपनी गणना रजकण और कीड़ों से करता था किन्तु वह पोप के पद पर आसीन होने के बाद धर्मसत्ता का अपमान सहन नहीं कर सका। उसने पुनः हेनरी को एक पत्र लिखा। इस पत्र के उत्तर में हेनरी ने जर्मनी के धर्माधिकारियों की सभा कर डाली और उस सभा में यह प्रस्ताव पारित करा दिया कि पोप को उक्त सभा पदच्युत करती है। इसके बाद उसने एक पत्र भी लिखा। पोप को हेनरी द्वारा लिखा गया पत्र इस प्रकार है: "ईश्वर ने मुझे राजकाज का भार सौंपा है—तुम्हें पोप का पद नहीं सौंपा है। क्या तुम मुझे सिंहासन-च्युत करोगे—एक ऐसे निर्दोष राजा को जिसके आचरण की परीक्षा केवल ईश्वर ही कर सकता है? . . . . क्या सन्त पीटर ने यह नहीं कहा है कि, 'ईश्वर से भय खाओ, राजा का सम्मान करो!' तुम ईश्वर से नहीं डरते, इसीलिए तुम मेरा भी सम्मान नहीं करते—ऐसे व्यक्ति का सम्मान नहीं करते जिसकी नियुक्ति सीधे ईश्वर ने की है।...सन्त पॉल का शाप तुम्हें लग चुका है। हमारे यहाँ के सभी पादरी और धर्माधिकारी तुम्हारी निन्दा करते हैं और कहते हैं, 'सन्तों के उस सिंहासन पर से उतरो जिसे तुमने हथिया लिया है जिससे कोई दूसरा उस स्थान पर आ सके।' मैं, ईश्वर की कृपा से नियुक्त हुआ राजा हेनरी अपने समस्त पादरियों सहित तुमसे माँग करता हूँ कि इस ऊँचे आसन पर से उतरो! उतरो!! इसके उत्तर में पोप ने जो जवाब दिया वह बड़ा सख्त था। पोप ने आदेश दिया कि कोई भी ईसाई हेनरी को राजा ने माने और न उसकी आज्ञाओं का ही पालन करे। पोप ने लिखा कि, ..."ईश्वर-प्रदत्त शक्तियों तथा अपने अधिकारों का प्रयोग करते हुए मैं सम्राट हेनरी के पुत्र हेनरी के राज्य को (जिसने ईश्वर के गिरजा संघ के विरुद्ध विद्रोह करने की अश्रुतपूर्व धृष्टता की है) जर्मनी और इटली में समाप्त करता हूँ तथा समस्त ईसाइयों को उन शपथों से मुक्त करता हूँ जो हेनरी के प्रति भक्ति प्रकट करते हुए उन्होंने ली हैं। मैं प्रत्येक व्यक्ति (ईसाई) को आदेश देकर यह कहता हूँ कि कोई भी हेनरी को राजा मानकर उसकी सेवा न करे।" पोप के इस पत्र की जबर्दस्त प्रतिक्रिया हुई। उसकी प्रतिक्रिया के दृश्यों को देखकर हेनरी चतुर्थ भी घबड़ा गया। पोप ने उसे बाद में एक और अवसर दिया। पोप ने लिखा कि अभी तक हेनरी को धर्म-बहिष्कृत नहीं किया गया है। यदि वह पोप के समीप स्वयं आयेगा और अपने कृत्यों पर पश्चाताप प्रकट करेगा तो उसे क्षमा कर दिया जायेगा। हेनरी ने पोप के पहले आदेश की तीव्र प्रतिक्रिया देख ली थी। इसलिए उसने दैवयोग से प्राप्त अवसर को छोड़ा नहीं और पोप के पास स्वयं जाकर क्षमा याचना कर ली। इस प्रकार लोथेयर और हेनरी—इन दोनों के पोप से होने वाले संघर्ष-काण्डों में धर्मसत्ता की श्रेष्ठता स्थापित हो गई और यह मान लिया गया कि यदि पोप राजाओं के व्यक्तिगत मामलों में भी हस्तक्षेप करते हैं तो वह उनका जायज अधिकार है।

धर्मसत्ता की सुदृढ़तम स्थिति का युग

गिरजा के शुद्धीकरण तथा सुधारों एवं पोपों के शुद्ध आचरणयुक्त दृढ़ व्यवहार का यह परिणाम हुआ कि तेरहवीं शताब्दी तक पोप की स्थिति पूर्ण दृढ़ हो गई। उस समय तक पोप का दबदबा समग्र यूरोप में माना जाने लगा था। पोप की अकृपा की कल्पना मात्र से यूरोपियन देशों के बड़े-बड़े राजाओं के सिंहासन डोल जाते थे। पोप की आमदनी भी बहुत बढ़ गई थी। ईसाई गिरजा के पास अपार धनराशि कोष में जमा हो गई थी। आरंभ में अर्थात् नवीं शताब्दी में सार्वभौमिक धर्म की जो कल्पना तत्कालीन धर्माधिकारी किया करते थे, अन्त में वह पोप **इन्नोसेण्ट तृतीय** के काल में साक्षात् हो गई। पोपों ने अपनी इस स्थिति का ज्ञान और कला के प्रचार में प्रयोग किया। इस अध्याय के आरंभ में हमने जिस स्कॉलास्टिक आन्दोलन की चर्चा की है वह पोपों का आरंभ किया हुआ ही था। ईसाई गिरजा ने इन्हीं पोपों के निर्देशन में बड़े-बड़े विश्वविद्यालयों को खोला। इंग्लैंड में ऑक्सफोर्ड विश्वविद्यालय खुला। इसी प्रकार का एक विश्वविद्यालय फ्रांस की राजधानी पेरिस में भी खुला। यहाँ का नियंत्रण धर्माधिकारियों के हाथ में रहता था। यह सच है कि इन विश्वविद्यालयों में ऐसी कोई बात नहीं पढ़ाई जा सकती थी जो धर्मविरोधी हो या धार्मिक विश्वास पर आघात करती हो किन्तु कुल मिलाकर ज्ञानार्जन की प्रवृत्ति का अभाव नहीं था। ईसाई गिरजा के अतिरिक्त ऐसे अनेक ईसाई सम्प्रदाय भी थे जिन्होंने ज्ञान के प्रचार में सक्रिय भाग लिया। ऐसे सम्प्रदायों में **फ्रांसिस्कन** और **डोमनीकन** सम्प्रदायों का नाम उल्लेखनीय है। फ्रांसिस्कन सम्प्रदाय में तो **मार्सीलिओ पेदुआ** और **डोमनीकन** सम्प्रदाय में **सन्त टॉमस एक्वीनाज** जैसी विभूतियाँ उत्पन्न हुईं। ज्ञान-प्रचार के इन आन्दोलनों के कारण ही अरस्तू के लुप्त ग्रंथों का पता लगा।

पोपतंत्र द्वारा शक्ति संचय

हम ऊपर के अनुच्छेद में पोप तथा ईसाई गिरजा की सुदृढ़तम स्थिति की झाँकी दिखला आये हैं। आगामी कुछ पृष्ठों में हम यह विचार करेंगे कि पोपतंत्र अपनी उक्त शक्ति किस प्रकार प्राप्त कर सका। यदि हम विभिन्न पोपों की नीतियों का विश्लेषण करें तो यह देखेंगे कि **सन्त एम्ब्रोस** के समय से राजसत्ता को हेय समझने की जो प्रवृत्ति धर्मसत्ता के अधिकारियों में उत्पन्न हुई थी वह **पोप ग्रेगरी** के समय में जाकर प्रौढ़ता प्राप्त कर सकी। पोप ग्रेगरी की नीति थी कि वे न्याययुक्त विवेक की नीति बरतेंगे। इस नीति को इस प्रकार स्पष्ट किया जा सकता है। गिरजा के मामलों में सम्पूर्ण सत्ता पोप के अधीन रहे। इसी नीति के अनुसार पादरियों को भी राजसत्ता के नियत्रंण से मुक्त कराया गया। इसी नीति की पुष्टि पोप ग्रेगरी सप्तम के निम्न आदेश से हो जाती है-"किसी पादरी की नियुक्ति किसी नरेश द्वारा नहीं की जायेगी। यदि कोई इस आदेश के विरुद्ध कार्य करेगा तो उसे धर्म-बहिष्कृत कर दिया जायेगा। यह भी कहा गया है कि यदि राजा गलती करते हैं तो उन्हें सही मार्ग पर लाने का अधिकार भी पोप को ही है। यह नीति 'जस्टीशिया

की नीति कही जाती थी। प्रांरभ में साम्राज्य तथा रोम पर अपना अधिकार बताने के लिए सम्राट् कांस्टेनटीन के दानपत्र की चर्चा की जाती थी। किन्तु, बाद में ज्यों-ज्यों धर्मसत्ता और राजसत्ता का द्वन्द उग्र से उग्रतर होता गया त्यों-त्यों यह दानपत्र पृष्ठभूमि में पड़ता चला गया। इसका कारण यह था कि यदि इस दानपत्र की चर्चा की जाती तो इसका आशय यह लिया जाता कि धर्मसत्ता को शक्ति देने वाला स्रोत तो राजसत्ता ही है। मध्ययुग के अन्तिम दशकों में जब इस दानपत्र का विश्लेषण किया गया तो ज्ञात हुआ कि वह जाली है। यदि हम धर्मसत्ता के समर्थकों के विचारों का ध्यान से अध्ययन करे तो अन्त में हम उन्हें दो वर्गों में विभक्त करेंगे। एक वर्ग में तो वे समर्थक आते हैं जो गिरजा पर पोप का एकछत्र नियत्रण चाहते थे और कहते थे कि मठों तथा ईसाई संघ और गिरजा के मामलों में राजसत्ता द्वारा न तो कोई हस्तक्षेप किया जाए और न धर्माधिकारियों की नियुक्ति ही में राजसत्ताधारियों का कोई हाथ रहे। दूसरे वर्ग में धर्मसत्ता के वे समर्थक आते हैं जो न केवल राजसत्ता के हस्तक्षेप से ही बचना चाहते हैं अपितु यह भी कहते हैं कि राजसत्ता को धर्मसत्ता के अधीन रहना चाहिए। मोटे तौर पर दोनों के बीच विभक्ति की कोई स्पष्ट रेखा नहीं अंकित की जा सकती, लेकिन सूक्ष्म अध्ययन करने पर यह बात स्पष्ट हो जाती है। पोप को सन्त पीटर का उत्तराधिकारी माना जाता है। अतएव सभी धर्माधिकारी राजसत्ता के बजाय धर्मसत्ता के अध्यक्ष पोप के नियंत्रण में रहना अधिक पसन्द करते थे। इसी उद्देश्य की सिद्धि के लिए नवीं शताब्दी के मध्य भाग में कुछ फर्जी कागज-पत्र भी तैयार किये गये और इनकी मान्यता की वजह से पोपों की केन्द्रीय शक्ति की स्थापना हो सकी। विद्या का प्रचार न होने के कारण अज्ञान और विवेक शून्यता के युग में इस प्रकार की धोखाधड़ी कई सौ वर्षों तक चलती रही।

धर्मसत्ता की श्रेष्ठता की सैद्धान्तिक पृष्ठभूमि

धर्मसत्ता के समर्थकों ने ऐसे अनेक तर्क दिये जिनकी सहायता से वे यह सिद्ध कर सकें कि धर्मसत्ता राजसत्ता के तुलना में श्रेष्ठतर क्यों है। इन सभी तर्कों को क्रमबद्ध रीति से इस प्रकार उपस्थित किया जा सकता हैः

समग्र मानव जाति एक है। सभी मनुष्य परस्पर बंधु हैं और वे एक ही पिता अर्थात् ईश्वर की सन्तान हैं। ईसाई संघ या गिरजा की स्थापना भी स्वयं ईश्वर ने की है। अतएव गिरजा ही सच्चा राज्य है। उसी के हाथ में वास्तविक लौकिक और आध्यात्मिक सत्ता है। राज्य की सर्वोच्च शक्ति के स्वामी ईसा हैं किन्तु आध्यात्मिक और लौकिक जगत् के व्यापारों के नियत्रंण के लिए उन्होंने अलग-अलग दो सत्ताधीशों की नियुक्ति की है। ये दोनों सत्ताधीश उन्हीं के प्रतिनिधि हैं। इन दोनों में पोप की स्थिति को श्रेष्ठतर बतलाया गया है और कहा गया है कि वह समस्त ईसाइयों के "धर्म पुरोहित और राजा हैं। पोप ही ईसाई मात्र के आध्यात्मिक और लौकिक गुरु हैं। वही न्यायाधीश हैं और वही विधिवेत्ता। हर दशा में उनका निर्णय ही अन्तिम माना जायेगा।"

इसके बाद दो तलवारों का सिद्धान्त प्रकाश में आया। इस सिद्धान्त के अनुसार धर्मसत्ता और राजसत्ता दोनों को दो तलवारें बतलाया गया है और कहा गया कि ये तलवारें ईश्वर से सन्त पीटर को प्राप्त हुई थीं और पीटर ने इनको पोप को दिया। पोप को इसलिए दिया क्योंकि मृत्युलोक में ईश्वर के प्रतिनिधि पोप ही माने जाते हैं। पोप ने धर्मसत्ता अथवा आध्यात्मिक शक्ति की तलवार को तो अपने पास रखा और राजसत्ता अथवा लौकिक शक्ति की तलवार को नरेशों को हस्तान्तरित कर दिया। सामान्यतः पोप का दोनों तलवारों पर अधिकार है किन्तु धर्मसत्ता की तलवार का ही वे सक्रिय रूप से प्रयोग करते हैं। सम्राट तथा उनके अधीन रहनेवाले नरेशों को राजसत्ता ईश्वर से पोप द्वारा प्राप्त होती है। इसलिये वे पोप द्वारा ही ईश्वर के प्रति उत्तरदायी हैं। राजसत्ता का प्रयोग उसी विधि से होना चाहिए जिसे पोप की सहमति प्राप्त हो। पोप को पूरा अधिकार है कि वह राजसत्ता पर अपना नियंत्रण रखे। यदि कोई सम्राट् या नरेश ईश्वरविरोधी कार्य करता है और अनैतिक आचरण का अपराधी है तो पोप को इस बात का पूरा अधिकार है कि वह उसे पदच्युत कर दे और राजसत्ता को किसी अन्य व्यक्ति को सौंप दे। यदि किसी स्थान का नरेश नहीं रहता और मृत्यु तथा अन्य किसी कारणवश उसका स्थान रिक्त हो जाता है तो सत्ता तत्काल ही पोप को पुनः मिल जायेगी। लौकिक नरेशों के विरुद्ध यदि कोई शिकायत होती है तो उसे अपने न्यायालय में पोप को सुनने का पूरा-पूरा अधिकार है। यदि वे शिकायतें सच हों तो उन शिकायतों को दूर करने के लिए पोप समुचित कार्रवाई कर सकते हैं। पोप को यह भी अधिकार है कि वे नरेश को सिंहासन-च्युत कर दें अथवा उस राजा की प्रजा को आज्ञा दे दें कि वह अपने ऐसे राजा के आदेशों का पालन न करे जो उसके प्रति निर्धारित कर्तव्यों का पालन नहीं कर रहा है।

राज्य विधि आदि के संबंध में मत

ईसाई धर्म मनुष्य को मूलतः पापी मानता है। उसका कहना है कि ईडन के उद्यान में आदम और ईव ने ईश्वर की आज्ञा का उल्लंघन कर के जो पाप किया था उसी के दण्डस्वरूप राज्य का उदय हुआ। राज्य का जन्म यद्यपि पाप के मध्य हुआ किन्तु उसका उद्देश्य मनुष्य को पापमुक्त कराना है। अतएव राज्य की उत्पति को ईश्वर की स्वीकृति तो प्राप्त है किन्तु स्वयं ईश्वर ने राज्य की उत्पति की—यह सिद्धान्त ईसाई धर्म नहीं स्वीकार करता। वह ईसाई संघ या गिरजा को राज्य का लौकिक स्रोत मानता है। क्योंकि राज्य का उद्देश्य मनुष्य को पापों का दण्ड देकर उसे शुद्ध करना है और गिरजा का कार्य ही शुद्ध पवित्र आत्माओं का ईश्वर से साक्षात्कार कराना है—इसलिए राज्य को प्रत्येक कार्य में गिरजा की सहमति अवश्य प्राप्त कर लेनी चाहिए। यह भी स्वीकार किया गया है कि समस्त मानवीय विधियों का स्रोत राजसत्ता है। किन्तु राजसत्ता भी दैवी विधियों के अधीन है। दैवी विधियाँ अपौरुषेय अथवा ईशनिर्मित हैं। अतः उनका स्रोत लौकिक दृष्टि से गिरजा को ही माना जायेगा। इस दृष्टि से मानवीय विधियाँ भी दैवी विधियों के अधीन हैं

अर्थात् मानवीय विधियों को अनिवार्यतः धर्मसत्ता की सहमति प्राप्त होनी चाहिए। राज्य को भौतिक बुराइयों से दूर रखने का उत्तरदायित्व भी धर्माधिकारियों का ही है और इस दायित्व की पूर्ति के लिए यह आवश्यक है कि राजसत्ता के क्षेत्र में धर्मसत्ता हस्तक्षेप कर सके—इसलिए यह दायित्व स्वयमेव गिरजा को राजाओं के मामलों में दखल देने का हक दे देता है।

गिरजा की एकताकारी राजनीतिक शक्ति

यह तो ऊपर के अनुच्छेद में कहा ही जा चुका है कि यदि राजसत्ता का किसी प्रकार भी ह्रास हो जाता है तो वह सत्ता भी धर्मसत्ता में ही आकर समाविष्ट हो जाती है। इस तर्क के स्वीकार हो जाने के बाद इसकी सर्वमान्यता का पोपवादियों ने और भी लाभ उठाया। जब पश्चिमी रोमन साम्राज्य का विघटन हो गया तो सारा यूरोप छोटी-छोटी सामन्तवादी रियासतों में विघटित हो गया। ये सभी रियासतें ईसाई धर्मावलम्बी थीं और पोप के प्रति श्रद्धा रखती थीं और सक्रिय आस्था प्रकट करती थीं। यही कारण है कि गिरजा उन सब रियासतों को एकता के सूत्र में बाँधे रहा। यदि गिरजा एक केन्द्रीय सत्ता के रूप में नहीं रहा होता तो ये रियासतें आपस में ही लड़-झगड़कर एक दूसरे का गला काट डालतीं और इस प्रकार सभी के अस्तित्व का उन्मूलन हो जाता। मध्ययुग की अस्तव्यस्त और अव्यवस्थित सामाजिक एवं राजनीतिक अवस्था में ईसाई संघ या गिरजा ही एक मात्र ऐसी शक्ति थी जो हलचल को शान्त करती हुई एकता और समन्वय के सूत्र में सबको वयलित करने के लिये प्रयत्नशील रहती थी।

शरीर और आत्मा का सिद्धान्त

मध्य युग में धर्मसत्ता के समर्थकों ने अपने पक्ष को अधिक सबल बनाने के लिये जिन सिद्धान्तों का प्रतिपादन किया उनमें एक सिद्धान्त यह भी था कि राज्य शरीर है और गिरजा आत्मा। इस संबंध में विस्तारपूर्वक हम गत अध्याय में जॉन सैलिसवरी के राज्य के सावयविक सिद्धान्त पर प्रकाश डालते हुए लिख आये हैं। यहाँ इस सिद्धान्त में निहित दार्शनिक पृष्ठभूमि से अवगत करा देना ही हमें अभीष्ट है। यह तो सर्वमान्य बात है कि भौतिक पदार्थों से आध्यात्मिक जगत् की वस्तुओं को अधिक मूल्यवान् समझा जाता है। भौतिक सुखों को छोड़ने की सलाह दी जाती है। आध्यात्मिक प्रवृत्तियों के विकास को अन्धा समझा जाता है। इसका कारण यह बतलाया जाता है कि भौतिक जगत् मिथ्या और आध्यात्मिक जगत् सत्य। जो सत्य है वह मिथ्या से श्रेष्ठ है। और क्योंकि राजसत्ता भौतिकता का प्रतिनिधित्व करती है—इसलिए वह मिथ्या है और धर्मसत्ता आध्यत्मिक शक्ति का प्रतिनिधित्व करती है—इसलिए वह सत्य है। अतः उसका पल्ला पकड़ना और उसका पथ-प्रदर्शन मानना ही अधिक उचित होगा। इसी प्रकार धर्मसत्ता की श्रेष्ठता स्थापित करने के लिए राजसत्ता की उपमा चन्द्रमा से दी गई और धर्मसत्ता का सादृश्य सूर्य से स्थापित

किया गया। जिस प्रकार चन्द्रमा बिना सूर्य के प्रकाशित नहीं हो सकता उसी प्रकार राजसत्ता भी धर्मसत्ता के सहारे के बिना बेकार रहेगी।

राज्य की नैतिकता का उत्तरदायी गिरजा

राजसत्ता की उत्पत्ति मनुष्यकृत कर्मों से मानी गई है और धर्मसत्ता की उत्पत्ति ईशकृत कही गई है—इसलिए यह स्वाभाविक ही है कि मनुष्यकृत वस्तु को ईशकृत वस्तु से हीन समझा जाए। अतएव धर्मसत्ता स्वभावतः राजसत्ता से उच्चतर है। मनुष्य के कर्मों का दायित्व गिरजा पर रहता है—इसलिए मानव-जनित राज्य के कर्मों का दायित्व भी गिरजा का ही है। यदि राज्य या राजसत्ताधारी द्वारा कोई अनैतिक आचरण होता है तो उसे रोकना गिरजा का कर्तव्य है।

धर्मसत्ता के दावों की समालोचना

यहाँ तक हम धर्मसत्ता के उन विभिन्न दावों तथा सिद्धान्तों की चर्चा कर आये हैं जिनके द्वारा उसने अपनी श्रेष्ठता सिद्ध करने का प्रयत्न किया था। अब जरा हमें उन दावों तथा सिद्धान्तों को विवेकबुद्धि की कसौटी पर भी कसकर देख लेना चाहिए। सर्वप्रथम धर्मसत्ता के अधिकारियों ने जिस सार्वभौमिक साम्राज्य तथा धर्मों की कल्पना की थी—वह मौलिक रूप से व्यवहारिक क्षेत्र में अशुद्ध थी। जिस समय धर्मसत्ताधारी विश्व साम्राज्य का स्वप्न देख रहे थे—उस समय समूचा यूरोप छोटी-छोटी सामन्तवादी रियासतों में विभक्त था। इसके उपरान्त धर्मसत्ता को श्रेष्ठता सिद्ध करने के लिए दो तलवारों, शरीर और आत्मा, सूर्य तथा चन्द्र आदि के जो सिद्धान्त प्रचारित किये गये वह कल्पना की दृष्टि से उक्त सिद्धान्तों के प्रणेताओं की चाहे जितनी सूझबूझ प्रकट करते हों किन्तु इतना सच है कि ये सिद्धान्त न तो इतिहास-सम्मत थे और न वैज्ञानिक दृष्टिकोणों से ही इनकी पुष्टि की जा सकती थी। राज्य की उत्पत्ति के संबंध में भी धर्मसत्ता के समर्थकों ने जो कुछ भी किया वह भी केवल धर्मग्रंथों द्वारा ही पुष्ट होता था। ऐतिहासिक दृष्टि से वह बिल्कुल असंगत था। हाँ, इतना सच है कि सामन्तवादी युग में जब विघटनकारी शक्तियाँ अधिक प्रबल थीं उस समय राजनीतिक और धार्मिक एकता को बनाए रखने का धर्मसत्ता ने अत्यन्त सराहनीय कार्य किया। सार्वभौमिक ईसाई साम्राज्य स्थापित करने का धर्मसत्ता का आदर्श चाहे जितना ऊँचा हो किन्तु इसमें संदेह नहीं कि उस आदर्श की पूर्ति के लिए जितनी क्षमता की अपेक्षा थी वह न पोप में ही थी और न पोप के अनुयायियों में ही। यह सच है कि पोप **ग्रेगरी महान्**, पोप **ग्रेगरी सप्तम** आदि जैसे कुछ बड़े उच्च कोटि के पोप हो गये थे किन्तु कुछ पोपों के अत्यन्त उच्च कोटि के हो जाने से ही यह आशा किस प्रकार की जा सकती है कि सभी पोप उन जैसे ही या उनसे ही बढ़-चढ़कर ही होंगे—कम नहीं। धर्मसत्ता की श्रेष्ठता स्थापित हो जाने का अर्थ यह भी होता था कि राजसत्ता की शक्ति स्वयंमेव घट जाती और सत्ता का केन्द्रीकरण हो जाता। ऐसी अवस्था में शक्ति के केन्द्रीकरण से जो हानियाँ होती हैं वे सब होने लगी थीं।

जहाँ तक नैतिक श्रेष्ठता का संबंध है इसका भी उत्तर है। प्रारंभ में जब ईसा धर्माधिकारियों के पास सम्पत्ति नहीं थी और वे वैभव-सम्पन्न नहीं थे तब तक उनका नैतिक आचरण सचमुच बड़ा पवित्र और शुद्ध हुआ करता था लेकिन वैभवसम्पन्नता के साथ ही धर्मसत्ताधारियों में भी वे दोष प्रवेश पा गये जो धन और सम्पत्ति के बढ़ जाने पर स्वयमेव उत्पन्न हो जाते हैं। धर्माधिकारियों का आचरण नैतिक दृष्टि से भी उतना शुद्ध नहीं रहा जितना ऊँचे आदर्शों के अनुकूल होना चाहिए था। यह बात दूसरी है कि धर्माधिकारी राजाओं की तुलना में अधिक सदाचारी प्रतीत होते थे। किन्तु जो व्यक्ति स्वयं अनैतिक आचरण करता हो उसे दूसरे के अनैतिक कार्यों पर दण्ड देने का क्या अधिकार है? यही आपत्ति धर्मसत्ताधीशों के विरुद्ध की गई जिसका कोई सन्तोषजनक उत्तर प्राप्त नहीं हो सका। इसके अतिरिक्त 'जस्टीशिया' नीति के अनुसार धर्मसत्ता के क्षेत्र में राजसत्ता को हस्तक्षेप करने का कोई अधिकार नहीं मिलना चाहिए था। इसी नीति के अनुसार धर्माधिकारियों के अपराधों का फैसला भी केवल पोप के न्यायालय में ही हो सकता था। राजन्यायालय में अपराधी धर्माधिकारियों को उपस्थित ही नहीं किया जा सकता था। पोप तक शिकायत पहुँचाने का कोई समुचित यंत्र नहीं था। इसलिए अधिकांशतः यही संभावना बनी रहती थी कि अपराधी धर्माधिकारी अदण्डित ही रह जाएंगे। यह दशा प्रशासन की दृष्टि से बड़ी भयावह थी। **मार्सीलियो पेदुआ** ने तो इस प्रकार की व्यवस्था के परिणामस्वरूप हुई क्षति के उदाहरण भी दिये थे। पोप की सत्ता को विश्व की श्रेष्ठतम शक्ति मान लेने पर कभी-कभी अन्तर्राष्ट्रीय उलझनें भी पैदा हो सकती थीं। एक बार ऐसी ही कठिन स्थिति उत्पन्न हो जाने का उदाहरण भी मिलता है। इंग्लैण्ड के राजा **जॉन** ने पोप की आज्ञाओं की अवहेलना की। इस अवहेलना को पोप ने अपना अपमान समझकर फ्रांस के राजा **फिलिप** से इंग्लैण्ड पर चढ़ाई कर देने के लिए कहा। इतिहास के इस उदाहरण से यह प्रश्न उठता है कि कभी तो कोई राष्ट्र युद्ध के लिए तत्पर हो सकता है और बहुत संभव है कि पोप का या धर्मसत्ता का संकेत पाते ही रणक्षेत्र में कूद पड़े किन्तु कभी राजनीतिक स्थिति ऐसी भी हो सकती है जब ऐसा कार्य खतरे से खाली न हो। उस अवस्था में क्या होगा? क्या आक्रमण करने पर पराजय की अवस्था में पोप की आध्यात्मिक शक्ति आकर उस देश की फौजों की सहायता करेगी जो विरोधी शक्ति से पिट रही होगी या फिर पोप की आज्ञा न माननेवाले देश को ही धर्मबहिष्कृत कर दिया जायेगा?

राजसत्ता को दंडित करने के साधन

धर्मसत्ता ने प्रारंभ में जब अपनी श्रेष्ठता स्थापित कर ली और जब तक उसकी शक्ति के विरुद्ध उग्र प्रतिक्रिया आरंभ नहीं हुई तब तक बड़े-बड़े राजसत्ताधारी पोप के क्रोध से थरथर काँपा करते थे। उनको यह भय इसलिये नहीं रहता था कि यदि वे पोप की आज्ञा न मानेंगे तो उनके विरुद्ध पोप की सेनाएँ चढ़ दौड़ेंगी अपितु भय यह रहता था कि कहीं पोप उन्हें शाप न दे दें। पोप का शाप ही उन दिनों के राजाओं के लिए सबसे

बड़ा दण्ड था। पोप का सबसे बड़ा दण्ड जो किसी राजा के लिए या किसी भी अवज्ञाकारी ईसाई के लिए होता था वह यह कि वे उसे धर्मबहिष्कृत कर देते थे। इस दण्ड को अँग्रेजी में एक्सकम्यूनिकेशन कहा जाता था। इस दण्ड के भागी व्यक्ति को ईसाई समाज में कोई स्थान नहीं मिलता था। धर्मबहिष्कृत और अभिशापित कर देने का परिणाम कभी-कभी तो यहाँ तक होता था कि उस व्यक्ति को मर जाने के उपरान्त दफनाया भी नहीं जाता था। यह दण्ड कठोरतम था और तभी दिया जाता था जब किसी का आचरण अनैतिक सिद्ध हो जाता था अथवा कोई धर्म के विरुद्ध कोई कार्य कर देता था। सदैव एक-सा ही कठोर दण्ड नहीं मिलता था। अपराधों की भंयकरता के अनुपात से दण्ड की मात्रा भी घटाई-बढ़ाई जा सकती थी। कठोरतम दण्ड देने की नौबत तो तभी आती थी जब कोई पोप की सत्ता को सीधे-सीधे चुनौती देने लगता था। दण्ड देने की ये विधियाँ भी तभी तक चलीं जब तक सामन्तवादी युग रहा और धर्मसत्ता छिन्न-भिन्न रही किन्तु इसके बाद जैसे ही राजसत्ता का बल बढ़ गया दण्ड देने के पोप के ये साधन भी विफल हो गये। इस प्रकार दण्डों के बेकार हो जाने का कारण यूरोप के देशों में राष्ट्रीयता का उदय भी हो जाना था। लेकिन इसमें संदेह नहीं कि एक समय ऐसा था जब धर्मबहिष्कृत राजा का राजपाठ सभी कुछ प्रजा विद्रोह करके छीन लेती थी।

द्वन्दकालीन विचारक

द्वन्दकालीन विचारकों में सबसे प्रमुख नाम तो सन्त टॉमस एक्वीनाज का है। लेकिन इनके पूर्व और बाद में भी ऐसे कई विचारक हुए जिनका उल्लेख संक्षेप में यहाँ कर दिया जाना आवश्यक है। ऐसे विचारकों में पोप इन्नोसेण्ट तृतीय, फ्रांसिस, संत डोमनीकन एजिडियन रोमुनस हैं।

पोप इन्नोसेण्ट तृतीय

पोप इन्नोसेण्ट तृतीय का कार्यकाल 18 वर्षों का था। यह सन् 1198 से आरंभ होता है और सन् 1216 में समाप्त होता है। पोप इन्नोसेण्ट तृतीय का जन्म एरागन में हुआ था। प्रभाव और शक्ति की दृष्टि से पोप इन्नोसेण्ट तृतीय का नाम ग्रेगरी सप्तम के बाद लिया जाता है। वह धर्मसत्ता का कट्टर पक्षपाती था और उसकी शक्तिस्थापना में किसी भी प्रकार की हिचक नहीं दिखलाता था। धर्मसत्ता की श्रेष्ठता को सिद्ध करने के लिए कभी-कभी वह क्रूरतापूर्ण दण्ड भी दिया करता था किन्तु सामान्यतः उसका व्यक्तिगत जीवन साधारण था। वह यह जानता था कि गिरजा के जीवन में भी कुछ अशुद्ध एवं अनैतिक तत्व घुस आये हैं। इन तत्वों को निकालना गिरजा के जीवन को शुद्ध करना वह अपना कर्तव्य समझता था। लेकिन इनके साथ ही वह धर्मसत्ता की शक्ति बढ़ाने के लिये भी अत्यन्त उत्सुक रहता था। पोप के पद पर आसीन होते न होते पोप इन्नोसेण्ट तृतीय को पवित्र रोमन साम्राज्य के उत्तराधिकार संबंधी एक जटिल मामले का फैसला करना पड़ा। स्थिति

बड़ी नाजुक थी किन्तु ऐसे मौके पर पोप ने अपनी बुद्धि संपन्नता का पूरा-पूरा परिचय दिया। साम्राज्य के उत्तराधिकार के दो दावेदार थे। पहला दावेदार तो राजा ओटो चतुर्थ था तथा दूसरा दावेदार था **स्वाविया का ड्यूक फिलिप**। इन दोनों के पूर्व साम्राज्य की गद्दी पर हेनरी षष्ठ का अधिकार था। हेनरी षष्ठ ने इटली के निवासियों को बहुत अधिक तंग किया था। अतएव वहाँ के लोग यह बिल्कुल नहीं चाहते थे कि हेनरी षष्ठ के किसी संबंधी को गद्दी सौंपी जाए। ऐसी अवस्था में पोप ने लोक भावनाओं का आदर किया और स्वाविया के ड्यूक फिलिप को सम्राट् की गद्दी सौंप दी। यह व्यवस्था चल पड़ती किन्तु थोड़े ही दिनों बाद फिलिप की किसी ने हत्या कर डाली। परिणामस्वरूप उत्तराधिकार का मामला फिर उठ खड़ा हुआ। ओटो चतुर्थ ने पोप से अपने दावे पर पुनः विचार करने की प्रार्थना की। पोप ने **ओटो चतुर्थ** को लिखा कि वह उसके दावे को मानने के लिए तो तैयार है किन्तु कुछ शर्तें हैं जिन्हें गद्दी प्राप्त करने के पूर्व और अपने राज्यकाल में ओटो चतुर्थ कोई मानना पड़ेगा। ये शर्तें थीं कि (अ) धर्माधिकारियों की नियुक्ति में सम्राट् कोई हस्तक्षेप नहीं करेगा। यह कार्य सर्वथा पोप के एकाधिकार क्षेत्र का समझा जायेगा, (आ) यदि किसी धर्माधिकारी का कोई स्थान किसी भी कारण से खाली हो जायेगा तो उस पर तत्काल पोप का अपना अधिकार हो जायेगा। वह स्थान राजा के क्षेत्र का नहीं समझा जायेगा, और (इ) ओटो चतुर्थ के साम्राज्य में पोप द्वारा स्थापित जितने भी धार्मिक न्यायालय होंगे उन न्यायालयों के निर्णयों के विरुद्ध अपील करने के लिए यह आवश्यक नहीं होगा कि उसकी स्वीकृति राजदरबार में जाकर ली जाए अपितु अपीलें पोप के उच्चतम न्यायालय में बिना किसी बाधा के की जा सकेंगी। प्रारंभ में ये शर्तें ओटो चतुर्थ ने स्वीकार कर लीं किन्तु कुछ ही दिन बाद नया समझौता शस्त्रबल द्वारा करने के इरादे से उसने रोम पर आक्रमण कर दिया। यह आक्रमण, कहा जाता है, सन् 1209 में हुआ। ओटो चतुर्थ की इस उद्दण्डता के फलस्वरूप पोप ने उसे बहिष्कृत कर दिया। उसके राज्यवासियों को क्रान्ति करने के लिये उत्तेजित किया। जर्मन सामन्तों को ओटो चतुर्थ के विरुद्ध शस्त्र धारण करने के लिये कहा गया। इसी बीच फ्रेडरिक को सम्राट् घोषित करके पोप ने इटली को जर्मनी की दासता के पाश से मुक्त करा दिया।

पोप इन्नोसेण्ट तृतीय का दूसरा महत्वपूर्ण कार्य यह था कि उसने ऐसे सम्प्रदायों को नहीं पनपने दिया जिनसे ईसाई गिरजा को हानि होने की संभावना थी। इसके विपरीत ऐसे अनेक सम्प्रदायों को प्रोत्साहन किया गया जो ईसाई धर्म के अनुकूल पड़ते थे। जिन सम्प्रदायों का दमन किया गया उनमें **वालडेन्सीनियम** सम्प्रदाय का नाम उल्लेखनीय है। इसकी स्थापना **पीटर वाल्ड्स** नाम के एक सन्त ने की थी। इस सम्प्रदाय का लक्ष्य अपने अनुयायियों को शान-शौकत और वैभवयुक्त जीवन से अलग रखना था। यह सम्प्रदाय गिरजा के विलासी जीवन का भी विरोधी था। परिणाम यह हुआ कि पोप ने इसके सदस्यों को धर्मबहिष्कृत घोषित करना आरंभ कर दिया। इसी प्रकार ल्योंस की एक दरिद्रों की

संस्था का भी दमन किया गया। इसी भाँति कैथाराइन सम्प्रदाय का भी उन्मूलन किया गया। यह सम्प्रदाय धनिकवर्ग का था। इसके अनुयायी पोप की शक्ति और पद-लिप्सा के विरोधी थे और सांसारिक जीवन को असार समझ भौतिक भोग-विलासों से दूर रहने में ही अपना कल्याण समझते थे।

संत फ्रांसिस

जिन सम्प्रदायों को प्रोत्साहन दिया गया उनमें फ्रांसिस्कन और डोमनीकन सम्प्रदायों का नाम उल्लेखनीय है। फ्रांसिस्कन सम्प्रदाय की स्थापना सन्त फ्रांसिस ने की थी। इसका जन्म अम्ब्रिया के असीसी नगर में हुआ था। इसके पिता एक व्यापारी थे। आरंभ में फ्रांसिस ने मारकाट और लूटपाट का जीवन सेना में रहकर बिताया। एक बार घायल हो जाने पर जब महीनों फ्रांसिस को खाट पर पड़े-पड़े समय बिताना पड़ा तब सहसा धार्मिक ग्रंथों के अध्ययन से इसकी रुचि आध्यात्मिकता की ओर हो गई। इसी रुचि की वजह से इसे अपने जीवन से कुछ घृणा हो गई और उसने सेना का कार्य को छोड़ दिया। उसने निश्चय किया कि वह सर्वस्व त्याग देगा और धनहीन जीवन अपनाकर निर्धनों की सेवा में शेष दिन बिताएगा। हृदय की शुद्धता पर फ्रांसिस ने विशेष रूप से बल दिया। इसी निश्छलता और निष्कपटता के कारण फ्रांसिस की विचारधारा का अनुमोदन करने वाले बहुत से व्यक्ति हो गये जो उसके शिष्य बन गये और कालान्तर में फ्रांसिस्कन सम्प्रदाय चल पड़ा। प्रांरभ में इस सम्प्रदाय को पोप से प्रोत्साहन मिला किन्तु कुछ समय बाद इसी सम्प्रदाय के लोगों ने पोप की शक्ति-लोलुपता का तीव्र विरोध किया।

संत डोमनीक

संत डोमनीक ने डोमनीकन सम्प्रदाय की स्थापना की। डोमनीक का जन्म सन् 1170 में केस्टाइल नाम के एक नगर में हुआ था। डोमनीक की आरंभ से ही ईसाई धर्म में गहरी आस्था थी और वह समझता था कि ईसाई धर्म से ही विश्व की दुखी और त्रस्त मानवता का उद्धार होगा। जब तक सारी दुनिया ईसाई न हो जायेगी तब तक कष्ट और दुःखों का समुद्र नहीं घटेगा। अतएव इसने अपने हाथ में गैर-ईसाइयों को ईसाई बनाने का कार्य लिया। मिशनरियों का जीवन इसी सम्प्रदाय की स्थापना से आरंभ होता है। आजकल भी अधिकांश मिशनरी संत डोमनीक के ही अनुयायी हैं। संत डोमनीक का कहना था कि जो ईसाई न हों उनको ईसाई बनने के लिए पहले तो समझाया-बुझाया जाए और यदि वे न मानें तो फिर उन पर अत्याचार करने में भी कोई बुराई नहीं है। इस सम्प्रदाय के लोग अपनी रुक्षता तथा गैर-ईसाइयों के प्रति कठोर व्यवहार करने के कारण अत्यन्त अप्रिय थे। ये सदैव काले कपड़े ही पहना करते थे। सन्त टॉमस एक्वीनाज इसी सम्प्रदाय का अनुयायी था। इस सम्प्रदाय ने ईसाई धर्म के प्रचार में बड़ा सक्रिय भाग लिया।

सन्त टॉमस एक्वीनाज

जीवन परिचय

टॉमस का जन्म सन् 1225 में हुआ था। एक्वीनाज के जन्म के वर्ष के संबंध में विद्वानों में कुछ मतभेद है। कुछ का कहना है कि उनका जन्म सन् 1225 में हुआ था और कुछ कहते हैं कि उनका जन्म सन् 1226 में हुआ था। अधिक विद्वान् जन्म सन् 1225 में ही मानते हैं। उन दिनों में नेपल्स नाम की एक रियासत थी। इसी रियासत में एक्वीनो नाम का एक नगर था। यही नगर टॉमस का जन्मस्थल बतलाया जाता है। इनके पिता उक्त नगर के काउण्ट थे। टॉमस के सात भाई-बहन थे। इनमें टॉमस आयु में सबसे छोटा था। अतः यह स्वाभाविक था कि आरंभ से ही उसका लालन-पालन बड़े स्नेह के वातावरण में हुआ। एक्वीनो के काउण्ट फ्रेडरिक के भतीजे थे। इसकी माता का नाम थ्योडोरा था। यह भी नार्मन जाति के राजवंश की कन्या थी। बाल्यकाल से ही टॉमस ने अत्यन्त प्रतिभा-सम्पन्नता का परिचय दिया। कहा जाता है कि बालक टॉमस की स्मृतिशक्ति इतनी अच्छी थी कि जो चीज उसको एक बार पढ़ा दी जाती थी वह उसे कभी भूलता नहीं था। टॉमस के माता-पिता आभिजात्य वर्ग के प्रतिष्ठित व्यक्ति थे। वे चाहते थे कि उनका होनहार पुत्र कोई उच्चतम राज्याधिकारी बने किन्तु इसके विपरीत पुत्र ने डोमनीकन सम्प्रदाय का सदस्य बन जाने का संकल्प किया। डोमनीकन सम्प्रदाय की आचरण संबंधी शुद्धता और आदेश नैतिकता ने टॉमस को बड़ा प्रभावित किया और वह सन् 1244 में डोमनीकन सम्प्रदाय का सदस्य बन गया।

जब टॉमस के माता-पिता को अपने पुत्र के इस कृत्य की सूचना मिली तो वे बड़े दुखी हुए। उन्होंने प्रयत्न किया कि वे अपने पुत्र से मिलकर उसे समझाएँ किन्तु सम्प्रदाय के अधिकारियों ने उन्हें मिलने ही नहीं दिया। इससे टॉमस के पिता अत्यन्त क्रुद्ध हो गये और उन्होंने सेना में अधिकारी पदों पर काम करने वाले अपने बड़े पुत्रों को आज्ञा दी कि वे बलप्रयोग द्वारा टॉमस को पकड़कर घर ले आवें। टॉमस के दोनों भाइयों ने यही किया। पहले तो माता-पिता तथा घर के अन्य संबंधियों ने टॉमस को समझाने का बड़ा प्रयत्न किया लेकिन जब वह नहीं माना तो उसे उन्होंने एक कमरे में ताला लगाकर बंद कर दिया। माता ने यह भी सोचा कि पुत्र बड़ा हो गया है। संभवतः विवाह कर दिया जाए तो उसका इरादा बदल जाए। इसी दृष्टि से एक अत्यन्त सुन्दरी स्त्री को उसके पास भेजा भी गई लेकिन विवाह प्रस्ताव को सुनते ही टॉमस ने ऐसा रौद्र रूप धारण किया कि उस लड़की को वहाँ से जान छुड़ाकर भागते ही बन पड़ा। वह लगभग एक बर्ष तक इसी प्रकार बंद रहा। इस बीच उसने ईसाई ग्रंथों का व्यापक और गहन अध्ययन किया। एक दिन मौका पाकर उसने अपनी माता से बातचीत की और उसे यह समझा दिया कि उसने सांसारिक जीवन के परित्याग का दृढ़ संकल्प कर लिया है। वह उसमें कोई परिवर्तन नहीं कर

सकता। इसलिए अच्छा है कि उसे चला जाने दिया जाए। माता ने तो सहमति प्रकट कर दी किन्तु पिता ने आशा नहीं छोड़ी। फिर भी एक दिन मौका पाकर खिड़की के रास्ते टॉमस निकल भागा और सीधे अपने सम्प्रदाय के मठ में जाकर छिप गया। इसके बाद उसके भाईयों ने भी उसे पकड़ने की कोई चेष्टा नहीं की।

एक्वीनों से भागकर टॉमस सीधा मठ गया। वहाँ रहना सुरक्षित न था, इसलिए वह मठ से पेरिस चला गया। पेरिस में पहुँचकर उसने वहाँ के विश्वविद्यालय में अपना नाम लिखाया। विश्वविद्यालय में उसकी प्रतिभा की ख्याति शीघ्र ही चारों ओर फैल गई। पेरिस से वह जर्मनी गया। जर्मनी में बोल्सटाड के अलबर्ट की शिष्यता स्वीकार कर उसने अरस्तू के तर्कशास्त्र और राजनीति संबंधी ग्रंथों का अत्यन्त सूक्ष्म अध्ययन किया। जर्मनी से टॉमस अपने गुरु सहित एक बार फिर पेरिस गया। अपनी मौलिकता, आध्यत्मिक श्रेष्ठता और सत्यनिष्ठा के कारण एक्वीनाज बड़ा प्रसिद्ध हो गया।

टॉमस की योग्यता की धाक मान लिये जाने पर भी तब तक पेरिस विश्वविद्यालय ने टॉमस को भिक्षु सम्प्रदाय का सदस्य होने के कारण कोई उपाधि नहीं दी थी। अतः, इसकी अपील पोप के यहाँ की गई। पोप के सामने टॉमस ने अपने मामले की पैरवी स्वयं की। पोप पर टॉमस की योग्यता का इतना अधिक प्रभाव पड़ा कि उसने पोप के अनुकूल की फैसला करने का निश्चय किया। पोप से उपाधि प्राप्त करने की आज्ञा प्राप्त कर टॉमस सन् 1256 में रोम से पेरिस पहुँचा। पेरिस में उसे विश्वविद्यालय ने सम्मानपूर्वक धर्म के आचार्य की उपाधि दी। उपाधि प्राप्त करने के बाद 12 वर्षों तक ईसाई धर्म के प्रचार का ही कार्य टॉमस ने जी जान से किया। इसी कार्य के सिलसिले में उसने अनेक स्थानों का दौरा किया, भाषण दिये और बहुत से ग्रंथों की रचना की। यह सारा कार्य बड़ा परिश्रमसाध्य था। किन्तु टॉमस का शरीर इतना हृष्ट-पुष्ट था कि वह इतने परिश्रम को लगातार 12 वर्षों तक सह गया।

टॉमस राजनीतिशास्त्र, धर्मशास्त्र और तर्कशास्त्र का अपने युग का सबसे बड़ा अधिकारी विद्वान समझा जाता था। उसकी राजनीतिक बुद्धि तथा योग्यता का प्रमाण इससे अधिक और क्या हो सकता है कि बड़े-बड़े नरेश उससे शासकों के कर्तव्यों को बतलाने की प्रार्थना करते थे। साइप्रस के राजा ह्यूग द्वितिय ने इसी प्रकार का अनुरोध किया था। उन दिनों यहूदियों को बड़ा पापी समझा जाता था। यहूदियों को उस पाप से किस प्रकार मुक्ति दिलाई जाए—इस संबंध में ब्राबैण्ट की डचेस ने कुछ अत्यन्त महत्वपूर्ण प्रश्न किये थे। इन सभी प्रश्नों के उत्तर ईसाई धर्म के इतिहास की बहुमूल्य सामग्री के रूप में अब भी सुरक्षित हैं। पोप ने अनेक बार धर्मविधि संबंधी कठिनाइयाँ उत्पन्न होने पर टॉमस की सलाह ली थी। ये सलाहें शत-प्रतिशत उपयोगी होती थीं। यही कारण है कि समकालीन विद्वानों की समाजों में टॉमस में शब्दों को देववाणी के समान आदरास्पद समझा जाता था। सन्त टॉमस के जीवन में अनेक बार ऐसे अवसर आये जब उसके समक्ष बड़े-बड़े धार्मिक

पदों पर नियुक्ति का प्रस्ताव रखा गया लेकिन टॉमस ने इन सब प्रस्ताओं को ठुकरा दिया और साफ-साफ यह कह दिया कि उसने विद्यार्जन इसलिए नहीं की कि वह कोई बड़ा पद प्राप्त करे। ज्ञानार्जन का उसका एक मात्र उद्देश्य यही था कि वह ईश्वर से साक्षात्कार कर सके। पोप अर्बन ने उसे धर्मसंघ के उच्च पद पर नियुक्त करना चाहा। लेकिन उसने यह कह दिया कि वह किसी भी मनुष्य पर अपना शासन लादने का इच्छुक नहीं है। यदि उसके पास अन्य कोई कार्य शेष न रहेगा तो वह अपना शेष जीवन सत्य की शोध में ही व्यतीत करेगा। उसकी मृत्यु सन् 1274 में 48 या 49 वर्ष की अल्पायु में ही हो गई। मृत्यु के पूर्व कुछ समय तक उसका यह हाल हो गया था कि वह ईश-चिन्तन में अपने होश-हवास सब कुछ गँवा देता था। उसे ऐसी अचेतनावस्था के दौरे से आने लगे थे। भोजनादि के व्यतिक्रम से तथा अस्वस्थावस्था में भी औषधी आदि न ग्रहण करने से टॉमस की आयु क्षीण हो गई और 7 मार्च, सन् 1274 को उसे डोमनीकन सम्प्रदाय के भवन में ले जाया गया जहाँ उसने प्राण त्याग दिये। उसके शव के लिए भी बड़ा झगड़ा हुआ लेकिन अन्त में पोप ने उसे डोमनीकन सम्प्रदाय को दे दिया।

टॉमस के प्रकृति संबंधी विचार

टॉमस एक्वीनाज प्रकृति के सोद्देश्य अस्तित्व में विश्वास करता था। उसका कहना था कि प्रकृति की प्रत्येक वस्तु का अपना महत्व है और वह अपने ढंग से संसार के पूर्णत्व प्राप्त करने में योग प्रदान करती है—चाहे वह कितनी ही तुच्छ क्यों न हो। प्रकृति संबंधी उसके विचारों को निष्कर्ष यह था कि प्रत्येक वस्तु का कुछ-न-कुछ लक्ष्य अवश्य होता है। इस योजना में मानवप्रकृति का अत्यन्त महत्वपूर्ण स्थान है। मानवप्रकृति के भी दो स्वरूपों की रूपरेखा एक्वीनाज ने दी। उसने बतलाया कि मनुष्य की एक तो जागतिक प्रकृति होती है और दूसरी आध्यात्मिक। जागतिक प्रकृति तो सांसारिक कार्य में रत रहती है और वह छल, कपट आदि दोषयुक्त भी हो सकती है किन्तु मनुष्य की आध्यात्मिक प्रकृति ऐसी त्रुटियों से युक्त नहीं होती क्योंकि वह अपनी निश्छलता के ही कारण मानव-स्वभाव में ईश्वरीय प्रवृत्तियों का प्रतिनिधित्व करती है। आध्यात्मिक प्रकृति का स्वभाव विवेकयुक्त होता है। मानवीय प्रकृति की इसी कल्पना के आधार पर टॉमस ने समाज संबंधी अपनी रूपरेखा तैयार की। जिस प्रकार प्रकृति का प्रत्येक अंग अपने स्थान पर महत्वपूर्ण और उपयोगी है; ठीक उसी प्रकार समाज को छोटे-से-छोटा सदस्य भी उपयोगी है। वह महत्तर सदस्य की सेवा करता है और समाज का महत्तर सदस्य महत्तम की सेवा करता है और जो व्यक्ति समाज के उच्चतम आसन पर होता है—वह लघुतर व्यक्तियों के पथ-प्रदर्शन का कार्य करता है। समाज संबंधी टॉमस के विचारों का अध्ययन करने से यह स्पष्ट हो जाता है कि उस पर अरस्तू के सामाजिक दर्शन को कितना अधिक प्रभाव पड़ा था। अरस्तू की भाँति टॉमस भी यह मानता है कि समाज की रचना सबके लाभ के लिये हुई है। समाज का जन्म ही सबके लिये समान रूप से उपयोगी होने के कारण हुआ।

राज्य-संबंधी विचार

राज्य के संबंध में टॉमस एक्वीनाज के विचार बहुत कुछ अरस्तू से ही मिलते थे। टॉमस का कहना था कि राज्य की उत्पत्ति प्राकृतिक रूप से हुई है। प्राकृतिक रूप से इसलिए कि उसके बिना मनुष्य का पूर्ण विकास संभव नहीं था। क्योंकि मानव-स्वभाव पूर्णता प्राप्त करने के लिए उत्सुक रहता है—और राज्य उसमें सहायता कर सकता है—इसलिये उसका जन्म होना स्वाभाविक था। अरस्तू के इस विचार से सहमत होते हुए भी एक्वीनाज के सामने यह प्रश्न था कि वह मध्य युग में राज्य की उत्पत्ति के संबंध में प्रचलित सिद्धान्तों से उनका मेल किस प्रकार बैठाये। उन दिनों ईसाई मत के समर्थकों का कहना था कि मनुष्य के पापी हो जाने से ही राज्य का जन्म हुआ। टॉमस के इन दोनों सिद्धान्तों के बीच समन्वय करने का प्रयास किया। राज्य को समाजोपयोगी संस्था मानते हुए टॉमस एक्वीनाज ने लिखा है कि उसके बिना मनुष्य की समुचित उन्नति संभव नहीं है। टॉमस ने राज्य के संबंध में कुछ रचनात्मक विचार भी प्रकट किये हैं जिनमें आधुनिकता का स्पर्श स्पष्टतः दिखलाई पड़ता है। वह लोककल्याणकारी राज्य में विश्वास करता है। उसका कहना है कि राज्य को प्रजाजनों की शिक्षा-दीक्षा की व्यवस्था करनी चाहिए। स्कूल, कॉलेज और विश्वविद्यालय खोलने चाहिए। ज्ञान की शाखाओं-प्रशाखाओं के अध्ययन की समुचित व्यवस्था करनी चाहिए। निर्धनों की सहायता करनी चाहिए और जो काम कर सकें उनको काम दिलाने की व्यवस्था करनी चाहिए।उसने भिक्षुगृह खोलने की भी सलाह दी थी।

टॉमस का कहना था कि सत्ताओं का आदि स्रोत ईश्वर है। अतएव राजसत्ता का भी स्रोत ईश्वर ही है। यह सत्ता ईश्वर से समाज को मिलती है। समाज इस सत्ता का शासन करने की क्षमता रखनेवाली शक्तियों को दे देता है। इसलिए, प्रकारान्तर से सरकार की सत्ता का स्रोत तो ईश्वर ही हुआ। समाज की शक्ति को मान्य करके अरस्तू की भाँति एक ओर तो टॉमस ने राजसत्ता का मूल स्रोत सामाजिक व्यवस्था में बतलाया है—वहीं दूसरी ओर राज्य की उत्पत्ति के धर्मसम्मत दैवी सिद्धान्त के भी औचित्य को सिद्ध कर दिया है। इस प्रकार के समन्वयात्मक कार्य में स्कॉलास्टिक दर्शन की छाप स्पष्टतः दिखलाई पड़ती है और इसी से यह भी समझा जा सकता है कि उन दिनों की प्रवृत्ति क्या थी।

राज्यों का वर्गीकरण

राज्यों का वर्गीकरण करते हुए टॉमस ने अरस्तू की राज्य-वर्गीकरण व्यवस्था का ही अनुसरण किया है। टॉमस ने भी पाँच-छः प्रकार के राज्य बतलाये हैं। वह निरंकुश शासनतंत्र को सबसे खराब बतलाता है। यह उसकी दृष्टि में राजतंत्र का बिगड़ा हुआ भ्रष्ट स्वरूप है। राजतंत्र को टॉमस ने सर्वोत्तम बतलाया है। उसका कहना है कि जिस राज्य में एक ही राजा होता है और जो विवेक न्याय से शासन करता है—वही सर्वोत्तम राज्य है। राज्य का सबसे बड़ा विशेष गुण उसकी एकता है। यह एकता राजतंत्र में ही प्राप्त हो

सकती है। इसके उपरान्त आभिजात्यतंत्र, मध्यवर्गीय जनतंत्र, सामन्ततंत्र और लोकतंत्र का नम्बर आता है। लोकतंत्र आदि में राज्य की एकता संबंधी वे गुण नहीं पाये जाते जो शक्तिशाली राज्य का निर्माण कर सकें। उसका कहना है कि राजतंत्र तभी चलता है जब तक उसमें शासक विधि-विहित रीति से शासन करता है। जहाँ वह विधि-विहित मार्ग से भ्रष्ट हुआ कि उसमें निरंकुशता आई। निरंकुश शासक में सबसे बड़ा दुगुर्ण यह उत्पन्न हो जाता है कि वह अत्याचार करने लगता है। लेकिन अत्याचारी शासक के विरुद्ध जॉन सैलिसबरी की भाँति टॉमस क्रान्ति का अधिकार प्रजा को नहीं दे देता है। उसका कहना है कि राजा की हत्या से यह आवश्यक नहीं है कि प्रजा को अत्याचारों से मुक्ति ही मिल जाए। टॉमस ने राजतंत्र को वंशानुगत रखने के बजाय निर्वाचित कर देने की परिपाटी का अनुमोदन किया है। टॉमस का यह भी कहना है कि निर्वाचन के पश्चात् राजा से यह शपथ करानी चाहिए कि वह विधिविहित रीति से ही प्रजा का शासन करेगा।

राज्य का लक्ष्य

टॉमस ने लिखा है कि राज्य का लक्ष्य वही है जो मनुष्य का है। मनुष्य मोक्ष या निर्वाण चाहता है। वह चाहता है कि उसे संसार-चक्र से मुक्ति मिल जाए। यह मुक्तिलाभ कैसे हो? इस संबंध में टॉमस का कहना है कि ऐसा तभी संभव है जब मनुष्य सारी मोह-माया और ममता को तिलांजलि देकर अपने को निर्दोष बना ले, दूसरे शब्दों में जब वह सद्‌गुणी बन जाए। मनुष्य इसी दिशा में आगे बढ़ने का भी प्रयत्न करता है। लेकिन उसके मार्ग में बाधाएँ आती हैं। ये बाधाएँ उस समय और भी अधिक बड़ी प्रतीत होती है जब मनुष्य एकाकी रूप से प्रयत्न करता है। अतएव, राज्य का यह कर्तव्य है कि वह ऐसी परिस्थितियाँ उत्पन्न करे और ऐसे वातावरण की रचना करे जिससे मनुष्य को अपने लक्ष्य की ओर बढ़ने में सहायता प्राप्त हो। यही राज्य का सबसे बड़ा कर्तव्य है।

राज्य के अन्य कर्तव्यों की विवेचना करते हुए टॉमस ने लिखा है कि राज्य का प्राथमिक कर्तव्य शान्ति और व्यवस्था की स्थापना करना है। वह कहता है कि राज्य की एकता ही उसकी शान्ति और व्यवस्था में निहित है और वस्तुतः 'राज्य की एकता' और 'राज्य की शान्ति' इन दोनों अभिव्यक्तियों में कोई अन्तर नहीं है। वे एक समान हैं। आन्तरिक शांति और व्यवस्था की स्थापना के बाद राज्य का इसी के समान दूसरा महत्वपूर्ण कार्य बाहरी आक्रमणों से अपनी रक्षा करना है। शासकों का यह कर्तव्य है कि वे अपने नागरिकों को सदाचारी बनावें। अपराधियों को दण्ड देने की व्यवस्था हो। आवागमन के मार्गों को सर्वसुलभ बनाया जाए। इन विचारों को टॉमस ने यूनानी, रोमन तथा ईसाई धर्म के साहित्य के भली-भाँति अध्ययन करने के बाद प्रकट किया था।

टॉमस की पद्धति और कृतित्व

टॉमस एक्वीनाज की पद्धति समन्वयात्मक और कौशलपूर्ण रचनात्मक कार्य करने की थी। वह चाहता था कि स्कॉलास्टिक दर्शन की सहायता से यूनानी साहित्य की उन

सर्वोत्तम बातों को धर्मशास्त्रों के विश्वासों से संबद्ध कर दिया जाए जो मध्य युग में प्रचलित थे। टॉमस के समय में ही अरस्तू के प्रमुख ग्रंथ अरबी भाषा से अनुवादित होकर लैटिन में आये जिनका उसने अपने गुरु अलबर्ट महान् के साथ मिलकर अत्यन्त सूक्ष्म अध्ययन किया। कुल मिलाकर अरस्तू ने 30 ग्रंथों की रचना की जिनमें से **सम्मा थियोलॉजिया** अरस्तू की '**पॉलिटिक्स**' की **टीका, दि रूल ऑफ प्रिंसेज** और **सम्मा कण्ट्रा जेण्टाइल्स** आदि के नाम उल्लेखनीय हैं। टॉमस के राजनीतिक विचार हमें 'दि रूल ऑफ प्रिंसेज' नाम की पुस्तक से प्राप्त होते हैं। यह पुस्तक टॉमस पूरी तरह नहीं लिख पाया था। इस पुस्तक के प्रथम भाग में 6 अध्याय ही टॉमस के लिखे हैं। शेष रचना **टोलेमी ल्यूका** ने लिखी है। यह व्यक्ति टॉमस का ही एक शिष्य था। '**सम्मा थियोलॉजिया**' में विधि की विवेचना की गई है।

विधि की विवेचना

टॉमस एक्वीनाज के सर्वाधिक महत्वपूर्ण विचार विधि की मीमांसा संबंधी हैं। विधि की परिभाषा करते हुए टॉमस ने लिखा है "विधि विवेक सम्मत वह आदेश है जिसका लक्ष्य लोककल्याण होता है और वह आदेश उस व्यक्ति द्वारा दिया जाता है जिसके ऊपर किसी समुदाय विशेष की व्यवस्था का भार होता है।" विधि के गुणों की व्याख्या करते हुए टॉमस ने विस्तापूर्वक यह बतलाया कि वह सार्वभौमिक, अपरिवर्तनशील और स्वाभाविक होती है। मनुष्य द्वारा निर्मित विधि को रचनात्मक विधि बतलाते हुए टॉमस ने कहा है कि यदि उस विधि द्वारा न्याय या धर्म के मौलिक सिद्धान्तों का उल्लंघन होता है तो वह यथार्थ रचनात्मक विधि नहीं है अपितु उसका भ्रष्ट स्वरूप है। विधि का आदि स्रोत प्रकृति है। प्रकृति की विधि का उल्लंघन करने की शक्ति किसी भी मानव में नहीं है—चाहे वह पोप ही क्यों न हो। विधि के प्रति पोप और सामान्य व्यक्ति--दोनों को समान रूप से श्रद्धा रखनी चाहिए। विधि के प्रति आस्था और श्रद्धा का यह भाव बड़ा महत्वपूर्ण था। सन्त टॉमस ने विधि के संबंध में जो विचार प्रकट किये उन्हीं विचारों के आधार पर **हॉब्स** और **लॉक** ने भी अपने विचारों को विकसित किया था।

विधि संबंधी उक्त विचारों को प्रकट करने से पूर्व टॉमस ने **प्लेटो, अरस्तू, सिसरो** और **जॉन सैलिसबरी** की विधि संबंधी मीमांसाओं और विवेचनाओं का अत्यन्त सूक्ष्म अध्ययन किया। प्लेटो ने विधि संबंधी विचारों को दो पुस्तकों में दो ढंगों से प्रकट किया है। '**रिपब्लिक**' में तो जहाँ प्लेटो ने एक ओर दार्शनिक शासक की इच्छा ही विधि बतलाई है वही अपनी पुस्तक '**दि लॉज**' में विधि की परिभाषा देते हुए लिखा है कि वह संबंधित राज्य की प्रचलित सामाजिक परम्पराओं एवं विधिवेत्ताओं के दार्शनिक ज्ञान द्वारा निर्मित होती है। अरस्तू ने विधि और विवेक को समान बतलाया है। सिसरो ने प्राकृतिक विधि की विवचना की और कहा है कि प्राकृतिक विधियाँ मनुष्य के स्वभाव में होती हैं। वे सदैव

एक-सी रहती हैं। इन्हीं प्राकृतिक विधियों को समझकर समाजोपयोगी दृष्टि से प्राकृतिक विधियों का जो विकास किया जाता है वही विधियाँ मानवीय होती हैं। इनको राज्य की सहमति प्राप्त होना आवश्यक होता है। राज्य-सम्मत सभी विधियाँ प्राकृतिक विधि के अनुकूल होती हैं। मानवीय विधियाँ इस प्रकार मानवीय सूझ-बूझ का प्रकट स्वरूप हैं।

विधियों का वर्गीकरण

टॉमस ने विधियों का वर्गीकरण करते हुए बतलाया है कि वे चार प्रकार की होती हैं। वे इस प्रकार हैं–(क) शाश्वत विधियाँ, (ख) प्राकृतिक विधियाँ, (ग) मानवीय विधियाँ, और (घ) दैवी विधियाँ।

राजदर्शन के इतिहास में टॉमस का स्थान

राजदर्शन के इतिहास में सन्त टॉमस एक्वीनाज की मध्य युग के प्रमुख विचारकों में गणना की जाती है। टॉमस ने दैवी तथा मानवीय ज्ञान के बीच समन्वय स्थापित करने का प्रयत्न करके उसके द्वारा यह चेष्टा की कि सम्पूर्ण मानव समाज की अवस्था सुधर सके। उसकी लिखित साभग्री में यूनानी, रोमन तथा मध्य युग के पादरी लेखकों के विचारों का अद्भुत सम्मिश्रण पाया जाता है। कुछ लोग टॉमस को व्यक्तिवादी भी बतलाते हैं। संभवतः ऐसा कहने वालों का आशय यह रहता होगा कि जहाँ तक मुक्ति का संबंध है वह व्यक्ति को ही मिल सकती है और इस दृष्टि से व्यक्ति को ही सबसे अधिक महत्व प्राप्त है। उसे इन अर्थों में भी व्यक्तिवादी माना जा सकता है कि वह राज्य, समाज तथा सम्पूर्ण आर्थिक व्यवस्था को व्यक्ति का हित करने का साधन ही मानता था। उसने धर्मसत्ता को जो प्रधानता दी उसका कारण यह था कि उसका युग ही राज्य की आधुनिक कल्पना से वंचित था। इतना होते हुए भी अरस्तू के विचारों के प्रभाव के कारण सन्त टॉमस की रचनाएँ अधिक व्यवस्थित, अधिक विवेकपूर्ण तथा अधिक तर्कसंगत हैं। अत्यधिक धार्मिकता के कारण ही उसकी रचनाओं में मध्यकालीनता का प्रभाव अधिक दिखलाई पड़ता है।

एजीडियस रोमुनस

यह सन्त टॉमस एक्वीनाज का शिष्य था। इसने दो प्रमुख ग्रंथ लिखे। एक का नाम **डी रेजीमाइन प्रिंसिपम** है और दूसरे का नाम **डि एक्लेजियास्टका पोटेस्टेट** है। डी रेजीमाइन प्रिंसिपम नाम का एक ग्रंथ सन्त टॉमस ने भी लिखना शुरू किया था जिसे बाद में सन्त टॉमस ने एक दूसरे शिष्य टोलेमी ल्यूका ने पूरा किया था। कहा जाता है कि वह फिलिप तृतीय के राजकुमार का अध्यापक था।

सन्त टॉमस ने राज्य के संबंध में जो विचार प्रकट किये हैं–उनमें एजीडियस ने कहीं भी मतभेद प्रकट नहीं किया है किन्तु उन्हीं विचारों को इस व्यवस्था के साथ अवश्य लिख

दिया है कि वे आसानी से समझ में आ सकें। वह सन्त टॉसम की भाँति निर्वाचित राजतंत्र को अच्छा नहीं समझता था। उसका कहना था राजवंशानुगत रीति से होने वाले शासक ही राजकार्य के लिए अच्छे प्रमाणित होते हैं। **सन्त टॉमस** ने राज्य में न्यायपालिका संबंधी विषय को लगभग अछूता ही छोड़ दिया है किन्तु **एजीडियस** ने उसकी विस्तारपूर्वक चर्चा करते हुए विधि संबंधी विचारों को प्रकट किया है। उसकी विधि संबंधी विवेचना में यद्यपि सन्त टॉमस के विचारों से कोई मौलिक अन्तर नहीं है–तथापि उनमें सुस्पष्टता और क्रमबद्धता अधिक है–यह बात अस्वीकार नहीं की जा सकती। विधि की मीमांसा करते हुए एजीडियस ने विधि तथा अधिकार इन दोनों का स्पष्ट रूप से वर्णन किया है और दोनों के बीच एक सीमारेखा भी खींचने का प्रयास किया है। धर्मसत्ता और राजसत्ता में वह धर्मसत्ता को श्रेष्ठ मानता था। एजीडियस का कहना था कि पोप भौतिक और आध्यात्मिक–दोनों जगतों में ईश्वर का प्रतिनिधि होने के नाते सर्वोच्च अधिकारी है। यही कारण है कि अन्य सब वस्तुओं की राजसत्ता भी उसी के अधीन है।

एजीडियस की महत्ता इसमें नहीं है कि उसने कोई मौलिक विचार राजदर्शन के इतिहास को दिये अपितु इसमें है कि उसने सन्त टॉमस के अपेक्षाकृत बिखरे हुए विचारों का सुसम्पादन कर उन्हें व्यवस्थित और क्रमबद्ध रीति से हमें दिया।

अध्याय—13

धर्मसत्ता और राजसत्ता का द्वन्द (2)

पोपतंत्र का ह्रास, धर्मसत्ता और राजसत्ता के दो ऐतिहासिक संघर्ष, राजसत्ता-समर्थकों के तर्क, राजसत्ता समर्थकों की माँगें, मार्सीलिओ पेदुआ का जीवन, मार्सीलिओ के विचार, विलियम ओकाम, पेरिसवासी जॉन, पियरे ड्यूबॉय और ड्यूबॉय पोप-समर्थक विचारक, सारांश।

पोपतंत्र का ह्रास

तेरहवीं शताब्दी के अन्त तक ईसाइयों के धर्मतंत्र या धर्मसापेक्ष राज्य की कल्पना स्वप्न-जगत् की वस्तु न रहकर भौतिक जगत् का जीता-जागता स्वप्न बन चुकी थी। इन्हीं दिनों में पोप की सत्ता भी अपने चरम बिन्दु तक पहुँच गई थी। पोप ग्रेगरी सप्तम (हिल्डे ब्राण्ड), संत बर्नार्ड, मेनगोल्ड, जॉन सैलिसबरी तथा सन्त टॉमस एक्वीनाज आदि जैसे धर्मसत्ता-समर्थकों का युग व्यतीत हो चुका था और कालचक्र धर्मसत्ता को एक बार प्रभुत्व की शीर्षतम स्थिति में पहुँचा देने के बाद नीचे की ओर चलने के लिए झुक पड़ा था। मध्यकालीन सामन्तवादी अर्थव्यवस्था भी शनैः शनै बदल रही थी। उसका स्थान देशराज्य या राष्ट्रराज्यों द्वारा लिया जानेवाला था। राजसत्ताधीशों ने पोप के दण्डविधानों का सामना करना भी सीख लिया था और वे क्रमशः यह समझने लगे कि पोप का दण्डविधान उनकी अपनी निर्बलता की वजह से ही सफल हो पाता है। यदि वे पोप से अधिक शक्ति संचित कर लें अथवा अपने राज्य में ही अपनी स्थिति को सुदृढ़ बना लें तो पोप के शाप भी उनका कुछ बिगाड़ नहीं सकेंगे। पोप की शक्ति का दूसरा कारण यह भी था कि समकालीन राजाओं में विवेकपूर्ण दूरदर्शिता का अभाव था। वे मध्यकालीन अंधविश्वासों के पाश में

बँधे थे। इतने पर भी वे यह बराबर अनुभव करते थे कि उनकी स्थिति धर्मसत्ता की तुलना में दृढ़तर होनी चाहिए। फिर भी उनमें इतनी आत्मशक्ति न होती थी कि वे पोप के विरुद्ध विद्रोह कर पाते। इसका सबसे बड़ा उदाहरण लोरेन के राजा लोथेयर के भाई लुई की कहानी में मिलता है। लुई सेना लेकर रोम तक चढ़ गया था किन्तु वहाँ जाकर उसने पोप की शक्ति के सामने झुक जाने में ही अपना भला समझा और बलप्रयोग द्वारा अपनी शर्तों को मनवाने की जरा-सी भी चेष्टा नहीं की। सच बात तो यह थी कि पोप ने मध्यकाल में हर बार आत्मशक्ति द्वारा ही विजय पाई। पोप ने राजाओं को परास्त करने के लिए सेनाएँ कभी नहीं रखीं। किन्तु पोपों की यह आध्यात्मिक शक्ति भी शनैः शनैः जवाब देने लगी। सम्पत्ति और धन के मद में आकर वे अपने कर्तव्यों को भूल बैठे तथा अपने अधिकारों का आवश्यकता से अधिक प्रयोग करने लगे। जिस समय ईसाई संघ या गिरजाधीशों को सम्पत्ति रखने का अधिकार दिया गया था उस समय उनसे यह आशा की गई थी कि वे उस सम्पत्ति का अपने निजी कामों के लिए नहीं अपितु दीन-दुखियों की सहायता के लिए प्रयोग करें और आरंभ में ऐसा हुआ भी। ऐसे कई पोपों के नाम गिनाए जा सकते हैं जो राजाओं से भी अधिक सम्पत्ति के स्वामी होते हुए अत्यन्त साधारण व्यक्तियों जैसा जीवन व्यतीत करते थे। लेकिन उत्तराधिकारी पोपों ने न तो उस कोटि की आध्यात्मिक शक्तियाँ प्राप्त करने का प्रयत्न किया जो उनके पूर्वाधिकारियों को प्राप्त थी और न उन्होंने नैतिक आचरण के उन ऊँचे आदर्शों का ही पालन किया जिसकी उनसे आशा की जाती थी। वे अपने निजी भोग-विलास के कार्यों में गिरजा के कोष को पानी की तरह बहाने लगे जिसका परिणाम यह हुआ कि पोप का कुबेर जितना धन भी खाली होने लगा। इस कोष की पूर्ति के लिए तथा अपने खर्चों को चलाने के लिए गिरजा द्वारा वसूल किये जाने वाले करों की उगाही सख्ती से की जाने लगी। धार्मिक करों की वसूली के भी ठेके दिये जाने लगे। जो धार्मिक कर स्वेच्छा से ईसाई धर्म के अनुयायी पोप के चरणों में आकर भेंट चढ़ा जाया करते थे उन्हीं करों की वसूली के लिए जब जनता पर सख्ती होने लगी तो स्थिति बड़ी विचित्र-सी हो गई। पोपों की हीन मनोवृत्ति, रुपया कमाने की दुष्टतापूर्ण चालों तथा उनके अनैतिक जीवन से न केवल राजसत्ताधीश और उनके समर्थक भी ऊब उठे अपितु सामान्य ईसाई नागरिकों पर भी उसकी जबर्दस्त प्रतिक्रिया हुई। राजनीति-विशारदों ने अरस्तू जैसे विवेकी दार्शनिकों के ग्रंथों का अध्ययन आरंभ कर दिया और उनके विचारों की शिक्षा विश्वविद्यालयों में दी जाने लगी। इस सबका परिणाम यह हुआ कि लोग पोप की पोल को समझ गये और उन्होनें धर्मसत्ता के अन्यायों का विरोध करने के लिए कमर कस ली। चौदहवीं शताब्दी में यह स्थिति उत्पन्न हो गई कि जनता ने पोप के धर्म-बहिष्कृत करने के अधिकार की भी अवज्ञा आरंभ कर दी और यह कहना शुरू कर दिया कि जो व्यक्ति स्वयं धर्म की शिक्षाओं का अवलम्बन न कर, अनैतिक जीवन बिताता है, उसे कम अनैतिक जीवन बितानेवाले, कम कदाचरण करने वाले तथा धार्मिक शिक्षाओं का उससे अधिक पालन करनेवाले व्यक्तियों को दण्डित करने का कोई अधिकार

नहीं है। जनता भी समझ गई कि पोप के भड़काने में आकर राजा के विरुद्ध विद्रोह करने से उसके संकटों में और अधिक वृद्धि हो जायेगी। इधर धर्माधिकारियों ने भी यह अनुभव किया कि उनका कल्याण इसी में है कि वे राजसत्ता के अधीन रहकर धार्मिक प्रचार का कार्य करें और पोप के साथ मिलकर राजसत्ता-विरोधी षड़यंत्र न करें। इस प्रकार की समझ उत्पन्न हो जाने के कारण इस बात का खतरा राजसत्ताधारियों को नहीं रहा कि यदि वे पोप का विरोध करेंगे तो प्रजा उनके विरुद्ध हो जाएगी। यही नहीं स्वयं ईसाई संघ के धर्माधिकारियों में ही ऐसे कई व्यक्ति निकल आये जिन्होंने पोप की सत्ता का अत्यन्त कठोर एवं उग्र विरोध करना आरंभ कर दिया।

राजसत्ता और धर्मसत्ता के दो ऐतिहासिक संघर्ष

धर्मसत्ता और पोप के विरुद्ध जो काले बादल घिर रहे थे, अन्त में वह बरस ही पड़े। चौदहवीं शताब्दी में ऐसे दो संघर्ष हुए जिन्होंने धर्मसत्ता की मान-मर्यादा और प्रतिष्ठा तथा शक्तिक्षमता को बड़ी गहरी ठेस पहुँचाई; पहला संघर्ष तो फ्रांस के राजा फिलिप चतुर्थ और पोप बोनीफेस के बीच हुआ। इस संघर्ष में फिलिप चतुर्थ विजयी हुआ। दूसरा संघर्ष बोनीफेस की मृत्यु के बाद उसके उत्तराधिकारी पोप जॉन 22वें तथा बवेरिया के राजा लुई में हुआ। लुई तथा जांन के संघर्ष में चिरस्थायी विजय राजसत्ता की तो नहीं हुई जिसके कुछ कुटनीतिक कारण थे। किन्तु लुई ने रोम पर आक्रमण करके तथा पोप को गद्दी से उतारकर यह सिद्ध कर दिया कि यदि पोप पर शस्त्रबल का भी प्रयोग किया जाए तो कोई कहर न ढ़ह पड़ेगा। इस प्रकार के मार्ग का फिलिप चतुर्थ ने पहले ही दरवाजा खोल दिया था।

फिलिप बोनीफेस संघर्ष काण्ड

सबसे पहले हम फ्रांस के राजा फिलिप चतुर्थ और पोप बोनीफेस के संघर्ष पर विचार करेंगे। फिलिप चतुर्थ फ्रांस के भूतपूर्व राजा फिलिप तृतीय का पुत्र था और इसने संत टॉमस के प्रसिद्ध शिष्य एजीडियस रोमुनस से शिक्षा पायी थी। यह आश्चर्य की बात है कि संत टॉमस का शिष्य और फिलिप चतुर्थ का गुरु एजीडियस रोमुनस यद्यपि धर्मसत्ता का जबर्दस्त हिमायती था फिर भी उसका शिष्य फिलिप चतुर्थ उसकी शिक्षाओं के बावजूद आगे चलकर, धर्मसत्ता का इतना शक्तिशाली विरोधी सिद्ध हुआ।

फिलिप चतुर्थ और बोनीफेस अष्टम की लड़ाई इस प्रश्न को लेकर आरंभ हुई कि उसे ईसाई धर्माधिकारियों पर कर लगाने का अधिकार है या नहीं। जहाँ तक परम्पराओं का प्रश्न था उस समय तक ईसाई धर्माधिकारियों से या गिरजाघर की सम्पत्ति पर राजाओं द्वारा कोई कर नहीं लिया जाता था किन्तु फिलिप चतुर्थ के समय तक ईसाई संघ तथा उसके अधिकारियों के पास इतनी अधिक भूमि चली गई थी कि बिना उस पर कर लगाये राजकाज का व्यय ही नहीं सँभाला जा सकता था। ऐसी स्थिति में फिलिप चतुर्थ ने ईसाई

संघ की फ्रांस स्थित सम्पत्ति पर कर लगा दिया। पोप बोनीफेस ने जो आरंभ से ही उग्र और क्रोधी स्वभाव का था--उक्त करों को गैर-कानूनी घोषित कर दिया और फ्रांस में रहने वाले ईसाई धर्माधिकारियों को यह आदेश दिया कि वे उस समय तक फिलिप चतुर्थ को कोई कर न दें जब तक ऐसा करने के लिए उन्हें पोप की आज्ञा न मिल जाए। पोप ने एक पत्र भी फिलिप को भेजा जिसका आशय यह था कि राजसत्ता का स्रोत धर्मसत्ता है और पोप की अधीनता स्वीकार करना राजा का कर्तव्य है। पोप ने इस पत्र में जो शब्द प्रयुक्त किये थे वे इस प्रकार थे--"हम यह बात साफ-साफ आपको बतला देना चाहते हैं कि लौकिक तथा आध्यात्मिक दोनों क्षेत्रों में आप की सत्ता हमारी सत्ता के अन्तर्गत है।" पोप का यह पत्र जिस पर साँड़ की मोहर लगी थी (इसी कारण पोप के आदेशात्मक पत्रों को अंग्रेजी में 'बुल' भी कहा जाता है) फिलिप चतुर्थ ने सरे-बाजार जलवा दिया और पोप को पकड़वाकर बंदीगृह में भेज दिया। पोप बोनीफेस की अन्त में फिलिप के बन्दीगृह में ही मृत्यु हो गई। पोप बोनीफेस के बाद फिलिप ने क्लीमेण्ट पंचम को पोप के पद पर अभिषिक्त कराया। पोप की राजधानी भी रोम से हटा दी गई। पोप को एविगनान में रहने के लिए बाध्य किया गया। इसके बाद लगभग 42 वर्षों तक पोप को फ्रांस के राजा की आज्ञाओं के अनुसार ही कार्य करना पड़ा। इस बीच फिलिप ने धर्मसत्ता के उन समस्त सम्प्रदायों का कठोरता से दमन किया जो राजसत्ता की शक्ति के विरुद्ध थे। ऐसे ही सम्प्रदायों में **टेम्पलर्स** भी था। उसने राजा फिलिप के धर्मसत्ता-विरोधी कार्यों के विरुद्ध आवाज उठाई थी। इसका कारण यह था कि उसका सम्प्रदाय विपुल सम्पत्ति का स्वामी था। इस सम्प्रदाय के कुछ योद्धाओं ने आक्रमण की भी तैयारी की थी। फिलिप ने इनमें से 54 जवानों को पकड़कर पेरिस के एक चौराहे पर जीवित जलवा दिया। इस कार्य के लिए फिलिप ने न केवल पोप क्लीमेण्ट की लिखित अनुमति प्राप्त कर ली थी अपितु सेंस में हुई धर्मपरिषद् से अपने मनोनुकूल निर्णय भी करा लिया था। फ्रांस के राजाओं का पोप पर ऐसा प्रभाव सन् 1377 तक चलता रहा। इसके पश्चात फ्रांस की राजशक्ति निर्बल पड़ गई, कारण फ्रांस के राजा इंग्लैण्ड के साथ शतवर्षीय युद्ध में फँस गये और उन्हें इतना अवकाश नहीं रहा कि वे पोप के उठते सिर को दबा सकें। पोपतंत्र के बंदी जीवन की मुक्ति ग्रेगरी 11वें के रोम वापस आ जाने से हुई। पोप बोनीफेस तथा फ्रांस के राजा फिलिप ने इस संघर्ष में अनेक समकालीन विद्वानों ने भाग लिया था। कुछ ने पोप का समर्थन किया परन्तु अधिकांश ने फ्रांस के राजा का। राजसत्ता का समर्थन करनेवालों में जिनका नाम लिया जाता है उनमें पेरिस के जॉन, पियरे डयूबॉय, दाँते, आदि का नाम उल्लेखनीय हैं। इनकी शिक्षाओं के विषय में हम इसी अध्याय में आगे चलकर विस्तार से विचार करेंगे। यहाँ संक्षेप में इतना ही समझ लेना पर्याप्त होगा कि धर्मसत्ता के समर्थक जिस सामग्री से अपनी श्रेष्ठता का समर्थन प्राप्त किया करते थे उसी सामग्री से राजसत्ता के समर्थकों ने कुछ ऐसे निष्कर्ष निकाले जो पोप तथा धर्मसत्ता की श्रेष्ठता के सर्वथा

प्रतिकूल थे।

लुई-जॉन संघर्ष काण्ड

दूसरा संघर्ष बवेरिया के लुई तथा तत्कालीन पोप जॉन बाइसवें के बीच हुआ। फ्रांस के राजा फिलिप चतुर्थ से मुँह की खाने के बाद भी पोप सत्ता इस बात के लिए प्रयत्नशील रही कि वह अपने जितने अधिकारों की भी रक्षा कर सके अच्छा है। इस बीच जर्मनी की राजगद्दी का स्थान रिक्त हुआ। उसके उत्तराधिकार के प्रश्न को लेकर जर्मनी में ही गृहयुद्ध हो गया। इस गृहयुद्ध में बवेरिया के राजा लुई को विजय प्राप्त हुई। विजय के बाद लुई ने अपने आपको राजगद्दी का स्वामी घोषित कर दिया। किन्तु, एक नई समस्या और उठ खड़ी हुई। धर्मसत्ता के शक्तिकाल में जर्मनी की राजगद्दी केवल जर्मन नरेश की ही नहीं समझी जाती थी। **चार्लमैन** तथा **ओटो महान्** के काल से वह पवित्र रोमन साम्राज्य के सम्राट् की भी गद्दी समझी जाती थी। इतिहास में ऐसे उदाहरण थे कि जर्मनी की राजगद्दी के उत्तराधिकार के संबंध में जब-जब कोई झगड़ा उठ खड़ा हुआ तब-तब पोप ने उसके उत्तराधिकार का फैसला किया था। अतएव, पोप जॉन ने भी उत्तराधिकार के मामले का फैसला करने का प्रयत्न किया। पोप ने अपने निर्वासनकाल की राजधानी **एविगनान** में लुई तथा उसके विरोधी पक्ष के प्रतिनिधि को न्यायालय में उपस्थित होने की आज्ञा दी। लुई ने पोप के इस आदेश को अपना अपमान समझा और साफ-साफ कह दिया कि वह पोप के न्यायालय में उपस्थित होने के लिए किसी भी प्रकार बाध्य नहीं किया जा सकता। इसका उत्तर पोप जॉन ने लुई की राजसत्ता को धर्मविरोधी घोषित करके दिया। लुई तथा उसके अधीन देश धर्मबहिष्कृत घोषित कर दिये गये। प्रत्युत्तरस्वरूप लुई ने पोप जॉन पर चढ़ाई कर दी और उसे पोप के पद से हटाकर अपने मनोनुकूल पोप की नियुक्ति कर दी। स्वयं भी वह इटली में रहा। किन्तु इटली के राष्ट्रीयतावादी तत्वों को जो उस समय प्रारंभिक विकास की अवस्था में ही थे लुई के इस आधिपत्य को पसन्द न किया। लुई के जर्मनी से हट जाने के कारण जर्मनी की आन्तरिक स्थिति पुनः अशान्त हो गई। परिणाम यह हुआ कि लुई को जर्मनी में अपनी स्थिति सुदृढ़ करने के लिए इटली से वापस जाना पड़ा और इटली पुनः जर्मनी की अल्पकालीन दासता से मुक्त हो गया। अपनी स्थिति को निर्बल पाकर लुई ने पोप जॉन से संधि करने की चेष्टा की। पोप जॉन का तत्कालीन राजनीतिक स्थिति का ज्ञान अच्छा था, अतः उसने लुई से बदला लेने का प्रयत्न किया तथा धर्मसत्ता के वे बहुत से अधिकार वापस प्राप्त करने की कोशिश की जो पिछले दशकों में राजसत्ता ने पोप से छीन लिये थे। पोप की अधिकार वृद्धि की माँगों को लुई ने मानने से इन्कार कर दिया। इस बीच पोप ने लक्जेमबर्ग के राजा चार्ल्स को पवित्र रोमन साम्राज्य का स्वामी घोषित कर दिया। लुई तथा पोप का संघर्ष कुछ और समय तक चलता, किन्तु इसी बीच लुई की अकालमृत्यु से यह पूरा विवाद अनायास ही समाप्त हो गया। वास्तविकता यह है कि फिलिप तथा बोनीफेस के संघर्ष की भाँति लुई और जॉन का संघर्ष राजसत्ता और

धर्मसत्ता का संघर्ष न था। यदि इस संघर्ष का सूक्ष्म अध्ययन द्वारा राजनीतिक विश्लेषण किया जाए तो ज्ञात होगा कि यह फ्रांस तथा जर्मनी की राजसत्ताओं का पारस्परिक संघर्ष था। फ्रांस की स्थिति उस समय निर्बल थी। वह जर्मनी से प्रत्यक्षतः कोई युद्ध मोल लेना नहीं चाहता था। इसलिए उसने पोप पर अपने प्रभाव का उपयोग कर पोप जॉन को लुई के विरुद्ध कार्रवाई करने के लिए भड़काया। पोप जॉन भी फ्रांस की बातों में आ गया। उसने लुई के विरुद्ध कार्रवाई कर डाली। लेकिन जब लुई पर पोप ने चढ़ाई कर दी तो फ्रांस की राजसत्ता ने उसकी कोई सक्रिय सहायता नहीं की। इससे पोप की स्थिति बहुत निर्बल हो गई। लुई फ्रांस की कूटनीति को समझ गया था और उसने उसे विफल करने का भी यथाशक्ति प्रयास किया लेकिन वह अपनी आन्तरिक निर्बलताओं के कारण बहुत अधिक सफल नहीं हो सका।

इसी संघर्ष के दौरान में लुई ने ईसाई धर्म के एक सम्प्रदाय के विरुद्ध भी कार्रवाई कर दी। पोप ने एक निबंध लिखा जिसमें फ्रांसिस्कन सम्प्रदाय की बड़ी तीखी निन्दा की गई थी और सम्प्रदाय को मक्कारों का सम्प्रदाय बतलाया था। अपनी बात सिद्ध करने के लिए पोप ने कहा था कि यद्यपि इस सम्प्रदाय के लोग कहते तो यह हैं कि वे सम्पत्ति के विरोधी हैं लेकिन वे लोग वस्तुतः अपार सम्पत्ति के स्वामी हैं। इन लोगों का सम्पत्ति रखना धर्मसम्मत नहीं है। पोप के इस आक्रमण से फ्रांसिस्कन सम्प्रदाय के लोग भी नाराज हो गये। इस नाराजगी को उन्होंने पोप की सत्ता के विरुद्ध आवाज उठाकर प्रकट किया। ऐसे पोप-विरोधियों में **मार्सीलिओ पेदुआ** और **विलियम ओकाम** का नाम विशेषरूप से उल्लेखनीय है। इसी काल में जिन विद्वानों ने पोप का समर्थन किया उनमें **ऑगस्टस ट्रायमफस** और **एलवरस पेलेगियस** का नाम लिया जाता है।

राजसत्ता-समर्थकों के तर्क

यह तो हम ऊपर बता ही चुके हैं कि पेरिस के जॉन, पियरे, ड्यूबॉय, दाँते, मार्सीलिओ पेदुआ तथा विलियम ओकाम ने मुख्य रूप से फिलिप-बोनीफेस तथा लुई-जॉन संघर्ष काण्डों में राजसत्ता का पक्ष लिया। इसी अध्याय के अगले पृष्ठों में इन विचारकों पर अलग-अलग विचार करने के पूर्व यह जान लेना उपयुक्त होगा कि कुल मिलाकर इनके तर्कों का क्या सारांश था और वे तर्क वस्तुतः क्या थे?

राज्य की उत्पत्ति का सिद्धान्त

मध्य युग में राज्य की उत्पत्ति के जिस सिद्धान्त का प्रचार था उसे दैवी सिद्धान्त कहा जाता है। पोपों ने कहा था कि राजसत्ता का जन्म तो ईश्वर से ही हुआ है किन्तु चूँकि धर्मसत्ता लौकिक जगत् और आध्यात्मिक जगत् दोनों के लिए है इसलिए वह राजसत्ता से उच्चतर है और राजसत्ता को उसके अधीन होना चाहिए। राज्य की उत्पत्ति के दैवी सिद्धान्त का राजसत्ता समर्थक विचारों ने खण्डन नहीं किया। उन्होंने यह तो माना कि राजसत्ता की उत्पत्ति ईश्वर से हुई है और यह भी माना कि धर्मसत्ता का क्षेत्र आध्यात्मिक जगत् है किन्तु

उन्होंने यह स्वीकार नहीं किया कि केवल इसी वजह से धर्मसत्ता को राजसत्ता पर अधिकार करने का हक नहीं मिल जाता। उन्होंने यह भी कहा कि यदि राजसत्ता की उत्पत्ति ईश्वर से हुई है और राजा ईश्वर का ही अंश है तो राजा सीधे ईश्वर के प्रति उत्तरदायी है पोप के प्रति नहीं। वह जो कुछ भी करेगा उसे अपने कार्यों के लिए ईश्वर के सामने स्वयं उत्तर देना होगा। वह उत्तर पोप या अन्य किसी के द्वारा नहीं माँगा जायेगा। दूसरी बात यह थी कि मध्ययुग के विचारक यह भी मानते थे कि राज्य का उद्देश्य मनुष्य के आचरण को नियंत्रित करना है। मनुष्य के स्वभाव को ईसाई धर्मग्रंथों में पापमूलक माना गया है। इसीलिए कहा गया है कि राज्य का यह कर्तव्य है कि वह मनुष्य के आचरणों पर इस प्रकार नियंत्रण रखे कि वे पापी न होने पावें। सन्त ऑगस्टाइन का मत इससे कुछ भिन्न था। वह यह नहीं मानता था कि राज्य का लक्ष्य मनुष्य के आचरण का नियंत्रण करना है। उसका कहना था कि राज्य का लक्ष्य मनुष्य के आचरण का नियंत्रण करना नहीं अपितु अंशतः दण्डात्मक और अंशतः पापों से मुक्ति दिलाने का है? यद्यपि उसके मत से न तो राजसत्ता का समर्थन करनेवाले विचारक सहमत हुए और न धर्मसत्ता के समर्थक विचारकों ने ही यह माना कि राज्य का उद्देश्य मनुष्यों के आचरण को नियंत्रित करना है। फलस्वरूप, राज्य को आचारिक नियंत्रण का साधन शुरू से ही माना जाता रहा। ऐसी अवस्था में राजसत्ता के समर्थकों ने कहा कि वे स्वयं ही अपने इस कार्य के लिए ईश्वर के सामने उत्तरदायी हैं और पोप या किसी भी अन्य धर्माधिकारी को उनके क्षेत्र में हस्तक्षेप करने का अधिकार प्राप्त नहीं है। पोपों में भी ऐसे कई व्यक्ति थे (यथा, ग्रेगरी महान्) जो यह कहते थे कि राजसत्ता में हस्तक्षेप न किया जाए। राजा केवल ईश्वर के प्रति उत्तरदायी है और उसकी आज्ञा का पालन करना आवश्यक है। यदि वह अत्याचार भी करे तो उसकी सद्बुद्धि के लिए ईश्वर से प्रार्थना करनी चाहिए।

धर्मग्रंथों का प्रयोग

कालान्तर में राजसत्ता के समर्थक अपने मत की पुष्टि के लिए धर्मग्रंथों का प्रयोग भी करने लगे। इस संबंध में राजसत्ता-समर्थकों ने जिस धर्मग्रंथ का सबसे अधिक प्रयोग किया वह था न्यू टेस्टामेण्ट। न्यू टेस्टामेण्ट में राजसत्ता के प्रति ओल्ड टेस्टामेण्ट की तुलना में अधिक संयत और सहिष्णुतापूर्ण विचार प्रकट किये गये हैं। न्यू टेस्टामेण्ट में राजसत्ता के समर्थकों को सन्त पॉल की एक उपयोगी घोषणा मिल गई। इसमें सन्त पॉल ने कहा था, कि राजसत्ता दैवी है और जो उसका विरोध करता है वइ ईसा का विरोध करता है। इसमें सन्देह नहीं कि कुल मिलाकर धर्मग्रंथ तथा अन्य तत्संबंधी सामग्री राजसत्ता के विरुद्ध जाती थी क्योंकि उसको प्रायः पादरियों ने ही लिखा था लेकिन अन्ततः उसमें से भी मतलब के अंश निकालकर राजसत्ता-समर्थकों ने विपुल प्रतिभा का परिचय दिया।

रोमन विधि-संहिताओं के पुर्नध्ययन का युग

अन्य विद्याओं की भाँति मध्य युग के अज्ञानान्धकार में रोमन विधि-संहिताओं का व्यापक अध्ययन भी बंद-सा हो गया था। यह अध्ययन राजसत्ता के समर्थकों ने पुनः

आरंभ किया और उसमें से अपने पक्ष की पुष्टि के लिए पर्याप्त सामग्री खोज निकाली। इंग्लैण्ड, फ्रांस तथा स्पेन के विश्वविद्यालयों में रोमन विधियों के व्यवस्थित अध्ययन का प्रबंध किया गया। उन दिनों रोमन विधियों के विद्वानों में **अर्नेरियस एकर्सियस, बाल्ड्स** और **बारटोलस** आदि के नाम उल्लेखनीय हैं। इन रोमन विधिवेत्ताओं ने बतलाया कि विधि की दृष्टि से धर्मसत्ता को राजसत्ता के अधीन होना चाहिए और धर्मसत्ता चाहे राजसत्ता के अधीन रहे या न रहे—कम-से-कम धर्मसत्ता को राजसत्ता पर नियंत्रण रखने का तो कोई अधिकार नहीं है। बारटोलस के विचारों तथा उसकी लिखित सामग्री के आधार पर संप्रभुता आदि जैसे महत्वपूर्ण सिद्धान्त का आगे चलकर विकास हुआ। विधियों के अध्ययन से ही कर्तव्यों और अधिकारों के प्रति भी जागरूकता उत्पन्न हुई। इस जागरूकता में अनुबंध (समझौते) के सिद्धान्त के विकास से बड़ी सहायता मिली। रोमन विधि के छात्रों ने कहा कि सम्राटों और नरेशों को राजसत्ता के असीम अधिकार प्राप्त हैं और धर्मसत्ता को उनमें हस्तक्षेप करने का कोई हक नहीं है। रोमन विधि के इन आचार्यों का तथा उनके मतों का इंग्लैण्ड, फ्रांस और स्पेन के उदयशील राजतंत्रों ने बड़ा स्वागत किया। उन्होंने देखा कि वे तर्कसहित अपनी श्रेष्ठता को संसार के सामने रख सकते हैं। इसलिए उनका ऐसा करना स्वाभाविक ही था। कालान्तर में पवित्र रोमन साम्राज्य का प्रभाव भी घट गया और उसी के साथ जर्मन सम्राटों के प्रभाव की भी इतिश्री हो गई।

राष्ट्रीयता का जन्म

इंग्लैण्ड, फ्रांस तथा स्पेन में एक नये तत्व का जन्म हो रहा था जो बड़े वेग से विकास के पथ पर अग्रसर हो रहा था। यह तत्व था—राष्ट्रीयता का। राष्ट्रीयता की भावना नये राज्यों को जन्म दे रही थी। यह राज्य आगे चलकर देश राज्य या राष्ट्र-राज्य कहलाए। इन राज्यों के जन्म की वजह से प्रत्येक देश के स्वार्थ अलग-अलग हो गये। वे अपने-अपने उद्योगों तथा व्यापार, वाणिज्य के विकास में लगने लगे। राष्ट्र-राज्यों के स्वार्थों की विभिन्नता के कारण देश अपनी शक्ति बढ़ाने लगा। धर्मसत्ता की एकताकारी शक्ति नष्ट हो गई। विभिन्न देशों के धर्माधिकारियों ने भी पोप के आदेशों की अवज्ञा करनी आरंभ कर दी और अपने-अपने देश की राजसत्ताओं का समर्थन करना ही उचित समझा। फिलिप और बोनीफेस के मतभेद के मामले में फ्रांस के धर्माधिकारियों ने राजा फिलिप चतुर्थ का ही पक्ष लिया था। धर्माधिकारियों का यह कार्य राष्ट्रीयता के इस नये तत्व की शक्ति का द्योतक था।

धर्म और राजनीति का नया समन्वय

राजसत्ता के समर्थकों ने धर्म और राजनीति का भी नये ढ़ग से समन्वय किया। उन्होंने बतलाया कि धर्म और राज्य ये दोनों एक ही मुद्रा के दो पहलू हैं। इन दोनों के बीच सहयोग की भावना होनी चाहिए। यह सहयोग तभी स्थापित हो सकता है जब आध्यात्मिक क्षेत्र में राजसत्ता धर्मसत्ता की श्रेष्ठता माने और लौकिक क्षेत्र में धर्मसत्ता

राजसत्ता का आधिपत्य स्वीकार कर ले। यह समन्वय का बिल्कुल नया ढंग था। दोनों सत्ताओं के मध्य समन्वय करने का प्रयास सन्त टॉमस ने भी किया था, किन्तु टॉमस का समन्वय भी धर्मसत्ता को श्रेष्ठता प्रदान करनेवाला था। इसके विपरीत राजसत्ता के समर्थकों ने एक प्रकार से दोनों पक्षों को समान स्तर पर रखकर समझौता किया था।

राज्य मुख्यतः नैतिक है

राजसत्ता के समर्थक मध्ययुगीन विचारकों का भी यही कहना था कि राज्य अनिवार्यतः नैतिक संस्था है। इसका कार्य न्याय और अधिकारों की रक्षा करना तथा उनका प्रसार और प्रचार करना है। धर्मसत्ता के समर्थक राज्य का यह कर्तव्य नहीं मानते थे और उक्त क्षेत्र में राजसत्ता को अपने अधीन समझते थे। जहाँ तक प्राचीन काल के विचारकों का संबंध है वहाँ यह कहा जा सकता है कि यूनानी विचारकों में प्लेटो तथा अरस्तू ने राज्य को नैतिक संस्था ही माना था। राज्य के नैतिक आधार का प्रतिपादन विशेष रूप से अरस्तू ने किया था। आरंभ में अरस्तू के इन्हीं विचारों के कारण पेरिस विश्वविद्यालय में अरस्तू के साहित्य के पठन-पाठन पर प्रतिबंध लगा दिया गया था। किन्तु बाद में यह अनुभव किया गया कि अरस्तू जैसे उपयोगी विचारक के ग्रंथों का पठन-पाठन पोप के प्रतिबंध के कारण बंद हो जाए यह ठीक नहीं। अतएव, अरस्तू का साहित्य पुनः पढ़ाया जाने लगा। इसका परिणाम यह हुआ कि कालान्तर में राजनीति के एक ऐसे छात्रों का वर्ग निकला जिसने ईसाई गिरजा के इस दावे का खण्डन किया कि समस्त नैतिक विषयों पर उसी का एकाधिकार है। यह कहा जाने लगा कि जहाँ तक लौकिक नैतिकता का संबंध है वह एकान्ततः राजसत्ता का क्षेत्र है और उसमें हस्तक्षेप करने का हक धर्मसत्ता को नहीं है। आध्यात्मिक नैतिकता धर्मसत्ता का विषय है। उसमें निस्संदेह राजसत्ता कोई हस्तक्षेप नहीं करेगी।

राजसत्ता-समर्थकों की माँगें

राजसत्ता-समर्थकों के प्रमुख तर्कों पर विचार कर लेने के बाद अब हम बड़ी आसानी से उन तर्कों के आधार पर राजसत्ता-समर्थकों की माँगों का क्षेत्र निर्धारित कर सकते हैं। धर्मसत्ता के पतनकाल में उदयशील राजसत्ता के तत्वों की माँग का क्षेत्र अधिक व्यापक न था। वे केवल यह चाहते थे कि जहाँ तक राजकार्य का संबंध है उसमें धर्मसत्ता या धर्मसत्ता के हिमायती कोई हस्तक्षेप न करें। राजसत्ता की प्रमुखता के अधिकांश पक्षपाती यह नहीं चाहते थे कि धर्मसत्ता अनिवार्यतः राजसत्ता की श्रेष्ठत्ता ही स्वीकार करे या राजसत्ता को धर्मसत्ता के आन्तरिक मामलों में भी हस्तक्षेप का अधिकार मिल जाए। इस संबंध में उनका कहना था कि राजसत्ता के पास अपनी ही इतनी अधिक चिन्ताएँ हैं कि उन्हें दूर करने में उनका सारा समय निकल जाता है। धर्मसत्ता के क्षेत्र में हस्तक्षेप करके वे राजसत्ता का सिर दर्द और अधिक नहीं बढ़ाना चाहते थे। लेकिन इस माँग के आगे मध्य युग के केवल दो

ही व्यक्ति बढ़े। इनके नाम हैं-फ्रेडरिक द्वितीय और मार्सीलिओ पेदुआ। इन दोनों ने ही अन्य राजसत्ता समर्थकों की भाँति से सब अधिकार तो माँगे जिनका औचित्य राजसत्ता-समर्थक सिद्ध कर रहे थे, किन्तु साथ यह भी कहा कि धर्मसत्ता को अनिवार्यतः राजसत्ता के अधीन ही रहना चाहिए क्योंकि ऐसा न होने से दोनों सत्ताओं में परस्पर संघर्ष की संभावना बनी रहेगी। इस प्रकार मार्सीलिओ और फ्रेडरिक के अतिरिक्त अन्य सभी राजसत्ता समर्थक केवल आत्मरक्षा के लिए प्रयत्नशील थे। उनकी नीति यह नहीं थी कि वे धर्मसत्ता के मामलों को भी अपने विचार और हस्तक्षेप का विषय बना लें। इसके विपरीत धर्मसत्ता ने न केवल अपने विषयों में ही स्वाधीनता प्राप्त कर ली अपितु कुछ काल तक राजसत्ता को भी अपने अधीन रखा। इस दृष्टि से यह कहा जा सकता है कि राजसत्ता की माँगों का क्षेत्र अपेक्षाकृत संकुचित था।

मार्सीलिओ पेदुआ का जीवन

जीवन परिचय

मार्सीलिओ का जन्म इटली के एक नगर पेदुआ में सन् 1270 में हुआ था। उसकी मृत्यु सत्तर वर्ष की अवस्था में सन् 1340 में बवेरिया में हुई। उसका पिता पेदुआ में वहाँ के विश्वविद्यालय में एक अधिकारी के पद पर कार्य करता था। पेदुआ के राजनीतिक विचार मध्य युग की धार्मिक और सामन्तवादी परम्पराओं की पृष्ठभूमि में रखकर देखे जाने पर अत्यन्त मौलिक और आधुनिक राजनीतिक विश्वासों एवं मान्यताओं को प्रेरणा देने वाले प्रतीत होते हैं। मौलिकता की दृष्टि से ही कुछ विद्वानों का कहना है कि मार्सीलिओ का स्थान यूरोपियन राजनीतिक विचारों के इतिहास में अरस्तू के बाद लिया जा सकता है। प्रारंभिक शिक्षा के बाद ही उसका झुकाव फ्रांसिस्कन सम्प्रदाय की तरफ हो गया था और उसने किशोरावस्था में ही सम्प्रदाय की दीक्षा ले ली थी। बाद में उसे पोप ने अपनी सेवा में ले लिया था। धर्मग्रंथों के अध्ययन के अतिरिक्त उसने डॉक्टरी की शिक्षा भी प्राप्त की थी। धर्माधिकारी के रूप में सबसे पहले उसकी नियुक्ति एक अत्यन्त साधारण पद पर हुई लेकिन धीरे-धीरे उसने अपनी प्रतिभा से इतनी अधिक उन्नति की कि उसे उत्तरी इटली के एक बड़े नगर मिलान का बड़ा पादरी नियुक्त कर दिया गया। कुछ समय तक उसने पेरिस विश्वद्यिालय में भी रेक्टर के पद पर काम किया था। अपने पेरिस-प्रवास में उसका संबंध अंग्रेज फ्रांसिस्कन विचारक विलियम ओकाम से रहा था। जहाँ तक विचार विनिमय का संबंध है—ये दोनों विद्वान परस्पर एक दूसरे से बहुत अधिक प्रभावित हुए। दोनों ने धर्मसत्ता की अनैतिकता तथा निर्बलताओं का बड़ा सूक्ष्म अध्ययन किया और दोनों ही इस परिणाम पर पहुँचे कि राजसत्ता को किसी भी दशा में धर्मसत्ता से निर्बल नहीं होना चाहिए। इसके विपरीत धर्मसत्ता यदि राजसत्ता के अधीन हो जायेगी तो वह और भी अधिक कल्याणकारी होगी। मार्सीलिओ के ये विचार अत्यन्त क्रान्तिकारी थे। इनकी भनक जब पोप

के कानों तक पहुँची तो पोप ने मार्सीलिओ को बहिष्कृत कर दिया। लेकिन मार्सीलिओ इसके लिए तैयार था क्योंकि वह एविगनान जाकर पोप के भ्रष्टाचारों को स्वयं देख आया था और उन भ्रष्टाचारों के कारण वह पोप की सारी व्यवस्था से ही बहुत अधिक घृणा करने लगा था। पोप द्वारा पदच्युत किये जाने के बाद वह जर्मनी के सम्राट् लुई चतुर्थ के राजदरबार में चला गया और उसने वहाँ से धर्मसत्ता की ऐसी कटु आलोचना की कि उसने पोप तथा उनके समर्थकों के दाँत खट्टे कर दिये।

मार्सीलिओ की रचनाएँ

मार्सीलिओ की दो रचनाएँ मुख्यतः उल्लेखनीय हैं। एक तो **डिफेंसर पेसीस** है और दूसरी **डिफेंसर माइनर** है। डिफेंसर पेसीस का अँग्रेंजी में अनुवाद होता है 'इन डिफेंस ऑफ पीस' अर्थात् 'शांति के पक्ष में'। यह पुस्तक सन् 1324 में प्रकाशित हुई थी। इस पुस्तक का नाम विषय की दृष्टि से महत्वपूर्ण है। उन दिनों धर्मसत्ता और राजसत्ता के पारस्परिक संघर्ष के कारण यूरोप के राज्यों में जो हलचल तथा अशांति मची हुई थी वह प्रगति और विकास के मार्ग को अवरुद्ध करती थी। मार्सीलिओ चाहता था कि राज्यों में ऐसी शान्ति स्थापित हो जिससे समाज और राज्य विकास के पथ पर आगे बढ़ सकें। कहा जाता है कि उक्त पुस्तक के लेखक का नाम विवादास्पद है। एक पक्ष कहता है कि उक्त पुस्तक मार्सीलिओ की ही लिखी हुई है जब कि प्रतिपक्षी का कहना है कि पुस्तक जॉन जाड्रन की लिखी है। किन्तु अब इस प्रकार के विवादों का अन्त हो गया और यह माना जाने लगा है कि वह पुस्तक मार्सीलिओ की ही रचना है। उक्त पुस्तक तीन भागों में विभक्त है। पहले भाग में 19 अध्याय हैं जिनमें राज्य की उत्पत्ति के सिद्धान्त दिये गये हैं तथा राज्यों का वर्गीकरण किया गया है। यह भाग राजनीति के छात्रों के लिए बड़ा महत्वपूर्ण है। दूसरे भाग के 33 अध्यायों में बतलाया गया है कि धर्मसत्ता का जन्म, विकास तथा उन्नति किस प्रकार हुई और उसकी प्रबलता किस प्रकार यूरोप की शान्ति को नष्ट किये दे रही है। इसी भाग में यह भी बतलाया गया है कि पोप के अधिकारों को घटा देने की क्यों आवश्यकता है। तीसरे भाग में 3 अध्याय हैं और उनमें पहले के दो भागों में जो विचार प्रकट किये गये हैं उन्हीं का संश्लिष्ट रूप उपस्थित किया गया है। इसके अलावा एक और पुस्तक भी मार्सीलिओ ने लिखी है। इसका नाम है 'डिफेंसर माइनर'। यह एक प्रकार से प्रथम पुस्तक का स्पष्टीकरण है। इस पुस्तक में उन विचारों का समावेश कर लिया गया है जो किसी कारणवश पहली पुस्तक में छूट गये थे। इसके अतिरिक्त अपने मत की पुष्टि के लिए तथा सम्राट् लुई चतुर्थ के समर्थन में मार्सीलिओ ने बहुत-सी छोटी-मोटी पुस्तिकाएँ भी लिखी हैं। मार्सीलिओ की रचनाओं पर अरस्तू के विचारों की छाप बड़ी स्पष्ट है और उनमें आधुनिकता की झलक भी मिलती है।

मार्सीलिओ के विचार

मर्सीलिओ के विचारों का इस प्रकार वर्गीकरण किया जा सकता है—राज्य की उत्पत्ति, उद्देश्य तथा प्रकृति संबंधी विचार, विधि की मीमांसा, ईसाई अधिकारियों तथा पोप की सत्ता की आलोचना, प्रतिनिधि शासनतंत्र संबंधी विचार।

राज्य की उत्पत्ति, उद्देश्य और प्रकृति संबंधी विचार

मार्सीलिओ की राज्य संबंधी कल्पना सावयविक थी। वह मानता था कि राज्य की उत्पत्ति परिवारों के समूह से होती है केवल व्यक्ति से नहीं। व्यक्ति जब तक अपना विकास परिवार की स्थापना करके नहीं कर लेता तब तक राज्य की उत्पत्ति नहीं हो सकती। इसी प्रकार के विकास संबंधी विचार अरस्तू के भी थे। इसके अलावा मार्सीलिओ ने राज्य के आर्थिक पहलू पर भी प्रकाश डाला था। उसका कहना था कि राज्य की सदस्यता स्वीकार किये जाने का मुख्य कारण उसके द्वारा मनुष्यों की आर्थिक आवश्यकता की पूर्ति है। राज्य के विभिन्न अंग आर्थिक आवश्यकताओं की पूर्ति के लिए उसी प्रकार सहयोग करते हैं जिस प्रकार शरीर का एक अंग दूसरे अंग के पोषण के लिए मिलकर कार्य करता है। किसान, कारीगर, योद्धा और धर्मपुरोहितों के वर्ग सब का अस्तित्व एक दूसरे के सहयोग पर ही आधारित है। इनमें कोई भी वर्ग ऐसा नहीं है जो अलग रहकर अपना अस्तित्व कायम रख सके। इन सभी वर्गों में पारस्परिक सहकारिता की भावना सब के सामान्य कल्याण और मंगल के भाव पर आधारित रहती है। इस कल्याण-भावना का अर्थ सांसारिक बंधनों से मुक्ति है। इस लक्ष्यसिद्धि की दिशा में तभी बढ़ा जा सकता है जब मनुष्य को सांसारिक कर्तव्यों की पूर्ति करने के लिए सुविधाएँ प्राप्त हों और वह शान्तिपूर्वक जीवनयापन कर सके। राज्य में वह शान्ति उस समय तक स्थापित नहीं हो सकती जब तक दो प्रतिद्वंदी सत्ताएँ परस्पर शक्ति प्राप्त करने के लिए झगड़ रही हों। अतएव एक-न-एक सत्ता को लघु बनकर अवश्य ही रहना होगा। धर्मसत्ता का क्षेत्र आध्यात्मिक शांति लाभ का मार्ग प्रशस्त करना है और सांसारिकता से विराग का उपदेश देना है। इसलिए अच्छा यह होगा कि यही लौकिक सत्ता या राजशक्ति की श्रेष्ठता को स्वीकार कर उसका अनुगमन करे और राजसत्ता के लौकिक कार्यों में कोई हस्तक्षेप न करे। मार्सीलिओ ने कहा कि राज्य परिवार से बने समाज का संघटन है। यह संघटन मनुष्य को सुखी बनाने के लिए होता है। मनुष्य का जीवन दो प्रकार से सुखी होता है—(अ) जब उसे सांसारिक कर्मों से निवृत्त होने की सारी सुविधाएँ उपलब्ध हों, और (ब) जब वह अपनी आत्मा के आध्यात्मिक कल्याण के लिए प्रयत्नरत हो सके। अतएव राज्य में शासक और पुरोहित दोनों का महत्व है। किन्तु किसको किसके अधीन रहना चाहिए ? मार्सीलिओ द्वारा दिया गया इस प्रश्न का उत्तर ऊपर दिया जा चुका है। राज्य की सावयवी प्रकृति बता देने के उपरान्त मार्सीलिओ ने यह बतलाया कि जो स्थान शरीर में स्वास्थ्य का है वही स्थान राज्य में शान्ति का है। राज्य का स्वस्थ होना इस बात का प्रतीक है कि उसमें शान्ति है।

सारांश यह है कि राज्य स्वयं एक आत्मनिर्भर और स्वाभाविक संस्था है। इसका उद्देश्य यह है कि मनुष्य कल्याणकारी जीवन बिता सके और अपनी आत्मा के मंगल के लिए प्रयत्न करे। इसके लिए उसे शान्ति की स्थापना के लिए विशेष रूप से सचेष्ट रहना चाहिए। राज्य की प्रतिद्वंदिता करनेवाली राज्य में ही कोई अन्य संस्था नहीं होनी चाहिए, अन्यथा राज्य स्वस्थ नहीं रह सकता। अथवा यह कहना चाहिए कि राज्य में शान्ति नहीं रह सकती। राजसत्ता की संप्रभुता पर उसने विशेष बल दिया है यह सत्य है कि उसने अपने ग्रंथ में संप्रभुता जैसे शब्द का प्रयोग नहीं किया और इसका कारण यह था कि उस समय संप्रभुता की कल्पना प्रौढ़ नहीं हो पाई थी किन्तु उसने राज्य की जिस प्रभुत्वशक्ति की ओर संकेत किया है उस शक्ति से उसका आशय संप्रभुता से ही था।

राज्य और शासनतंत्र में अन्तर

मार्सीलिओ ने राज्य की कल्पना के संबंध में अपने विचार प्रकट करते हुए राज्य और शासनतंत्र (सरकार) का अन्तर अत्यन्त स्पष्ट रूप से बतलाया है। शासनतंत्र की विशेषताओं पर प्रकाश डालते हुए मार्सीलिओ ने लिखा है कि उसके बिना समाज के कार्य-व्यवहार चल ही नहीं सकते। शासनतंत्र बदल सकते हैं किन्तु राज्य अपरिवर्तनशील होता है आदि। शासनतंत्रों का काम विधियों की सहायता से चलता है। विधियों की रचना किसी एक शासनतंत्र की कृति नहीं होती। मनुष्य के लौकिक आचरणों के नियंत्रण का अधिकार शासनतंत्र को होता है और वह कार्य विधियों की सहायता से करता है। अतः मनुष्यों के लौकिक आचरणों के नियंत्रण के लिए राज्य में निवास करनेवाले जनसमूह की स्वीकृति से विधियों की रचना करने का अधिकार शासनतंत्र को है। यदि शासनतंत्र द्वारा रचित विधियों का उल्लंघन किया जाता है तो राज्य की ओर से शासनतंत्र को यह अधिकार होता है कि वह उल्लंघनकर्ताओं को दण्डित करे। विधियों की उपयोगिता के बारे में मार्सीलिओ का कहना है कि उसके बिना समाज में रहने वाले मनुष्य की अभिलाषाओं की सिद्धि नहीं हो सकती। उसने शासनतंत्र के तीन अंगों का भी बड़ी स्पष्टता से वर्णन किया है। शासनतंत्र के संबंध में आधुनिक विचारकों की जो त्रिअंगीय कल्पना है। वह भी हमें मार्सीलिओ में मिल जाती है।

विधि की मीमांसा

प्रसंगवश इसी स्थान पर अच्छा होगा कि हम विधियों की मार्सीलिओ द्वारा की गई मीमांसा भी उपस्थित कर दें। सामान्यतः मार्सीलिओ ने विधियों को चार भागों में विभक्त किया है किन्तु इन चार प्रकार की विधियों में से दो प्रकार की विधियों को सबसे अधिक महत्वपूर्ण बतलाया है। ये विधियाँ हैं—(1) ईश्वरीय, और (2) मानवीय। ईश्वरीय विधियों की परिभाषा करते हुए उसने लिखा है कि वे ईश्वरीय आदेश होती हैं। इनकी रचना या निर्माण कार्य में कोई भी मानवीय शक्ति भाग नहीं ले सकती। इन विधियों का प्रयोग

मनुष्य आत्मविवेक द्वारा करता है। ईश्वरीय विधियों का प्रयोग करते हुए उसका लक्ष्य यह रहता है कि उनकी सहायता से वह ऐसे कार्य कर सके जिससे उसकी आत्मा कर्मबंधनों से मुक्ति प्राप्त कर ले। वह ऐसे काम नहीं करना चाहता है जिनसे उसके अंतिम लक्ष्य अर्थात् मोक्ष लाभ के उद्देश्य की सिद्धि में किसी प्रकार की बाधा पड़े। ये विधियाँ मानव-मस्तिष्क की अचेतनावस्था में भी कभी-कभी निर्देश देती रहती हैं। इन विधियों के पालन करने का अच्छा फल, या न पालन करने के दण्डस्वरूप बुरा फल इस संसार में कभी नहीं मिलता। इनका निर्माण ईश्वर के दरबार में इस मृत्युलोक से विदा हो जाने के बाद होता है। ईश्वरीय विधियों की इतनी मीमांसा करने के बाद उसने मानवीय विधियों की व्याख्या की है। मानवीय विधियों को उसने राज्य की विधेयन शक्ति के आदेश बतलाया है। विधायिका शक्ति का निर्माण भी राज्य के नागरिक ही करते हैं। इस दृष्टि से विधि का अंतिम और निर्णयात्मक स्रोत **मार्सीलिओ** ने प्रजा को बतलाया था। उसने यह भी कहा था कि विधि द्वारा शासनतंत्र की नियुक्ति होनी चाहिए तथा मुख्य शासक का निर्वाचन होना चाहिए।

मर्सीलिओ विधि-व्यवस्था का इतना भक्त था कि वह विधि का उल्लंघन करनेवाले नेरश को भी बरदाश्त करने की सलाह नहीं देता था। उसका कहना था कि यदि कोई राजा राज्य की विधियों के अनुसार कार्य नहीं करता है तो उसे पदच्युत कर देना चाहिए। विधि के पालन के लिए उसने लिखा है कि राज्य की दण्डव्यवस्था अत्यन्त सबल होनी चाहिए। प्रत्येक नागरिक को मानवीय विधियों का पालन करने के लिए बाध्य किया जाना चाहिए और यदि वे उनसे विमुख होते हैं तो उनको दण्डित किया जाना चाहिए। यही कारण है कि उसने राज्य की न्यायपालिका और कार्यपालिका इन दोनों अंगों को अत्यन्त सक्षम वनाये रखने का परामर्श दिया है। मानवीय विधि की परिभाषा करते हुए उसने लिखा है कि विधियाँ वे आदेश हैं जिनका पालन अनिवार्य होता है और यदि उनका पालन नहीं किया जाता हैं तो उल्लंघनकर्ता दण्ड पाता है। इन विधियों की रचना उन व्यक्तियों की इच्छा का प्रकट रूप है जिनको विधेयन का अधिकार होता है। अन्त में कहा गया है कि विधियों के पालन से मनुष्य को अपने अंतिम लक्ष्य आत्मिक कल्याण की ओर अग्रसर होने में सहायता मिलती है।

मार्सीलिओ ने राज्य की संप्रभुता को विधेयन करनेवाली शक्ति में केन्द्रित माना है। शासनतंत्र के जिस अंग को विधि-रचना का अधिकार प्राप्त होता है उसी अंग से कार्यपालिका और न्यायपालिका को शक्ति मिलती है। अतएव दोनों के मुकाबले में विधेयन करने वाली सत्ता ही सर्वोच्च है। मार्सीलिओ का कहना है कि विधेयनकारी शक्ति में जनता का प्रतिनिधित्व होना चाहिए। कार्यपालिका और न्यायपालिका के अधिकारियों तथा उनके सहायकों को कर्तव्यों के पालन की तो सुविधा दी जा सकती है लेकिन उनको भी इस बात का अधिकार नहीं दिया जा सकता कि वे विधियों द्वारा स्थापित आचरण और नैतिकता की

मर्यादा का उल्लंघन करें। विधि को वह राज्य में निवास करनेवाले सभी व्यक्तियों की इच्छा का आदेश मानता था।

धर्मसत्ता संबंधी विचार

मार्सीलिओ के राज्य तथा विधि संबंधी विचारों के बाद अब हम इस मत के सर्वाधिक विवादास्पद एवं महत्वपूर्ण विचारों के क्षेत्र में प्रवेश करेंगे। अपनी मुख्य पुस्तक **डिफेंसर पेसीस** के दूसरे भाग में मार्सीलिओ ने अत्यन्त विस्तारपूर्वक पोपतंत्र के जन्म और विकास की कथा कही है। उसने बतलाया है कि पोप को इतनी अधिक सत्ता किस प्रकार मिली; धर्मसत्ता को जो श्रेष्ठ पद दिया गया है, क्या वह राजसत्ता को दुर्बल बना देने के मूल्य पर उचित है? इसका उत्तर मार्सीलिओ ने 'नहीं' में दिया है। उसने कहा है कि राजसत्ता को धर्मसत्ता के अधीन नहीं होना चाहिए। राजसत्ता का सर्वथा स्वतंत्र अस्तित्व अपेक्षित है। यदि कोई सत्ता अधीन रह सकती है तो वह धर्मसत्ता है। लेकिन इससे उसका यह आशय नहीं था कि प्रत्येक राज्य में ईसाइयों का अलग संघटन हो और वह राज्य की शासन सत्ता के अधीन हो। वह केवल इतना चाहता था कि प्रत्येक राज्य के उच्चतम अधिकारी राजनीतिक मामलों में धर्मसत्ता के प्रभाव से सर्वथा मुक्त रहें और उनके राजनीतिक निर्णयों में धर्मसत्ता का हस्तक्षेप न हो।

पोप या धर्मसत्ता के ईसाई संघ द्वारा अधिकृत भूमि और सम्पत्ति के संबंध में उसका मत था कि धर्माधिकारियों के पास धार्मिक विधियों के अनुसार कोई सम्पत्ति नहीं रहनी चाहिए। **मार्सीलिओ** के इस कथन का आशय था कि ईसाई धर्माधिकारियों को सम्पत्ति रखने का कोई मौलिक अधिकार नहीं है। फिर भी यदि उनके पास परोपकार अथवा सार्वजनिक सेवा के कार्यों के लिए कोई सम्पत्ति आ जाए तो उसका प्रयोग आध्यात्मिक कार्यों के लिए ही होना चाहिए। लेकिन इसका यह अर्थ भी नहीं है कि उस सम्पत्ति पर राज्य कोई कर नहीं ले सकेगा। राज्य को ऐसी सम्पत्ति पर भी कर लेने का अधिकार है ही। राज्य के करों के संबंध में मार्सीलिओ का मत था कि जो कर राज्य लेता है वह लोकोपकार या लोकसेवा के उद्देश्य से लिया जाता है। अतएव, आचारिक या नैतिक किसी भी दृष्टि से, राज्य का ईसाई गिरजाघरों की सम्पत्ति पर कर लगाना अनुचित नहीं बतलाया जा सकता। ऐसी अवस्था में किसी भी नागरिक या गिरजा की सम्पत्ति को करमुक्त करने का कोई प्रश्न ही नहीं उठता।

मार्सीलिओ ने गिरजा द्वारा वसूल किये जानेवाले करों का भी विरोध किया था। इस संबंध में उसका कहना था कि धर्म के लिए दान आदि देना निजी इच्छा पर निर्भर करता है। धर्म व्यक्ति के अपने विश्वास की वस्तु है। जितना उसका धर्म में विश्वास होगा वह उतना ही दान देगा। राजस्व (राजकीय करों) की भाँति व्यक्तियों से अनिवार्यतः धर्मस्व (या धार्मिक कर) वसूल करने का कोई अधिकार धर्माधिकारियों को नहीं है।

मार्सीलिओ ने गिरजा के सम्पत्ति के अधिकार, धर्मस्व आदि के संबंध में जो विचार प्रकट किये उनका प्रहार इतना कठोर था कि उसकी चोटों से पोपशाही बुरी तरह तिलमिला उठी। यही कारण है तत्कालीन **पोप जॉन बाइसवें** ने मार्सीलिओ के **फ्रांसिस्कन** सम्प्रदाय की एक निबंध में बड़ी तीव्र भर्त्सना की और उसे जी भर कर कोसा।

मार्सीलिओ ईसाई धर्माधिकारियों को कोई भी विशेष अधिकार देने का अनुमोदन नहीं करता था। उसका कहना था कि जिस प्रकार राज्य के अन्य नागरिकों के साथ व्यवहार किया जाता है उसी प्रकार राज्य में रहनेवाले धर्माधिकारियों के साथ भी होना चाहिए। उसका यह भी कहना था कि यदि नागरिकों को राज्य की विधियाँ उल्लंघन करने पर दण्ड दिया जाता है तो कोई कारण नहीं कि ईसाई धर्माधिकारियों को राजकीय विधियाँ न मानने पर क्यों न दण्ड दिया जाए। उन दिनों कुछ ऐसी प्रथा हो गई थी कि यदि कोई धर्माधिकारी अवैधानिक या राज्यविरोधी कार्य करता था, तो उस पर पोप की अनुमति से किसी धर्म-न्यायालय में ही विचार किया जा सकता था–राज दरबार या किसी राजकीय न्यायालय में नहीं। राज्याधिकारियों को धर्माधिकारियों को गिरफ्तार करने का भी अधिकार नहीं था। वे अधिक-से-अधिक यही कर सकते थे कि यदि कोई धर्माधिकारी आपत्तिजनक व्यवहार करता है तो उसकी शिकायत पोप के पास लिख कर भेज दें। मार्सीलिओ राज्य में इस प्रकार की परम्पराओं को चलाने के अत्यन्त विरुद्ध था। उसने यह मत प्रतिपादित किया कि यदि कोई धर्माधिकारी अपराध करता है तो राजा को न केवल उसे अपदस्थ कर देने का अधिकार है अपितु यह भी अधिकार है कि वह उसे दण्ड देकर कारागार में डाल दे। मार्सीलिओ के इन विचारों से बवेरिया के राजा **लुई** को बड़ा बल मिला। कहा जाता है कि मार्सीलिओ के इस समर्थन की वजह से ही उसने पोप पर आक्रमण कर उसे अपदस्थ करने का साहस किया था। किन्तु यहाँ यह सोचना बहुत बड़ी भूल होगी कि मार्सीलिओ ने धर्मसत्ता विरोधी उक्त विचार अपने आश्रयदाता को प्रसन्न करने के लिए ही लिखे। वास्तविकता यह है कि उसने अपने राजनीतिक विचारों का स्रोत जिस साहित्य को बनाया वह यूनानी था और यूनानी साहित्य में धर्म को राज्य के अन्तर्गत माना गया है। अरस्तू ने तो राज्य को ही सबसे बड़ा धर्म कहा है। ऐसी अवस्था में मार्सीलिओ द्वारा उक्त प्रकार के विचार प्रकट करना कोई असाधारण बात न थी।

मार्सीलिओ ने धर्मसत्ता तथा ईसाई गिरजा के अधिकारों पर जैसा कुठाराघात किया वैसा उसके पूर्व अन्य किसी विचारक ने नहीं किया था। सत्ता के जिस शिखर पर पहुँचने में पोपतंत्र को ६०० वर्षों से भी अधिक का समय लगा–वहाँ से उसे नीचे ढकेल देने में मार्सीलिओ को केवल पचीस वर्ष ही लगे। उस समय से पोप के विरुद्ध कालचक्र ऐसी गति से चला कि उसका अस्तित्व नाम मात्र के लिए ही रह गया और शक्ति के क्षेत्र में पोप की स्थिति सर्वथा शून्य रह गई। मार्सीलिओ ने पोप के इस दावे का खण्डन नहीं किया कि उसके पास स्वर्ग की कुंजियाँ हैं किन्तु यह अवश्य कह दिया कि मनुष्य की आत्मा को स्वर्ग

या नरक में भेजने का अधिकार केवल ईश्वर को है पोप को नहीं। इस संबंध में पोप की कोई सिफारिश नहीं चल सकती।

ईसाई गिरजा का प्रबंध

ईसाई गिरजा के आन्तरिक प्रबंध के संबंध में भी मार्सीलिओ ने निश्चित और दृढ़ मत प्रकट किया था। उसका कहना था कि पोप की सत्ता का आधार सारे संसार में फैले हुए ईसाई धर्म के अनुयायी और पादरी हैं। पोप केवल उनका एक प्रवक्ता है। यह प्रवक्ता सर्वोच्च शक्ति नहीं हो सकता। पोप की सत्ता का स्रोत असंख्य ईसाइयों और धर्माधिकारियों का समुदाय है। अतः, वही उसकी सत्ता का भी स्रोत है। पोप का निर्वाचन होना चाहिए तथा वह ईसाइयों की महापरिषद् के प्रति उत्तरदायी होना चाहिए। यदि वह अपने कदाचरण से लोगों को असन्तुष्ट कर देता है तो पोप को अपदस्थ कर देने का अधिकार उक्त महापरिषद् को होना चाहिए। वह पोप के अधिकारों तथा उसकी सत्ता को भी मानवीय साधनों की देन समझता था। वह उसे दैवी नहीं मानता था। उसने अपने इन्हीं सब विचारों की वजह से गिरजा को भी राज्य का एक विभाग बना दिया था। वह धर्माधिकारियों को ऐसा कोई अधिकार देने का पक्षपाती नहीं था जिससे वे अपने आपको राज्याधिकारियों से श्रेष्ठ बतला सकें। उसने यह भी कहा कि पादरियों का शारीरिक दण्ड देने का कोई अधिकार नहीं है। इस प्रकार की माँग सर्वथा उचित भी थी क्योंकि उन दिनों धर्माधिकारी ईसाई धर्म की कल्पित मान्यताओं और अंध-विश्वासों की मान्यताओं की रक्षा के लिए वैज्ञानिक सत्य शोधकों का दमन करने लगे थे। मार्सीलिओ का कहना था कि धर्माधिकारियों का आचरण सार्वजनिक स्थानों में किस प्रकार का रहेगा--इस संबंध में राज्य को नियम बना देने का अधिकार है। राजसत्ता अपने क्षेत्र में धर्माधिकारियों की संख्या भी निश्चित कर सकती है। मार्सीलिओ धर्माधिकारियों या नागरिकों को धर्मबहिष्कृत कर देने का अधिकार भी पोप को देने के पक्ष में नहीं था। वह सब धर्माधिकारियों को जिनमें रोम के बड़े पादरी (बिशप) या पोप को भी वह सम्मिलित करता था, किन्तु समान अधिकार दिये जाने के पक्ष में था।

शासनतंत्र का स्वरूप

शासनतंत्र के स्वरूप के संबंध में वह निर्वाचित राजतंत्र का समर्थक था। वह नरेश को अपने समस्त कार्यों के लिए विधानमण्डल के समक्ष उत्तरदायी ठहराता था। वह जनता को सबसे बड़ा विधानमण्डल तथा नरेश को सबसे बड़ा प्रशासक मानता था। वह यह भी कहता था कि यदि नरेश का आचरण जनता के मनोनुकूल नहीं है तो वह उसे अपदस्थ कर सकती है। उसने शिक्षा पर भी बड़ा बल दिया था। उसका कहना था कि शासनतंत्र तभी सुव्यवस्थित रूप से चल सकता है जब उसे सुयोग्य कर्मचारी मिलें। सुयोग्य कर्मचारियों को शिक्षा द्वारा ही तैयार किया जा सकता है। इसी वजह से राज्य को शिक्षा

की उत्तम से उत्तम व्यवस्था करनी चाहिए। वह विवेकयुक्त वैज्ञानिक शिक्षा का पक्षपाती था। अंधविश्वासपूर्ण धार्मिक शिक्षा-व्यवस्था के वह सर्वथा प्रतिकूल था। वह राज्य में असमानता का विरोधी था और उसकी यह इच्छा थी कि राज्य के शासनतंत्र में राज्य निवास करनेवाले सभी वर्गों का समुचित प्रतिनिधित्व होना चाहिए।

मार्सीलिओ का स्थान

प्रारंभ में मार्सीलिओ को हम मौलिक विचारों का प्रतिपादक बतला चुके हैं। इन्हीं विचारों के कारण उसे बहुत से विद्वान अरस्तू के बाद पाश्चात्य राजदर्शन का सबसे बड़ा विद्वान मानते हैं। उसको यह स्थान उसके विचारों की दूरदर्शिता और सूझबूझ के कारण दिया गया है। चौदहवीं शताब्दी के आरंभ में जब लोग सामन्तवादी राजनीतिक शृंखलाओं के पाश में बँधे कराह रहे थे–तब उसने जनप्रतिनिधित्व के सिद्धान्त का प्रतिपादन किया। उसने इस सिद्धान्त की पुष्टि करके प्रजातंत्रवाद की रूपरेखा तैयार की। शासनतंत्र का जो स्वरूप उसने बतलाया–वह अपने अनिवार्य तत्वों सहित आज भी मान्यता पाता है। राज्य के अध्यक्ष को विधानमण्डल के प्रति उत्तरदायी होना चाहिए–इस सिद्धान्त का आज संसार भर में शायद ही कहीं विरोध किया जाता हो। ऐसे दर्जनों देशों के नाम गिनाये जा सकते हैं जिनमें राज्य के अध्यक्ष को विधानमण्डल के प्रति जिम्मेदार माना गया है और कहा गया है कि यदि राज्य के शासनतंत्र का कर्णधार (अर्थात् वास्तविक कार्यवाहक अध्यक्ष) विधानमण्डल का विश्वास खो दे तो उसे तत्काल पद से हटाया जा सकता है।

धर्मसत्ता, पोपतंत्र तथा प्रजातंत्र के संबंध में मार्सीलिओ के विचार आनेवाले युग के विचारों की पूर्व सूचना देते हैं। मध्य युग के बड़े-से-बड़े विचारकों ने पोप को राजसत्ता के अधीन कर देने की बात भी नहीं सोची थी। **सन्त टॉमस एक्वीनाज, एजीडियस रोमुनस** आदि सामन्तवादी प्रतिभासम्पन्न विचारकों ने केवल धर्मसत्ता के अधिकार विस्तार का ही पक्ष लिया। यह नहीं बतलाया कि किस सीमा के उपरान्त धर्मसत्ता को अपने अधिकारों को सीमित रखना चाहिए। राजसत्ता को उन्होंने निम्नकोटि की सत्ता बतलाया। उगते हुए राष्ट्रीयता के तत्वों को वे समकालीन परिस्थितियों में न देख सके। किन्तु ये सब बातें मार्सीलिओ की दृष्टि से न बच सकीं और उसने उन सबका महत्व अंकित करके तत्संबंधी विचार प्रकट किये।

मार्सीलिओ के शिक्षा संबंधी विचारों को पढ़ने से ऐसा लगता है जैसे हम किसी आधुनिक शिक्षाशास्त्री के विचारों को पढ़ रहे हों। शिक्षा के महत्व को आज सार्वभौमिक माना जाता है। इस दिशा में मार्सीलिओ ने अपने किसी भी समकालीन या पूर्ववर्ती विचारक के मतप्रकाशन से पहले ही कदम उठा लिया था। राज्य को अपने नागरिक समुदाय के आर्थिक जीवन पर नियंत्रण रखना चाहिए–आज यह बात सभी राजनीतिज्ञ मानते हैं, परन्तु इस बात को भी सबसे पहले मार्सीलिओ ने व्यक्त किया था। इसी प्रकार शांति जो

आज के युग की सबसे बड़ी समस्या है उसके संबंध में भी सबसे पहले विचारकों का ध्यान मार्सीलिओ ने ही आकृष्ट किया था। मार्सीलिओ के विचारों में कुछ त्रुटियाँ भी दिखलाई पड़ती हैं। उदाहरणार्थ उसके धर्मसत्ता तथा पोप संबंधी विचार अत्यन्त उग्र हैं। उनमें वह संतुलन नहीं है जो उसके अन्य विचारों में हैं उसने अपने आदर्श राज्य में राजतंत्र को स्थान दिया है जब कि आज के युग में राजतंत्रों का उन्मूलन किया जा रहा है। संभवतः यह समकालीन प्रभाव है जिससे मार्सीलिओ अपने आपको मुक्त नहीं कर सका। इतने पर भी मार्सीलिओ के विचार मौलिक हैं और अपने समय के पूर्व थे।

विलियम ओकाम

जीवन परिचय

विलियम इंग्लैण्ड के ओकाम नगर का वासी था। उसका जन्म सन् 1280 में ऑक्सफोर्ड में हुआ था और मृत्यु सन् 1347 में। इसके गुरु का नाम **डंस स्कोटस** था। कालान्तर में मार्सीलिओ की भाँति विलियग भी फ्रांसिस्कन सम्प्रदाय का सदस्य हो गया। उसने स्कॉलास्टिक दर्शन का पेरिस विश्वविद्यालय में जाकर अध्ययन किया। यहाँ पर उसका परिचय मार्सीलिओ से भी हुआ। वह धर्मसत्ता के तत्कालीन अध्यक्ष **पोप जॉन बाइसवें** की अधर्मयुक्त बातों का तीव्र विरोधी था। उसने पहले अध्यापन का कार्य किया और बाद में सक्रिय राजनीति के क्षेत्र में उतर आया। उसे इंग्लैण्ड में 'नॉमिनल' आन्दोलन का नेता माना जाता था।

कृतियाँ, रचना शैली और अध्ययन-पद्धति

छोटे-मोटे बहुत से निबंधों के अतिरिक्त विलियम ने दो अत्यन्त महत्वपूर्ण पुस्तकें लिखी हैं। इनके नाम हैं-डॉयलॉग और ऑक्टो क्वेशचन्स। इसकी रचनाशैली की विशेषता यह है कि उसमें विवादास्पद विषय के दोनों पक्षों के मतों को उपस्थित कर दिया जाता है और अन्त में विलियम उस विषय के संबंध में अपने सुझाव भी दे देता है। लेखन शैली में उसने प्लेटो की प्रश्नोत्तरी प्रणाली का ही अनुसरण किया है। उसकी लिखित पुस्तकों में विचारों की व्यवस्था और क्रमबद्धता है।

विलियम के विचारों की विशेषता

विलियम के विचारों की कुछ अपनी विशेषताएँ हैं। पहली यह कि उनमें धार्मिकता का प्रभाव बहुत साफ-साफ झलकता है। उसने निरंकुशता का घोर विरोध किया है—चाहे वह निरंकुशता पोप ही हो या नरेश की; यहाँ तक कि जनता की सत्ता की निरंकुशता का भी वह परम विरोधी है। उसके विचार मार्सीलिओ की अपेक्षा ईसाई गिरजा की अन्तरंग व्यवस्था के संबंध में अधिक व्यवस्थित हैं। उसने संप्रभुता या सर्वोच्च राजसत्ता की जो व्याख्या की है—उसमें स्पष्ट कर दिया है कि वह नागरिक समुदाय और प्राकृतिक विधि से

अवश्य सीमित रहेगी। उसने जहाँ तक हो सका है अपनी रचनाओं में अपने निजी मत को पृष्ठभूमि में ही रखा है। इससे पूरी कृति पढ़ जाने के बाद विलियम की विचारधारा का संकेत ही मिल पाता है, किन्तु यह संकेत एकदम स्पष्ट है। इस संबंध में उसका कहना था कि किसी व्यक्ति के प्रचलित विवादों में अत्यन्त दृढ़ और कट्टरतावादी मत प्रकट करने से कोई विशेष लाभ नहीं होता। युगप्रवाह ही दोनों पक्षों की श्रेष्ठता का फैसला कालान्तर में कर देता है।

पोप के अधिकारों के संबंध में

पोप की सत्ता और अधिकारों के बारे में विलियम का मत था कि वे अधिकार ईश्वरीय विधियों की भाँति निरंकुश नहीं हो सकते। उसने बतलाया था कि पोप द्वारा अपने अधिकारों का अनियंत्रित प्रयोग उनकी धर्म विमुखता का ही परिचायक है। इस प्रकार अपने हाथों में बहुत से अधिकारों को रखकर पोप ने राजकीय शक्ति के अधिकारों को अनुचित और अवांछित अपहरण कर लिया था। वह चाहता था कि ईसाई समाज स्वतंत्र और आध्यात्मिक जीवन व्यतीत करे। यदि वह राजनीति के जाल में फँसा रहता है तो ऐसा होना संभव नहीं है। यही कारण है कि वह राजसत्ता को उसके अधिकार दिला देना चाहता था जिससे धर्मसत्ता को अनावश्यक चिन्ताओं से मुक्ति मिल जाए। यह तो हम बतला ही चुके हैं कि विलियम स्कॉलास्टिक दर्शन का विद्वान था। इस नाते वह सत्य की शोध का जिज्ञासु था। उसका कहना था कि एक व्यक्ति के बजाय यदि बहुत से व्यक्ति सत्य की शोध का कार्य करें तो उसमें त्रुटि की स्वल्प संभावनाएँ रहती हैं। इसके प्रतिकूल यदि वह कार्य केवल एक ही व्यक्ति करता है तो उसमें गलतियाँ रह सकती हैं। अपनी इस बात को सिद्ध करने के लिए उसने उदाहरण के लिए पोप की निर्णय संबंधी कई भूलों को बतलाया था। उसने कहा कि यदि आदेश देने के पूर्व पोप ने ईसाइयों के समाज की महापरिषद् से उनकी स्वीकृति प्राप्त कर ली होती तो शायद उतनी भूलें न हो पाती। उसने पोप के अनियंत्रित अधिकारों का निर्वाचन ईसाई महापरिषद् के अधिकारों में वृद्धि करके, सीमित करने का प्रयत्न किया।

राजसत्ता की स्थिति

कुल मिलाकर देखा जाए तो विलियम राजसत्ता की स्वतंत्रता का परिपोषण किया। उसके धार्मिक और प्राचीनतावादी दृष्टिकोण को देखते हुए यह कहना उचित न होगा कि उसने राजसत्ता की स्वतंत्र स्थिति के लिए ही धर्मसत्ता की प्रखर आलोचना की। विलियम द्वारा पोप की आलोचना का कारण तो फ्रांसिस्कन सम्प्रदाय के विरुद्ध पोप द्वारा की गई कार्रवाई थी। उस कार्रवाई की आलोचना में धर्मसत्ता के अधिकारों तथा उसके प्रबंध के संबंध में उसे जो दोष दिखलाई पड़े उनको भी उसने आड़े हाथों लिया। अपने सम्प्रदाय की, पोप के निरंकुश दण्ड अधिकारों से रक्षा करने के लिए विलियम ने राजसत्ता के पक्ष में

भी पोप के विरुद्ध कुछ बातें कहीं। उसका कहना था कि यदि चार्लमैन को एक पोप ने राजमुकुट पहना दिया तो इसका आशय यह नहीं है कि राजसत्ता के ऊपर शासन करने का अधिकार पोप को मिल गया। इस प्रकार का कार्य करने से केवल यही प्रकट होता है कि उक्त राजा को धर्म की भी पुष्टि और समर्थन प्राप्त है। इसी प्रकार जहाँ तक राज्यों के उत्तराधिकार का प्रश्न है वहाँ भी पोप को बीच में पड़ने का न तो कोई अधिकार है और न ही उसकी कोई आवश्यकता ही। उसका यह भी कहना था कि आवश्यकता पड़ने पर धर्मसत्ता को राजसत्ता में तथा राजसत्ता को धर्मसत्ता के क्षेत्र में हस्तक्षेप करना चाहिए। उसने राज्यों का भी वर्गीकरण किया। यह वर्गीकरण कुछ अंशों में मार्सीलियो से भिन्न है। उसने राज्यों को तीन वर्गों में विभक्त किया, जो इस प्रकार थेः—(अ) नियंत्रणहीन राजतंत्र, (आ) विधिहीन राजतंत्र, और (इ) विशुद्ध राजतंत्र उसकी दृष्टि में नियंत्रणहीन और विधिहीन राज्य अच्छे नहीं। उसने विशुद्ध राजतंत्र को आदर्श बतलाया है। विशुद्ध राजतंत्र के गुणों पर प्रकाश डालते हुए उसने कहा है कि ऐसे राज्य में राजा की स्थिति विधियों माननीय से ऊपर होती हैं। राजा ही समस्त मानवीय विधियों का स्रोत माना जाता है। लेकिन वह प्राकृतिक विधियों के निर्देशानुसार कार्य करता है। उसने तीन प्रकार की विधियाँ मानीं—शाश्वत, प्राकृतिक और मानवीय। इनकी परिभाषा उसने सन्त टॉमस के ग्रंथों से ली। अतएव इन विधियों की परिभाषा यहाँ देने की आवश्यकता नहीं है। इसकी चर्चा हम टॉमस के विधि संबंधी विचारों की व्याख्या के समय पीछे दे चुके हैं। विलियम का कहना था कि यद्यपि राजा मनुष्यकृत विधियों से ऊपर होता है, परन्तु इसका यह आशय नहीं कि वह स्वयं उनका उल्लंघन कर सकता है, कारण जो शासन विधिसम्मत नहीं होता अथवा जिसमें विधियों का उल्लंघन किया जाता है वह निरंकुश एवं नियंत्रणहीन राज्य हो जाता है।

मार्सीलिओ और विलियम

मार्सीलियो और विलियम एक दूसरे के मित्र और सहयोगी थे, फिर भी दोनों के अपने प्रभावकाल और क्षेत्र में बड़ा अन्तर है। विलियम के अपने मतों का भी उसके समकालीन विद्वानों में बड़ा प्रभाव था और वे बड़े आदर तथा सम्मान की दृष्टि से देखे जाते थे। इसके विपरीत मार्सीलिओ के विचारों का अपने युग पर प्रभाव लगभग शून्य जैसा है—यद्यपि बाद में विशेषकर आधुनिक युग के विचारकों पर उसका बहुत अधिक प्रभाव पड़ा है। मार्सीलिओ और विलियम दोनों ही फ्रांसिस्कन सम्प्रदाय के थे और दोनों ही पोप के उक्त सम्प्रदाय पर किये गये आक्रमणों से रुष्ट थे किन्तु जितनी उग्रता मार्सीलिओ के पोप विरोधी विचारों में है—विलियम के विचारों में उतना ही संयम है। मार्सीलिओ जहाँ इस बात का पक्षपाती है कि धर्मसत्ता सर्वथा राजसत्ता के अधीन रहे और अपनी श्रेष्ठता का तनिक भी दावा न करे वहाँ विलियम ने धर्म को राज्य से थोड़ी-सी उच्चतर स्थिति तो प्रदान की लेकिन धर्मसत्ता की उच्चता के दावे का पूर्णतः खण्डन किया।

मार्सीलिओ यह तो चाहता था कि अनाचारी और अधर्मी पोप को राजा अपदस्थ कर दे लेकिन वह यह वरदाश्त नहीं कर सकता था कि अपराधी राजा को अपदस्थ कर देने का भी अधिकार पोप को है। इसके विपरीत विलियम का कहना था कि अनाचारी और अधर्मी पोप को राजा और अनाचारी और अधर्मी राजा को पोप अपदस्थ कर सकता है। विलियम को मार्सीलिओ की भाँति लोकसत्ता के विवेक में अधिक विश्वास नहीं था। विलियम का कहना था कि ईश्वर ही एकमात्र पूर्ण शक्ति है। शेष समस्त संस्थाएँ और मनुष्य अपूर्ण हैं। पोप भी अपूर्ण है और धर्मसत्ता भी, क्योंकि इनकी शक्ति का स्रोत ईसाई समुदाय ही है। मार्सीलिओ के समान वह यह मानता था कि सम्राटों, नरेशों और नागरिकों की स्वतंत्रता या अधिकारों को अपहरण करना पोप के लिए किसी भी प्रकार उचित नहीं है। वह स्त्रियों की समानता और स्वतंत्रता का भी समर्थक था। मार्सीलिओ पोप तथा उसके अधिकारों का बड़ा विरोधी था लेकिन फिर भी वह एक सार्वभौमिक समाज में विश्वास करता था और यह नहीं चाहता था कि बहुत से स्वायत्तशक्ति प्राप्त ईसाई संघ हो जाएं। मार्सीलिओ के इन विचारों के विपरीत विलियम का कहना था कि कई स्वतंत्र ईसाई संघ हों तो अच्छा रहेगा। ईसाइयों के सार्वभौमिक समाज में उसका अधिक विश्वास नहीं था।

पेरिसवासी जॉन, पियरे ड्यूबॉय और दांते

ऐतिहासिक काल की दृष्टि से इन तीनों विचारकों के नाम मार्सीलिओ और विलियम ओकाम के पहले आता है लेकिन महत्व की दृष्टि से ये तीनों विचारक पीछे हैं। इन तीनों विचारकों का नाम फिलिप चतुर्थ के समर्थकों में लिया जाता है।

पेरिसवासी जॉन

पेरिसवासी जॉन का राजदर्शन के इतिहास में सबसे बड़ा अनुदाय यह है कि उसने अपने तर्कों द्वारा यह सिद्ध कर दिया कि पोप को फ्रांस पर हक जमाने का कोई अधिकार नहीं है। फ्रांस सर्वसत्तासम्पन्न संप्रभु राज्य है। उसने धर्मसत्ता और राजसत्ता के क्षेत्रों की सीमारेखाएँ भी अंकित कर दीं और बतला दिया कि जहाँ तक व्यक्ति की आचारिक नैतिकता का संबंध है—धर्मसत्ता धार्मिक परामर्श दे सकती है। व्यक्ति को उन्हें मानने न मानने का पूरा-पूरा अधिकार है। इस बात के लिए किसी भी व्यक्ति को विवश नहीं किया जा सकता कि वह पोप की धार्मिक व्याख्याओं के अनुकूल आचरण करे। शारीरिक दण्ड देना पोप के अधिकार से सर्वथा दूर है। ईसाई गिरजा संघ की सम्पत्ति पर कर लगाने के संबंध में उसने स्पष्टतः फिलिप का समर्थन किया और कहा कि कोई कारण नहीं कि राज्य ईसाई गिरजा-संघ की सम्पत्ति पर नियंत्रण न रखे या उस पर कोई कर न लगाये। राजा की सत्ता के संबंध में भी उसका कहना था कि वह लोकमत द्वारा नियंत्रित होनी चाहिए। जॉन के ये सब विचार हमें उसकी प्रसिद्ध पुस्तक 'डि पोस्टेस्टेट रेजिया एट पेपली' में मिलते हैं। इस पुस्तक में प्रकट किये गये विचारों के अनुसार उसने मध्यकालीन

सार्वभौमिकता के तत्व के संबंध में बतलाया है कि राजनीतिक सार्वभौमिकता शासनतंत्र के रूप में कदापि संभव नहीं है। हाँ, धर्मभीरू ईसाइयों का पोप के नेतृत्व ने ऐसा सार्वभौमिक संघटन बनाया जा सकता है। यहाँ पर यह संकेत कर देना अनुपयुक्त होगा कि इसी प्रकार के विचार अँग्रेज फ्रांसिस्कन विचारक विलियम ओकाम ने भी प्रकट किये थे।

जॉन पर भी अरस्तू का प्रभाव पड़ा है। जहाँ तक उसके राज्य विषयक विचारों का संबंध हैं—वे अरस्तू से स्पष्टतः प्रभावित हैं। जॉन ने राज्य की उत्पत्ति, उसकी सामाजिक, आर्थिक और आध्यात्मिक उपयोगिता मानी है। मनुष्य को सामाजिक प्राणी मानते हुए उसने बतलाया है कि मनुष्य का अधिकतम विकास केवल परिवार या समाज में नहीं हो सकता बल्कि राज्य में हो सकता है। फलतः उसने राज्य का लक्ष्य सद्‌गुणी जीवन की प्राप्ति के साधन जुटाना बतलाया है। जॉन का कहना है कि इस अंतिम लक्ष्य की प्राप्ति में धर्म भी महत्वपूर्ण साधन है लेकिन धर्म केवल व्यक्तिगत रूप से ही सहायक हो सकता है—अतएव उसे इतनी व्यापक शक्तियाँ का अधिकार नहीं है जितना राज्य को है। इससे स्पष्ट है कि धर्म की शक्ति की अवज्ञा नहीं की गई है लेकिन साथ ही यह भी बतला दिया गया है कि राज्य का आधार मनुष्य के स्वभाव में है। अतः राज्य को धर्म से किसी आधार की अपेक्षा नहीं है। वह अपने पैरों पर आप खड़ा हो सकता है।

जॉन ने ईसाई गिरजा को सम्पत्ति रखने का अधिकार दिया है। लेकिन वह यह कहता है कि इस सम्पत्ति पर राजकीय नियत्रंण होना आवश्यक है अन्यथा उस सम्पत्ति के दुरुपयोग की आशंका रहती है। जॉन का यह भय उस समय के इतिहास को देखते हुए सर्वथा निर्मूल नहीं था। वह मार्सीलिओ आदि जैसे कुछ फ्रासिस्कनों के इस दृष्टिकोण से सहमत नहीं था कि ईसाई गिरजा को किसी भी प्रकार की सम्पत्ति रखने का अधिकार नहीं है। गिरजा के सम्पत्ति संबंधी अधिकार को स्वीकार कर लेने के उपरान्त जॉन ने ईसाई गिरजा की सम्पत्ति के मूल की खोज की। उसने बतलाया कि यह सम्पत्ति धर्म संबंधी कार्यों के लिए पोपों को जनता द्वारा मिली थी। वह पोप का अर्जित धन नहीं थी। इसलिए जहाँ तक नैतिकता का संबंध है प्राकृतिक विधियों की सहायता से यह सिद्ध किया जा सकता है कि उस पर सम्पूर्ण समाज का अधिकार है। यदि सामाजिक कल्याण के लिए राजा को भी उस सम्पत्ति के कुछ भाग की आवश्यकता पड़े तो गिरजा का कर्तव्य है कि वह सहर्ष सम्पत्ति के उस अंश को राजस्व के रूप में राजा को अर्पित कर दे। वास्तव में इस प्रकार के कार्य सार्वजनिक हित का ही सम्पादन होता है। जॉन ने कांस्टेनटीन के दानपत्र की आधिकारिता के विषय में भी संदेह प्रकट किया है परन्तु इस संबंध में उसका मत यह है कि यदि यह सच भी हो कि कांस्टेनटीन ने पश्चिमी साम्राज्य का कुछ भाग दान किया था तो वह रोम तथा उसके आसपास का ही कुछ भूमि क्षेत्र हो सकता है, समग्र यूरोप का नहीं। ऐसी अवस्था में पोप द्वारा फ्रांस की राजशक्ति को अपने अधीन रामझने का दंभ पाखण्ड के अतिरिक्त कुछ नहीं है। जॉन ने बृहत्तर ईसाई समाज तथा धर्माधिकारियों के समुदाय के इस अधिकार का समर्थन किया है कि वे यदि असंतुष्ट हों तो पोप को अपदस्थ कर सकते हैं।

पियरे ड्यूबॉय

यह फ्रांस की राजसत्ता के कट्टर समर्थकों में से था। इसके तर्क अन्य पूर्ववर्ती विचारकों की अपेक्षा अधिक सुदृढ़ हैं। संभवतः, इसका कारण यह है कि वह स्वयं एक अत्यन्त सफल वकील था। वह फ्रांस की राजसत्ता के वह स्वप्न देखा करता था जब वह संसार की उच्चतम शक्ति होगा। राजसत्ता का समर्थक होने के कारण वह यह भी कहा करता था कि गिरजाघर की विधियों को राजकीय विधियों का नियंत्रण मानना चाहिए। पियरे ने गिरजा के इस अधिकार का बड़ा जबर्दस्त विरोध किया कि वह किसी प्रकार का धर्मस्व वसूल करे अथवा राज्य की न्यायपालिका का कुछ भार अपने सिर पर ले। वह विश्वशांति का पोषक था। युद्ध को वह मानवता का संहार कर देनेवाला भयानक अस्त्र बतलाता था। उसका फ्रेंच जाति की मानसिक, नैतिक और शारीरिक शक्तियों तथा फ्रांस के भौतिक साधनों में अपरिमित विश्वास था और इसी विश्वास के बल पर वह यह भी कहा करता था कि फ्रांस को सारे संसार पर शासन करना चाहिए।

विधियों के ज्ञाता होने के कारण उसने कांस्टेनटीन के दानपत्र को मान लिया था और यह मानते हुए उसका कहना था कि इस दानपत्र से पोप के केवल सैद्धान्तिक अधिकार की ही पुष्टि होती है। किन्तु सार्वभौमिक समाज की स्थापना के लिए तो शक्ति का होना भी आवश्यक है। इस शक्ति का पोप में सर्वथा अभाव है। पोप न तो सैनिक होता है और न उसे सैनिक होना ही चाहिए। वे वृद्ध होते हैं। सांसारिकता से उनका विशेष लगाव नहीं होता। परिवार, समाज आदि के बंधनों को भी वे समझने योग्य नहीं होते। ऐसे व्यक्ति राजसत्ता में हस्तक्षेप करने के सर्वथा अनुपयुक्त होते हैं। इसलिए उन्हें चुपचाप बैठकर आध्यात्मिक हितसाधन में अपना जीवन बिताना चाहिए और राजकीय मामलों में अपना सिर खपा कर व्यर्थ ही समय नष्ट नहीं करना चाहिए। धर्मसत्ता के धर्म बहिष्कृत कर देने का अधिकार का विरोध करते हुए पियरे ने लिखा है कि धर्मसत्ता का मुख्य कार्य आत्मा को मुक्ति दिलाना है। उसे नरक में भेजने का उसे कोई अधिकार नहीं है और न वह ऐसा कर ही सकता है। पियरे का कहना था कि ईसाई गिरजा के अधिकारियों के पास कोई सम्पत्ति नहीं होनी चाहिए। क्योंकि सम्पत्ति के मिल जाने से वे अपने आध्यात्मिक कर्तव्यों का भली-भाँति पालन नहीं करते। जो सम्पत्ति गिरजा के पास उस समय थी–उसके संबंध में पियरे का मत था कि वह पूरी की पूरी सम्पत्ति राजसत्ता द्वारा जब्त कर ली जानी चाहिए। विश्व साम्राज्य की कल्पना को साकार रूप देने के लिए वह धर्म-युद्ध का समर्थक था। वह अत्यन्त व्यापक शिक्षा का भी हिमायती था। स्त्रियों के लिए शिक्षा-व्यवस्था पर भी उसने बहुत अधिक जोर दिया। पियरे के निबंधों तथा उसकी रचनाओं में राष्ट्रीयता और संस्कृति के उगते हुए तत्व भी दिखलाई पड़ते हैं। इन सब में पियरे देशभक्त प्रतीत होता है।

पियरे के विचार मुख्य रूप से हमें दो पुस्तकों में मिलते हैं—जिनके नाम हैं 'डि एब्रीवियेशन' और 'डि रिक्यूपरेशन टेटेसेंक्टे'। उसने अन्तर्राष्ट्रीय झगड़ों को निपटाने के लिए भी अपनी पुस्तकों में व्यवस्था दी। उसका कहना है कि राज्यों के पारस्परिक झगड़ों को निपटाने के लिए 3 राज्यों के प्रतिनिधियों का निर्वाचन होना चाहिए और इन्हीं तीन प्रतिनिधियों की एक पंचायत होनी चाहिए जो सब झगड़ों का निपटारा करे।

दांते

दांते का पूरा नाम दांते एलगीयरी है। इसका जन्म इटली के फ्लोरेंस नगर में सन् 1265 में हुआ था और मृत्यु 56 वर्ष की अवस्था में हुई थी। फ्लोरेंस में दांते के कुल को अत्यन्त सम्मान की दृष्टि से देखा जाता था। वह बाल्यावस्था से ही बड़ा मेधावी था तथा उसकी बौद्धिक शक्तियाँ अत्यन्त उच्चकोटि की थीं। पढ़ने-लिखने में उसका बड़ा मन लगता था। सूक्ष्म अध्ययन की प्रवृत्ति होने के कारण उसने विश्वविद्यालय में प्रतिभासम्पन्न छात्र के रूप में बड़ी ख्याति अर्जित की। उसे सैनिक शिक्षा भी मिली थी। सैनिक शिक्षा के बाद उसने युद्धों में लड़ने का अनुभव प्राप्त किया। वह अपने जन्म स्थान फ्लोरेंस में दण्डनायक के पद पर भी नियुक्त किया गया। वह केवल शुष्क राजनीतिज्ञ ही नहीं था। उसकी साहित्यिक प्रतिभा भी अत्यन्त श्रेष्ठ थी। उसके दो विवाह हुए; किन्तु प्रथम पत्नी से उसे अधिक स्नेह था जिसकी असामयिक मृत्यु से उसे बड़ा धक्का लगा। इसके बाद दूसरा विवाह भी हुआ लेकिन अंतिम विवाह से उसे वह दाम्पत्य सुख न मिल सका जो पहले में मिला था। इसी बीच वह कुछ झगड़ों में पड़ गया और फ्लोरेंस से सदा के लिए निकाल दिया गया। उसने क्षमा प्राप्त करने के भी प्रयत्न किये। जब वे भी निष्फल रहे तो वह सब कुछ छोड़कर फ्रांस चला गया। उसने अपने प्रवास काल में 'डिवाइन कामेडी' नाम की एक पुस्तक लिखी जो पाश्चात्य साहित्य में अत्यन्त उत्कृष्ट कृति मानी जाती है। उसके राजनीतिक ग्रंथों में 'डी मोनार्किया' का नाम उल्लेखनीय है। यह ग्रंथ सन् 1311 में उसकी मृत्यु से 10 वर्ष पूर्व प्रकाशित हुआ था। दांते के इस ग्रंथ में सम्राट् की सत्ता का मार्सीलिओ की अपेक्षा अधिक उत्तम ढंग से प्रतिपादन किया गया है। उसने समकालीन इटली की अशान्ति और अव्यवस्था की समस्या पर भी विचार किया है। पियरे की भाँति वह भी यह समझता था कि इटालियन राष्ट्र विशेष रूप से गुणसम्पन्न है। संसार में इटालियन जाति को ईश्वर ने इसीलिए उत्पन्न किया है कि वह समग्र विश्व पर अपना आधिपत्य स्थापित कर सके। अपने इस मत की पुष्टि के लिए उसने रोमन इतिहास का विशेष रूप से अध्ययन किया। उसका कहना था कि रोमनों के सद्गुणों का समकालीन इटालियनों को यथाशक्ति और समयानुकूल अनुसरण करना चाहिए। इटली में स्थायी रूप से शांति और व्यवस्था की स्थापना का क्या मार्ग हो सकता है—यह खोज भी दांते ने की इसी उद्देश्य से अन्य विचारकों की भाँति अपनी पुस्तक डी मोनार्किया में उसने बतलाया है कि आदर्श शासनतंत्र (सरकार) किस प्रकार का होना चाहिए। लेकिन अपने इस प्रयत्न

में वह पुराने विचारकों से आगे बढ़कर कोई मौलिक सुझाव नहीं रख सका। उसने विधिविहित राजतंत्र का समर्थन किया है। और कहा है कि यह राजतंत्र प्रजा समुदाय के प्रति उत्तरदायी नहीं होना चाहिए। वह चाहता था कि इस राजतंत्र का शासन केवल इटली तक ही सीमित न रहे अपितु उसका विस्तार समस्त संसार में हो जाए। लेकिन आदर्श राजतंत्र में जिस प्रकार के शासक की कल्पना की गई है—वह किसी प्रकार प्लेटो के आदर्श शासक की कल्पना से भिन्न नहीं है। जहाँ तक राज्य की उत्पत्ति का संबंध है—वह उसकी उत्पत्ति का स्रोत दैवी मानता था लेकिन वह इस संबंध में गिरजा द्वारा प्रचलित सिद्धान्तों को नहीं मानता था। उसका कहना था कि लौकिक सत्ता को आध्यात्मिक सत्ता के अन्तर्गत रहने की न तो कोई आवश्यकता ही है और न ऐसा करना उपयुक्त ही होगा। लौकिक सत्ता राजतंत्र के रूप में ऐसी होनी चाहिए कि वह अपना सर्वव्यापक अधिकार स्थापित कर ले। इस सत्ता का लक्ष्य समाज के उस उद्देश्य की पूर्ति में सहयोग प्रदान करना हो जिसके लिए ईश्वर ने उसकी रचना की है। ईश्वर ने समाज की रचना इसलिए की है कि उसमें व्यक्ति की बौद्धिक और आध्यात्मिक शक्तियों का अधिकतम विकास हो सके। इस कार्य में सहायता देना राज्य के शासनतंत्र का परम उद्देश्य है। यह कार्य तभी पूर्ण हो सकता है जब पूर्ण शान्ति हो और ऐसी शान्ति तभी स्थापित हो सकती है जब सब व्यक्ति राजसत्ता का शासन अबाध रूप से स्वीकार करें।

आदर्श शासक का कार्य केवल यही नहीं है कि वह विश्व में अपने राज्य का विस्तार कर ले अपितु उसका वास्तविक कार्य तो उस साम्राज्य में निवास करनेवाले नागरिक समुदाय की सेवा करना है। यह सेवा भी इस प्रकार होनी चाहिए कि उससे व्यक्ति को श्रेष्ठतम लक्ष्य की प्राप्ति में सहायता मिल सके। इस प्रकार की सहायता देने का पहला साधन शान्ति और व्यवस्था का वातावरण उत्पन्न कर देना तथा उसे बनाये रखना है और दूसरा साधन है शिक्षा आदि की व्यवस्था करना।

इसी पुस्तक में दांते ने विश्वसाम्राज्य की अपनी कल्पना का जो विवेचन किया है उससे प्रकट होता है कि वह चाहता था कि संसार में एक सर्वोच्च शासक हो। ऐसे शासक के अन्तर्गत ही विश्वशान्ति की रक्षा अपेक्षाकृत अच्छे ढंग से हो सकती है और विभिन्न स्वार्थों के द्वन्दों में जो समय नष्ट होता है उसका प्रयोग अच्छे कार्यों में किया जा सकता है। दांते के ही शब्दों में साम्राज्य "विधि का व्यक्ति रूप" होगा। विधि को ही उसमें सिंहासनासीन और राज्यभिषिक्त किया जायेगा और उसमें गरिमा तथा सम्मान परिवेष्ठित किया जायेगा। इसी प्रकार शासक की कल्पना की व्याख्या करते हुए कहा गया है कि "वह सार्वभौमिक राज्य का निरंकुश शासक नहीं होगा अपितु वह उच्च श्रेणी का राज्यपाल रहेगा। वह विभिन्न राज्यों के नरेशों तथा शासकों की देखभाल करेगा तथा उनके बीच शान्ति बनाये रखने का प्रयत्न करेगा। उसका कार्य आधुनिक अर्थों में अन्तर्राष्ट्रीय न्यायाधिकरण का होगा।" लेकिन दांते की यह कल्पना अधूरी-सी है। अधूरी इस अर्थ में

कि उसने इस बात पर प्रकाश डालने की कोशिश नहीं की कि उक्त शासक अपने अधिकारों का प्रयोग किस प्रकार करे ? राजसत्ता की शक्ति के स्रोत के संबंध में दांते का मत था कि वह ईश्वरीय है। इस संबंध में पोप तथा धर्मसत्ता के दावों की उसने बहुत खिल्ली उड़ाई। मनुष्य के स्वभाव के संबंध में अपने विचार प्रकट करते हुए दांते ने लिखा है कि मनुष्य की प्रकृति के गुणों को दो भागों में विभक्त किया जा सकता है। मनुष्य की प्रकृति का एक तो वह भाग है जिसके अनुसार वह लौकिक संसार के व्यापारों की ओर आकृष्ट होता है तथा दूसरा वह जो उसे आध्यात्मिकता की ओर प्रेरित करता है। इन दोनों जगतों का अस्तित्व सर्वथा भिन्न है और इनका कार्यक्षेत्र भी अलग-अलग है। आध्यात्मिक जगत् का स्वामित्व पोप के हाथ में है और भौतिक जगत् की सत्ता राजा के। दोनों को अपना-अपना स्थान ईश्वर से प्राप्त हुआ है। इसलिए राजसत्ता के क्षेत्र में हस्तक्षेप करने का अधिकार पोप को प्राप्त नहीं है।

पोप-समर्थक विचारक

यह सच है कि चौदहवीं शताब्दी के आरंभ में ही पोप विरोधी विचार प्रबल रूप धारण कर रहे थे और चौदहवीं शताब्दी के मध्य तक ऐसी स्थिति उत्पन्न हो गई थी कि धर्मसत्ता के समर्थकों की संख्या बहुत कम हो गई थी और उनके विचारों को सार्वजनिक मान्यता भी प्राप्त नहीं थी। फिर भी पुरानी परम्परा चली आ रही थी और उस परम्परा में पोप के भी कुछ-न-कुछ विचारक रहा ही करते थे। 14वीं शती के ऐसे विचारकों में आगस्टस ट्रायमफस तथा एलवेरस का नाम विशेष रूप से उल्लेखनीय है। समकालीन पोपों के विचार भी उन दिनों विभिन्न समस्याओं के संबंध में निकला करते थे। इनमें बोनीफेस अष्टम तथा जॉन बाइसवें के विचार विशेष रूप से उल्लेखनीय हैं। इनकी चर्चा हम ऊपर के अनुच्छेदों में कर आये हैं। यहाँ संक्षेप में पोप समर्थक विचारकों के मतों का उल्लेख किया जा रहा है।

आगस्टस ट्रायमफस

ट्रायमफस के विचार हमें उसकी पुस्तक 'सम्मा डी पोटेस्टेट एक्लेजिएस्टिका' में मिलते हैं। यह विचार उस समय प्रकट किये गये जब पोप जॉन 22वाँ रोम से फ्रांस के राजा फिलिप चतुर्थ द्वारा दण्डित किये जाने के बाद निष्कासित जीवन व्यतीत कर रहा था। यह समय पोप के प्रतिकूल था। फिर भी धर्मसत्ता के समर्थकों में कितना उत्साह था यह ट्रायमफस के उक्त ग्रंथ के विचारों से प्रकट हो जाता है। यह पुस्तक सन् 1330 के आसपास लिखी गई थी। इस पुस्तक में लेखक ने माँग की है कि धर्मसत्ता को अपरिमित अधिकार प्रदान किये जाने चाहिए। धर्मसत्ता का उच्चतम अधिकारी पोप इस मृत्युलोक में ईश्वर का ही साक्षात् प्रतिनिधि है। उसका पद और उसकी प्रतिष्ठा स्वयं ईश्वर द्वारा ही की जाती है। आध्यात्मिक और धार्मिक क्षेत्रों में तो उसकी सत्ता श्रेष्ठतम है ही इसके

अतिरिक्त राजसत्ता भी उसके अन्तर्गत है। राजाओं को और विशेषकर पवित्र रोमन साम्राज्य के सम्राट को बिना पोप की अनुमति के कोई कार्य नहीं करना चाहिए। वह पोप की सत्ता न केवल ईसाइयों के ही समाज पर मानता था अपितु वह कहता था कि अखिल मानव-समाज की पोप को प्रभुता प्राप्त है। ट्रायफस ने विस्तारपूर्वक यह बतलाया है कि किस प्रकार संसार के सभी राजा-महाराजा पोप के सेवक मात्र हैं और यदि कोई भी राजा अनुचित या अधार्मिक आचरण का अपराधी सिद्ध हो जाता है तो उसे हटाने का अधिकार पोप को प्राप्त है। इसके विपरीत ईसाई गिरजा के प्रबंध के अन्तरंग मामलों में, धार्मिक नियुक्तियों के संबंध में तथा धर्मस्व (धार्मिक करों) की वसूली के मामलों में राजसत्ता के अधिकारियों को कुछ भी नहीं बोलना चाहिए। पोप को शाश्वत तथा प्राकृतिक विधियों की व्याख्या करने का पूर्ण अधिकार है और उनके संबंध में जो भी भाष्य वे देंगे वह अंतिम समझा जायेगा। धर्माधिकारियों की नियुक्ति करने का हक तो पोप को है ही–साथ ही उनको हटाने का अधिकार भी पोप को प्राप्त है। यदि वे कोई अपराध करते हैं तो उनके अपराधों पर सामान्य राजकीय न्यायालयों में विचार नहीं किया जा सकता। यदि वे कोई अपराध करते हुए देखे जाते हैं तो उनको गिरफ्तार करने का अधिकार भी राज्य के अधिकारियों को नहीं है। वे अधिक-से-अधिक राजदरबार में शिकायत कर सकते हैं और राजदरबार उनकी शिकायत को पोप के पास भेज देगा। पोप अधिकारी धर्माधिकारी के मामले पर धर्मन्यायालय में विचार करेंगे और वही दण्ड देंगे। अन्य कोई भी व्यक्ति दण्ड नहीं दे सकता। पोप जो कुछ निर्णय एक बार सुना देंगे–वह अंतिम होगा और उसकी अपील कहीं नहीं की जा सकेगी। पोप के विरुद्ध ईसाइयों की महापरिषद् को तभी कोई कार्रवाई करने का अधिकार होगा जब उसके विरुद्ध धर्मभ्रष्टता का कोई अपराध करने का आरोप लगाया गया हो।

एलवेरस पेलगियस

यह पुर्तगाली फ्रांसिस्कन था। इसने भी पोप के अपरिमित सत्ता का समर्थन किया है। उसका कहना था कि पोप का सार्वभौमिक राज्य पृथ्वी पर ईसा के राज्य के तुल्य ही है। उसने अपने तर्क के लिए इस संबंध में सन्त ऑगस्टाइन के ग्रन्थ 'दि सिटी ऑफ गॉड' से पर्याप्त सहायता ली है। एलवेरस ने ईसा के यश और प्रताप का लम्बा चौड़ा बखान किया है और इसके बाद बतलाया है कि अपने प्रतिनिधि के रूप में ईसा ने किस प्रकार सन्त पीटर को संसार के उद्धार का भार सौंपा। सन्त पीटर ने संसार भर के मानव-समूह को किस प्रकार ईसाई गिरजा के अधिकारियों के सुपुर्द किया। संत पीटर ने अखिल मानवजाति को तथा संसार को ईसा की थाती के रूप में सौंपते हुए ईसाई गिरजा के अधिकारियों से कहा था कि वे 'भेड़ों के झुण्ड' का पोषण करें। इसी अधिकार के नाते पोप तथा उनके सहायकों को सारे संसार का एक संरक्षक की भाँति परिपोषण करना है तथा उनका कल्याण एवं हितचिन्तन करना है। एलवेरस का राज्य के संबंध में मत था कि

उसकी उत्पत्ति तो ईश्वर से ही हुई है लेकिन राज्य तब तक पूर्ण नहीं समझा जा सकता जब तक उसको ईसाई धर्म के सर्वोच्च अधिकारी पोप की पुष्टि नहीं प्राप्त हो जाती। उसका कहना था कि ऐसी भी किसी सत्ता का कोई मूल्य नहीं है कि जिसे धर्मसत्ता का समर्थन प्राप्त न हो। उसने ईसाइयों के एक ही शासक की कल्पना की है और वह शासक उसकी दृष्टि में पोप है। सब विधियों को मूलस्रोत बताते हुए एलवेरस ने लिखा है कि पोप किसी भी विधि के अधीन नहीं है क्योंकि सारी विधियाँ उन्हीं के अस्तित्व से उत्पन्न होती हैं। यदि पोप किसी भी विधि का उल्लंघन करता है तो उस पर कहीं कोई मामला नहीं चलाया जा सकता। पोप की इच्छा ही विधि है। अतएव, पोप द्वारा किसी विधि का उल्लंघन असंभव है। जब तक पोप पाप और धर्म-भ्रष्टता का कोई कार्य करने का अपराधी सिद्ध न हो जाए तब तक किसी भी ईसाई को उसकी आज्ञा का उल्लंघन करने का अधिकार नहीं है। एलवेरस ने इन सब विचारों को 'डि प्लेण्क्टू इक्लेसी' नाम की पुस्तक में प्रकट किया है। यह पुस्तक भी ट्रायमफस की पुस्तक के साथ ही या उसके कुछ बाद तेरहवीं शताब्दी के तीसरे या चौथे दशक में प्रकाशित हुई थी।

अध्याय—14

मध्य युग की समाप्ति

(सन् 1350 से 1450 तक)

इतिहास की गति, राष्ट्रीयता का जन्म और विकास, मध्यवर्ग का जन्म, सामन्त शक्ति और धर्मसत्ता का क्रमिक पतन, जॉन वाइक्लिफ, जॉन हस, वाइक्लिफ और हस का स्थान, धर्माधिकारी सम्मेलनों (कौंसिलों) का आयोजन, सम्मेलन (कौंसिल) आन्दोलन की असफलता, सम्मेलन (कौंसिल) आन्दोलन का महत्व, जॉन गर्सन और निकोलस क्यूसा, मध्य युग में राजदर्शन की प्रगति की समीक्षा।

इतिहास की गति

मध्य युग की समाप्ति की शताब्दी इतिहास के नवल चरणों के कारण विशेषरूप से महत्वपूर्ण है। इस शताब्दी में इतिहास ने जो गति धारण की—वह कम-से-कम मध्य युग के विचारकों के लिए तो कल्पनातीत थी। यह युग अपनी परिवर्तनशीलता और अभिनवीकरण के कारण ऐसी विशेषता प्राप्त कर गया है जो मध्य युग की अन्य किसी शताब्दी को प्राप्त नहीं है। यह परिवर्तनशीलता और अभिनवता राजनीति के विचारकों के कार्यकलापों का परिणाम नहीं थी। अपितु राजनीतिक संस्थानों और संवासों के स्वरूपों में ही कुछ ऐसा परिवर्तन हो गया था कि उसकी वजह से तत्कालीन विचारकों और दार्शनिकों को अपनी समस्त विचारपद्धति में ही आमूल परिवर्तन कर डालना पड़ा। धर्मसत्ता और राजसत्ता में अधिकार प्राप्ति के लिए जो संघर्ष एक हजार वर्षों से चल रहा था—उसका राजसत्ता के पक्ष में अन्त हो गया। सात-आठ सौ वर्षों से चलनेवाले सामन्तवादी युग की भी समाप्ति हो गई। धर्माधिकारियों, सरदारों और सामन्तों के अधिकार कम हो गये—उनकी शक्ति घट गई और बिखरी हुई सत्ता का केन्द्रीकरण होने लगा। राजसत्ता के जो अधिकार सामन्तों और

धर्माधिकारियों के पास चले गये थे—वे पुनः राजतंत्रों को वापस मिलने लगे तथा प्रजा दमन का जो कार्य धर्मसत्ता, राजसत्ता और सामन्तसत्ता तीन तरफ से हो रहा था—उसका भी अन्त हो गया। जैसे-जैसे पोपों तथा उनके सहायकों का प्रभाव घटा—वैसे ही वैसे प्रजा और राजा के महत्व में वृद्धि होती चली गई। राष्ट्रमूलक राज्यों का अभ्युदय हुआ। इसके अलावा एक और बात हुई। वह भी उपेक्षित और अवहेलित नगरों का एक बार पुनः उत्थान। प्राचीन काल में यूनान तथा रोम के नगर-राज्यों के पतन के पश्चात् साम्राज्यों और जागीरों की जो व्यवस्था चली थी उनमें ग्राम्य-संस्कृति का विकास हुआ था। नगरों का महत्व काफी घट गया था। नगरों के पुनरोदय का श्रेय इस बार एक नये वर्ग को मिला। यह वर्ग व्यापारियों का था। व्यापारियों के इस नये वर्ग में ने केवल नगरों को वैभव बढ़ाया—उनकी वृद्धि भी की—जल-यातायात के साधनों और मार्गों की पुनर्रचना की, अपितु राजसत्ता और धर्मसत्ता के संघर्ष में भाग लेकर युग को मध्ययुगीन धार्मिक अंधविश्वासों तथा मूढ़ताओं से छुटकारा दिलाया तथा राष्ट्र-राज्यों की कल्पना को मूर्त रूप दिया। व्यापारी वर्ग ने सामन्त वर्ग और पोप तथा उसके सहायक धर्माधिकारियों के विरुद्ध राजसत्ता के पक्ष का समर्थन किया और इस प्रकार उगती हुई राष्ट्रीयता को बल और प्रेरणा प्रदान की। प्रजातंत्रवादी पद्धतियों को जन्म देने का श्रेय भी व्यापारियों के इसी मध्यवर्ग को है। अतएव इतिहास की इस समूची गति का यदि विहंगावलोकन करना हो तो हमें इन तीन तत्वों को साफ-साफ समझ लेना होगा—राष्ट्रीयता का जन्म और विकास, मध्यवर्ग का जन्म और धर्मसत्ता और सामन्त शक्ति का क्रमिक ह्रास।

राष्ट्रीयता का जन्म और विकास

राष्ट्रीयता का जन्म और विकास मुख्यतः इंग्लैण्ड, फ्रांस और स्पेन में और सामान्यतः समस्त यूरोप में हुआ। राष्ट्रीयता के बीच में अंकुर उगने तो उसी समय आरंभ हो गये थे जब **फिलिप चतुर्थ** ने पोप का विरोध किया था और उसके आदेशों के विरुद्ध धार्मिक अधिकारियों तथा गिरजाघरों की सम्पत्ति से कर वसूल करना आरंभ कर दिया था। फिलिप की इस नीति का विरोध फ्रांस के गिरजा अधिकारियों ने नहीं किया अपितु उसका गौण या सक्रिय रूप से समर्थन ही किया। किन्तु, **शतवर्षीय युद्ध** के अंतिम भाग में **हेनरी सप्तम** ने इंग्लैण्ड में तथा **लुई एकादश** ने फ्रांस में संसद और इस्टेट्स जनरल की शक्ति अत्यन्त सीमित कर दी और सत्ता पर स्वयं अधिकार जमा लिया। उन दिनों संसद और इस्टेट्स जनरल दोनों की सामन्तों की शक्ति के गढ़ थे और उन्हीं की शक्ति पर सामन्तवादी शासक राजा की नाक में नकेल डाल उसे जिधर चाहे मोड़ देते थे। इंग्लैण्ड में राजा की शक्ति बढ़ाने में गुलाबों के युद्ध के फल का बहुत बड़ा हाथ था। इसके विपरीत फ्रांस में लुई एकादश ने शतवर्षीय युद्ध से उत्पन्न परिस्थितियों का पूरा-पूरा फायदा उठाया और उससे जहाँ तक बन सका उसने अपनी स्थिति सुदृढ़ की। स्पेन में उन दिनों छोटी-छोटी बहुत-सी रियासतें और जागीरें थीं। इनमें **केस्टाइल** और **एरागान** के वंश बड़े

प्रसिद्ध थे। उनकी इस प्रसिद्धि का कारण उनकी शक्ति तथा वैभव दोनों ही थे। इन दोनों घरानों के सहयोग से ही स्पेन में भी मजबूत राजतंत्र की नींव पड़ गई। इस राजतंत्र ने स्पेन की बिखरी हुई सभी रियासतों को एक छत्र के नीचे लाने का अत्यन्त सराहनीय प्रयत्न किया और उसमें सफलता भी प्राप्त की। इधर पवित्र रोमन साम्राज्य में पूर्णतः फूट पड़ गई। इटली और जर्मनी का दास और स्वामी का संबंध सदैव के लिए टूट गया और दोनों देशों में अन्दर-ही-अन्दर ऐसी शक्तियाँ कार्य करने लगीं जिनका उद्देश्य राष्ट्रमूलक राज्य की स्थापना करना था। यह वही समय था जिन दिनों **मैकियावली** का जन्म हुआ। फिर भी जर्मनी और इटली दोनों में ही उन दिनों ऐसे सामन्तवादी तत्वों का अभाव नहीं था जो पुरानी ही लकीरों से चिपके रहना चाहते थे। कुल मिलाकर यूरोप में ऐतिहासिक परिस्थितियाँ राष्ट्रीयता के अनुकूल थीं। उन्होंने यूरोप के तीन सुदृढ़ राज्यों में अपना अड्डा जमा कर राष्ट्रीयता की प्रबल भावनाओं को जन्म दे दिया था और विकास के लिए भी एक अनुकूल और अपेक्षाकृत बाध्यहीन मार्ग प्रशस्त कर दिया था।

मध्यवर्ग का जन्म

हम यह तो बतला ही चुके हैं कि यह मध्यवर्ग व्यापारियों की श्रेणी है। इस वर्ग में आरंभ में द्रव्य की दृष्टि से बहुत अधिक धनी व्यक्ति नहीं थे किन्तु उनमें साहस और सूझ-बूझ के धनी लोगों का अभाव नहीं था। इसी वर्ग के लोगों ने पूर्व का मार्ग खोजा। इसी वर्ग ने जल यातायात द्वारा व्यापार का विकास किया। भारत के लिए समुद्री मार्ग की खोज करना इसी वर्ग ने आरंभ किया था। इसी वर्ग के एक नाविक ने जाकर अमरीका को खोज निकाला था। यह वही वर्ग था जो पूर्व के मसाले, कपड़े, जवाहरात आदि ले जाकर जिनोआ तथा वेनिस आदि नगरों की अन्तर्राष्ट्रीय मण्डियों में बेचा करता था; उत्तरी अफ्रीका से अन्न तथा औद्योगिक कच्चे माल को यूरोप लाने का श्रेय भी व्यापारियों को ही था। यह व्यापारिक परम्परा प्राचीन काल में थी और रोमन साम्राज्य के युग में भी बनी रही किन्तु बर्बरों के आक्रमणों के बाद जो सामन्तवादी युग आया उसमें यह बिल्कुल नष्ट हो गई। उसे मध्य युग के व्यापारिक श्रेणी के लोगों ने पुनः जीवनदान दिया; बाल्टिक सागर के तटवर्ती राज्यों से भी व्यापारिक संबंधों की नींव पड़ी। इस प्रकार इस युग में एक नई प्रवृत्ति का जन्म हुआ जिसका उद्देश्य क्षेत्रीय साम्राज्यों की स्थापना न करके व्यापारिक साम्राज्यों की स्थापना करना था। उपनिवेशवाद आदि का जन्म इसी काल में हुआ। सम्पत्ति और वैभव वृद्धि का यह कार्य पुराने नगरों तक ही सीमित नहीं रहा बल्कि उसने नये-नये नगरों और बन्दरगाहों को भी जन्म दिया। व्यापारिक कार्यों में अधिकाधिक धन का प्रयोग किया जाने लगा। पूँजीवाद के प्रसार और व्यापार-वाणिज्य के विस्ताराधिक्य के साथ ही शान्ति और व्यवस्था की रक्षा की आवश्यकता भी महसूस हुई। यह कार्य सभी स्थानों में समान रूप से होना चाहिए था। स्पष्ट था कि छोटी-छोटी रियासतों और इलाकों के स्वामियों के लिए यह संभव नहीं था। कि वे इस प्रकार की कोई व्यापक व्यवस्था कर

सकें। इसी कारण व्यापारी वर्ग ने सुदृढ़ राजतंत्रों की केन्द्रित सत्तावाली सरकारों का समर्थन किया। इस समर्थन ने व्यापारीवर्ग को राजनीति में भी उलझा लिया। उच्चशिक्षा प्राप्त व्यापारियों ने आस-पास के सामन्तों और पादरियों को अपनी शासन-सत्ता का कुछ अंश देने के लिए विवश कर दिया। व्यवसायियों के स्वतंत्र हो जाने की प्रतिक्रिया अन्य स्थानों में भी हुई। वह आस-पास के गाँवों में भी फैली। ग्रामवासियों ने भी अपनी दासता के विरुद्ध स्वर उठाया और इसी शताब्दी में कई किसान क्रान्तियाँ भी हुईं। इन क्रान्तियों में फ्रांस, इंग्लैण्ड आदि की क्रान्तियाँ विशेषरूप से उल्लेखनीय हैं। इस प्रकार व्यापारियों तथा महत्वाकांक्षी ग्रामीण वर्ग ने जो गाँवों की सामन्तवादी व्यवस्था के अन्यायों और अत्याचारों से ऊब गया था शहरों में आकर मध्यवर्ग की सृष्टि की। अतः यह कहा जा सकता है कि **व्यवसाय युग ने ही मध्यवर्ग को जन्म दिया।**

सामन्त शक्ति और धर्मसत्ता का क्रमिक पतन

आलोच्य शताब्दी के आरंभ में एक और तत्व भी प्रकाश में आया यद्यपि उसकी पृष्ठभूमि मध्य युग में ही तैयार हो चुकी थी। यह तत्व था सामन्त और धर्मसत्ता की शक्ति का क्रमिक ह्रास। यह तो हम जान ही चुके हैं कि मध्य युग में कई शताब्दियों तक धर्म और राजसत्ता के बीच शक्ति लाभ के लिए संघर्ष होता रहा और दोनों पक्षों के विचारकों ने ही अपने-अपने मत की पुष्टि के लिए भाँति-भाँति के तर्क उपस्थित किये। इस शताब्दी में धर्मसत्ता विरोधी विचारक प्रबल हो गये और उन्होंने अपने अनुकूल सशक्त जनमत तैयार कर लिया। इसका परिणाम यह हुआ कि धर्मसत्ता जो मध्य युग में विश्वभर में अपने धर्म-सापेक्षिक राज्य की कल्पना किया करती थी उसने अपना एकताकारी रूप खो दिया। संभवतः यह कहना भी कोई अतिशयोक्ति न होगा कि सन् 1450 तक धर्मसत्ता में यूरोप को एकता के सूत्र में ग्रंथित करने की कोई क्षमता शेष न रह गई थी। अपरोक्षतः इस तत्व ने राष्ट्रीयता का क्षेत्र और भी स्वच्छतर और व्यापक बना दिया।

गत अध्याय के अन्त में यह तो बताया ही जा चुका है कि फ्रांस और जर्मनी के राजनीतिक प्रभाव के कारण **एविगनॉन** तथा **रोम** में दो पोप अलग-अलग रहने लगे थे। इनमें से एविगनॉन में रहने वाले पोप को तो फ्रांस, स्पेन, स्काटलैण्ड, फ्लैण्डर्स आदि राज्यों का समर्थन प्राप्त था और दूसरे को जर्मनी, इंग्लैण्ड, पोलैण्ड, हंगरी, नार्वे और स्वीडन का। दोनों ही पोपों की ओर से यह प्रयत्न किया जाता था कि वे अधिक-से-अधिक शान-शौकत दिखला कर अपना प्रभाव बढ़ा लें। इस कार्य में दोनों ही पोपों के दरबारों में धन पानी की तरह बहाया जाता था। इसके अलावा एक और तमाशा भी होने लगा था। वह यह था कि अपने समर्थकों को दोनों पोप भाँति-भाँति की सुविधाएँ देते थे तथा विरोधियों को तरह-तरह के धार्मिक दण्ड। इसका फल यह हुआ कि लोग धार्मिक दण्डों को भी महत्वहीन समझने लगे। पोप के धर्मबहिष्कार के जिस दण्ड से यूरोप के बड़े-बड़े नरेशों के पाँव

डगमगा जाया करते थे वहीं यह दशा हो गई कि लोग पोप के इस कठोरतक दण्ड को हँसकर टालने लगे। इस प्रकार की स्थिति से एक बड़ी समस्या उठ खड़ी हुई जो मुख्यतः ईमानदार और सच्चे धर्माधिकारियों का सरदर्द थी। उनके सामने प्रश्न यह था कि वह धार्मिक अनुशासन किस प्रकार कायम करें। वे दोनों पोपों के उन कार्यों से भी सतुष्ट थे जो राजनीतिक कर्णधारों के संकेतानुसार किये जाते थे। फलस्वरूप इन असन्तुष्ट धर्माधिकारियों ने पीसा में एक धर्म सम्मेलन करने का निश्चय किया। इस प्रकार के सम्मेलनों को बुलाने की परम्परा मध्य युग से ही थी। यह धर्मसम्मेलन उस समय बुलाये जाते थे जब कोई संकट आ जाता था। इनमें उस संकट से निवारण के उपायों को खोजा जाता था। पीसा का धर्मसम्मेलन अन्य सम्मेलनों से इसलिए भिन्न था कि उसे न तो पवित्र रोमन साम्राज्य के सम्राट् ने ही बुलाया था और न पोपों ने ही। इसका आयोजन छोटे-छोटे धर्माधिकारियों ने किया था। योजनानुसार सन् 1409 में पीसा धर्मसम्मेलन हुआ। इसमें दोनों पोपों की भर्त्सना की गई और राजनीतिक शक्तियों के हाथ में उनके कठपुतलियों की भाँति नाचने पर आपत्ति की गई। धर्माधिकारियों ने सम्मेलन में दोनों पोपों के विरुद्ध प्रस्ताव पारित करके एक तीसरे पोप की नियुक्ति की। इसका फल यह हुआ कि धर्मसत्ता की विच्छन्नता और अनैक्यता की खाई पटने के बजाय और चौड़ी हो गई। इन घटनाओं से धर्मसत्ता की प्रतिष्ठा और गरिमा नहीं बढ़ी। उल्टे तीन-तीन पोपों के खर्च के लिए विपुल धनराशि जुटाते-जुटाते ईसाई समाज विक्षुब्ध हो गया। नित्य नये-नये करों की वसूली उन्हें और भी तंग करनेवाली सिद्ध हुई। जनता की इस समस्या पर कुछ विचारकों का ध्यान पुनः गया और उन्होंने इस धार्मिक विच्छिन्नता और अपव्यय को रोकने का प्रयत्न किया। इन विचारकों के संबंध में हम नीचे चर्चा करने जा रहे हैं।

जान वाइक्लिफ

वाइक्लिफ एक अँग्रेज विचारक था और आक्सफोर्ड विश्वविद्यालय में अध्यापन का कार्य करता था। इसका जन्म (1320-1384) भी यार्कशायर जिले के हिप्सवेल नाम के स्थान में हुआ था और उसने शिक्षा आक्सफोर्ड में प्राप्त की। विश्वविद्यालय के अधिकारी इसके धर्मपुस्तकों-संबंधी ज्ञान से बहुत प्रभावित हुए और उन्होंने उसे अध्यापक के पद पर नियुक्त कर दिया। वह बाद में लटरवर्थ का रेक्टर भी बना दिया गया। बाद में वाइक्लिफ के विचार धर्मसत्ता-विरोधी हो गए। जब यह खबर पोप के कानों तक पहुँची तो विश्वविद्यालय के अधिकारियों से परामर्श करने के बाद वाइक्लिफ को धर्म-बहिष्कृत घोषित कर दिया गया। उसकी समस्त रचनाएँ नष्ट कर दी गईं। उनमें उसका एक उल्लेखनीय कार्य बाइबिल का अनुवाद भी था। जान वाइक्लिफ की राजनीतिक रचनाओं की विशेषता यह है कि वे पोप-विरोधी हैं। दूसरे वे राष्ट्रीयता का समर्थन करती हैं और तीसरे उनमें प्रजातंत्रात्मक भावना की भी प्रधानता है। कहा जाता है कि वाइक्लिफ की यही प्रवृत्तियाँ आगे चलकर उक्त रेखाओं पर हुए आन्दोलन के लिए उत्तरदायी थीं। वाइक्लिफ ने

जनसत्ता पर विशेष ध्यान दिया। उसके धर्मसुधार, राज और धर्मसत्ता के संबंध, सम्पत्ति, सरकार आदि विषयक विचार बहुत महत्वपूर्ण हैं। उसने अपने विचारों में मुख्यतः धार्मिक दृष्टिकोण का प्रतिपादन किया है। समस्त रचनाओं में वाइक्लिफ के सबसे महत्वपूर्ण विचार प्रभुत्वक्षेत्र संबंधी है। इनमें स्वामी और सेवक के पारस्परिक संबंधों के विषय में एक सामान्य सिद्धान्त का निरूपण किया गया है।

प्रभुत्वक्षेत्र संबंधी मत

जैसा कि कहा जा चुका है कि इसमें स्वामी और सेवक के पारस्परिक संबंधों के विषय में एक सामान्य सिद्धान्त प्रतिपादित किया जाता है। वाइक्लिफ ने आरंभ में यह स्पष्ट कर दिया है कि इस संबंध का रूप सर्वथा भावजगत् की वस्तु है। इसका कोई भौतिक रूप नहीं है। यह बतलाने के बाद वाइक्लिफ ने बतलाया कि प्रभुत्व का क्षेत्र कितना व्यापक है। व्यापकता की दृष्टि से उसे तीन भागों में विभक्त किया गया है। प्रभुता के निम्न तीन क्षेत्र इस प्रकार हैं–(1) राजसत्ता की प्रभुता, (2) प्राकृतिक सत्ता की प्रभुता, और (3) ईश्वरीय सत्ता की प्रभुता। ईश्वरीय सत्ता की प्रभुता के संबंध में वाइक्लिफ का कहना है कि वह शाश्वत, सर्वशक्तिसम्पन्न और सर्वोच्च होती है। वह न केवल इस संसार पर शासन करती है अपितु समग्र ब्रह्माण्ड ही इस ईश्वरीय प्रभुता का क्षेत्र है। ब्रह्माण्ड के अणु-अणु पर ईश्वरीय प्रभुता की मुद्रा अंकित है। समस्त ब्रह्माण्ड और सारे संसार की गतिविधि ईश्वरीय प्रभुता के इंगित मात्र से चलती है। जब अणु-अणु का संबंध इस प्रभुत्व शक्ति द्वारा साक्षात् ईश्वर से है तो वाइक्लिफ कहता है कि मनुष्य की आत्मा और ईश्वर का संबंध भी प्रत्यक्ष है। उसमें किसी मध्यस्थ की कोई गुंजाइश नहीं है। ऐसी अवस्था में पोप, धर्म या गिरजा सर्वथा महत्वहीन हैं और वे साधना के भौतिक उपादानों के अतिरिक्त और कुछ नहीं हैं। आत्मा और ईश्वर का संबंध जब उच्चतर अवस्था में पहुँच जाता है तो ये उपादान सर्वथा निरर्थक हो जाते हैं। यदि कोई व्यक्ति चाहे तो वह इन उपादानों के बिना भी केवल अपनी आत्मिक साधना के बल से ईश्वर को प्राप्त कर सकता है अर्थात् मुक्तिलाभ कर सकता है। मानवीय आत्मा और ईश्वर के बीच धर्माधिकारियों के स्थान की चर्चा करते हुए वाइक्लिफ ने बतलाया है कि धर्माधिकारी साधना के क्षेत्र में व्यक्ति का पथ-प्रदर्शन करने की क्षमता अवश्य रखते हैं, किन्तु यह सोचना कि वे आत्मा को बिना व्यक्ति के अपने प्रयत्न के उच्चतर अवस्था में पहुँचा सकते हैं–सर्वथा भ्रमात्मक है। धर्माधिकारियों में यह शक्ति नहीं है कि वे पतित आत्मा की सिफारिश करके ईश्वर से उसे क्षमा दिलवा देंगे और फिर उसे मुक्ति मिल जायेगी। जहाँ तक आध्यात्मिक साधना का संबंध है ईश्वरीय शक्ति के सम्मुख धर्माधिकारी और एक सामान्य व्यक्ति–दोनों ही समान हैं। उनमें किसी प्रकार का अन्तर नहीं है। प्राकृतिक सत्ता की प्रभुता का क्षेत्र बतलाते हुए वाइक्लिफ ने बतलाया है कि जब मनुष्य प्रकृति की गोद में रहता था उस समय वह सर्वथा

निर्दोष था और सबको अपने समान समझता था। वह मानता था कि संसार के जितने भौतिक पदार्थ हैं उन सब पर उसका तथा उसके साथ दूसरे मनुष्यों का समान अधिकार है। लेकिन बाद में मनुष्य के इस स्वभाव में दोष आ गये और उसका पतन हो गया। वह सांसारिक वस्तुओं पर एकाधिपत्य चाहने लगा। वाइक्लिफ ने बतलाया है कि मनुष्य पुनः अपनी इन सब दुर्बलताओं को परास्त कर सकता है–बशर्ते कि वह अपने आचरण को लोभ, मोह आदि की अशुद्धताओं से दूर रखे। अन्त में राजसत्ता की प्रभुता के विषय में वाइक्लिफ ने लिखा है कि ईश्वर और प्रकृति की सत्ता की भाँति राजसत्ता भी पवित्र है। जिस प्रकार प्राकृतिक सत्ता की प्रभुता में तभी रहा जा सकता है जब मनुष्य का आचरण शुद्ध हो, उसी प्रकार राजसत्ता भी उन्हीं लोगों को मिलती है जिनके विचार धर्मानुकूल हों और वे धर्म प्रतिपादित सिद्धान्तों के अनुसार ही उनका प्रयोग करें। यदि किसी व्यक्ति का आचरण अशुद्ध है तो उसके प्रति न तो ईश्वरीय सत्ता का शुभभाव रहेगा और न प्राकृतिक सत्ता का। इसी के साथ वह राजसत्ता का अधिकारी भी नहीं रहेगा। जहाँ तक राजसत्ताधिकारियों के अधिकार-स्रोत का संबंध है–यह कहा जा सकता है कि प्रत्येक सत्ताधारी में ईश्वर का अंश स्वयं विद्यमान है। इसकी व्याख्या यों भी कही जा सकती है कि अपने प्रत्येक अधिकारी को सत्ता देने वाला ईश्वर है। जब तक उसकी आज्ञाओं के अनुकूल अधिकारी सत्ता का प्रयोग करते हैं तब तक उनको आसनारूढ़ रहने का हक है। यदि वे ईश्वर के निर्देशों के विरुद्ध आचरण करते हैं तो उनकी सत्ता तथा उससे संबंधित अधिकार छीन लिये जाते हैं। ईश्वर के समक्ष उसके सब अधिकारियों का दर्जा बराबर है। पोप या राजा–दोनों में कोई नीचा या ऊँचा नहीं है। पोप का क्षेत्र आध्यात्मिक है–इसलिए जहाँ तक राजकीय और सांसारिक मामले हैं–राजा बिल्कुल स्वतंत्र है। उसकी स्वतंत्रता को सीमित करनेवाली यदि कोई चीज है तो वह ईश्वर के आदेश या नैतिकता के आदर्श हैं–

वाइक्लिफ के उपरोक्त सिद्धान्तों को ध्यान में देखने पर मालूम पड़ेगा कि उसने धर्मसत्ता पर दुतरफा प्रहार किये। पहले प्रहार में उसने ईश्वर तथा मनुष्य के बीच पोप और गिरजा की मध्यस्थता को–जिसका धर्मसत्ता की ओर से सैंकड़ों वर्षों से दावा किया जाता था–चुटकियों में समाप्त कर दिया। उसने यह स्पष्ट किया कि ईश्वर के सामने पोप या किसी धर्माधिकारी की सिफारिश का कोई प्रभाव नहीं पड़ता। ईश्वर की समीपता आध्यात्मिक साधना और तपस्या द्वारा प्राप्त की जा सकती है, पोप की मध्यस्थता से नहीं; दूसरे, उसने पोप और राजा के स्थानों को समान बतलाकर पोप की गतिविधि के क्षेत्र को सीमित कर दिया। साथ ही यह भी कह दिया कि मनुष्य का जिस प्रकार ईश्वर से सीधा संबंध है उसी प्रकार सब अधिकारियों से भी सीधा संबंध है। किसी अधिकारी को कोई सत्ता किसी दूसरे अधिकारी द्वारा नहीं मिली है। इस सिद्धान्त से न केवल धर्मसत्ता की श्रेष्ठता का दावा ही समाप्त हुआ, वरन् राष्ट्रीयता के सिद्धान्त के प्रसार को भी व्यापक क्षेत्र मिला। राजतंत्रों की अध्यक्षता में यह सिद्धान्त भली-भाँति पनप सका।

सम्पत्ति संबंधी विचार

वाइक्लिफ ने सम्पत्ति के संबंध में जो विचार प्रकट किये हैं। उनकी कुंजी यह है कि वह सम्पत्ति पर राजसत्ता के अधिकार को सर्वोच्च मानता है। वह यह नहीं कहता कि ईसाई गिरजा के अधिकार में जो सम्पत्ति हो वह इतनी पवित्र है कि उसे राजा को छूने का अधिकार नहीं है। धार्मिक सम्पत्ति की पवित्रता के दावे को स्वीकार करने के बाद भी वह कहता है कि राजा भी उतना ही पवित्र है जितना धर्माधिकारी। इसलिये धार्मिक सम्पत्ति पवित्र होने की वजह से उसे राजा स्पर्श न करे–यह बात नहीं मानी जा सकती। यदि सार्वजनिक कल्याण के लिये राजा को सम्पत्ति की आवश्यकता है तो राजा को जिस प्रकार किसी व्यक्ति की सम्पत्ति ले लेने का अधिकार है उसी प्रकार ईसाई गिरजा अथवा ईसाई धर्माधिकारियों की सम्पत्ति पर भी कब्जा कर लेने का हक है। उसका यह भी कहना था कि सम्पत्ति की रक्षा या उसकी प्राप्ति के लिये गिरजा को इस बात का अधिकार नहीं है कि वह लोगों को बहिष्कृत कर दे या इसी प्रकार के अन्य धार्मिक दण्डों का प्रयोग करे। वाइक्लिफ के विचारों की जो पृष्ठभूमि हमें मिल चुकी है उसको दृष्टि में रखते हुए उसका यह कहना हमें तनिक भी असंगत नहीं लगता। धार्मिक सम्पत्ति में राजकीय हस्तक्षेप को उचित ठहराने के बाद वाइक्लिफ ने यह भी कहा था कि सम्पत्ति के बढ़ जाने से विलासिता आ जाती है और आध्यात्मिक साधनाएँ विलासिता के वातावरण में संभव नहीं है। विलासितापूर्ण सामग्रियों के उपभोग से केवल बुराइयाँ ही पैदा हो सकती हैं। जहाँ तक धर्माधिकारियों का संबंध है उनको तो इस संबंध में ईसा के आदर्श का ही अनुगमन करना चाहिए। ईसा ने सांसारिक भोग-विलास के उपादानों का परित्याग कर दिया था। पोप तथा उनके सहायक अधिकारियों को भी यही करना चाहिए। सम्पत्ति के स्वामियों का यह अधिकार है कि वे उससे लाभ उठावें किन्तु उनका यह भी कर्तव्य है कि लोक-कल्याण के लिये जब भी आवश्यकता हो उसका परित्याग कर दें।

आदर्श शासनतंत्र

वाइक्लिफ ने विस्तारपूर्वक यह बतलाने का यत्न किया है कि आदर्श शासनतंत्र कैसा होना चाहिए। इस संबंध में उसका मत कुछ-कुछ प्लेटो से मिलता है। वह आभिजात्यतंत्र के शासन का पक्षपाती है। आभिजात्यवर्ग से उसका अभिप्राय ऐसे व्यक्तियों से नहीं है जो सम्पत्ति और धन की दृष्टि से ऊँचे हों अपितु जो बौद्धिक दृष्टि से श्रेष्ठ हों। उसका मत था कि यदि पवित्र जीवन और शुद्ध आचरण व्यतीत करने वाले सभी व्यक्ति हों तो बौद्धिक दृष्टि से श्रेष्ठ व्यक्तियों का शासनतंत्र ही इच्छित है। लेकिन संसार में सबसे दुखद बात यह है कि इसमें अधिकांश व्यक्ति पापी हैं। अतएव, किसी ऐसे व्यक्ति के शासन की आवश्यकता बनी रहती है जो मनुष्य को पापों के सागर से उबारे। राज्य का और विशेष रूप से शासक का कर्तव्य दण्डात्मक ही नहीं सहायता देनेवाला भी है। राजा चूँकि ईश्वर का प्रतिनिधि होता है–अतः उसे सत्ता वंशपरम्परा या निर्वाचन से नहीं मिलती अपितु

ईश्वरीय कृपा से मिलती है। इस संबंध में वाइक्लिफ के विचार मार्सीलिओ से नहीं मिलते जो निर्वाचित राजतंत्रों का पक्षपाती था। धार्मिक लेखकों में वाइक्लिफ के विचार **संत ऑगस्टाइन** के अधिक समीप हैं। **संत ऑगस्टाइन** की ही भाँति वाइक्लिफ दास प्रथा को भी मनुष्य के अधःपतन का दण्ड मानता है और इसी आधार पर उसका औचित्य सिद्ध करके दासता को स्वाभाविक बतलाता है। उसने राजतंत्र के शासन को व्यावहारिक बतलाकर राजा को यह सलाह दी है कि वह विधियों के अनुसार शासन करे। यदि वह विधियों के अनुसार शासन नहीं करता है तो वह न्यायाधारित शासन नहीं है और जो शासन न्याय के अनुकूल शासन नहीं करता वह पदच्युत कर दिये जाने योग्य है। शासकों को पदच्युत किये जाने के सुझाव में यह स्पष्ट है कि प्रजातंत्र के बीज छिपे हैं। वह धर्मतंत्र को बिल्कुल पसन्द न करता था।

जॉन हस

जीवन परिचय

जॉन हस बोहेमियावासी था। इसका जन्म सन् 1373 में हुआ था और मृत्यु सन् 1415 में। उसके विचार इतने क्रान्तिकारी समझे गये कि कांस्टेंस के धर्मसम्मेलन में, धर्माधिकारियों के आदेशानुसार, उसे जीवित जला दिया गया। जहाँ तक विचारधारा का संबंध है, हस के विचार वाइक्लिफ जैसे थे। वह वाइक्लिफ का शिष्य भी था। वाइक्लिफ की तुलना में समकालीन राजनीति पर उसका प्रभाव अपेक्षाकृत अधिक था। शिक्षा प्राप्त करने के बाद उसे पादरी बना दिया गया और अपनी योग्यता के बल पर बढ़ते-बढ़ते वह प्रेग (ऑस्ट्रिया) विश्वविद्यालय के रेक्टर के पद तक पहुँच गया। वह धर्मसत्ता का वाइक्लिफ की भाँति ही विरोधी था। उसे सन् 1411 में धर्मबहिष्कृत कर दिया गया। वह सम्राट् का कृपाभाजन था—इसलिये उसे कांस्टेन्स धर्मसम्मेलन के सम्मुख अपनी सफाई देने के लिये भेजा गया, किन्तु सम्मेलन के धर्माधिकारियों ने हस के विरुद्ध फैसला दिया और उसे मरवा डाला। जहाँ विचारों की मौलिकता का संबंध है हस के विचार महत्वपूर्ण नहीं हैं किन्तु उसने गिरजा तथा उसकी बुराइयों के विरुद्ध जो आन्दोलन किया उसका परिणाम यह हुआ कि सबने उसे नास्तिक समझ लिया। इसी भ्रम का संभवतः यह परिणाम था कि उसका ऐसा दुःखद अन्त हुआ।

धर्मसत्ता का विरोध

वाइक्लिफ की ही भाँति जॉन हस भी धर्मसत्ता और विशेष कर पोपतंत्र का जबर्दस्त विरोधी था। वह चाहता था कि पोपों की शक्ति को घटाकर धार्मिक क्षेत्रों में किसी भी मामले के अंतिम निर्णय का अधिकार धर्माधिकारी सम्मेलनों (कौंसिलों) को दे दिया जाए। वह चाहता था कि धर्मसत्ताधीशों के पास किसी प्रकार की सम्पत्ति भी न रहे। वे निर्धनता का जीवन व्यतीत करें और अपना सारा समय आध्यात्मिक कार्यों में लगायें। वह पोप की

भौतिक उपादानों के प्रति आसक्ति का कट्टर विरोधी था। उसका कहना था कि धर्मसत्ता का ह्रास उसके मानसिक अधःपतन और विलासिता के प्रति आसक्ति के कारण ही हो रहा है। ऐसी अवस्था में राजकीय शक्ति का यह कर्तव्य है कि पोप तथा गिरजा की समस्त सम्पत्ति का अपहरण कर लें और उन्हें निर्धनता का जीवन बिताने के लिए विवश करे। यही नहीं वह राजसत्ता की इस शक्ति का भी हिमायती था कि यदि धर्माधिकारी पुरोहित किसी प्रकार की गड़बड़ी करते हैं और विधि का उल्लंघन करने के अपराधी हैं तो उनको राज-न्यायालय में दण्ड दिया जा सकता है। वह सामान्य नागरिक और धर्माधिकारी में—जहाँ तक विधि के उल्लंघन का संबंध है—कोई भी अन्तर मानने के लिए तैयार नहीं था। जहाँ तक पोप की सत्ता का संबंध है—उसका कहना था कि पोप अपने आप में उच्चतम अधिकारी नहीं है। उसकी सत्ता का स्रोत ईसाइयों का विस्तृत समाज है। पोपों को यह कहने का कोई अधिकार नहीं है कि वे दैवी सत्ता द्वारा नियुक्त किये गये हैं—विशेषकर उस समय जब कि उनकी नियुक्ति निर्वाचन द्वारा होती है। धर्मसत्ता को सांसारिक व्यवस्था के मामलों में राजसत्ता की व्यवस्था का नेतृत्व ही मानना चाहिए।

वाइक्लिफ और हस का स्थान

वाइक्लिफ और हस का स्थान विचारों की नवीनता के कारण अत्यन्त महत्वपूर्ण है। वाइक्लिफ ने अपने विचारों की सहायता से और हस ने उन विचारों के आधार पर यूरोप में आन्दोलन चलाकर कुछ बातों को सर्वमान्य करा दिया; संक्षेप में वे इस प्रकार हैं—राजसत्ता और धर्मसत्ता सर्वथा स्वतंत्र हैं। दोनों की उत्पत्ति का स्रोत ईश्वर है। गिरजा के अधिकारियों को सम्पत्ति रखने का कोई अधिकार नहीं है। अपने सांसारिक सुखपभोग के लिये उनके द्वारा की जानेवाली करों की वसूली भी सर्वथा अनुचित है। इसके अलावा जब तक कोई आध्यात्मिक अपराध करने का दोषी न हो उसके विरुद्ध धर्मविधि का प्रयोग कर दण्ड दिया जाना और भी आग्राह्य है। आभिजात्य वर्ग का शासनतंत्र आदर्श है किन्तु व्यावहारिक क्षेत्र में मनुष्य के पापी होने के कारण राजतंत्रात्मक शासन होना स्वाभाविक है। धर्माधिकारियों के सम्मेलन को ही दोनों विचारक उच्चतम सत्ता मानते थे। हस एक कदम और आगे बढ़कर इस बात के पक्ष में था कि पोप के पद का ही अन्त कर दिया जाए। धर्मलेखों में से उसका विश्वास केवल बाइबिल पर था। पादरियों तथा पोपों द्वारा लिखित किसी सामग्री को वह विश्वसनीय नहीं समझता था। ईश्वर, प्रकृति और राजसत्ता की प्रभुता के क्षेत्रों का सिद्धान्त स्थिर करके उसने राजसत्ता की स्वतंत्र स्थिति की विवेचना की। प्रत्येक मनुष्य की समान स्थिति पर उसने विशेष बल दिया। इस प्रकार उसने धर्माधिकारियों की तथाकथित मध्यस्थता के दावे का पूर्णतः उन्मूलन कर दिया।

इन सब विचारों के आगे जाकर यह परिणाम हुए कि वे प्रजातंत्रवादी आन्दोलन की आधारभूमि बन गये। मध्य युग में पोप के धार्मिक प्रभाव के कारण राजसत्ता पर जो अंकुश था—वह हट गया और राष्ट्रीयता के सिद्धान्त का समुचित विकास हुआ। समानता

के सिद्धान्त ने प्रजातंत्रवाद के प्रसार में बड़ा योग दिया। वाइक्लिफ और हस दोनों के धार्मिक सुधार संबंधी विचारों के परिणामस्वरूप यूरोप और इंग्लैण्ड दोनों स्थानों में धर्मसत्ता विरोधी आन्दोलन छिड़े। इंग्लैण्ड में वाइक्लिफ के बाद **लालार्ड्स** ने उसके विचारों तथा सिद्धान्तों का पोषण किया था। सन् 1381 में इंग्लैण्ड में जो विद्रोह हुआ, उसके नेता जॉन बॉल तथा उसके अन्य सहयोगी वाइक्लिफ से बहुत अधिक प्रभावित हुए थे। उन्होंने वाइक्लिफ के सम्पत्ति संबंधी विचारों को सामयिक परिस्थितियों के अनुकूल पाया। इसमें सन्देह नहीं कि वे अपने समय में लालॉर्ड्स असफल रहे किन्तु इंग्लैण्ड में वाइक्लिफ और हस के क्रान्तिकारी विचारों का प्रतिपादन करने का मुख्य श्रेय उनको प्राप्त है। कांस्टेन्स के धर्माधिकारी सम्मेलन ने हस को जिन्दा जलवा दिया किन्तु केन्द्रीय यूरोप में उसकी मृत्यु के बाद जो आन्दोलन छिड़ा, उससे धर्मसत्ता को विवश होकर अनेक अधिकारों का परित्याग करना पड़ा। वाइक्लिफ ने बाइबिल का अँग्रेजी में अनुवाद कर यह संभव बना दिया कि उसे कोई भी व्यक्ति समझ सके और बाइबिल के उद्धरण देकर पादरी मनमानी न कर सकें। राजसत्ता और राष्ट्रीयता की प्रतिष्ठा बढ़ाने में भी उसने भारी मदद की क्योंकि उसने साफ कहा कि राजकीय मामलों में धर्मसत्ता को बोलने का कोई अधिकार नहीं है और यदि पोप या उसके सहायक राजसत्ता का उल्लंघन करते हैं तो उनकी सम्पत्ति अपहृत कर लेने का राजा को पूरा-पूरा अधिकार है।

धर्माधिकारी सम्मेलनों (कौंसिलों) का आयोजन

हम ऊपर के कुछ अनुच्छेदों में धर्माधिकारी सम्मेलनों की चर्चा प्रसंगवश करते आये हैं। सन् 1409 में पीसा में जो धर्माधिकारी सम्मेलन हुआ उसके बारे में हम बतला चुके हैं कि इसमें किस प्रकार तृतीय पोप का निर्वाचन हुआ तथा कुल मिलाकर यूरोप के राजनीतिक जगत् में धर्मसत्ता की स्थिति निर्बल हो गई। पन्द्रहवीं शताब्दी में अनेक बार धर्माधिकारी सम्मेलन बुलाये गये। इसका कारण यह था कि लोग निरन्तर पोपों की स्थिति और उनके अधिकारों को चुनौती देते जा रहे थे और यह कह रहे थे कि वास्तविक और अंतिम निर्णय करने का अधिकार सम्पूर्ण ईसाई समाज को है—पोप को नहीं। इसका अभिप्राय यह था कि पोप जो कुछ भी करे उसे ईसाई समाज का समर्थन प्राप्त हो। पोप के निश्चय ईसाई समाज पर लादे नहीं जाने चाहिए। धर्माधिकारी-सम्मेलन ईसाई समाज के जनमत के प्रतिनिधि समझे जाते थे। वे पहले भी बुलाये जाते थे, किन्तु सामान्यतः उनका आयोजन विशेष अवसरों पर ही होता था। पोप का निर्वाचन भी इन्हीं सम्मेलनों में होता था। लेकिन बाद में वाइक्लिफ तथा उनके इंग्लैण्ड और यूरोप के अनुयायियों ने पोप की असीम शक्ति के विरुद्ध आन्दोलन चलाया। उन्होंने इस सिद्धान्त का प्रतिपादन किया कि महत्वपूर्ण निर्णय धर्माधिकारी सम्मेलनों द्वारा ही होने चाहिए। फलस्वरूप पन्द्रहवीं शताब्दी के प्रथम में पचास वर्षों में अनेक बार ऐसे सम्मेलनों का आयोजन किया गया। इनमें **कांस्टेन्स** और **बेसिल** के धर्माधिकारी सम्मेलन विशेषरूप से उल्लेखनीय हैं।

कांस्टेन्स का धर्माधिकारी सम्मेलन

यह सम्मेलन सन् 1414 के नवम्बर मास में आरंभ हुआ। इसकी बैठकें लगभग चार वर्ष तक चलती रहीं। यूरोप के सभी देशों के प्रमुख धर्माधिकारियों और राजसत्ता के प्रतिनिधियों ने इसमें भाग लिया। सम्मेलन के आयोजन का मुख्य उद्देश्य यह था कि धर्मसत्ता के मध्य में जो फूट पड़ गई है उसे किस प्रकार खत्म किया जाए और गिरजाघरों में जो भ्रष्टाचार है उसे दूर करने के लिए क्या उपाय किये जाएं। पोप उस समय प्रचलित धर्मविरोधी आन्दोलनों से भी बड़े भयभीत थे। अतएव यह भी सोचा गया कि उनको किस प्रकार रोका जाए। सम्मेलन ने प्रायः सभी उद्देश्यों की सिद्धि में सफलता प्राप्त की। उस समय रोम और एविगनॉन के पोपों के अतिरिक्त पीसा धर्माधिकारी सम्मेलन के निर्णयानुसार एक तीसरे पोप का भी जन्म हो गया था। कांस्टेन्स सम्मेलन में तीनों पोपों को अपदस्थ कर दिया गया। इन तीनों पोपों के स्थान पर एक पोप निर्वाचित किया गया जिसको सबने मान्यता प्रदान कर दी। इसका कारण यह था कि इसमें सभी देशों के प्रतिनिधि उपस्थित थे और उनकी सहमति से ही यह निर्णय किया गया था। इस सम्मेलन ने यह भी घोषित किया कि सम्मेलनों का निर्णय अंतिम और पोपों के मत से भी श्रेष्ठ होगा। हर दस वर्ष पश्चात् इस प्रकार के सम्मेलन हुआ करेंगे। धर्मविरोधी आन्दोलन को समाप्त करने के प्रयत्न में इसी सम्मेलन में हस को भी जिन्दा जलवा दिया गया था।

बेसिल सम्मेलन

कांस्टेन्स सम्मेलन में यह तय किया गया था कि प्रत्येक दशक के बाद धर्माधिकारी सम्मेलन बुलाया जाए। इसी निश्चय के अनुसार पोप मार्टिन (पंचम) ने पेविया में इस सम्मेलन का आयोजन किया; किन्तु यह कई कारणों से न हो सका। सन् 1431 में सम्मेलन पुनः बेसिल में आरंभ हुआ। इस समय तक पोप मार्टिन पंचम का कार्यकाल समाप्त हो चुका था और उन दिनों पोप यूजीने चतुर्थ पदारूढ़ था। पोप यूजीने सम्मेलन की श्रेष्ठता को नहीं मानता था। फिर भी बेसिल सम्मेलन हुआ। इस सम्मेलन में धर्माधिकारियों की उपस्थिति इतनी कम थी कि सभापति सिसेरानी ने, जिसे पोप मार्टिन ने पेविया में सम्मेलन के समय नियुक्त किया था, अधिवेशन स्थगित करना चाहा किन्तु उपस्थित अधिकारियों और प्रतिनिधियों ने सभापति को ऐसा नहीं करने दिया। साथ ही सम्मेलन ने यह भी आज्ञा दी कि पोप उसके समक्ष उपस्थित हो। यदि वह सम्मेलन का आदेश नहीं मानेगा तो उसे हटा दिया जायेगा। इस धमकी के कारण पोप को विवश होकर आना पड़ा। सम्मेलन में पोप-विरोधी तत्वों की प्रधानता थी। कहा तो यह गया था कि पूर्वी तथा पश्चिमी गिरजा संघों को मिलाने के प्रश्न पर सम्मेलन में विचार किया जायेगा किन्तु उसने विचार आरंभ किया पोप के अधिकारों को सीमित कर देने के प्रश्न पर। इस पर सम्मेलन के सभापति सिसेरानी ने अपने एक सहयोगी निकोलस क्यूसा सहित सभास्थल छोड़ दिया। इसका

कारण यह था कि वैसे तो सिसेरानी पोप की सीमित सत्ता का ही पोषक था किन्तु वह जितनी सत्ता सीमित हो चुकी थी उससे अधिक बढ़ने के पक्ष में नहीं था। अभी यह विवाद चल ही रहा था कि पूर्वी गिरजा संघ के अधिकारियों ने एक प्रार्थनापत्र पोप के पास भेज दिया। इस प्रार्थनापत्र में अनुरोध किया गया कि सम्मेलनों का अधिवेशन किसी ऐसे सुविधाजनक स्थान पर बुलाया जाए जहाँ पर पूर्वी गिरजा के प्रतिनिधि भी भाग ले सकें। फलस्वरूप सम्मेलन का स्थान बदल दिया गया और अगला अधिवेशन सन् 1436 में फेररा में हुआ। इस सम्मेलन में बहुमत से निर्णय करने की महत्वपूर्ण परम्परा स्थापित हुई। पूरे सम्मेलन को तीन वर्गों में विभक्त कर दिया गया। पहले में राजसत्ता और विद्वानों के प्रतिनिधि रखे गये, दूसरे में कार्डिनल, आर्कबिशप और बिशप, तथा तीसरे में एबट और प्रीलेट्स रखे गये। सम्मेलनों के निश्चयों को अलग-अलग तीन बार तीनों वर्गों के सामने रखा जाता था और यदि कोई भी प्रस्ताव तीन में से दो वर्ग पारित कर देते थे तो वह पारित समझा जाता था। इसी सम्मेलन में वस्तुतः पूर्वी और पश्चिमी गिरजा संघों का संयुक्तीकरण हो गया। लेकिन सन् 1453 में कुस्तुनतुनिया में कुछ ऐसे राजनीतिक परिवर्तन हुए कि उनकी वजह से यह गठबंधन टूट गया। **पोप यूजीने** इस बीच अपनी श्रेष्ठता प्रमाणित करने में लगे रहे और वे सम्मेलन के निर्णयों को अपने निश्चयों के सामने हेय समझते थे। फलस्वरूप यह तय किया गया कि सम्मेलन द्वारा पोप को पदच्युत कर दिया जाए। हुआ भी ऐसा ही, किन्तु यूरोप के कई राजाओं ने पोप की पदच्युति का विरोध किया। शनैः शनैः बेसिल के धर्मसम्मेलन का विघटन होता गया और उसके बाद फिर कोई अधिवेशन नहीं हुआ। पोप की स्थिति जहाँ तक सम्मेलन का संबंध था पूर्ववत् हो गई, किन्तु मध्ययुग जैसी अपनी खोई हुई सत्ता पोपतंत्र प्राप्त न कर सका। इस प्रकार सन् 1450 के अन्त तक यह स्थिति उत्पन्न हो गई कि सम्मेलनों के आयोजनों का आन्दोलन जो बड़े जोर-शोर से आरंभ किया गया था, शान्त हो गया।

सम्मेलन (कौंसिल) आन्दोलन की असफलता

धर्माधिकारियों के सम्मेलनों का आयोजन अन्ततः सफलता प्राप्त न कर सका। **पोप यूजीने चतुर्थ** के कार्यकाल में ही इसका अन्त हो गया। इस आन्दोलन की असफलता इन अर्थों में मानी जाती है कि उनकी वजह से पोप की सत्ता पर जो प्रशासनिक नियंत्रण लगाये जाने की आशा थी—वह सिद्ध न हो सकी। यदि आन्दोलन की विफलताओं के कारणों का विश्लेषण किया जाए तो हम निम्नलिखित परिणामों पर पहुँचेंगे। राजसत्ताधीशों की उदासीनता; आन्दोलन का अतिबौद्धिकता-प्रधान हो जाना; प्रतिकूल अन्तर्राष्ट्रीय परिस्थितियाँ; उपयुक्त नेताओं का अभाव और पोप सत्ता तथा सम्मेलनाधिकारियों की उद्देश्यभिन्नता। इन परिणामों पर हम एक-एक करके विचार कर सकते हैः

धर्माधिकारी सम्मेलनों द्वारा गिरजा का नियंत्रण हो

यह आन्दोलन आरंभ होने के पूर्व ही नरेशवर्ग अपने-अपने क्षेत्रों में अपनी स्थिति बना चुका था। यूरोप के विभिन्न नरेश यह चाहते थे कि उनके देशों में उनकी स्थिति सुदृढ़ रहे। सम्मेलनों के प्रारंभिक अधिवेशनों में जब यह तय हो गया कि पोप को राजकीय मामलों में कोई हस्तक्षेप नहीं करना है तो राजाओं की स्थिति अपने-अपने स्थानों में सुदृढ़ हो गई। स्थिति को अपने मनोनुकूल बनाने के बाद यूरोप के राजाओं ने सम्मेलनों में रुचि ग्रहण करना छोड़ दिया। उनकी इस उदासीनता का आन्दोलन पर अत्यन्त प्रतिकूल प्रभाव पड़ा।

आन्दोलन का श्रीगणेश वाइक्लिफ ने किया था। वाइक्लिफ के उपरान्त **लालार्ड्स** ने उसे इंग्लैण्ड और हस ने यूरोप में चलाया। ये सभी विश्वविद्यालयों से संबद्ध थे। जनजीवन तथा लोकव्यवहार का इनको कोई भी प्रत्यक्ष अनुभव नहीं था। परिणामतः इन आन्दोलनों में ऊँचे-ऊँचे सिद्धान्तों की तो बहुत अधिक कल्पना की गई किन्तु यह ध्यान नहीं रखा गया कि लौकिक जगत् में बहुत अधिक बौद्धिक लोग नहीं होते। इस वजह से कुछ प्रभावशाली सार्वजनिक बुद्धिजीवियों के अतिरिक्त आन्दोलन उतना लोकप्रिय नहीं हो सका—जितनी आवश्यकता थी।

राष्ट्रीयता के उदयीभूत हो जाने से अन्तर्राष्ट्रीय परिस्थितियाँ आन्दोलन के अत्यन्त प्रतिकूल हो गईं। प्रत्येक देश का शासकवर्ग अपने देश की आन्तरिक राष्ट्रीय समस्याओं को सुलझाने में लग गया; राष्ट्रीय समस्याओं ने उसे अन्तर्मुखी बना दिया। इसके विपरीत सम्मेलन आन्दोलन को सफल बनाने के लिए अन्तर्राष्ट्रीय सामंजस्य, समन्वय और मैत्री की भावना इच्छित थी। इन सम्मेलनों में थोड़े दिन बाद इस भावना के बजाय राष्ट्रीयता अधिक दिखलाई पड़ने लगी। यह भावना आन्दोलन के उद्देश्य की सिद्धि के लिये बड़ी विकट बाधा सिद्ध हुई। दूसरे, यूरोप के शासक गिरजा और पोप की सापेक्षिक स्थिति निर्धारित करना चाहते थे। जैसे ही यह स्थिति निर्धारित हो गई, उन्होंने सम्मेलन में भाग लेना छोड़ दिया।

आन्दोलन में बुद्धिजीवियों का तो अभाव नहीं था किन्तु यह स्थिति अवश्य थी कि उसमें एक भी ऐसा व्यक्ति नहीं था जिसमें किसी लोकप्रिय आन्दोलन के नेता होने की योग्यता हो। यह सच है कि नेता भी किसी-न-किसी ऊँचे आदर्श और सिद्धान्त को लेकर ही आन्दोलन चलाते हैं किन्तु इसके साथ ही वे जनता को अपने साथ रखने के लिए कुछ ऐसे नारे लगा देते हैं जो फड़का देनेवाले हों। सम्मेलन (कौंसिल) का आन्दोलन चलानेवाले मस्तिष्कों में ऐसा कोई न था जो उक्त अभाव की पूर्ति कर सकता। सम्मेलन में किसी प्रणेता ने कोई मौलिक विचार भी नहीं रखा; वे मार्सीलिओ या विलियम के विचारस्रोतों पर ही निर्भर रहते आए। परिणाम यह हुआ कि व्यावहारिक कसौटी पर उनके अनेक सिद्धान्त पूर्णता और क्षमता प्रकट नहीं कर सके।

सम्मेलन के प्रतिनिधि चाहते थे कि हम गिरजा की नियंत्रणकारी सत्ता को किसी एक व्यक्ति के हाथ में न रखकर उसका इस प्रकार विकेन्द्रीकरण करें कि सत्ता के केन्द्रित हो जाने से जो क्षतियाँ होती हैं—वह न होने पावें। पोप ही ऐसा अधिकारी था जिसके हाथ में पहले पूरी शक्ति रहती थी। पोप मार्टिन पंचम ने गिरजा की नियंत्रण सत्ता के विकेन्द्रित होने में थोड़ी-सी मदद भी दी थी, लेकिन उसके उत्तराधिकारियों ने ऐसा करने से साफ-साफ इन्कार कर दिया। इस असहयोगपूर्ण भावना के कारण पोप और सम्मेलन के उद्देश्य भिन्न-भिन्न हो गये और इसका लाभ पोप ने उठाया। पोपों ने सम्मेलन के प्रतिनिधियों को अपनी तरफ मिला लिया और मनोनुकूल निर्णय करा लिये। ऐसी अवस्था में आन्दोलन का असफल होना अनिवार्य था।

सम्मेलन (कौंसिल) आन्दोलन का महत्व

किन्तु यह नहीं कहा जा सकता कि आन्दोलन पूर्णतः असफल ही रहा। इस आन्दोलन से कुछ तो लाभ हुए ही। ये लाभ इस प्रकार गिनाये जा सकते हैं:

सैद्धान्तिक रूप से यह मान लिया गया कि धर्माधिकारियों के सम्मेलन की स्थिति और उसके निर्णय पोप से उच्चतर हैं और पोप को उनका हर दशा में पालन करना चाहिए। अपरोक्षतः इसका प्रभाव केवल ईसाई धर्म तक ही सीमित न रहा—वह धार्मिक क्षेत्रों से राजनीतिक क्षेत्रों में भी आया। राजनीतिक क्षेत्रों में भी शासकों को शासन के संबंध में प्रतिनिधि सरकार का सिद्धान्त मानना पड़ा। इसकी मान्यता प्रजातंत्रवाद की दिशा में रखा गया एक अत्यन्त सुदृढ़ चरण थी।

यह सच है कि सम्मेलन की यह इच्छा कि वह पोप को अपने अधीन रखे—सफलीभूत न हो सकी किन्तु इतना तो हुआ ही कि सम्मेलन के आन्दोलन को असफल बना देने के बाद पोप अपने अधिकारों का प्रयोग अधिक सतर्कता से करने लगे। वे इस बात का ध्यान रखने लगे कि उनका आचरण लोकमर्यादाओं की सीमा का उल्लंघन न करे। अपने आप में आन्दोलन की यह सफलता कुछ महत्वपूर्ण न थी। पोपों ने इसके बाद से वह उच्छृंखलता त्याग दी जो वे पहले करते थे। वे अपने कार्यों में अधिक दक्षता दिखलाने लगे। गिरजाघरों का प्रबन्ध पहले की अपेक्षा अधिक सुव्यवस्थित हो गया।

धर्म का भी राष्ट्रीयकरण हो गया। प्रत्येक देश में ऐसे गिरजाघर बनने लगे जिनके धर्माधिकारी देश के हितों को धर्म का हित और धर्म के हितों को देश का हित समझने लगे। इस संबंध में इंग्लैण्ड ने सबसे पहला कदम उठाया। स्विट्जरलैण्ड और जर्मनी ने भी उन हितों का अनुसरण किया।

सम्मेलन की असफलता की प्रतिक्रिया यह हुई कि यूरोप में सुधारवादी आन्दोलन छिड़ गया। इस आन्दोलन ने यूरोप को कई प्रतिभासम्पन्न और अत्यन्त मौलिक विचारक प्रदान किये। ये विचारक मार्टिन लूथर, कालविन, रूसो, हॉब्स, लॉक आदि की कोटि के थे।

धर्माधिकारी सम्मेलन की असफलता के बाद सभी धर्म और राजनीति के कर्णधारों के कान खड़े हो गये। उनमें यह भावना घर कर गई कि वे अपने ऊँचे पदों पर तभी बने तक रह सकते हैं जब तक वे अपने अधिकारों का भली-भाँति, विवेक-निर्दिष्ट प्रयोग करते रहें। यदि वे अधिकारों का मनमाना प्रयोग करेंगे तो अवश्य अपने स्थानों से हटा दिये जायेंगे क्योंकि अन्त में समाज ही ईश्वर का प्रत्यक्ष रूप है। उन्हें सत्ता इसलिए मिलती है कि वे समाज का हित साधन करें न कि स्वयं अपना स्वार्थ-साधन।

जॉन गर्सन और निकोलस क्यूसा

धर्माधिकारी सम्मेलन आन्दोलन के संबंध में सक्रिय रूप से जिन विद्वानों ने सिद्धान्त प्रमयन के अतिरिक्त और भी कुछ काम किया उनमें जॉन गर्सन और निकोलस क्यूसा के नाम विशेषरूप से उल्लेखनीय हैं। अतः, अच्छा होगा यदि हम इनके विचारों को भी जान लें। यह बतला देना प्रारंभ में ही उपयुक्त होगा कि ये दोनों विचारक धर्मसत्ता की और अधिक झुके हुए थे। इनके अतिरिक्त एनियस सिलवयिस (बाद में जिन्हें पोप निर्वाचित किया गया) का भी नाम उल्लेखनीय है।

जॉन गर्सन

जॉन गर्सन ने ईसाई गिरजा की व्यवस्था में आमूल परिवर्तन कभी पसन्द नहीं किये। वह विप्लव नहीं गिरजों की व्यवस्था में सुधार चाहता था, जिससे वह त्रुटिमुक्त हो सुचारू रूप से कार्य कर सकें। अध्ययनशील एवं सैद्धान्तिक गर्सन के लिए यह उचित ही था कि वह अरस्तू की भाँति मध्यम मार्ग के स्वर्णपथ का अवलम्बन करता। जॉन गर्सन का जन्म 1363 में हुआ था। वह पेरिस विश्वविद्यालय का कुलपति था। उसने पीटर एली से शिक्षा प्राप्त की थी। समकालीन विचारकों में गर्सन पर विलियम ओकाम के विचारों का बहुत अधिक प्रभाव पड़ा था। वह विश्वास करता था कि समाज ही सारी सत्ता का स्रोत है–वह सत्ता चाहे धार्मिक हो या राजनीतिक–राजनीतिक क्षेत्र में उसने शासनतंत्र (सरकार) के मिश्रित स्वरूप का प्रतिपादन करते हुए उसे उत्तम बतलाया। शासनतंत्र के इस मिश्रित स्वरूप में गर्सन ने प्रजातंत्रात्मक, आभिजात्यात्मक और राजतंत्रात्मक–इन सभी तत्वों का समावेश किया। राजसत्ता और धर्मसत्ता संबंधी गर्सन के विचार मध्यमार्गीय थे। वह मार्सीलिओ का सिद्धान्त नहीं मानता था। मार्सीलिओ ने कहा था कि सर्वोच्च सत्ता ईसाई समाज में निहित है। पोप केवल उसका प्रतिनिधि है और पोप को ईसाई समाज के बहुसंख्यकों के मत के अनुसार की कार्य करना चाहिए। गर्सन ने मार्सीलिओ की यह बात नहीं मानी। उसने यह भी स्वीकार नहीं किया कि पोप को उच्चतम अधिकार प्राप्त हैं और वह जो चाहे करे। इस संबंध में उसका कहना था कि सर्वोच्च सत्ता ईसाई समाज के गिरजाघर के अधिकारियों के प्रतिनिधियों की सभा को मिलनी चाहिए। पोप को प्रशासकीय मामलों में भी उसी का नेतृत्व मानना चाहिए। इस प्रकार हम इस परिणाम पर पहुँचते हैं

कि गर्सन पोपों की निरंकुश सत्ता तथा अतिलोकतांत्रिकता दोनों में से किसी का भी समर्थक नहीं था। पोप की स्थिति के संबंध में उसका मत था कि पोप गिरजाघरों के संघ की प्रशासकीय व्यवस्था का अध्यक्ष मात्र है। गर्सन का कहना था कि पथभ्रष्ट या कर्तव्यविमुख पोप को हटाने का अधिकार न केवल धर्मसत्ता को है अपितु राजसत्ता को भी है। वह चाहता था कि धर्मसत्ता और राजसत्ता के अधिकारों का एक निर्दिष्ट सीमा तक कोई उल्लंघन न करे। साथ वह यह भी चाहता था कि जनता भी अपने अधिकार प्राप्त कर सके। उसके यह विचार इसलिए थे कि वह धर्मसत्ता में फैली फूट को खत्म करना चाहता था। कांस्टेन्स के धर्माधिकारी सम्मेलन में मुख्यतः उसी के विचारों को प्रकट किया गया था। यह कहना भी संभवतः कोई अतिशयोक्ति न होगी कि धर्माधिकारी सम्मेलन आन्दोलन के पीछे गर्सन एक बहुत बड़ी शक्ति था।

निकोलस क्यूसा

निकोलस एक जर्मन विद्वान था और वह जर्मनी के एक नगर क्यूसानस का निवासी था। उसने बेसिल धर्माधिकारी सम्मेलन का कार्य मुख्यतः संचालित किया था। उसकी सबसे प्रसिद्ध पुस्तक '**डी कानकॉडेनिटा केथोलिका**' है जिसका मूल तत्व यही है कि धार्मिक क्षेत्र में व्याप्त अशान्त व्यवस्था को किस प्रकार दूर किया जाए। पोपसत्ता का नियंत्रण धर्माधिकारी सम्मेलन द्वारा क्यों हो—इस संबंध में निकोलस ने अपने विचार अत्यन्त विस्तारपूर्वक प्रकट किये हैं। निकोलस का समन्वय और सामंजस्यवाद का संभवतः सबसे बड़ा परिपोषक था। उसका कहना था कि ब्रह्माण्ड भर में जितनी वस्तुएँ हैं उन सबकी रचना का कोई-न-कोई उद्देश्य है। इसी उद्देश्य के अनुरूप सर्जित वस्तु का कर्तव्य भी निर्धारित है। यदि सभी वस्तुएँ और व्यक्ति अपने-अपने निर्धारित कर्तव्य का पालन करते हैं तो वे ईश्वरीय उद्देश्य की पूर्ति करते हुए अंतिम लक्ष्य की ओर पूर्ण समन्वय के साथ आगे बढ़ते चले जायँगे। **निकोलस** ने अपने इसी सिद्धान्त के अनुसार सम्पूर्ण ईसाई समाज को परस्पर संबद्ध एक सावयविक पूर्णता माना है। उसने यह स्वीकार किया कि पोप को जो सत्ता प्राप्त होती है स्वभावतः वह ईश्वरीय होते हुए भी मानवीय है; मानवीय इन अर्थों में कि पोप को सत्ता प्रदान करने स्वयं ईश्वर नहीं आता। उसे वह सत्ता ईश्वर से निर्मित समाज में मिलती है। अतएव पोप की सत्ता ईश्वरीय होते हुए भी उसका निमित्त समाज है। समाज मानव-समूह है। अतः प्रत्यक्षतः पोप की सत्ता का स्रोत मानवीय है, और पोप को चाहिए कि वह समाज को अपना अंतिम अधिकारी समझे। पोप को सत्ता समाज की सहमति से ही मिलती है। अतः वह समाज द्वारा अपदस्थ किया जा सकता है। निकोलस तो यहाँ तक कहता था कि सम्पूर्ण ईसाई समाज की इच्छा न केवल पोप से ऊँची है, अपितु वह किसी भी ऐसे अंग की इच्छा से महत्तर है जो समाज से ही संबद्ध हो। निकोलस ने पोपसत्ता को विकेन्द्रित करने के पक्ष में भी बहुत कुछ लिखा है। कहा जाता है कि उसने इस संबंध में एक योजना भी तैयार की थी जो ज्यों-की-त्यों कार्यान्वित नहीं हो सकी। वह

धर्मसत्ता को कुछ ऐसे समूहों में विभक्त कर देना चाहता था जो राष्ट्रीय आधार पर ग्रंथित हो।

शासन के संबंध में उसने समझौते के सिद्धान्त का इस प्रकार प्रतिपादन किया कि प्राकृतिक अवस्था में लगभग सभी मनुष्यों की अवस्था समान थी। सबको प्रकृति की आज्ञाओं का समान रूप से पालन करना पड़ता था। इसी प्रकृति के नियमानुसार आज भी सब मनुष्य समान हैं। कोई व्यक्ति किसी दूसरे पर बिना उसकी अनुमति या सहमति के शासन नहीं कर सकता। अतएव शासकों को शासितों का मत जानने के लिए उनकी प्रतिनिधि सभाएँ और संस्थाएँ स्थापित करनी चाहिए और अपने कार्यों के लिए उनसे अनुमति प्राप्त करनी चाहिए। किन्तु, प्रतिनिधित्व संबंधी निकोलस का सिद्धान्त अत्यन्त सीमित है। वह कहता है कि यदि आभिजात्यवर्ग के लोगों को शासक अपने हाथ में लेता है तो इतना पर्याप्त है। वह यह नहीं चाहता था कि सम्पूर्ण जनता का प्रतिनिधित्व शासकों को परामर्श देनेवाली सभा में हो।

वह पोप की सत्ता को नियंत्रण में रखना चाहता था। उसका उद्देश्य पोप के पद को समाप्त कर देना नहीं था। अतएव उसके विचारों को अधिक-से-अधिक सुधारवादी कहा जा सकता है। निकोलस के विचारों की तुलना में वाइक्लिफ और हस के विचार ही कहीं अधिक क्रान्तिकारी थे। किन्तु, समकालीन सुधारकों में ही इतना अधिक अनैक्य था कि निकोलस जिन बातों को लेकर आन्दोलन में शामिल हुआ था, उनको तो वह करा ही नहीं सका, उल्टा पोप के पक्ष में जा मिला। फिर भी इतना तो मानना ही पड़ेगा कि निकोलस ने सामाजिक और अन्तर्राष्ट्रीय सामंजस्य की रूपरेखा दी तथा प्रतिनिधि शासन के मानचित्र को अंकित करने का प्रयत्न किया।

एनियस सिलवियस या पोप पियस द्वितिय

एनियस सिलवियस ने भी मनुष्य की प्राकृतिक अवस्था का चित्रण करने के बाद बतलाया है कि उसने शनैः शनैः सामाजिक और राजनीतिक विकास किस प्रकार प्राप्त किया। सिलवियस का मत है कि मनुष्य प्राकृतिक अवस्था में अलग-अलग रहता था। फिर उसने देखा कि एक दूसरे के साथ सहयोग करने से लाभ होता है। इस लाभ की मात्रा उतनी ही अधिक बढ़ती जाती है जितनी मनुष्यों की संख्या। अतएव उसने सामुदायिक जीवन का विकास किया। इसके बाद राज्य की स्थापना हुई। सिलवियस का मत था कि राजा और उसकी सत्ता का स्रोत समाज है। यदि कोई भी अधिकारी अन्यायी हो जाता है और सामाजिक परम्पराओं के अनुकूल शासन नहीं करता तो उसे अपदस्थ कर देने का अधिकार समाज को है। सिलवियस ने सीमित और नियंत्रित राजतंत्र का लॉक की भाँति समर्थन किया, यद्यपि उसके सम्पत्ति और अन्य अधिकारों संबंधी विचार लॉक की भाँति परिपक्व नहीं हैं।

मध्य युग में राजदर्शन की प्रगति की समीक्षा

मध्य युग के संबंध में लिखे गये इस अध्याय को समाप्त करने के पूर्व यह अच्छा होगा कि हम एक बार मध्य युग की उन राजनीतिक प्रवृत्तियों का संक्षेप में विहंगावलोकन कर लें जो मध्ययुगीन राजदर्शन की प्रगति की ओर संकेत करती हैं। ईसा के जन्म से लेकर लगभग आधी पन्द्रहवीं शताब्दी तक मध्य युग का काल-विस्तार माना जाता है। इन डेढ़ हजार वर्षों में, माना जाता है कि प्राचीन और आधुनिक युगों की तुलना में, कोई प्रगति नहीं हुई। लेकिन इस कथन के आधार पर यह कह देना बड़ा ही अनुपयुक्त और असंगत होगा कि मध्य युग सर्वथा प्रगतिहीन है और उसने आधुनिकता के आगमन की दुन्दुभी बजाने में भी योग नहीं दिया। सम्पूर्ण मध्य युग में समान राजदर्शन का सिंहावलोकन करने पर हम निम्नलिखित सिद्धान्तों की चर्चा कर सकते हैं जो अपने स्थान पर ही नहीं अपितु आधुनिक सिद्धान्तों की दृष्टि से भी अत्यन्त महत्वपूर्ण और उपयोगी हैं:

सामूहिक जीवन

मध्य युग में सामूहिक जीवन व्यतीत करने की प्रवृत्ति का बड़ा विकास हुआ। संभवतः इसका कारण तत्कालीन राजनीतिक स्थिति थी। नगरों का उतना विकास न हो पाया था जितना आधुनिक युग में हुआ है। कल-कारखाने और उद्योग-धंधों के आधुनिक रूप की तो कल्पना भी उस समय नहीं की गई थी। लोग अधिकांशतः गाँवों में खेती-बाड़ी करते थे और अपने आसपास ऐसे कारीगरों जैसे, राज, बढ़ई, जुलाहा, चमार इत्यादि परिवारों को बसा लेते थे जिनसे ग्रामीण जीवन की आवश्यकताएँ पूरी हो जाएं। इसके अतिरिक्त मठों और आश्रमों में भी सामूहिक जीवन बिताने की आदत थी। उन दिनों ईसाइयों के ऐसे बहुत से सम्प्रदाय विकसित हो गये थे जो आश्रमों और मठों में ही सामूहिक जीवन बिताते थे। साधु-सन्तों के अलावा कारीगरों और उत्पादकों के भी संघ हुआ करते थे जिन्हें 'गिल्ड' कहा जाता था। ये गिल्ड कारीगरों को रुपया और कच्चा माल देते थे और कारीगर जो कुछ पैदा करते थे उसको बिकवाने की व्यवस्था करते थे। इस प्रकार के संघों का समाजवाद की एक शाखा के विचारकों ने बीसवीं शताब्दी में भी बड़ा प्रचार किया है।

निगम सिद्धान्त

यह सिद्धान्त मध्य युग के न्यायाचार्यों ने कुछ संस्थानों के महत्व को स्थिर करने के लिए प्रतिपादित किया था। उनका लक्ष्य था कि जिन संस्थाओं का महत्व लौकिक और आध्यात्मिक जीवन की उन्नति करना है—उन्हें ऐसा स्वायत्त शासन प्राप्त हो जाए कि वे राजनीति के अनावश्यक विवादों से दूर रहते हुए भली भाँति-कार्य कर सकें। जिन न्यायाचार्यों ने इस सिद्धान्त का विकास किया—वे रोमन विधियों के ज्ञान से पारंगत थे। वे निगम सिद्धान्त को प्रतिपादित करते हुए बतलाते थे कि विश्वविद्यालय, नगर, गिरजाघर

तथा उनकी प्रबंध परिषदें यद्यपि एक प्रकार से सम्पूर्ण समाज की ही अंग हैं तथापि इनका अपना महत्व भी है। वे अपने आप में ही एक प्रकार से पूर्ण हैं। इन संस्थाओं को अपना अलग व्यक्तित्व है और अलग इच्छाएँ हैं। वे अपने व्यक्तित्व का प्रयोग निश्चित लक्ष्य-प्राप्ति के लिए करती हैं। अतएव उनको स्वायत्त शासन प्राप्त होना चाहिए। उनका यह भी कहना था कि इस प्रकार के शासनाधिकार के प्रदान कर देने से राज्य की सत्ता को सहायता ही मिलती है—उसमें बाधा नहीं पड़ती। इस प्रकार के सिद्धान्त का सम्मेलन-आन्दोलन के काल में खूब प्रचार हुआ। सम्मेलन-आन्दोलन तो कालान्तर में समाप्त हो गया किन्तु इस निगम सिद्धान्त के आधार पर इँगलैण्ड में विशेषरूप से और सामान्यतः सम्पूर्ण यूरोप के देशों में स्वायत्त शासन प्राप्त संस्थाएँ शनैः शनैः विकसित होती गईं। विश्वविद्यालयों की स्वायत्त शासन का अधिकार, नगरवासियों को नगर का प्रबंध करने के लिए नगरपालिकाएँ और नगर निगम (कारपोरेशन) आदि बनने का अधिकार, इसी सिद्धान्त के विकसित तरु है। आधुनिक युग के आरंभिक दशकों में बहुलवाद का सिद्धान्त था सत्ता के विकेन्द्रीकरण का सिद्धान्त भी इसी आधार पर विकसित हुआ है।

लोकसत्ता की कल्पना

यूनान में तो लोकसत्ता की कल्पना ही की गई थी और प्रजातंत्रवाद का व्यावहारिक प्रयोग भी किया गया था, लेकिन रोमन विचारकों ने भी यह माना कि राज्यसिंहासन का पद भले ही दैवी हो किन्तु जहाँ तक राजा का संबंध है उसे सत्ता समाज से ही प्राप्त होती है, और सामाजिक मर्यादाओं की रक्षा करना राजा का प्राथमिक कर्तव्य है। बाद में जब ईसाई धर्म का प्रचार हुआ तो राज्य के उत्पत्ति सिद्धान्त का अभिनवीकरण किया गया। ईसाइयों ने धर्मग्रंथों के आधार पर यह कहा कि शासन की सत्ता को ईश्वर ने मनुष्य के पतन के कारण जन्म दिया। लेकिन इससे राजसत्ता के दैवी और मानवीय होने में कोई विरोध उत्पन्न नहीं हुआ। एक प्रकार से ईसाईधर्म ने भी यह स्वीकार कर लिया कि राजसत्ता और राज्याधिकारी दैवी और मानवीय दोनों ही हैं। समाज को ईश्वर का ऐसा निर्मित माना जाने लगा था जिससे राजसत्ता और राजा की उत्पत्ति होती है। लोकसत्ता की स्वाधीनता की कल्पना कई मध्यकालीन विचारकों ने की थी। कुछ तो यह भी मानते थे कि यदि राजा अपने कर्तव्यों का पालन नहीं करता या उसका स्थान रिक्त हो जाता है तो सत्ता आपने आप समाज को वापस मिल जाती है। मार्सीलिओ आदि जैसे कुछ विचारकों ने यह भी कहा कि समाज अपनी सम्पूर्ण सत्ता कभी हस्तान्तरित नहीं करता। नरेश को समाज का पथ-प्रदर्शन सदैव प्राप्त करते रहना चाहिए। इस पथ-प्रदर्शन को प्राप्त करने के लिए उसने प्रतिनिधि सभा की कल्पना भी की थी। मार्सीलिओ ने यह भी बतलाया कि नरेश को प्रतिनिधि सभा का निर्णय अंतिम मानकर उसका विधि की भाँति आदर करना चाहिए। निकोलस क्यूसा ने भी एक हद तक इस बात का समर्थन किया। कालान्तर में संप्रभुता का जनवादी सिद्धान्त इसी आधार पर बढ़ा। लोकतंत्रवाद में तो साफ-साफ माना जाने लगा

कि समाज समस्त सत्ता का केन्द्र-स्थल है और प्रत्येक अधिकारी को उसी से शक्ति प्राप्त होती है। यह सिद्धान्त आज भी दिन-प्रतिदिन दृढ़ होता जा रहा है।

गिरजा का धर्मतंत्रात्मक राज्य

मध्य युग में गिरजा ने अपनी श्रेष्ठता स्थापित कर एक प्रकार के धर्मतंत्रात्मक राज्य कायम कर लिया था। धर्माधिकारियों तथा उनके पक्ष के समर्थकों का यह कहना था कि धर्मसत्ता श्रेष्ठतर है। पोपों तथा पादरियों ने अपना यह दावा दो बातों द्वारा सिद्ध करने की चेष्टा की। इस दावे का पहला तर्क तो उनका दो तलवारों के सिद्धान्त पर आधारित था और दूसरा सम्राट् कांस्टेनटीन के दानपत्र पर। पहले तर्क के अनुसार उनका कहना था कि ईसा के प्रथम शांति-संदेशवाहक सन्त पीटर ने पोप को दो तलवारें दी थीं। एक तलवार राजसत्ता की थी और दूसरी आध्यात्मिक शक्ति की। पोप ने राजाओं को पहली तलवार दे दी और दूसरी को अपने पास ही रखा। इस सिद्धान्त के प्रतिपादन का आधार धार्मिक ग्रंथों द्वारा किया गया जिसके परिणामस्वरूप बौद्धिक युग के आंरभ में यह सिद्धान्त तो स्वयं परास्त हो गया क्योंकि उसकी पुष्टि के लिए कोई ऐतिहासिक प्रमाण नहीं था। लेकिन जब तक ऐसा नहीं हुआ तब तक पोपों ने बराबर यही कहा कि चूँकि राजसत्ता की तलवार उन्हीं को मिली है और उन्हीं ने उसे राजाओं को लौकिक व्यवस्था के हेतु दिया है। अतः यह मानना चाहिए कि वह व्यक्ति श्रेष्ठ है जो अधिकार प्रदान करता है। सम्राट् कांस्टेनटीन के दानपत्र के विषय में कहा जाता है कि जिस समय वह दानपत्र अपने साम्राज्य की राजधानी कुस्तुनतुनियाँ ले जा रहा था तो उस समय उसने रोम तथा उसके आसपास का क्षेत्र पोप वेस्टर को दान में दे दिया था। यह भी कहा जाता है कि दानपत्र में यह भी लिख दिया गया था कि जिस क्षेत्र को दान कर दिया गया है उसको कांस्टेनटीन के उत्तराधिकारी कभी नहीं माँगेंगे। कई सौ वर्षों तक यह दानपत्र अत्यन्त पवित्र वस्तु के रूप में देखा जाता रहा किन्तु बाद में 15वीं शताब्दी के प्रथमार्ध में जब इसकी ऐतिहासिक दृष्टि की जाँच की गई तो वह मिथ्या प्रमाणित हुआ। इसी दानपत्र के आधार पर पोप न केवल रोम तथा उसके आसपास के क्षेत्र को अपनी सम्पत्ति मानते थे अपितु उनका कहना था कि जर्मनी, फ्रांस तथा स्पेन आदि के भाग भी उन्हीं राज्य में सम्मिलित हैं। इस दावे का आगे चलकर राजसत्ता-समर्थक विद्वानों ने कितना कठोर विरोध किया यह चर्चा पिछले अध्याय में की जा चुकी है। धर्मसत्ता के इन विभिन्न दावों को मान लेने से राजसत्ता की स्थिति अत्यन्त निर्बल हो जाती थी। यही कारण है कि अन्त में राजसत्ता ने पोप के दावों का क्रमशः खण्डन करना आरंभ किया। प्रारंभ में राजसत्ता-समर्थक विद्वान् अधिक सफल न हो सके लेकिन बाद में क्रमशः उन्होंने यह सिद्ध कर दिया कि राजसत्ता का स्थान श्रेष्ठतर है। धर्म व्यक्तिगत विश्वास की वस्तु है। जहाँ तक लौकिक प्रबंध का संबंध है उससे धर्म को कोई विशेष संबंध नहीं होना चाहिए। **मार्सीलिओ** और **विलियम ओकाम** की राजसत्ता कुछ निर्बल रही लेकिन मैकियावली ने आकर यह साफ कर दिया कि राजसत्ता

की स्थिति श्रेष्ठतर है और धर्मसत्ता को उसकी अनुगामिनी बनकर ही चलना होगा। राजसत्ता के शासनतंत्र के संबंध में मध्ययुग के विद्वानों ने बतलाया कि राजतंत्र ही सर्वश्रेष्ठ है। उनका कहना था कि "सामाजिक सावयविकता का निष्कर्ष एकता है और इसी एकता का प्रतिनिधित्व शासन करनेवाले अंग में होना चाहिए। इस उद्देश्य की सिद्धि उस समय बड़ी आसानी से हो जाएगी जब शासन करनेवाला स्वयं एक इकाई (अर्थात् व्यक्ति हो।" लेकिन यह कहना गलता होगा कि पूरे मध्य युग में विद्वानों ने निरंकुश राजतंत्र का ही समर्थन किया। ये विद्वान् राजतंत्र को चाहते थे लेकिन राजतंत्र की निरंकुशता नहीं। आरंभ में उन्होंने राजतंत्र की सत्ता को धर्मसत्ता के नियंत्रण में रखना उचित ठहराया लेकिन बाद में उन्होंने इस मत में संशोधन कर यह कहना आरंभ किया कि वास्तविक सत्ता का स्रोत समाज है और समाज को ही राजसत्ता पर नियंत्रण रखना चाहिए। यह कार्य राज्य के उस अंग द्वारा किया जाना चाहिए जो समाज द्वारा उसके प्रतिनिधियों के रूप में चुना गया हो। इस मत के पूर्व भी स्थिति यह थी कि राजा मनमानी नहीं कर सकता था। राजा को अपने सामान्तों पर राजकाज के महत्व की बातों के लिए निर्भर रहना पड़ता था और ये सामन्त राजा के अंतिम निर्णय पर काफी प्रभाव डालते थे। राज्य का अध्यक्ष निर्वाचित हो यह कल्पना भी इसी युग की देन है।

प्रतिनिधि शासन

ऊपर के अनुच्छेद में हमने थोड़ा-सा संकेत प्रतिनिधि शासन की ओर भी किया है। इस संबंध में यहाँ यह बतला देना अनुपयुक्त न होगा कि प्रतिनिधि शासन की कल्पना मूलरूप से गिरजाघरों के प्रबंध में ही मूर्त रूप धारण कर सकी थी। यह सत्य है कि गिरजाघरों के प्रबंध में पोप की सत्ता सर्वोच्च मानी जाती थी लेकिन पोप का निर्वाचन समस्त गिरजाघरों के पादरी ही करते थे। दूसरे, गिरजाघरों के पादरी धर्महीनता का आरोप लगाकर किसी भी पोप को अपदस्थ कर सकते थे। यही नहीं धर्म संबंधी बातों में पोप का मत ही अंतिम नहीं होता था। उसके संबंध में अंतिम फैसला गिरजाधर के पादरी संयुक्तरूप से करते थे। पोप का अपने पद पर निर्वाचन जिस पद्धति से होता था—वह इस बात का सबसे बड़ा प्रमाण है कि पोप पादरियों का प्रवक्ता और प्रतिनिधि था जिसे प्रशासकीय अधिकार भी प्राप्त थे। इसी कल्पना को धर्मसत्ता से लेकर विद्वानों ने राजसत्ता पर भी लागू किया और यह निष्कर्ष निकाला कि राजसत्ता पर भी समाज के प्रतिनिधियों का नियंत्रण होना आवश्यक है।

सार्वभौमिक समाज

आज भी एक ही दुनियाँ की कल्पना अनेक विद्वान् करते हैं। एक आधुनिक कल्पना एक सार्वभौमिक नियंत्रित सत्ता के विचार पर आधारित है। मध्य युग में भी सार्वभौमिक समाज की कल्पना की गई थी। लेकिन मध्य युग और आज की कल्पना में मौलिक भेद

यह है कि मध्य युग में धर्म के आधार पर सार्वभौमिक समाज की कल्पना की जाती थी। जब कि आज धर्म को एकता का सूत्र न मान कर अखिल मानवता की शान्ति की कामना को एकता का मँगलध्वज माना जाता है। मध्य युग में समस्त ईसाइयों के सार्वभौमिक समाज का शासन दो सत्ताओं द्वारा किये जाने की कल्पना की गई थी। ये सत्ताएँ थीं—धर्म और राज्य की। इनमें धर्मसत्ता का स्थान श्रेष्ठतर बतलाया गया था। इस सार्वभौमिक समाज में प्रत्येक व्यक्ति को राजनीतिक, सामाजिक और वैधानिक अधिकार उसके ईसाई होने के कारण ही उसे प्राप्त होते थे। यदि कोई व्यक्ति धर्महीन सिद्ध होकर पादरी द्वारा धर्मबहिष्कृत कर दिया जाता था तो फिर उसके लिए समाज में कोई स्थान नहीं रह जाता था। वास्तविकता यह है कि मध्य युग में एक प्रकार का ऐसा धर्मतंत्र स्थापित हो गया था जिसमें सम्पूर्ण राजसत्ता गिरजा के हाथ में चली गई थी और राजसत्ता का काम यह समझ लिया गया कि वह धर्मसत्ता के आदेशों के अनुकूल उसी तरह कार्य करेगी जिस तरह विधि की आज्ञाओं का पालन आज का पुलिस विभाग करता है। संभवतः इसी कारण **फिगिस** ने यह लिखा भी है कि मध्य युग में राजसत्ता केवल गिरजा के पुलिस विभाग के रूप में ही शेष रह गई थी। यह कथन ठीक है—क्योंकि व्यक्ति के राजनीतिक अधिकार भी धर्म पर आधारित थे। संभवतः यह कहना भी गलत न होगा कि ईसाई और ईसाइयों के धर्माधिकारी गैर-ईसाइयों को मनुष्य मानने के लिए तैयार न थे।

मध्य युग में राजनीति, अर्थशास्त्र और आचारशास्त्र इन तीनों के स्वतंत्र अस्तित्व को धर्म ने समाप्त कर दिया था और यह माना जाता था कि उक्त तीनों विषय भी धर्म के ही अंग हैं। इस मान्यता से ही मध्य युग में राजनीति की अत्यन्त मन्द प्रगति हुई। कई सौ वर्ष राजनीति को धर्म की दासता के पाश से मुक्त होने में ही लग गये। यही कारण है कि राजनीतिक विचारों का मध्ययुगीन इतिहास बहुत अधिक उज्ज्वल नहीं है।

वैयत्तिक अधिकार

राजसत्ता की उचित रूपरेखा निर्धारित न होने के कारण आधुनिक युग की भाँति व्यक्ति के अधिकारों का भी विकास नहीं हो सका। राजसत्ता के स्वतंत्र अस्तित्व के अभाव के अतिरिक्त उन दिनों सामाजिक वर्गीकरण तथा स्थानीय देशभक्ति इतनी प्रबल थी कि व्यक्ति के पारस्परिक संबंध प्रायः भूमि के स्वामित्व या कारीगरसंघों (गिल्डों) की सदस्यता पर निर्भर थे। इसके अतिरिक्त एक कारण और भी था। वह यह कि पोप अपनी सत्ता का ऐसा निरंकुश प्रयोग करते थे कि उसमें यह संभव नहीं था कि व्यक्ति के अधिकारों के संबंध में कोई आवाज उठाई जा सकती।

अध्याय—15

मैकियावली

युग-प्रवाह की गति, इटली की अवस्था, जीवन-परिचय, युग का शिशु विद्वान और उनके ग्रंथ मैकियावली, मैकियावली की अध्ययन-पद्धति, मैकियावली पर प्रभाव डालने वाले ग्रंथ और विद्वान, मैकियावली की समस्याएँ, मानवस्वभाव का विवेचन, नैतिकता संबंधी सिद्धान्त, धर्म, आचारशास्त्र और राजनीति, मैकियावली की दृष्टि में राजनीति, इतिहास संबंधी मत, राज्य की उत्पत्ति और प्रकृति की कल्पना, राज्य की श्रेष्ठता, राज्यों का वर्गीकरण और उनके विस्तार की आवश्यकता, राज्य की सुरक्षा, शासक के कर्तव्य, संप्रभुता, विधि की कल्पना, सेना का राष्ट्रीयकरण, राष्ट्रीयता संबंधी विचार, मैकियावली के विचारों की त्रुटियाँ, आधुनिक राजनीति का जनक, मैकियावली के अनुदाय।

युग-प्रवाह की गति

मैकियावली के जीवन और उसके राजनीति संबंधी विचारों की चर्चा करते ही हमारी दृष्टि सहसा यूरोप के उस मानचित्र पर जाकर गड़ जाती है जो पन्द्रहवीं शताब्दी के प्रथमार्थ में था। युगगति का प्रथम विवेचन ही यूरोप के तत्कालीन पुनर्निर्माण की ओर इंगित करता है। उन दिनों यूरोप में तीन शक्तियों की प्रमुखता थी। वे शक्तियाँ थीं फ्रांस, स्पेन और इंग्लैण्ड। इन तीनों ही देशों में राष्ट्रवाद की भावना बड़ी द्रुत गति से पनप रही थी। यह कहना अतिशयोक्ति न होगा कि उक्त तीनों राज्यों ने धर्मसत्ता के प्रभाव से मुक्ति प्राप्त कर ली थी और वहाँ के राजतंत्र पोपों के आदेशानुसार चलना अपना कर्तव्य नहीं मानते थे। वे अपने देश तथा वहाँ के निवासियों के हितों की चिन्ता करना अधिक उपयुक्त

समझते थे। इंग्लैण्ड, फ्रांस और स्पेन के राष्ट्र-राज्य क्रमशः **हेनरी सप्तम, लुई एकादश** और **फर्डीनेण्ड** के राजछत्रों के नीचे सबल से सबलतर होते जा रहे थे। सामन्तों का दमन हो रहा था। दूसरे शब्दों में उक्त राज्यों में ऐसी शक्तियों का पराभव हो रहा था जो राज्य की अनैक्यता को प्रोत्साहित करती थीं। सत्ता का केन्द्रीकरण ऐसे राज्यों का मूलमंत्र हो गया था। जर्मनी में गति मन्द थी किन्तु वहाँ भी ऐसी प्रवृत्तियाँ स्पष्टतः प्रकट हो रही थीं जो विकेन्द्रित, विशृंखलित और विभक्त जर्मनी के बजाय एक ऐसे राजतंत्र का निर्माण करना चाहती थीं जो सत्ता का केन्द्रीकरण करके सुसंगठित और संयुक्त जर्मनी की रचना कर सके। इस संबंध में **मैक्समिलन** के प्रयास विशेषरूप से उल्लेखनीय हैं। इसके साथ ही विवेकयुक्त ज्ञान प्राप्त करने की भावना भी तेजी से फैल रही थी। **प्लेटो** और **अरस्तू** के बौद्धिकतावाद के अस्त हो जाने के बाद ज्ञान का पुनरोदय हो रहा था। समस्त यूरोप बौद्धिक पुनर्जागरण के युग से गुजर रहा था। यह समय वही था जिसे **'रेनेसां'** का युग कहा जाता है। धार्मिक अंध और मूढ़ विश्वासों के स्थान पर जनता में बुद्धि-विवेक द्वारा चीजों को समझने और परखने की प्रवृत्ति बढ़ रही थी। युग वैज्ञानिकता के संसार में प्रवेश कर रहा था।

इटली की अवस्था

जिस समय समकालीन संसार तेजी से राष्ट्र-राज्यों के निर्माण की ओर अग्रसर हो रहा था और राजसत्ता समर्थक तत्व प्रबल होकर उसकी स्वतंत्र स्थिति को सत्य बना रहे थे उस समय इटली अनैक्यता गृहयुद्ध और विदेशी शक्तियों के स्वार्थसाधनों का अड्डा बना हुआ था। इंग्लैण्ड, फ्रांस और स्पेन में तो पोप या पोप के अधिकारियों की ऐसी स्थिति नहीं रह गई थी कि वे वहाँ राजसत्ता के केन्द्रीकरण को रोक सकते या सामन्तों को प्रभावित कर उन्हें राजाओं के विरुद्ध भड़का सकते, लेकिन इटली की राजनीतिक अवस्था अवश्य ही इसके अनुकूल थी। समस्त इटली छोटी-छोटी रियासतों और नगर-राज्यों में बँटा हुआ था। ये राज्य भी परस्पर एक दूसरे से संबद्ध नहीं थे। इस कथन का आशय यह है कि इन राज्यों को परस्पर शृंखलित करनेवाली कोई एक ऐसी सत्ता नहीं थी जो समूचे इटली को एक सबल राज्य का रूप दे सकती। अलग-अलग छोटी-छोटी रियासतों में तो इटली विभक्त था ही—इस पर भी एक तो करेला कड़ुआ और फिर नीम चढ़ा वाली कहावत यों चरितार्थ हो रही थी कि ये रियासतें आपस में बराबर लड़ा करती थीं। गृहयुद्धों के कारण सामाजिक व्यवस्था बिल्कुल अस्त-व्यस्त हो गई थी। अशान्ति ने इटली के प्रसिद्ध नगरों का व्यापार और वाणिज्य बिल्कुल चौपट कर रखा था। कृषि और अन्य उत्पादन कार्य इसलिए बन्द हो गये थे कि पता नहीं किस स्थान पर किस पड़ोसी रियासत की सेनाएँ अकस्मात् चढ़ दौड़ें। इस प्रकार सम्पूर्ण देश दरिद्रता, क्षुधा और निर्धनता के काँटों में पड़ा बिलबिला रहा था। एक ओर तो वाणिज्य और व्यवसाय में लगे फ्रांस, इंग्लैण्ड और स्पेन के राष्ट्र-राज्य अपनी समृद्धि बढ़ाने में लगे थे और दूसरी ओर इटली एक भीषण रोगी

की भाँति इस प्रकार कराह रहा था जैसे उसकी देखभाल करनेवाला कोई न हो। गृहयुद्धों और सामन्तवादी राज्यों के अतिरिक्त धर्मसत्ता के अध्यक्ष पोप भी स्थिति को बिगाड़ने में कुछ कम सहायक नहीं हो रहे थे। वे इटली में उन शक्तियों का दमन करने में व्यस्त थे जो उसका एकीकरण चाहती थीं। इस कार्य के लिए पोप अन्य देशों से धन प्राप्त कर किराये के सैनिकों से युद्ध लड़ा करते थे। विदेशी शक्तियों का हित इसी में था कि इटली अपनी आन्तरिक समस्याओं के सुलझाने में ही व्यस्त रहे और अन्तर्राष्ट्रीय व्यापार-वाणिज्य के क्षेत्र में उनके प्रतिद्वंदी के रूप में न आ सके–इसलिए वे पोप की मदद करती थीं। परन्तु इस अंधकारमय वातावरण में एक आशा की किरण थी, अर्थात् ज्ञान का पुनरोदय। इस ज्ञान के प्रभाव से इटली के नगर भी मुक्त न थे। फ्लोरेंस, वेनिस, नेपिल्स आदि में ऐसी विद्यापीठें खुल गई थीं जो तत्कालीन आन्दोलन का प्रतिनिधित्व करती थीं।

जीवन-परिचय

युग की उक्त पृष्ठभूमि में **निकोलो मैकियावली** का जन्म सन् 1469 में हुआ। उसका जन्म-स्थान फ्लोरेंस नाम का इटली का एक नगर था जो समकालीन ज्ञान के **पुनरोदय** का प्रमुख अड्डा बना। मैकियावली के माता-पिता साधारण स्थिति के मध्यम वर्ग के लोगों में से थे। फ्लोरेंस की एक ऐसी विद्यापीठ में मैकियावली को शिक्षा प्राप्त हुई जिसमें विवेकाधारित ज्ञान के अनुसार पाठ्यक्रम रखा गया था। इस प्रारंभिक शिक्षा का मैकियावली पर ऐसा प्रभाव पड़ा कि वह उसके समस्त जीवन पर छा गया। अपनी शिक्षा के बाद, जो अधूरी ही छूट गई थी, वह किसी प्रकार सरकारी नौकरी प्राप्त करने में सफल हो गया। फ्लोरेंस में उन दिनों गणतंत्रवादी सरकार थी। फ्लोरेंस स्वतः एक स्वतंत्र नगर-राज्य था। सरकारी क्षेत्रों में उसके परिवार के व्यक्तियों को कोई प्रभाव नहीं था लेकिन परिवार के कुछ मित्रों के प्रयत्न से वह सरकारी नौकरी पाने में सफल हो सका। सरकारी नौकरी में मैकियावली को अपने अति संचेत्य स्वभाव और गजब की पर्यवेक्षण शक्ति के कारण बड़ी सफलता प्राप्त हुई। उसकी मानसिक और बौद्धिक प्रतिभाओं से सरकारी अधिकारी बहुत अधिक प्रभावित हुए और उन्होंने मैकियावली की पदोन्नति में यथाशक्ति सहायता पहुँचाई। उसकी पेरिस, रोम तथा दूसरे राज्यों में राजदूत के पद पर 23 बार नियुक्ति की गई। अंत में वह फ्लोरेंस की दस सदस्योंवाली शासनपरिषद् का सचिव बन गया। इस बहुमुखी अनुभव से मैकियावली को व्यावहारिक राजनीति का ज्ञान बहुत अधिक प्राप्त हो गया। इसी बीच अन्तर्राष्ट्रीय राजनीतिक हलचलों ने मैकियावली को अपने स्थान से उठा फेंका। सन् 1509 में **रेवना की लड़ाई** में फ्रांस की हार हो गई और स्पेन की जीत। फ्लोरेंस ने इस युद्ध में कोई भाग नहीं लिया, फिर भी युद्ध के परिणामों की प्रतिक्रिया वहाँ भी हुई। इस प्रतिक्रिया के फलस्वरूप उस शासनतंत्र को बदल दिया गया जिसके अन्तर्गत मैकियावली कार्य कर रहा था। यही नहीं स्पेन के समर्थकों ने जो फ्लोरेंस में सत्तारूढ़ हो गये थे, अन्य व्यक्तियों के साथ मैकियावली को भी निष्कासित कर दिया।

अपने निष्कासित जीवन का मैकियावली ने राजनीतिक ग्रंथों के पाठ और अध्ययन में उपयोग किया। इसके अलावा वह कुछ-न-कुछ राजनीतिक कार्य भी करता रहता था। इटली की तत्कालीन राजनीतिक स्थिति का अध्ययन कर उसने उन समस्याओं को भी खोज निकाला जिनका हल किया जाना इटली की एकता के लिए आवश्यक था। यह समय मैकियावली ने इस प्रकार बिताया कि जिस प्रकार एक डॉक्टर या चिकित्सक अपने रोगी की चिकित्सा आरंभ करने के पूर्व उसके रोग के निदान में बिताता है। लेकिन उसकी राजनीतिक गतिविधियों पर मैकियावली के विरोधियों की दृष्टि थी। उन्होंने मैकियावली की कार्रवाइयों को अपने विरुद्ध समझा और उसे पकड़कर राजद्रोहात्मक षड्यंत्र के अपराध में बंदीगृह भेज दिया। बंदी जीवन बिताने के पश्चात् वह जब मुक्त हुआ तो एक गाँव में जाकर समाजसेवा और लेखनकार्य में अपना जीवन बिताने लगा। उसकी समस्त रचनाएँ इसी काल में लिखी गईं। उसने अपने ग्रंथों को लिखते समय यह कल्पना की थी कि उसे कोई ऊँचा ओहदा पुनः प्राप्त हो सकेगा लेकिन उसकी यह आशा सफलीभूत न हुई। सन् 1527 में अट्ठावन वर्ष की अपेक्षाकृत स्वल्पायु में **मैकियावली** की अत्यन्त साधारण व्यक्ति की भाँति मृत्यु हो गई। इटली का राष्ट्र-राज्य के रूप में स्वप्न देखनेवाले इस पहले इटालियन की अत्यन्त निर्धन अवस्था में मृत्यु विधि की विडम्बना ही प्रतीत होती है। यह प्रारब्ध का ही खेल है कि रोम, बोर्जिया, पेरिस आदि में 23 बार राजदूतों के पद पर काम कर चुकनेवाला व्यक्ति इतनी अल्पायु में बिना कोई महत्व प्राप्त किये काल के गर्भ में समा गया।

युग का शिशु-मैकियावली

डनिंग ने मैकियावली के संबंध में अपनी पुस्तक में लिखा है, "यह प्रतिभासम्पन्न फ्लोरेंसवासी वास्तविक अर्थों में अपने युग का शिशु था।" सच तो यह है कि मैकियावली ही क्या प्रत्येक प्रतिभाशाली अध्ययनशील विचारक अपने युग का शिशु होता है। युग का शिशु इन अर्थों में कि समकालीन परिस्थितियाँ उस पर कुछ-न-कुछ प्रभाव अवश्य डालती हैं और वह भी युग की समस्याओं की ओर किसी-न-किसी अंश में आकृष्ट होता है और उन समस्याओं का हल निकालने की चेष्टा करता है। इस कसौटी पर प्लेटो और अरस्तू ने अपने युग के शिशु थे और मैकियावली भी। लेकिन अन्य विचारकों की अपेक्षा समकालीन समस्याओं पर मैकियावली ने अधिक ध्यान दिया। यही कारण है कि अन्य विचारकों की तुलना में उसे उक्त विशेषण से संबोधित करना अधिक उपयुक्त प्रतीत होता है। उसके मतों तथा विचारधारा पर समकालीन वातावरण की मुद्रा इतनी सुस्पष्ट अंकित है कि उसे युग के शिशु के अलावा और कुछ कहा भी नहीं जा सकता। उसके ग्रंथों और लिखित सामग्री में ज्ञान और विद्या के पुनरोदय की आत्मा अत्यन्त सुस्पष्ट रीति से प्रतिबिम्बित होती है। मैकियावली ने इटालियन समाज का अत्यन्त सूक्ष्म अध्ययन किया था। इस इटालियन समाज की विशेषताएँ उसकी कलात्मक प्रवृत्तियों और सर्जनात्मक कार्यों

में निहित थीं। बौद्धिक और मानसिक दृष्टि से तो यह समाज अत्यन्त सम्पन्न था ही। इसमें संदेह नहीं कि मैकियावली के समकालीन इटालियन समाज ने ही यूरोप में ज्ञान के पुनरोदय के आन्दोलन का प्रसार किया था एवं विद्वानों का ध्यान संयत तार्किकता और अनुभूतिशीलता की ओर आकृष्ट किया था—लेकिन इतने पर भी इटली की राजनीति जितनी भ्रष्ट थी उतनी शायद अन्य किसी स्थान की नहीं थी। नैतिक दृष्टि से इटली के समाज के अधःपतन की यह दशा थी कि वहाँ लोग किराये के सैनिकों के रूप में लड़ने जाया करते थे और यदि युद्ध-क्षेत्र में विरोधी पक्ष ने उन्हें अधिक धन देने का लालच दिया तो वह सेना के सेनापति सहित विरोधी पक्ष से मिल जाया करते थे। इटालियन समाज में नागरिक शासन की स्थानीय संस्थाएँ विनष्ट हो चुकी थीं। गिरजा और साम्राज्य दोनों का प्रभाव समाप्त हो चुका था। शासक का कार्य केवल हत्याएँ और निर्दयतापूर्ण क्रूर कार्य करना ही समझा जाता था। सचाई और विश्वसनीयता तो लेशमात्र भी नहीं रह गई थी। स्थिति यह थी कि उनकी चर्चा करना भी लोग निरर्थक समझते थे। पोप का आसन ऐसी विदेशी शक्तिओं का अड्डा हो गया था जो इटली की अशान्त और अस्त-व्यस्त स्थिति का लाभ उठाकर अपने स्वार्थों की पूर्ति करने में व्यस्त थी। वे अपने हितों के लिए इटालियन राज्यों को परस्पर लड़ाया करती थी। अरस्तू ने लिखा है कि जब मनुष्य धर्महीन हो जाता है तो उसकी दशा जानवरों से भी बदतर हो जाती है। यह कथन इटली की तत्कालीन परिस्थिति पर पूर्णतः लागू होता है। मैकियावली को सक्रिय राजनीति का पूरा-पूरा अनुभव था। रोम, पेरिस, बोर्जिया आदि में 23 बार राजदूतों के पदों पर काम करने के बाद वह पोप और अन्य विदेशी शक्तियों के कर्णधारों की मनोकामनाओं को भली-भाँति समझता था। अतएव, हम मैकियावली को एक ऐसे राजनीतिक सिद्धान्तशास्त्री के रूप में पाते हैं जो किसी ऐसे समाज में खड़ा है जिसका कोई स्वामी नहीं है और जिसमें व्यक्ति बिल्कुल एकाकी रह गया है।

मैकियावली की अध्ययन पद्धति पर भी उसकी काल सीमाओं का प्रभाव पड़ा है। बाहर से देखने पर मालूम पड़ता है कि मैकियावली की अध्ययन पद्धति ऐतिहासिक थी, लेकिन यथार्थतः ऐसा नहीं था। वह धर्मसत्ता का कट्टर विरोधी था। उसे धार्मिक मूढ़ताओं और अंधविश्वासों में कोई आस्था नहीं थी। उसने इतिहास का प्रयोग केवल अपनी सहायता सामग्री के रूप में किया—इतिहास द्वारा सिद्धान्त निरूपण करने में नहीं। उसने अपनी कृतियों में साफ-साफ कह दिया कि वह धर्म के साम्राज्य में कोई विश्वास नहीं करता और इटली का कल्याण इसी में है कि वह अपना एक स्वतंत्र राज्य स्थापित करे। इस प्रकार ज्ञान के **पुनरोदय** की आत्मा अर्थात् राष्ट्रीयता उसके उक्त कथन में पूरी तरह झलकती है। उस समय तक मध्ययुग का **पवित्र रोमन साम्राज्य** मृत हो चुका था। अन्य राज्य युग के प्रवाह में तेजी से आगे बढ़ रहे थे और उन्होंने न केवल स्वतंत्र राष्ट्र-राज्यों की स्थापना करके शांति और एकता प्राप्त कर ली थी वरन् अन्तर्राष्ट्रीय जल-यातायात के विकास

द्वारा वाणिज्य और व्यवसाय की सहायता से विपुल धनराशि एकत्रित कर श्री, समृद्धि और वैभव भी प्राप्त कर लिया था। मैकियावली भी ऐसा पहला इटालियन था जिसने स्वतंत्र इटालियन राष्ट्र की स्थापना का स्वप्न देखा था। लेकिन इधर स्वप्नदृष्टा का स्वप्न चल रहा था और उधर फ्रांस तथा स्पेन में यह होड़ लगी थी कि कौन पहले इटली को अपनी दासता के पाश में बाँध लेता है। मैकियावली की सूक्ष्म दृष्टि से यूरोप की उक्त शक्तियों की महत्वकांक्षा छिपी नहीं थी–इसीलिए वह पहला व्यक्ति था जो सम्पूर्ण इटली को राष्ट्रीयता के सूत्र में विलयित देखना चाहता था। व्यावहारिक अनुभव के कारण मैकियावली यह जानता था कि उसके लक्ष्य की पूर्ति केवल नैतिक साधनों द्वारा ही नहीं हो सकती और उसने अत्यन्त निर्भयतापूर्वक अपने विश्वासों का प्रचार किया। इसमें भी कोई संदेह नहीं कि उसने अपनी पुस्तक 'प्रिंस' में जो कुछ लिखा उसका उसमें पूरा विश्वास था। इस विश्वास का कारण यह नहीं था कि वह लक्ष्यभ्रष्ट कोई दुष्ट राजनीतिज्ञ था जिसका ध्येय येन-केन-प्रकारेण किसी नरेश का कृपा-पात्र बनकर अपनी स्वार्थसिद्धि करना था अपितु वास्तविकता यह थी कि वह तथ्यों को मान्यता देने में विश्वास करता था चाहे वे कितने ही हेय क्यों न हों और यह समझता था कि बल और बुद्धि के उचित समन्वय द्वारा लक्ष्य की प्राप्ति अर्थात् इटली की एकता हो सकती है। तत्कालीन राजनीतिज्ञों ने आवेश में आकर मैकियावली के विरुद्ध बड़ा जहर उगला; लेकिन मैकियावली की मृत्यु के साढ़े तीन सौ वर्ष बाद जब **केवूर**, **गैरोबाल्डी** और **विक्टर इमैनुअल** के प्रयत्नों से इटली संयुक्त हो सका। उस समय यह स्वीकार किया गया कि इटली के इन राष्ट्रभक्तों ने वे सब साधन प्रयुक्त किये जो मैकियावली द्वारा उचित ठहराये गये थे।

मैकियावली के समय में राष्ट्रीयता सबल राजतंत्र से ग्रन्थित मानी जाती थी। यही चीज हमें मैकियावली में भी मिलती है। उसने इटली के लिए एक ऐसे नरेश की कल्पना की जो बलवान् राजतंत्र की स्थापना कर सके। वह स्वयं अपने नगर फ्लोरेंस के ईर्ष्यालु तत्वों से परिचित था और वह यह भी जानता था कि उन तत्वों का दमन कोई शक्तिशाली राजा ही कर सकता है।

मैकियावली अपने समकालीनों की भाँति व्यक्तिवाद में विश्वास करता है। उसका मत यह है कि मनुष्य अपने प्रारब्ध की रचना स्वयं करता है। वह धन और वैभव सम्पन्न हो सकता है। उसे सम्पत्ति रखने का पूरा अधिकार है और उस सम्पत्ति का राज्य द्वारा संरक्षण प्राप्त करने का भी पूरा अधिकार है। वह यह भी मानता है कि राजनीतिक क्षेत्र में कोई भी व्यक्ति प्रवेश कर सकता है। वह राजनीति को केवल कुछ दैवी अधिकार प्राप्त मनुष्यों का संकीर्ण क्षेत्र नहीं मानता।

इसके अतिरिक्त मैकियावली जहाँ तक राजनीति का संबंध है नैतिकता, आचारशास्त्र और धर्मशास्त्र आदि के बंधनों से उसे ग्रंथित नहीं करता। वह चाहता था कि यदि नैतिक उपायों से राज्य की रक्षा हो सके तो अच्छा है, लेकिन यदि राज्य के अस्तित्व को बचाने

के लिए अनैतिकता का भी सहारा लेना पड़े तो कोई हर्ज नहीं है। वह चाहता था कि नरेश को ऐसा होना चाहिए जो प्रत्येक स्थिति का सामना कर सके। वह यह भी अनुभव करता था कि सार्वजनिक कार्यों का प्रबंध नैतिकता और आचारिकता के विशुद्ध सिद्धान्तों के आधार पर नहीं हो सकता; अतएव, वह लोककल्याण के लिए उनका वध करने के लिए प्रस्तुत रहता था। उसका इस संबंध में सीधा-सादा तर्क था। वह कहता था कि ईश्वर और नरेश दोनों की सेवा करना एक साथ संभव नहीं है। तब एक असंभव बात को संभव बनाने का बहाना करने से क्या लाभ। मैकियावली का मत था कि आचारिकता और नैतिकता द्वारा अनुमोदित स्पष्टीकरणों के लिए किसी राजनीतिज्ञ को चिन्ता नहीं करनी चाहिए। यह तर्क विधि समकालीन ज्ञान के पुनरोदय आन्दोलन की प्रतिनिधि थी।

मैकियावली में एक और विशेषता थी जो उसके 'युग के शिशु' होने की पुष्टि करती है। उसका युग ज्ञान के पुनरोदय का युग था—इस युग की विशेषता थी कि व्यावहारिकता पर बहुत बल दिया जाए। मैकियावली ने भी व्यावहारिक राजनीति पर बहुत बल दिया और उसने साफ-साफ कह दिया कि राजा की नैतिकता व्यक्ति की नैतिकता से सर्वथा भिन्न है। राजा की नैतिकता वही है जो व्यावहारिक हो और राज्य के हितों तथा उसके अस्तित्व की रक्षा में सहायक सिद्ध हो।

मानव-स्वभाव का निरूपण करते हुए मैकियावली ने उसे स्वार्थी बतलाया है और कहा है कि व्यक्ति बहुत अधिक अच्छाइयों की परवाह नहीं करता। उसका मानव-स्वभाव संबंधी यह मत भी अपने ही युग का प्रतिनिधित्व करता है।

अन्त में यह बतला देना बहुत अनुपयुक्त होगा कि उन दिनों जो आन्दोलन चल रहे थे उनमें से केवल एक का (ज्ञान के पुनरोदय के आन्दोलन का) मैकियावली प्रतिनिधित्व करता है। वह सुधारवादी आन्दोलन का प्रतिनिधि नहीं था।

मैकियावली की-अध्ययन पद्धति

मैकियावली को अपने 'युग का शिशु' सिद्ध करने के उपरान्त अब हम उसकी अध्ययन-पद्धति पर विचार करेंगे। मैकियावली की अध्ययन-पद्धति का यदि विश्लेषण किया जाए तो उसकी निम्नलिखित विशेषताएँ स्पष्ट रूप से दिखलाई पड़ेगी—(अ) ऐतिहासिक, (आ) पर्यक्षेणात्मक, (इ) यथार्थवादी दृष्टिकोणयुक्त, और (ई) वैज्ञानिक। उसकी अध्ययन प्रणाली व्याप्तिमूलक है।

मैकियावली के पूर्व मध्य युग के विचारक धार्मिकतायुक्त अध्ययन प्रणाली के अनुसार अध्ययन करते थे। इसका परिणाम यह होता था कि वे मूढ़ताओं और अंधविश्वासों से मुक्त ही नहीं हो पाते थे। मैकियावली ने इस प्रणाली का पूर्ण रूप से बहिष्कार कर दिया और परिणाम यह हुआ कि उसमें वे जटिल ग्रंथियाँ नहीं आ सकीं जो मध्य युग के मैकियावली से पूर्ववर्ती विचारकों में मिलती हैं। उसने पूर्णतः वैज्ञानिक

तटस्थता की प्रवृत्ति को अपनाया। वैज्ञानिकों के स्वभाव की विशेषता यह होती है कि वे विशुद्ध भौतिक तथ्य तक ही अपने को सीमित रखते हैं। वे जो कुछ देखते हैं, सुनते हैं या अनुभव करते हैं उसी के आधार पर परिणाम निकालते हैं। यह चीज मैकियावली की अध्ययन-पद्धति में भी पाई जाती है। मैकियावली व्यावहारिक राजनीतिज्ञ था। वह राजनीतिक कल्पना करनेवाले विचारकों की श्रेणी का नहीं था। इसीलिए यह स्वभाविक था कि वह ऐतिहासिक पद्धति अपनाता। वह शासनतंत्र का कलाकार था, सिद्धान्त निरूपक नहीं।

आलोचना

किन्तु मैकियावली की पद्धति सचमुच क्या ऐतिहासिक थी ? इस प्रश्न का स्वीकारात्मक उत्तर देना बड़ा कठिन है। आजकल ऐतिहासिक पद्धति का आशय यह होता है कि सम्पूर्ण इतिहास का अध्ययन करके कुछ सिद्धान्त स्थिर किये जाएं जिनके प्रयोग द्वारा समकालीन समस्याओं का हल निकालने का प्रयत्न किया जाए। मैकियावली के बारे में यह बात नहीं कही जा सकती कि उसने इस पद्धति का अनुसरण किया। उसने अपने व्यक्तिगत अनुभव के आधार पर कुछ धारणाएँ बना ली थीं और उन धारणाओं की पुष्टि के लिए वह इतिहास से अपने मतानुकूल उदाहरण खोजा करता था। उसने सम्पूर्ण इतिहास का अध्ययन करके उसकी सहायता से कोई सिद्धान्त स्थिर नहीं किया।

इसी कारण मैकियावली की अध्ययन-पद्धति को पर्यवेक्षणात्मक बताया जाता है। यह पद्धति इन अर्थों में पर्यवेक्षणात्मक थी कि मैकियावली ने तत्कालीन अव्यवस्था और अशान्ति के कारणों का अध्ययन कर यह निष्कर्ष निकाला कि मानव स्वभाव दोषयुक्त होता है। किन्तु यह कहना कि समूची मानवजाति का स्वभाव दोषयुक्त होता है। मालूम पड़ता है कि मैकियावली की अध्ययन-सामग्री बड़ी सीमित एवं उसका पर्यवेक्षण अधूरा था। यदि वह इटली को छोड़ कर दूसरे देश के लोगों का भी पर्यवेक्षण करता तो मानव-स्वभाव के संबंध में ऐसी धारणा कभी न बना पाता। उसमें वैज्ञानिकों-सी तटस्थता भी नजर नहीं आती कारण उसकी रचनाओं में पोप के प्रति पूर्वनिश्चित घृणा का भाव स्पष्टतः नजर आता है। दूसरे वह राजा के प्रति भी पक्षपात करता है। वह हर हालत में राजसत्ता का ही औचित्य सिद्ध करता है।

मैकियावली पर प्रभाव डालनेवाले विद्वान् और उनके ग्रंथ

मैकियावली पर प्राचीन युग के जिन विद्वानों ने सबसे अधिक प्रभाव डाला उनमें अरस्तू का नाम उल्लेखनीय है। उसे यूनान के अन्य प्राचीन ग्रंथों का पठन-पाठन भी प्रिय था। उसने रोमन इतिहास का भी अध्ययन किया था। विशेषकर रोम की विधिसंहिताओं का उस पर बड़ा प्रभाव पड़ा था। लेकिन रोम के बाद उसने आगे के इतिहास तथा पूर्ववर्ती

लेखकों पर कोई ध्यान नहीं दिया। ईसाई धर्म के जन्म, अभ्युदय तथा स्कालास्टिक आन्दोलन के विकास आदि की उसने पूर्णतः अवहेलना की। धर्म ग्रंथों और पादरी लेखकों की रचनाओं को वह राजनीति के उपयुक्त नहीं समझता था। यही नहीं, राजसत्ता और धर्मसत्ता के बीच कई सौ वर्षों तक जो विवाद चला–वह भी उसकी दृष्टि में बिल्कुल बेकार था। राजसत्ता की श्रेष्ठता को उसने स्वतः सिद्ध मान लिया था और वह धर्मसत्ता को निश्चित रूप से निम्न स्थान देता था।

उसके ग्रंथों में **प्रिंस** नाम की पुस्तक सबसे अधिक महत्त्व रखती है। उसके सभी राजनीतिक विचार इसी पुस्तक में संकलित हैं। इसके अतिरिक्त डिस्कोर्सेज ऑफ लिवी का भी नाम उल्लेखनीय है। 'प्रिंस' नाम की पुस्तक सन् 1513 में लिखी गई थी। यह कुल 26 अध्यायों में विभक्त है। इन 26 अध्यायों को तीन भागों में बाँटा जा सकता है। इन में अंतिम और तीसरा भाग सर्वाधिक महत्व का है। इसी भाग में मैकियावली ने अपने राजदर्शन की विशद व्याख्या की है। प्रथम भाग में अधिकतर राजतंत्रों की शासन-व्यवस्थाओं का वर्गीकरण किया गया है और दूसरे भाग में किराये पर लड़ने वाली सेनाओं की प्रचलित परम्पराओं की व्याख्या की गई है। मैकियावली ने इस अध्याय में सेनाओं की उक्त पद्धति की कठोर आलोचना करते हुए यह माँग की है कि राष्ट्रीय सेना स्थापित होनी चाहिए। अन्तिम भाग में उसने राजा को नीति संबंधी शिक्षाएँ भी दी हैं। पुस्तक का मुख्य उद्देश्य सफल शासक बनाना है। मैकियावली की कूटनीति संबंधी शिक्षाओं को दृष्टि में रखते हुए उसकी तुलना आसानी से चाणक्य के साथ की जा सकती है।

मैकियावली के ग्रंथों का यदि पूर्ववर्ती लेखकों की रचनाओं को सामने रख कर तुलनात्मक अध्ययन किया जाए तो दोनों का अन्तर अत्यन्त स्पष्ट हो जायेगा। यह अन्तर है नैतिकता और धर्म की कल्पना के संबंध में। मैकियावली ने नैतिकता के दो मानदण्ड निर्धारित किये हैं। एक शासक के लिए दूसरा व्यक्ति के लिए। उसने यह भी स्पष्ट कर दिया है कि व्यक्ति की नैतिकता की दृष्टि से जो चीज वर्जित है वही एक मौके पर शासक के लिए सर्वाधिक वांछनीय हो सकती है। ईसाई पादरियों का मत इसके विपरीत था। मैकियावली ने धर्म को सर्वथा व्यक्तिगत सीमाओं में खदेड़ दिया और राजनीति में उसका प्रवेश निषेध ठहराया। मैकियावली के पूववर्ती लेखकों का विश्वास इसके बिल्कुल विरुद्ध था।

मैकियावली की समस्याएँ

मैकियावली ने अपने सामने बिल्कुल व्यावहारिक लक्ष्य रखे। लिखते समय उसका उद्देश्य कल्पना के संसार में प्लेटो की भाँति मनोहर महलों का निर्माण करना नहीं था। उसकी मुख्य समस्या थी : (1) इटालियन राष्ट्र का निर्माण, (2) इटली के नगरों की समृद्धि और वैभव को बढ़ाना, (3) बौद्धिकतावादी ज्ञान के पुनरोदय के आन्दोलन को बढ़ाना, और

(4) प्रचलित अंध और मूढ़विश्वासों का खण्डन कर धार्मिकता के प्रपंच से तत्कालीन समाज को मुक्ति दिलाना। वह चाहता था कि अन्य राज्यों की भाँति इटली भी एक सुदृढ़ राष्ट्र बने। इस कार्य के लिए यह आवश्यक था कि वहाँ कोई ऐसा सुदृढ़ राजतंत्र स्थापित होता जो वहाँ की कलहरत पाँचों रियासतों को एकता के सूत्र में बाँध सकता और ऐसी शान्ति तथा व्यवस्था स्थापित कर सकता जिसमें जनता सुख से रहती हुई अन्य राष्ट्रों की भाँति वाणिज्य-व्यवसाय करती तथा अपना एवं देश का वैभव बढ़ाने में योगदान देती। उन दिनों की सबसे बड़ी समस्या यह थी कि व्यापार करनेवाला मध्यवर्ग इटली में उत्पन्न तो हो गया था परन्तु वह आन्तरिक अशान्ति के कारण अपना कोई भी कार्य नहीं कर पाता था। इसके विपरीत सामन्तवादी तत्व पुराने ढंग से जीवन व्यतीत कर रहे थे। यह तत्व मैकियावली के समय में भी उसी प्रकार आनंद से अपना जीवन व्यतीत करते रहते किन्तु विश्व का घटनाचक्र उनके विपरीत था और इटली के मध्यवर्ग के लिये यही सबसे अधिक आशा की बात थी। इसके अतिरिक्त उन दिनों इटली ज्ञान के पुनरोदय के आन्दोलन का केन्द्रस्थल हो गया था। इटली के उक्त आन्दोलन से जिसका लक्ष्य मनुष्य के स्वतंत्र बौद्धिक विकास को प्रोत्साहन देना था—अन्य राष्ट्रों ने काफी लाभ उठाया किन्तु इटली जहाँ का तहाँ रहा। मैकियावली ने इसका कारण ढूँढ़ना चाहा और उसे मालूम पड़ा कि धार्मिक अंधविश्वास और मूढ़ताएँ ही इटली की दुर्दशा का मुख्य कारण थीं। अतः, वह पोप का बड़ा जबर्दस्त विरोधी हो गया। यह एक विचित्र विरोधाभास-सा ही प्रतीत होता है कि इटली के हित की आकांक्षा करनेवाले मैकियावली के सिद्धान्तों को कालान्तर में धर्महीनतापूर्ण और मानवता-विरोधी कहा जाने लगा। और यह भी विचित्र विरोधाभास ही है कि कुछ लोगों ने मैकियावली की कटु निंदा करते हुए भी व्यवहार में उसके सिद्धान्तों का ही अनुसरण किया। अस्तु, मैकियावली की उक्त समस्याओं को जब हम देखते हैं तो आसानी से दो परिणाम निकाल सकते हैं—पहला तो यह कि ये समस्याएँ एक दूसरे से संबंधित थीं और दूसरा यह कि वे सब-की-सब राष्ट्रीय थीं। मैकियावली ने जब प्रिंस लिखना शुरू किया उस समय उसने यह नहीं सोचा कि वह संसार भर के राष्ट्रों के लिये कोई आचारसंहिता लिखने जा रहा है। उसका उद्देश्य केवल इतना था कि वह उस शासक का थोड़ा बहुत पथ-प्रदर्शन कर सके जो इटली को एक राष्ट्र का रूप दे सके। उसके विचारों ने सार्वभौमिक महत्व शनैः शनैः ही प्राप्त किया। मैकियावली की समस्याओं की उक्त झलक के बाद हम अब उसके विचारों का संक्षिप्त अध्ययन करते हैं।

मानवस्वभाव का विवेचन

मैकियावली ने मानवस्वभाव का जो विवेचन अपनी पुस्तक 'प्रिंस' में किया है—वह अनिवार्यतः तत्कालीन इटली निवासियों के आचरण पर आधारित है। उसने अपने समकालीन देशवासियों के स्वभाव का अध्ययन कर यह परिणाम निकाला कि व्यक्ति

स्वभाव से दुष्ट और स्वार्थी होता है। वह अनिवार्यतः सद्‌गुणी नहीं होता। मनुष्य का चरित्र विभिन्न प्रकार की दुर्बलताओं, मूढ़ताओं और मूर्खताओं का केन्द्र है। अतएव यह आवश्यक है कि उसे बराबर दबाया जाए और मनुष्य के स्वभाव को सुधारने का प्रयत्न किया जाए जिससे समाज को अच्छा बनाया जा सके। उसका यह दृष्टिकोण कालविन तथा हॉब्स आदि विचारकों से काफी मिलता-जुलता है। ऐसा प्रतीत होता है कि ईसाइयों के मनुष्य पापी होने के समकालीन सिद्धान्त का भी मैकियावली पर अपरोक्षतः प्रभाव पड़ा है। मैकियावली यह मान कर चलता है कि मनुष्य का अहम् तथा उसकी स्वार्थ प्रवृतियाँ ऐसी प्रेरणादायी शक्तियाँ हैं जो उसे आगे बढ़ने के लिए विवश करती हैं। मनुष्य कृतघ्न, विश्वासघाती, कायर और लालची होता है। वह अच्छा बनने की तभी कोई कोशिश करता है जब ऐसा करने में उसे कोई लाभ प्रतीत हो। इसके अलावा मानवीय स्वभाव का एक और तत्व भी महत्वपूर्ण है और वह है—भय। मैकियावली का कहना था कि भय प्रेम से भी अधिक मानवजीवन को प्रभावित करता है। इसलिए राजा को प्रजावत्सल नहीं, वरन् ऐसा बनना चाहिए कि लोग उससे बराबर डरते रहें। जब तक वे डरेंगे तभी तक राजा से प्रेम करेंगे और उसके आदेशों को मानेंगे। वह 'बिनु भय प्रीत न होय' सिद्धान्त में विश्वास करता था लेकिन उसने भय, घृणा और अपमान के बीच अत्यन्त सुस्पष्ट रेखा खींची थी। उसका कहना था कि शासक को चाहिए कि वह अपने कार्यों से प्रजा को भयभीत तो रखे लेकिन ऐसा न कर बैठे कि राज्य का कोई वर्ग उससे घृणा करने लगे या उसकी मानहानि का प्रयत्न करे। वह यह भी कहता था कि मनुष्य आनन्द चाहता है और कष्ट तथा दुख से बचने की बराबर कोशिश करता रहता है।

आलोचना

मानवस्वभाव का मैकियावली द्वारा उक्त विवेचन से ऐसा लगता है जैसे किसी निराशावादी सनकी ने अपने विचार संकलित करके रख दिए हों। किन्तु मैकियावली के विचार इटली की तत्कालीन स्थिति से प्रभावित हुए थे और उस स्थिति को देखते हुए उसके ऐसे विचारों में कोई आश्चर्य की बात प्रतीत नहीं होती। परन्तु मैकियावली के विचारों में अब तक विरोधात्मक प्रवृतियाँ देखने को मिलती हैं। उदाहरणार्थ जब वह कहता है कि मनुष्य अनिवार्यतः स्वार्थी और दुष्ट है तो उस समाज का सुधार किस प्रकार किया जा सकता है जिसकी रचना वह स्वयं करता है। उसके विचार अवैज्ञानिक भी हैं। अवैज्ञानिक इन अर्थों में कि वह कभी-कभी कोई बात कह देता है और फिर उसको जहाँ का तहाँ छोड़ कर आगे बढ़ जाता है। उचित तर्कों द्वारा अपने सूत्र कथन की पुष्टि नहीं करता। उदाहरण के लिए यही कथन ले लीजिए कि 'समाज का सुधार संभव है।' मैकियावली ने अपने इस कथन की तर्कों द्वारा कहीं पुष्टि नहीं की। सच तो यह है कि मैकियावली के विचारों को इटली और वह समकालीन इटली के अतिरिक्त और कोई भली-भाँति समझ ही नहीं सकता।

नैतिकता संबंधी सिद्धान्त

मैकियावली का नैतिकता का सिद्धान्त द्वैध है। उसका कहना है कि न कोई कार्य या न कोई बात बिल्कुल अच्छी होती है और न बिल्कुल बुरी ही। वह वस्तु की अच्छाई इस आधार पर निश्चित करता है कि उससे राज्य को कोई सहायता मिलती है या नहीं। यदि कोई वस्तु या कार्य राज्य की उपयोगिता की दृष्टि से लाभदायी है, तो वह नैतिक है अन्यथा अनैतिक। इसके बाद वह नैतिकता के दो मानदण्डों की चर्चा करता है और विस्तारपूर्वक बतलाता है कि प्रत्येक कार्य के संबंध में दो दृष्टिकोणों से फैसला किया जा सकता है–पहला दृष्टिकोण तो नरेश के मानदण्ड का है और दूसरा प्रजा के। उसका कहना है कि राजा को इस बात का अधिकार है कि वह अपने उद्देश्य की सिद्धि के लिए जो भी साधन उचित समझे उनका उपयोग करे। नरेश के लिए प्रत्येक साधन का औचित्य सिद्ध करनेवाली केवल एक ही कसौटी है और वह है उसकी सफलता। यदि वह अपनी सफलता के लिए ऐसे साधनों का प्रयोग करता है जो व्यक्ति या प्रजा की नैतिकता की दृष्टि से वर्जित हैं तो भी कोई हर्ज नहीं है। उसे ऐसा करने का पूरा अधिकार है। इसके विपरीत प्रजा को सद्‌गुण सम्पन्न होना चाहिए। प्रजा का एकमात्र यही कर्तव्य है कि राजा चाहे जैसा हो उसकी सेवा बराबर करती जाए। राजा की आज्ञा का पालन करना उसका कर्तव्य है। इसके विपरीत राजा के लिए यह आवश्यक नहीं है कि वह किसी की आज्ञा का पालन करे। प्रजा के लिए तो यह जरूरी है कि उसमें सार्वजनिक सेवा का भाव हो; वह समाज के हित के लिए अपने निजी स्वार्थों का बलिदान कर दे, परन्तु राजा के लिए यह आवश्यक नहीं कि वह प्रजा की सेवा करे। यह थी मैकियावली की नैतिक सिद्धान्तबलि। संभवतः इसे अधिक-से-अधिक कोई अर्धविक्षिप्त व्यक्ति का प्रलाप ही कहा जा सकता है। लेकिन वास्तविकता यह थी कि मैकियावली समकालीन इटली की राजनीतिक और सामाजिक दशा के विषय में अपना मत प्रकट कर रहा था। यही कारण है कि उसके नैतिक सिद्धान्त द्वैध, परस्पर विरोधी तथा त्रुटियुक्त विचारों से युक्त प्रतीत होते हैं। यही कारण है कि अपनी दृष्टि से मैकियावली ने उसी राजा को सर्वोत्तम बतलाया है जिसमें शेर और लोमड़ी के स्वभावों का सुन्दर समन्वय हो। आवश्यकता पड़ने पर वह शेर की तरह बहादुर और खूँखार हो और जरूरत पड़ने पर लोमड़ी की तरह चालाक। राजा को आवश्यकतानुसार विधि और बल का प्रयोग करना चाहिए। उसे अपना वचन तभी तक पूरा करना चाहिए जव तक ऐसा करना उसके हित में हो। यदि कालान्तर में हित की दृष्टि से वचनभंग करने की आवश्यकता पड़ जाए तो उसे इसमें संकोच नहीं करना चाहिए। मैकियावली एक ओर नागरिकों को सबसे मैत्रीभाव बनाये रखने का उपदेश देता है और कहता है कि उन्हें पड़ोसियों से झगड़ा नहीं करना चाहिए वहाँ दूसरी ओर वह राजा को पड़ोसी से सदैव सतर्क रहने का उपदेश देते हुए सलाह देता है कि मौका मिलते ही उसके राज्य को झपट कर

अपने राज्य में मिला लेना चाहिए। स्वयं राजा को भावनाहीन होना चाहिए, किन्तु दूसरों की भावनाओं को भड़का कर उन से खूब लाभ उठाना चाहिए। राजा को विवेकयुक्त तथा अवसरवादी होना चाहिए। राज्य के हित में उसे तथाकथित पापों से नहीं डरना चाहिए। उसे अपनी आत्मा का सौदा करके भी राज्य की रक्षा करनी चाहिए। उसका प्रेम केवल राज्य तक ही सीमित रहना चाहिए। राजा के लिए बेईमानी सबसे अच्छी नीति है। अच्छाई, बुराई आदि के फेर में उसे बिल्कुल नहीं पड़ना चाहिए। राजा के आचरण और उसकी नैतिकता की परीक्षा केवल परिणामों से होती है। यदि राजा सफल होता है तो फिर साधनों की उसे कोई चिन्ता नहीं करनी चाहिए।

धर्म, आचारशास्त्र और राजनीति

मैकियावली ने आचारशास्त्र और राजनीतिक को बिल्कुल अलग-अलग कर दिया है। उसका कहना है कि राजनीति में हत्या करना बुरी बात नहीं है जब कि व्यक्ति के आचारशास्त्र की दृष्टि से ऐसा करना जघन्य अपराध है। मैकियावली के आचारशास्त्र और राजनीति संबंधी विचार सोलहवीं शताब्दी की क्रान्तिवादी मध्ययुगीन प्रवृत्तियों का प्रतिनिधित्व करते हैं। वह राजनीति में धर्म या आचार संबंधी विचारों को कोई स्थान नहीं देता। मैकियावली स्वयं अनाचारी या अनैतिक नहीं था, उसकी राजनीति नैतिकताहीन एवं आचारहीन थी। उसने राजनीति में आचारिकता के सिद्धान्त उपयोगिता की दृष्टि से निश्चित किये। यदि किन्हीं कार्यों से राज्य को लाभ होता है तो उनका अनुसरण राजनीति में किया जाना चाहिए। यदि धर्म और आचार किसी बात का सिद्धान्ततः विरोध करते हैं और राजसत्ता यह अनुभव करती है कि उस बात के करने से राज्य का लाभ होगा तो राजा को वह कृत्य क़र डालना चाहिए। ऐसा करना राजनीति की दृष्टि से कोई अनुचित बात नहीं। सच्चा राजनीतिज्ञ वही है जो वास्तविक परिस्थितियों को समझ कर राज्य के हित में तदनुकूल कार्य करे। उक्त बातों से स्पष्ट है कि मैकियावली राजनीति को धार्मिकता और आचारिकता के बंधनों से मुक्त रखना चाहता था। यह बात मध्य युग के किसी लेखक ने नहीं कही। वे सब-के-सब व्यक्ति और राजा दोनों के आचरणों को एक ही काँटे पर तौलते थे। मैकियावली ने मध्य युग के लेखकों के मत से इस मामले में बिदा ले ली है। अरस्तू ने भी बतलाया था कि राजनीतिशास्त्र और आचारशास्त्र ये दोनों अलग-अलग विषय हैं। किन्तु अरस्तू की विभाजन-रेखा उतनी स्पष्ट नहीं थी जितनी मैकियावली की। मैकियावली के मतानुसार राजा के आचरण का व्यक्तिगत आचरण से कोई संबंध नहीं है। व्यक्ति को हत्या का अधिकार नहीं है। वह ऐसा करके अन्याय करता है। व्यक्ति दूसरे की सम्पत्ति हड़पने का अधिकारी भी नहीं है। लेकिन राजा अपराधी को मृत्युदण्ड तथा मौका आ पड़ने पर पड़ोसी राजा के राजपाट पर कब्जा कर सकता है। अतः व्यक्ति और राजा के आचरण के मानदण्डों को सर्वथा भिन्न करने का क्षेत्र मैकियावली को ही प्राप्त है।

मैकियावली की दृष्टि में राजनीति

मैकियावली का राजनीति संबंधी दृष्टिकोण कलात्मक था। उसने राजनीति की जो कल्पना की उसमें राज्य की उत्पत्ति, प्रकृति या विकास संबंधी कोई व्यापक बातें नहीं हैं। उसने अपने विचारों को अपेक्षाकृत सफल शासनतंत्र (सरकार) के दायरे तक ही सीमित रखा। यही कारण है कि प्लेटो, अरस्तू या मध्य युग के कुछ विचारकों की भाँति उसने राजदर्शन के संबंध में कोई पोथा नहीं लिखा वरन् उसने यह बतलाया कि सफल शासक कैसे बनाया जा सकता है तथा सफल शासन की कसौटी क्या है। **'प्रिंस'** को इसी सीमितता के कारण कोई स्वतंत्र ग्रंथ नहीं अपितु राजनीति का एक अध्याय माना जाता है। इसी प्रकार अपने दूसरे ग्रंथ **'डिसकोर्सेज'** में भी मैकियावली ने विस्तारपूर्वक बतलाया है कि सफल गणतंत्र राज्य की स्थापना किस प्रकार की जा सकती है।

इतिहास संबंधी मत

इतिहास के संबंध में मत प्रकट करते हुए मैकियावली ने विस्तारपूर्वक परिवर्तन के सिद्धान्त का निरूपण किया है। उसका कहना है कि इतिहास में कोई वस्तु स्थिर नहीं है। इसका मुख्य कारण मनुष्य के स्वभाव का दोष है। वह इतना लोभी और वासनामय है कि लगातार उसकी इच्छाएँ बढ़ती ही जाती हैं। इनका बढ़ना ही परिवर्तनों का कारण है। इस प्रकार के परिवर्तनों की क्रमबद्ध कथा ही इतिहास है। चूँकि परिवर्तनों का मूल कारण वासनाएँ हैं और इतिहास इन्हीं परिवर्तनों का विवरण है; अतः मानवजाति के कृत्यों का इतिहास गौरवमय या उज्ज्वल नहीं है। अपनी बुराईयों के कारण ही मानवजाति दिन-प्रतिदिन अधिकाधिक अधःपतन के गर्त में गिरती जा रही है। अतः इतिहास की गति भी मानवजाति के उस अंतिम विनाश और प्रलय की ओर ही इंगित करती है जिसकी ओर वह बढ़ रही है। अतः, मैकियावली की इतिहास की कल्पना के संबंध में यह पूरी तरह समझ लेना चाहिए कि वह उसे मानवजाति के छल, कपट और स्वार्थों का लेखा-जोखा मानता है। इतिहास के संबंध में यह मत प्रकट करने के बाद मैकियावली अपने दृष्टिकोण को सहसा बदल लेता है। वह अगली ही पंक्ति में कहता है कि इतिहास चक्रवत् घूमता है। एक अच्छी चीज आती है—कालान्तर में वह भ्रष्ट हो जाती है तो उसका स्थान दूसरी वस्तु ले लेती है और इसी प्रकार इतिहास का चक्र घूमता रहता है। हमें इस अवसर पर इतिहास संबंधी अरस्तू का मत भी स्मरण हो आता है। अरस्तू ने भी लगभग ऐसी ही बात कही थी। उसने राज्यों का जो वर्गीकरण किया था उसमें बतलाया था कि राजतंत्र के बाद आभिजात्यतंत्र और आभिजात्यतंत्र के भ्रष्ट होने के बाद प्रजातंत्र और फिर राजतंत्र आता है। इतिहास के संबंध में मैकियावली का दूसरा मत यद्यपि अरस्तू पर आधारित है फिर भी मैकियावली ने अरस्तू का कहीं उल्लेख नहीं किया है। इस प्रकार एक आलोचक के शब्दों में उसने "बिना कृतज्ञता प्रकट किये चोरी" की है।

राज्य की उत्पत्ति और प्रकृति की कल्पना

हालाँकि ऊपर के अनुच्छेदों में से एक में हम यह बतला आये हैं कि राज्य की उत्पत्ति और प्रकृति के संबंध में अरस्तू की भाँति मैकियावली ने विचार प्रकट नहीं किये हैं लेकिन यदि प्रसंगवश उसके उन सब कथनों को एक जगह एकत्र कर लिया जाए जो इस विषय से संबंधित हैं तो हम निम्नलिखित परिणामों पर पहुँचेंगे।

मैकियावली ने राज्य की उत्पत्ति के पूर्व मनुष्य की दशा का विवरण दिया है। उसने लिखा है कि एक समय ऐसा था जब न कोई समाज था और कोई राज्य। परिणामतः सदैव कलह और संघर्ष हुआ करता था। किसी का जीवन या सम्पत्ति सुरक्षित नहीं थे। ऐसी अवस्था से जब सब ऊब गये तो यही ठीक समझा गया कि समुचित व्यवस्था कर सकनेवाले किसी अधिकारी की नियुक्ति कर दी जाए। मैकियावली के प्राकृतिक अवस्था संबंधी यह विचार हाब्स के विचारों से बहुत कुछ मिलते-जुलते हैं; किन्तु उनमें वह व्यवस्था और तार्किकता नहीं है जो हॉब्स के विचारों में पाई जाती है। मैकियावली के विचारों का सार यह है कि राज्य की उत्पत्ति का कारण मानवसमुदाय का कोई सामान्य हित था। इस सामान्य हित से जब व्यक्ति के हित संयुक्त हो गये तभी राज्य की उत्पत्ति हुई। सभी व्यक्तियों के सामान्य हितों के प्रभाव और दबाव के कारण कुछ व्यक्तियों को अपने निजी स्वार्थों का बलिदान करना पड़ा और तब राज्य की स्थापना हो गई। राज्य की उत्पत्ति के संबंध में उक्त विचार प्रकट करने के बाद मैकियावली ने यह निष्कर्ष निकाला कि व्यक्तिगत स्वार्थों के समक्ष राज्य के स्वार्थों की प्राथमिकता स्वतः सिद्ध है। दूसरा निष्कर्ष उसने यह निकाला कि राज्य की उत्पत्ति का कारण कोई दैवी या ईश्वरीय कृत्य नहीं है। मनुष्य स्वभाव से ही दुष्ट है और उसकी दुष्टता को संयमित और सीमित करने के लिए किसी सबल बाह्य शक्ति की अपेक्षा है और आवश्यकता राज्य पूरी करता है। मैकियावली ने तीसरा निष्कर्ष यह निकाला कि राज्य की उत्पत्ति ईश्वर की इच्छा से नहीं हुई वरन् वह समाज के बल का परिणाम है। मध्य युग के लेखकों की परम्परा के समक्ष राज्य की उत्पत्ति के संबंध में प्रकट किये गये उक्त विचार न केवल मौलिक थे अपितु अपने आप में बड़े क्रान्तिकारी थे और आनेवाले सुधारयुग की ओर संकेत करते थे। समालोचना की दृष्टि से देखा जाए तो मैकियावली की राज्य संबंधी कल्पना केवल विचार जगत की वस्तु नहीं है। वह इस भौतिक और प्रत्यक्ष संसार का अंग है। वह इतिहास का छात्र था और हम यह बता चुके हैं कि इतिहास को वह मानवजाति के छल, कपट और स्वार्थ की लम्बी कहानी का प्रमाण मानता था। और चूँकि राज्य की उत्पत्ति को उसने इतिहास से खोजा था इसलिए मैकियावली का राज्य भी स्वार्थी है। प्लेटो, अरस्तू तथा टॉमस की राज्य की कल्पना से यह भिन्न है।

राज्य की श्रेष्ठता

मैकियावली ने राज्य को समस्त मानवसंवासों में सबसे अधिक श्रेष्ठ बतलाया है। अपने इस मत को प्रकट करते हुए उसने अरस्तू के प्रति अपनी कृतज्ञता प्रकट की है। अरस्तू की भाँति ही मैकियावली ने कहा है कि मानवकल्याण का राज्य से बढ़कर कोई दूसरा साधन नहीं हो सकता। मनुष्य जब अपने व्यक्तित्व को राज्य में सर्वथा विलयित कर देता है तभी वह राज्य के अस्तित्व को बनाये रखने में सफल होता है। ऐसा करने से व्यक्ति को ही अधिक लाभ होता है। उसका चतुर्दिक बौद्धिक विकास होता है; उसके व्यक्तित्व की प्रतिभा बढ़ती है और उसके गुण पूर्ण रूप से मुखरित हो उठते हैं। यही कारण है कि व्यक्तिगत हितों की चिन्ता राज्य के हितों के समक्ष बिल्कुल ही नहीं उठनी चाहिए। मैकियावली की दृष्टि से राज्य का सर्वथा स्वतंत्र अस्तित्व है। वह अन्य संवासों से राज्य को बिल्कुल अलग और श्रेष्ठ मानता है। उसका कहना है कि राज्य के प्रति अन्य समस्त संवास उत्तरदायी हैं; लेकिन राज्य किसी के प्रति उत्तरदायी नहीं है। अन्य मनुष्यों की भाँति राज्य की कोई नैतिक अथवा आचारिक संहिता नहीं है।

राज्यों का वर्गीकरण और उनके विस्तार की आवश्यकता

मैकियावली ने वस्तुतः राज्यों का नहीं अपितु शासनतंत्रों (सरकारों) का वर्गीकरण किया है। कारण, वह आदर्श शासनतंत्र की स्थापना करना चाहता था। उसके शासनतंत्र का आदर्श किसी कल्पना पर नहीं वरन् सफलता पर आधारित था। शासनतंत्रों के वर्गीकरण में उसने अरस्तू के पथ का अवलम्बन किया है। अरस्तू की भाँति उसने समस्त शासनतंत्रों तथा उनके भ्रष्ट स्वरूपों को 3 वर्गों में विभक्त किया है। यथा– (1) राजतंत्र (निरंकुशतंत्र), (2) आभिजात्यतंत्र (अयोग्य उच्चजनतंत्र) और (3) लोकतंत्र (समूहतंत्र)। उसने रोमन विचारकों की भाँति उसी शासनतंत्र को सफल और आदर्श माना है जो मिश्रित हो। मिश्रित शासनतंत्र में मैकियावली का अभिप्राय एक ऐसे शासनतंत्र से था जिसमें राज्य के तीन वर्गों के तत्वों का सम्मिश्रण हो। उसका कहना था कि तीनों वर्गों के शासनतंत्रों के गुणों का समावेश हो जाने से मिश्रित शासनतंत्र पर भली-भाँति नियंत्रण भी बना रहता है और किसी तत्व के हाथ में आवश्यकता से अधिक शक्ति भी नहीं पहुँच पाती; अर्थात् शक्ति संतुलन रहता है। **मैकियावली** ने यह भी माना कि सम्पत्ति और राजसत्ता का घनिष्ठ संबंध है। धन, राजसत्ता के शक्ति संकलन में योग देता है। इसके अलावा भी उसका महत्व है। यदि राज्य का कोई बहुसंख्यक वर्ग ऐसा है जिसके आर्थिक हितों की उपेक्षा की जाती है तो उस राज्य में असन्तोष होना सर्वथा स्वाभाविक है। यह भी स्वाभाविक है कि जो वर्ग राज्य की समस्त सम्पत्ति पर अधिकार किये बैठा होगा, वह असंतोषी वर्ग को दबाने की चेष्टा करेगा और अपनी सत्ता से चिपका रहेगा। मैकियावली

ने 'प्रिंस' में एक ऐसे राजा की कल्पना की है जो सर्वशक्तिमान हो और सारे देश के निवासियों को एकता के सूत्र में बाँध सके; किन्तु इसके साथ ही उसने यह भी माना है कि एक व्यक्ति से कुछ व्यक्तियों का समूह अधिक बुद्धिमान होता है। अतः, ऐसे राज्य में जहाँ आर्थिक और वित्तीय वितरण की समानता हो, वहाँ गणतंत्रात्मक शासन सर्वोत्तम होता है। वह यह भी मानता है कि राजतंत्र की अपेक्षा गणतंत्रात्मक शासन आसानी से बदला जा सकता है, अथवा उसमें अपेक्षित सुधार भी किये जा सकते हैं। उसमें व्यक्ति की स्वतंत्रता भी अधिक सुरक्षित रहती है। वह यह भी मानता था कि निर्वाचित राजतंत्र ही समकालीन इटली की आवश्यकता है। इसीलिए वह उन दिनों उसी का समर्थन करता था, लेकिन उसका यह भी कहना था कि शासनतंत्रों का स्वरूप समयानुकूल बदलते रहाना चाहिए।

वह यह भी मानता था कि प्रत्येक वस्तु परिवर्तनशील है और वह लगातार बदलती रहती है। इसलिए राज्य भी परिवर्तनशील है और वह भी बदलता रहता है। ज्यों-ज्यों राज्य जीर्ण होता जाता है त्यों-त्यों उसकी बुराइयाँ बढ़ती जाती हैं और सुधार की आवश्यकता बढ़ती जाती है। उसका कहना था कि जब राज्य जीर्ण हो जाता है तो उसे सुधार के लिए शक्तिशाली राजा की आवश्यकता पड़ती है और जब राज्य सुधर जाता है तो राज्य को गणतंत्र अर्थात् ऐसे शासनतंत्र की आवश्यकता पड़ती है जिसमें जनमत का प्रतिनिधित्व हो। इस प्रकार मैकियावली निम्नलिखित दो परस्पर विरोधी तत्वों के बीच समन्वय स्थापित करता हैः

(अ) शक्तिशाली नरेश या राजा, और

(आ) स्वशासन योग्य जनता।

मैकियावली यह मानता है कि गणतंत्र या राजतंत्र कोई भी शाश्वत नहीं है। वह आदर्श शासनतंत्र गणतंत्र को मानता है किन्तु चूँकि मानव-स्वभाव के कारण ऐसा राज्य संभव नहीं है इसलिए वह राजतंत्र की ओर झुक जाता है। अतः वह राज्यों का वर्गीकरण इस प्रकार करता है–(अ) गणतंत्र, और (आ) राजतंत्र। राजतंत्र दो प्रकार का होता है–(1) आनुवंशिक राजतंत्र, और (2) कृत्रिम राजतंत्र। आनुवंशिक राजतंत्र किसी देश में अपने राजा का राज होता है और कृत्रिम राजतंत्र वह होता है जो शत्रु को परास्त करने के बाद कोई दूसरा राज्य पराजित राज्य पर लादता है। मैकियावली का कहना था कि अपने देश का राजतंत्र तो बड़ी जल्दी अपने क्षेत्र में सुस्थिर हो जाता है लेकिन कृत्रिम राजतंत्र की समस्याएँ अधिक कठिन होती हैं।

प्रश्न उठता है कि मैकियावली गणतंत्र को क्यों अधिक पसंद करता था। मैकियावली ने यह स्वीकार किया है कि मानव स्वभाव से ही दोषी होता है। अतः राजा का यदि दीर्घकाल तक बहुत अधिक अधिकार दे दिये जाएं तो संभव है कि वह दोषी हो जाए। वह अपने कुछ स्वार्थों के पीछे जनता के हितों का परित्याग कर सकता है। इसके विपरीत

जनता अपने हिताहित को समझती है। वह राजा से अधिक बुद्धिमान होती है। उसका मत समय की गति और सब के हितों के अनुकूल बदलता है। ह्यूम ने लिखा है कि मैकियावली के इन विचारों से हम यह परिणाम निकाल सकते हैं कि गणतंत्र अन्य प्रकार के शासनतंत्रों की अपेक्षा अधिक स्थायी होता है। स्वयं मैकियावली ने भी लिखा है कि रोमन गणतंत्र रोमन साम्राज्यों की अपेक्षा अधिक दिनों तक जीवित रहे थे।

मैकियावली आभिजात्यतंत्र की कठोर आलोचना करता है। इसी प्रकार वह सामन्ततंत्र का भी विरोधी है। उसका कहना है कि उक्त वर्ग निठल्ले और आलसी होते हैं। वह हमेशा दूसरों के श्रम की चोरी पर जिन्दा रहते हैं, स्वयं कुछ भी नहीं करना चाहते। सामंतों और धनिकवर्गों के विरुद्ध वह मध्यवर्ग का समर्थन करता था। मैकियावली का कहना था कि मध्यवर्ग उत्तरदायी होता है। वह अपना हित-अहित समझता है; परिश्रम करता है और दूसरों के परिश्रम पर जिन्दा नहीं रहता। इसी सिलसिले में मैकियावली ने पोप की भी बड़ी कठोर आलोचना की है और राजनीतिक दृष्टि से पोपतंत्र को सर्वथा अनावश्यक बतलाया है।

राज्य के विस्तार की आवश्यकता

राज्य के निरन्तर विस्तृत होते रहने की आवश्यकता बतलाते हुए मैकियावली ने मानव स्वभाव की एक बार पुनः चर्चा की। उसने बतलाया कि मनुष्य का स्वभाव पारे की भाँति होता है। वह बराबर बढ़ते रहना चाहता है। यदि वैभव और व्यवस्था है तो राज्य को भी बढ़ना चाहिए। मनुष्य का स्वभाव चंचल होता है—वह स्थिर नहीं रह सकता; अतएव ऐसी कोई वस्तु शाश्वत या दीर्घजीवी नहीं हो सकती, जो स्थिर रहे। इस संबंध में उसने रोमन साम्राज्य के पतन का भी उदाहरण दिया और बतलाया कि उस साम्राज्य के नष्ट होने का मुख्य कारण उसका सदैव एक समान बने रहना था। रोमन साम्राज्य के शासकों ने उसके विस्तार की चेष्टा नहीं की। अतः 'प्रिंस' तथा अपने दूसरे ग्रंथ 'डिसकोर्सेज' में उसने यह समझाने की चेष्टा की कि राज्य में अधिकृत प्रदेश को निरन्तर बढ़ाते रहने की आवश्यकता है। उसका कहना था कि एक ही राजा के छत्र के नीचे शासितों की संख्या निरन्तर बढ़ती रहनी चाहिए। ऐसा उस समय तो बराबर ही होना चाहिए जब केन्द्रीय राजसत्ता को अपने ही देश में किसी भूमिभाग को अपने अन्तर्गत लाना हो। उपरोक्त बात मैकियावली ने इटली की दशा को देखते हुए कही थी। उसने कहा कि राजा को साम, दाम, दण्ड और भेद की चारों नीतियों को काम में लाना चाहिए। यदि आवश्यकता पड़े तो सेना का प्रयोग करने से भी नहीं चूकना चाहिए। अपनी शैली में उसने वह बात यथाशक्ति समझाने का प्रयत्न किया है कि शांति, व्यवस्था और सुरक्षा की दृष्टि से राज्य के भूभाग को बढ़ाते रहने की आवश्यकता क्यों है।

राज्य की सुरक्षा

राज्य को सुरक्षित रखना शासक का पहला कर्तव्य है। मैकियावली ने विस्तारपूर्वक बतलाया है कि शासक को यह कार्य किस प्रकार करना चाहिए। राज्य की सुरक्षा की दृष्टि से मैकियावली ने राजा को सबसे पहली राय यह दी है कि उसे अपनी प्रजा की सम्पत्ति का सबसे अधिक ध्यान रखना चाहिए। मनुष्य को सम्पत्ति सबसे प्यारी होती है। मैकियावली ने लिखा है 'मनुष्य अपने बाप की हत्या को भूल सकता है लेकिन सम्पत्ति के अपहरण के कृत्य को नहीं भूलता।' इसलिये यदि राजा को विवश होकर किसी को कठोर-से-कठोर दण्ड भी देना पड़े तो उसे चाहिए कि वह मृत्यदण्ड भले ही दे दे लेकिन सम्पत्ति न छीने। **दूसरे**, राजा को चाहिए कि वह अपनी प्रजा को उचित भाषण, गमनागमन आदि की स्वतंत्रताएँ भी प्रदान करे। **तीसरे**, राज्य को प्रचलित परम्पराओं, प्रथाओं और लोकमर्यादाओं का भी सम्मान करना चाहिए। ऐसा करना राजा के हक में बड़ा जरूरी है। प्रजा अपनी स्वतंत्रताओं और संभवतः अपने जीवन की भी इतनी परवाह नहीं करती जितना प्रचलित रीति-रिवाजों की। **चौथे**, राजा को जहाँ तक बन पड़े, कम-से-कम राजस्व वसूल करना चाहिए। शान-शौकत तथा तड़क-भड़क के ऊपरी खर्चों के लिए राजकोष से धन नहीं लिया जाना चाहिए बल्कि उसके लिए बाहरी राज्यों पर किये गये आक्रमणों की लूटमार से प्राप्त धन पर निर्भर रहना चाहिए। **पाँचवें**, राजा को भाँति-भाँति की लुभावनी योजनाओं द्वारा प्रजा के मस्तिष्क को सदैव अपने काबू में रखना चाहिए। **छठे**, उसे कला और संस्कृति तथा साहित्य के विकास पर भी समुचित ध्यान देना चाहिए। **सातवें**, राजा को अत्यन्त बलवान सेना रखनी चाहिए। इसके अलावा मैकियावली ने राजा को यह भी हिदायतें दी हैं कि वह धर्मनिरपेक्ष रहे। धार्मिक अधिकारियों को अधिक सुविधाएँ न दे और न उनको ऐसा मौका दे जिससे वे राजा के या राज्य के विरुद्ध षड्यंत्र रच सकें। यह परामर्श देते समय स्पष्ट है कि मैकियावली ने समकालीन इटली की अवस्था का अध्ययन कर जो निष्कर्ष निकाले थे उनसे वह पथ-प्रदर्शन ग्रहण कर रहा था। मैकियावली का दृढ़ मत था कि इटली तथा उसके निवासियों के अधःपतन का मुख्य कारण ईसाई धर्म तथा उसके अधिकारी थे। धर्मसत्ता का इतना कठोर विरोध मैकियावली ने इसी कारण से किया था। फिर भी मैकियावली नास्तिक नहीं था। वह धर्म का व्यक्ति के लिए महत्व समझता था। उसका कहना था कि धर्म मनुष्य को शुद्ध कर सकता है; बुराइयों से बचा सकता है; किन्तु, राज्य ऐसा लौकिक संवास है जिसमें धर्म को स्थान दिये जाने की कोई आवश्यकता नहीं है। इस प्रकार मैकियावली के इन विचारों में भी परस्पर विरोधी बातें देखने को मिलती हैं।

शासक के कर्तव्य

मैकियावली ने 'प्रिंस' के तीसरे भाग के एक अध्याय में शासक के कर्तव्यों पर प्रकाश डाला है। शासक की सफलता की पहली कसौटी उसकी लोकप्रियता है। इसलिये शासक को लोकप्रिय बनने का यत्न करना चाहिए। उसे प्रजा को हर तरह से सन्तुष्ट रखना

चाहिए। ऐसा करने के लिए तीन प्रकार की सुरक्षा आवश्यक है—जीवन की रक्षा, धन और सम्पत्ति की सुरक्षा और स्त्री का आदर।

मैकियावली ने विस्तारपूर्वक बतलाया है कि जिस राजा के राज्य में जीवन सुरक्षित नहीं वहाँ की प्रजा कदापि संतुष्ट नहीं रह सकती और परिणामतः राज्य में सुख-शान्ति की स्थापना भी नहीं हो सकती। अतः जीवन की सुरक्षा प्रदान करना राज्य का प्राथमिक कर्तव्य है। यह शासक का प्रत्यक्ष और प्रथम उत्तरदायित्व है। सच तो यह है कि राजा या शासक की नियुक्ति ही इसीलिये होती है कि वह जीवन की सुरक्षा प्रदान करे।

इसके बाद मनुष्य को अपने धन और सम्पत्ति के सुरक्षित होने का विश्वास होना चाहिए। अरस्तू की भाँति मैकियावली भी धन और सम्पत्ति को व्यक्तित्व के विकास का साधन मानता है। यदि मनुष्य को सम्पत्ति रखने का अधिकार नहीं मिलता तो वह कदापि उन्नति नहीं कर सकता। अतः राज्य की उन्नति की दृष्टि से प्रजा को यह अधिकार मिलना आवश्यक है। दूसरे सम्पत्ति से व्यक्ति को बड़ा मोह होता है। जैसा पहले कहा गया है, व्यक्ति अपने पिता की हत्या को भी भूल सकता है, लेकिन सम्पत्ति की हानि को नहीं। अतः राज्य को व्यक्ति की सम्पत्ति को अपहृत करने का अधिकार बहुत कम काम में लाना चाहिए।

राज्य में स्त्रियों का समादर होना चाहिए। शासक को अपना चरित्र इतना स्वच्छ और उज्ज्वल रखना चाहिए कि उसकी ओर कोई उँगली न उठा सके। शासक को कामवासना का शिकार कभी नहीं होना चाहिए। मैकियावली ने इतिहास से कई उदाहरण दिये हैं और बतलाया है कि शासक की कामुकता के कारण किस प्रकार बड़े-बड़े राज्यों का पतन हो जाता है।

संप्रभुता

मैकियावली के समय तक संप्रभुता की कल्पना उतनी विकसित नहीं हो पाई थी जितनी बोदाँ तथा बाद के विचारकों के युग में। मैकियावली की संप्रभुता संबंधी कल्पना कुछ अव्यवस्थित और अस्पष्ट-सी है। उसमें जटिलता की भी कई ग्रंथियाँ हैं। वह राष्ट्र-राज्य की आंशिक कल्पना-सी प्रतीत होती है। वह कहता है कि शासक की शक्ति अविभाज्य है; जो शक्ति अविभाज्य है उसे संप्रभुता कहा जा सकता है; शासक किसी अन्य बाह्य शक्ति के प्रति उत्तरदायी नहीं होता; अपने राज्य के बाहर उसका किसी के प्रति कोई कर्तव्य नहीं होता; उसे किसी बाहरी शक्ति द्वारा आज्ञापालन के लिये बाध्य नहीं किया जा सकता।

राज्य की शक्ति की उक्त व्याख्या से हमें संप्रभुता की आधुनिक कल्पना का आभास मिल जाता है। मैकियावली ने राज्य की शक्ति की इस व्याख्या द्वारा आधुनिक राष्ट्र-राज्य के आगमन की पूर्वसूचना दे दी थी। मैकियावली की उसके समय में तथा उसके बाद तक

काफी आलोचना हुई है। लेकिन लार्ड एगडन के शब्दों में मैकियावली के बाद जो कुछ भी हुआ—वह सब कुछ मैकियावली के लिये प्रमाणपत्र के सदृश है। इस कथन का अभिप्राय यह है कि मैकियावली की मृत्यु के उपरान्त विश्व का घटनाचक्र ठीक उसी तरह से घूमा जैसी कि मैकियावली ने भविष्यवाणी की थी। लार्ड एगडन ने भी यह स्वीकार किया है कि राज्य की आज्ञा का पालन भय के कारण ही होता है। इसलिए राज्यसत्ता के आज्ञापालन का मूलभाव भी वही है। इसके संबंध में सबसे पहले मैकियावली ने ही लिखा था। बोदाँ तथा हॉब्स ने भी मैकियावली की संप्रभुता की जटिल और अस्पष्ट कल्पना को सुधार कर सरल, सुबोध और स्पष्ट बनाया था। समाज या संप्रभुता दोनों में से किसी के बारे में भी मैकियावली व्यवस्थित विचार नहीं दे पाया है। उसकी पुस्तकें ज्ञान का वन हैं। जिस प्रकार वनों में लोग भाँति-भाँति की उपयोगी जड़ी-बूटियाँ खोज लाते हैं उसी प्रकार उसकी पुस्तकों में से भी उपयोगी वस्तुएँ प्राप्त की जा सकती हैं। संप्रभुताप्राप्त मैकियावली का शासक भी समाज और राज्य को संतुलित रखनेवाला व्यक्ति ही था।

विधि की कल्पना

मैकियावली विधानमण्डल की शक्ति को अन्तरयामिनी शक्ति मानता है। उसकी इस कल्पना में विधि की कल्पना भी सन्निहित है। विधि के पालन के संबंध में मैकियावली ने बतलाया है कि लोग विधि के आदेशों को भय के कारण मानते हैं। लेकिन मैकियावली की विधि की परिभाषा बहुत सीमित थी। वह केवल नागरिक विधि के अस्तित्व को ही स्वीकार करता था। उसका कहना था कि ये विधियाँ शासक द्वारा बनाई जाती हैं, अतएव उनका स्रोत शासक है। शासक या राज्य की उत्पत्ति के पहले विधियाँ नहीं थीं। अराजकता और विधि-व्यवस्था की हीनता पर्यायवाची शब्द हैं। अराजकता की अवस्था में समाज और राज्य के सारे अंग विश्रृंखलित हो जाते हैं। विधि का कार्य इन्हीं विश्रृंखलित अंगों के बीच सामंजस्य और समन्वय की स्थापना करना है। मैकियावली ने मध्य युग के विभिन्न लेखकों की भाँति विधि को प्राकृतिक, ईश्वरीय, परम्परागत आदि वर्गों में विभक्त नहीं किया। नागरिक विधि की कल्पना को बतलाने के बाद उसने आगे और कुछ नहीं लिखा। इस प्रकार उसका विधि और विधानमण्डल संबंधी दर्शन भी अत्यन्त सीमित है। वह शासक को ही विधानमण्डल मानता है।

सेना का राष्ट्रीयकरण

सेनाओं के संबंध में भी मैकियावली के विचार अत्यन्त महत्त्वपूर्ण हैं। मैकियावली के समय में तीन प्रकार की सेनाएँ हुआ करती थीं:

(अ) राष्ट्रीय सेनाए,

(आ) रियासतों की सेनाएँ, और

(इ) किराये पर लड़नेवाली सेनाएँ।

समकालीन इटली में जितनी विदेशी फौजें लड़ने आती थीं वे सब राष्ट्रीय सेनाएँ होती थीं। ये सेनाएँ बहुधा स्पेन, फ्रांस और जर्मनी की होती थीं। इनका मुकाबला इटली की छोटी-छोटी रियासतों की सेनाओं को करना पड़ता था। इन सेनाओं में फूट भी रहती थी। इनके अलावा कुछ सेनाएँ किराये पर भी लड़ा करती थीं। इटली की सामरिक पराजयों के कारणों का निदान करते हुए मैकियावली ने रियासती सेनाओं और किराये पर लड़नेवाली सेनाओं के बहुत-से दोष गिनाये हैं। मैकियावली का कहना था कि ऐसी सेनाएँ दब्बू, कायर, लालची और महत्वकांक्षिणी होती हैं। इनको प्रेरणा देनेवाला लक्ष्य धन होता है—कोई राष्ट्र की सेवा का भाव नहीं। अतएव, इस प्रकार की सेनाओं पर भरोसा करके इटली राष्ट्र-राज्यों का सामना नहीं कर सकता। यदि इटली को स्वतंत्रता प्राप्त करनी है तो उसे भी फ्रांस आदि की भाँति राष्ट्रीय सेनाओं का संघटन करना चाहिए और किराये तथा अन्य प्रकार की सेनाओं पर निर्भर नहीं रहना चाहिए।

राष्ट्रीयता संबंधी विचार

कहा जाता है कि आधुनिक युग में मैकियावली ही ऐसा पहला विचारक था जिसने राष्ट्रीयता के संबंध में अपने विचार प्रकट किये। किन्तु यह कथन बड़ा विवादास्पद है। आलोचकों ने इस संबंध में बड़े परस्पर-विरोधी विचार प्रकट किये हैं। एलन का कहना है कि मैकियावली ने यह साफ-साफ नहीं बतलाया है कि राष्ट्र-राज्य में कौन-कौन से अंग होते हैं। इसमें संदेह नहीं कि विचारों की अस्पष्टता मैकियावली की एक बहुत बड़ी त्रुटि है। एलन के मत के विपरीत हैरनशॉ का कहना है कि वस्तुतः राष्ट्र-राज्य का जनक मैकियावली ही था। यह बात इन अर्थों में स्वीकार की जा सकती है कि मैकियावली ने सबसे पहले राष्ट्र-राज्य की रूपरेखा दी थी—चाहे वह रूप-रेखा अस्पष्ट ही क्यों न थी।

मैकियावली के विचारों की त्रुटियाँ

मैकियावली के विचारों में अव्यवस्था, अस्पष्टता और जटिलता के दोष तो हैं ही, साथ ही विचार भी त्रुटिपूर्ण हैं। इन त्रुटियों की ओर हम स्थान-स्थान पर आवश्यकतानुसार संकेत करते आये हैं। प्रस्तुत अनुच्छेदों में विचारों के दोष और त्रुटियों को क्रमिक रूप से संकलित किया जा रहा है। मैकियावली की असंगतियाँ भी इनसे स्पष्ट हो जाएंगी। आरंभिक त्रुटियाँ इस प्रकार हैं।

अध्ययन-पद्धति की त्रुटियाँ

मैकियावली की अध्ययन-पद्धति त्रुटिपूर्ण है। यह सम्पूर्ण इतिहास का अध्ययन कर उनसे निष्कर्ष निकालने अथवा सिद्धान्तों को मुखरित करने का कार्य नहीं करता। वह अपने पर्यवेक्षण के आधार पर सिद्धान्तों को निश्चित करता है, तथा उनकी पुष्टि के लिए इतिहास के उदाहरण देता है। यह अध्ययन-पद्धति गलत है। मैकियावली का इतिहास का

अध्ययन भी सीमित था, वह केवल इटली की ही दशा का पर्यवेक्षण कर अपनी धारणाएँ बनाता था।

मानव-स्वभाव संबंधी दोष

मानव-स्वभाव के संबंध में मैकियावली ने बतलाया है कि वह दुष्ट और स्वार्थी होता है। उसकी प्रवृत्ति सदैव बुराई की ओर रहती है। इसके बाद वह कहता है कि समाज को सुधारने की कोशिश करनी चाहिए। यहाँ वह यह भूल जाता है कि समाज व्यक्तियों के समूह से ही बनता है और जब मनुष्य स्वभाव से ही दुष्ट और स्वार्थी होता है तो फिर उसमें सुधार कैसे किया जा सकता है। ये दोनों परस्पर विरोधी बातें हैं जो असंगति की ओर इंगित करती हैं।

नैतिकता संबंधी सिद्धान्त

नैतिकता संबंधी सिद्धान्तों का निरूपण करते हुए मैकियावली एक ओर तो यह कहता है कि मनुष्य को धार्मिक, सदाचारी और सद्गुणसम्पन्न बनना चाहिए और दूसरी ओर वह शासकों को ठीक इसके प्रतिकूल उपदेश देता है। नैतिकता का आधार इस प्रकार का नहीं होता। उसके सिद्धान्त सबके लिए समान होते हैं।

राज्य संबंधी विचारों में दोष

मैकियावली का आदर्श राज्य गणतंत्र है। किन्तु इस गणतंत्र में आर्थिक समानता जरूरी शर्त है। अतः वह उसे असंभव मानकर राजतंत्र का समर्थन करता है। इस प्रकार वह निम्नलिखित दो विरोधी तत्वों में समन्वय करने का प्रयत्न करता है: (1) अत्यन्त बलवान् शासक, और (2) स्वशासन योग्य जनता। जिस राज्य में अपना शासन करने योग्य जनता होगी—वहाँ बलवान् शासक कैसे रह सकता है? यह परस्पर विरोधी बातें हैं, किन्तु मैकियावली इस असंगत मत को ही ठीक मानता है।

राष्ट्रीयता, संप्रभुता और विधि

इसी प्रकार उसके राष्ट्रीयता, संप्रभुता और विधि संबंधी विचारों में अस्पष्टता और अव्यवस्था है। वह राष्ट्रीयता या राष्ट्र-राज्य की कोई परिभाषा नहीं देता। वह संप्रभुता की भी कोई स्पष्ट व्याख्या नहीं करता। उसका विधियों का विवेचन भी सीमित है। वह केवल नागरिक विधि को ही महत्व देता है। ईश्वरीय या प्राकृतिक विधियों का उसकी दृष्टि में कोई मूल्य नहीं है।

आधुनिक राजनीति का जनक

मैकियावली को आधुनिक राजनीति का जनक (पिता) कहा जाता है। इस रूपकयुक्त कथन का आशय यह है कि उसके विचारों ने आधुनिक राजनीतिक विचारों को बहुत

अधिक प्रभावित किया है। इसी प्रभाव के कारण कुछ समालोचक मैकियावली को आधुनिक युग का विचारक भी बतला देते हैं और कुछ उसे मध्य युग का अंतिम विचारक मानना ठीक समझते हैं। लेकिन वास्तविकता यह है कि मैकियावली की अपनी स्वतंत्र स्थिति है। वह न तो केवल मध्य युग की प्रवृत्तियों का प्रतिनिधित्व करता है और न पूर्णतः आधुनिक युग का। उसकी स्थिति ऐसे विचारक की-सी है जो दो युगों की सीमाओं पर पैदा होता है। उसमें दोनों युगों की छाया प्रतिबिम्बित होती है। जो भी हो, मैकियावली को आधुनिक राजनीति का जनक निम्नलिखित कारणों से कहा जाता हैः

अध्ययन-पद्धति

मध्य युग की अध्ययन-पद्धति अतिधार्मिकता के दोषों से परिपूर्ण थी और उसमें मूढ़ताओं और अंध्-विश्वासों का इतना अधिक बोलबाला था कि वह प्रगति या वास्तविक स्थिति की ओर कोई ध्यान ही नहीं देती थी। आधुनिक युग के विचारकों की अध्ययन-पद्धति इस दोष से तो मुक्त है ही और उसमें निम्नलिखित गुण भी पाये जाते हैं-(1) पर्यवेक्षणात्मक, (2) यथार्थवादी दृष्टिकोण युक्त, (3) वैज्ञानिकों-सी तटस्थता लिये, (4) विश्लेषणात्मक, और (5) ऐतिहासिक। निषेधात्मक दृष्टि से मैकियावली ने अपनी अध्ययन-पद्धति में अतिधार्मिकतावादी दृष्टिकोण का बहिष्कार किया था और थोड़ी बहुत त्रुटियों सहित अध्ययन-पद्धति के उक्त सभी गुण अपना लिये थे। मैकियावली ने समस्त मानवता की मुक्ति या विश्व-साम्राज्य की कल्पना नहीं की। इसने केवल स्वतंत्र इटालियन राष्ट्र की कल्पना की। इटली की तत्कालीन कठिनाइयों का अध्ययन कर उसने देश को आगे बढ़ाने की कोशिश की। यह बात दूसरी है कि मैकियावली के विचारों में "दूरदर्शिता" का अभाव हो लेकिन उसकी दृष्टि सूक्ष्म और "स्पष्ट" अवश्य थी। मैकियावली के बाद के विचारकों ने लगभग उसी की अध्ययन-पद्धति को अपनाया।

राज्य पर बल

मैकियावली ने राज्य के महत्व पर बहुत अधिक बल दिया। उसने राज्य का जो स्वरूप निर्धारित किया वह आधुनिक राज्य से बहुत कुछ मिलता-जुलता है। आधुनिक राज्य आजकल किसी भी बाह्य शक्ति का प्रभुत्व स्वीकार नहीं करता। वह संप्रभुता-सम्पन्न होता है। राज्य की एकता पर भी विशेष बल दिया जाता है। वह स्वतंत्र इकाई के रूप में रहे-यह भी ध्यान रखा जाता है कि धर्म को व्यक्तिगत माना जाता है। राज्य नागरिक के भौतिक और साम्पत्तिक विकास की ओर आध्यात्मिक विकास की अपेक्षा अधिक ध्यान देता है। आधुनिक राज्य का अस्तित्व बिल्कुल स्वतंत्र होता है। संक्षेप में आधुनिक राज्य संप्रभु, ऐकिक, लौकिक, धर्म-निरपेक्ष राष्ट्रीय और स्वतंत्र अस्तित्ववान् होता है। मैकियावली ने इटली के संबंध में जो कल्पना की थी वह बिल्कुल इसी से मिलती-जुलती थी। उसके विचार थोड़े अस्पष्ट अवश्य थे किन्तु उसकी अध्ययन-पद्धति तथा विचारों से उक्त

रूप-रेखा की झलक अवश्य मिल जाती है। उसने आचारशास्त्र और धर्म को राजनीति से अलग कर राज्य को राष्ट्रीयता, संप्रभुता और ऐकिकता की ओर बढ़ाने में बड़ी मदद दी।

धर्मशास्त्र और आचारशास्त्र का प्रयोग

मैकियावली धर्महीन या दुराचारी नहीं था। अपने व्यक्तिगत जीवन में और सार्वजनिक कार्यों में उसका चरित्र अत्यन्त उज्ज्वल था। वह यह नहीं चाहता था कि लोग नास्तिक हो जाएं और चारित्रिक गुणों को तिलांजलि दे दें। वह केवल राज्य को धार्मिक और आचारिकता के बंधनों से छुड़ाना चाहता था। वह धर्महीन नहीं अपितु धर्मनिरपेक्ष, आचारहीन नहीं अपितु आचारिक बंधनों से मुक्त राज्य को चाहता था। उसने धर्मशास्त्र और आचारशास्त्र को विशुद्ध व्यक्तिगत उपयोग तक सीमित रखकर व्यावहारिक राजनीति को उनके बंधनों से मुक्त कर दिया था। ऐसा करना तत्कालीन समाज के हित की दृष्टि से आवश्यक था। वह धर्म तथा आचार्यों को राज्य से निम्न स्थान देता था और कहता था कि इनका उपयोग राज्य के हित में होना चाहिए। मैकियावली के बाद का इतिहास इस बात का प्रमाण है कि कालान्तर में जो कुछ हुआ वह सब उसके मत की ही पुष्टि करता है। आज भी प्रत्येक राज्य धर्म और आचार के बंधनों से अपने आपको मुक्त मानते हुए उनका उपयोग अपने हितों के लिए करता है।

सीमित संप्रभुता

वह शासक की शक्ति को आन्तरिक व्यवस्था में सर्वोच्च मानता था लेकिन अन्तर्राष्ट्रीय मामलों में उसने शासक की स्थिति का भली-भाँति अध्ययन करके कार्य करने की सलाह दी थी और इस प्रकार उसने सीमित संप्रभुता का सिद्धान्त भी प्रतिपादित किया था। उसने जर्मन दार्शनिक हीगल की भाँति राज्य को ही साधन और साध्य माना था। यही नहीं, उसने यह कहकर कि मनुष्य दुख से बचना चाहता है तथा सुख की कामना करता है–उपयोगितावादी विचारधारा की नींव भी डाली थी।

इन्हीं सब कारणों से मैकियावली को आधुनिक राजनीति का जनक कहा जाता है।

मैकियावली का अनुदाय

व्यावहारिक राजनीति और सिद्धान्त के क्षेत्र में मैकियावली के अनुदाय अत्यन्त महत्वपूर्ण हैं। मैकियावली ने जिन सिद्धान्तों का प्रतिपादन किया–उनका समकालीन राजीतिज्ञों ने बड़ा विरोध किया। जर्मनी के तत्कालीन सम्राट् फ्रेडरिक महान् ने तो मैकियावली द्वारा अनुमोदित नीतियों का न केवल मौखिक विरोध किया अपितु एक पुस्तक भी लिख डाली। किन्तु, इससे भी आश्चर्य की बात यह है कि मैकियावली की जिन नीतियों का उसने विरोध किया उन्हीं का व्यावहारिक राजनीति में अनुसरण कर सफलता प्राप्त की। समकालीन इटली ने भले ही मैकियावली की बात न मानी हो, किन्तु 350 वर्षों के बाद

जब इटली का राष्ट्रीयकरण हो गया तो इटालियन काउण्ट केवूर ने लक्ष्यसिद्धि के साधनों की चर्चा करते हुए एक बार कहा, "हमने इटली के लिये जो कुछ किया, यदि वह हम अपने लिये करते तो हम बहुत दुष्ट होते।" इससे मैकियावली के राजनीतिक अनुदायों का और राजनीतिक क्षेत्र में नैतिकता संबंधी मैकियावली के दृष्टिकोण का औचित्य स्वतः सिद्ध हो जाता है।

मानव-स्वभाव संबंधी सिद्धान्त

मैकियावली का मानव-स्वभाव संबंधी सिद्धान्त अंशतः ठीक है और जो कुछ ठीक है वह अपने स्थान पर अत्यंत आधुनिक-सा प्रतीत होता है। मैकियावली ने राज्य की उत्पत्ति के सिद्धान्त का विवेचन करते हुए कहा कि मनुष्य की प्राकृतिक अवस्था दुःख और कष्ट में थी। यह विवेचन हॉब्स की प्राकृतिक अवस्था के चित्रण तथा बेंथम के उस सिद्धान्त से मिलता-जुलता है जिसमें मनुष्य को दुःख और सुख, इन दो स्वामियों के अधीन माना है।

प्रयोगात्मक पद्धति

व्यावहारिक राजनीति में जहाँ पहले सैद्धान्तिकता पर अधिक बल दिया जाता था वहाँ मैकियावली ने सबसे पहले प्रयोगात्मक पद्धति का उपयोग किया। यह प्रयोग आज भी समाजशास्त्रों के अध्ययन के लिए अनिवार्य ठहराए जाते हैं।

व्यक्तिवाद

मैकियावली के पूर्व के विचारकों के सोचने का आधार समाज था। ईसाई लेखकों ने तो यही किया भी। किन्तु मैकियावली ने जहाँ एक ओर राज्य को सर्वोच्च बतलाया वहाँ मनुष्य को जीवन की सुरक्षा, सम्पत्ति रखने की सुविधा आदि के अधिकार भी प्रदान किये जिनसे आगे चलकर व्यक्तिवादियों ने एक स्वतंत्र सिद्धान्त का निरूपण ही कर डाला। लॉक ने भी मैकियावली से जीवन और सम्पत्ति की रक्षा आदि का अपने तर्कों की पुष्टि के लिए सहारा लिया।

नैतिकता का सिद्धान्त

मैकियावली ने राजनीतिक नैतिकता को व्यक्ति, समाज तथा धर्म की नैतिकता और उसके आदर्शों से सर्वथा मुक्ति दिला दी और इस प्रकार एक लौकिक राजनीति की सृष्टि की। मैकियावली द्वारा प्रतिपादित लौकिक राजनीति का सिद्धान्त आज दुनिया के प्रायः सभी राष्ट्र मानते हैं। धर्मतंत्र में विश्वास करनेवाले राज्यों की संख्या उँगलियों पर गिनने लायक है। मैकियावली ने इस प्रकार उपयोगितावादी नैतिकता की सृष्टि की।

राज्य की उत्पत्ति

राज्य की उत्पत्ति को पहले दैवी माना जाता था। लेकिन मैकियावली ने बतलाया कि राज्य विशुद्ध मानवीय कृत्य का परिणाम है। बाद में **हॉब्स, लॉक, रूसो** आदि ने भी इसी सिद्धान्त का परोक्ष रूप में समर्थन किया। आधुनिक विद्वानों ने यह भी स्वीकार किया है कि राज्य की रक्षा के लिए मनुष्य को सब कुछ करना चाहिए। उसने राज्य को लौकिक, संप्रभु, राष्ट्रीय, स्वतंत्र अस्तित्वयुक्त और ऐकिक बतलाया। राज्य की इस कल्पना को आधुनिक युग ने ज्यों-का-त्यों स्वीकार कर लिया है।

विधि की कल्पना

विधि की कल्पना करते हुए मैकियावली ने बतलाया कि नागरिक विधियाँ ही सर्वोच्च होती हैं। हॉब्स ने भी अपने 'लेवॉयथन' में नागरिक विधियों को ही श्रेष्ठतम स्थान दिया। व्यावहारिक राजनीति के कूटनीतिक सिद्धान्तों का हीगल और बोसाँके ने भी समर्थन किया है।

कूटनीतिक आचरण संबंधी नरेशों के लिए मैकियावली के सूत्रों का उसके बाद अनेक सम्राटों द्वारा पालन किया गया। **हेनरी सप्तम, विक्टर इमैनुअल, फ्रेडरिक महान्** आदि के नाम इस संबंध में विशेष रूप से उल्लेखनीय हैं। इटली में तो राष्ट्रीयता की भावना मैकियावली के विचारों द्वारा ही जागृत हुई। इसीलिए मैकियावली को पहला इटालियन राष्ट्रभक्त, पहला देशभक्त, आदि विशेषणों से संबोधित किया जाता है। वह पहला आधुनिक राष्ट्रीयतावादी था। गणतंत्रवाद को जन्म देने का श्रेय भी मैकियावली को ही है। उसी ने सबसे पहले यह कहा कि जनमत शासक के निर्णय से कहीं अधिक उचित होता है। जनता राजा से अधिक बुद्धिमान होती है।

उक्त सभी अनुदायों के कारण राजदर्शन के इतिहास में मैकियावली का स्थान अग्रणीय है।

अध्याय—16

सुधारवादी आन्दोलन का युग

सुधारवादी आन्दोलन का मूल स्वरूप, निरंकुश राजतंत्रों की स्थापना का यत्न, सुधारवादियों की शिक्षाएँ, समानता का सिद्धान्त, सुधारवादी आन्दोलन का अनुदाय, सुधारवादी आन्दोलन का जन्मदाता-लुथर, मेलॅकेथॉन और ज्विंगली, जॉन कालविन और जॉन नॉक्स, सुधारवादी आन्दोलन का असर, मध्ययुग में समाजवाद के तत्व।

सुधारवादी आन्दोलन का मूल स्वरूप

सुधारवादी आन्दोलन का समय सन् 1517 ई. से लेकर सन् 1618 ई. तक माना जाता है। इटली में ज्ञान के पुरोदय के आन्दोलन के बाद-जिसकी मूल प्रवृत्तियों का प्रतिनिधित्व मैकियावली ने किया था—राजनीति के विचार के इतिहास को मोड़ने का श्रेय सुधारवादी आन्दोलन को ही है। जहाँ तक इस आन्दोलन के मूलस्वरूप का संबंध है—वहाँ तक यह आन्दोलन भी धार्मिक ही था। लेकिन मैकियावली के बाद भी धर्म का ऐसा प्रभाव था कि उसने लोक-आचरण और राजनीति को नहीं छोड़ा। सुधारवादी आन्दोलन में आधुनिकता और मध्यकालीनता का विचित्र मिश्रण था। यदि मैकियावली के विचारों से इस आन्दोलन के प्रवक्ताओं तथा विचारकों के मतों की तुलना की जाए तो हम पाते हैं कि यह आन्दोलन मैकियावली से दो कदम पीछे ही था क्योंकि मैकियावली ने राजनीति से धर्म का बहिष्कृत करने की जो चेष्टा की थी—उसके प्रतिकूल **मार्टिन लूथर, ज्विंगली, कालविन** आदि ने एक बार पुनः धर्म और राजनीति को घनिष्ठ संबंधों में जोड़ कर गध्ययुगीन विचार को पुनर्जीवन प्रदान करने का यत्न किया था। इसी आन्दोलन के जन्मदाताओं और समर्थकों ने धार्मिक आदर्शों और धर्मप्रधान राजनीति का भी प्रचार करने की चेष्टा की। उनकी आदर्श शासनतंत्र की कल्पना भी मूलरूप से धर्मपुस्तकों पर ही आधारित है। लेकिन

सुधारवादी आन्दोलन इन अर्थों में आधुनिक भी था कि उसने लोकतंत्रवाद तथा व्यक्तिवाद को पुष्ट किया। ये दोनों ही चीजें मध्यकालीन सामूहिक जीवन की कल्पनाओं के विरुद्ध थीं। इस आन्दोलन की मूल विचार-भूमि व्यक्तिवादी भावनाओं में निहित है। ज्ञान के पुनरोदय का आन्दोलन जहाँ इटली में आरंभ हुआ—वहाँ सुधारवादी आन्दोलन जर्मनी में आरम्भ हुआ था। जर्मनी में उन दिनों बर्बर जातियों का प्राधान्य था। मध्य यूरोप के अधिकांश क्षेत्रों में वे ही बस गई थीं। धर्म पर अधिकांशतः रोमनों का अधिकार था। रोमनों और बर्बरों के स्वभाव में कुछ ऐसा अन्तर था जो दोनों में समान आदर्शों की स्थापना नहीं होने देता था। रोमन जातियाँ जहाँ सामूहिक जीवन बिताने की अभ्यस्त थीं—वहाँ बर्बर जातियाँ एकांकी और रहस्यवादी जीवन व्यतीत करने में विश्वास रखती थीं। जब तक धर्मतंत्र प्रखर रहा, तब तक बर्बर जातियों के लोग कुछ भी न बोले, किन्तु इसके बाद जब पोपसत्ता फूट और चरित्रहीनता के कारण शक्तिहीन हो गई तो धर्मसत्ता के अधिकारियों के विरुद्ध असन्तोष की ज्वाला भड़क उठी। सुधारवादी आन्दोलन को राष्ट्र-राज्यों के उदय से भी सहारा मिला। सुधारवादियों ने मुख्यतः इस बात पर बल दिया कि ईश्वर को प्राप्त करने के लिए किसी दलाल की आवश्यकता नहीं है। मुक्ति लाभ का सबसे अच्छा तरीका आत्म-साधना है। इस प्रकार धर्म को व्यक्ति-प्रधान बना कर सुधारवादियों ने पाप और धर्मसत्ता के महल को खण्ड-खण्ड कर डाला। यह आन्दोलन शीघ्र ही जनता में इसलिए जड़ पकड़ गया कि पोपों ने उन दिनों इतने अधिक कर वसूल करने आरंभ कर दिये थे कि उससे जनता मुक्ति चाहती थी। यूरोप के नरेश भी इस बात के लिए बहुत अधिक इच्छुक थे कि किसी प्रकार मूल्यवान तथा उपजाऊ भूमि गिरजा के पादरियों के चुंगल से निकल आये और उसका राज्य के हितों के लिए प्रयोग किया जा सके।

निरंकुश राजतंत्रों की स्थापना का यत्न

यह तो हम बतला ही चुके हैं कि सुधारवादी युग में राष्ट्र-राज्यों का उदय होना आरंभ हो गया था। सुधारवादियों ने धर्म के व्यक्ति-प्रधान पक्ष पर बल देकर राष्ट्र-राज्यों के पनपने में सहायता दी। धर्म को व्यक्ति-प्रधान बना देने से पोप का महत्व स्वयमेव कम हो गया। इसलिए सुधारवादियों और धर्मसत्ता का संघर्ष हुआ। इस संघर्ष में धर्मसत्ता ने सुधारवादियों के दमन के लिए कठोर-से-कठोर उपायों का अवलम्बन किया। अतः सुधारवादियों के लिए स्वाभाविक था कि वे राजसत्ता के पास अपनी रक्षा के लिए जाते। राजसत्ता ने देखा कि सुधारवादी आन्दोलन उनके हितों का पोषण करता है, तो इसलिए उसने उनको धर्मसत्ता के विरुद्ध समर्थन देना आरंभ कर दिया। धर्म और राजसत्ता के बीच द्वन्द के अंतिम काल में जब राजसत्ता का समर्थन किया जा रहा था—उस समय लोगों ने पोप के इस अधिकार का विरोध किया कि वह पूजा को राजभक्ति से मुक्त कर सकता है। यह कहा जाने लगा कि पोप की भाँति ही राजा को भी सत्ता सीधे ईश्वर से प्राप्त हुई

है। इसलिए राजा न तो प्रजा के अधीन है और न पोप के। वह केवल ईश्वर के प्रति ही अपने कृत्यों के लिए उत्तरदायी है। सुधारवादियों ने राजा की इस स्वतंत्र स्थिति का एक प्रकार से समर्थन किया। उन्होंने कहा कि प्रजा का यह कर्तव्य है कि वह राजा की सभी आज्ञाओं का बिना किसी विरोध के पालन करे। सुधारवादियों ने राजक्रान्ति करने के अधिकार को भी छीन लिया और विद्रोह को धार्मिक दृष्टि से पाप बतलाया। इस प्रकार हम देखते हैं कि सुधारवादी विचारकों ने राजाओं की दोतरफा रक्षा की । एक और तो उन्होंने धर्मसत्ता की दासता के पाश से राजसत्ता को मुक्त किया और दूसरी ओर राजसत्ता को क्रान्तियों की ज्वाला से बचाया। उन दिनों राजसत्ता विरोधी कई सशस्त्र और हिंसात्मक आन्दोलन छिड़े हुए थे। एनाबेपटिस्टों तथा कृषक युद्ध का नाम इस सिलसिले में विशेष रूप से उल्लेखनीय है।

सुधारवादियों ने अपने मत से राजाओं के दैवी अधिकार सिद्धान्त की ऐसी व्याख्या की कि उससे निरंकुश राजतंत्रों की स्थापना को बड़ा बल मिला।

सुधारवादियों की शिक्षाएँ

सुधारवादियों की शिक्षाओं का स्वरूप धार्मिक था। उसकी शिक्षाओं का मुख्य मूल इस प्रकार था--(अ) साधारण जीवन बिताया जाए। धर्म के मामले में आत्म-साधना ही सर्वोत्तम है। आत्म-साधना द्वारा ही आध्यात्मिक मार्गों से ईश्वर की प्राप्ति की जा सकती है। (आ) धर्मसत्ता या पोपतंत्र की धर्मसम्मत जीवन बिताने के लिए कोई आवश्यकता नहीं है। पोप या कोई अन्य भौतिक शक्ति मनुष्य को पाप से मुक्त नहीं करा सकती। यह कार्य केवल ईश्वर की सहायता से ही सम्पन्न हो सकता है। (इ) धर्मग्रंथों की व्याख्या के संबंध में सुधारवादियों ने कहा कि पोप या अन्य किसी धर्माधिकारी को ही उनकी व्याख्या करने का अधिकार नहीं है। प्रत्येक व्यक्ति को चाहिए कि वह उनको पढ़े और अपनी बुद्धि के अनुसार उनकी व्याख्या करे। उन्हीं दिनों बाइबिल का हिब्रू भाषा से यूरोपियन भाषाओं में अनुवाद किया गया। उस समय तक बाइबिल तथा अन्य धार्मिक ग्रंथ प्राचीन तथा शास्त्रीय ग्रीक और लैटिन भाषाओं में ही उपलब्ध हुआ करते थे। सुधारवादियों के सिद्धान्त मूलतः मध्यकालीन प्रभावयुक्त और स्कालास्टिक दर्शन द्वारा प्रतिपादित हुआ करते थे। उनकी अध्ययन-पद्धति और शैली भी धार्मिक ग्रंथों पर आधारित थी। इस संबंध में वे टॉमस एक्वीनॉज की पद्धति का ही अनुकरण किया करते थे। पहले तो राजसत्ताधीश इन शिक्षाओं का राजनीतिक महत्व समझ न पाये लेकिन ज्यों-ज्यों समय बीतता गया, उनकी शिक्षाओं के राजनीतिक परिणामों की कल्पना ने राजसत्ता के ध्यान को अपनी ओर आकृष्ट कर लिया। सुधारवादी सबसे पहला उपदेश यह देते थे कि सादा जीवन बिताया जाए। उनका यह उपदेश बाइबिल में चित्रित ईसा के जीवन पर आधारित था। इसी के आधार पर वे पोपों की शान-शौकत और सम्पत्ति आदि रखने का विरोध करते थे। इस विरोध का परिणाम यह हुआ कि जनता में पोपों के विरुद्ध भावना फैली और वह यह अनुभव करने

लगी कि ईसा की शिक्षाओं के अनुसार धर्माधिकारियों को सचमुच अपने पास धन और सम्पत्ति नहीं रखनी चाहिए। धन-दौलत से मनुष्य भ्रष्ट हो जाता है। वह धर्माचरण नहीं कर पाता। प्रोटेस्टैण्टों को यह बतलाने में कोई कठिनाई नहीं हुई कि पोपों का आचरण उन दिनों कितना भ्रष्ट हो गया था। राजसत्ता को सुधारवादियों की यह शिक्षा अपने अनुकूल लगी क्योंकि यदि धर्मसत्ता के हाथ से धन और सम्पत्ति निकल जाती है तो उसकी शक्ति स्वयमेव कम हो जाती है। राजसत्ता की निर्बल स्थिति को इससे बड़ी सहायता मिलती। जनता पर जो भारी-भारी धर्मस्व या धार्मिक कर लाये जा रहे थे—वह भी बंद हो जाते और इस प्रकार जनता का भार हल्का होता। दूसरे, पोपों की शक्ति घट जाने से अपने-अपने प्रदेशों में राजाओं की स्थिति सुदृढ़ हो जाती और विश्व-साम्राज्य की धार्मिक कल्पना स्वयमेव समाप्त हो जाती। तीसरे, राजसत्ता की स्थिति अपने स्थान पर सुदृढ़ हो जाती। अतः कुल मिलाकर सुधारवादी शिक्षाओं का यह फल हुआ कि राजसत्ता के स्वतंत्र अस्तित्व को प्रोत्साहन मिला। राष्ट्र-राज्यों के निर्माण में सहायता मिली और धर्मसत्ता जल्दी समाप्त हो गई। इससे युग को आधुनिकता की ओर बढ़ने में बड़ी सुविधा हुई। इसके अतिरिक्त एक बात और हुई और वह यह कि व्यक्तिगत विवेक पर निर्भर रहने की भावना के प्रचार से लोकतंत्र और व्यक्तिवाद के सिद्धान्तों को आगे बढ़ने के लिए मार्ग मिला। लेकिन सुधारवादियों के व्यक्तिवादी सिद्धान्तों के प्रचार के कारण कहीं-कहीं बड़े उपद्रव फैल गये। ईसाई धर्म माननेवालों के ऐसे बहुत से सम्प्रदाय बने गये जिनमें परस्पर बड़ा सैद्धान्तिक मतभेद था। इन मतभेदों ने सामाजिक, आर्थिक और राजनीतिक अव्यवस्था उत्पन्न कर दी। इनमें से कुछ सम्प्रदाय बड़े क्रान्तिकारी निकले। इन क्रान्तिकारी सम्प्रदायों को सुधारवादियों की शिक्षाओं से बड़ा सहारा मिला। यह अराजकता कालान्तर में सुधारवादी आन्दोलन के मूल तत्वों के विरुद्ध भी जा पड़ी। इसका परिणाम यह हुआ कि स्वयं सुधारवादियों की ओर से यह आवाज उठायी जाने लगी कि धर्महीनों को राजा द्वारा दण्डित किया जाए। यही नहीं, यह भी कहा जाने लगा कि धार्मिक आचरण की परिभाषा भी राजाओं द्वारा ही की जाए। राजाओं ने ऐसा किया भी। धर्म के मामले में राजसत्ता का स्वर अंतिम हो जाने का परिणाम यह हुआ कि राजा का धर्म ही प्रजा का भी धर्म हो गया।

समानता का सिद्धान्त

समानता का सिद्धान्त भी आरंभ में धार्मिक सुधारवादी आन्दोलन द्वारा ही प्रतिपादित किया गया था। सुधारवादियों के तीनों उपदेश जिनकी चर्चा ऊपर की गई है, मानव समानता की ओर ही इंगित करते थे। पहले तो यह कहा गया कि सभी मनुष्यों को धर्म के संबंध में धर्मग्रंथ पढ़ कर अपना मत स्थिर करने का समान अधिकार है, किन्तु बाद में यह बात केवल धर्म के क्षेत्र तक ही सीमित न रही, वह राजनीति के क्षेत्र में भी घर कर गई। फल यह हुआ कि राजनीतिक समस्याओं के संबंध में भी मतसंग्रह की पद्धति चल पड़ी और बहुमत के अनुसार कार्य किया जाने लगा।

इस प्रकार यदि हम सुधारवादी आन्दोलन के समूचे युग पर दृष्टि डालें तो हमें तीन भाग स्पष्ट दिखलाई पड़ेंगे। पहला लूथर का काल है; दूसरा कालविन का, तथा तीसरा मानवाधिकार का। लूथर के काल में सुधारवादी अपनी प्रारंभिक अवस्था में थे। इस काल के विचार अत्यन्त अव्यवस्थित हैं जो कुछ भी विचार प्रकट किये गये वे किसी राजनीतिक कार्य-सिद्धि को दृष्टि में रखकर नहीं । उनका उद्देश्य धार्मिक व्यवस्था में सुधार करना था, जिससे जनसाधारण को पोपतंत्र के अत्याचारों से मुक्ति मिल सके। लेकिन उन अस्त-व्यस्त विचारों का भी यह परिणाम हुआ कि राष्ट्रीयतायुक्त स्वतंत्र राजतंत्रों का जन्म और विकास होने लगा जो सब प्रकार से शक्तिशाली सिद्ध हुए। कालविन-काल की विशेषता यह थी कि उसमें राजतंत्र विरोधी तत्व भी प्रकट हो चुके थे। उसके विचारों में व्यवस्था अधिक थी। उसने इस बात पर बल दिया कि निरंकुशता किसी भी क्षेत्र में अच्छी नहीं होती–चाहे वह धार्मिक हो या राजनीतिक। नियंत्रण और संयम के लिए निरन्तर प्रयत्नशील रहने की आवश्यकता है। कालविन ने मानव-स्वभाव की भ्रष्टता की ओर भी ध्यान आकर्षित किया और कहा–यदि पतन से बचना है तो सदैव अंकुश की आवश्यकता है। मानवाधिकार काल में–जो सुधारवादी आन्दोलन का तीसरा काल है–मानव मात्र के कुछ अधिकारों का प्रचार किया गया और बतलाया गया कि वे अधिकार ईश्वर-प्रदत्त हैं और उनको पोपसत्ता अथवा राजसत्ता किसी को भी छीनने का अधिकार नहीं है। इसके अतिरिक्त इसी काल में एक और भी बात हुई। सुधारवादी आन्दोलन की प्रारंम्भिक और बाद की अवस्थाओं में शासनतंत्रों के जिन आदर्शवादी स्वरूपों की चर्चा की गई उन सब का व्यवहारिक प्रयोग किया गया। लूथरकाल (1518-1531) का था। कालविन-काल (1531-1565) का था और मानवाधिकार काल (1565-1619) तक का था।

सुधारवादी आन्दोलन का अनुदाय

सुधारवादी आन्दोलन के अनुदायों के दो स्वरूप हैं। पहला निषेधात्मक और दूसरा रचनात्मक। जहाँ तक निषेधात्मक अनुदायों का संबंध है, इस आन्दोलन ने पवित्र रोमन साम्राज्य को समाप्त कर दिया। धर्मसत्ता और गिरजा द्वारा जिस सार्वभौमिक एकता का प्रचार किया जाता था–वह भावना भी नष्ट कर दी गई। धर्माधिकारियों के विशेषाधिकारों की समाप्ति में भी इस युग का अनुदाय उल्लेखनीय है। रचनात्मक पक्ष पर दृष्टि डालने से ज्ञात होता है कि सुधारवादी आन्दोलन ने राष्ट्रीयता के बिखरे हुए तत्वों को एकता के सूत्र में ग्रंथित कर यूरोप को प्रादेशिक इकाइयों में विभक्त कर दिया। व्यक्ति तथा उसके महत्व को इसी काल में बढ़ाया गया।

सुधारवादी आन्दोलन यद्यपि जर्मनी में आरंभ हुआ था लेकिन शीघ्र ही स्विट्जरलैंड, नार्वे, स्वीडेन, फिनलैण्ड, इंग्लैण्ड तथा स्कॉटलैण्ड में फैल गया। इस आन्दोलन के फलस्वरूप रोमन कैथोलिक गिरजा के हाथ में उक्त सभी क्षेत्र निकल गये और इन राज्यों

में प्रोटेस्टेण्ट गिरजाघरों का निर्माण हो गया। ये गिरजा पोप के अधीन नहीं थे बल्कि अपने राजाओं के अधीन थे। स्पेन तथा फ्रांस आदि देशों में फिर भी रोमन कैथोलिकों का जोर बना रहा।

सुधारवादी आन्दोलन का जन्मदाता—लूथर

जीवन परिचय

सुधारवादी आन्दोलन के प्रवर्तक मार्टिन लूथर का जन्म सन् 1483 में हुआ था और मृत्यु सन् 1546 में। यह जर्मन था। उसकी मूल जाति ट्यूटन थी। लूथर में अपनी जाति के सभी गुण थे। वह व्यक्ति-स्वातंत्र्य का सबसे बड़ा हिमायती था और शुरू से ही बड़ा विचारशील था। उसे ऑगस्टीनियन मठ में शिक्षा मिली थी। धीरे-धीरे अपनी प्रतिभा के बल पर बढ़ते-बढ़ते वह धर्मशास्त्र का प्राध्यापक हो गया। उसने रोम की यात्रा की। वहाँ उसने पोप के दुराचारों तथा धर्माधिकारियों की धन-लोलुपता के जो दृश्य देखे उससे उसे बड़ी गहरी ठेस लगी और वह पोप तथा उसके सहायकों से घृणा करने लगा। रोम से लौट कर उसने पोप के पापों का खूब भण्डाफोड़; किया और धर्मव्यवस्था में क्रान्तिकारी परिवर्तन के प्रस्ताव रखे। इस व्यवस्था में पोप या धर्माधिकारियों को कोई स्थान नहीं दिया गया। इस बात से धर्मसत्ता का रुष्ट हो जाना स्वाभाविक था। लूथर को जर्मनी के सम्राट् का समर्थन प्राप्त था लेकिन एक बार यात्रा करते हुए पोप के समर्थकों ने उसे पकड़ लिया और धर्महीनता के अपराध में जीवित जला दिया।

लूथर की रचनाएँ

लूथर ने धार्मिक प्रवचनात्मक साहित्य विपुल मात्रा में लिखा है। इन्हीं रचनाओं में उसके राजनीतिक विचार भी प्राप्त हो जाते हैं। राजनीतिक विचारों के ज्ञान की दृष्टि से उसके निम्नलिखित ग्रंथ उल्लेखनीय हैं :

(1) राजसत्ता के संबंध में,
(2) 'टेबिल टॉक',
(3) एक ईसाई की स्वतंत्रता, और
(4) जर्मन सामंतों को पत्र।

लूथर पर प्रभाव

लूथर पर जिन विचारकों और विचारधाराओं का सबसे अधिक प्रभाव पड़ा उनमें **दाँते, वाइक्लिफ** और **हस** के नाम विशेष रूप से उल्लेखनीय है। लूथर ज्ञान के पुनरोदय के इटालियन आन्दोलन की मानवतावादियों की विचारधारा से भी बहुत अधिक प्रभावित हुआ था। कुछ मामलों में उस पर मार्सीलिओ के विचारों का भी प्रभाव पड़ा था।

लूथर द्वारा राजसत्ता का समर्थन

लूथर ने राजसत्ता और धर्मसत्ता के बीच स्पष्ट अन्तर स्थापित करते हुए उसमें राजसत्ता के स्थान को श्रेष्ठतर बतलाया है। लूथर का मत था कि समस्त भौतिक पदार्थों और जागतिक क्षेत्रों में राजसत्ता का स्थान सर्वश्रेष्ठ है। सब उसके अधीन हैं। वह मार्सीलिओ की भाँति यह मानता था कि धर्माधिकारियों और पोप को राजसत्ता के सम्मुख कोई विशेषाधिकार प्राप्त नहीं है। राजा सामान्य नागरिक और पादरी के बीच कोई भेदभाव नहीं करना चाहिए और जहाँ आवश्यकता पड़े वहाँ अपराधी पादरियों के विरुद्ध भी कार्रवाई करनी चाहिए। लूथर का यह कहना था कि धर्मसत्ता ने राजसत्ता के अधिकारों को अनुचित ढंग से दबा लिया है और जर्मनी के सामन्तों और राजसत्ताधीशों का यह कर्तव्य है कि वे उस सत्ता को पोप और उसके सहयोगी अधिकारियों के हाथ से छीन लें। लूथर का यह भी कहना था कि पोप को जनता में किसी भी प्रकार का कर वसूल नहीं करने देना चाहिए। उसका कहना था कि धन, सम्पत्ति, जायदाद, भूमि और सभी प्रकार के भौतिक मूल्यवान पदार्थों पर राजसत्ता का एकाधिकारिक नियंत्रण होना चाहिए। पादरी तथा अन्य धर्माधिकारी पोप के अधीन कर्मचारी हैं। उनका क्षेत्र आध्यात्मिक है। आध्यात्मिक क्षेत्र में पादरियों तथा नागरिकों में चाहे जो अन्तर हो (लूथर यह अन्तर भी नहीं मानता था कि आध्यात्मिक क्षेत्र में ईश्वर के सामने पादरी या नागरिक का कोई अन्तर हो सकता है।) लेकिन राजसत्ता के समक्ष कोई अन्तर नहीं हो सकता। अतएव धर्माधिकारियों को कोई विशेष अधिकार नहीं मिलने चाहिए। धर्मसत्ता की स्थिति को इस प्रकार अत्यन्त निर्बल बतला कर लूथर ने अप्रत्यक्ष रूप से राजतंत्र को सबल बनाने में बड़ी सहायता दी। लूथर की उक्त शिक्षा का परिणाम यह हुआ कि राजतंत्र बाहर की किसी भी सत्ता का अधिकार नहीं मानने लगे। लूथर ने राजसत्ता की उत्पत्ति के जिस दैवी सिद्धान्त का प्रतिपादन किया वह यह था कि राजा धर्मसत्ता की कृपा पर आश्रित नहीं है। उनको स्वयं ईश्वर ने जन्म दिया है और उन्हें अपने स्वतंत्र अस्तित्व का अधिकार है। धर्मसत्ता और राजसत्ता में यदि किसी को एक के अधीन रहना भी है तो धर्मसत्ता को राजसत्ता के अधीन रहना है—राजसत्ता को धर्मसत्ता के अधीन नहीं। राजसत्ता को वह अनिवार्यतः अत्यन्त पवित्र और पूज्य मानता था। उसका कहना था कि प्रत्येक ईसाई को उस समय तक राजा की आज्ञा का पालन करना चाहिए। जब तक राजा का पक्ष पूर्णतः गलत न हो। वह मनुष्य के स्वाभाविक अधिकारों का समर्थक न था। लूथर का यह भी कहना था कि धर्म तथा तत्सम्बन्धी विश्वासों के मामलों में राजसत्ता को सहिष्णुता का परिचय देना चाहिए। वह यह नहीं मानता था कि धार्मिकता का प्रचार अथवा धर्महीनता का विरोध राजदण्ड द्वारा संभव है। इस संबंध में उसका कहना था कि व्यक्ति की आत्मा का स्वर ही महत्त्व रखता है। लूथर का कहना था कि धर्महीनता को रोकने का उपाय तलवार नहीं। वह भौतिक दण्डों का भी विरोधी था।

अपनी परिस्थितियों का जीव लूथर

लूथर को बहुधा अपनी परिस्थितियों का जीव बतलाया जाता है। इस कथन का आशय यह है कि मार्टिन लूथर ने आरंभ से अपने सामने कोई लक्ष्य नहीं रखा था और वह अपने विचारों को भी ज्यों-ज्यों परिस्थितियाँ बदलती चली गई त्यों-त्यों बदलता गया। वैसे तो सभी विचारक अपने मतों की परिस्थितियों के अनुकूल बदला करते हैं लेकिन लूथर ने अपने मत इतनी तेजी से बदले कि उनमें असंगति का दोष उत्पन्न हो गया। पहले-पहल जब लूथर ने धर्मसत्ता की व्यवस्था का अध्ययन किया तो उसमें उसे कुछ दोष दिखलाई पड़े। आरंभ में वह केवल इन दोषों को दूर करना चाहता था। वह धर्मसत्ता की स्थिति में कोई विशेष उलट-फेर का समर्थक न था, किन्तु बाद में सुधारवादी आन्दोलन ने कुछ ऐसी गति पकड़ी कि उसे अपने विचारों से आमूल परिवर्तन करना पड़ा। उसने धर्मसत्ता का पूर्ण विरोध करना आरंभ कर दिया और कहा कि धर्माधिकारी पूर्णतः राजा के ही अधीन हैं। इसी प्रकार राजसत्ता के संबंध में भी उसके विचारों में परिवर्तन हुआ। पहले वह निरंकुश राजतंत्र का समर्थन करता था लेकिन जब जर्मन सम्राट चार्ल्स पंचम और सुधारवादी आन्दोलन के समर्थक सामन्तों में मतभेद हो गया और दोनों पक्षों में संघर्ष की नौबत आ गई, तो उसने अपने पक्ष के समर्थन के लिए यह कहना आरंभ कर दिया कि यदि राजा आतंक फैलाना शुरू कर दे और सरासर गलत रास्ते पर जाने का प्रयत्न करे तो उसका विरोध करना अधीनों का कर्तव्य है। लेकिन इसके बाद जब लूथर की शिक्षाओं का असर यूरोप के अन्य भागों पर फैलने लगा तथा राजाओं और पोपों के विरुद्ध विद्रोह होने लगे, सामन्तों की स्थिति भी संकटमय हो गई तथा किसानों की क्रान्तियों से अराजकता फैल गई, तो एक बार फिर लूथर के विचारों ने पलटा खाया और उसने कहना शुरू किया कि शासनतंत्र के विरुद्ध शस्त्र उठाना पाप है। उसने प्रजा को यह सिखाया कि शासनतंत्र (सरकार) चाहे न्यायी हो या अन्यायी उसके विरुद्ध हिंसात्मक कार्य करना किसी भी प्रकार उचित नहीं है। बड़ों के प्रति सदैव आज्ञाकारिता ही दिखलाई जानी चाहिए। शासनतंत्र के प्रति अश्रद्धा या अवज्ञा का भाव सबसे बड़ा अपराध है। इस प्रकार हम देखते हैं कि लूथर अपने पक्ष के समर्थन में कितनी तेजी से असंगति का खतरा उठाकर भी निरन्तर अपने विचार बदलता गया था।

लूथर के विचारों की त्रुटियाँ

लूथर के विचारों की सबसे बड़ी त्रुटि उसकी असंगति थी। एक ओर तो वह धर्म को व्यक्तिगत चीज बतलाता था और कहता था कि इस संबंध में व्यक्ति को आत्मा का ही पथ-प्रदर्शन मानना चाहिए और राजसत्ता को इस बात का प्रयत्न करना चाहिए कि प्रत्येक व्यक्ति अपने मतानुकूल धर्म स्वीकार कर उसका पालन कर सके, वहाँ दूसरी ओर वह राजसत्ताधीशों को यह भी परामर्श देता था कि वे धार्मिक सहिष्णुता की एक सीमा भी

निर्धारित कर दें। इस प्रकार वह राजसत्ता को नागरिकों के धार्मिक अधिकारों को भी नियंत्रित करने का अधिकार देता था। ऐसी दशा में भी किस प्रकार की आशा जा सकती थी कि मनुष्य धार्मिक मामलों में अपनी आत्मा द्वारा निर्देशित पथ का अवलम्बन करने के लिए स्वतंत्र रह सकता। दूसरे, एक ओर वह प्रजा से जो कहता है कि प्रत्येक दशा में उसे राजसत्ता के आदेशों का पालन करना चाहिए और दूसरी ओर कहता है कि यदि राजसत्ता सर्वथा अनुचित आज्ञा दे तो उसका विरोध किया जाए। ये दोनों बातें एक दूसरे का खण्डन करती हैं। लूथर का कहना था कि उसकी शिक्षाओं का आधार धर्मग्रन्थ है। लेकिन उसके राजनीतिक सिद्धान्तों से यह बात सिद्ध नहीं होती। उदाहरण के लिए लूथर ने कहा कि धर्मग्रंथों के अनुसार सबको अपनी आत्मा द्वारा प्रदर्शित पथ पर चलने का अधिकार है। उस समय किसानों ने जब इस सिद्धान्त पर चलकर यह अनुभव किया कि उनकी अवस्था खराब है और अपनी दशा में सुधार करने के लिए उन्हें राज्य के विरुद्ध विद्रोह करना चाहिए तो लूथर ने किसानों के इस विद्रोह का समर्थन न कर राजाओं और सामन्तों का समर्थन किया। उसने यह तो माना कि किसानों का पक्ष ठीक है लेकिन वह इसके लिए राजी न हुआ कि उन्हें विद्रोह का अधिकार दिया जाए। अतएव स्पष्ट है कि लूथर के विचारों में मौलिक त्रुटियाँ थीं। उसकी दृष्टि निष्पक्ष नहीं थी। वह एक वर्ग के स्वार्थों की ओर अधिक झुक गया था। दूसरे, लूथर ने धर्मसत्ता और पवित्र रोमन साम्राज्य का तो अन्त कर दिया और इस प्रकार नागरिकों को द्वैध सत्ताओं से मुक्ति दिला दी लेकिन वह यह विश्वास नहीं करता था कि लौकिक जगत में सभी व्यक्ति समान हैं। उसका कहना था कि कुछ लोगों को अनिवार्यतः दूसरों की आज्ञा का पालन करने के लिए ही पैदा किया जाता है क्योंकि सभी आज्ञा देने योग्य नहीं होते। अतः शासकों का दर्जा ऊँचा है और शासितों का नीचा। लूथर का यह मत अपने युग की व्यवस्थाओं के अनुरूप ही था। उन दिनों की सामाजिक व्यवस्था के अनुरूप ही था। उन दिनों की सामाजिक व्यवस्था में दासता को बुरा नहीं समझा जाता था। यही कारण है कि लूथर ने समानता का समर्थन नहीं किया।

लूथर के विचारों का उत्तराधिकारियों पर प्रभाव और उसके अनुदाय

लूथर ने अपने राज्य संबंधी सिद्धान्त में यह स्पष्ट कर दिया कि राज्य दैवी है। उसकी सत्ता सर्वथा मान्य और पवित्र है। उसे पूज्य समझना प्रत्येक नागरिक का कर्त्तव्य है। लूथर के राज्य संबंधी इस मत का प्रभाव उसके उत्तराधिकारियों पर बहुत अधिक पड़ा। लूथर के बाद हीगल तथा आधुनिक काल के अनेक विचारकों ने राज्य के संबंध में उसके मत का प्रतिपादन किया। हीगल ने तो राजा को पृथ्वी पर ईश्वर का साक्षात् अवतार बतला दिया। इसी कारण अनेक लेखकों ने लूथर को हीगल आदि का आध्यात्मिक गुरु भी बतलाया है। लूथर ने राजनीति को तीन अत्यन्त प्रमुख अनुदान दिये वे हैं– (क) लूथर ने समाज और राज्य के प्रति ईसाई मात्र में विनयपूर्ण आज्ञाकारिता का भाव उत्पन्न किया,

(ख) उसने राजसत्ता और धर्मसत्ता के बीच अत्यन्त स्पष्ट अन्तर स्थापित किया, और (ग) उसने कहा, राजसत्ता रोमन साम्राज्याधीश या पोप किसी के भी अन्तर्गत नहीं है। उसके यह तीनों अनुदाय समय की आवश्यकता को देखते हुए अत्यन्त उपयोगी सिद्ध हुए। इसमें संदेह नहीं कि उनसे तत्कालीन समाज को पोप के अत्याचारों से मुक्ति प्राप्त हुई और वह धर्मसत्ता के आर्थिक शोषणों से मुक्त हो सका। वह राज्य को एकता का गुण दे सका तथा उसको सभी प्रकार के बाह्य बंधनों से मुक्त कर सका। आधुनिक राज्यों की प्रगति के लिए यह एक बड़ी भारी आवश्यकता थी।

मेलंकेथॉन और ज्विंगली

मेलंकेथॉन का जन्म सन् 1497 में हुआ था और मृत्यु 63 वर्ष की आयु में सन् 1560 में। मेलंकेथॉन भी जर्मन था। उसने मार्टिन लूथर से शिक्षा प्राप्त की थी। लूथर की अपेक्षा उसके विचारों में अधिक गंभीरता, संगति और व्यवस्था है। राजनीति तथा धर्मशास्त्र के विषयों का तो उसे अच्छा ज्ञान था ही—साथ ही उसने रोमन विधि संहिताओं का भी गहरा अध्ययन किया था।

मेलंकेथॉन की विचारधारा उदारतावादी है। उस पर अरस्तू के राजनीति दर्शन का तो प्रभाव पड़ा ही है साथ ही ज्ञान के पुनरोदय के आन्दोलन का भी बड़ा प्रभाव पड़ा है। यही कारण है कि लूथर की अपेक्षा मेलंकेथॉन में मानवतावादी दृष्टिकोण अधिक मिलता है।

मेलंकेथॉन का कोई उल्लेखनीय ग्रंथ नहीं है किन्तु उसके विचारों का संग्रह 'ओपेरा' (खण्ड 16) में मिलता है।

जिन विचारों का प्रतिपादन में मेलंकेथॉन ने किया उनमें उसके प्राकृतिक विधि विचार विशेष रूप से उल्लेखनीय हैं। इस संबंध में मेलंकेथॉन का कहना था कि प्राकृतिक विधियों का मूल स्रोत मानवीय प्रकृति ही है। इसके अतिरिक्त मनुष्य के मस्तिष्क में कभी-कभी कुछ ऐसी कल्पनाएँ भी आ जाती हैं जो साक्षात् दैवी कृपा का ही परिणाम होती हैं। उसने मानवीय-प्रकृति को 'डीकेलॉग' की संज्ञा दी है। इस संबंध में मेलंकेथॉन का कहना है कि मनुष्य के जो भी सवास या नियम उक्त मानवीय-प्रकृति द्वारा निर्दिष्ट प्रवृत्तियों पर आधारित होते हैं वे मानवीय विधियों के अनुकूल होते हैं। इनसे सबका हित होता है. अहित हो ही नहीं सकता।

प्राकृतिक विधियों के आधार पर ही मेलंकेथॉन ने निजी सम्पत्ति और व्यक्ति स्वातंत्र्य के सिद्धान्तों का समर्थन किया। उसका कहना था कि अपने श्रम से अर्जित धनराशि को सम्पत्ति के रूप में परिवर्तित कर लेने का अधिकार व्यक्ति को है। इसीलिए उसने, धर्मग्रन्थों के उद्धरण देकर, यह भी सिद्ध किया कि उनमें चोरी करना अर्थात् दूसरे के श्रम से लाभ उठाना वर्जित है।

राज्य की उत्पत्ति के संबंध में मेलंकेथॉन का मत था कि वह प्राकृतिक विधियों का परिणाम है। इसलिए वह ईश्वरीय है। ऐसा संवास जो कुछ भी करेगा--वह सबके हित में होगा। राज्य के कर्तव्यों के संबंध में मेलंकेथॉन ने बतलाया कि उसका प्राथमिक कार्य शान्ति और व्यवस्था स्थापित कर उसकी रक्षा करना है।

राजसत्ता और धर्मसत्ता के संबंध में मेलंकेथॉन ने धर्मसत्ता को राजसत्ता के अधीन बतलाते हुए कहा कि राज्य का कर्तव्य सच्चे धर्म का प्रचार करना भी है। नागरिक का आचरण नैतिक हो—इसकी देखभाल राज्य को ही करनी चाहिए। यदि सम्पत्ति का दुरुपयोग किया जा रहा हो तो उसे अपने अधिकार में ले लेना राज्य का कर्तव्य है। उसने दासता का भी समर्थन किया। धर्म के संबंध में उसका कहना था धर्माधिकारियों या पादरियों को दण्ड देने का कोई अधिकार नहीं मिलना चाहिए। वह राज्य के राष्ट्रीय स्वरूप का समर्थक था।

वह शासन के स्वरूपों में अपनी दैवी उत्पत्ति के सिद्धान्त के कारण राजतंत्र को अच्छा समझता था लेकिन बाद में उसने अपने विचार बदल दिये और वह आभिजात्यतंत्र का पोषक हो गया।

मेलंकेथॉन की विचारधारा में भी लूथर की भाँति कुछ असंगतियाँ थीं। एक ओर तो वह राज्य को ईश्वरीय कृपा का फल समझते हुए यह कहा करता था कि उसकी आज्ञा का पालन सबको करना चाहिए; किन्तु दूसरी ओर वह यह भी कहता था कि यदि प्रजा प्रोटेस्टेण्ट हो और राजा कैथोलिक तो प्रजा को राजा का विरोध करने का अधिकार है। अतः स्पष्ट है कि वह इस संबंध में साफ-साफ कोई मार्ग प्रदर्शित नहीं कर सका।

अलरिच ज्विंगली

अलरिच ज्विंगली स्विच विचारक था। उराका जन्म सन् 1484 में ज्यूरिच में हुआ था। वह लूथर का समकालीन था और स्विट्ज़रलैण्ड में सुधारवादी आन्दोलन का प्रवर्तक था। अन्य सुधारवादी विचारकों की अपेक्षा ज्विंगली के विचारों में राजनीति का स्पर्श अधिक मिलता है और धार्मिकता कम। ज्विंगली ने इटली की यात्रा की थी। यह किराये पर लड़नेवाली सेनाओं में भी काम कर चुका था और रोम में यह देख आया था कि पोप सत्ता कितने भोग-विलास में पल रही है। इसका उस पर बड़ा असर पड़ा। वह यह नहीं चाहता था कि धर्मसत्ता के अधिकार में दण्ड के अधिकार रहें। अपने इसी सिद्धांत की रक्षा के लिए उसने युद्ध किया। इस प्रकार का युद्ध स्विट्ज़रलैण्ड के रोमन कैथोलिक कैण्टनों तथा ज्यूरिच के बीच सन् 1531 में हुआ। इसी युद्ध में वह मारा भी गया।

ज्विंगली ने मेलंकेथॉन की भाँति अलग से कोई ग्रन्थ नहीं लिखा किन्तु उसकी स्फुट रचनाओं का संग्रह प्रकाशित हुआ है। इसी संग्रह से हमें उसके राजनीतिक विचार उपलब्ध होते हैं।

ज़्विंगली की राजनीतिक प्रवृत्तियाँ लूथर से कहीं अधिक क्रान्तिकारी थीं। लूथर और मेलंकेथॉन की भाँति उस पर भी इटालियन मानवतावादी आन्दोलन का प्रभाव पड़ा था। शास्त्रीय साहित्य–विशेषकर अरस्तू आदि के राजदर्शन से वह बहुत अधिक प्रभावित हुआ था। रोम विधियों का भी उसने अध्ययन किया था।

ज़्विंगली इटालियन नैतिक अधःपतन से अपने देश की रक्षा करना चाहता था। वह लोकसत्ता का समर्थक था और इन अर्थों में हम उसे लोकतंत्रवादी भी कह सकते हैं। वह यह नहीं चाहता था कि इटली की भाँति स्विट्जरलैण्ड भी नैतिक भ्रष्टाचारों का केन्द्रस्थल बन जाए। वह राष्ट्रीयता का पोषक था और इसी आधार पर राज्य के शासनतंत्र का सुधार भी करना चाहता था। लेकिन उसका प्रभाव अपने प्रदेश तक ही रहा।

धर्मसत्ता और राजसत्ता के संबंध में उसका मत लूथर से भिन्न नहीं था। वह यह मानता था कि धर्मसत्ता को राजसत्ता के अधीन रहना चाहिए और धर्म के मामले में राज्य को सहिष्णुता प्रकट करनी चाहिए किन्तु यह धर्म संबंधी राज्य की सहिष्णुता का एक सीमा तक ही समर्थक था। उसका कहना था कि जब सहिष्णुता की वजह से धर्मग्रंथों की शिक्षाओं का उल्लंघन होने का खतरा हो उस समय राज्य को सहिष्णुता की नीति का परित्याग कर देना चाहिए। उसने अपने मतानुसार सुधार विधिविहित साधनों द्वारा करवाये थे। यद्यपि वह स्वयं ज्यूरिच की विधानसभा का सदस्य नहीं था किन्तु उसके विचारों से विधानसभा के सदस्य इतने अधिक प्रभावित थे कि अनेक विधियाँ और अधिनियम ज़्विंगली के विचारों के अनुसार ही बने। वह यह मानता था कि समाज के राजनीतिक और धार्मिक जीवन को नियंत्रित करने का अधिकार राज्य को है। राज्य को नागरिक के आध्यात्मिक जीवन पर भी बाह्य नियंत्रण रखना चाहिए। वह ईसाई गिरजा को सन्तों का समाज मानता था और कहता था कि आध्यात्मिक दृष्टि से वह समाज चाहे जितना श्रेष्ठ हो लेकिन लौकिक जीवन में उसे राज्य की सत्ता का नियंत्रण स्वीकार करना ही होगा। इस प्रकार उसने गिरजा और राज्य को एक साथ विलयित कर दिया था। राज्य के जिन कर्तव्यों की चर्चा ज़्विंगली ने की है, उनमें से एक यह भी है कि राज्य धर्महीनता न बढ़ने दे। वह इस बात का भी समर्थक था कि प्रजा को राज्य की आज्ञाओं को दैवी समझ कर उनका बिना किसी आपत्ति के पालन करना चाहिए। उसने एक ऐसे राज्य की कल्पना की जिसका शासन एक राजतंत्र के हाथ में हो। इस राजतंत्र की आज्ञाओं का सर्वत्र पालन किया जाए। ज़्विंगली का आदर्श राज्य एक ऐसा "ईसाई राष्ट्रमण्डल" था जिसमें सभी राज्य-भक्तों से राजकार्य में सहयोग की आशा की जाती थी। नागरिक शासन के लिए उत्तरदायी अधिकारी भी नागरिकों के सहयोग पर ही प्रशासन के लिए निर्भर रहते थे। ज़्विंगली की इस भावना में उसकी प्रजातंत्रवादियों जैसी मनोवृत्ति की मुद्रा स्पष्ट रूप से अंकित प्रतीत होती है। वह चाहता था कि एक बार पुनः एक ऐसा समाज स्थापित हो सके जिसमें प्राचीन ईसाई समाज का प्रतिबिम्ब स्पष्टतः झलकता रहे।

स्विट्ज़रलैण्ड को प्रजातंत्रवादी मार्ग पर अग्रसर कराने में ज्विंगली का बड़ा हाथ था। उसने सुधार कराने के लिए जो कार्य किये उनके पीछे चाहे उसके कोई मौलिक विचार रहे हों या नहीं, किन्तु इतना सत्य है कि विचारों से अधिक उसकी कार्य पद्धतियों का प्रभाव पड़ा। उसने यह सिद्ध कर दिया कि सुधार कार्य विधानसभाओं और राजनीतिक साधनों द्वारा अधिक अच्छी तरह किये जा सकते हैं। लूथर या मेलंकेथॉन के पास न तो वे साधन ही थे और न ज्विंगली की भाँति उन साधनों को जुटाने की कल्पना ही थी।

जॉन कालविन और जॉन नॉक्स

जीवन परिचय

जॉन कालविन का जन्म फ्रांस के पिकार्डी नाम के नगर में सन् 1509 में हुआ था। उसने अपनी आरंभिक शिक्षा के बाद कानून का अध्ययन कर तत्संबंधी उपाधि ग्रहण की। उसने धर्मशास्त्र और राजनीति का भी गहरा अध्ययन किया। उसने समकालीन व्यवस्थाओं का अध्ययन कर यह परिणाम निकाला कि धर्म और राजसत्ता में व्यवस्थित सुधार की आवश्यकता है। इस आवश्यकता के अनुरूप ही उसने अपने विचार प्रकट किये। उसे ये विचार कालान्तर में इतना अधिक महत्वपूर्ण सिद्ध हुए कि सुधारवादियों में उसे सबसे बड़ा विचारक माना जाने लगा। वह अपने कुछ विचारों के कारण फ्रांस से निकल दिया गया। फलस्वरूप वह स्विट्ज़रलैण्ड के एक नगर जेनेवा में जा कर रहा। वहाँ के लोगों ने उसका बड़ा स्वागत किया और शासनतंत्र की बागडोर पूर्णतः उसके हाथ में सौंप दी। सन् 1564 में उसकी मृत्यु हो गई।

कालविन के राजनीति संबंधी मूल विचार उसकी फ्रेंच भाषा में लिखित पुस्तक "इन्स्टीट्यूट्स ऑफ दि क्रिश्चियन रिलिजन" में मिलते हैं। यह पुस्तक सन् 1535 में प्रकाशित हुई थी। इसमें समकालीन विधियों का कालविन पर पड़ा प्रभाव स्पष्ट परिलक्षित होता है। कालविन पर लूथर, मेलंकेथॉन तथा ज्विंगली के विचारों का भी काफी प्रभाव पड़ा था और उसके इस संबंध में लिखा भी है।

प्राकृतिक विधिसंबंधी मत

अपने पूर्ववर्तियों द्वारा प्राकृतिक विधियों के संबंध में प्रकट किये गये मतों पर कालविन का बहुत अधिक विश्वास था। वह यह मानता था कि मानव समाज की जितनी नैतिक विधियां हैं—वे सब प्राकृतिक विधियों का ही प्रतिनिधित्व करती हैं। इसका अभिप्राय यह था कि नागरिक विधियों को मूलतः नैतिक विधियों द्वारा निर्दिष्ट पथ का ही अवलम्बन करना चाहिए। जो नागरिक विधि इन प्राकृतिक विधियों द्वारा अनुमोदित नैतिक विधियों के अनुकूल नहीं है—उनको मानने की सलाह कालविन ने नहीं दी। कालविन यह भी मानता था कि प्राकृतिक विधियाँ मनुष्य मात्र को कुछ ऐसे प्राकृतिक अधिकार भी देती हैं जिसका

उल्लंघन राज्य या गिरजा किसी को भी नहीं करना चाहिए। इन प्राकृतिक अधिकारों में वह एक अधिकार यह भी मानता था कि प्रत्येक मनुष्य को अपने मतानुसार पूजा-पाठ का अधिकार है।

राज्य की उत्पत्ति

कालविन ने राज्य की उत्पत्ति के संबंध में जिस सिद्धान्त का निरूपण किया है उसमें दो मूल तत्वों की प्रमुखता है। वह यह मान कर चलता है कि ईश्वर की सत्ता सर्वथा संप्रभु है, वह सर्वोच्च है और उसमें किसी भी प्रकार का कोई हस्तक्षेप किसी भी मानवीय संस्था द्वारा नहीं किया जा सकता। दूसरे, कालविन यह मानता है कि मानव स्वभावतः दोषी है। उसकी प्रवृत्ति सदैव पतन की ओर रहती है और इस प्रवृत्ति का कारण उसका स्वार्थी स्वभाव है। मानव-समाज के अधिकांश व्यक्ति विभिन्न प्रकार की बुराइयों से ग्रस्त हैं। यदि मानव-समाज को नियंत्रणहीन छोड़ दिया जाए तो मनुष्य ऐसी अवस्था में पहुँच जायेगा जहाँ उसकी कोई भी चीज सुरक्षित नहीं रह सकती। इस अव्यवस्था को दूर कर सुरक्षा की मानवीय भावना में राज्य की उत्पत्ति का रहस्य निहित है। कालविन का कहना है कि "जहाँ तक इस नश्वर (लौकिक) जीवन का संबंध है राज्यसत्ता का अधिकार अत्यन्त पवित्र तथा मान्य है।"

राज्य के कर्तव्य

इसके बाद कालविन राजसत्ता के कर्तव्यों की चर्चा करता है। वह कहता है कि धर्म की राज्य की आत्मा है। जिस प्रकार शरीर आत्मा के बिना बेकार रहता है, ठीक उसी प्रकार धर्म के बिना राज्य का कोई महत्व नहीं। इसलिए, धर्म की रक्षा करना राज्य का पहला कर्तव्य है। यदि राज्य के हित में गिरजा द्वारा किसी ऐसे कार्य की आवश्यकता प्रकट की जाती है जो मूलतः धार्मिक है तो शासक का यह प्राथमिक कर्तव्य है कि वह उस कार्य को पूरा करे। यदि वह ऐसा नहीं करता तो राज्य का कार्य पूरा नहीं हो सकता। राजा द्वारा इस कर्तव्य की पूर्ति किये जाने के पश्चात् उसका दूसरा कार्य शांति और व्यवस्था की रक्षा करना है। इस कार्य में कालविन का कहना था कि राजा की सहायता करना ईसाई मात्र का कर्तव्य है। यहाँ पर शासक के कर्तव्यों के प्रसंग में ही कालविन ने शासक और शासित के संबंधों पर भी प्रकाश डाला। कालविन ने कहा कि राज्य के प्रति सविनय आज्ञापालन का भाव रखना प्रत्येक शासित का कर्तव्य है। कभी-कभी शासक अत्याचारी भी होता है। वह बुरे कार्य भी करता है, तब भी प्रजा का यह कर्तव्य है कि वह उन सब को सहन करती हुई शासक को सम्मान प्रदान करे; लेकिन यदि राजा विधियों का भी उल्लंघन करे तो प्रजा को विद्रोह का अधिकार है। जहाँ तक कालविन के सविनय आज्ञापालन के सिद्धान्त का संबंध है वहाँ तक उसने लूथर का अनुसरण किया है किन्तु लूथर के प्रतिकूल उसने प्रजा को विद्रोह का अधिकार दे दिया है। परन्तु विद्रोह का यह अधिकार सीमित है। जब तक

राजा किसी प्राकृतिक विधि का उल्लंघन न करे तब तक उसके खिलाफ विद्रोह नहीं किया जा सकता।

धर्म और राज्य

धर्म और राज्य के संबंध में भी कालविन के विचार अत्यन्त सुलझे हुए और स्पष्ट थे। वह धर्म और राज्य का पृथक्-पृथक् अस्तित्व स्वीकार करता था और कहता था कि दोनों का कार्यक्षेत्र सर्वथा अलग-अलग हैं। दोनों को विधियों द्वारा निर्दिष्ट क्षेत्र में रहते हुए अपने-अपने कर्तव्यों का पालन करना चाहिए। धर्म और राज्य दोनों को कार्यक्षेत्रों के विधि के अनुसार विभक्त करके कालविन ने सचमुच एक बड़े सुधारवादी विधि-निर्माता का कार्य किया है। वह धर्म का बड़ा भक्त था और उसकी प्रमुख पुस्तक 'इन्स्टीट्यूट्स' का सार भी यही है कि एक सच्चे ईसाई को किस प्रकार अपना जीवन बिताना चाहिए। चरित्र और जीवन निर्माण के संबंध में अपनी पुस्तक में कालविन ने बाइबिल के बड़े-बड़े और लम्बे-लम्बे उद्धरण दिये हैं। कालविन ने समस्त जीवन-दर्शन का आधार यही था कि उसमें सत्ता के प्रति—चाहे वह लौकिक हो या आध्यात्मिक—आज्ञाकारिता का भाव रहना चाहिए। अधिकारियों के प्रति विनम्रता और आज्ञाकारिता का भाव, कालविन ने ईसाइयों की सबसे बड़ी पहचान बतलाई है। वह धर्म और राज्य के संबंध में कहता था कि इन दोनों को मिलाकर कोई संयुक्त रूप नहीं दिया जा सकता। उसने धर्मसत्ता के कार्यों की व्याख्या करते हुए उसके क्षेत्र का भी स्पष्ट निर्देश किया। उसका कहना था कि (क) धर्मसत्ता के ज्येष्ठ और वृद्ध पादरियों की एक सभा होनी चाहिए जो धर्मसत्ता से संबंधित लोगों के आचरण का मानदण्ड निर्धारित करें; (ख) धर्मसत्ता को किसी भी प्रकार का शारीरिक दण्ड देने का अधिकार नहीं होना चाहिए। यह अधिकार केवल राजसत्ता को है; (ग) धर्मसत्ता यदि यह समझती है कि कोई व्यक्ति सर्वथा धर्महीन हो गया है तो वह उसे धर्महीन घोषित कर अधिक-से-अधिक धर्मबहिष्कृत कर देने का अधिकार रखती है; और (घ) सभी राज्यों में अलग-अलग उच्चतम अधिकारी होने चाहिए।

राजसत्ता के क्षेत्र को भी कालविन ने इसी प्रकार निर्धारित किया। उसने कहा कि (क) धर्माधिकारियों की भौतिक आवश्यकताओं की देख-रेख करना राजसत्ता के अधिकारी का पहला कर्तव्य है, (ख) शांति और व्यवस्था की रक्षा करना राज्य का दूसरा प्रथम कर्तव्य है, (ग) लोगों की सम्पत्ति की रक्षा भी राज्य द्वारा ही की जानी चाहिए, (घ) इसके अलावा मूर्तिपूजा तथा धर्म-विरोधी कार्यों को रोकना भी राज्य का कार्य है।

जेनेवा प्रयोग

फ्रांस से निष्कासित किये जाने के बाद कालविन ने जेनेवा में जाकर अपने विचारों को व्यावहारिक रूप देने का यत्न किया। जेनेवा निवासियों द्वारा उसे वहाँ शासन की लगभग सभी शक्तियाँ दे दी गईं। लेकिन धर्मसत्ता और राजसत्ता को पृथक्-पृथक् रखने

का उसका सिद्धान्त प्रादेशिक संकीर्णता के कारण सफलता प्राप्त न कर सका। उसने शासन का आधार नैतिक विधियों को माना। वह किसी भी प्रकार की धर्महीनता के कार्य या प्रदर्शन को अत्यन्त दण्डनीय मानता था। उसने राजसत्ता को धर्मसत्ता की इच्छा की पूर्ति का साधन बना दिया। वह लोगों को अनैतिक आचरण या धर्म विरोधी आचरण के अपराध में मृत्यु-दण्ड तक दे दिया करता था। इस प्रकार कालविन के सिद्धान्तों ने एक प्रकार से जेनेवा में आतंक-सा फैला रखा था।

कालविन के विचारों का असर

कालविन को सुधारवादियों का सबसे बड़ा नेता माना जाता है, यद्यपि वह प्रजातंत्रवाद को पसन्द नहीं करता था। उसका झुकाव आभिजात्यतंत्र की ओर अधिक था। वह जनता की व्यक्ति-स्वातंत्र्य की माँगों से सहमत नहीं था। वह शासन-कार्य में किसी भी प्रकार की बाधा को बरदाश्त नहीं करता था। इतने पर भी एक विचित्र बात यह है कि व्यावहारिक क्षेत्र में कालविन के विचारों का असर बिल्कुल उल्टा हुआ। उसके विचारों को सबसे पहले फ्रान्स तथा स्कॉटलैण्ड में ग्रहण किया गया। इसके बाद वह हालैण्ड तथा इंग्लैण्ड आदि में भी फैले। लेकिन वे जहाँ-जहाँ भी पहुँचे वहाँ-वहाँ व्यक्ति-स्वातंत्र्य की भावना को सबल बनाने में उन्होंने मदद पहुँचायी। यह कितने आश्चर्य की बात है कि लूथर जो व्यक्ति-स्वातंत्र्य का समर्थक था उसके सिद्धान्तों से उक्त भावना का दमन हुआ और कालविन जिसके विचार भिन्न थे–उनसे व्यक्ति स्वातंत्र्य को सहारा मिला। इसी प्रकार कालविन के विचारों से प्रजातंत्रवाद की भावना भी पुष्ट हुई। कालविन के विचारों से विधि का शासन स्थापित करने में बड़ी मदद मिली। यह कालविन का बड़ा जबर्दस्त अनुदाय था। कालविन के प्रभाव से जनता को अधिकारों और विशेषाधिकारों की प्राप्ति हुई। राजतंत्र पर अंकुश लगा और यह मान लिया गया कि शासक और शासित दोनों ही एक उच्चतर विधि के अधीन हैं। कालविन के विचारों के परिणामस्वरूप ही कालान्तर में धर्म और राज्य की बिल्कुल स्वतंत्र स्थिति हो गई और अपने आन्तरिक मामलों में दोनों ही स्वतंत्र हो गये। धर्मसत्ता को राज्य के आन्तरिक मामलों में और राज्य की धर्मसत्ता के आन्तरिक मामलों में हस्तक्षेप करने का अधिकार न रहा।

जॉन नॉक्स

जॉन नॉक्स स्काटिश विचारक था। वह कालविन का समकालीन था और उसने स्कॉटलैण्ड के सुधारवादी आन्दोलन का नेतृत्व किया। अपने विचारों के लिए वह दण्डित भी किया गया और उसे देश निष्कासन का दण्ड मिला। उसके लिखे हुए दो ग्रंथ अत्यन्त प्रसिद्ध हैं–(1) एपीलेशन्स, और (2) सेकेण्ड ब्लास्ट ऑफ दि ट्रम्पेट।

जहाँ तक विचारों का संबंध है जॉन नॉक्स के विचार बहुत कुछ कालविन से मिलते-जुलते हैं। वह कालविन के इस मत को मानता था कि गिरजा तथा पादरियों का

प्रमुख कार्य ईसाइयों के धार्मिक जीवन को नैतिक अनुशासन के बंधन में ग्रंथित करना है। इस संबंध में कालविन की ही भाँति नॉक्स के विचार भी कठोर थे। उसका भी कहना था कि जो धर्म का अनुशासन न माने उसे कानूनन ऐसा करने के लिए विवश किया जाए। उसने शासक और शासितों के संबंधों को कालविनवाद की रेखाओं पर चलते हुए एक नया रूप दिया। उसने बतलाया कि शासक यदि दैवी वचनों के विरुद्ध आचरण करता है तो प्रजा का कर्तव्य है कि वह उसके विचारों तथा उसकी सत्ता का विरोध करे। वह यह नहीं मानता था कि यदि राजा धर्महीन हो और धर्मग्रंथों के आदेशों के विरुद्ध आचरण करे तब भी उसकी आज्ञाओं का पालन अनिवार्य रूप से किया जाए। उसका यह भी मत था कि धर्मादेश राजा और रंक दोनों पर समान रूप से लागू होते हैं। उसने एकाध स्थान पर यह भी मत प्रकट किया है कि राजा को सत्ता शासितों के समाज से प्राप्त होती है। इसलिए राजा को शासितों के विश्वास के विरुद्ध कोई कार्य नहीं करना चाहिए। यदि वह ऐसा करता है तो शासितों को भी उसे अपदस्थ कर देने का अधिकार है। किन्तु नॉक्स की यह कल्पना अधिक विकसित नहीं हुई। इसका विकास हमें लॉक के सिद्धान्तों में आगे चलकर मिलेगा। लॉक में और नॉक्स में यही अन्तर है कि नॉक्स ने जहाँ एक ओर विद्रोह के अधिकार को धार्मिक रूप दिया वहाँ लॉक ने उसे राजनीतिक बाना पहना दिया।

सुधारवादी आन्दोलन का असर

सुधारवादी आन्दोलन से यूरोप का कोई भी देश अछूता नहीं रहा। मूलतः सुधारवादी आन्दोलन का स्वरूप धार्मिक था फिर भी उसका राजनीति पर बड़ा प्रभाव पड़ा। सुधारवादी आन्दोलन के महाद्वीपव्यापी प्रभाव को हम दो भागों में विभक्त कर सकते हैं। पहला निषेधात्मक प्रभाव और दूसरा रचनात्मक प्रभाव।

निषेधात्मक प्रभाव में सुधारवादी आन्दोलन के निम्नलिखित कार्य उल्लेखनीय हैं–(अ) राजनीति में मैकियावली की शिक्षाओं के कारण आनेवाली अनैतिक प्रवृत्तियों का हनन, (आ) गिरजा की सार्वभौमिक साम्राज्य स्थापित करने की कलपना का अन्त, (इ) विश्व भर में ईसाई धर्म स्थापित करने के विचार का अन्त, और (ई) पोपसत्ता के प्रभाव की समाप्ति।

सुधारवादी आन्दोलन ने रचनात्मक प्रभावों द्वारा राजनीति के क्षेत्र में नैतिकता को महत्व दिलाया। **लूथर, मेलंकेथॉन, कालविन, जॉन, नॉक्स** इन सब ने यह कहा कि राज्य के कार्य नैतिकता पर अनिवार्य रूप से आधारित होने चाहिए। इन्हीं विचारकों ने यह भी स्पष्ट कर दिया कि अनैतिक साधनों द्वारा किया गया कोई भी कार्य अधिक समय तक नहीं चल सकता और साथ ही वह लोक महत्व भी प्राप्त नहीं कर सकता। लेकिन हर बात में सुधारवादियों ने मैकियावली का विरोध नहीं किया। उन्होंने मैकियावली की भाँति राष्ट्रीयता का समर्थन किया, यद्यपि इस शब्द का प्रयोग नहीं किया गया। धर्म तथा

गिरजाघर को प्रादेशिक बनाकर तथा राजसत्ता के पृथक् और स्वतंत्र अस्तित्व पर विशेष रूप से बल देकर सुधारवादियों ने यह बतलाया कि समाज के लौकिक शासन का सारा दायित्व राजा पर है। सोलहवीं शताब्दी में इस आन्दोलन के कारण प्रारंभ में तो निरंकुश राजतंत्रों को बल मिला लेकिन बाद में विधि के शासन का मार्ग भी इन्हीं की शिक्षाओं से प्रशस्त हो गया। वास्तविकता यह है कि सुधारवादियों की सारी राजनीतिक सिद्धान्तावली राज्य और धर्म के पारस्परिक संबंधों के निर्णय करने तथा राजसत्ता के कार्यों का नैतिक आधार सिद्ध करने में ही समाप्त हो गई। लेकिन अपने आप यह भी एक बहुत बड़ा कार्य था।

मध्य युग में समाजवाद के तत्व

इस अध्याय को समाप्त करने के पूर्व यह अच्छा होगा कि हम कुछ ऐसे सम्प्रदायों के राजनीतिक विचारों पर भी दृष्टिपात कर लें जिनमें समाजवाद के कुछ तत्व थे। मध्य युग का समाजवाद आधुनिक समाजवाद से इन अर्थों में भिन्न था कि वह मुख्यतः ईसाई धर्म पर अवलम्बित था। जहाँ तक मध्ययुगीन समाजवाद के मूल तत्वों का संबंध है–वे ईसाई धर्म में भी पाये जाते हैं। ईसा ने आरंभ से ही अपनी शिक्षाओं में यह कहा था कि ईश्वर के सम्मुख सब बराबर हैं। यद्यपि यह बराबरी धर्म से संबद्ध थी किन्तु कुल मिलाकर इसका प्रभाव राजनीतिक क्षेत्र पर भी पड़ा और यह माना जाने लगा कि जहाँ तक मानव-समाज का संबंध है–उसके सभी सदस्य समान हैं। कोई किसी से छोटा या बड़ा नहीं है। ईसाई धर्म ने शुरू से ही स्वेच्छित निर्धनता पर भी बहुत अधिक बल दिया। यह स्थिति उस समय तक बनी रही जब तक सम्राट् कांस्टेनटीन ने ईसाई धर्म नहीं स्वीकार किया किन्तु इसके बाद जब सम्पत्ति का तत्व भी प्रविष्ट हो गया तब निर्धनता के जीवन में आचरण संबंधी जिन उच्च आदर्शों की दिशा में अग्रसर होने का प्रयास किया जाता था उनका परित्याग कर दिया गया। वैभवजन्य विलासिता और उसके दोषयुक्त सभी परिणाम पोपतंत्र में आकर केन्द्रीभूत हो गये। यह स्थिति कुछ लोगों को आगे चलकर अत्यन्त असह्य प्रतीत होने लगी। कुछ सम्प्रदायों ने इसका बड़ा विरोध किया; किन्तु पोप ने अत्यन्त कठोरता से उसका दमन कर दिया। लेकिन दमन से भी यह ज्वाला शान्त नहीं हुई। बारहवीं शताब्दी में वाल्डेन्सेज तथा 'एपॉस्टिलीकन्स' नाम के कुछ सम्प्रदायों ने फिर इस अग्नि को प्रज्ज्वलित किया। लूथर तथा सुधारवादियों की शिक्षाओं के परिणामस्वरूप पोपों द्वारा किये जानेवाले शोषण के विरुद्ध असंतोष का भाव और अधिक भड़का। इसके साथ ही यह भी भावना उठी कि सम्पत्ति को व्यक्तिगत न मानकर उसे समाजिक समझा जाए। पन्द्रहवीं शताब्दी में सम्राट सिगिसमण्ड ने भी सुधारों की कोशिश की। उसकी इच्छा थी कि दासता आदि को समाप्त कर दिया जाए तथा गिल्डों आदि पर जो कुछ धनियों का अधिकार है वह भी समाप्त कर दिया जाए तथा मजदूर काम करें और जो कुछ उत्पाद हो, वह आपस में बाँट लिया जाए। किन्तु, यह सुधार का प्रयत्न असफल रहा। दासों की

अवस्था खराब होती गई। फलस्वरूप बोहमिया तथा जर्मनी आदि में बहुत से विद्रोह हुए। किसानों तथा दासों द्वारा विद्रोहों की यह चेष्टा विफल कर दी गई। किन्तु इन्हीं विद्रोहियों में से कुछ ने जर्मनी के बाहर जाकर नीदरलैण्ड में अपना एक समाज स्थापित कर लिया। इसका नाम 'एनाबेपटिस्ट' था। पोपों तथा अन्य अधिकारियों ने इनको धर्महीन घोषित कर काफी दबाया और ये भागकर मोरेविया चले गए। मोरेविया जाने का यह अभियान सन् 1526 में हुआ। मोरेविया में इन लोगों ने अपना एक नया समाज स्थापित किया। जिसके सिद्धान्तों के विषय में गेटिल ने लिखा है, "वे विद्या से घृणा करते थे किन्तु शारीरिक श्रम के प्रति उनका बड़ा आदर का भाव था। सम्पत्ति पर सबका अधिकार माना जाता था। निजी सम्पत्ति समाप्त कर दी गई थी। शादी-विवाह समाज के मुखिया द्वारा तय होते थे। दमन द्वारा इन लोगों का पूर्णतः उन्मूलन कर दिया गया। इसमें शक नहीं कि उनका यह प्रयोग एक हद तक काफी सफल रहा।

एनाबेपटिस्टों की नैतिकता और राज्य संबंधी मतों की लिखित सामग्री विस्तृत रूप से उपलब्ध नहीं है किन्तु जो कुछ भी मिल सकी है उससे यह अनुमान अवश्य लगाया जा सकता है कि इस संबंध में उनकी सामान्य धारणाएँ क्या थीं। वे ईसाई धर्म द्वारा पोषित प्रारंभिक नैतिकता के सिद्धान्तों के परम पोषक थे। वे युद्धों को पाप समझते थे और शस्त्र धारण करना केवल उसी समय उचित ठहराते थे जब स्वयं उनके अस्तित्व पर ही कोई हमला करता। साभान्यतः युद्ध करना उन्हें पसन्द नहीं था। राज्य संबंधी उनकी धारणाएँ आधुनिक समाजवाद से काफी मिलती-जुलती हैं। वे राज्य को आवश्यक बुराई मानते थे। उनका कहना था कि राज्य एवं समाज की तभी तक आवश्यकता है जब तक वह आत्मभरित नहीं हो जाता। जहाँ समाज का प्रत्येक सदस्य अपना-अपना कर्तव्य पालन करने लगेगा, राज्य की आवश्यकता नहीं रहेगी। उनका लक्ष्य अन्त में वर्गहीन समाज की स्थापना करना था। कालान्तर में अराजकतावादियों ने अपनी ऐतिहासिक पृष्ठभूमि तैयार करने में इनसे काफी मदद ली।

अध्याय—17

सुधारवादी आन्दोलन की प्रतिक्रिया और राजतंत्र विरोधी प्रवृत्तियाँ

पोपसत्ता को प्रबल बनाने की चेष्टा, ट्रेण्ट का धर्माधिकारी सम्मेलन, जीससवादियों का समाज, जीससवादी विचारक, गैर-जीससवादी विचारक, राजतंत्र विरोधी विचारक, राजतंत्र विरोधी विचारकों का प्रभाव।

सोलहवीं शताब्दी में यूरोप तथा इंग्लैण्ड की राजनीतिक स्थिति कुछ ऐसे संक्रान्ति काल में पहुँच गई थी कि उसमें मध्य युग की भाँति किसी एक सत्ता के पोषक विचारकों का बाहुल्य नहीं था। इस काल में एक ओर धर्मसत्ता के पोषक तत्व सर उभार रहे थे और दूसरी ओर राजसत्ता के समर्थक बल ग्रहण कर रहे थे। एक प्रकार से दोनों पक्षों की विचारधाराओं और प्रधाराओं के बीच यूरोप और इंग्लैण्ड दोनों कभी इस ओर और कभी उस ओर बेपेंदी के लोटों की तरह लुढ़क रहे थे। पिछले अध्याय में हम यह तो बता ही चुके हैं कि सुधारवादी आन्दोलन ने पोप के विरुद्ध इतना अधिक प्रचार किया था कि जनता धर्मसत्ता को एकताकारी ग्रंथि के रूप में मानने की मानसिक अवस्था में नहीं थी। लेकिन जिन राज्यों में राष्ट्रीयता बड़ी तेजी से आगे बढ़ रही थी—उन्हीं राज्यों में कुछ ऐसे विचारक भी पैदा हुए जिन्होंने सुधारवादियों की यह बात मानने से इन्कार कर दिया कि धर्मसत्ता के विरुद्ध राजसत्ता को सर्वथा निरंकुश अधिकार प्राप्त होने चाहिए। यह सच है कि सुधारवादी आन्दोलन ने कई देशों में प्रोटेस्टेण्ट धर्म का प्रचार किया लेकिन उसके साथ ही स्पेन आदि कैथोलिक राज्यों में यह प्रयत्न किया जाने लगा कि पोपतंत्र को पुनः सबल बनाया जाए।

पोपसत्ता को प्रबल बनाने की चेष्टा

कैथोलिक धर्मावलम्बियों द्वारा पोप की सत्ता को पुनः बलवान् बनाने की चेष्टा सुधारवादी आन्दोलन की प्रतिक्रिया थी। यह स्वाभाविक ही था कि पोप तथा उनके अनुयायियों एवं शुभचिन्तकों की ओर से ऐसा प्रयत्न किया जाता। किन्तु, स्वयं पोप तथा उनके अनुयायियों के शिविर में भी एकता नहीं थी। कैथोलिक धर्म माननेवालों में ही ऐसे व्यक्ति थे जिनमें पोप की सत्ता को लेकर काफी मतभेद था। सम्मेलन (कौंसिल) संबंधी आन्दोलन इस बात का प्रमाण था। कुछ लोगों का यह कहना था कि पोप ही सर्वोच्च अधिकारी होने के नाते धर्म संबंधी प्रत्येक मामले में सर्वेसर्वा है जबकि दूसरा पक्ष कहता था कि पोप केवल प्रशासकीय अध्यक्ष है और पोप के कार्यों का भी निरीक्षण करने का अधिकार धर्माधिकारी सम्मेलन को है। यद्यपि सम्मेलन (कौंसिल) आन्दोलन समाप्त हो गया था किन्तु उसकी प्रवृत्तियाँ उस समय भी विद्यमान थीं। इन्हीं अनैक्यताकारी तत्वों के फलस्वरूप गिरजा को अपनी स्थिति सन्तुलित करने में बड़ी कठिनाई का सामना करना पड़ रहा था।

ट्रेण्ट का धर्माधिकारी सम्मेलन

फिर भी इन कठिनाइयों को दूर करने में समकालीन धर्माधिकारियों के अध्यक्ष पोपों ने काफी योग्यता का परिचय दिया। पोप की ही ओर से सन् 1563 में ट्रेण्ट में धर्माधिकारियों का एक सम्मेलन बुलाया गया। इस सम्मेलन के समक्ष मुख्य प्रश्न यह था के पोप और सम्मेलन में किसी की सत्ता उच्चतर है। इसके साथ ही लौकिक और आध्यात्मिक अर्थात् राजसत्ता और धर्मसत्ता के अधिकार-क्षेत्रों का भी परिसीमन करना था। किन्तु यह कार्य आसान न थे। सम्मेलन के सामने सबसे पहला प्रश्न यह आया कि कैथोलिक धर्म की क्या परिभाषा की जाए? इस कार्य को करने में सम्मेलन को अठारह वर्ष लग गये; तब कहीं, पचीसवें अधिवेशन में कैथोलिक धर्म की परिभाषा तैयार हो पाई। केवल इसी एक उदाहरण से पोप तथा उसके अनुयायियों की कठिनाइयों की कल्पना की जा सकती है। ट्रेण्ट सम्मेलन के समाने जो मुख्य समस्याएँ रखी गई थीं उनका फैसला नहीं हो सका, लेकिन अन्त में सम्मेलन पर पोप की प्रभुता जीससवादी समाज के सदस्यों की सहायता से मान ली गई। दूसरी समस्या को भी समय ने अपने आप हल कर दिया। सुधारवादी आन्दोलन की प्रतिक्रिया का यह परिणाम निकला कि पोपों ने कई ऐसे कार्य किये जो सामयिक आवश्यकताओं की दृष्टि से अत्यन्त जरूरी थे। इन्हीं कार्यों में से एक कैलेण्डर के संशोधन का कार्य था। जूलियस सीजर के समय से तिथियों तथा पंचांग का जो क्रम चल रहा था उसमें ग्यारह मिनट की अशुद्धि थी। इस अशुद्धि के परिणामस्वरूप सूर्य की गति और तिथियों में उस समय तक ग्यारह दिन का अन्तर पड़ गया था। सन् 1581 में पोप ग्रेगरी तेरहवें ने यह अशुद्धि दूर करने के लिए यह आदेश दिया कि 5 दिसम्बर, 1582 को 15 दिसम्बर, 1582 मान लिया जाए। पोप के इस आदेश को कैथोलिक

धर्म माननेवाले राज्यों ने तो तुरन्त मान लिया लेकिन प्रोटेस्टेण्ट राज्यों ने बहुत दिनों तक नहीं माना। इसी प्रकार के अन्य कई कार्य भी पोपों की ओर से किये गये। पोप के समर्थन में जिन लोगों ने सबसे अधिक कार्य किया उनमें जीससवादी समाज के सदस्य प्रमुख थे।

जीससवादियों का समाज

जीससवादियों के समाज की स्थापना एक स्पेनवासी **इगनेशियस लोयोला** ने की थी। लोयोला पहले एक सैनिक था। परन्तु बाद में वह एक कैथोलिक भिक्षु बन गया था। जीससवादियों के समाज की कुछ चारित्रिक विशेषताएँ विशेष रूप से उल्लेखनीय हैं। इस संघटन ने अपने सदस्यों में धार्मिकता और सैनिक प्रशिक्षा का बड़ा सुन्दर समन्वय किया। इसके सदस्य रोम की सेवा करना अपना परम धर्म मानते थे। वह यह कार्य सैनिकों की भाँति करते थे और इस सैनिक अनुशासन का अनुसरण भी करते थे। इगनेशियस इन लोगों का प्रथम सेनापति था।

जीससवादी विचारकों ने जिस दर्शन की नींव रखी—वह सन्त टॉमस एक्वीनॉज के स्कॉलास्टिक दर्शन पर आधारित है। उन्होंने प्राकृतिक विधियों की श्रेष्ठता पर बल दिया। उनके विचारों में प्रतिभासम्पन्नता नहीं थी, कारण, जो विचार जीससवादियों ने प्रकट किये—वे मौलिक नहीं थे। उन्हें मध्य युग के पोप और धर्मसत्ता समर्थक विचारकों की पुस्तकों से ग्रहण किया गया था। किन्तु जीससवादियों की शिक्षा व्यवस्था में कुछ ऐसी शक्ति थी कि वे अपने विचारों द्वारा महत्वपूर्ण व्यक्तियों और जनता का ध्यान सहसा अपनी ओर खींच लिया करते थे। जीससवादियों की एक विशेषता यह भी थी कि वे प्रचार कार्य में कूटनीति का भी प्रयोग करते थे। मैकियावली की भाँति वे साधनों की श्रेष्ठता सफलता की कसौटी से आंकते थे। उन्होंने धर्म और राजनीति के बीच ही सीमारेखा नहीं खींची बल्कि आचार शास्त्र को भी अलग माना। कैथोलिक धर्म के प्रचार में उन्होंने बड़ा कार्य किया। राइनलैण्ड तथा पोलैण्ड में कैथोलिक की संख्या उन्होंने ही बढ़ाई। वेस्टइण्डीज तथा अमेरिका में भी धर्म प्रचार उन्होंने किया। संसार भर में अधिकांश मिशनमण्डल इन्हीं के हैं। उन्होंने वास्तुकला तथा गृहनिर्माण कला के विकास में भी बड़ी सहायता दी।

जीससवादी विचारक

जीससवादी विचारकों में से बेलारमिन, फ्रांसिस, पारसन तथा मेरियाना का नाम विशेष रूप से प्रसिद्ध है। इसके अतिरिक्त इसी युग में कुछ गैर-जीससवादी विचारक भी हुए किन्तु अपेक्षाकृत ये विचारक अधिक महत्वपूर्ण नहीं हैं।

रार्बट बेलारमिन

बेलारमिन फ्रेंच पादरी था। इसका जन्म सन् 1542 में हुआ था और मृत्यु सन् 1621 में। यह जीससवादी समाज का सदस्य था। इसकी दो पुस्तकें विशेष रूप से उल्लेखनीय हैं—

एक तो **डिसप्यूटेशन्स** और दूसरी **डी पोटेस्टेट सम्मी पोण्टेफिस**; पहली पुस्तक सन् 1581 में प्रकाशित हुई थी और दूसरी सन् 1610 में। **'डिसप्यूटेशन्स'** में मुख्यतः राजनीतिक और दूसरी में पोप की स्थिति पर विचार किया गया है। इन पुस्तकों से बेलारमिन पर पड़ा संत टामस और कालविन का प्रभाव स्पष्ट हो जाता है। अन्य पादरियों की भाँति वह भी यह विश्वास करता था कि मनुष्य का स्वभाव स्वार्थ और मोह से भ्रष्ट हो चुका है; किन्तु, स्वभाव में सुधार किया जा सकता है। मानव-समाज ही राजा को सत्ता प्रदान करता है। इसलिए राजसत्ता मानवीय है और उसका देवत्व केवल अप्रत्यक्ष रूप से ही माना जा सकता है। इसके विपरीत धर्मसत्ता और पोप साक्षात् ईश्वर के प्रतिनिधि हैं। सामान्य लौकिक मामलों में धर्मसत्ता या पोप को हस्तक्षेप नहीं करना चाहिए लेकिन जहाँ आत्मा की मुक्ति जैसा महत्वपूर्ण प्रश्न उलझा हो वहाँ धर्मसत्ता को लौकिक सत्ता के क्षेत्र में भी हस्तक्षेप करने का अधिकार है। इस प्रकार बेलारमिन ने पोप का स्थान राजा से उच्चतर बतलाते हुए भी पोप के क्षेत्र को धार्मिक और आध्यात्मिक महत्व के मामलों तक सीमित कर दिया है। बेलारमिन ने शासनतंत्रों का भी वर्गीकरण किया है और इस वर्गीकरण में उसने संवैधानिक राजतंत्र को सर्वोत्तम बताया है। उसका कहना है कि वैसे तो निरंकुश राजतंत्र ही सर्वोत्तम होता है। लेकिन वह सत्तामद हो जाने के कारण शीघ्र ही भ्रष्ट हो जाता है। बेलारमिन का कहना था कि यदि कोई राजा धर्महीनता प्रदर्शित करता है और प्रजा को धर्मविरोधी कार्य करने के लिए कहता है तो प्रजा उसकी आज्ञाएँ मानने से इन्कार कर सकती है। राजा और प्रजा के संबंधों को बेलारमिन ने अनुबंधात्मक बतलाया है। फ्रान्स के अन्य न्यायाचार्यों ने बेलारमिन के इस सिद्धान्त का अत्यधिक विरोध किया है।

जुआन मेरियाना

जुआन मेरियाना स्पेनवासी विचारक था। इसका जीवनकाल सन् 1536-1624 तक माना जाता है। राजनीति की दृष्टि से इसकी सबसे महत्वपूर्ण पुस्तक **'डी रेजे एट रेजिस इन्स्टीट्यूशन'** मानी जाती है। यह सन् 1599 में प्रकाशित हुई थी। यह पुस्तक मेरियाना ने स्पेन के युवराज को समर्पित की। पुस्तक का मुख्य उद्देश्य व्यावहारिक राजनीति के सिद्धान्तों और सूत्रों की व्याख्या करना है लेकिन पुस्तक को पढ़ने से यह स्पष्ट हो जाता है कि उसमें देश-प्रेम और राष्ट्रीयता की भावना अधिक है। मेरियाना के विचारों पर मध्ययुगीन संवासों का काफी प्रभाव पड़ा है। वह **मैकियावली** के विचारों से भी प्रभावित था। मानव-स्वभाव के संबंध में मेरियाना का मत था कि मनुष्य सारे काम अपने स्वार्थ के वशीभूत होकर करता है। स्वार्थ ही मनुष्य की प्राथमिक मनोवृत्ति है। इसी आधार पर मेरियाना ने बतलाया कि मनुष्य की सभ्य समाज स्थापित होने के पूर्व क्या अवस्था थी। मेरियाना का कहना है कि इस प्रकृति की गोद से मनुष्य काफी सुखी था लेकिन बाद में सम्पत्ति रखने की वृत्ति पैदा हुई। यह मानना बुरा था और इसने मनुष्य की प्राकृतिक

अवस्था के सुखों को समाप्त कर दिया। इस संबंध में मेरियाना का मत **रूसो** से काफी मिलता-जुलता है। शासनतंत्र की स्थापना के पूर्व मानवसमाज की स्थापना हुई। मनुष्य प्रकृति की अवस्था में रहने के बजाय अब सुखी था लेकिन फिर भी एक नियंत्रण करनेवाले अधिकारी की आवश्यकता थी। अतः राजा चुना गया। वह मनुष्य द्वारा समाज और राज्य की स्थापना को बिल्कुल स्वाभाविक विकास का विषय मानता है। इस प्रकार राज्य की उत्पत्ति के संबंध में मेरियाना का मत है कि वह समाज और शासक के बीच एक समझौते के कारण बना। इस समझौते की भी यह विशेषता थी कि इसमें जनता ने या समाज ने शासक को केवल कुछ ही सीमित अधिकार प्रदान किये थे। प्रजा ने विधेयन और राजस्व निर्धारण का कार्य अपने ही हाथ में रखा था। अतः मेरियाना का समस्त संवैधानिक सिद्धान्त इस बात पर आधारित है कि राजसत्ता की उत्पत्ति मानवीय है। उसका कार्य धर्मसत्ता की अपेक्षा हेय है। यदि शासक अपने अधिकार-क्षेत्र का उल्लंघन कर विधि के विरुद्ध कार्य करता है तो उसे हटा देने का अधिकार प्रजा को है। मेरियाना ने विस्तारपूर्वक यह बतलाया है कि राज्य के क्या-क्या कर्त्तव्य हैं। राज्य को प्रशासन की व्यवस्था कैसी रखनी चाहिए? सेना कितनी रखनी चाहिए? सैन्य-नीति कैसी होनी चाहिए? वह भी मैकियावली की भाँति इस बात पर विशेष रूप से बल देता है कि राज्य का विस्तार होना चाहिए। मेरियाना का यह भी कहना है कि गरीबों की सहायता की भी व्यवस्था होनी चाहिए। राजा यदि अत्याचारी हो जाए तो प्रजा को उसे पदच्युत करने का अधिकार है। राज्य का प्राथमिक कार्य शान्ति-स्थापना है। यदि राजा के अत्याचारों से अशान्ति फैलती है तो किसी भी नागरिक को अधिकार है कि वह उसकी हत्या कर दे। लेकिन हत्या का कार्य तभी होना चाहिए–जब राजा को पहले से चेतावनी दे दी जाए। यह चेतावनी उसे प्रतिनिधि सभा द्वारा दी जानी चाहिए। हत्या का कार्य खुलेआम या कूटनीति के सहारे सम्पन्न किया जाना चाहिए। **जॉन सैलिसबरी** की भाँति मेरियाना शासक को विष खिलाये या पिलाये जाने के पक्ष में नहीं था। उसका कहना था कि शासक को मारने के लिए अन्य विधियों को अपनाया जाए। इस समस्त कार्य में कम से कम अशान्ति होनी चाहिए। मेरियाना के इन विचारों का स्पेन के बाहर बड़ा विरोध किया गया। फ्रान्स में उन्हीं दिनों **हेनरी तृतीय** की हत्या कर दी गई थी। एक प्रकार से मेरियाना ने उसका समर्थन किया था। इसलिए फ्रान्सवासियों ने उसकी पुस्तक को जलवा दिया था। बहुधा कहा जाता है कि मेरियाना जीससवादी समाज का सदस्य होते हुए भी अपने मतों में उतना कट्टर नहीं था जितने अन्य जीससवादी। यह कथन अत्यन्त सन्तुलनात्मक दृष्टि से देखा जाना चाहिए। जहाँ तक मेरियाना के जीससवादी होने का संबंध है वह उस समाज का सदस्य था और उसके विचारों से भी प्रभावित था। मेरियाना पर यह प्रभाव उस समय स्पष्ट हो जाता है–जब वह राज्य और धर्म–इन दोनों सत्ताओं को सर्वथा अलग-अलग मानता है और राज्य को धर्मसत्ता की अपेक्षाहीन और निम्नतर समझता है। वह धार्मिक आचार तथा नैतिकता को भी राजनीति में प्रविष्ट नहीं होने देता। ये सब विचार विशुद्ध जीससवादी

समाज के हैं लेकिन यह भी सत्य है कि मेरियाना ने पोप को बहुत अधिक महत्व नहीं दिया। वह लौकिक क्षेत्र में पोप की सत्ता को भी बहुत बढ़ावा नहीं देता था और न यह ही मानता था कि उसे इस क्षेत्र में हस्तक्षेप करना चाहिए। मेरियाना ने पोप का विरोध तो नहीं किया किन्तु उसकी उपेक्षा अवश्य की। अतः यह कहा जा सकता है कि वह अन्य जीससवादियों की भाँति कट्टर नहीं था।

फ्रांसिस्को सूरेज

फ्रांसिस्को सूरेज का जन्म सन् 1548 में हुआ था। वह सन् 1564 में जीससवादियों के समाज का सदस्य हुआ था। इसके बाद वह कोयम्बरा विश्वविद्यालय में धर्मशास्त्र का व्याख्याता हो गया। उसने सन् 1612 से लेकर सन् 1616 तक कई पुस्तकें लिखीं जो राजदर्शन की दृष्टि से अत्यन्त महत्वपूर्ण मानी जाती हैं। उसकी सबसे पहली पुस्तक का नाम 'लॉ एण्ड गॉड दि लेजिस्लेचर' है। इसके बाद दूसरी पुस्तक प्रकाशित हुई जिसमें उसने कैथोलिक धर्म तथा गिरजा के पक्ष को विरोधियों की निन्दा से बचाने का प्रयास किया। सूरेज की अध्ययन पद्धति की सबसे बड़ी विशेषता यह है कि उसने स्कॉलास्टिक पद्धति को अपनाया और इस मार्ग में टॉमस एक्वीनॉज का पूर्ण अनुसरण किया। सूरेज के दो अनुदाय सबसे महत्वपूर्ण हैं। पहला प्राकृतिक विधि संबंधी और दूसरा संप्रभुता और राज्य की उत्पत्ति के संबंध में। उसके विचारों की सबसे बड़ी विशेषता वैज्ञानिकों जैसी तटस्थता है। उन पर समकालीन विवादों का कोई प्रभाव नहीं पड़ा है। सबसे पहले हम सूरेज के प्राकृतिक विधि संबंधी विचारों पर प्रकाश डालेंगे। प्राकृतिक विधि का स्थान सूरेज ने मानवात्मा को माना है। उसका कहना है कि मनुष्य की अन्तरात्मा प्राकृतिक विधि की शक्ति के कारण ही इस बात का अन्तर कर लेती है कि कौन-सी बात सही है और कौन-सी गलत। प्राकृतिक विधि का स्रोत स्वयं ईश्वर है और प्राकृतिक विधि का मुख्य लक्ष्य प्राणी मात्र का कल्याण है। लेकिन प्राकृतिक विधि केवल मानवीय विवेक का ही फल नहीं होती अपितु वह ईश्वरीय आदेशों का भी प्रतिनिधित्व करती है। अतएव, प्राकृतिक विधियों को दैवी विधियों की भी संज्ञा दी जा सकती है क्योंकि प्राकृतिक विधियों द्वारा निर्धारित आचरण के नियमों को कोई भी भौमिक या सांसारिक शक्ति उल्लंघन करने की क्षमता नहीं रखती। सामाजिक विधियों की भी प्राकृतिक विधियों की भाँति ही सूरेज ने बतलाया है। उसने यह तो स्वीकार किया है कि सामाजिक विधियाँ लिखित नहीं होती और वे परम्पराओं से बनती हैं। उनमें तथा प्राकृतिक विधियों में यही अन्तर है कि जहाँ प्राकृतिक विधियों का कार्य यह है कि वह बतलाए कि नैतिक दृष्टि से क्या उचित है वहाँ सामाजिक विधियों का कार्य यह बतलाता है कि सामाजिक दृष्टि से क्या आवश्यक है। क्रम की दृष्टि से सूरेज ने प्राकृतिक विधियों को प्रथम, सामाजिक विविधयों को द्वितीय और नागरिक विधियों को तृतीय स्थान दिया है।

सूरेज मनुष्य को प्रकृतितः स्वतंत्र मानता है किन्तु इसके साथ ही वह यह भी कहता है कि मनुष्य सामाजिक प्राणी है। समाज के साथ ही राजनीतिक व्यवस्था भी विकसित होती है क्योंकि वह समाज का ही उन्नत स्वरूप है। मनुष्य अपनी व्यक्तिगत स्वतंत्रताओं को समाज के हित के लिए बलिदान कर देता है। यही कारण है कि सूरेज ने प्रारंभिक पादरी विचारकों की भाँति यह नहीं माना कि राज्य केवल दमन का ही साधन है। सूरेज का यह भी कहना है कि राज्य का समाज के विभिन्न वर्गों के साथ न्याय-करना भी कर्तव्य है। शासन की सम्पूर्ण सत्ता समाज में परिवेष्टित रहती है, किसी एक व्यक्ति या गर्व में नहीं। इस प्रकार हम देखते हैं कि रूसो की ही भाँति सूरेज ने भी लोकप्रिय संप्रभुता की व्याख्या की है। धर्मसत्ता को सूरेज ने लौकिक अधिकार प्रदान नहीं किये हैं। पोप को राज्य कार्य में तभी हस्तक्षेप करना चाहिए जब प्रजा के धार्मिक हितों पर कोई प्रहार होता हो। अन्य विचारकों की भाँति राज्यों का विभाजन भी सूरेज ने किया है। उसका यह वर्गीकरण अत्यन्त स्थूल है। वह राजतंत्र, आभिजात्यतंत्र और प्रजातंत्र–ये तीन प्रकार के राज्य मानता है। इनमें वह राजतंत्र को आदर्श मानता है। यद्यपि राजतंत्र में भी उसने आभिजात्यतंत्र और प्रजातंत्र के गुणों को भी काफी हद तक सम्मिलित कर लिया है। वह विश्वास करता है कि राजा को जनता की अनुमति से ही शासन करना चाहिए। वह यह विश्वास नहीं करता कि जो राजा अपनी प्रजा के साथ निर्दयतापूर्ण व्यवहार करे और प्रजा की इच्छाओं का निरन्तर दमन करे, वह पदारूढ़ रहे। उसका कहना है कि ऐसे राजाओं को तो हटा ही देना चाहिए। अच्छे शासक को बुरे शासक की हत्या कर देने का अधिकार है।

गैर-जीससवादी विचारक

इसी युग में कुछ गैर-जीससवादी विचारक भी हुए। ऐसे विचारकों में एडम ब्लैकवुड, विलियम बार्कले और टॉमस कैम्पानेला का नाम विशेषरूप से उल्लेखनीय है। संक्षेप में हम इन विचारकों के विचारों पर इस प्रकार प्रकाश डाल सकते हैं–

एडम ब्लैकवुड

ब्लैकवुड का जन्म स्कॉटलैण्ड में सन् 1539 में हुआ था। वह कैथोलिक था और उसकी इच्छा यह थी कि प्रेसबाइटेरियन नेताओं का स्कॉटलैण्ड में आधिपत्य स्थापित हो जाए। लेकिन उस समय स्कॉटलैण्ड की राजनीतिक स्थिति ब्लैकवुड के प्रतिकूल पड़ी और उसे फ्रांस भाग जाना पड़ा। उसने राजतंत्र विरोधी विचारकों की आलोचना की। वह यह मानता था कि राजाओं की उत्पत्ति दैवी इच्छा से हुई है। अतः उनका विरोध करना ईश्वर का विरोध करना है। वह यह भी मानता था कि राज्य को उन व्यक्तियों को दण्ड देना चाहिए जो धर्महीनता फैलाते हों। ब्लैकवुड के विचारों का प्रभाव अंग्रेज विचारकों पर भी पड़ा। फिल्मर में अपनी रचनाओं में ब्लैकवुड के विचारों के प्रति कृतज्ञता प्रकट की है। जेम्स प्रथम पर भी ब्लैकवुड के विचारों का असर पड़ा। ब्लैकवुड की मृत्यु सन् 1581 में हुई।

विलियम बार्कले

बार्कले ब्लैकवुड का ही समकालीन रोम कैथोलिक था। उसे अतिवाद से चिढ़ थी। वह न तो यही चाहता था कि प्रोटेस्टेण्टों की राजतंत्र विरोधी प्रवृत्तियों का उग्रतम रूप स्वीकार किया जाए और न वह यही पसन्द करता था कि जीससवादियों का पोप का कट्टर समर्थन संबंधी दृष्टिकोण स्वीकार कर लिया जाए। वह भी ब्लैकवुड की भाँति ही धर्मनिरपेक्ष राजतंत्र का समर्थक था। वह ऐसे राजाओं को गद्दी से उतार दिये जाने का पक्षपाती था जो प्रजा पर अत्याचार करते थे। बार्कले के विचारों के उद्धरण भी हमें फिल्मर, जेम्स प्रथम आदि की रचनाओं में मिलते हैं। बार्कले की प्रथम कृति **डीपोटेस्टेट पेप** का अनुवाद भी सन् 1611 में लैटिन से अंग्रेजी में किया गया था।

टॉमस कैम्पानेला

कैम्पानेला इटालियन था। उसका जन्म सन् 1568 में दक्षिणी इटली में हुआ था और मृत्यु सन् 1639 में। वह डोमनीकन सम्प्रदाय का अनुयायी था और उसकी रचनाओं का मुख्य गुण भौतिकवाद और ईसाई धार्मिक विचारधारा का समन्वय है। उनमें दर्शन और धर्मशास्त्रों की कल्पना का मिश्रण है। राज्य के शासन के संबंध में उसकी व्यवस्था थी कि सर्वोच्च सत्ता पोप के हाथ में होनी चाहिए। उसका यह भी मत था कि समाज में व्यक्तिगत सम्पत्ति रखने का अधिकार किसी को नहीं मिलना चाहिए। वह व्यक्ति के विकास के लिए परिवार को भी जरूरी नहीं समझता था। टॉमस के इन विचारों में हमें **प्लेटो** का प्रभाव स्पष्ट रूप से दिखलाई पड़ता है। उसकी मुख्य कृति 'दि सिटी ऑफ सोल' है। इस पुस्तक में उसने प्लेटो की कथोपकथन प्रणाली का उपयोग करते हुए कल्पना की है कि एक जिओनीज नाविक किस प्रकार एक ऐसे देश में पहुँच जाता है जहाँ युद्ध और कूटनीति, शिक्षा और कला तथा शारीरिक विकास के लिए अलग-अलग मंत्री हैं। उस राज्य में नागरिकों को तीन भागों में विभक्त कर दिया गया है। किसी भी नागरिक को परिवार या सम्पत्ति रखने का अधिकार नहीं है। प्रत्येक नागरिक पर राज्य का नियंत्रण है। समकालीन विचारकों पर इन पुस्तक का काफी प्रभाव पड़ा। इस संबंध में विशेषरूप से जीससवादियों का नाम उल्लेखनीय है। जीससवादियों ने पेरुग्वे में इस पुस्तक के आधार पर कई प्रयोग किये।

राजतंत्र विरोधी विचारक

सोलहवीं शताब्दी के उत्तरार्ध में यूरोप के तीन ऐसे देश थे जिसमें राजतंत्र विरोधी तत्व समकालीन परिस्थितियों के कारण उग्र रूप धारण कर रहे थे। इन देशों के नाम हैं: नीदरलैण्ड, फ्रांस और स्कॉटलैण्ड। यहाँ राजतंत्र की शक्ति का अत्याचारों की वजह से ह्रास हो रहा था। विशेषकर कैथोलिक और प्रोटेस्टेण्टों में न केवल आन्तरिक कलह हो रहे थे अपितु अन्तर्राष्ट्रीय युद्ध भी। पहले तो प्रोटेस्टेण्ट धर्म के अनुयायी राजतंत्र विरोधी नहीं

थे लेकिन सन् 1572 और सन् 1581 में कुछ ऐसी घटनाएँ हुईं जिनकी वजह से तटस्थों को भी राजतंत्र विरोधी बन जाना पड़ा। इन्हीं अवसरों पर ऐसा बहुत-सा साहित्य भी प्रकाशित हुआ जिसमें राजतंत्र के विरोध में मत प्रकट किये गये थे। इस देशों में क्रमशः किस प्रकार राजतंत्र विरोधी विचारक अवतीर्ण हुए और उनके विचार क्या थे—इनके ऊपर हम नीचे के अनुच्छेदों में विचार करेंगे।

नीदरलैण्ड के विचारक

नीदरलैण्ड के राजतंत्र विरोधी विचारकों में सबसे पहला नाम जिस व्यक्ति का लिया जाता है वह जोन्स एलथ्यूसियस था। वह जर्मनी का निवासी था। उसे हालैण्ड की सक्रिय राजनीति का प्रत्यक्ष अनुभव था क्योंकि वह डच गणतंत्र के निकटवर्ती स्थान एमडन में तीस वर्षों से भी अधिक तक मैजिस्ट्रेट के पद पर नियुक्त रहा था। उसने अपनी एक पुस्तक में राज्य की उत्पत्ति, संप्रभुता आदि के संबंध में अत्यंत स्पष्ट रूप से विचार प्रकट किये हैं।

राज्य की उत्पत्ति

एलथ्यूसियस का कहना है कि प्रत्येक प्रकार का सामुदायिक जीवन अनुबंधों पर निर्भर करता है। उसका कहना है कि अखिल मानव समाज विभिन्न संवासों और संस्थानों से संबद्ध है। ये संवास क्रमशः उन्नत होते चले जाते हैं जैसे, परिवार, ग्राम, नगर और राज्य। एलथ्यूसियस ने यह तो स्वीकार किया है कि प्रत्येक संवास की उपयोगिता और उद्देश्य भिन्न-भिन्न होते हैं लेकिन उनका आधार एक ही है और वह है अनुबंध। अनुबंध के कारण ही दोनों पक्षों के लिए यह आवश्यक होता है कि वे उसकी शर्तों या दशाओं का सर्वांश में पालन करें। राज्य की परिभाषा करते हुए अपनी पुस्तक में उसने लिखा है कि वह एक ऐसा सर्वसाधारण जनता का संवास है जिसमें बहुत से नगर और प्रान्त मिलकर अपनी सम्पत्ति और गतिविधि द्वारा एक संप्रभु शक्ति की स्थापना और उसकी प्रतिरक्षा के अनुबंध में प्रवेश करते हैं।

इसी स्थल पर एलथ्यूसियस ने यह भी बतलाने की चेष्टा की है कि संप्रभुता क्या है और उसकी लोकप्रियता का क्या अर्थ है? इस संबंध में उसका कहना है कि संप्रभुता वह सर्वोच्च और सर्वश्रेष्ठ शक्ति है जो राज्य के सदस्यों के भौतिक और आधिभौतिक कल्याण के लिए कार्य करती है। वह यह मानता है कि प्रत्येक मनुष्य साधारणतः स्वतंत्र है और किसी भी व्यक्ति को एक दूसरे पर अपना आधिपत्य स्थापित करने का अधिकार नहीं है। लेकिन वे सबकी समान सुविधाओं के लिए कुछ अधिकार छोड़ देते हैं। उनके अधिकारों के परित्याग से ही संप्रभु शक्ति निर्मित होती है। इसलिए संप्रभु शक्ति का मूल स्थान अखिल समाज है, कोई एक व्यक्ति या कुछ व्यक्तियों का वर्ग नहीं। अतः संप्रभु शक्ति ऐसा कोई कार्य नहीं कर सकती जिससे सर्वसाधारण का अहित हो। यदि अहित

होता है तो इसका अर्थ यह है कि संप्रभु शक्ति का दुरुपयोग किया जा रहा है और दुरुपयोग करने वाले व्यक्ति को हटाया जा सकता है। संप्रभु शक्ति द्वारा निर्मित विधियों का पालन शासकों का कर्तव्य है। यह शक्ति हस्तान्तरित नहीं की जा सकती। राजा या नरेश केवल एक ऐसा प्रतिनिधि है जो यह प्रतिज्ञा करके पदारूढ़ होता है कि वह विधिवत् शासन करेगा। सिंहासनारोहण आदि के समय की गई प्रतिज्ञाएँ इसी का उदाहरण है। इस प्रकार एलथ्यूसियस ने जहाँ एक ओर लोकप्रिय संप्रभुता की व्यवस्था की वहीं दूसरी ओर यह भी बतलाया कि राजा अनुबंध का एक फरीक है और यदि वह समझौते का उल्लंघन करता है तो उसे पदच्युत किया जा सकता है। उसने राज्य के कर्तव्यों पर भी प्रकाश डाला है। वह छोटे संवासों को राज्य के अधीन मानता है। उस पर पवित्र रोम साम्राज्य के संविधान तथा डचों के स्वतंत्रता युद्ध के इतिहास का प्रभाव पड़ा है। उसके विचारों से बाद के अनुबंधवादी दार्शनिकों ने काफी लाभ उठाया।

फ्रांस के विचारक

फ्रांस के जिन विचारकों ने सबसे पहले राजतंत्र विरोधी साहित्य की सृष्टि की उनमें सबसे पहला नाम **निकोलस बर्नार्ड** का है। इसके बाद **फ्रांसिस हॉटमैन, ह्यूबर्ट लैंग्वे** या **डूप्लेस मान** का नाम आता है। फ्रांस के राजतंत्र विरोधी विचारकों में ह्यूगनॉट्स और कैथोलिक दोनों ही हैं। ह्यूगनॉट्स को तो सेण्ट बार्थोलोम्यू के हत्याकाण्ड के बाद से राजतंत्र विरोधी हो जाना पड़ा क्योंकि इस सम्प्रदाय के लोगों की तत्कालीन राजा ने बड़ी बेरहमी से हत्या करा डाली थी अक्षौर कैथोलिक उस समय राजतंत्र विरोधी हो गये जब सन् 1589 में **हेनरी चतुर्थ** नाम का एक प्रोटेस्टेण्ट राजा फ्रांस की गद्दी पर बैठ गया।

इन विचारकों ने कुछ ऐसी बातें कही जिनका सार यह था कि प्रजा ऐसे राजा की आज्ञाएँ मानने के लिए बाध्य नहीं है जो ईश्वर विरोधी आदेश दे। इन लेखकों ने विस्तारपूर्वक यह बतलाने की चेष्टा की कि धर्मपुस्तकों में भी ऐसे राजा को राजा न मानने की सलाह दी गई है। वे यह मानते हैं कि राज्य की उत्पत्ति अनुबंध द्वारा हुई है। अतः दोनों पक्षों को अनुबंध की शर्तों को मानना चाहिए। **ह्यूबर्ट लैंग्वे या डूप्लेस मॉर्ने** की पुस्तक में दो अनुबंधों की कल्पना की गई है। पहले अनुबंध में तो ईश्वर और मानव समाज है जिसमें राजा भी सम्मिलित है और दूसरे में एक तरफ राजा और दूसरी तरफ प्रजा है। राजा प्रतिज्ञा करता है कि न्यायपूर्वक शासन करेगा और प्रजा उसकी आज्ञाओं का पालन करने का वचन देती है। यदि राजा अन्यायी हो जाता है तो प्रजा भी अनुबंध की शर्तों से मुक्त हो जाती है। लेकिन हर एक व्यक्ति को राजा का प्रत्यक्ष विरोध करने की अधिकार नहीं है। उसे यह कार्य सामूहिक रूप से विधान सभा आदि द्वारा करना चाहिए। राजा को दण्डित किया जा सकता है। इसी पुस्तक में यह भी कहा गया है कि यदि पड़ोसी राज्य का कोई राजा प्रजा पर अत्याचार कर रहा हो तो न्यायी राजा का कर्तव्य है कि वह प्रजा की सहायता करे। उस पर यह कर्तव्य अखिल मानव-समाज का सदस्य

होने के कारण आ पड़ता है। फ्रांस के लेखकों पर कौंसिल आन्दोलन का काफी प्रभाव पड़ा है और वे अपने तर्कों को सिद्ध करने के लिए धर्मपुस्तकों के दृष्टातों का आश्रय लेते हैं जिसकी वजह से उनमें वैज्ञानिकता और ऐतिहासिकता का अभाव है।

स्कॉटलैण्ड के विचारक

स्कॉटलैण्ड के राजतंत्र विरोधी विचारकों की परम्परा जॉन नॉक्स से आरंभ होती है। नॉक्स के विचारों की चर्चा हम पिछले अध्याय में कर आये हैं। सोलहवीं शताब्दी में सबसे अधिक प्रसिद्ध राजतंत्र विरोधी विचारक जार्ज बकनन था। बकनन ने भी राजा और प्रजा के संबंधों को अनुबंध के आधार पर ही स्थिर किया है। उसने मनुष्य की प्राकृतिक अवस्था पर भी प्रकाश डाला है और लिखा है कि समाज और राज्य की स्थापना मनुष्य ने इसीलिए की कि वह उस अवस्था से मुक्ति प्राप्त कर सके। समाज में रहने की इच्छा मनुष्य में अपने हित की दृष्टि से हुई क्योंकि मनुष्य ने अनुभव किया कि वह समाज में अपेक्षाकृत अधिक सुखी रहेगा। राजा का कर्तव्य है कि वह न्यायपूर्वक शासन करे। यदि वह ऐसा नहीं करता तो उसे हटाया जा सकता है और दण्डित किया जा सकता है। इसके विचारों का प्रभाव इंग्लैण्ड पर भी पड़ा था। लॉक इससे विशेष रूप से प्रभावित हुआ था। फ्रांस, स्कॉटलैण्ड और नीदरलैण्ड के अतिरिक्त इंग्लैण्ड और स्पेन में भी कुछ राजतंत्र विरोधी विचारक हुए। बिशप ऑफ विनचेस्टर **जॉन पिने** पहले ऐसे अंग्रेज विचारक थे। उन्होंने राजा की अंधभक्ति के सिद्धान्त का खण्डन किया था और लोकप्रिय संप्रभुता का समर्थन किया था। इसी प्रकार मेरियाना ने स्पेन में राजतंत्र विरोधी विचार प्रकट किये। लेकिन इंग्लैण्ड और स्पेन में राजतंत्र विरोधी विचारों का अधिक विकास इसलिए नहीं हो सका क्योंकि वहाँ एलिजबेथ और फिलिप द्वितीय के राजतंत्र पर्याप्त लोकप्रिय और सुदृढ़ थे।

राजतंत्र विरोधी विचारों का प्रभाव

सत्रहवीं शताब्दी में राजतंत्रविरोधी विचारों का जो जोर बँधा—वह बहुत कुछ इन्हीं विचारकों की कल्पनाओं का परिणाम था। राजतंत्र विरोधी विचारकों ने न्यूनाधिक मात्रा में तीन चीजों को काफी स्पष्ट कर दिया। पहली बात तो यह सिद्ध हो गई कि राज्य और समाज की स्थापना के पूर्व मनुष्य को प्राकृतिक अवस्था में रहना पड़ता था-भले ही इसका कोई ऐतिहासिक प्रमाण हो या न हो। दूसरी बात यह थी कि समाज सरकार और राज्य की स्थापना का आधार अनुबंधों को मान लिया गया। तीसरी उल्लेखनीय बात यह थी कि लोकप्रिय संप्रभुता के सिद्धान्त की सृष्टि की गई। इन विचारकों का मुख्य उद्देश्य शासनकार्य को इस प्रकार चलवाना था जिससे जनता की इच्छाओं के अनुसार उसके हितों को दृष्टि में रखते हुए शासन किया जा सके। ये बातें पहले भी थीं। लेकिन सत्रहवीं शताब्दी में इन विचारकों की वजह से यह स्थिति उत्पन्न हो गई कि इनका कोई भी विचारक उपेक्षा न कर सका।

अध्याय—18

जीन बोदाँ और ह्यूगो ग्रोशस

बोदाँ की जीवनी, बोदाँ की कृतियाँ, अध्ययन-पद्धति, राज्य की उत्पत्ति और प्राकृतिक विधि, संप्रभुता का सिद्धांत, शासनतंत्रों का वर्गीकरण, राजक्रान्तियों के संबंध में, बोदाँ और मैकियावली—आधुनिकता का नायक कौन? बोदाँ का महत्व, अनुदाय और प्रभाव, ग्रोशस का जीवन और उसकी सामयिक परिस्थितियाँ, प्राकृतिक विधि का विवेचन, विधियों का वर्गीकरण, मानवप्रकृति और राज्य की उत्पत्ति, संप्रभुता, ग्रोशस का महत्व और अनुदाय।

बोदाँ की जीवनी

जीन बोदाँ फ्रांसीसी दार्शनिक था। उसका जन्म सन् 1530 में और मृत्यु 66 वर्ष की अवस्था में सन् 1596 में हुई थी। जिन दिनों बोदाँ का जन्म हुआ उन दिनों फ्रांस बुरी तरह धर्मयुद्धजनित गृह-कलहों से पीड़ित था। इसलिए यह स्वाभाविक ही था कि उसका ध्यान इस ओर जाता। सौभाग्यवश उन्हीं दिनों फ्रांस में धार्मिक सहिष्णुता का आन्दोलन चल पड़ा जिसे इतिहास में हम पॉलिटिकस के नाम से जानते हैं। बोदाँ इसी आन्दोलन का समर्थक था। प्रारंभिक शिक्षा के बाद उसने विधि या कानून की शिक्षा प्राप्त कर वकालत की। अपनी प्रतिभा के कारण उसका संबंध फ्रांस के राजा हेनरी तृतीय से हो गया और उसके दरबार में रह कर उसने अंतिम समय तक कार्य किया। वह अनेक भाषाओं का ज्ञाता था। फ्रेंच तो उसकी मातृभाषा ही थी। इसके अतिरिक्त उसने लैटिन और ग्रीक का भी गहन अध्ययन किया था। यूरोप की भी कई भाषाओं का वह विद्वान था। उसने वकालत में ख्याति पाने के लिए न केवल कई देशों के कानूनों को अध्ययन किया वरन् बहुत से देशों

के संविधान भी पढ़े। उसके ऊपर दो बड़े जबर्दस्त प्रभाव पड़े—एक ओल्ड टेस्टामेण्ट का और दूसरा प्लेटो का। प्लेटो का प्रभाव इटालियन प्लेटोवादियों द्वारा पड़ा।

बोदाँ की कृतियाँ

बोदाँ ने छोटी-मोटी पुस्तिकाओं के अतिरिक्त पाँच प्रमुख ग्रंथ लिखे हैं। इनके नाम हैं : (1) रेसपॉन्स, (2) डेमनोमेनी, (3) हेप्टाप्लोमर्स, (4) यूनिवर्से नेचरे थियेटरम्, और (5) सिक्स लाइवर्स डि ला रिपब्लिक। उसकी सबसे पहली पुस्तक सन् 1569 में छपी। इस पुस्तक का विषय राजनैतिक अर्थ-व्यवस्था है। अंतिम पुस्तक सन् 1576 ई. में प्रकाशित हुई। यह 6 संस्करणों में है और बोदाँ की डी ला रिपब्लिक को सोलहवीं शताब्दी का सबसे महत्वपूर्ण ग्रंथ माना जाता है। सच पूछा जाए तो बोदाँ की अब तक की सारी ख्याति इसी पुस्तक पर आधारित है। बोदाँ ने राजनीतिशास्त्र को अनेक शब्दों की परिभाषा में बाँधने का प्रयत्न किया है। राज्य, संप्रभुता, नागरिकता आदि की परिभाषाएँ हमें बोदाँ के ग्रंथों में ही मिलती हैं। शायद ही राजनीति का कोई ऐसा क्षेत्र हो जिसे बोदाँ ने स्पर्श न किया हो। राज्य की एकता पर उसके जितना बल दिया है समकालीन विचारकों में से शायद ही किसी ने दिया हो। ज्ञान के पुरोदय की आभा उसकी कृतियों में साफ-साफ झलकती है। उसमें दर्शन और व्यावहारिकता दोनों पर समुचित ध्यान दिया गया है। बोदाँ ने अपने ग्रंथों में मुख्यतः दो मान्यताओं का प्रतिपादन किया है। एक तो यह कि राजा का अधिकार निर्विवाद है और दूसरा यह कि धार्मिक सहिष्णुता राष्ट्रीय एकता के लिए आवश्यक है। दोनों ही विषयों पर बोदाँ के विचार स्पष्ट हैं। लेकिन इसका यह अर्थ नहीं कि उसकी कृतियों में कोई त्रुटि ही नहीं है। उसकी प्रसिद्ध पुस्तक डी ला रिपब्लिक को ही ले लीजिए। उसकी सबसे बड़ी त्रुटि यह है कि वह बड़ी अव्यवस्थित है। पुनरुक्ति का दोष भी उसमें बहुत अधिक है। बहुत से विचार असंबद्ध है। इसके अतिरिक्त वह इतने अधिक ऐतिहासिक दृष्टान्त, अंक, उदाहरण और कानूनी व्याख्याएँ लिख देता है कि पाठक का चित्त मुख्य समस्या पर केन्द्रित नहीं रह पाता। इसी कारण उसकी पुस्तक जटिल और स्वरूपहीन है। वह अतीत के युगों की बहुत अधिक याद दिलाता है। फिर भी कहीं-कहीं उसके विचार अत्यन्त स्पष्ट हैं।

अध्ययन-पद्धति

बोदाँ ने जिस अध्ययन-पद्धति का अनुसरण किया है—वह मुख्यतः ऐतिहासिक और विश्लेषणात्मक है। वह इस बात पर भी बहुत अधिक बल देता है कि राज्य के विभिन्न अंगों और संवासों का भली-भाँति अध्ययन एवं पर्यवेक्षण करके सिद्धान्त निर्धारित किये जाएं। उसने इतिहास के उचित प्रकार से प्रयोग न करने के लिए मैकियावली की पर्याप्त आलोचना की है। बोदाँ ने स्वयं इतिहास का अत्यन्त गंभीर अध्ययन कर यह पता लगाने का यत्न किया था कि प्राचीन-काल से अब तक मानवीय विकास की प्रगति में किन-किन

सिद्धान्तों और तथ्यों का हाथ रहा है। इस प्रकार की अध्ययन-पद्धति का प्रतिपादन कर उसने इतिहास के एक दर्शन की ही रचना कर डाली है। बोदाँ का मत है कि संसार के समस्त ज्ञान को एक समन्वित ग्रंथि के रूप में ग्रहण करना चाहिए। यदि हम भूले न हों तो ज्ञान के संबंध में सन्त टॉमस एक्वीनॉज तथा अन्य स्कॉलास्टिक विद्वानों ने भी लगभग ऐसा ही मत प्रकट किया था। उसने तुलनात्मक अध्ययन पर भी विशेष बल दिया था। वह इस प्रकार के अध्ययन का न केवल न्यायशास्त्र और विधि में ही पक्षपाती था अपितु यह भी चाहता था कि राजनीति और राजदर्शन में भी ऐसा ही किया जाए। वह व्यक्तिमूलक पद्धति का भी अनुयायी था।

राज्य की उत्पत्ति और प्राकृतिक विधि

बोदाँ ने राज्य की उत्पत्ति के सिद्धान्त पर रिपब्लिक में प्रकाश डाला है। लेकिन राज्य की उत्पत्ति पर विचार करने के पूर्व उसने प्राकृतिक विधि के संबंध में लिखा। इसीलिए सबसे पहले हम उसे प्राकृतिक विधि के विचारों का अध्ययन करेंगे।

कई मध्ययुगीन विचारकों की भाँति प्राकृतिक विधियों के संबंध में बोदाँ का मत है कि वे मुख्यतः नैतिक हैं। इनका आवास मनुष्य के हृदय में है। प्राकृतिक विधियों की शक्ति से ही मनुष्य यह तय कर पाता है कि क्या उचित है और क्या अनुचित। बोदाँ का मत है कि राजनीति के उच्चतर सिद्धान्तों का निर्धारण प्राकृतिक विधियों की सहायता से ही होता है। संसार का कोई भी नरेश या राजसत्ताधारी व्यक्ति उनकी अवहेलना नहीं कर सकता। प्राकृतिक विधियाँ विवेक का फल होती हैं। अतएव जो राजा या शासक विवेक द्वारा पथ-प्रदर्शन नहीं ग्रहण करता वह कदापि सफल नहीं हो सकता। वह सदाचरण को भी महत्व देता है।

बोदाँ ने राज्य को संघटित करनेवाली इकाई व्यक्ति को न मानकर परिवार को माना है। वह अरस्तू की भाँति व्यक्ति को नहीं बल्कि परिवार को राज्य की प्राथमिक या आधारभूत शिलाएँ मानता है। वह विवाह, माता-पिता और बालकों के साथ उनके संबंधों, सम्पत्ति, दास-प्रथा आदि सबको परिवार का अंग मानता है। राज्य को वह इन सबसे अलग मानता है। उसने राज्य की परिभाषा करते हुए लिखा है कि "राज्य एक परिवार तथा परिवारों के अधिकारों का एक समूह है जिसका शासन एक संप्रभु शक्ति और विवेक द्वारा होता है।" यदि ध्यान से देखा जाए तो बोदाँ की यह परिभाषा प्राचीनकाल की अरस्तू की राज्य-संबंधी कल्पना और अनुबंधवादियों के राज्य की उत्पत्ति संबंधी विचारधारा का समन्वय करती है। प्राकृतिक अवस्था में बोदाँ सभी मनुष्यों को समान अधिकार देता है। लेकिन इस स्वतंत्रता से कुछ के अहित की संभावना बनी रहती है, इसलिए वह उस स्वतंत्रता के नियंत्रण के लिए राज्य का आविर्भाव आवश्यक मानता है। अतः राज्य की उत्पत्ति का आधार बलप्रयोग द्वारा नियंत्रण का सिद्धान्त है। अपने इस विचार की संगति

वह इस प्रकार बैठाता है कि परिवार में जिस प्रकार पिता को अपने बच्चों, पत्नी और नौकरों का बलप्रयोग द्वारा नियंत्रण का अधिकार है उसी प्रकार राज्य के शासक को भी प्रजा के हित के लिए बलप्रयोग द्वारा नियंत्रण करने का अधिकार है। वह परिवार के अध्यक्ष को नागरिकता का अधिकारी मानता है। इस दृष्टि से नागरिकता संबंधी बोदाँ की कल्पना अत्यन्त संकीर्ण है। उसने यह तो स्वीकार किया है कि राज्य के अन्य संवास व्यक्ति की सामाजिकता की प्रवृत्ति पर निर्भर करते हैं। लेकिन वह यह नहीं मानता कि राज्य की सदस्यता भी व्यक्ति की इच्छा और रुचि पर निर्भर है। इसके विपरीत वह राज्य की सदस्यता को अनिवार्य मानता है। बोदाँ के मत के अनुसार सच तो यह है कि राज्य सभी संवासों का अंतिम स्वरूप है। सभी संवास उसके अधीन हैं और राज्य की आज्ञाओं का पालन करना उनका कर्तव्य है। बोदाँ के लिए नागरिक और संवास राज्य की प्रजा है। उन्हें वह राज्य की संप्रभु शक्ति का हिस्सेदार नहीं मानता।

आलोचना

राज्य की उत्पत्ति के संबंध में बोदाँ ने जो विचार प्रकट किये हैं—उनका सबसे बड़ा दोष तो यह है कि वे बड़े असंबद्ध हैं। दूसरी त्रुटि यह है कि वह राज्य के लक्ष्य को निर्धारित करने में बिल्कुल असफल रहे। वह यह तो मानता है कि राज्य "बहुत से परिवारों की शक्ति और सम्पत्ति के उस सामूहिक स्वरूप का नाम है जिसका शासन एक विधिवत् निर्मित सरकार द्वारा होता है।" लेकिन उस शासन के उच्चतर लक्ष्यों के संबंध में वह कोई भी सुस्थिर विचार प्रकट नहीं कर पाया है। लेकिन वह यह मानता है और इससे उसकी प्रतिभा की झलक भी मिलती है कि जो लक्ष्य प्राचीनकाल में नगर-राज्यों के थे—वे आजकल के देश-राज्यों के उपयुक्त नहीं है और इसीलिए वह अरस्तू से सहायता नहीं लेता। लेकिन वह यह मानता है कि परिवार की सीमाओं के अन्दर व्यक्ति स्वतंत्र है और राज्य के अधिकार परिवार की चौखट पर जाकर समाप्त हो जाते हैं। राज्य और परिवार दोनों के अधिकार क्षेत्रों को उसने बिल्कुल अलग-अलग कर देने पर बहुत अधिक बल दिया है। वह सम्पत्ति पर राज्य के शासक का अधिकार नहीं मानता और उसका कहना है कि वह परिवार के मामलों में राज्य को कोई हस्तक्षेप नहीं करना चाहिए। लेकिन इस सिद्धान्त की पुष्टि के लिए बोदाँ के तर्क स्पष्ट नहीं हैं। वह यह भी स्पष्ट नहीं कर सका कि परिवारों के समूह से राज्य का निर्माण किस प्रकार हो जाता है। बोदाँ ने इतना अवश्य खोल कर समझाया कि एक सुव्यवस्थित राज्य की स्थापना बिना एक संप्रभु शक्ति के नहीं हो सकती।

संप्रभुता का सिद्धान्त

राजदर्शन के इतिहास में बोदाँ का संप्रभुता सिद्धान्त सर्वाधिक महत्वपूर्ण माना जाता है। संप्रभुता की परिभाषा करते हुए एक स्थान पर बोदाँ ने कहा है, "संप्रभुता नागरिकों

और प्रजाजनों पर प्रयुक्त की जानेवाली वह सर्वोच्च शक्ति है जो विधियों द्वारा नियंत्रित नहीं होती।" इसी संबंध में बोदाँ के शब्दों में ही एक और स्पष्टीकरण कराया गया है जो इस प्रकार है, "प्रत्येक स्वतंत्र समुदाय में जिसका विधिवत शासन होता है ऐसा कोई-न-कोई सर्वोच्च शक्ति अवश्य होना चाहिए जो चाहे एक व्यक्ति में हो या अनेक में जिससे विधियों की स्थापना होती हो और जो स्वयं विधियों का स्रोत हो। ऐसी शक्ति को विधि से भी अधिक उच्चतर होना चाहिए।" संप्रभुता के मूल स्रोत के संबंध में बोदाँ का मत है कि वह सामूहिक रूप से जनता में ही निहित है। लेकिन जनता सामूहिक रूप से इस शक्ति का प्रयोग नहीं करती। वह अपनी इस शक्ति को नरेश, शासक या राजा को समर्पित कर देती है और राजा द्वारा इसका प्रयोग विविध राज्याधिकारियों द्वारा राज्य का प्रतिनिधित्व प्राप्त कर लेने के बाद किया जाता है। समाज की उच्चतम और सर्वाधिक इच्छा का विकसित स्वरूप संप्रभुता है। यह संप्रभुता का ही प्रभाव होता है कि अन्य नागरिकों तथा संवासों की इच्छाओं को राज्य की इच्छाओं के समक्ष नतमस्तक हो जाना पड़ता है। राज्य को अपनी संप्रभुता के कारण ही हर प्रकार की वैधानिक सीमाओं और अनिवार्यताओं से मुक्ति प्राप्त हो जाती है और राज्य पर राज्य की स्वीकृति के बिना उसके अपने या किसी न्यायालय में कोई मामला नहीं चलाया जा सकता है। इस प्रकार आधुनिक ही क्या, राजदर्शन के इतिहास में पहली बार संप्रभुता की इतनी विशद विवचेना हमें उपलब्ध होती है। वैसे तो हॉब्स ने भी संप्रभुता की विवेचना की है किन्तु बोदाँ ने उससे भी पूर्व कहीं अधिक स्पष्ट रूप से यह व्याख्या कर दी है। उसने संप्रभु शक्ति की असीमता बतलाते हुए लिखा है, "संप्रभुता पर कोई सीमा संबंधी प्रतिबंध लागू नहीं हो सकते। यही बात उसकी कर्तृत्वशक्ति या विधि निर्माण के संबंध में भी सत्य है क्योंकि वह संप्रभुताधारी के बजाय स्वयं राज्य में निहित होती है।" इस प्रकार यह स्पष्ट हो जाता है कि संप्रभुता ही समस्त विधियों के निर्माण का मूल स्रोत है। ऐसी अवस्था में संप्रभुताधारी व्यक्ति भी विधियों के बंधन से परे है क्योंकि सारी विधियों का एक प्रकार से वही स्रोत होता है। इस प्रकार "संप्रभुता सर्वोच्च और शाश्वत वैधानिक सर्वव्यापिनी शक्ति है।" इसका अर्थ यह है कि संप्रभुताधारी व्यक्ति भले ही मर जाए लेकिन संप्रभुता कभी नहीं मरती। लेकिन इतने पर भी बोदाँ ने संप्रभुताधारी व्यक्ति को सर्वथा निरंकुश अधिकार नहीं सौंपे। उसने कहा, संप्रभुताधारी व्यक्ति को भी अपने कर्तव्यों और नैतिक उत्तरदायित्वों का पालन करना होगा। वह यह नहीं कह सकता कि "मैं संप्रभुताधारी हूँ, इसलिए किसी भी प्रकार के कर्तव्य के निर्वहन के लिए बाध्य नहीं हूँ।" यही नहीं स्वयं संप्रभुता की भी अनेक सीमाएँ बोदाँ ने बतलायी हैं। संप्रभुता जिस व्यक्ति द्वारा कार्यान्वित होती है उसे भी ईश्वरीय आदेशों, प्राकृतिक विधियों तथा अन्य देशों की विधियों अर्थात् अन्तर्राष्ट्रीय विधियों की मार्यादा का ध्यान रखना पड़ता है। उसे वे बातें भी याद रखनी पड़ती हैं जिनकी प्रतिज्ञा उसने की हो। इसका अर्थ यह हुआ कि वह उन कर्तव्यों के पालन के लिए भी बाध्य है जिनकी पूर्ति की प्रजा की तरफ से उससे आशा की जाती है। वह अपनी विधियों की मर्यादा मानने के लिए

विवश है। यद्यपि संप्रभु शक्ति के समाने कोई विधि बड़ी नहीं है तथापि वह अपनी ही विधियों को अकारण नहीं बदल सकता। कुछ मामलों में उसे अपने पूर्ववर्त्तियों के वचनों का भी ध्यान रखना पड़ता है। लेकिन वह इस बात के लिए बाध्य नहीं कि कभी भी उनके विपरीत आचरण न करे। आवश्यकता पड़ने पर समय की माँग के अनुसार वह समुचित संशोधन कर सकता है। जो संप्रभु शासक दैवी आदेशों और प्राकृतिक विधियों का उल्लंघन करता है वह आततायी कहलाता है। लेकिन उसका भी विरोध करने का अधिकार बोदाँ प्रजा को नहीं देता। वह भले राजतंत्र और आततायी शासनतंत्र में केवल नैतिक अन्तर ही बतला कर चुप हो जाता है। उसने वैधानिक और नैतिक कर्तव्यों की सीमाओं को पहली बार बिल्कुल अलग-अलग किया। लेकिन उसने संप्रभु को यह स्पष्ट आदेश दे दिये कि वह प्रजा की सम्पत्ति के अपहरण के कार्य से बिल्कुल दूर रहे। सम्पत्ति को वह परिवार के लिए आवश्यक मानता है और सम्पत्ति के अधिकार को परिवार का निजी अधिकार। इस संबंध में उसका मत एक सीमा तक मैकियावली से मिलता है। मैकियावली ने अपने 'प्रिंस' को प्रजा की सम्पत्ति न लूटने की सलाह दी थी। इसके विपरीत हॉब्स ने प्रतिकूल मत प्रकट किया। वह कहता है कि संप्रभु जो चाहे कर सकता है। वह चाहे तो सम्पत्ति भी छीन सकता है।

बोदाँ ने संप्रभु शासक के कर्तव्यों को भी बतलाया है। संप्रभु शासक का प्रथम और अंतिम कर्तव्य विधियों का निर्माण करना है। यह विधियाँ उसकी प्रजा पर व्यक्तिगत या सामूहिक किसी भी रूप में लागू हो सकती हैं। इसी स्थान पर बोदाँ ने विधियों और प्रथाओं का अन्तर भी बतलाया है। वह कहता है कि संप्रभु शासक यदि चाहे तो कानून या विधि द्वारा किसी प्रथा को नष्ट कर सकता है। लेकिन प्रथा द्वारा विधि नष्ट नहीं की जा सकती। इसके अतिरिक्त युद्ध या शांति की घोषणा, राज्य के लिए अधिकारियों की नियुक्ति, क्षमादान करना, सिक्के बनाना, राजस्व वसूल करना आदि भी संप्रभु के सहायक कर्तव्य हैं। यदि ध्यान से देखा जाए तो संप्रभु शासक के जो-जो कर्तव्य बोदाँ ने बतलाये हैं—वे पूर्णतः आज के संप्रभुता सम्पन्न राज्यों द्वारा पूरे किये जाते हैं।

आलोचना

संप्रभुता की बोदाँ की व्याख्या से यह तो कम-से-कम स्पष्ट हो ही जाता है कि उन दिनों शासक और शासित के बीच किस प्रकार संबंधों की कल्पना की जाती थी। उसने बताया कि राज्य का मुख्य गुण संप्रभुता है। यदि यह गुण किसी राज्य में वर्तमान नहीं तो वह देश राज्य की संज्ञा प्राप्त नहीं कर सकता। उसने विस्तारपूर्वक यह भी बतलाया कि संप्रभुता किस प्रकार शाश्वत, अहस्तान्तरणीय और असीम होती है। संप्रभुता इतनी महत्वपूर्ण है कि उसकी स्थिति के स्थान से ही शासनतंत्रों का वर्गीकरण हो सकता है। लेकिन इतने पर भी उसके संप्रभुता के सिद्धान्त में काफी उलझन है और किसी एक नतीजे

पर पहुँच जाना बहुत आसान नहीं है। एक ओर जहाँ वह उसे असीम बतलाता है वहीं दूसरी ओर प्राकृतिक विधियों, अन्तर्राष्ट्रीय मर्यादाओं और दैवी आदेशों के बंधनों से युक्त भी बतलाता है। बोदाँ का संप्रभु शासक एक हद तक अपनी वाणी की मर्यादा की रक्षा करने के लिए भी विवश है। अतः विवश शासक संप्रभु कैसे हो सकता है ? दूसरे जहाँ वह एक ओर यह कहता है कि सब लोग संप्रभु शासक की आज्ञा मानने के लिए विवश हैं, वह दूसरी ओर यह भी कहता है कि यदि संप्रभु शासक किसी मैजिस्ट्रेट से प्राकृतिक विधि के आदेशों के विरुद्ध कार्य करने का आदेश देता है तो मैजिस्ट्रेट के लिए यह उचित होगा कि वह उसकी आज्ञा का पालन न करे। बोदाँ के संप्रभुता के सिद्धान्त में दूसरी उलझन यह है कि वह यह भी कहता है कि संप्रभु शासक राज्य का संविधान मानने के लिए भी विवश है। ऐसी अवस्था में शासक पर एक और बंधन लग जाता है। अतः बंधनों से संप्रभुता के उस सिद्धान्त की व्यावहारिक पुष्टि नहीं होती जिसकी कल्पना उसने की थी। इस प्रकार एक ओर तो शासक जिसे वह संप्रभु मानता है विधियों का स्रोत है और दूसरी ओर वह उन संवैधानिक विधियों के बंधन में हैं जिन्हें न तो उसने बनाया है और न उनमें कोई परिवर्तन कर सकता है। इससे संवैधानिक सरकार के प्रति बोदाँ की चाहे जितनी निष्ठा प्रकट होती हो लेकिन इतना स्पष्ट है कि उसका संप्रभु शासक संप्रभुता के सिद्धान्त के अनुसार व्यावहारिक क्षेत्र में प्रकट नहीं होता। सच यह है कि बोदाँ दो उद्देश्यों का समन्वय करना चाहता था–एक ओर फ्रांस के राजा को संप्रभु बनाना तथा दूसरी ओर फ्रांस में जो संवैधानिक व्यवस्था चली आ रही थी उसमें कोई फर्क न पड़ने देना। वह यह अनुभव करता था कि अशान्तिपूर्ण परिस्थितियों की वजह से यह आवश्यक है कि राजा की शक्तियाँ बढ़ायी जाएं लेकिन वह राजा की शक्ति इतनी अधिक भी नहीं बढ़ा देना चाहता था कि वह फ्रांस की प्राचीन-संवैधानिक संस्थाओं को उलट-पुलट दे। इस प्रकार उसका संप्रभुता संबंधी सिद्धान्त अव्यवस्थित है। इसमें व्यवस्था लाने के लिए वह यह तय नहीं कर सका कि उक्त दोनों बातों में से कौन-सी मौलिक है ? इसके लिए बहुत कुछ समकालीन परिस्थितियाँ ही उत्तरदायी थीं। तीसरी त्रुटि उसके सिद्धान्त में सम्पत्ति के अधिकार संबंधी विचारों के कारण थी। यह सच है कि बोदाँ ने सम्पत्ति के अधिकार को प्राकृतिक अधिकार बतला दिया था, लेकिन प्राकृतिक विधि के अनुसार जो अधिकार मिलते हैं–वे तो नैतिक होते हैं, वैधानिक नहीं। परन्तु, यहाँ बोदाँ इस अधिकार को नैतिक अधिकारों से भी अधिक महत्त्व दे देता है। उसने सम्पत्ति के अधिकार को इतना पवित्र बतलाया है कि संप्रभु शासक भी उसे बिना स्वामी की आज्ञा के स्पर्श नहीं कर सकता। इसका अर्थ यह था कि बिना सामन्तों की सलाह के संप्रभु शासक कोई कर नहीं लगा सकता था। ऐसी अवस्था में उसकी संप्रभुता कितनी पुंसत्व शक्तियुक्त या कितनी प्रभावशाली हो सकेगी इसकी कल्पना भली-भाँति की जा सकती है। स्पष्ट है कि वह परिवार के संप्रभुता द्वारा भी स्पर्श न किये जानेवाले सम्पत्ति के अधिकार की संगति

'शाश्वत, मयार्दाहीन और असीम संप्रभुता के सिद्धान्त के साथ नहीं बैठा पाया है। लेकिन समय ने बतलाया कि उसका यह सिद्धान्त ठीक ही था कि संप्रभु शासक भी बिना प्रजा की अनुमति के कर नहीं लगा सकता है।

शासनतंत्रों का वर्गीकरण

बोदाँ ने राज्यों का नहीं वरन् शासनतंत्रों या सरकारों का वर्गीकरण किया है। सबसे पहले उसने यह बतलाया कि राज्यों के स्वरूप में नहीं बल्कि शासनतंत्रों में अंतर होता है। इसी स्थल पर यह स्पष्ट कर देना भी जरूरी मालूम होता है कि राज्य और शासनतंत्रों के स्वरूप का अन्तर किस प्रकार स्पष्ट किया गया है—यह भी बतला दिया जाए। बोदाँ ने लिखा है कि "सर्वोच्च शक्ति किसके हाथ में है—इससे तो राज्य का स्वरूप निर्धारित होता है लेकिन जिस व्यवस्था एवं पद्धति द्वारा उस शक्ति का प्रयोग होता है उससे शासनतंत्र का स्वरूप निश्चित होता है।" अरस्तू तथा अन्य यूनानी विद्वानों से राज्यों के स्वरूप का जो वर्गीकरण किया है, स्थूल रूप से बोदाँ ने उसे मान लिया है। लेकिन रोमन विचारकों की भाँति वह किसी मिश्रित राज्य के स्वरूप में विश्वास नहीं करता। राज्यों के जो स्वरूप उसने माने हैं, वे हैं : (1) राजतंत्र, (2) आभिजात्य तंत्र, और (3) प्रजातंत्र। **बोदाँ** ने बताया कि राज्यों का स्वरूप और शासनतंत्रों का स्वरूप एक समान ही हो—यह आवश्यक नहीं है। उसकी यह बात इस प्रकार स्पष्ट की जा सकती है। उदाहरण के लिए ब्रिटेन एक ऐसा राज्य है जहाँ राजतंत्र है किन्तु वहाँ का शासनतंत्र राजतांत्रिक नहीं अपितु प्रजातांत्रिक है। अस्तु, जब बोदाँ यह कहता है कि मिश्रित राज्य जैसी कोई चीज नहीं होती तब उसका आशय यह होता है कि राज्य की सर्वोच्च शक्ति या संप्रभुता अविभाज्य है। यह नहीं कि शासनतंत्र में विभिन्न पद्धतियों के गुणों का समावेश नहीं किया जा सकता। बोदाँ राजतंत्र को अन्य सब तंत्रों से श्रेष्ठ मानता है। राज्य के स्वरूप के संबंध में ही उसका यह मत नहीं है, वरन् शासनतंत्रों में भी वह राजतांत्रिक व्यवस्था को सर्वश्रेष्ठ मानता है। उसने लिखा है कि राजतांत्रिक व्यवस्था में ही व्यक्ति के अधिकार और उसकी सम्पत्ति सुरक्षित रहती है। अच्छे राजा को किस प्रकार का होना चाहिए उसने यह भी बतलाया है। अच्छा राजा हमेशा प्राकृतिक विधियों और दैवी विधियों का सम्मान करता हुआ शासन करता है और इसके फलस्वरूप वह जिन विधियों की रचना करता है उनको प्रजा स्वेच्छा से मानती है और तदनुसार राजा के प्रति आशा का भाव रखती है। उसमें राजतंत्र तथा अभिजात्यतंत्र और प्रजातंत्र के भ्रष्ट स्वरूपों की चर्चा भी की है। यदि कहीं राजतंत्र न हो तो वह आभिजात्यतंत्र को ही पसन्द करता है। प्रजातंत्र उसने कहीं भी पसन्द नहीं किया और उसकी तुलना प्राकृतिक अवस्था से की है। वह यह समझता है कि प्रजातंत्र में तेजी से प्रगति नहीं हो सकती। राजतंत्र ही उसके सुव्यवस्थित राज्य की कल्पना का मुख्य आधार था। इससे स्पष्ट है कि वह शासनतंत्र में भी राजा की पूर्ण निरंकुशता का पक्षपाती था। यह बात कुछ नई नहीं थी। बोदाँ के पूर्व मैकियावली ने भी इसी प्रकार की शासक

की निरंकुशता की कल्पना की थी। और इसमें कोई संदेह नहीं कि आगे चलकर विचारकों की श्रेणी में हॉब्स भी ऐसा व्यक्ति हुआ जिसने शासक या राजा की इसी प्रकार की निरंकुशता का समर्थन किया। बोदाँ के इस प्रकार के विश्वास का कारण बहुत कुछ सामयिक परिस्थितियाँ भी थीं। जब कि शेष यूरोप अशान्ति के दावानल में जल रहा था उस समय इंग्लैण्ड और स्पेन में राजतंत्र के कारण न केवल शान्ति थी, वरन् वहाँ के लोग प्रगति के पथ पर भी क्रमशः बढ़े चले जा रहे थे।

राजक्रान्तियों के संबंध में

राजक्रान्तियों के संबंध में बोदाँ ने जो मत प्रकट किया उसमें अरस्तू का प्रभाव स्पष्ट दीख पड़ता है। सबसे पहले उसने बतलाया कि राज्यक्रान्ति का अभिप्राय क्या है? उसका कहना था कि राजक्रान्ति तभी होती है जब संप्रभुता की स्थिति में कोई परिवर्तन हो जाता है। उदाहरण के लिए राजतंत्र में संप्रभुता राजा के हाथ में रहती है। यदि वहाँ संप्रभुता राजा के हाथ से हटकर प्रजा के हाथ में चली जाए तो राजक्रान्ति ही गई मानी जाती है। इसी प्रकार की बात अन्य प्रकार की राजक्रान्तियों के संबंध में भी कही जा सकती है। केवल विधियों के परिवर्तन से राजक्रान्ति हो जाती हो—बोदाँ की यह धारणा नहीं है। यह बतलाने के बाद कि राजक्रान्ति क्या होती है—बोदाँ ने बताया कि राजक्रान्तियों को किस प्रकार रोका जा सकता है। उसने कहा कि राजा को राज्य के किसी वर्ग विशेष पर अधिक कृपा नहीं करनी चाहिए। उसकी नीति ऐसी होनी चाहिए जिससे राज्य के विभिन्न वर्गों में द्वेष भाव न फैलने पाये और अधिक-से-अधिक सामंजस्य की भावना बनी रहे। राजक्रान्तियों का कारण धन का असमान वितरण भी होता है। इसलिए बोदाँ सलाह देता है कि वित्तीय समानता पर भी राजा को ध्यान रखना चाहिए। राजा को बल प्रयोग तथा दमन कार्य करते समय बड़ा सावधान रहना चाहिए। दमन करते समय उसे यह देख लेना चाहिए कि सफलता मिलने की अधिक-से-अधिक आशा है या नहीं क्योंकि दमन की विफलता बड़ी घातक होती है। उसने राजा को यह भी परामर्श दिया कि वह धार्मिक सहिष्णुता प्रदर्शित करे। राज्य में विभिन्न धार्मिक विश्वासों के लोगों को रहने की स्वतंत्रता होनी चाहिए और उनके धार्मिक विश्वासों पर कोई आघात नहीं होना चाहिए। यदि देखा जाए तो बोदाँ ने राजक्रान्ति निषेध संहिता तैयार करने में एक प्रकार से **पॉलिटिकस** आन्दोलन की नीतियों और सिद्धान्तों को ही निष्कर्ष रूप में रख दिया था।

राजक्रान्तियों के संबंध में ही विचार करते समय बोदाँ ने अपनी मध्ययुगीनता का भी परिचय दे दिया है। वह ज्योतिष और जादू-टोने के उपायों द्वारा भी राजक्रान्तियों को रोकने की सलाह देता है। इसके साथ ही उसने विशद रूप से इसी प्रसंग में अपनी आधुनिकता का भी परिचय दिया है और विस्तारपूर्वक यह बताया है कि राज्य का स्वरूप और उसकी स्थिरता में भौगोलिक वातावरण का भी बड़ा प्रभाव पड़ता है। भौगोलिक अवस्थाओं द्वारा ही नागरिकों के राष्ट्रीय चरित्र का निर्माण होता है और उस चरित्र के

प्रभाव से ही राज्य का स्वरूप बनता है। उसने उत्तर और दक्षिण की भौगोलिक अवस्थाओं का अध्ययन करने के बाद बतलाया कि उत्तर के लोग शारीरिक दृष्टि से सबल होते हैं लेकिन उनका मानसिक विकास अत्यन्त मन्दगति से होता है और वह बहुत धीरे-धीरे काम करते हैं। दक्षिणी क्षेत्रों वाले व्यक्ति अपेक्षाकृत निर्बल होते हैं लेकिन मानसिक दृष्टि से बहुत विकसित होते हैं। अतएव सर्वोत्तम क्षेत्र बीच का होता है जहाँ ये दोनों प्रकार के गुण समान रूप से मिलते हैं। भौगोलिक दशा का राज्य पर किस प्रकार प्रभाव पड़ता है—यह स्पष्ट कर बोदाँ ने अपने उत्तराधिकारियों को एक नया मार्ग दिखलाया। उसने राजक्रान्तियों को रोकने के लिए यह भी आवश्यक बतलाया कि दास प्रथा को समाप्त कर दिया जाए। उसका यह भी मत था कि नैतिक सदाचरण की शिक्षाएँ देकर राजा को प्रजा का जीवन सुधारने की चेष्टा करनी चाहिए।

राज्य की रक्षा के लिए उसने यह भी बतलाया कि राजा को संधियों तथा समझौतों का पालन करना चाहिए। यहाँ वह मैकियावली की भाँति यह नहीं मानता है कि राजा को केवल अपना हित ही देखना चाहिए।

राजक्रान्तियों का निषेध करते समय बोदाँ अरस्तू की भाँति यह नहीं लक्ष्य करता कि वे किसी भी दशा में न हों—वरन् वह यह मानकर चलता है कि परिवर्तन तो होगा ही। लेकिन वह परिवर्तन हिंसात्मक और आकस्मिक न होना चाहिए। क्रमिक और स्वाभाविक होना चाहिए जिससे अशान्ति न हो।

बोदाँ और मैकियावली-आधुनिकता का नायक कौन?

प्रोटेस्टेण्ट सुधारों के परिणामस्वरूप यूरोप में अशान्ति की लहर दौड़ गई थी जिस कारण चारों तरफ कैथोलिकों और प्रोटेस्टेण्टों में युद्ध होने लगे थे। इन अशान्तकारी युद्धों के परिणामस्वरूप बड़े-बड़े राजनीतिक संवासों की जड़ें हिलने लगीं। ऐसे वातावरण में फ्रेंच विचारक बोदाँ का आविर्भाव हुआ था। बोदाँ ने स्थिर चित्त और भावनाहीन दृष्टि कोण से शांति और व्यवस्था के सिद्धान्तों का दृढ़तापूर्वक प्रतिपादन किया। कहा जाता है कि राजदर्शन के इतिहास का आधुनिक काल मैकियावली से नहीं बल्कि जीन बोदाँ से आरंभ होता है। इसमें संदेह नहीं कि बोदाँ ने कई प्रकार से मैकियावली द्वारा स्थिर किये सिद्धान्तों के प्राथमिक स्वरूपों का अधिक विकसित रूप दिया और शायद यह कहना भी अतिशयोक्तिपूर्ण न होगा कि जो कार्य मैकियावली ने आरंभ किये और जिन्हें मैकियावली अपने समय में पूरा नहीं कर सका उनमें से कई कार्यों का बोदाँ ने पूरा किया। असंदिग्धतः, मैकियावली के विचार-दर्शन में हमें आधुनिकता के कई लक्षण दिखलाई पड़ते हैं, जैसे मैकियावली की ऐतिहासिक अध्ययन-पद्धति, राज्य संबंधी सिद्धान्त की कल्पना और राजनीति एवं अचार शास्त्र का अलग-अलग क्षेत्र निर्धारण आदि; लेकिन स्पष्ट है कि इन सबको मैकियावली उतना विकसित नहीं कर सका जितनी आवश्यकता थी। राज्य शब्द का प्रयोग तो

मैकियावली ने किया लेकिन वह यह नहीं बतला सका कि राज्य के अनिवार्य तत्व क्या हैं। राज्य के तत्वों को बतलाने का काम बोदाँ ने किया।

बोदाँ और मैकियावली—इन दोनों में से आधुनिकता का विधायक कौन था, यह समझने के लिए प्रसंगवश हमें पहले यह जान लेना चाहिए कि राजदर्शन के इतिहास में आधुनिक और मध्य युग के विचारों में अन्तर क्या है? इसी अन्तर के आधार पर हम यह बतला सकेंगे कि दोनों में से कौन आधुनिकता के अधिक निकट है। सबसे पहली बात इस संबंध में यह है कि आधुनिक युग के राजनीतिक संवास मध्य युग के राजनीतिक संवासों से भिन्न हैं। आधुनिक युग में हम राष्ट्र-राज्य की कल्पना पाते हैं, जबकि ऐसी किसी भी कल्पना का मध्य युग में कोई अस्तित्व नहीं था। उन दिनों तो सार्वभौमिक राज्य की कल्पना को ही मान्यता प्राप्त थी। मध्य युग का राजदर्शन रूढ़िवादी, अंधविश्वास प्रधान, धार्मिक मूढ़ताओं पर आधारित एवं अवैज्ञानिक था। एक वाक्य में मध्य युग का पूरा राजदर्शन राजसत्ता और धर्मसत्ता के पारस्परिक संबंधों को स्थिर करने का प्रयत्न था। इसके विपरीत आधुनिक युग में राजदर्शन के अध्ययन का दृष्टिकोण बदल गया है। अब यह अनुभूतिमूलक, ऐतिहासिकता पर आधारित, व्याप्तिमूलक, आलोचनात्मक और वैज्ञानिक है।

अध्ययन-पद्धति

अब हम सबसे पहले बोदाँ और मैकियावली की अध्ययन-पद्धति पर विचार करेंगे। इस विषय पर आते ही हमें प्रोफेसर डनिंग के ये शब्द याद आ जाते हैं कि इतिहासकारों और आलोचकों के बीच इस बात पर काफी मतैक्य है कि अरस्तू के युग से राजनीति शास्त्र अपने जिस स्वरूप से भ्रष्ट हो गया था—बोदाँ ने उस राजनीतिशास्त्र को वह प्राचीन स्वरूप तथा अध्ययन-पद्धति देकर कम-से-कम वैज्ञानिकता का बाह्य आवरण प्रदान किया। मैकियावली ने इस दिशा में कुछ प्रयत्न अवश्य किया था लेकिन उन प्रयत्नों की संपूर्ति का कार्य बोदाँ ने किया। ऐतिहासिक प्रणाली का प्रयोग मैकियावली ने किया था लेकिन उसका यह प्रयोग अत्यन्त सीमित था। बोदाँ ने उसे व्यापक रूप दिया। बोदाँ ने बतलाया कि इतिहास द्वारा हम बड़े-बड़े राज्यों और उनके उत्थान तथा पतन के कारण को जान सकते हैं; इतिहास के ज्ञान द्वारा हम बीती पीढ़ियों की अच्छाइयों और बुराइयों को समझ, सफलता-असफलताओं का अध्ययन कर उनसे आगे के लिए शिक्षा ले सकते हैं। इन्हीं के आधार पर भावी आचरणों का नियंत्रण और नियमन भी किया जा सकता है। ये सिद्धान्त निस्संदेह बड़े उपयोगी और निश्चयात्मक सिद्ध हो सकते हैं। इनसे हम ऐसी सरकार या ऐसे आदर्श शासनतंत्र की कल्पना कर सकते हैं जो सब भाँति दक्ष हो। इस प्रकार के कार्यनिपुण और दक्ष शासनतंत्र को स्थायित्व कैसे प्रदान किया जा सकता है—यह भी ऐतिहासिक प्रणाली द्वारा स्थिर किया जा सकता है। यह भी जाना जा सकता है कि अच्छे राज्य को अव्यवस्था और बरबादी से बचाने का रास्ता कौन-सा है। यह मार्ग मैकियावली

ने दिखलाया था। **एलन** के मत से मैकियावली में उसकी अध्ययन-पद्धति ही सबसे अधिक मौलिक थी। लेकिन मैकियावली यहीं तक सीमित नहीं रहा। उसने व्याप्तिमूलक पद्धति का भी सहारा लिया। मैकियावली के पूर्व मध्य युग के विद्वान निगमनात्मक पद्धति का प्रयोग करते थे। मैकियावली ने इस पद्धति का परित्याग कर दिया और **एल.ए. बर्ड** के शब्दों में, "उसने अनुभूति द्वारा तथ्यों को संचित कर इतिहास के अध्ययन पर आधारित सिद्धांतों द्वारा जाँचा।" लेकिन मैकियावली ने वस्तुतः जिस पद्धति का प्रयोग किया वह ऐतिहासिक-सी प्रतीत होती थी। तथ्यतः वैसी नहीं थी। उसकी प्रेरणा का असली सूत्र वह रुचि थी जो उसे मनुष्य के स्वभाव के अध्ययन के लिए उत्साहित करती थी और अपने समकालीन युग की बुराइयों को दूर करने के लिए उसे प्रेरित करती थी। उसने पहले अपने आसपास के वातावरण का अध्ययन किया। इसके बाद यह जानने का प्रयत्न किया कि बुराइयों को किस प्रकार दूर किया जाए। ऐतिहासिक प्रणाली का उपयोग करते समय इस बात का बहुत अधिक ध्यान रखना चाहिए कि कौन व्यक्ति क्या लिख रहा है। और जो कुछ वह लिख रहा है—वह सब लिखने का वह किस हद तक अधिकारी है; लेकिन इस प्रकार की समालोचनात्मक दृष्टि का मैकियावली में बिल्कुल अभाव था। **प्रो. डनिंग** की यह टिप्पणी इस स्थल पर उपयुक्त जान पड़ती है कि मैकियावली ने उक्त प्रकार से ऐतिहासिक पद्धति का प्रयोग करने के बजाय राज्य के सिद्धान्तों के निर्धारण के कुछ ऐसे नियम संकलित कर दिये जो शासनतंत्र चलाने के काम की दृष्टि से अधिक उपयोगी थे। ऐतिहासिक प्रणाली द्वारा प्राप्त साधनों का तो मैकियावली ने प्रयोग किया लेकिन उस प्रणाली के प्रयोग करने में तथा समकालीन वातावरण का पर्यवेक्षण करने में मैकियावली केवल अनुभूतिमूलकता तक ही सीमित रह गया। इसका नतीजा जो कुछ हुआ वह पूर्वोक्त वाक्य में बतलाया जा चुका है। इसके विपरीत बोदाँ ने इतिहास का एक व्यवस्थित दर्शन ही बना डाला। मैक्सी के शब्दों में "बोदाँ ने इतिहास के सार्वभौमिक दृष्टिकोण को ग्रहण नहीं किया और न ही ब्रह्माण्ड के अस्तित्व के कारणों तथा उसका नियंत्रण करनेवाली विधियों को ही जानने की कोशिश की; बल्कि उसकी इस बात में अधिक रुचि थी कि इतिहास विवेकपूर्वक कैसे लिखा जाए और उसकी बुद्धिपूर्वक व्याख्या कैसे की जाए।" वह यह आवश्यक मानता था कि इतिहासकार को घटनाओं का वर्णन करते समय निष्पक्षता बहुत जरूरी है। यदि इस प्रकार से लिखे गये इतिहास का अध्ययन किया जाए तो मनुष्य की बहुत-सी समस्याओं का उत्तर स्वयमेव ही मिल जायेगा। यही कारण है कि बोदाँ में राजनीतिशास्त्र के प्रत्येक सिद्धान्त का वैज्ञानिक आधार खोजने का प्रयत्न पाया जाता है। अतः बोदाँ की अध्ययन-पद्धति मैकियावली की अपेक्षा कहीं अधिक आधुनिक है और उसमें अधिक व्यवस्था और वैज्ञानिकता है।

राज्य की कल्पना

यह अवश्य है कि मैकियावली ने अपनी पुस्तक 'दि प्रिंस' में राज्य शब्द का प्रयोग किया है लेकिन यह बड़ा ही संदेहास्पद है कि वह राज्य के समस्त तत्वों को स्वयं भी

भली-भाँति समझ पाया था या नहीं। अपनी पुस्तक में राज्य के तत्वों की उसने कहीं कोई विवेचना नहीं की। एलन भी यही कहता है कि मैकियावली राज्य की कल्पना ठीक-ठीक कर पाया या नहीं—अभी यही संदिग्ध है। सच तो यह है कि उसने केवल अपने समय के राज्यों तक ही अपनी दृष्टि सीमित रखी थी। अपने समय के राज्यों में भी उसने फ्रांस और स्पेन का अध्ययन किया था लेकिन वह किसी परिणाम पर नहीं पहुँच पाया था। उसने जातीयता के आधार पर इटली में पुनर्निर्माण और पुनर्संघटन की बात अवश्य सोची थी लेकिन वह राष्ट्र-राज्य की कल्पना नहीं कर पाई थी। मूरे के शब्दों में "यह कार्य बोदाँ को ही करना पड़ा कि वह बतलाये कि सार्वभौमिक साम्राज्यों के चाहे वे रोमन हों या फ्रेंच, दिन बीत चुके हैं। राष्ट्रीयता के उदय होने का समय आ गया है। और उसके साथ ही यह भी आवश्यक हो गया है कि संप्रभुता की अलग से बिल्कुल भिन्न व्याख्या की जाए और उसका एक नया सिद्धान्त बनाया जाए। बोदाँ ने रिपब्लिक में अपने आप को यही कार्य सौंपा है। यही उसका सबसे अधिक स्थायी कार्य है।" यदि मैकियावली ने राज्यविस्तार के सिद्धान्त का विकास किया और कूटनीतिक कला की सृष्टि की तो बोदाँ ने राज्य की उत्पत्ति के सिद्धान्त की रचना की जिसे हॉब्स, ऑस्टिन आदि जैसे न्यायाचार्यों ने ज्यों-का-त्यों स्वीकार कर लिया।

संप्रभुता

अपनी पुस्तक में बोदाँ ने राज्य की परिभाषा करते हुए लिखा है कि "राज्य परिवारों तथा उनकी सम्पत्ति का समूह है जिसका शासन एक सर्वोच्च शक्ति और विवेक द्वारा होता है।" इस परिभाषा से स्पष्ट है कि राज्य का मुख्य तत्व उसकी संप्रभुता है। "सर्वोच्च शक्ति" शब्द का प्रयोग इसी संप्रभुता की ओर संकेत करता है। यह तत्व एक ऐसा तत्व है जो राज्य का अन्य समस्त राजनीतिक संवासों से भिन्न स्थिति प्रदान कर देता है। "संप्रभुता नागरिकों और प्रजाजनों पर राज्य की सर्वोच्च शक्ति है और वह विधि (कानून) द्वारा सीमित नहीं होती।" आधुनिक राजदर्शन में बोदाँ का महत्व ही यह है कि उसने सबसे पहले संप्रभुता के प्रश्न को उठाया और उसका वैधानिक दृष्टि से परीक्षण किया। यद्यपि संप्रभुता की कल्पना की उत्पत्ति रोमन विधि संहिताओं में मिल जाती है, तथापि यहाँ बोदाँ का ही कार्य था कि उसने संप्रभुता की परिभाषा की और उस परिभाषा को राजनीतिशास्त्र का एक अंग बना दिया। समकालीन अशान्ति तथा ऊहापोह को दृष्टि में रखते हुए बोदाँ इस परिणाम पर पहुँचा था कि संप्रभुता ही एकमात्र ऐसा तत्व है जो राज्य को एकता और शक्ति प्रदान कर सकता है। मैकियावली ने इसके विपरीत संप्रभुता की ओर केवल हल्का-सा संकेत किया और परिभाषा देने की कोई चेष्टा नहीं की।

राजनीति और आचारशास्त्र

मैकियावली के अनुदायों पर पिछले अध्याय में विचार करते हुए हमने इस बात की ओर संकेत किया था कि उसने राजनीतिशास्त्र को आचारशास्त्र से बिल्कुल पृथक् कर दिया

था। उसने राज्य के कर्ताधर्ता के लिए नैतिकता या आचारिकता के उन नियमों का कोई बंधन नहीं लगाया जो व्यक्ति पर लागू होते हैं। वह राज्य के नैतिक अस्तित्व को नहीं मानता था। राज्य के लिए मैकियावली के अनुसार कोई भी कार्य नैतिक या अनैतिक नहीं है। यदि किसी कार्य के करने से राज्य की भलाई होती है तो वह कार्य यदि अनैतिक हो; तब भी राजा को कर डालना चाहिए। बोदाँ ने मैकियावली के इस त्रुटिपूर्ण मत का संशोधन किया और एक मध्यमार्ग अपनाया। उसने कहा कि राजनीतिक संवासों और जीवन को नियंत्रण करनेवाली, दो शक्तियाँ हैं। पहली ईश्वर की शक्ति और दूसरी न्याय की शक्ति। बोदाँ कहता है कि राज्य के कल्याण के लिए शासक को किसी ऐसी अलौकिक शक्ति में विश्वास होना जरूरी है जो सदैव राज्य के कल्याण का चिन्तन करती है। यद्यपि इस मत में भी त्रुटियाँ हैं क्योंकि बोदाँ यह नहीं बतला पाया कि ईश्वर और न्याय की शक्तियाँ किस प्रकार भौतिक रूप से राज्य का नियंत्रण करती हैं लेकिन राज्य को अधिकांश मामलों में मध्यम मार्ग का अवलम्बन करना चाहिए। आधुनिक राजदर्शनशास्त्री यह बात एक स्वर से स्वीकार करते हैं।

भौतिक वातावरण का प्रभाव

राजनीतिक संवासों की रचना और किसी देश के निवासियों के राजनीतिक जीवन को भौतिक वातावरण किस हद तक निर्यात करता है—यह बातें सबसे पहले बोदाँ ने ही बतलायीं। भौगोलिक, आर्थिक और धार्मिक वातावरणों द्वारा संवास किस प्रकार प्रभावित होते हैं—इस पर मैकियावली ने कोई विशेष ध्यान नहीं दिया था। बोदाँ ने इस क्षेत्र में अनुसंधान कर विस्तारपूर्वक यह बतलाया कि शासनतंत्रों की स्थिरता और उसके स्वरूप पर भौतिक वातावरण का किस प्रकार और कितना प्रभाव पड़ता है एवं नागरिकों का चरित्र उनसे कितना अधिक प्रभावित होता है। इस प्रकार बोदाँ ने मॉण्टेस्क्यू द्वारा भविष्य में होने वाले कार्य की तरफ संकेत किया।

नागरिकता का कल्पना

बोदाँ के राजदर्शन की एक ओर विशेषता जिससे उसकी आधुनिकता प्रकट होती है उसकी नागरिकता की कल्पना है। एक राज्य के सब नागरिकों में यह समानता होती है कि वे एक ही संप्रभु के प्रति आस्था और भक्ति रखते हैं। यह कार्य मैकियावली नहीं कर सकता था। मैकियावली यह तो चाहता था कि इटली एक शक्तिशाली राज्य बने और एक संप्रभु शासक उसका नेतृत्व करे लेकिन वह यह नहीं जानता था कि नागरिकता एवं संप्रभुता, राष्ट्र-राज्य की कल्पना के वे साधन हैं जिनसे उसका देश शक्तिशाली और उसकी कल्पना का बलवान राज्य हो सकता है। यह काम बोदाँ ने पूरा किया। इस दृष्टि से बोदाँ मैकियावली से कहीं अधिक आधुनिकता का नायक है।

इतना होते हुए भी यह कहना एक बहुत बड़ी भूल होगी कि बोदाँ सब भाँति आधुनिक था। वास्तव में यह ऐसे युग की परस्पर विरोधी शक्तियों का शिशु था जो न आधुनिक थीं और न मध्ययुगीन। वह युगसंधि का विचारपुरुष था। यही कारण है कि उसमें दोनों युगों के विचारों का मिलन हमें दिखलाई पड़ता है। भूतों और चुड़ैलों में बोदाँ को विश्वास था। वह नक्षत्रों के प्रभाव में विश्वास करता था। अंकों द्वारा भविष्य को जाना जा सकता है। इस बात पर भी उसका विश्वास था। उसका कहना था कि उसे अपनी आयु के 37वें वर्ष से एक प्रेत की सिद्धि है जिसकी वजह से वह इतना काम कर सका है। यदि वह गलत कार्य करता है तो यह प्रेत उसका बायाँ कान छूता है और यदि सही तो दायाँ। ये सब बातें सिद्ध करती हैं कि उस पर मध्य युग का भी प्रभाव था।

बोदाँ का महत्व, अनुदाय और प्रभाव

बोदाँ को अरस्तू के बाद राजदर्शन का सबसे बड़ा विचारक इसलिए माना जाता है कि उसने राजनीति के सिद्धान्तों को एक व्यवस्थित और वैज्ञानिक स्वरूप प्रदान किया। मैकियावली ने राजनीति के सिद्धान्तों के निर्धारण में जिस ऐतिहासिक और पर्यवेक्षणात्मक पद्धति का अनुगमन किया था बोदाँ की पद्धति उससे कहीं अधिक विकसित थी। बोदाँ ने मैकियावली की भाँति ऐतिहासिक पद्धति का यह अर्थ नहीं निकाला कि कुछ काल्पनिक आधारों पर कोई सिद्धान्त निश्चित कर लिया जाए और फिर उसकी पुष्टि के लिए इतिहास से प्रमाण खोजे जाएँ। इसके विपरीत बोदाँ ने इतिहास के गहन अध्ययन के पश्चात् घटनाओं की मूल प्रवृत्तियों को समझ कर उनके आधार पर राजनीति के सिद्धान्त स्थिर करने की प्रणाली अपनायी थी। उसने यह तो स्वीकार किया था कि राजविज्ञान में नैतिक विचारों और वैधानिक विचारों का अलग-अलग क्षेत्रों में विभाजित कर दिया जाए लेकिन वह मैकियावली की भाँति इस विचार का नहीं था कि राजनीति और धर्म को कठोर एवं सर्वथा भिन्न-भिन्न वर्गों में विभक्त कर दिया जाए। बोदाँ के राजविज्ञान के चार महत्वपूर्ण अनुदान हैं—(1) प्राकृतिक विधि के सिद्धांत, (2) संप्रभुता की कल्पना, (3) शासनतंत्र (सरकार) और राज्य का विभेद, और (4) राजनीतिक जीवन तथा राष्ट्रीय चरित्र पर भौगोलिक वातावरण का असर। जहाँ तक प्राकृतिक विधि का संबंध है—विद्वानों का यह कहना ठीक ही है कि बोदाँ ने मध्य युग के विचारकों की ही बात को थोड़े से हेर-फेर के साथ मान लिया है। लेकिन शेष अनुदानों के संबंध में यह कहा जाता है कि वे काफी हद तक मौलिक हैं। प्राकृतिक विधियों को तो तब तक एक स्वयं सिद्ध सत्य के रूप में ग्रहण किया जाता था और उसकी पुष्टि के लिए अधिक प्रमाणों को खोजने की आवश्यकता नहीं समझी जाती थी। लेकिन बोदाँ ने संप्रभुता की जो परिभाषा दी है उससे बोदाँ का शब्द कौशल भले ही प्रकट हो लेकिन भावों का स्पष्टीकरण नहीं होता। फिर भी संप्रभुता की कल्पना में एक बात बोदाँ ने स्पष्ट कर दी और वह यह कि संप्रभुता का स्रोत मूलतः लौकिक है—दैवी नहीं। इस प्रकार उसने एक नई विचारधारा की सृष्टि की। उसकी इस

विचारधारा ने इंग्लैण्ड और फ्रांस के विचारकों को बड़ा प्रभावित किया। हॉब्स और फिल्मर ने इस संबंध में बड़ा काम किया। वे दोनों ही अंग्रेज थे और दोनों ही बोदाँ से प्रभावित थे। इसका परिणाम यह हुआ कि दोनों ने ही राजा की निरंकुशता का समर्थन किया और यह कहा कि संसद को राजा की गतिविधि को नियंत्रित करने का कोई अधिकार नहीं है। अन्य विचारकों ने बोदाँ के संकेतों पर चलते हुए प्राकृतिक विधियों का धर्म निरपेक्षीकरण किया था। यह कार्य मुख्यतः ग्रोशस तथा लॉक ने किया। मोंटेस्क्यू ने भौगोलिक वातवरण का राजनीति पर कैसा प्रभाव पड़ता है—इसका विस्तारपर्वूक विवेचन किया। बोदाँ के बाद यदि उसकी **डी रिपब्लिक** उपेक्षित हो गई तो इसका यह कारण नहीं था कि उसमें महत्व की बातें नहीं थीं बल्कि यह कि उसकी भाषा जटिल तथा लिखित सामग्री अव्यवस्थित थीं।

ग्रोशस का जीवन और सामयिक परिस्थितियाँ

ह्यूगो ग्रोशस का जन्म हालैण्ड में एक वकील के घर में सन् 1583 में हुआ था। प्रारंभ से ही वह बड़ा प्रतिभाशाली था और पढ़ाई-लिखाई में अपने साथी छात्रों से आगे रहता था। उसकी प्रतिभा की कल्पना इसी बात से की जा सकती है कि उसने सोलह वर्ष की स्वल्प अवस्था में ही डॉक्टर ऑफ लॉ की उपाधि ग्रहण कर ली थी। कुछ ही समय में उसकी गणना यूरोप के सर्वश्रेष्ठ वकीलों में की जाने लगी थी। वह हालैण्ड में कई ऊँचे सरकारी ओहदों पर नियुक्त हो चुका था। लेकिन उन दिनों यूरोप में चारों तरफ अशान्ति और अव्यवस्था का राज्य था। इंग्लैण्ड में भी षड्यन्त्र हो रहे थे। स्पेन में भी राजद्रोह की अग्नि धधक रही थी। इन्हीं दिनों फ्रांस में भी राजनीति के क्षेत्र में हिंसात्मक उपद्रवों का होना आरंभ हो गया था। यूरोप में तीस वर्षीय युद्ध चल रहा था। हॉब्स की भाँति ग्रोशस भी इस अशांति, अव्यवस्था तथा क्रूरतापूर्ण कार्यों से अत्यन्त दुखी हुआ था। वह कोई ऐसा मार्ग तलाश करना चाहता था जिससे इन सारी परिस्थितियों का अन्त हो सके। वह वकील था—इसलिए उसने इस समस्या को वैधानिक दृष्टिकोण से देखा। वह ईसाई धर्म की एकता में अधिक निष्ठा रखता था और वह उस व्यापक निष्ठा के समक्ष छोटे-छोटे मतभेदों को कोई महत्व नहीं देता था। उसने कई वैधानिक तथा राजनीतिक पुस्तकें लिखीं। इनकी ही वजह से वह सबसे बड़ा न्यायाचार्य माना जाने लगा। वह अपने समय के मानवतावादी आन्दोलन से बहुत अधिक प्रभावित था। उसकी मृत्यु सन् 1645 में हुई।

ग्रोशस की पुस्तकें

ग्रोशस की पुस्तकें मुख्यतः विधि संबंधी हैं और उसने उनमें प्राकृतिक विधियों तथा उनके आधार पर अपने राजनीतिक विचारों का विवेचन किया है। इसीलिए उसे प्राकृतिक विधियों का सबसे बड़ा विद्वान भी माना जाता है। उसकी तीन पुस्तकें सबसे अधिक महत्वपूर्ण इस प्रकार है : (1) डी जूरे प्रेदे, (2) डी जूरे बेली एट पेसिस, और (3) मेयर लायबेरम। पहली पुस्तक सन् 1604, दूसरी सन् 1625 और तीसरी सन् 1609 में प्रकाशित हुई थी।

पहली पुस्तक ग्रोशस ने अन्तर्राष्ट्रीय विधि के संबंध में लिखी। लेकिन इस पुस्तक में उसने जिन सिद्धान्तों का प्रतिपादन किया—वे अधिक विस्तारपूर्वक **'डी जूरे बेली एट पेसिस'** में प्रतिपादित किये गये। इन दोनों ही पुस्तकों का विषय प्राकृतिक विधियाँ हैं। तीसरी पुस्तक 'मेयर लायबेरम' में ग्रोशस ने व्यापारिक स्वतंत्रता की चर्चा की और लिखी कि समुद्र यात्रा करने की स्वतंत्रता सबको होनी चाहिए। यह ठीक नहीं कि समुद्र पर किसी एक राज्य का अधिपत्य हो जाए। उसकी तीनों पुस्तकों का सार निकाला जाए तो ऐसा प्रतीत होगा कि वह कुछ ऐसी विधियों और नियमों को खोजना चाहता था—जो समान रूप से विश्व भर में प्रयुक्त की जा सकें। इस प्रकार ग्रोशस ने अन्तर्राष्ट्रीय विधियों की स्थापना की। उसके विचार अत्यन्त परिपक्व थे और पुस्तकें पढ़ने से ऐसा लगता है कि सामान्य विधियां और प्राकृतिक विधियाँ के संबंध में गहन अध्ययन करके उसने अपना मत इस संबंध में भली-भाँति सुस्थिर कर लिया था। उसकी सबसे महत्वपूर्ण पुस्तक **'डी जूरे बेली एट पेसिस'** है। यह तीन भागों में विभक्त है। इन भागों में अलग-अलग युद्ध, युद्धों के कारण और उनके औचित्य तथा अन्त में उन मर्यादाओं का अंकन किया गया है जिनको युद्धरत देशों को भी भंग नहीं करना चाहिए। ग्रोशस की पुस्तकों को पढ़ने से ऐसा प्रतीत होता है कि उनमें व्यवस्था और स्पष्टता के अतिरिक्त मौलिकता नहीं है। सच तो यह है कि स्पेनिश विचारक फ्रांसिस्को सूरेज ने जो मत अपनी पुस्तकों में प्रकट किये हैं उनसे ग्रोशस के मत भी काफी मिलते-जुलते हैं। लेकिन सूरेज के विचार अधिक लोकप्रिय नहीं हो सके जिसका कारण यह था कि वे मध्य युग से प्रभावित थे। इसके विपरीत ग्रोशस के मत में सुधारवादिता थी। उनमें इटली के ज्ञान के पुनरोदय के आन्दोलन की मूल वृत्तियों और मानवतावादी आन्दोलन की उन बातों का बड़ा अच्छा समन्वय था जिनका यूरोप की समकालीन जनता पर बड़ा प्रभाव था। यही नहीं ग्रोशस ने प्रोटेस्टेण्ट धर्म की उन बातों को भी स्वीकार किया जो कैथोलिक धर्म के विरुद्ध तो थी लेकिन उनसे प्रगति में सहायता मिलती थी। इस पुस्तक के लिखने के संबंध में ग्रोशस को विक्टोरिया, आयला, जेण्टीलिस आदि विचारकों से बड़ी सहायता मिली और उसने इस सहायता को स्वीकार भी किया है। लेकिन उसने सूरेज या अपने समकालीन जर्मन तथा फ्रेंच न्यायाचार्यों के प्रति कोई कृतज्ञता प्रकट नहीं की। हैरन शॉ ने ठीक ही लिखा है कि प्राचीन ज्ञान की सुधारवादी और ज्ञान के पुरोदय के आन्दोलन की दुनिया के प्रयोग के लिए इस पुस्तक में सँजोकर रख दिया गया है। प्राकृतिक विधि, अन्तर्राष्ट्रीय विधि और संप्रभुता आदि संबंधी उसके विचार इसी पुस्तक से ग्रहण किये गये हैं। ग्रोशस का लक्ष्य वस्तुतः अधिकारों और कर्तव्यों की एक ऐसी तालिका तैयार करना था जिसे सार्वभौमिक मान्यता प्राप्त हो। वह इन अधिकारों और कर्तव्यों को प्राकृतिक विधियों की सहायता से पुष्ट करना चाहता था। उसे विश्वास था कि ऐसा हो जाने से यूरोप की लुप्त एकता और शान्ति पुनः स्थापित हो सकेगी। ग्रोशस की प्राकृतिक विधि की कल्पना पर ही सर्वप्रथम हम विचार करेंगे।

प्राकृतिक विधि का विवेचन

इस स्थल पर यह जान लेना आवश्यक है कि प्राकृतिक विधियों की तरफ ग्रोशस का ध्यान क्यों गया। यह तो हम बतला ही चुके हैं कि उन दिनों यूरोप अशान्ति के दावानल में जल रहा था। युद्ध हो रहे थे और युद्धों में तरह-तरह के अत्याचार किये जा रहे थे। ये अत्याचार इतने लोमहर्षक थे कि ग्रोशस घबड़ा उठा और उसने यह आवश्यक समझा कि कोई ऐसी विधि बनाई जाए जिसे सर्वभौमिक मान्यता प्राप्त हो। स्पष्ट है कि कोई ऐसी अन्तर्राष्ट्रीय विधि कोई राजा या किसी देश का शासक नहीं बना सकता था, जिसे सब देश मान लें। सार्वभौमिक मान्यताप्राप्त विधि के निर्माण के लिए आवश्यक था कि उसका स्रोत कोई दूसरा हो, कारण उन दिनों स्थिति यह थी कि अन्तर्राष्ट्रीय विधि जैसी किसी चीज को मानने के लिए लोग तैयार नहीं थे। उन्हें विश्वास भी नहीं था कि ऐसी भी कोई विधि हो सकती है।

सोलहवीं और सत्रहवीं शताब्दी में यह एक परिपाटी-सी हो गई थी कि लोग विधि संबंधी किसी भी प्रश्न पर विचार करते समय हमेशा आधारभूत विधियों या प्राकृतिक विधियों की चर्चा करते थे। "ईसाई राजदर्शन विचारकों की दीर्घ परम्परा में ऐसा कोई व्यक्ति नहीं हुआ जिसने प्राकृतिक विधियों की वैधता में कोई शक किया हो। इसलिए उसकी वैधता के प्रश्न को ग्रोशस ने नहीं उठाया लेकिन प्राकृतिक विधि के होते हुए भी जिस प्रकार ईसाई एकता के भव्य भवन की दीवालें ढहती जा रही थीं। उनकी वजह से ग्रोशस को यह आवश्यक प्रतीत हुआ कि वह इस संबंध में विचार करे। प्राकृतिक विधियों के बारे में यूनानी विचारकों का तो अनुदाय था ही इनके अतिरिक्त रोमन विचारकों में से सिसरो ने भी इस दशा में काफी काम किया। ग्रोशस ने इन विचारों से काफी और निस्संदेह सहायता ली।

प्राकृतिक विधि क्या है—यह बतलाने के पूर्व ग्रोशस ने मनुष्य की सामाजिक प्रवृत्तियों पर विचार प्रकट किये। उसने बतलाया कि मनुष्य भी एक प्राणी है। लेकिन वह सामान्य प्राणी नहीं है—अन्य प्राणियों से उसकी स्थिति उच्चतर है। उसके चरित्र की एक विशेषता यह भी है कि उसमें सामाजिक जीवन व्यतीत करने की बड़ी तीव्र आकांक्षा रहती है। वह हर प्रकार के समाज में नहीं रह सकता बल्कि चाहता है कि एक शांतिपूर्ण और व्यवस्थित समाज में उसका जीवन व्यतीत हो। यह प्रवृत्ति वही है जिसे स्टोइक विचारकों ने सामाजिकता की प्रवृत्ति कहा था। यह प्रवृत्ति ही सब प्रकार की सामाजिक व्यवस्था का मूल आधार होती है और समाज में जितनी भी विधियाँ हैं—वे सब इस प्रवृत्ति द्वारा उत्पन्न होती हैं यही नहीं जैसा मानवीय स्वभाव है यदि उसके अनुरूप ही समाज को चलना है तो कुछ ऐसी बातें हैं जिनके मूल्यों की अनुभूति भी आवश्यक है। उदाहरण के लिए सम्पत्ति रखने का अधिकार और उसकी सुरक्षा की व्यवस्था, ईमानदारी, पारस्परिक विश्वास की भावना आदि कुछ ऐसी बातें हैं जिनसे मनुष्य के आचरण को नियंत्रित किया जाता है और

नियंत्रित होना भी चाहिए। ये परिस्थितियाँ परम्पराजनित नहीं है बल्कि ऐसी आवश्यकताएँ हैं जिनकी वजह से परम्पराएँ बनती हैं। ग्रोशस ने स्वयं लिखा है कि "यदि हमें किसी चीज की आवश्यकता न हो तब भी मनुष्य का स्वभाव ऐसा है कि वह स्वयं ही पारस्परिक संबंधयुक्त समाज का निर्माण स्वयंमेव कर लेता है। यही प्रवृत्ति प्राकृतिक विधि की जननी है"। प्राकृतिक विधि के एक स्वरूप का एक विकसित फल ही रचनात्मक या सिद्धि विधि के रूप में हमारे सामने आता है। यह दूसरी बात है कि अलग-अलग देशों में न्याय के विधान भिन्न-भिन्न हों किन्तु कुछ ऐसे सिद्धान्त अवश्य होते हैं जो प्राकृतिक होते हैं और जिनका स्रोत मानवीय विवेक होता है। ये सिद्धान्त ऐसे होते हैं जिनको न तो कोई बदल सकता है और न उन पर स्थान या भौगोलिक स्थिति का ही कोई असर होता है। उदाहरण के लिए दो और दो चार होते हैं। इनके जोड़ में कभी कोई फर्क पड़ ही नहीं सकता। इन्हीं को प्राकृतिक विधान कहा जा सकता है। ग्रोशस के ही शब्दों में प्राकृतिक विधि की परिभाषा इस प्रकार है—

"प्राकृतिक विधियाँ उचित विवेक का आदेश होती हैं। वे यह संकेत करती हैं कि एक कार्य—जो हुआ है मनुष्य की विवेकयुक्त प्रकृति के अनुसार है या नहीं—यह कार्य नैतिक दृष्टि से निन्दनीय था (या नहीं) या उसकी नैतिक दृष्टि से आवश्यकता थी और तब यह कहा जाता है कि वह कार्य प्रकृति के विधाता ईश्वर की मर्जी के अनुसार है या नहीं। ईश्वर उसे चाहेगा या नहीं।"

ग्रोशस ने यह परिभाषा देने के बाद इस बात को स्पष्ट कर देने का यथाशक्ति प्रयत्न किया है कि इसके पीछे कोई धार्मिक बंधन नहीं है। प्राकृतिक विधि के मौलिक मूल्यों में ईश्वर की इच्छा या अनिच्छा का कोई हाथ नहीं होता। वे मूल्य जैसे पहले थे—वैसे ही सदा बने रहेंगे।

यहाँ ग्रोशस ने विधियों का वर्गीकरण भी किया है। उसने दैवी विधि से प्राकृतिक विधि को किसी भी प्रकार निम्नतर नहीं बतलाया। उसका कहना है कि दोनों ही विधियों का अपना अलग-अलग और स्वतंत्र अस्तित्व है। लेकिन प्राकृतिक विधियों को दो भागों में अवश्य ही विभक्त किया जा सकता है और वे हैं : (1) विशुद्ध प्राकृतिक विधियाँ जो राजनीतिक समाज के निर्माण के पूर्व थीं, और (2) वे प्राकृतिक विधियाँ जो राजनीतिक समाज के निर्माण के बाद बनीं। प्राकृतिक विधि कौन-सी है—इसका फैसला ग्रोशस ने तीन बातों के आधार पर किया है—पहली बात तो यह कि सामान्य व्यक्ति की आत्मा क्या कहती है; दूसरी यह कि बुद्धिमान व्यक्तियों में उसके संबंध में मतैक्य है या नहीं और तीसरी यह कि सभ्य देशों में क्या होता है। लेकिन यदि किसी आधार पर प्राकृतिक विधि का फैसला न हो सके तो प्राकृतिक विधि उसी को मानना चाहिए जो "साधारण व्यक्ति की आत्मा कहे।"

विधियों का वर्गीकरण

ग्रोशस ने जिस प्रकार यह बतलाया है कि सभी प्राकृतिक विधियाँ मानवीय विवेक का परिणाम होती हैं और वे अनिवार्यतः मनुष्य की उस सार्वभौमिक और अपरिवर्तनशील प्रकृति का अंग होती हैं जिसमें औचित्य और न्याय की भावना पल्लवित होती है। उसी प्रकार उसने अन्य प्रकार की विधियों का विवेचन भी किया है। लेकिन विधियों के वर्गीकरण के पूर्व उसने यह बतला दिया है कि सभी विधियाँ प्राकृतिक विधियों के अन्तर्गत होती हैं और उनकी जड़ भी उसी में है। उसका आशय इस कथन से यह है कि सभी विधियाँ मानवप्रकृति और विवेक जनित हैं। उपयोगिता तो एक सहायक अंश मात्र है। यह बतलाने के बाद सभी प्रकार की विधियाँ प्राकृतिक विधियों के अन्तर्गत होती हैं–ग्रोशस ने समस्त विधियों को दो भागों में विभक्त किया है–(1) प्राकृतिक विधि, और (2) स्वेच्छित विधि। स्वेच्छित विधियाँ वे हैं जो मनुष्य अपनी इच्छा से बनाता है और जिनका उद्देश्य मानवीय शक्तियों को किसी रचनात्मक कार्य में लगाना होता है। स्वेच्छित विधियों को भी ग्रोशस ने तीन भागों में बाँटा है–(1) दैवी या ईश्वरीय विधियाँ, (2) राजकीय विधियाँ, और (3) अन्तर्देशीय विधियाँ। यह विभाजन निम्न तालिका से और भी स्पष्ट हो जायेगा।

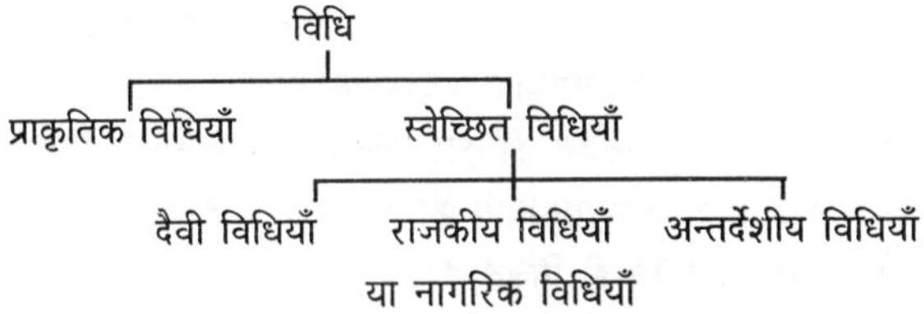

इस वर्गीकरण को भली-भाँति समझने के बाद अब हम अलग-अलग यह विचार करेंगे कि विभिन्न विधियों के बारे में ग्रोशस का अपना मत क्या है और उनकी परिभाषाएँ वह क्या देता है। ऊपर हम यह तो बता ही चुके हैं कि प्राकृतिक विधियाँ और स्वेच्छित विधियाँ क्या होती हैं। अब हम यहाँ शेष तीन विधियों पर विचार करेंगे। ऐसी विधियाँ जिनकी रचना में किसी मानवीय शक्ति का हाथ न हो वे **दैवी विधियाँ** कहलाती हैं। जो विधियाँ राज्य की तरफ से किसी संप्रभु शक्ति द्वारा बनाई जाएं और जिनका उद्देश्य नागरिकों का नियमन करना हो–वे **नागरिक** या **राजकीय** विधियाँ कहलाती हैं और जिन विधियों की सहायता से विभिन्न देश अपने पारस्परिक संबंधों का नियमन करें वे **अन्तर्देशीय विधियाँ** कहलाती हैं। इन विधियों को ग्रोशस ने स्वेच्छित विधियाँ ही माना है। इसी के आधार पर उसने अन्तर्राष्ट्रीय विधि का भव्य भवन खड़ा किया है। उसका कहना है कि इन विधियों का स्रोत इस बात में निहित है कि समाज का एक बहुत बड़ा भाग मानवीय कल्याण का इच्छुक होता है। ग्रोशस ने अन्तर्देशीय विधियों की मीमांसा करने में बोदाँ और विंकलर से बड़ी सहायता ली है। इतना होते हुए भी ग्रोशस की मीमांसा में कई

उलझनें और त्रुटियाँ रह गई हैं। वह बहुत-सी चीजें स्पष्ट नहीं कर सका है। उसका अन्तर्देशीय दायरा बड़ा संकीर्ण है। वह उसमें केवल कुछ यूरोप के देशों को ही रखता है। दूसरे अन्तर्देशीय विधियों में ऐसी बहुत-सी विधियाँ हैं जिनकी अन्तर्राष्ट्रीय सहयोग के लिए कोई आवश्यकता नहीं है। ग्रोशस आवश्यक और अनावश्यक विधियों के बीच अन्तर की कोई भी रेखा स्पष्ट रूप से अंकित नहीं कर सका है।

मानवप्रकृति और राज्य की उत्पत्ति

ग्रोशस ने राज्य की उत्पत्ति पर प्रकाश डालने के पूर्व यह बतलाया है कि मानव प्रकृतितः सामाजिक होता है। यही नहीं वह सुव्यवस्थित और सुनियमित समाज चाहता है। यही वजह है कि वह राज्य को जन्म देता है। इसका अर्थ है कि राज्य मानवप्रकृति की एक ऐसी मौलिक प्रवृत्ति का परिणाम है जिसका उद्देश्य मानवजाति को एक लक्ष्य विशेष के लिए संघटित करना होता है। लेकिन वह अरस्तू की भाँति राज्य की उत्पत्ति मनुष्य की समाज में रहने की इच्छा में ही न मानकर, आगे कहता है कि स्वार्थ की दृष्टि से उसमें मनुष्य को प्रतीत होता है कि उसका समाज में रहना उपयोगी है। राज्य में रहने से मनुष्य को कुछ ऐसे लाभ होते हैं, जिन्हें वह राज्य के बाहर प्राप्त नहीं कर सकता। इसलिए वह उन लाभों को प्राप्त करने के लिए राज्य को अपने कुछ अधिकार समर्पित कर देता है और उसमें रहता है। लेकिन सामाजिक अनुबंध के सिद्धान्त को ग्रोशस ने अधिक विकसित नहीं किया। वह राज्य की उत्पत्ति की कोई मौलिक व्याख्या देने के लिए भी समुत्सुक नहीं था। उसका लक्ष्य तो अन्तर्राष्ट्रीय विधि की रचना करना था—अतएव, इस संबंध में हमें उसके विचार अत्यन्त सीमित ही मिलते हैं।

संप्रभुता

ग्रोशस ने संप्रभुता का मूल स्रोत मानव समुदाय बतलाया है। जब कोई मानव समुदाय अपनी शक्तियों को किसी एक व्यक्ति या एक शासनकारी शक्ति को हस्तान्तरित कर देता है तो वह शक्ति संप्रभुतायुक्त हो जाती है। वह यह मानता है कि शक्ति को हस्तान्तरण बिना शर्त के भी किया जा सकता है और कुछ शर्तों के साथ भी। ग्रोशस संप्रभुता के रूप में एक प्रकार की सर्वोच्च राजसत्ता का दर्शन करता है। वह यह अवश्य मानता है कि संप्रभुता का स्रोत मानव समुदाय है लेकिन एक बार अपनी शक्ति शासक को देकर प्रजा फिर उसे वापस नहीं ले सकती । प्रजा को संप्रभु शासक के विरुद्ध विद्रोह का अधिकार भी नहीं है। इससे स्पष्ट है कि ग्रोशस का संप्रभुता संबंधी मत बोदाँ से भिन्न था। बोदाँ ने यह नहीं माना कि एक बार शासक को दी गई संप्रभुता कभी वापस ही नहीं ली जा सकती। ग्रोशस ने यह भी बतलाया है कि राजसत्ता से उसका क्या अभिप्राय है। राजसत्ता राज्य के शासन करने की एक नैतिक शक्ति है। इस शक्ति में सामान्य और विशेष सभी प्रकार के शासनात्मक कार्य करने की शक्ति अभिहित हैं। ये कार्य व्यक्तिगत

हितों के भी हो सकते हैं और सामुदायिक हितों के भी और ये कार्य या तो संप्रभुतायुक्त व्यक्ति स्वयं करता है अथवा किसी को हस्तान्तरित कर देता है। राजसत्ता को एक बार जब यह शक्ति मिल जाती है तो फिर उसे किसी भी प्रकार वापस नहीं लिया जा सकता और न उस हस्तान्तरण में ही कोई परिवर्तन किया जा सकता है। लेकिन ग्रोशस संप्रभु शासक के असीम अधिकारों में विश्वास नहीं करता। उसका कहना है कि नागरिक या राजकीय विधियों तथा सामान्य व्यक्तियों की इच्छाओं को छोड़कर, संप्रभु शासक के लिए यह आवश्यक है कि वह प्राकृतिक, दैवी, संवैधानिक और अन्तर्राष्ट्रीय विधियों के आदेशों का पालन करे। दूसरी विधियों के विरुद्ध यह आचरण कर सकता है। लेकिन ग्रोशस का यह मत भी निर्विवाद रूप से स्वीकार नहीं किया जा सकता। क्या यह संभव है कि कोई संप्रभु शासक अपनी ही बनाई हुई विधियों को न माने ? स्पष्टतः यह बात नहीं हो सकती। ग्रोशस ने इसका भली-भाँति स्पष्टीकरण नहीं किया है। दूसरे उसका यह मत भी आधुनिक विचारकों द्वारा स्वीकार नहीं किया गया कि शासक कितना ही आततायी हो—उसके विरुद्ध प्रजा को विद्रोह का अधिकार नहीं है। किन्तु ग्रोशस के इस मत से हमें उस विचार-रेखा का संकेत अवश्य मिल जाता है जिसके आधार पर हॉब्स ने अपने नश्वर देव का ढाँचा खड़ा किया था। हाँ, ग्रोशस शासक की ऐसी आज्ञाओं को न मानने की सलाह अवश्य देता है जो दैवी या प्राकृतिक विधियों के विरुद्ध हों। यह तो स्वीकार किया ही जाता है कि उसकी संप्रभुता का सिद्धान्त एलथ्यूसीयस से भी अधिक अस्पष्ट है।

ग्रोशस का महत्व और अनुदाय

राजनीतिक और राजविज्ञान के दर्शन के इतिहास में ग्रोशस का नाम इसलिए नहीं है कि उसने राज्य की उत्पत्ति या संप्रभुता के किसी नये सिद्धान्त की विवेचना की अपितु इसलिए प्रसिद्ध है कि उसने अन्तर्राष्ट्रीय विधि का निर्माण किया। यही कारण है कि अपने लक्ष्य की पूर्ति की धुन में उसने राजनीतिक सिद्धान्तों की विवेचना पर उतना ध्यान नहीं दिया जितना अन्तर्राष्ट्रीय विधि को सामान्य आचारशास्त्र और न्यायशास्त्र से अलग करने में। यही कारण है कि उसके राजनीतिक विचारों में हमें सरकारों की सामान्य समस्याओं पर विचार नहीं मिलते। उसने "अपने पूर्ववर्ती राजतंत्र विरोधियों और अपने उत्तराधिकारी हॉब्स और लॉक की भाँति सामाजिक अनुबंधों की कल्पना पर विशेष ध्यान नहीं दिया।" यूरोप के अन्तर्राष्ट्रीय जगत की अराजकता को दूर करने का प्रयत्न किया। यह कार्य उसने प्राकृतिक विधियों के विवेचन के उस आधार पर किया जिन पर किसी को संदेह ही नहीं था। उसने राज्य की आन्तरिक शान्ति के लिए संप्रभु शासक की स्थिति को और मजबूत किया। इसी में उसने प्राकृतिक विधियों का भी बड़ा प्रभावयुक्त विवेचन किया जिसे उसके बाद के प्रायः सभी विचारकों ने स्वीकार किया है।

अध्याय—19

इंग्लैण्ड में राजदर्शन का विकास

(सत्रहवीं शताब्दी के अन्त तक)

राजदर्शन का जन्म, नॉर्मन विजय के राजनीतिक परिणाम, सर जॉन फोर्टे और रिचर्ड हुकर, सर टॉमस मोर, जेम्स प्रथम, गृहयुद्ध और उसके परिणाम, फ्रांसिस बेकन, राजतंत्र विरोधियों का पक्ष, क्रॉमवेल और उनके साथी, सर एडवर्ड कोक और जॉन मिल्टन, हैरिंगटन और फिल्मर।

राजदर्शन का जन्म

इंग्लैण्ड में राजदर्शन का जन्म और विकास जिस ढंग से तथा जिन परिस्थितियों में हुआ—वे यूरोप से बहुत भिन्न थीं। सच तो यह है कि इंग्लैण्ड अपनी भौगोलिक स्थिति के कारण यूरोपियन समस्याओं से बहुत कम प्रभावित हुआ और जब तक इंग्लैण्ड में ही राजदर्शन के क्षेत्र में अनेकों राजनीतिक समस्याएँ न उठ खड़ी हुईं तब तक वह यूरोप के राजनीतिक विवादों से दूर बना रहा। **प्रोफेसर डब्ल्यू.ए. डनिंग** तथा **लार्ड ब्राइस** ने इंग्लैण्ड में राजदर्शन के जन्म और विकास की तुलना रोमन राजदर्शन के साथ की है। दोनों ही विद्वानों ने बतलाया है कि प्राचीन रोम तथा इंग्लैण्ड में राजदर्शन का जन्म होने के पूर्व ही वहाँ प्रतिनिधि राजनीतिक संवासों की स्थापना हो चुकी थी और व्यावहारिक राजनीति की शिक्षा भी दोनों ही देशों के निवासियों को काफी मिल चुकी थी। व्यावहारिक अनुभव द्वारा लाभ उठाने की प्रतिभा भी रोमनों तथा इंग्लैण्डवासियों दोनों में ही पाई गई। रोमनों और अंग्रेजों ने शासनतंत्रों (सरकारों) को चलाने में भी बड़ी योग्यता का परिचय

दिया। दूसरी बात यह है कि यदि रोमनों और अंग्रेजों के राजदर्शन के इतिहास का अध्ययन किया जाए तो यह पता चलेगा कि वहाँ राजदर्शन के विद्वान आरंभ से नहीं हुए। विद्वानों की संख्या क्रमशः बढ़ती चली गई। जिस बात पर वहाँ विशेष बल दिया गया—वह व्यावहारिकता थी—सैद्धान्तिकता नहीं। कोई सिद्धान्त इसलिए नहीं अपनाया गया कि वह सिद्धान्त की दृष्टि से अच्छा था; वरन् इसलिए कि वह व्यावहारिक दृष्टि पर खरा उतरता था। वास्तविकता तो यह है कि राजनीतिक क्षेत्र में प्रयोग पहले हुए और सिद्धान्त बाद में स्थिर किये गये। तीसरे रोमन और ब्रिटिश दोनों ही संविधानों की देशवासियों और विदेशियों ने मुक्तकण्ठ से प्रशंसा की। रोमन संविधान की प्रशंसा करनेवाला सबसे पहला विद्वान पोलिबियस था। वह रोम का नहीं बल्कि यूनान का रहने वाला था। इसके बाद सिसरो आदि ने पोलिबियस का समर्थन किया। पोलिबियस ने जिस प्रकार रोमन संविधान को उत्कृष्ट बतलाया, उसी प्रकार मांटेस्क्यू ने इंग्लैण्ड के संविधान की व्यावहारिकता की दृष्टि से तारीफ की; हालांकि उसने ब्रिटिश संविधान संबंधी कुछ पर्यवेक्षण सर्वथा अशुद्ध थे। मांटेस्क्यू भी ब्रिटेन का निवासी ही नहीं, वरन् फ्रेंच था। मांटेस्क्यू के बाद दूसरे अनेक विद्वानों ने, जिनमें अँग्रेज भी थे, ब्रिटिश संविधान की उत्तमताओं पर प्रकाश डाला। इनमें ब्लैकस्टोन, हैरिंगटन, बर्क आदि के नाम उल्लेखनीय हैं। चौथे, रोम और इंग्लैण्ड दोनों ही स्थानों में विधि-दर्शन ने बड़ी उन्नति की। रोम और इंग्लैण्ड दोनों ही की विधियाँ केवल अपनी ही भौगोलिक सीमाओं में सीमित नहीं रह गईं बल्कि उनका दुनिया के बहुत बड़े हिस्से पर प्रभाव पड़ा। आजकल भी संसार का शायद ही कोई देश ऐसा निकले जहाँ रोम और इंग्लैण्ड के न्यायशास्त्र और विधि-दर्शनों की शिक्षा विधि और राजनीति के विद्यार्थियों को न दी जाती हो।

प्राचीन काल के बाद जब हम मध्य युग में आते हैं तो देखते हैं कि प्राचीन रोम का यश और गौरव तो लुप्त हो जाता है लेकिन इंग्लैण्ड का और भी अधिक विकास होता है। यह ठीक है कि मध्य युग में इंग्लैण्ड राजदर्शन के क्षेत्र में आजकल के इटली, फ्रांस, जर्मनी और स्पेन की तुलना में आगे नहीं रहा, लेकिन इस बीच यह व्यावहारिक राजनीति का बराबर अनुभव प्राप्त करता रहा। मध्य युग में इंग्लैण्ड में जॉन सैलिसबरी, विलियम ओकाम और जॉन वाईक्लिफ आदि जैसे विद्वान पैदा हुए लेकिन उन्होंने इंग्लैण्ड की राजनीतिक समस्याओं पर इतने अधिक विचार प्रकट नहीं किये कि उनसे इंग्लैण्ड के राजदर्शन का इतिहास आरंभ हो सकता। उन्होंने धर्मसत्ता और राजसत्ता के द्वन्द के संबंध में अपने विचार प्रकट किये। अतः इनकी गणना भी यूरोपियन विचारकों में हो जाती है। इनके अतिरिक्त इंग्लैण्ड धर्मसत्ता और राजसत्ता के उस द्वन्द से सर्वथा दूर ही रहा जिसका समकालीन यूरोप अखाड़ा बना हुआ था।

नॉर्मन विजय के राजनीतिक परिणाम

इंग्लैण्ड पर जब नॉर्मनों की विजय हो गई और उनका वहाँ एकछत्र राज्य स्थापित हो गया तो वहाँ कुछ सुनिश्चित राजनीतिक परम्पराओं की स्थापना हुई। संक्षेप में हम उन्हें एक-एक करके इस प्रकार बता सकते हैं। सबसे पहली बात तो यह हुई कि देश में एक शक्तिशाली केन्द्रीय सरकार बन गई। यह सरकार सभी प्रकार के विदेशी प्रभाव से मुक्त थी। उस शासनतंत्र के राजाओं पर धर्माधिकारियों को थोड़ा बहुत प्रभाव अवश्य था लेकिन वह भी कालान्तर में दूर हो गया और आगे चलकर इंग्लैण्ड ने धार्मिक मामलों में पूर्ण स्वतंत्रता प्राप्त कर ली। दूसरे, सबल केन्द्रीय शासनतंत्र के कारण इंग्लैण्ड में सामन्तशाही प्रथा कभी भी बहुत अधिक बलवान् न हो सकी। यही वजह है कि यूरोप में जहाँ हम पूरा एक सामन्तवादी युग पाते हैं—वहाँ इंग्लैण्ड में यूरोप की तरह का सामन्तवादी युग कभी भी स्थापित न हो सका। तीसरे, तेरहवीं शताब्दी में यूरोप में प्रतिनिधि और प्रजातांत्रिक संवास क्रमशः लुप्त होते चले गये परन्तु इंग्लैण्ड में प्रतिनिधि संवासों का शनैः-शनैः विस्तार और विकास होता चला गया और वहाँ उनके न केवल लुप्त होने की ही नौबत आई, अपितु आगे चलकर इंग्लैण्ड आधुनिक प्रजातंत्रवाद का जन्म-स्थान माना जाने लगा। चौथे, भूमिपतियों की व्यवस्था इंग्लैण्ड में अवश्य रही लेकिन भूमिपति राजा की अपेक्षा सर्वसाधारण के अधिक समीप रहे। इसका फल यह हुआ कि जब भी राजसत्ता ने निरंकुश होने का प्रयत्न किया उसका यह प्रयत्न सफल नहीं होने दिया गया। शाही ताकत को सदैव अंकुश के नीचे रखा गया। राजाओं को यह बराबर याद रखना पड़ा कि वे संप्रभु अवश्य हैं। किन्तु देश के विधि-विधानों तथा उनकी परम्पराओं के विरुद्ध कार्य कर सकना उनकी सामर्थ्य के बाहर की बात है। सिंहासनारोहण के समय राजाओं द्वारा की जानेवाली प्रतिज्ञाएँ, मैगनाकार्टा के अधिकार, आदि राजाओं को बराबर उनकी मर्यादाएं बतलाते रहते थे और यह भी संकेत करते रहते थे कि उनके आगे बढ़ने का अधिकार उन्हें नहीं है।

इन्हीं सब परम्पराओं की वजह से हम देखते हैं कि इंग्लैण्ड के इतिहास में सोलहवीं शताब्दी के द्वितीय चरण के पूर्व तक कोई महत्वपूर्ण उथल-पुथल नहीं हुई। सोलहवीं शताब्दी में फ्रांस में जैसी उग्र राजनीतिक प्रतिद्वंदिताएं थीं वैसी प्रतिद्वंदिताओं को इंग्लैण्ड में सर्वथा अभाव था। **प्योरिटनों** की क्रान्ति के पूर्व वहाँ यह सुस्थिर हो चुका था कि राजा का स्थान दैवी है और उसकी आज्ञाओं का पालन करना प्रजा का कर्तव्य है। दूसरे उस समय तक राजा और प्रजा दोनों के अधिकार परम्पराओं द्वारा सुस्थिर हो चुके थे।

सर जॉन फोर्टे और रिचर्ड हुकर

प्योरिटन की राजक्रान्ति के बाद इंग्लैण्ड के राजदर्शन ने एक निश्चित गतिदिशा ग्रहण की। लेकिन इस क्रान्ति के पूर्व ही कुछ ऐसे विचारक हो गये जिनकी कृतियों और विचारों से यह पता चल जाता है कि इंग्लैण्ड के राजदर्शन का इतिहास किन रेखाओं के

आधार पर आगे बढ़नेवाला था। ये विचारक सर जॉन फोर्टे और रिचर्ड हुकर हैं। ये दोनों ही पन्द्रहवीं और सोलहवीं शताब्दी में हुए थे।

सर जॉन फोर्टे का जन्म इंग्लैण्ड में सन् 1394 में हुआ था और मृत्यु सन् 1476 में। इन्होंने अपने जीवनकाल में तीन महत्वपूर्ण पुस्तकें लिखीं–(1) नेचर ऑफ दि लॉ ऑफ नेचर, (2) दि एक्सीलेंस ऑफ दि लॉज ऑफ इंग्लैण्ड, और (3) ऑन दि गवर्नेन्स ऑफ इंग्लैण्ड। इन तीनों ही पुस्तकों से सर जॉन फोर्टे की विचारधारा का संकेत मिल जाता है। वे मुख्य रूप से अपना ध्यान इंग्लैण्ड की विधियों तथा उनकी मीमांसा की तरफ केन्द्रित कर रहे थे। इस प्रकार का कार्य पहले-पहल उन्होंने ही नहीं किया, बल्कि उनके पहले रेनॉल्फ, डी ग्लेनविल तथा ब्रैकटन ने भी किया था। उन्होंने सामान्य विधियों के सिद्धान्तों को स्थिर कर उन्हें सुव्यवस्थित रूप प्रदान किया था। उनकी चेष्टा यह थी कि राजसत्ता को विधि की मर्यादा में बाँध दिया जाए। सर जॉन फोर्टे ने ऐसा कोई प्रयत्न नहीं किया। उन्होंने राजा की शक्ति और विधियों की शक्ति दोनों के बीच समन्वय स्थापित करने का प्रयत्न करते हुए यह बतलाने की चेष्टा की कि दोनों के संयुक्तीकरण और उचित सामंजस्य द्वारा ही सबको लाभ हो सकता है। सर जॉन फोर्टे पर टॉमस एक्वीनॉज के स्कॉलास्टिक दर्शन द्वारा प्रतिपादित प्राकृतिक विधियों के सिद्धान्तों का विशेष प्रभाव पड़ा था और उन्होंने रोमन विधियों का भी अध्ययन किया था।

सर जॉन फोर्टे का प्राकृतिक विधि संबंधी मत हमें उनकी पहली पुस्तक 'ऑन दि नेचर ऑफ दि लॉ ऑफ नेचर' में देखने को मिलता है। इसमें उन्होंने बतलाया है कि "प्राकृतिक विधियाँ ईश्वर प्रणीत हैं और अपने आप में पूर्ण न्याय का प्रतिनिधित्व करती हैं। वही सृष्टि की समस्त वस्तुओं की संहिता है।" जब तक परंपरात्मक विधियों का सृजन नहीं हुआ था तब तक प्राकृतिक विधियों द्वारा ही सारे लौकिक कार्य होते थे। सर जॉन ने इस स्थल पर यह स्पष्ट कर दिया है कि यह स्थिति उस समय की है जब मनुष्य प्राकृतिक दशा में था। लेकिन जैसे ही वह समाज में आया क्रमशः परम्परागत विधियाँ बन गईं। उसके बाद राज्य की विधियाँ बनीं। लेकन सर जॉन का कहना है कि सभी विधियों का स्रोत प्राकृतिक विधियाँ ही थीं। सर जॉन ने मनुष्य की उस अवस्था का भी चित्रण किया है जब वह प्रकृति के अंक में था। उन्होंने यह बतलाया है कि राजा को शासन की जो भी शक्ति मिली–वह सब मानव समुदाय से ही मिली। लेकिन इस आधार पर उन्होंने राज्य की उच्चतम शक्ति या संप्रभुता का विवेचन नहीं किया है। यह कार्य आगे चलकर हॉब्स आदि ने किया। सर जॉन फोर्टे ने इंग्लैण्ड के संविधान के गुणों पर एक अन्य पुस्तक में प्रकाश डालते हुए रोमन संविधान से उसकी तुलना की और बतलाया कि उसमें शाही और राजनीतिक शासनतंत्र के बीच किस प्रकार सामंजस्य स्थापित किया गया है। उसका कहना था कि इंग्लैण्ड में शाही शासनतंत्र तो शक्ति और बलप्रयोग पर आधारित है; लेकिन राजनीतिक शासनतंत्र के संबंध में ऐसी बात नहीं है–वह तो जनता की सहमति द्वारा ही

चलता है। इंग्लैण्ड के संविधान में इन दोनों का ही समन्वय है। एक ओर तो वहाँ राजा को सर्वोच्च शक्ति और सम्पूर्ण राज्य की एकता का प्रतीक और सारी विधियों का स्रोत और स्रष्टा माना जाता है; दूसरी ओर राजा संसद की स्वीकृति से ही विधियाँ पारित करता है और संसद की इच्छानुसार ही कर लगाता है। वहाँ के न्यायालय विधियों की आज्ञा मानते हैं—राजा के व्यक्तिगत आदेशों को नहीं। उसने इंग्लैण्ड के संविधान की तुलना रोम के संविधान से करते हुए यह बतलाया कि दोनों संविधानों में बहुत-सी समान बातें थीं। इसके बाद फ्रांस का उदाहरण देते हुए सर जॉन ने लिखा कि वहाँ की जनता इसलिए कष्टग्रस्त रहती है क्योंकि वहाँ केवल शाही शासनतंत्र द्वारा शासन होता है जो सर्वथा बलप्रयोग पर आधारित है। इंग्लैण्ड में विधियों तथा संविधान में कोई अन्तर ही नहीं माना जाता। दोनों ही अपने-अपने स्थानों पर अचल हैं। सर जॉन फोर्टे की रचनाओं और विचारों का सबसे अधिक लाभ सत्रहवीं शताब्दी के राजा सत्ता-विरोधियों ने उठाया। **सर एडवर्ड कोक** पर भी **सर जॉन** के विचारों का प्रभाव पड़ा। आगे चलकर इंग्लैण्ड में व्यक्ति स्वातंत्र्य का जो आन्दोलन चला उनकी रचना में फोर्टे का वही हाथ है जो किसी नींव रखनेवाले का होता है।

सर जॉन फोर्टे के उपरान्त **टिण्डेल, लेटीमर, हेबुड** आदि कुछ अन्य अपेक्षाकृत कम महत्वपूर्ण विचारक हुए जिन्होंने राजसत्ता का समर्थन किया। लेकिन राजसत्ता के समर्थन में इनका मुख्य लक्ष्य राष्ट्रीयता की भावना को सहारा देना था। इन लोगों ने ट्यूडर राजाओं का समर्थन इसलिए किया जिससे वे धर्मसत्ता और रोमन पोपतंत्र से छुट्टी पा सकें। ऐसा तभी हो सकता था जब इंग्लैण्ड की केन्द्रीय सरकार भली-भाँति शक्तिशाली हो—इसीलिए उन्होंने राजसत्ता का समर्थन किया।

रिचर्ड हुकर

पादरी विचारक था। उसका जन्म सन् 1553 में हुआ था और मृत्यु सन् 1600 में। उसकी सबसे महत्वपूर्ण पुस्तक "दि लॉज ऑफ दि एक्लेजिएस्टिकल पॉलिटी है। यह पुस्तक सन् 1594 में प्रकाशित हुई थी। हुकर के राज्य की उत्पत्ति, सामाजिक अनुबंध, विधि तथा राजतंत्रात्मक आदि संबंधी विचार महत्वपूर्ण हैं। लेकिन उसके विचारों का मूलभाव उन हमलों से इंग्लैण्ड के गिरजा की रक्षा करना था जो प्रेस्बीटेरियन विचारक कर रहे थे। प्रेस्बीटेरियन विचारकों की इच्छा थी कि वे इंग्लैण्ड के गिरजा के अधिकारियों की ताकत घटा दें। इसी का हुकर ने विरोध किया। इसी सिलसिले में उसने राजनीतिक महत्व के विचार भी प्रकट किये।

प्राकृतिक अवस्था और राज्य की उत्पत्ति

रिचर्ड हुकर ने सबसे पहले तो यह बतलाया कि मनुष्य राज्य की उत्पत्ति के पूर्व प्राकृतिक अवस्था में रहता था। उस समय न कोई संघटित समाज था और न शासनतंत्र।

प्राकृतिक अवस्था में मनुष्य को बड़ा हिंसामय जीवन बिताना पड़ता था। इस आरक्षित अवस्था से घबड़ाकर मनुष्य से सामुदायिक रूप से यह तय किया कि वह शासनतंत्र की स्थापना करे। उसने ऐसा इसलिए और भी किया क्योंकि मनुष्य स्वभाव से ही सामाजिक प्राणी है और वह सुख तथा शान्ति का भी जीवन व्यतीत करना चाहता है। इसीलिए उसने सरकार की स्थापना का फैसला किया था। लेकिन प्राकृतिक अवस्था में मनुष्य की दशा बिल्कुल ही खराब न थी। उसमें भी वह काम चला ही लेता था। वह अपने विवेक से कार्य करता था। यही विवेक के आदेश बाद में प्राकृतिक विधियों का रूप धारण कर सामान्य और नागरिक विधियों के आधार बन कर राज्य में आये। वे विधियाँ भी दैवी ही थीं।

विधि संबंधी कल्पना

हुकर यह मानता है कि विधियाँ आवश्यक हैं। उनके बिना मनुष्य सामुदायिक या असामुदायिक स्थिति में रह ही नहीं सकता। यह कहना भी गलत है कि विधियों से मनुष्य की वैयक्तिक स्वतंत्रता का हनन होता है। इसके विपरीत हुकर ने कहा है कि उनसे व्यक्तिगत स्वतंत्रता की रक्षा होती है। यह बतलाने के उपरान्त हुकर ने विधि की उत्पत्ति, स्वभाव तथा उसके सामान्य उत्तरदायित्वों पर प्रकाश डाला। उसने बतलाया कि विधियों का स्वभाव ही अनुबंधात्मक होता है। वे दो पक्षों की स्वीकृति पर निर्भर करती है। उनकी उत्पत्ति के लिए यह आवश्यक है कि जो व्यक्ति उनसे प्रभावित हों, वे उन्हें स्वीकार करें। यह स्वीकृति चाहे लोगों की व्यक्तिगत हैसियत से हो या किसी प्रतिनिधि संस्था द्वारा। यहाँ पर हुकर ने प्राकृतिक विधियों और राज्य की विधियों का अन्तर बतलाया है और कहा है कि प्राकृतिक विधियाँ समान रूप से सब पर लागू होती हैं और राजकीय विधियाँ उस समय तक लागू नहीं होतीं जब तक उनकी घोषणा न की जाए और राज्य तथा सरकार की मोहर उन पर न लग जाए। यहीं पर उसने यह भी बतलाया है कि मनुष्य को प्राकृतिक विधियों के अलावा कुछ और भी विधियों की आवश्यकता पड़ती है। धार्मिक विधियाँ इसी वर्ग में आती हैं। इनको उसने अलौकिक विधियाँ बतलाया है। प्राकृतिक विधियों की मीमांसा करते हुए उसने लिखा कि उन विध्यियों को स्वयं प्रकृति ने ही मनुष्य को सिखाया होगा। वह यह मानता है कि विधियों का निर्माण करना ही राज्य का या किसी भी सरकार का प्राथमिक कर्तव्य है क्योंकि उन्हीं से सर्वसाधारण का कल्याण होता है। वह यह भी कहता है कि प्राकृतिक विधियाँ भले ही अपरिवर्तनीय हों, लेकिन राजकीय और धार्मिक विधियों को समय की आवश्यकता के अनुरूप अवश्य बदला जा सकता है। अन्त में हुकर ने अन्तर्राष्ट्रीय विधियों के प्रश्न को भी स्पर्श किया। उसने बतलाया कि जब मनुष्य अराजकता की अवस्था में नहीं रह सकता और उससे परेशान हो उठता है तो वह अन्तर्राष्ट्रीय जगत में प्राकृतिक अवस्था के स्थान पर ऐसी विधियों को जन्म देता है जिनसे विभिन्न देशों के पारस्परिक संबंध नियंत्रित किये जा सकें।

शासनतंत्र का चयन

हुकर चाहता था कि हर प्रकार के शासनतंत्रों को मान्यता प्राप्त हो–चाहे वे धार्मिक शासनतंत्र हो या राजनीतिक। उसने अपनी शासनतंत्र संबंधी जो सिद्धान्तावली बनाई थी उसमें यह निहित था कि शासनतंत्र चाहे जिस प्रकार का हो उसकी उत्कृष्टता इस बात पर निर्भर करती है कि उसमें धार्मिक सहिष्णुता की गुंजाइश रखी गई है या नहीं। वह प्रारंभ में राजतंत्र के देवत्व में विश्वास नहीं करता था लेकिन विचारों की कट्टरता ने उसे राजतंत्रात्मक शासनतंत्र का समर्थन करने के लिए विवश कर दिया। उसका कहना था कि राज्य की शक्ति को नियंत्रित करनेवाली विधियाँ वे हैं जो सामाजिक अनुबंध की शर्तों के रूप में निश्चित हो जाती हैं। यदि ऐसी शर्तों का अभाव हो तो वह लिखित संविधान तथा देश की प्रचलित परम्पराओं को शासनतंत्र के नियंत्रण का अधिकार देता है। उसका मत था कि सामाजिक व्यवस्था और शांति के लिए सबसे आवश्यक बात यह है कि सुनियंत्रित और सुस्थिर शासनतंत्र हो। यदि ऐसा नहीं है तो सामाजिक शांति नहीं रह सकती। इसी प्रसंग में वह यह सिद्ध करने का भी प्रयत्न करता है कि ऐसा तभी हो सकता है जब शासन राजतंत्रात्मक हो। वह अरस्तू की भाँति प्रजातंत्र का विरोधी है क्योंकि उसका कहना है कि प्रजातंत्र में कोई सरकार कभी भी सुस्थिर नहीं रह सकती। हुकर पर कुछ मध्य युग का भी प्रभाव था। वह युग को पीछे ढकेल ले जाना चाहता है और एक ऐसे समाज की कल्पना करता है जिसमें धर्म तथा राजनीति में कोई फर्क न रह जाए। उसने सामाजिक अनुबंधों तथा संप्रभुता आदि के संबंध में भी अपने विचार प्रकट किये। हॉब्स और लॉक तथा ऑस्टिन आदि विद्वानों ने उनका लाभ उठाया। उसकी पद्धति में एक नवीनता यह मिलती है कि वह स्कॉलास्टिक दार्शनिकों की भाँति बहुत अधिक परम्पराओं तथा उद्धरणों पर निर्भर नहीं रहता। बाद के विचारकों ने भी ऐसी पद्धति ही अपनाई। उसने ऐसी सरकार का समर्थन किया जो लोकप्रिय हो। यद्यपि प्रजातंत्रवाद का उसने विरोध किया लेकिन आधुनिक काल के प्रजातंत्रवादी विचारकों ने उसके विचारों का सबसे अधिक प्रयोग किया है।

सर टॉमस मोर

सर टॉमस मोर सोलहवीं शताब्दी के आदर्शवादी विचारक थे। इनका जन्म सन् 1478 में हुआ और मृत्यु 1535 में। इन्होंने केवल एक पुस्तक लिखी जो सन् 1516 में प्रकाशित हुई। पुस्तक का नाम 'यूटोपिया' है और यह मूलतः लैटिन में लिखी गई थी। इसका बहुत दिनों बाद अंग्रेजी में अनुवाद प्रकाशित हुआ। इस पुस्तक के पढ़ने से यह स्पष्ट हो जाता है कि टॉमस मोर पर किस-किस विचारधारा का प्रभाव पड़ा। प्लेटो की रचना 'रिपब्लिक' के साथ तो इसकी तुलना की ही जाती है; साथ ही यह भी कहा जाता है कि लेखक पर इटालियन मानवतावादियों का भी काफी प्रभाव पड़ा। उन दिनों स्पेन और

पुर्तगाल के नौ-सैनिकों को नये-नये देश खोजने में जो सफलता मिल रही थी—इससे भी मोर प्रभावित हुआ था। यह पुस्तक प्रश्नोत्तरी प्रणाली के अनुसार लिखी गई है और इसमें समकालीन इंग्लैण्ड की सामाजिक और राजनीतिक व्यवस्था के छिद्रों की ओर संकेत किया गया है। रचना व्यंगात्मक है। जिन दिनों पुस्तक लिखी गई उन दिनों इंग्लैण्ड में ट्यूडर राजाओं का निरंकुश शासन था। दैवी सिद्धान्त का बोलबाला था। राजा के प्रति आज्ञाकारिता और भक्ति-भावना रखना आवश्यक समझा जाता था। सामाजिक मान्यता यह थी कि लोग हर तरह से सम्पत्ति और धनार्जन को ही जीवन का मूल लक्ष्य मान बैठे थे। गरीबों की दशा बहुत खराब थी। मोर को तत्कालीन राजतंत्र और सामाजिक व्यवस्था में कुछ अनिवार्य त्रुटियाँ दिखलाई पड़ीं। उसने इंग्लैण्ड की आर्थिक और सामाजिक व्यवस्था की चुटकी ली। मोर के राजनैतिक विचारों का निष्कर्ष यह है कि वह प्रजातंत्रवादी साम्यवाद का समर्थक है। वह धर्मतंत्र या धार्मिक कट्टरता में विश्वास नहीं करता। वह सहिष्णुता का समर्थक है। सामुदायिक जीवन को वह बहुत अधिक महत्व देता है। कल्पना-बाहुल्य के कारण मोर की पुस्तक राजदर्शन की ऐसी पुस्तक नहीं मानी जाती जिसका राजनीति को कोई महत्वपूर्ण अनुदान हों। उसकी साहित्यिक ख्याति ही अधिक है।

जेम्स प्रथम

जेम्स प्रथम का जन्म सन् 1566 में हुआ था और मृत्यु सन् 1625 में। उसके पिता की हत्या कर दी गई थी और उसकी माँ को गद्दी से उतार कर फाँसी पर चढ़ा दिया गया था। जब वह गद्दी पर बैठा उस समय प्रेस्बीटेरियन नेता लोकप्रिय शासनतंत्र की माँग कर रहे थे। साथ ही वह यह भी शोर मचा रहे थे कि राजा को प्रजा के नियंत्रण में रहना चाहिए। इसके पूर्व रानी एलिजाबेथ वगैरह ने बड़ी सावधानी और चतुराई के साथ राजगद्दी की लोकप्रियता में वृद्धि की थी। किन्तु, जेम्स प्रथम ने गद्दी पर बैठते ही प्रजा की इस माँग का विरोध किया कि राजा को उसके नियंत्रण में रहना चाहिए। उसने राजा की तुलना ईश्वर से की और बतलाया कि राजा प्रजा पर ठीक उसी प्रकार शासन करता है जिस प्रकार ईश्वर मनुष्य जाति पर। जिस प्रकार वह जीवनदान दे सकता है और मार सकता है उसी प्रकार के अधिकार राजा को भी प्राप्त हैं।

जेम्स प्रथम की कृतियाँ

जेम्स प्रथम ने दो ऐसे ग्रंथ लिखे हैं जो राजनीतिक महत्व के हैं। पहला तो है, बेसिलीकॉन डोरोन और दूसरा है, ट्रू लॉ ऑफ फ्री मोनार्कीज। इसके अतिरिक्त उसके ऐसे बहुत से भाषण हैं जो उसने समय-समय पर दिये। उसने बत्तीस वर्ष की अवस्था में सबसे पहले राजनीतिक निबंध लिखा। उसका गुरु बकनन था लेकिन उसने अपने गुरु की शिक्षाओं के ठीक विपरीत आचरण किया। उसका पहला निबंध प्रकाशित नहीं हुआ। इसका कारण यह था कि उसने वह लेख अपने पुत्र के पथ-प्रदर्शन के लिए लिखा था-प्रकाशन

के लिए नहीं । यह निबंध तीन भागों में विभक्त है। पहले भाग में उसने बतलाया है कि ईश्वर के प्रति राजा का क्या कर्तव्य है। दूसरे भाग में बतलाया है कि राजा का अपने पद के प्रति क्या कर्तव्य है और तीसरे में बतलाया है कि विभिन्न अवसरों पर राजा को क्या-क्या करना चाहिए। दूसरी पुस्तक 1598 में लिखी गई थी। उसके अतिरिक्त उसका संसद के समक्ष दिया गया सन् 1609 का भाषण भी प्रसिद्ध है। उसने मुख्यतः जिन सिद्धान्तों का प्रतिपादन किया वे थे : (1) राजा की उत्पत्ति दैवी स्रोतों से हुई है; अतएव, वह देवतुल्य है और उसका विरोध करने का अधिकार प्रजा को नहीं है, (2) उसने आततायी और भले शासक का अन्तर बतलाया, (3) संप्रभुता का सिद्धान्त स्थिर किया, और (4) राजतंत्र ही क्यों अपेक्षित है-इसका स्पष्टीकरण किया।

पूर्ववर्ती विचारकों का प्रभाव

जेम्स प्रथम पर जिन पर्वूवर्ती विचारकों का प्रभाव पड़ा उनमें बार्कले और ब्लैकवुड का नाम उल्लेखनीय है। संप्रभुता के संबंध में वह जीन बोदाँ तथा तत्कालीन फ्रेंच आन्दोलन पॉलिटिक्स से प्रभावित हुआ था। उसने बार्कले तथा ब्लैकवुड का समर्थन इसलिए किया था कि उन्होंने राजा की उत्पत्ति के संबंध में दैवी सिद्धान्त की पुष्टि की थी। जॉन नॉक्स और बकनन का वह विरोधी था क्योंकि इन दोनों ने ही यह कहा था कि यदि राजा आततायीपन करता है और उन शर्तों को नहीं मानता जिनके पालन की उसने प्रतिज्ञा की थी तो उसे पदच्युत किया जा सकता है।

दैवी सिद्धान्त का प्रतिपादन

जेम्स प्रथम ने यह बतलाया कि राजा की स्थिति लघु ईश्वर की-सी है। उसका कार्य राजसिंहासन पर बैठ कर शासन करना है। राजा पृथ्वी पर ईश्वर का अंश है। अतः प्रजा को अपने राजा की आज्ञा का पालन करने में ही अपना कल्याण समझना चाहिए। इसी सिद्धान्त के आधार पर जेम्स प्रथम ने यह सिद्ध करने का प्रयत्न किया कि राजतंत्रात्मक शासन ही सर्वोत्तम है। राजा को सिंहासन पर बैठने का अधिकार जन्म से ही मिलता है। उसके लिए उसे न तो प्रजा की अनुमति की आवश्यकता है और न किसी कानून की। राजा की शासन कार्य में विधि से ऊँची स्थिति है। वह किसी विधि को मानने के लिए बाध्य नहीं किया जा सकता। वह शासन प्रजा के कल्याण के लिए करता है, लेकिन प्रजा को उसके कार्यों के बारे में कोई निर्णय देने का अधिकार नहीं है। उसका निर्णय तो ईश्वर ही कर सकता है।

संप्रभुता

संप्रभुता संबंधी सिद्धान्त का विवेचन जेम्स प्रथम ने अपनी पुस्तक 'ट्रू लॉ ऑफ फ्री मोनार्कीज' में किया है। इस सिद्धान्त का प्रतिपादन करते हुए उसने फ्रेंच विचारक जीन

बोदाँ के संप्रभुता संबंधी सिद्धान्त का अनुगमन किया है। राजा को संप्रभुता का प्रतीक बताने के बाद जेम्स का कहना था कि वह विधियों और प्रजा से ऊपर है और वह उनमें से किसी की भी आज्ञाएँ मानने के लिए बाध्य नहीं। यदि वह किसी के प्रति उत्तरदायी है तो केवल ईश्वर तथा अपनी आत्मा के प्रति। उसका कहना था कि राजा संप्रभु होता है। इस अधिकार से वह विधियों की रचना करता है। एक राजा चाहे तो हजारों विधियाँ बना सकता है लेकिन हजारों विधियां मिलकर एक राजा नहीं बना सकतीं। लेकिन उसने यह भी कहा कि राजाओं को अपने पूर्ववर्ती राजाओं की प्रतिज्ञाओं तथा उपयोगी विविधों का उल्लंघन नहीं करना चाहिए।

आततायी और उत्तरदायी राजा का अन्तर

जेम्स ने यह भी बतलाया कि एक आततायी और उत्तरदायी राजा के बीच क्या अन्तर होता है। उसका कहना था कि आततायी राजा न प्रजा के प्रति अपने कर्तव्यों की पूर्ति करता है और न ईश्वर के प्रति ही उत्तरदायित्व अनुभव करता है। इसके विपरीत उत्तरदायी राजा वह होता है जो अपने कर्तव्यों का पालन करता हुआ, ईश्वर के प्रति अपनी जिम्मेदारी अनुभव करता है। लेकिन उसका कहना था कि राजा आततायी हो या उत्तरदायी प्रजा को किसी भी अवस्था में उसके विरोध का अधिकार नहीं है। यदि राजा आततायी है तब भी उसके विरुद्ध विद्रोह नहीं होना चाहिए, कारण आततायी राजा का जन्म प्रजा को उसके पापों का दण्ड देने के लिए होता है, और यह भी मान लिया जाए कि प्रजा पापी नहीं है तो भी राजा के चुनाव का कार्य ईश्वर करता है और ईश्वर के कार्य के संबंध में मनुष्य को नुक्ताचीनी नहीं करनी चाहिए। वह संसद को एक परामर्शदात्री संस्था मानता था, इससे अधिक वह उसे कोई भी अधिकार देने के लिए प्रस्तुत नहीं था।

जेम्स प्रथम का उत्तराधिकारी विचारकों पर असर

जेम्स प्रथम के लेखों और भाषणों का समकालीनों तथा उत्तराधिकारियों दोनों पर समान रूप से असर पड़ा। संसद के समर्थकों ने तो जेम्स प्रथम का बड़ा जबर्दस्त विरोध किया। फिर भी फिल्मर ने यह बतलाया कि राजतंत्र द्वारा निरंकुश शासन करने के अधिकार की माँग ऐतिहासिक दृष्टि से उचित है। हॉब्स ने बतलाया कि यदि राजा शासन के निरंकुश अधिकार माँगता है तो उसे वह मिल जाने चाहिए क्योंकि इसी में प्रजा का कल्याण है। जेम्स प्रथम के बाद जब इंग्लैण्ड में गृहयुद्ध छिड़ा तो यह दशा हो गई कि राजा के समर्थक दलों ने राजा की उत्पत्ति का दैवी सिद्धान्त मान लिया। समकालीनों में जेम्स प्रथम का समर्थन विश्वविद्यालयों के कुछ विचारकों और गिरजा के अधिकारियों ने किया और कहा कि प्रजा का कर्तव्य है कि वह अंधविश्वास के साथ राजा की सारी आज्ञाओं का पालन करे। उन्हें ऐसा लगा कि प्योरिटनों तथा सैनिकवादी पोपतंत्र से यह पूर्ण स्वतंत्र राजतंत्र कहीं अधिक अच्छा है।

गृहयुद्ध और उसके परिणाम

अतः सत्रहवीं शताब्दी के आरंभिक चरण में हम देखते हैं कि राजसत्ता और प्रजासत्ता समर्थक अपनी-अपनी माँगों को पूरी कराने के लिए तुल गये थे। सोलहवीं शताब्दी के धार्मिक विवाद समाप्त हो चुके थे। राजनीतिक समस्याएँ तेजी से उभर रही थीं। वे समस्याएँ ये थीं : (1) न्यायपालिका राजा के संरक्षण से मुक्त हो पूर्ण स्वतंत्र होना चाहती थी। उसका कहना था कि वह प्रचलित और सामान्य विधियों के अतिरिक्त न्याय के मामले में अन्य किसी का व्यक्तिगत नेतृत्व स्वीकार नहीं करेगी। (2) संसद यह कहने लगी थी कि राजा को बिना उसकी अनुमति के कर लगाने का अधिकार नहीं है। इस माँग के पीछे पृष्ठभूमि यह थी कि उस समय तक वास्तविक सत्ता राजाओं के हाथ से निकल कर मध्यवर्ग के व्यापारियों के हाथ में पहुँच चुकी थी। (3) **प्योरिटन** और विशेषकर स्वतंत्र दल यह कहने लगे थे कि धार्मिक स्वतंत्रता उन्हें पूर्ण स्वतंत्र के रहते हुए नहीं मिल सकती। इधर तो यह विरोधी तत्व प्रबल हो रहे थे और उधर जेम्स प्रथम का हठ चल रहा था जिसकी बजह से दोनों पक्ष अपनी-अपनी जगहों पर अड़ गये और सन् 1640 ई. में इंग्लैण्ड में गृहयुद्ध छिड़ गया।

गृहयुद्ध के दौरान में ज्यों-ज्यों संसद-समर्थकों का दल बढ़ता गया त्यों-त्यों उन्होंने राजा के दैवी उत्पत्ति के सिद्धान्तों के विरुद्ध व्यवस्थित प्रचार आरंभ कर दिया। इन सिद्धान्तों पर हम लोग आगे के अनुच्छेदों में विचार करेंगे किन्तु इसके पूर्व यह उपयुक्त होगा कि हम एक ओर ऐसे विचारक के राजनीतिक मतों को समझ लें जो निरंकुश राजतंत्र का सबसे बड़ा हिमायती समझा जाता है।

फ्रान्सिस बेकन

जेम्स प्रथम के बाद, फ्रांसिस बेकन अपने समय का सबसे बड़ा राजतंत्र (निस्संदेह योग्य राजतंत्र) का समर्थक समझा जाता है। उसका जीवनकाल सन् 1561 से सन् 1626 ई. तक माना जाता है। बेकन की सबसे प्रसिद्ध पुस्तक 'दि न्यू एटलाण्टिस' है जो सन् 1627 या सन् 1629 में प्रकाशित हुई थी। यह पुस्तक मोर के **यूटोपिया** की भाँति ही समझी जाती है लेकिन दोंनों में मौलिक अन्तर यह है कि जहाँ मोर आचारिक साम्यवाद की कल्पना करता है वहाँ बेकन वैज्ञानिक खोज और भौतिक समृद्धि के आधार पर अपने राजनीतिक मत प्रकट करता है। उसके बिचारों पर मैकियावली का प्रभाव है। वह युद्ध द्वारा राज्य विस्तार का समर्थक है। हमें बेकन के राजनीतिक विचार इस पुस्तक के अतिरिक्त छोटे-छोटे परचों, भाषणों, निबंधों और लेखों के रूप में भी मिलते हैं। बेकन, अंग्रेजी राजनीतिज्ञों में अग्रणी था और उसके विचार यदि प्रतिक्रियावादी नहीं तो कट्टरतावादी अवश्य थे। वह राष्ट्रीय चर्च का समर्थक था। राजा के निर्विवाद अधिकारों का भी वह समर्थक था। उसने जेम्स प्रथम की **'ट्रू लॉ ऑफ मोनार्कीज'** में प्रकट किये मत

से पूर्ण सहमति प्रकट की। वह वकीलों का विरोधी था क्योंकि उन दिनों वकील राजतंत्र के अधिकारों को कम करने के लिए प्रचार कर रहे थे। उसका मत था कि राजा संसद को मुअत्तल कर सकता है और सामान्य विधियों को नियंत्रित कर सकता है। वह यह नहीं चाहता था कि संसद सरकार को नियंत्रित करे। परामर्शदात्री संस्था के रूप में वह उसकी अनुमति देता है। उसकी कल्पना के राज्य संबंधी विचार हमें 'डी ऑगमेण्टिस' में मिलते हैं। यह उसके 1612 से 1625 तक के निबंधों का संग्रह है। वह एक सबल सैनिक राज्य का प्रतिपादन करता है। वह युद्ध और सैन्यबल को ही राष्ट्रीय गौरव का साधन मानता था। उसने विद्रोह के नियंत्रण के उपाय भी सुझाये। उसका कहना था कि विद्रोह दो कारणों से पनपता है। एक असंतोष और दूसरा गरीबी। उसका मत था कि उदर की अग्नि से प्रताड़ित विद्रोह सबसे अधिक भयंकर होता है। इसलिए वह कहता था कि राज्य को अपनी प्रजा के लिए भोजन आदि की समुचित व्यवस्था करना चाहिए, उसे देश के उद्योग-धंधे बढ़ाने चाहिए, तथा बेकारी दूर करनी चाहिए। खेती पर उचित ध्यान देना चाहिए तथा मूल्यों पर नियंत्रण रखना चाहिए। कर तथा राजस्वों को सीमित परिधि के भीतर रखना चाहिए। धन का उचित वितरण होना चाहिए। दूसरे प्रकार के विद्रोहों को रोकने के लिए वह एक ऐसे शक्तिशाली सैनिक स्वभाव के व्यक्ति को अपने निकट रखने की सलाह देता था जो राजविद्रोह को कठोरतापूर्वक दबा सके। वह राजा को ही राज्य की प्रत्येक गतिविधि का नियंत्रणकर्ता बतलाता था। चर्च का यह कर्तव्य है कि वह प्रजा में किसी भी प्रकार का असंतोष या अव्यवस्था न उत्पन्न करे। वह यह मानता था कि राजा का परामर्शदाता मण्डल बुद्धिमान होना चाहिए लेकिन राजा को किसी की भी सलाह मानने के लिए बाध्य नहीं किया जा सकता। इस प्रकार हम देखते हैं कि हॉब्स से भी एक पीढ़ी पूर्व बेकन ने राजा की एक ऐसी संप्रभुता की कल्पना कर ली थी जो धर्म और राजनीति–दोनों पर समान रूप से हावी थी। वह संसद को इतना अनुभवी नहीं समझता कि वह भली प्रकार शासन कर सके। यहाँ बेकन यह भूल गया कि हर राजा एक ही प्रकार का नहीं हो सकता। वह भी आखिर मनुष्य है और उसमें भी त्रुटियाँ हो सकती हैं। कभी-कभी वह भी अयोग्य सिद्ध हो सकता है। दूसरे, बेकन ने यह भी अनुभव नहीं किया कि स्वशासन की शिक्षा भी महत्वपूर्ण है। तीसरे, उसने जेम्स प्रथम को इतना आसमान पर चढ़ा दिया कि वह बहुत दंभी हो गया। चौथे, उसने सैनिकतावादी शासन तंत्र का रूप सामने रखते हुए यह बिल्कुल भुला दिया कि सभ्यता और मानवता के प्रति भी राजा के कुछ कर्तव्य हैं। पाँचवें, उसने राजविद्रोह के दमन के जो उपाय बतलाये उनमें व्यावहारिकता का अभाव है। वह अन्त में यही कहकर रह जाता है कि एक बुद्धिमान सरकार हर एक बात को बड़ी योग्यता के साथ संभाल सकती है। कुल मिलाकर उसके विचारों में हमें दूरदर्शिता का बड़ा अभाव मिलता है। वह आनेवाले युग की प्रजातंत्रवादी प्रवृत्तियों को नहीं देख सका।

राजतंत्र विरोधियों का पक्ष

गृहयुद्ध के दौरान में राजतंत्र विरोधियों को अपना पक्ष मजबूत कर लेने का अच्छा अवसर मिल गया था। संसद के समर्थकों ने राजतंत्र के विरुद्ध एक व्यवस्थित सिद्धान्त का निरूपण किया। इसका लक्ष्य दैवी उत्पत्ति के सिद्धान्त का खण्डन करना था। इसके लिए उन्होंने इंग्लैण्ड की सामान्य विधियों का सहारा लिया। उन्होंने समस्त संवैधानिक और विधिगत सिद्धान्तों को व्यवस्थित रूप से उपस्थित कर यह सिद्ध किया कि राजा का दैवी उत्पत्ति से अपना स्वत्व पुष्ट करना ठीक नहीं। इसके साथ ही उन लोगों ने स्कॉटलैण्ड और यूरोप के उन विचारकों के मतों को भी ग्रहण किया जो राजतंत्र के विरोधी थे। संसद के पीछे असंतुष्ट भूमिपतियों और उन व्यापारियों का वह वर्ग था जो राजा को यह अधिकार नहीं देना चाहता था कि वह उन पर उनकी अनुमति प्राप्त किये बिना कर लगाये। इनके अलावा न्यायपालिका तथा वकीलों का एक ऐसा दल था जो विधियों की प्रभुता का समर्थक था और राजा और चर्च के व्यापक और नियंत्रणहीन अधिकारों के विरुद्ध था। प्रारंभ में राजतंत्र विरोधी पक्ष ने वैधानिक और विधिसम्मत तर्कों का आश्रय लिया। उन्होंने सामान्य विधि द्वारा न्यायपालिका के स्वतंत्र रखे जाने की माँग को तर्कसंगत सिद्ध करने का यत्न किया। लेकिन श्रेष्ठता सिद्ध करने का यह प्रयत्न सफल न हो सका। जेम्स प्रथम ने सभी तर्कों को मानने से कठोरतापूर्वक इन्कार कर दिया। न्यायपालिका की स्वतंत्रता के पोषकों में सर एडवर्ड कोक और सर जॉन सेल्डन थे। सर एडवर्ड कोक अपने विचारों के कारण मुख्य न्यायाधीश के पद से हटा दिया गया था। सर जॉन सेल्डन भी दैवी सिद्धान्त के विरोधी थे। वे सामाजिक कल्याण को सबसे अधिक महत्व देते थे और हर बात को विवेक की कसौटी पर कस लेने के बाद ही मानने को तैयार होते थे। उनका कहना था कि राजा समाज की ही कृति है और उसे शान्ति और व्यवस्था की स्थापना के लिए उसी प्रकार नियुक्त कर दिया गया है जैसे घर की एक साधारण नौकरानी को बाजार से गोश्त लाने के लिए नियुक्त कर दिया जाता है। इन्हीं के प्रयत्नों के फलस्वरूप यह बात सिद्ध हो सकी कि संसद ही अर्थात् जनता ही सारी विधियों के निर्माण का स्रोत है। इस मान्यता की स्थिरता के साथ ही व्यक्ति स्वातंत्र्य की माँग भी बढ़ी। अधिकारों का प्रार्थनापत्र और अधिकारों के विधेयक में इन्हीं माँगों की प्रतिध्वनि हमें सुनाई पड़ती है। इन माँगों के अनुसार राजा को यह अधिकार नहीं था कि वह अकारण ही किसी को पकड़कर बंदीगृह में डाल दे या उसकी सम्पत्ति हड़प ले। यह कल्पना क्रमशः पनपती चली गई और सीमित राजतंत्र और नागरिक स्वतंत्रता का विचार वयस्क हो गया। इसके बाद स्कॉटलैण्ड के विचारकों और राजनीतिक घटनाओं के प्रभाव के कारण इंग्लैण्ड में पादरियों को राजनीतिक पदों से हटा दिया गया और लोकप्रिय संप्रभुता और सामाजिक अनुबंधों की बकनन की कल्पना को इंग्लैण्ड में भी मूर्तरूप दे दिया गया।

लेकिन बढ़ती हुई प्रजातंत्रवादी प्रवृत्तियों से इंग्लैण्ड का एक वर्ग कुछ घबड़ा-सा भी गया था। उसने एक स्वतंत्र विचार-रेखा अपनाई। इस वर्ग ने धार्मिक स्वतंत्रता का एक नया आन्दोलन खड़ा कर दिया जिसका उद्देश्य धार्मिक सहिष्णुता का प्रचार करना था। इस आन्दोलन के विधाता राबर्ट ब्राउन थे। ब्राउन पर हालैण्ड की धार्मिक सहिष्णुता सम्बन्धी राजनीतिक कल्पनाओं का बड़ा प्रभाव पड़ा। उनका कहना था कि राज्य और गिरजा के क्षेत्र सर्वथा अलग हैं और उनको अलग ही रहना भी चाहिए। गिरजा की व्यवस्था में प्रत्येक का प्रतिनिधित्व होना चाहिए। धर्म को इन लोगों ने और भी व्यक्तिगत बना दिया और कहा कि राज्य को इसमें उस समय तक हस्तक्षेप नहीं करना चाहिए जब तक वह कोई राजद्रोहात्मक कार्रवाइयाँ न करे। इससे इंग्लैण्ड के प्रजातंत्रात्मक आन्दोलन को और भी अधिक बल मिला।

क्रामवेल और उनके साथी

गृहयुद्ध के दौरान में संसद तथा सेना के अधिकारियों में समझौता रहा और दोनों ने राजतंत्र के विरुद्ध डटकर युद्ध किया। लेकिन **चार्ल्स प्रथम** को मौत के घाट उतारने के बाद सेना का क्रान्तिकारी तत्व सामने आ गया। गृहयुद्ध में प्रेस्बीटेरियनों का जोर था और वे किसी भी प्रकार की धार्मिक सहिष्णुता बरतने के लिए तैयार नहीं थे किन्तु बाद में सेना में लेवलर्स आगे आ गये। उन्होनें प्रेस्बीटेरियनों को भगा दिया और **क्रॉमवेल** तथा उनके साथियों ने **लेवलर्स** की ओर से सत्ता सँभाली। लेवलर्स का कहना था कि मनुष्य प्रकृतितः स्वतंत्र और समान है। प्रत्येक व्यक्ति को जीवन धारण करने, सम्पत्ति रखने, समाज में समानतापूर्वक विचरने, अपनी आत्मा के पथ-प्रदर्शन के अनुसार कार्य करने और भाषण करने का एक-सा अधिकार है। उन्होंने ये अधिकार किसी एक संस्था या संवास के लाभ के लिए नहीं माने वरन् कहा कि वे प्रत्येक व्यक्ति को व्यक्ति होने के नाते प्राप्त है। लेवलर्स के एक-दूसरे वर्ग का कहना था कि उस समय तक किसी भी राजनीतिक सुधार का कोई अर्थ नहीं है। जब तक सामाजिक और आर्थिक स्वाधीनता प्राप्त नहीं होती। लेकिन **क्रॉमवेल** और उनके साथी **लेवलर्स** के उग्र क्रान्तिकारी विचारों को नहीं मानते थे। वे स्वाभाविक विवेक और प्राकृतिक अधिकारों के बजाय विधियों के आधार पर खड़ा होना अधिक पसन्द करते थे। लेवलर्स ने एक संविधान भी तैयार किया। इसमें जनता की इच्छा से एक विधान सभा रखने का प्रस्ताव था। विधायिनी सभा की शक्तियों को व्यक्ति के हस्तांतरित अधिकारों का फल माना गया था और यह स्पष्ट कर दिया गया था कि विधानसभा को भी व्यक्ति के मौलिक अधिकारों में हस्तक्षेप करने का अधिकार नहीं है। इसी में यह भी स्वीकार किया गया था कि शासनतंत्र स्पष्टतः इस अनुबंध का परिणाम है। यदि शासनतंत्र जनता के प्रति लिखित उत्तरदायित्वों की पूर्ति नहीं करता तो जनता का उस शासनतंत्र के अधिकारियों को हटा देने का पूरा-पूरा अधिकार है। लेकिन लेवलर्स का यह मौलिक प्रयत्न नहीं था। उन्होंने केवल ट्यूडरों के समय की संवैधानिक सरकार को

ही पुनः स्थापित करने का प्रयत्न किया था। यह संविधान सेना के अपेक्षाकृत कट्टरतावादी वर्ग ने क्रियान्वित नहीं होने दिया था। बाद में पुनः एक संविधान तैयार किया गया। इसमें एक ऐसी संसद की व्यवस्था थी जिनके पास पर्याप्त सम्पत्ति हो। एक अधिनायक नियुक्त किये जाने का प्रस्ताव भी इसमें था। यह संविधान पहले संविधान की अपेक्षा कम प्रगतिशील था। इसे क्रॉमवेल ने संसद भंग करने के बाद अपने साथियों के सहयोग से तैयार किया था। लेकिन यह कभी क्रियान्वित नहीं हो सका।

सर एडवर्ड कोक और जॉन मिल्टन

सर एडवर्ड कोक

इनका जन्म सन् 1552 में हुआ था और मृत्यु सन् 1634 में। जीवन के जितने अधिक उतार-चढ़ाव सर एडवर्ड कोक ने अपने समय के विचारकों में देखे उतने शायद अन्य किसी भी व्यक्ति ने नहीं देखें। फ्रांसिस बेकन ने यदि सारी विधियों का स्रोत इंग्लैण्ड के राजा को बतलाया तो सर एडवर्ड कोक ने कहा कि राजा विधि की मर्यादाओं को मानने के लिए बाध्य है और अपने इन विचारों के लिए सर कोक को सब कुछ बलिदान करना पड़ा। इनके ग्रंथों में 'इन्स्टीट्यूट्स' नामक ग्रंथ सबसे प्रसिद्ध है। यह चार भागों में है लेकिन सन् 1628 में इसका केवल एक ही भाग प्रकाशित हो सका था। शेष तीन भाग उनकी मृत्यु के बाद प्रकाशित हुए।

सामान्य विधि

जेम्स प्रथम ने राजतंत्र के जिन अधिकारों की स्थापना दैवी सिद्धान्त की सहायता और बेकन के समर्थन द्वारा करनी चाही थी—वे अधिकार सर कोक के विरोध के कारण स्थापित नहीं हो सके। सर एडवर्ड कोक इंग्लैण्ड की सामान्य विधि को ही सब कुछ मानते थे। उनका कहना था कि सामान्य विधियाँ ही मौलिक और सम्पूर्ण मानवीय विवेक का प्रतिनिधित्व करती है। इस विवेक की प्राप्ति स्वाभाविक रूप से नहीं हो जाती। इसके लिए जीवन भर की तपस्या और अनुभव की आवश्यकता होती है। कोक का दावा था कि यह अनुभव उन्हें प्राप्त हो चुका है और उन्होंने स्पष्टतः यह बात कह दी कि राजा को विधियों का सम्पूर्ण ज्ञान नहीं है और इंग्लैण्डवासियों के जीवन और धन तथा सम्पत्ति आदि संबंधी मामलों का फैसला केवल विवेक द्वारा ही नहीं किया जा सकता। कोक यह नहीं मानते थे कि सामान्य विधियों के मौलिक तत्वों को भी राजा को बदल देने का अधिकार है। सामान्य विधि की इसी कल्पना के आधार पर कोक ने यह फैसला कर दिया था कि राजा अपनी घोषणा या आदेश मात्र से किसी कार्य को वर्जित कर उसे अपराध की संज्ञा नहीं दे सकता। वह अधिक-से-अधिक प्रजाजनों को उक्त साधन द्वारा परामर्श दे सकता है और यह कह सकता है कि वे विधियों का पालन करें। यही नहीं उसका तो यह भी कहना था कि संसद भी सामान्य विधियों के मौलिक तत्वों के विरुद्ध कोई अधिनियम नहीं बना सकती। यदि

सामान्य विधियों संबंधी कोक के विचारों का हम अध्ययन करें तो हमें बड़ी आसानी से ज्ञात हो जायेगा कि हुकर तथा स्मिथ के विचारों का कोक पर प्रभाव पड़ा था। कोक ने विधि की व्याख्या करते हुए कहा है कि वह जगत में अपने-आप उत्पन्न होती हैं। लगभग ऐसे ही विचार हुकर के भी थे। वह संसद या सरकार को विधायिनी शक्ति मानता ही नहीं था। यह ठीक है कि राजा के अधिकार साधारण प्रजाजनों की भाँति नहीं थे, लेकिन यह भी सच है कि राजा को साधारण नागरिक की भाँति विधि की मार्यादा के उल्लंघन का अधिकार नहीं था। विधि की यह कल्पना प्राचीन थी और राजा की उत्पत्ति का दैवी सिद्धान्त अपेक्षाकृत नवीन। विचारों की दृष्टि से कोक कट्टरतावादी था। इसीलिए वह प्राचीनता का समर्थक था और उसने जेम्स प्रथम का विरोध किया। कोक के लिए "इंग्लैण्ड की सामान्य विधियाँ धर्म थीं और वह उनका ऐसा व्याख्याता पुरोहित था जो उनके रहस्य को जानने तथा उनकी पवित्रता की रक्षा करने का दावा करता था।"

सर कोक का अनुदाय

कोक के स्वतंत्रता संबंधी विचार संकीर्ण थे और राजा का वह कोपभाजन बना लेकिन उसने अनजाने में ही इंग्लैण्ड में संवैधानिक शासनतंत्र स्थापित करने के प्रयत्नों में बड़ा गहरा योग प्रदान कर डाला। कोक में विचारक की दूरदर्शिता का अभाव था। यह उसकी संसद के प्रति उपेक्षा से ही प्रकट है। वह मानता था कि संसद को हर दशा में सामान्य विधियों की चहारदीवारी के अन्दर रह कर ही कार्य करना चाहिए।

जॉन मिल्टन

जॉन मिल्टन का जन्म सन् 1608 में हुआ था। प्रारंभिक शिक्षा के बाद उसने केम्ब्रिज से बी.ए. परीक्षा पास की और वहीं से बाद में एम.ए. भी किया। कविता से मिल्टन को सहज स्नेह था लेकिन जो भावुकता उसे कविता के क्षेत्र में ले गई उसी ने मिल्टन को स्वतंत्रता का कट्टर समर्थक बनाकर राजनीतिक क्षेत्र में घसीट लिया और हम देखते हैं कि सन् 1640 से लेकर अन्त तक मिल्टन ने क्रान्तिकारी तत्वों का साथ दिया। मिल्टन की मृत्यु सन् 1674 में हुई।

मिल्टन की रचनाएँ

मिल्टन की राजनीतिक रचनाओं में निम्नलिखित पुस्तकों के नाम उल्लेखनीय हैं–(1) एरियोपेजिटिका जो सन् 1644 में प्रकाशित हुई, (2) दि टेन्योर ऑफ किंग्स एण्ड मैजिस्ट्रैट्स, (3) डिफंसियों पॉपुली एंग्लीकानी, (4) रेडी एण्ड ईजी वे टु इस्टेब्लिश ए फ्री कॉमनवेल्थ, और (5) दि कॉमनवेल्थ ऑफ ओशियाना । ये पुस्तकें क्रमशः सन् 1649, 1651, 1660 और 1656 में प्रकाशित हुई थीं। इसके अतिरिक्त एकिनोक्लास्टेस का नाम भी उल्लेखनीय है।

प्राकृतिक अधिकार

मिल्टन के प्राकृतिक अधिकार संबंधी विचार बहुत महत्वपूर्ण हैं क्योंकि इन्हीं अधिकारों की व्याख्या करने के उपरान्त मिल्टन सामाजिक अनुबंध और लोकप्रिय संप्रभुता संबंधी विचारों को विकसित कर पाया। मिल्टन का मत था कि मनुष्य स्वतंत्र पैदा हुआ है। प्राकृतिक अवस्था में किसी को किसी पर शासन करने का कोई अधिकार नहीं है। लेकिन पारस्परिक हित और कल्याण की दृष्टि से मनुष्यों ने समाज और राजनीतिक संबंधों की रचना की। लेकिन इस अवस्था में भी उसने जीवन, सम्पत्ति आदि संबंधी कुछ अधिकार सुरक्षित रखे यही प्राकृतिक अधिकार है। यदि कोई राजा इन प्राकृतिक अधिकारों का अपहरण करता है या उन उत्तरदायित्वों की अवहेलना करता है तो प्रजा को अधिकार है कि वह उसको हटा दे। प्रजा को अपने शासकों को चुनने या शासनतंत्र बदलने का ईश्वर-प्रदत्त अधिकार है। इस प्रकार इन विचारों में हम तीन कल्पनाओं के बीज देखते हैं–(1) सामाजिक अनुबंध की कल्पना, (2) लोकप्रिय संप्रभुता का विचार, तथा (3) व्यक्ति स्वातंत्र्य। मिल्टन किसी भी दशा में व्यक्ति स्वातंत्र्य की बलि देने को प्रस्तुत नहीं था। वह वंशानुगत राजतंत्र के शासन का विरोधी था। इसके साथ ही वह राजा की उत्पत्ति के दैवी सिद्धान्त को भी नहीं मानता था।

विधियाँ

विधियों के संबंध में उसका कहना था कि उनकी उत्पत्ति शासक और शासित दोनों की सहमति से होती है। अतएव जिस प्रकार शासितों को विधियों के उल्लंघन करने का अधिकार नहीं है उसी प्रकार शासकों को भी। शासक या राजा को भी विधि की मर्यादा का पालन करना चाहिए।

भाषण-स्वातंत्र्य

व्यक्ति-स्वातंत्र्य की भाँति ही मिल्टन भाषण स्वातंत्र्य का भी पक्का समर्थक था। उसने अपने इस विचार की पुष्टि 'एरोपेजिटिका' में की है जहाँ प्रेस की स्वतंत्रता के पक्ष में आवाज उठाई गई है। उन दिनों पुस्तकों के प्रकाशनादि पर जो प्रतिबंध लगाए गए थे उनका विरोध करते हुए मिल्टन ने अपनी पुस्तक में लिखा था कि "किसी व्यक्ति की हत्या करना या पुस्तक की हत्या करना एक ही बात है। कोई मनुष्य यदि व्यक्ति की हत्या करता है तो वह केवल एक विवेकयुक्त प्राणी की हत्या करता है लेकिन यदि वह पुस्तक की हत्या करता है तो इसका अर्थ है कि वह साक्षात् विवेक को ही मार डालता है।" इस प्रकार जॉन स्टुअट मिल की "ऑन लिबर्टी" की भाँति ही यह पुस्तक भी प्रसिद्ध है। जिसमें प्रकाशन पर लगाये गये प्रतिबंधों की व्यर्थता सिद्ध की गई है। मिल्टन का कहना था कि भाषण और प्रकाशन स्वातंत्र्य द्वारा ही सत्य प्रकाश में आता है।

राज्य और धर्म

राज्य और धर्म के संबंध में मिल्टन का कहना था कि इन दोनों को अलग-अलग रहना चाहिए। वह प्रेसबीटेरियनों का हिमायती था। अतः धर्म के मामले में वह लेवलर्स की भाँति धार्मिक सहिष्णुता का पक्षपाती नहीं था। यह कुछ अजीब-सी बात है कि भाषण और प्रकाशन स्वातंत्र्य का इतना बड़ा समर्थक धार्मिक सहिष्णुता का समर्थक न हो।

मिल्टन का प्रभाव और अनुदाय

मिल्टन पर स्कॉट विचारक बकनन का प्रभाव पड़ा था और इसी आधार पर उसने राजाओं की उत्पत्ति के दैवी सिद्धान्तों का विरोध किया। उस पर समकालीन कट्टरवादी राजनीतिक विचारधाराओं का भी प्रभाव पड़ा था। इसी आधार पर उसने धार्मिक सहिष्णुता का समर्थन नहीं किया। मिल्टन के राजनीतिक अनुदायों में सामाजिक अनुबंध लोकप्रिय संप्रभुता, व्यक्ति और भाषण स्वातंत्र्य आदि के सिद्धान्त उल्लेखनीय हैं। इन सिद्धान्तों संबंधी मतों का लॉक, रूसो, मिल आदि पर प्रभाव पड़ा। मिल्टन के विचारों में कुछ त्रुटियाँ भी थीं। वह आभिजात्यवर्ग द्वारा शासन का समर्थक था हालाँकि उसने लॉर्ड प्रोटेक्टर क्रॉमवेल की प्रशंसा की थी। वह प्रजातंत्रवादी प्रवृत्तियों के पक्ष में होते हुए भी प्रतिनिधि शासन की संस्थाओं से घबड़ाता था। उसने अपने जीवन के अंतिम दिनों में सुझाव दिया था कि कुछ योग्य व्यक्तियों की एक संसद बनाई जाए जिसकी सदस्यता आजीवन रहे। यह उसकी राजनीतिक अदूरदर्शिता और निराशा का ही परिचायक है।

हैरिंगटन और फिल्मर

जीवन परिचय

जेम्स हैरिंगटन का जन्म इंग्लैण्ड के एक धनी परिवार में सन् 1611 में हुआ था। ऑक्सफोर्ड में उच्चतम शिक्षा प्राप्त करने के बाद नीदरलैण्ड, फ्रांस, इटली आदि यूरोपियन देशों का हैरिंगटन ने व्यापक भ्रमण किया। इंग्लैण्ड के गृहयुद्ध में यह बिल्कुल निर्दलीय एवं तटस्थ दृष्टिकोण से घटनाओं को देखता रहा। इस पर इंग्लैण्ड के राजा की मृत्यु का बड़ा असर पड़ा था। सन् 1677 में इसकी मृत्यु के बाद इसके राजनीतिक विचारों का बड़ा प्रभाव पड़ा।

अध्ययन पद्धति और विचारकों का प्रभाव

जेम्स हैरिंगटन इतिहास का विद्यार्थी था और समकालीन राजनीति सिद्धान्तों के साथ ही तत्कालीन राजनीतिक घटनाओं का भी बड़ा मेधावी पर्यवेक्षक था। अतः हैरिंगटन की अध्ययन पद्धति न केवल ऐतिहासिक है बल्कि पर्यवेक्षणात्मक भी है। वह अरस्तू और मैकियावली का प्रशंसक था और उनके राजनीतिक विचारों का भी इस पर काफी असर

पड़ा था। हॉब्स के ग्रंथ लेवॉयथन की इस पर बड़ी प्रतिक्रिया हुई थी और वह उसके सिद्धान्तों का कट्टर विरोधी था। उसने इंग्लैण्ड के लिए जो संविधान तैयार किया था उसमें इतिहास के साथ गणतंत्रात्मक संविधानों से सहायता ली थी।

ग्रंथ

इसका एक ही ग्रंथ उल्लेखनीय है और वह है 'दि कॉमनवेल्थ ऑफ आसियाना'। यह ग्रंथ सन् 1656 में प्रकाशित हुआ था। यह मोर के 'यूटोपिया' की तरह बतलाया गया है लेकिन इसमें शासन की कई व्यावहारिक समस्याओं पर प्रकाश डाला गया है। इसकी मौलिकता भी उल्लेखनीय है। यह पुस्तक क्रॉमवेल द्वारा उसी प्रकार अव्यावहारिक समझी गई जिस प्रकार पिट द्वारा गॉडविन की "पॉलिटिकल जस्टिस" और इस पर भी कोई प्रतिबंध नहीं लगाया गया। इस पुस्तक ने तत्कालीन इंग्लैण्ड में बड़ी हलचल मचाई इसमें निहित सिद्धान्तों पर काफी प्रचार हुआ।

शासनतंत्र और संप्रभुता की कल्पना

हैरिंगटन का शासनतंत्र और संप्रभुता के संबंध में क्या मत था—यह बतलाने के पूर्व हम उसके एक मौलिक सिद्धान्त पर प्रकाश डाल देना उचित समझते हैं। हैरिंगटन शायद सबसे पहला ऐसा विचारक था जिसने इतिहास के अध्ययन द्वारा यह परिणाम निकाला कि शासनतंत्र की सारी शक्ति का स्रोत या तो धन है अथवा बौद्धिक प्रतिभा। इसी सिद्धान्त के अनुसार उसने राजतंत्र को हटा देने के लिए और शासनतंत्र की स्थिरता के लिए दो सुझाव रखे थे। पहला यह कि राज्य अनिवार्य शिक्षा की व्यवस्था करे और दूसरा यह कि वह धन के समान वितरण का प्रबन्ध करे। उसका कहना था कि सारी सत्ता का स्रोत जनता है—इसीलिए वास्तविक संप्रभुता सामुदायिक रूप से उसी में निहित है। इन दो बातों के आधार पर शासनतंत्र (सरकार) का एक ढाँचा हैरिंगटन ने खड़ा किया था। इस रूपरेखा में शक्ति विभाजन को मूल आधार बनाया गया था। इसके संविधान में तीन प्रकार की संस्थाएँ हैं। पहली है सीनेट या राज्यपरिषद्। इसके संबंध में हैरिंगटन का कहना था कि सीनेट की सदस्यता आभिजात्यवर्ग के लोगों तक सीमित होनी चाहिए। इसका कार्य नई नीतियों और विधियों की रचना करना होना चाहिए। इसके बाद एक कौंसिल या संसद होनी चाहिए जिसमें साधारण नागरिकों के प्रतिनिधि बैठें। इसका कार्य यह हो कि वह सीनेट या राज्यपरिषद् की तरफ से जो भी विधियाँ या नीतियाँ विचारार्थ आवें उन पर विचार करें और उनके संबंध में मत द्वारा अपना निर्णय दें। इन दो के अतिरिक्त एक मैजिस्ट्रेसी या कार्यपालिका के विधान की आवश्यकता पर भी उसने बल दिया। हैरिंगटन ने कार्यपालिका का काम यह बतलाया कि वह शासनतंत्र के प्रशासनात्मक कार्य करे। कार्यपालिका के सदस्य गुप्त मतसंग्रह द्वारा चुने जाएँ। उनको एक निश्चित अवधि के लिए नियुक्त किया जाए। लेकिन यदि वे राज्य की नीतियों या विधियों का उल्लंघन करें तो उन्हें हटा दिया

जाए। इसके साथ ही हैरिंगटन ने यह भी स्पष्ट कर दिया कि राज्य में किसी भी धार्मिक विश्वास को मानने की पूरी छूट रहनी चाहिए। राजतंत्रात्मक व्यवस्था के लिए हैरिंगटन ने अपने गणतंत्रात्मक संविधान में कोई गुंजायश नहीं रखी। उसने संप्रभुता को सीमित कर देने के बजाय और भी अधिक मुक्त कर दिया।

समकालीन और उत्तराधिकारी विचारकों पर असर

अपनी पुस्तक लिखने के बाद हैरिंगटन ने इस बात का बहुत प्रयत्न किया कि उसने अपनी पुस्तक में जिन सिद्धान्तों का प्रतिपादन किया है--वे इंग्लैण्ड में कार्यान्वित हो जाएं लेकिन अपने प्रभाव तथा मित्रमण्डली के बावजूद वह ऐसा न कर सका। लेकिन हैरिंगटन की पुस्तक का अनुवाद यूरोप की कई भाषाओं में हुआ और फ्रेंच विचारक उससे प्रभावित हुए। यही नहीं उसके विचारों का प्रभाव इंग्लैण्ड से अमेरिका पहुँचा। अमेरिका में केरोलिमा, न्यूजर्सी और पेनसलवेनिया के संविधानों में उसका प्रभाव स्पष्ट दिखलाई पड़ता है। उक्त राज्यों के संविधानों के स्रष्टाओं ने यह स्वीकार किया है कि वे एक ऐसी सरकार की स्थापना करने जा रहे हैं जो व्यक्तियों की नहीं अपितु विधि की सरकार होगी। इंग्लैण्ड में ह्यूम तथा कोलरिज तथा अमेरिका में ओटिस, जॉन एडम्स तथा जैफरसन हैरिंगटन के विचारों से प्रभावित हुए।

सर राबर्ट फिल्मर

फिल्मर का जन्म कब हुआ--यह ज्ञात नहीं है लेकिन बतलाया जाता है कि गृहयुद्ध के दौरान में वे थे और उनको बंदीगृह में भी रखा गया था। उनकी मृत्यु सन् 1653 में हुई। उनका प्रमुख ग्रंथ पेट्रीआर्का है जो उनकी मृत्यु के बाद सन् 1680 में प्रकाशित हुआ। इस पुस्तक में राजा की स्वाभाविक शक्तियों के संबंध में प्रकाश डाला गया है तथा हॉब्स द्वारा प्रतिपादित सिद्धान्तों का खण्डन किया गया है। फिल्मर मनुष्य की ऐसी किसी प्राकृतिक अवस्था को स्वीकार नहीं करता है जो इतिहास-सिद्ध हो। उसका कहना था कि मनुष्य ऐसी दशा में कभी नहीं रहा जब वह अपनी सरकार आप ही चुनने के लिए स्वतंत्र रहा हो। फिल्मर का मत है कि मनुष्य ने कभी भी अपने प्राकृतिक अधिकारों को नहीं छोड़ा। राज्य केवल परिवार का ही अधिक व्यापक स्वरूप है। राजा का स्थान पिता के बराबर है और प्रजा का पुत्र के बराबर। सब मनुष्य प्राकृतिक अवस्था में भी समान नहीं थे क्योंकि आदम के जमाने से ही राजा और प्रजा के संबंध चले आ रहे हैं इसलिए राजतंत्र दैवी है और प्राकृतिक विधियों के अनुकुल है। राजा और प्रजा के बीच किसी प्रकार के अनुबंध की ठीक उसी प्रकार कोई आवश्यकता नहीं है जिस प्रकार पिता और पुत्र के बीच किसी समझौते की आवश्यकता नहीं होती। पिता अपनी इच्छा के अनुसार पुत्रों, परिवार तथा नौकरों का पालन-पोषण करता है। नौकरों तथा पुत्रों द्वारा बनाये गये कानूनों का पालन करने के लिए वह बाध्य नहीं किया जा सकता। राजा की शक्ति भी इसी प्रकार

ईश्वर-प्रदत्त है। संसार की अन्य कोई ताकत उसकी सत्ता को अपनी प्रभुता के क्षेत्र में रखने योग्य नहीं है। फिल्मर ने इस प्रकार राजा के पिता होने की उपमा को एक ऐसी तर्कसंगत कल्पना का रूप दिया जिससे राजतंत्र की निरंकुशता का औचित्य सिद्ध किया जा सके। फिल्मर का कहना था कि राजा को इस बात का पूरा अधिकार है कि वह संसद द्वारा बनाई गई किसी विधि को सम्पूर्ण रूप से मान ले या उसका केवल एक ही अंश स्वीकार करे। वह सिंहासनारोहण के समय जो शपथ ग्रहण करता है उसका उद्देश्य केवल इतना ही है कि वह अच्छी विधियों का पालन करेगा। विधियों के बारे में अंतिम निर्णय करने का काम राजा का है और किसी का नहीं। संसद का कार्य केवल इतना ही है कि वह राजा को अपना परामर्श दे। प्रजा का कर्तव्य है कि वह राजा के समस्त आदेशों का पालन करे। यदि वे आदेश विधि के प्रतिकूल भी हों तो भी प्रजा को यह अधिकार नहीं कि वह उनके विरुद्ध आचरण करे। राजा चाहे तो ईश्वरीय विधियों के प्रतिकूल भी चलने का आदेश दे सकता है। राजतंत्र के विरुद्ध विद्रोह का परिणाम अराजकता या सैनिक अधिनायकतंत्र ही हो सकता है। लेकिन फिल्मर अपने तर्क को विवेक की मर्यादा में नहीं रख सका। वह करीब-करीब हॉब्स के पास ही पहुँच जाता है जब वह कहता है कि पुत्रों की बनाई विधियों को मानने के लिए पिता बाध्य नहीं जिसका प्रकारान्तर से यह अर्थ होता है कि प्रजा को कोई भी अधिकार नहीं है। इसलिए लॉक का यह कहना ठीक ही है कि अच्छी भाषा में इतनी निरर्थक बात कभी नहीं कही गई।

अध्याय—20
हॉब्स और लॉक

टॉमस हॉब्स (जीवनी आदि), लेवॉयथन का विश्लेषण, मानव प्रकृति और प्राकृतिक अवस्था, प्राकृतिक विधियाँ और अधिकार, राज्य की उत्पत्ति, धर्म और राज्य, विधियाँ, हॉब्स के राज्य में व्यक्ति, व्यक्ति स्वातंत्र्य और व्यक्ति के अधिकार, सर्वश्रेष्ठ शासनतंत्र, हॉब्स के विचारों के गुण-दोष और अनुदाय, जॉन लॉक, राज्य और धर्म, राजक्रान्ति का अधिकार, लॉक की व्यक्तिवादिता, लॉक के विचारों की त्रुटियाँ, हॉब्स और लॉक की तुलना, लॉक का अनुदाय और स्थान।

टॉमस हॉब्स

जीवन

टॉमस हॉब्स का जन्म सन् 1588 में हुआ था। यह वही वर्ष था जब आर्मेडा का युद्ध हुआ था और इंग्लैण्ड में सर्वत्र भय का साम्राज्य था। वह ब्रिटेन के मेलसमबरी नामक स्थान में पैदा हुआ था जो इंग्लैण्ड के दक्षिणी तट पर अवस्थित है। वह बचपन से ही डरपोक था। प्रारंभिक शिक्षा के बाद वह ऑक्सफोर्ड भी भेजा गया लेकिन वहाँ से लौट आया। झगड़ा, अशान्ति और अव्यवस्था से वह आरंभ से ही घबड़ाता था। सन् 1640 में जिन दिनों उन्मादी संसद की बैठकें हो रही थीं—उन दिनों वह गृहयुद्ध की मारकाट के दृश्यों से बचने के लिए पहले ही इंग्लैण्ड से भाग गया था। लेकिन अन्य बालकों की अपेक्षा विद्याध्ययन की ओर उसकी रुचि अधिक थी और वह शान्तिपूर्वक जीवन बिताने का इच्छुक था। वह अन्य लोगों के लिए भी यही चाहता था कि वे शांतिपूर्ण जीवन व्यतीत करें। बाल्यकाल रानी एलिजाबेथ के स्वर्णकाल में बिताने के बाद वह गृहयुद्ध के पूर्व अपने स्वामी के पुत्र

के साथ फ्रांस चला गया जिसे वह पढ़ाया करता था। वह तीन बार यूरोप गया और आया और कुल मिलाकर उसने अपने जीवन के बीस वर्ष यूरोप में बिताये। उन दिनों फ्रांस में राजतंत्र था और वहां अपेक्षाकृत शांति थी। इन परिस्थितियों ने हॉब्स को बहुत अधिक प्रभावित किया और वह इस नीतजे पर पहुँचा कि सच्ची सुख, शान्ति और व्यवस्था की कुंजी राजतंत्र ही है। यदि वह किसी देश में होगा तो वहाँ अमन-चैन कायम रहेगा और जहाँ वह न होगा अराजकता फैलेगी। फ्रांस में वह चार्ल्स द्वितीय का शिक्षक रहा। इसके अतिरिक्त वहीं उसकी भेंट यूरोप डेकार्ट, गेलीलियो और हार्वे आदि विद्वानों से हुई। उसने राज्यशास्त्र का अध्ययन करने के अतिरिक्त समाजशास्त्र, गणित और दर्शनशास्त्र का भी अध्ययन किया। यही नहीं मानवप्रकृति का भी उसने सूक्ष्म पर्यवेक्षण किया। सत्रहवीं शताब्दी तक ब्रिटेन में ऐसा कोई दार्शनिक पैदा नहीं हुआ था जिसने राज्यशास्त्र का गंभीर मनन कर राज्य की उत्पत्ति का एक व्यवस्थित सिद्धान्त संसार को दिया हो। हॉब्स ने न केवल इतना ही किया बल्कि राज्यशास्त्र को और भी कई बहुमुल्य अनुदान दिये। हॉब्स की मृत्यु सन् 1679 में 91 वर्ष की अवस्था में हुई।

परिस्थितियाँ

जिस समय हॉब्स ने राजदर्शन के अध्ययन-क्षेत्र में प्रवेश किया उस समय ब्रिटेन में गृहयुद्ध हो रहा था। राज्य भर में अशान्ति और अव्यवस्था थी। कुछ ऐसे भी विद्वान थे जो कहते थे कि प्राकृतिक विधियाँ ही सबकी मर्यादा निर्धारित करती हैं। अतः उनका उल्लंघन करने का अधिकार किसी को नहीं है। एक पादरियों और कट्टर धर्मांधों का दल था जो राजा और प्रजा दोनों को अपने नीचे समझता था और चाहता था कि उसकी श्रेष्ठता के समक्ष सब लोग सिर झुकायें। ऐसे लोगों में कैथोलिक सम्प्रदाय तथा कालविनवादियों के नाम उल्लेखनीय हैं। इनके अतिरिक्त कुछ प्रजातंत्रवादी दार्शनिक थे—जो यह मानते थे कि राजा और प्रजा के संबंध अनुबंध पर आधारित हैं। यदि राजा उन शर्तों का पालन नहीं करता जो अनुबंध के अनुसार उसे पूरे करने चाहिए तो प्रजा को अधिकार है कि वह उसे हटा दे। ऐसी विभिन्न प्रकार की धाराओं-प्रधाराओं के बीच हॉब्स को यह तय करना था कि राजसत्ता का वास्तविक अधिकारी कौन है और शांति और व्यवस्था किस प्रकार स्थापित हो सकती है। उसने यह कार्य न तो धर्मशास्त्र के आधार पर किया और न परम्पराओं के आधार पर। उसने मानव-स्वभाव को अपना आधार बनाया और उसका सूक्ष्म अध्ययन करके मानवीय प्रवृत्तियों का विश्लेषण किया। इन्हीं प्रवृत्तियों द्वारा उसने राज्य और संप्रभु शासक की कल्पना का किला खड़ा किया। उसके ग्रंथों में हमें राजनीति और मनोविज्ञान इन दोनों का बड़ा सुन्दर समन्वय का प्रयास मिलता है। उसने तत्कालीन ब्रिटेन की समस्या को समझ लिया था। हॉब्स के अनुसार इंग्लैण्ड के राजा और प्रजा के संबंध मुख्य प्रश्न बने हुए थे। उसने इन समस्याओं का हल खोजने को भी कोशिश की।

हॉब्स के मुख्य ग्रंथ और उसकी अध्ययन पद्धति

हॉब्स के ग्रंथों में निम्नलिखित महत्वपूर्ण हैं–

(1) डी कारपोरे पॉलिटिको,
(2) डी सिवे,
(3) एलीमेण्ट्स ऑफ लॉ,
(4) लेवॉयथन, और
(5) ए डॉयलॉग ऑन दि सिविल वार्स।

ये पुस्तकें क्रमशः सन् 1640, 1642, 1650, 1651 और 1679 में प्रकाशित हुईं। इन पुस्तकों से हमें हॉब्स के राजदर्शन की कई विशेषताओं का पता चलता है। हर एक समस्या के संबंध में वह दार्शनिक और वैज्ञानिक-सी तटस्थ दृष्टि रखता है। यह बात इसी से प्रकट है कि उसका संप्रभुता का सिद्धान्त राजतंत्र और गणतंत्रवादी सिद्धान्तों पर समान रूप से लागू होता है। दूसरे उसका राजदर्शन धार्मिक मूढ़-विश्वासों पर आधारित न होकर वैज्ञानिक भौतिकवाद पर आधारित है। वह क्रिया और प्रतिक्रिया के सिद्धान्त की नींव अपने 'नश्वर देव' की रचना करता है। तीसरे वह मनुष्य के स्वभाव का बाह्य वातावरण की पृष्ठभूमि में अध्ययन करता है। इन ग्रंथों की अध्ययन पद्धति का यदि विश्लेषण किया जाए तो हम इस परिणाम पर पहुँचेंगे कि हॉब्स ने इतिहास द्वारा प्रामणिकता सिद्ध करने का बहुत कम प्रयास किया था। साथ ही वह राजनीति की यथार्थताओं पर भी अधिक ध्‍यान नहीं देता। वह मुख्यतः मनोवैज्ञानिक अध्ययन पद्धति को अपनाता है। उसकी प्रणाली भौतिक विज्ञान की प्रणाली भी कही जाती है। इस प्रणाली का अर्थ यह है किसी वस्तु के दोषों को जानने के लिए सर्वप्रथम उसका पूर्णतः विश्लेषण करना चाहिए और फिर उसके दोषों को दूर कर कार्य करने योग्य बना देना चाहिए। आपकी साइकिल या मोटर के इंजन में कोई दोष उत्पन्न हो जाए और वह चले नहीं तो मिस्त्री पहले उसे ऊपर से देखेगा और यदि फिर भी उसकी समझ में रोग न आये तो वह पूरी साइकिल या इंजन खोल डालेगा। हर पुर्जे की परीक्षा करेगा और फिर खराब पुरजों की मरम्मत कर गाड़ी को उपयोग में लाने योग्य बना देगा। न्यूनाधिक, हॉब्स ने भी ऐसा ही किया। वह अपने प्रयत्न में सफल हुआ या नहीं–या कितना सफल हुआ और कितना असफल–इस पर हम आगे के पृष्ठों में विचार करेंगे।

हॉब्स का प्रभाव

हॉब्स पर अपने पूर्ववर्त्तियों तथा समकालीनों में **बैकन, डेसकार्टेस** और **गेलिलिओ** का प्रभाव पड़ा था। इन्हीं विद्वानों द्वारा गणित और भौतिक शास्त्र के क्षेत्र में हॉब्स का प्रवेश हुआ। इनके अतिरिक्त वह हुकर के सन् 1594 में प्रतिपादित अनुबंध सिद्धान्त से भी प्रभावित हुआ था। संप्रभु शासक की निरंकुशता के संबंध में मैकियावली से, संप्रभुता

की कल्पना के संबंध में जीन बोदाँ से, और प्राकृतिक विधियों के संबंध में वह ग्रोशस से प्रभावित हुआ था। मार्सीलिओ ऑफ पेदुवा की धर्म निरपेक्षता का भी उस पर बड़ा जबर्दस्त असर पड़ा था।

लेवॉयथन का विश्लेषण

'लेवॉयथन' हॉब्स का सबसे प्रमुख ग्रंथ है। इसी में उसके सारे विचार भली-भाँति प्रकट किये गये हैं। यह ग्रंथ चार भागों में विभक्त है। पहले भाग के अन्तिम चार अध्यायों में हमें हॉब्स द्वारा अंकित प्राकृतिक अवस्था का चित्र मिलता है। इसके बाद पुस्तक के दूसरे भाग के प्रथम पाँच अध्यायों में हमें हॉब्स का राज्य की उत्पत्ति के संबंध में मत मिलता है। इन्हीं अध्यायों में हमें संप्रभुता के संबंध में भी हॉब्स की कल्पना दिखलाई पड़ती है। पुस्तक के शेष दो भाग धर्म और राज्य के संबंध में हैं। इन दोनों भागों में हॉब्स ने यह बतलाने का यत्न किया है कि धर्म का स्थान क्या है और उसे राजसत्ता के अधीन क्यों रहना चाहिए।

हॉब्स के अन्य ग्रंथों का परिचय

हॉब्स ने 'लेवॉयथन' के पूर्व भी कुछ ऐसे ग्रंथ लिखे थे जिनमें उसके उन विचारों का बीज मिलता है जो 'लेवॉयथन' तक पहुँचते-पहुँचते एक बड़े वटवृक्ष के रूप में बदल गये हैं। उदाहरण के लिए हॉब्स की पुस्तक **'डी कारपोरे पोलिटिको'** ऐसी ही है जिसमें मानव प्रकृति का हॉब्स ने सबसे पहले विश्लेषण किया है और यह बतलाया है कि मनुष्य के मस्तिष्क पर सदैव भय किस प्रकार छाया रहता है। इसी में हॉब्स ने संक्षेप में प्राकृतिक अवस्था को युद्ध की अवस्था सिद्ध करने का प्रयत्न किया है। इसी में उसने यह भी बतलाया है कि प्राकृतिक अवस्था में रहने पर भी मनुष्य प्राकृतिक विधियों की सहायता से किस प्रकार राजनीतिक समाज की रचना करता है और फिर इसके बाद सरकार बनाता है। यह सरकार ही जिसका प्रतिनिधित्व एक या कुछ व्यक्ति करते हैं सम्पूर्ण अनुबंधित मानव-समुदाय की इच्छओं को प्रदर्शित करती है। इसी में वह बतलाता है कि संप्रभु शासक का विरोध क्यों नहीं किया जाना चाहिए। संप्रभु शासक मनुष्य या नागरिक की भौतिक गतिविधियों पर नियंत्रण रख सकता है लेकिन उसे नागरिक की आत्मा पर शासन करने का अधिकार नहीं है। उसे चाहिए कि वह प्रजा को किसी भी धर्म में विश्वास रखने की छूट दे। इस प्रकार वह एक प्रकार की धार्मिक सहिष्णुता का प्रतिपादन करता है। इसके बाद पेरिस से हॉब्स की दूसरी पुस्तक डि सिवे सन् 1642 में प्रकाशित हुई। इस पुस्तक में भी उसने एक संप्रभु शासक की आवश्यकता बतलाई। साथ ही संप्रभुता का भी स्पष्टीकरण किया और परिभाषा दी। इसके बाद अन्त में उसका ग्रंथ 'लेवॉयथन' सन् 1651 में प्रकाशित हुआ। हॉब्स के ग्रंथों की सबसे बड़ी विशेषता उनकी व्यवस्था और युक्तिसंगत तर्कक्रम है। वह एक के बाद एक करके इस प्रकार तर्क रखता हुआ चला जाता

है कि उसकी बात जब तक पूरी नहीं होती किसी को उसकी बातों पर संदेह ही नहीं होता। वह बोदाँ की तरह परिभाषाओं में एक-एक शब्द बड़ी सावधानी से रखता है और ऐसा करने में उसका उद्देश्य यह रहता है कि वे बिल्कुल शुद्ध रहें। उसने राजनीतिशास्त्र के अनेक पारिभाषिक शब्दों के अर्थों को जो प्राचीन और मध्यकाल से चले आ रहे थे–एक नया रूप दिया। प्राकृतिक अवस्था, प्राकृतिक विधियाँ और प्राकृतिक अधिकार आदि ऐसे ही कुछ शब्द हैं जिनको हॉब्स ने अपनी व्याख्या द्वारा एक बिल्कुल नया ही रूप दे डाला। अपनी इन्हीं व्याख्याओं और परिभाषाओं के कारण हॉब्स राज्यदर्शन की तार्किक धारा का सबसे बड़ा विद्वान समझा जाता है, और कहा जाता है कि राज्यदर्शन को आधुनिकता की दिशा में प्रवृत्त करने का ऐतिहासिक कार्य सबसे पहले उसी ने किया।

मानव प्रकृति और प्राकृतिक अवस्था

जैसा कि हम बतला आये हैं मानव प्रकृति संबंधी हॉब्स के विचार हमें सबसे पहले सन् 1640 में प्रकाशित **'डी कारपोरे पोलिटिको'** में मिलते हैं और इसके बाद **'लेवॉयथन'** के प्रथम भाग के अंतिम चार अध्यायों के आरंभ में जिसके बाद वह मनुष्य की प्राकृतिक अवस्था का चित्रण करता है। हॉब्स मानव प्रकृति को स्वार्थी और भय खानेवाली बतलाता है। उसका कहना है कि वह सदैव किसी-न-किसी प्रकार के हित साधन की चेष्टा में रहती है। उसका मुख्य उद्देश्य अपने यश को बढ़ाना होता है। अपने इन्हीं स्वार्थों के लिए मनुष्य बराबर लड़ाई झगड़ा करता है। हॉब्स का कहना था कि मनुष्य की पद्धति का अध्ययन करके यह सामान्य निष्कर्ष निकाला जा सकता है कि उसमें अपनी शक्ति वृद्धि की लिप्सा शाश्वत रूप से बनी रहती है। यह लिप्सा उसे बराबर कार्यशील बनाये रखती है और वह इसकी वजह से बेचैन रहता है। मनुष्य की यह लिप्सा तभी लुप्त होती है जब उसकी मृत्यु हो जाती है। हॉब्स इस प्रश्न का भी उत्तर देता है कि मनुष्य अधिक से अधिक शक्ति पा जाने पर भी चैन से क्यों नहीं बैठता, और जितनी शक्ति उसे प्राप्त हो जाती है, उससे अधिक प्राप्त करने का प्रयत्न करता रहता है? हॉब्स कहता है "ऐसा इसीलिए नहीं होता कि अधिक शक्ति प्राप्त करने के कारण मनुष्य अधिक आनन्द का अनुभव करता है, अपितु इसलिए कि यदि वह ऐसा न करे तो इस बात का क्या आश्वासन है कि जितनी शक्ति उसके पास है–वह बनी रह सकेगी। इसीलिए वह अधिक से अधिक शक्ति प्राप्त करने का प्रयत्न करता है। इसी प्रकार हॉब्स का यह भी कहना है कि मनुष्य प्रकृतितः समान है। थोड़ा बहुत शारीरिक बल का अन्तर हो तो दूसरी बात है, लेकिन कोई भी आदमी इतना दुर्बल नहीं होता कि दूसरे को उससे किसी प्रकार का भय न रहे। न ही कोई व्यक्ति इतना बलवान ही होता है कि उस पर किसी भी प्रकार का आक्रमण न किया जा सके। इस प्रकार सभी व्यक्तियों में समान रूप से भय की भावना कार्य करती है। ऐसा कोई भी व्यक्ति नहीं है जो सर्वथा भय से मुक्त हो। इसके बाद वह बतलाता है कि ऐसी प्रकृति वाले मनुष्यों की प्राकृतिक अवस्था में क्या दशा होती है। हॉब्स

कहता है कि प्राकृतिक अवस्था अराजकता की दशा का ही दूसरा नाम है। यह उस समय के पूर्व का चित्र है जब मनुष्य समाज या राजनीतिक अनुबंध की दशा में नहीं रहता। प्राकृतिक अवस्था में सभी व्यक्ति आपस में लड़ते रहते हैं। वे अकारण ही मार-काट करते हैं क्योंकि वे समझते हैं कि यदि वे स्वयं पड़ोसी पर पहले हमला करके उसे नष्ट नहीं करेंगे तो वह उनको समाप्त कर देगा। मनुष्य को प्राकृतिक अवस्था में ऐसा हिंसामय जीवन बिताने के लिए विवश होना पड़ता है जिसमें उसकी दो ही प्रवृत्तियाँ उभर पाती हैं और वे हैं बलप्रयोग की और धोखा देने की। इसी हिंसात्मक जीवन के दौरान में व्यक्ति यह अनुभव करता है कि यदि किसी प्रकार वह अपनी रक्षा की व्यवस्था कर सके तो अच्छा है। वह निरन्तर मार-काट और लड़ाई-झगड़ों से ऊब जाता है और शान्ति की कामना करने लगता है। लेकिन यह देखता है कि वह इस दिशा में अकेला कुछ भी नहीं कर सकता। इस प्रकार प्राकृतिक अवस्था में मनुष्य का जीवन "जंगली, दुष्टतापूर्ण और अल्प" होता है। उसे दरिद्रतापूर्ण और एकाकी जीवन बिताने के लिए लाचार होना पड़ता है क्योंकि ऐसी अवस्था में न उद्योग के लिए कोई गुंजायश रहती है और न मनुष्य किसी धंधे में ही लग सकता है। वह विद्या, संस्कृति, कला आदि की शिक्षा भी नहीं पा सकता। प्रत्येक व्यक्ति को ऐसा लगता है कि वह न जाने कब मार डाला जाए। भय के कारण वह कहीं आ-जा नहीं सकता और उसका जीवन सूना तथा एकाकी रह जाता है। प्राकृतिक अवस्था में क्या ठीक है और क्या गलत- इसका भी कोई फैसला नहीं हो सकता। कोई बात ठीक है तो क्यों ठीक है और गलत है तो क्यों गलत है–इसका फैसला करने के लिये एक सामान्य विधि की आवश्यकता पड़ती है। आचरण के कुछ सर्वमान्य सिद्धान्तों और परम्पराओं की जरूरत पड़ती है। एक ऐसे न्यायाधीश की आवश्यकता पड़ती है जो आचरण की परीक्षा कर सके और उसके संबंध में अपना कोई फैसला दे सके। यदि कोई ऐसा निर्णायक नियुक्त किया जाए तो सब व्यक्तियों की इस बात के लिए सहमति होनी चाहिए कि वह जो कुछ कहेगा–उसे सब मानेंगे। ऐसा तभी हो सकता है जब कोई समझौता हो जाए। समझौते से प्राकृतिक अवस्था स्वयमेव समाप्त हो जाती है। इसी प्रकार प्राकृतिक अवस्था में इस बात का भी कोई फैसला नहीं किया जा सकता कि क्या न्यायसंगत है और क्या अन्यायपूर्ण। इसका कारण यह है कि प्राकृतिक अवस्था में कोई संप्रभु शासक नहीं होता और न कोई ऐसी विधि ही होती है, जिसको सामने रखकर यह कहा जा सके कि यह कार्य अन्यायपूर्ण है। इसी प्रकार प्राकृतिक अवस्था में कोई व्यक्ति सम्पत्ति भी नहीं रख सकता। कारण, सम्पत्ति तो तभी रखी जा सकती है जब व्यक्ति एक स्थान पर जम कर रहे, और उसे इस बात का कोई डर न हो कि वह उससे छीन ली जायेगी। प्राकृतिक अवस्था के संबंध में हॉब्स की यही कल्पना है। हॉब्स इस कल्पना को किसी ऐतिहासिक प्रमाण के आधार पर सिद्ध नहीं करता बल्कि अनुमान करता है कि प्राकृतिक अवस्था में मनुष्य की दशा इसी से मिलती-जुलती रही होगी। अपनी बात को सिद्ध करने के लिए हॉब्स ने बतलाया है कि गृहयुद्ध के दौरान में करीब-करीब ऐसी ही दशा होती है क्योंकि ऐसे समय कोई

संप्रभु शासक नहीं होता। ऐसी ही दशा आजकल उन जातियों की पाई जाती है जो अभी तक सभ्य नही हैं। अन्तर्राष्ट्रीय जगत का उदाहरण देते हुए हॉब्स कहता है कि सब देशों के ऊपर कोई संप्रभु सत्ता नहीं है, इसीलिए वे प्राकृतिक अवस्था में रहते हैं और उनमें परस्पर युद्ध होता रहता है।

प्राकृतिक विधियाँ और अधिकार

हॉब्स ने **'लेवॉयथन'** के एक अध्याय में यह बतलाया है कि प्राकृतिक विधियाँ और प्राकृतिक अधिकारों के बीच क्या अन्तर होता है? वह कहता है कि मनुष्य प्राकृतिक अवस्था में अपने शरीर की रक्षा के लिए जो भी कार्य करने की स्वतंत्रता पाता है वही उसका प्राकृतिक अधिकार है। इसी प्रकार वह यह भी बतलाता है कि प्राकृतिक विधियों द्वारा मनुष्य को अपने उत्तरदायित्वों का बोध होता है। अतः प्राकृतिक अधिकार और विधि में वही अन्तर है जो उत्तरदायित्व और स्वातंत्र्य के बीच होता है। लेकिन हॉब्स इतने से ही संतुष्ट न होकर प्राकृतिक विधियों की और व्याख्या करता है। उसने मध्यकाल के विद्वानों की भाँति यह बतलाया कि प्राकृतिक विधियाँ मनुष्य के उचित विवेक का आदेश हैं। वे यह बतलाती हैं कि जीवन धारण करने के लिए मनुष्य की जितनी सामर्थ्य है उसके अन्तर्गत उसे क्या करना चाहिए और क्या नहीं? इसके अतिरिक्त प्राकृतिक विधि की उसने एक और भी परिभाषा दी है। इस परिभाषा के अनुसार प्राकृतिक विधि वह सूक्ति या सामान्य नियम है, जो विवेक द्वारा ज्ञात होता है और जिसके द्वारा मनुष्य को या तो किसी ऐसे कार्य को करने से रोका जाता है जिससे उसके जीवन के ध्वंस होने की संभावना होती है या किसी ऐसे काम करने के लिए कहा जाता है जिससे उसकी जीवन-रक्षा हो सके। इन्हीं दो मान्यताओं के आधार पर वह समाज का ढाँचा खड़ा करता है। हॉब्स प्राकृतिक विधि के अलावा प्राकृतिक दशा में अन्य किसी विधि का अस्तित्व नहीं मानता। उसका कहना था कि प्राकृतिक विधियों की सहायता से ही मनुष्य प्राकृतिक अवस्था से मुक्ति प्राप्त कर सका है। यह बात उसकी प्राकृतिक अधिकारों और विधियों की व्याख्या से और भी अधिक स्पष्ट हो जाती है। प्राकृतिक अधिकारों का सहारा लेकर मनुष्य किसी भी दूसरे व्यक्ति से युद्ध कर सकता है, परन्तु प्राकृतिक विधि उसे ऐसा करने से रोकती है और विवेक से काम लेने की सलाह देती है। लेकिन युद्ध से छुटकारा केवल एकाध व्यक्ति के ही प्राकृतिक विधि का आदेश पालन करने से नहीं हो जाता । इस उद्देश्य की सिद्धि के लिए आवश्यक है कि प्रत्येक व्यक्ति अपने-अपने प्राकृतिक अधिकारों का परित्याग करे। यह कार्य सार्वभौमिक रूप से होना चाहिए। जब सभी मनुष्य ऐसा करने के लिए तैयार हो जाते हैं तो वह अपने-अपने प्राकृतिक अधिकारों का परित्याग कर यह वादा करते हैं कि वे अपने अधिकार एक व्यक्ति-विशेष के हाथ में सौंप देंगे और उसकी आज्ञाओं का पालन करेंगे। सच तो यह है कि हॉब्स की प्राकृतिक विधि मनुष्य के सामने स्पष्टतः दो मार्ग रखती है–(अ) एक मार्ग वह जिसमें प्रत्येक व्यक्ति अपनी स्वतंत्रता का एक अंश एक

अनुबंध द्वारा अन्य सब व्यक्तियों के साथ एक ऐसी शक्ति को समर्पित कर देता है जो सबकी स्वतंत्रता की रक्षा कर सके, और (आ) दूसरा मार्ग वह जिसमें प्रत्येक व्यक्ति अपनी शक्ति तथा अपने ही साधनों से अपनी रक्षा का भार अपने ऊपर लेता है। यदि मनुष्य प्रथम मार्ग चुनता है तो वह अनुबंध की दशा में रहता है और उसके अधिकारों की रक्षा राजा द्वारा की जाती है। ऐसी अवस्था में जो व्यक्ति शर्तों के अनुसार आचरण नहीं करते, उन्हें दण्डित किया जाता है।

राज्य की उत्पत्ति

जैसा हम ऊपर बतला आये हैं, प्राकृतिक अवस्था में भी प्राकृतिक विधियों या स्वाभाविक विवेक के कारण व्यक्ति यह प्रयत्न करता है कि वह शांति कायम रखे और अपनी रक्षा करे। लेकिन अनुभव द्वारा उसे ज्ञात होता है कि वह दूसरों की सहायता के बिना अकेला कुछ नहीं कर सकता। ऐसी दशा में वह इस परिणाम पर पहुँचता है कि एक ऐसे संप्रभु की रचना की जाए जो प्राकृतिक विधियों के आदेशों के अनुसार सभी व्यक्तियों को आचरण करने के लिए विवश कर सके। प्राकृतिक विधि का अर्थ हॉब्स ने इस प्रकार समझाया है कि यह वह नियम है जो कहता है कि 'तुम कोई ऐसा कार्य मत करो जो तुम स्वयं अपने लिए पसंद नहीं करते'। प्राकृतिक अधिकारों पर रोक की आवश्यकता सभी व्यक्ति महसूस करने लगते हैं। परिणाम यह होता है कि वे एक अनुबंध द्वारा अपने उन समस्त प्राकृतिक अधिकारों का परित्याग कर देते हैं जिन्हें यदि वे अपने आप रखें तो अशान्ति की संभावना बनी रहती है। अतः वे अनुबंध की रचना करते हैं और इस बात की व्यवस्था करते हैं कि जो व्यक्ति शर्तों का उल्लंघन करे उसे इतना बड़ा दण्ड दिया जाए कि और लोग वैसा करने का साहस न करें। मनुष्य में चूँकि भय की भावना होती है और वह स्वार्थी भी है तो है–इसलिए वह भय और अपने अहित की आशंका से ऐसा कोई काम नहीं करता जिससे अनुबंध की शर्तों का उल्लंघन हो। यदि वह ऐसा करता है तो उसे दंड दिया जाता है। दंड का विधान इसीलिए आवश्यक है। यह दंड इतना दिया जाता है कि वह उस लाभ की तुलना में कहीं अधिक हो जो अनुबंध की शर्तों के उल्लंघन से उसे प्राप्त हो सकता है। इस प्रकार हॉब्स अनुबंध के सिद्धान्त को एक नये परिधान में, एक नई व्याख्या के साथ उपस्थित करता है। सामाजिक अनुबंध शब्द के उपयोग से पहले यह तात्पर्य ग्रहण किया जाता था कि शासक और शासित के बीच कोई समझौता हुआ है लेकिन हॉब्स ने इसका अर्थ ही बिल्कुल बदल दिया। उसने कहा अनुबंध में कोई अलग शासक नहीं होता। उसमें बँधनेवाले स्वयं व्यक्ति ही होते हैं। वह सब मिलकर कुछ इस प्रकार की प्रतिज्ञा करते हैं–

"मैं अपने उन अधिकारों को जिनकी वजह से मुझे अपनी इच्छा के अनुसार चलने का अधिकार है इस व्यक्ति को या इस व्यक्ति-समुदाय को इस शर्त पर समर्पित करता

हूँ कि तुम भी अपने अधिकारों को मेरी ही भाँति इसे समर्पित कर दो और मेरी ही भाँति इसके कार्यों को अधिकारपूर्ण मानो।"

इस प्रकार अनुबंध द्वारा हॉब्स ऐसी दमनात्मक शक्ति की सृष्टि करता है जो इसके पूर्व नहीं थी। वह अनुबंध के द्वारा दो कार्यों की पूर्ति करता है–प्रथम वह एक व्यवस्थित और सभ्य समाज की स्थापना करता है, और द्वितीय वह एक ऐसे राज्य की स्थापना करता है, जिसमें मनुष्य अपने समस्त प्राकृतिक अधिकारों का परित्याग कर एक निरंकुश संप्रभु का निर्माण करते हैं। वह कहता है कि अनुबंधों द्वारा निर्मित राज्य व्यक्तियों को आश्वासन देता है कि उनकी बाह्य और आन्तरिक शत्रुओं से रक्षा की जाएगी। ऐसा तभी हो सकता है जब सब मनुष्य राज्य की आज्ञा पालन करने का आश्वासन दें और राज्य की सारी शक्ति किसी एक व्यक्ति या व्यक्तियों के समुदाय में परिवेष्ठित कर दी जाए। ऐसा व्यक्ति ही सबकी इच्छाओं को एक शक्तिशाली इच्छा के रूप में परिवर्तित कर सकता है। जो व्यक्ति इस शक्ति का प्रतीक होगा वह संप्रभु कहलाता है। इसी संप्रभु व्यक्ति को हॉब्स ने नश्वरदेव की संज्ञा दी है। एक बार पुनः हॉब्स ने बतलाया है कि इस प्रकार का संप्रभु व्यक्ति तभी पैदा हो सकता है जब सब व्यक्ति अपनी-अपनी शक्तियों या प्राकृतिक अधिकारों का परित्याग स्वेच्छा से या किसी बाह्य प्रेरणा की सहायता से उपरोक्त पद्धति से परित्याग कर दें। संप्रभु शक्ति की उत्पत्ति की उक्त कल्पना देने के बाद हॉब्स नश्वरदेव के चौदह गुण बतलाया है जो इस प्रकार हैं–

इसमें संदेह नहीं कि राज्य या कॉमनवेल्थ की सृष्टि सामाजिक अनुबंध द्वारा होती है और उसी के अनुसार संप्रभु शासक भी बनता है लेकिन हॉब्स का संप्रभु शासक अनुबंध का कोई फरीक नहीं बनता। वह किसी भी व्यक्ति से कोई समझौता नहीं करता। वह सब व्यक्तियों के पारस्परिक समझौते के कारण उत्पन्न होता है। इसका अर्थ हुआ कि जहाँ प्रत्येक नागरिक इस बात के लिए बाध्य है कि वह संप्रभु की हर उचित-अनुचित आज्ञा का पालन करे और उसके प्रति आज्ञाकारिता का भाव रखे-वहाँ संप्रभु शासक का नागरिक या प्रजा के प्रति कोई उत्तरदायित्व नहीं है। उसको वैसे ही अधिकार प्राप्त हैं जैसे हर व्यक्ति को सामाजिक अनुबंध की शर्तें मानने के पहले प्राकृतिक अवस्था में प्राप्त थे। एक बार जहाँ संप्रभु शासक या नश्वरदेव का जन्म हुआ कि व्यक्ति के सारे अधिकार समाप्त हो जाते हैं। दूसरे, कोई व्यक्ति उस संप्रभु सत्ता के समक्ष यह नहीं कह सकता कि वह अनुबंध से अपने आपको मुक्त रखता है।

इस प्रकार संप्रभु शासक की शक्ति असीम है। वह किसी भी लौकिक उत्तरदायित्व से बाध्य नहीं है। संविधान का कोई अंकुश उस पर नहीं लगाया जा सकता। सार्वभौमिक व्यक्ति समुदाय द्वारा वह बनता है। उसे यदि कोई शक्ति अच्छा या बुरा काम करने से रोक सकती है तो वह उसका अपना विवेक है। चूँकि संप्रभु शासक प्राकृतिक अवस्था में

है—इसलिए वह विवेकजनित प्राकृतिक विधियों से पथ-प्रदर्शन ग्रहण करता है; अन्य किन्हीं विधियों से नहीं। किसी भी व्यक्ति को यह अधिकार नहीं कि वह उसे यह बतलाने का प्रयत्न करे कि प्राकृतिक विधि के अनुसार उसे क्या करना चाहिए और क्या नहीं।

संप्रभु शासक को प्रजा अपनी तरफ से कोई दण्ड नहीं दे सकती। यदि वह ऐसा करती है तो उसका यह कार्य अन्यायपूर्ण होगा।

प्रजा अपनी इच्छा से जिस संप्रभु शासक की रचना करती है वह प्रजा को कोई नुकसान नहीं पहुँचा सकता। इसका कारण यह है कि वह तो प्रजा का अधिकार प्राप्त रक्षक है। उसका कोई कार्य अवैधानिक नहीं हो सकता, क्योंकि वह सारी विधियों का स्रोत है। वह जो भी विधियाँ बनाता है—वह केवल प्रजा के आचरण का नियंत्रण करने के लिए होती है—उसके आचरण का नियमन करने के लिए नहीं। विधियों का आशय और उनकी व्याख्या करना प्रजा का कार्य नहीं, यह संप्रभु शासक का कार्य है। वह उनकी जो भी व्याख्या करता है, वह उचित ही होता है।

संप्रभु शासक के आने से ही मानव-समाज में शांति होती है, मनुष्य उद्यम में लग सकता है तथा धनार्जन कर सकता है और धन संग्रह से सम्पत्ति उत्पन्न होती है। इस प्रकार सम्पत्ति का विधाता वही है, और यदि वह सम्पत्ति का विधाता है तो प्रजा की सारी सम्पत्ति का भी स्वामी वही है। ऐसी दशा में यदि वह कोई कर लगाता है या किसी की सम्पत्ति ले लेता है तो उसका यह कार्य किसी भी प्रकार नाजायज नहीं बतलाया जा सकता। वह अन्तर्राष्ट्रीय क्षेत्र में भी प्राकृतिक अवस्था के मनुष्य की भाँति ही स्वतंत्र है। वह युद्ध की घोषणा कर सकता है और जब चाहे संधि करके शांति भी कर सकता है। अपने इन कार्यों के लिए वह किसी की भी अनुमति पहले से प्राप्त करने के लिए बाध्य नहीं।

संप्रभु शासक के समक्ष किसी व्यक्ति के कोई अधिकार नहीं हैं। वह जो चाहे अधिकार प्रजा को दे सकता है और उन्हें जब चाहे छीन सकता है। भाषण-स्वातंत्र्य और सभी अधिकारों के संबंध में हॉब्स का यही मत है। यदि वह समझता है कि किसी मत के प्रचार से राज्य को खतरा है या उसकी शांति भंग हो जाने की संभावना है तो वह उसे बिना किसी संकोच के दबा सकता है और यह भी कर सकता है कि कोई उस प्रतिबंध के विरुद्ध आवाज न उठाए।

संप्रभु शासक राजसत्ता की अंतिम, सर्वोच्च और एकाकी अवस्था का प्रतीक है। कोई भी व्यक्ति उस सत्ता का प्रतिरोध तब तक नहीं कर सकता—जब तक ऐसा करना उसकी अपनी आत्मरक्षा के लिए ही जरूरी न हो जाए।

संप्रभु शासक का यह कर्तव्य है कि वह उन उत्तरदायित्वों और कर्तव्यों का पालन करे जिनके लिये उसकी रचना की गई है। वे उत्तरादायित्व और कर्तव्य ये हैं—बाह्य और

आन्तरिक आक्रमणों से प्रजा की रक्षा करना, और राज्य में शान्ति एवं व्यवस्था बनाये रखना। इनके अतिरिक्त वह संप्रभु शासक का कोई कर्तव्य नहीं बतलाता।

संप्रभु शासक की आज्ञा चाहे गलत हो या सही–प्रजा द्वारा उस आशा का पालन किया जाना जरूरी है। यदि कोई व्यक्ति उन आज्ञाओं का पालन नहीं करता तो वह अनुबंध की शर्तों का उल्लंघन करता है। वह अपराधी है और उस पर राजद्रोह का आरोप लगाकर संप्रभु शासक जो चाहे दण्ड दे सकता है। कोई नया संप्रभु शासक उस समय तक नहीं बनता जब तक पूर्ववर्ती संप्रभु अपने पद से हट न जाए या नये संप्रभु की नियुक्ति का आदेश न दे दे। संप्रभु जो चाहे–प्रजा की तरफ से कर सकता है क्योंकि वह प्रजा का ही विकसित और संयुक्त स्वरूप है।

यदि संप्रभु अपने उत्तरदायित्वों का पालन नहीं करता तो प्रजा के पास ऐसी कोई शक्ति नहीं जिससे वह उसका विरोध कर सके। संप्रभु अविवेकी हो सकता है लेकिन उस पर यह आरोप नहीं लगाया जा सकता कि वह अन्याय करता है। वह चूँकि प्राकृतिक अवस्था में है और उसके ऊपर उसके अपने विवेक के अतिरिक्त कोई शक्ति नहीं है और उसे सारे प्राकृतिक अधिकार प्राप्त हैं–इसलिए, उसके लिये कोई भी कार्य न्याय या अन्याय की कल्पना से रहित है क्योंकि ऐसा ही प्रत्येक व्यक्ति के लिए उस समय भी था जब वह स्वयं प्राकृतिक अवस्था में था।

व्यक्ति के लिए संप्रभु शासक ही ईश्वर है--क्योंकि लौकिक जगत में उसके अतिरिक्त ईश्वर का प्रतिनिधित्व अन्य कोई व्यक्ति नहीं कर सकता। इसलिए यह कहना निरर्थक है कि ईश्वर से व्यक्ति का कोई ऐसा भी अनुबंध हो सकता है जो संप्रभु द्वारा न हो। ईश्वर से होनेवाले प्रत्येक अनुबंध के लिए संप्रभु शासक का साक्ष्य अपेक्षित है।

संप्रभु सम्पूर्ण प्रशासकीय सत्ता का प्रतीक है और राज्य के समस्त अधिकारियों का वह उच्चतम अधिकारी है। राज्य में उससे बड़ा कोई अधिकारी नहीं हो सकता। वही मान का स्रोत भी है।

व्यक्तियों का ऐसा समुदाय जो अल्पमत में हो–यह नहीं कह सकता कि वह अमुक संप्रभु की सत्ता को नहीं मानता क्योंकि वह संप्रभु उसकी इच्छा के अनुकुल नहीं चुना गया है। यदि वह ऐसा करता है तो बहुमत की इच्छाओं का प्रतिनिधित्व करनेवाले संप्रभु शासक को इस बात का पूरा अधिकार है कि वह अपने विरोधियों का उन्मूलन कर डाले। यदि संप्रभु विरोधियों का उन्मूलन करता है तो उसके खिलाफ कोई शिकायत नहीं की जा सकती।

संप्रभु के अधिकारों और गुणों को कोई भी विभाजित नहीं कर सकता। वे अविभाज्य, अहस्तान्तरणीय और अपरिवर्तनीय हैं। संप्रभु के सामने लौकिक और आध्यात्मिक दोनों ही निगमों और संवासों के व्यक्तियों को नतमस्तक होना पड़ता है।

हॉब्स के मतानुसार सीमित संप्रभुता जैसी कोई चीज नहीं होती। हॉब्स की संप्रभुता संबंधी परिभाषा जीन बोदाँ से काफी प्रभावित है। हॉब्स का संप्रभु शासक ही प्राकृतिक विधियों का सर्वोच्च निर्णायक और व्याख्याता है। संप्रभु शासक को ईश्वर के सामने नतमस्तक करनेवाली शक्ति प्राकृतिक विधियाँ ही हैं। उन्हीं विधियों के द्वारा वह ईश्वर के प्रति उत्तरदायी है। दूसरे, हॉब्स की संप्रभुता की परिभाषा की तरफ हम ध्यान दें तो यह स्पष्ट हो जायेगा कि वह निरंकुश राजतंत्र में ही अपनी कल्पना की संप्रभुता को केन्द्रित नहीं करता अपितु कहता है कि संप्रभुता किसी व्यक्ति या व्यक्ति-समुदाय में परिवेष्ठित की जा सकती है। इससे कम-से-कम बात तो स्पष्ट हो ही जाती है कि वह शासनतंत्रात्मक (सरकार की) निरंकुशता का पक्षपाती है—राजतंत्रात्मक निरंकुशता का नहीं। वह प्रजा से शासनतंत्र के बिना विद्रोह के सारे अधिकार छीन लेता है और शासन के आदेशों का विरोध करने की आज्ञा तभी देता है जब किसी का जीवन खतरे में हो। इसके अतिरिक्त हॉब्स की संप्रभुता की व्याख्या में पोपतंत्र या धर्म की श्रेष्ठता का कोई स्थान नहीं है। वह पादरियों की शक्ति को राजसत्ता की तुलना में हेय समझता है और उसका विचार है कि यदि संप्रभु शासक के बराबर ही कोई दूसरी धर्मशक्ति खड़ी कर दी जाए तो इस बात का खतरा है कि राज्य की शांति भंग हो जाए। इसलिए वह अपनी संप्रभुता के सामने किसी भी बाह्य सत्ता का अधिकार मानने के लिये प्रस्तुत नहीं है।

धर्म और राज्य

हॉब्स के सभी ग्रंथों में धर्म के प्रति असहिष्णुता और विरोधी भावना प्रकट की गई है। यह भावना **'लेवॉयथन'** में हमें पूर्ण रूप से विकसित मिलती है। हॉब्स राजनीतिक क्षेत्र में राजसत्ता का बड़ा जबर्दस्त समर्थक था और इस दिशा में उस पर मार्सीलिओ का बड़ा प्रभाव पड़ा। वह स्पष्टतः ऐसी ताकत का विरोधी था जो राज्य में ही रहकर राज्य की शक्ति को चुनौती दे। वह यह तो जरूर चाहता था कि राज्य में एक ही धर्म रहे लेकिन उसकी इच्छा थी कि धर्माधिकारी राजा के आदेशों के अन्तर्गत रहें। वे इस बात का प्रयत्न करें कि शासक उनकी मर्जी के अनुसार कार्य करें। परिभाषा-निर्माण में चतुर हॉब्स ने गिरजा या चर्च की परिभाषा यह कहकर की कि ऐसे चर्च या धर्म का कार्य सर्वथा अवैधानिक है जो बिना संप्रभु शासक की अनुमति के कार्य करता है। धर्म को राष्ट्रीयता का बाना पहनाने में भी हॉब्स ने बड़ा कार्य किया। उसने कहा कि कोई गिरजा सार्वभौमिक नहीं हो सकता और न कोई धर्म ही सब देशों में समान रूप से माना जा सकता है। वह किसी आध्यात्मिक शासनतंत्र का अस्तित्व भी नहीं मानता था। उसका कहना था कि राजनीति के क्षेत्र में संप्रभु ही आध्यात्मिक और भौतिक दोनों ही पक्षों का ईश्वरीय प्रतिनिधि है। उसे आध्यात्मिक दलालों (पुरोहितों और पादरियों से आशय था) की कोई आवश्यकता नहीं है। वह पुरोहितों को आध्यात्मिक कार्य करने की अनुमति देता है, उन्हें शासन करने का अधिकार नहीं देता। इसीलिए उसने अपने संप्रभु शासक को यह परामर्श

भी दिया कि वह किसी पादरी को अपनी आज्ञा के विरुद्ध न चलने दे। यदि कोई धर्माधिकारी ऐसा करने का दुस्साहस करे तो ऐसे व्यक्ति को कड़ाई से कुचल दिया जाए। उसका कहना था कि धर्म का कार्य राजा या संप्रभु सत्ता को उसके काम में सहायता देना है। अड़ंगा डालना नहीं। इस प्रकार हम देखते हैं कि हॉब्स ने सत्रहवीं शताब्दी में राजसत्ता को धर्मसत्ता की दासता के नाश से सर्वथा मुक्त कर दिया। हॉब्स भौतिकवादी था और उसके लिए धर्म-सी अभौतिक आध्यात्मिक वस्तु सर्वथा काल्पनिक थी। वह उसे रोमन साम्राज्य के एक प्रेत से अधिक कुछ नहीं समझता था। वह पैगम्बरी कथाओं में कोई सत्य नहीं देखता। वह धर्म को एक ऐसी गोली समझता था जो यदि पानी के साथ ली जाए तो मरीज को अच्छा कर देती है, लेकिन यदि उसे चबा लिया जाए तो उसकी उपयोगिता बहुत कुछ नष्ट हो जाती है। वह गिरजा को एक निगम समझता था और उसका कहना था कि अन्य निगमों तथा संवासों की भाँति संप्रभु शासक गिरजा का भी अध्यक्ष है। उसका कहना था कि गिरजा का कार्य उपदेश देना है, लेकिन गिरजा यह कार्य तभी कर सकता है जब उसे संप्रभु सत्ता की अनुमति प्राप्त हो। यहाँ वह मार्सीलिओ से कुछ आगे बढ़ जाता है। इस प्रकार हॉब्स का शासनतंत्र और संप्रभु शासक धर्म पर हावी रहता है–धर्म उन पर नहीं।

विधियाँ

हम ऊपर के अनुच्छेदों में प्राकृतिक विधियों की चर्चा कर आये हैं। हॉब्स ने प्राकृतिक विधियों पर विचार करने के बाद विधियों का प्रश्न उठाया। उसने कहा कि प्राकृतिक विधियों और सामान्य रचनात्मक विधियों में अन्तर है। सामान्य राजकीय विधियाँ संप्रभु शासक की इच्छा से उत्पन्न होती हैं। विधियाँ तीन प्रकार की होती हैं–(1) दैवी विधियाँ, (2) नागरिक विधियाँ, और (3) प्राकृतिक विधियाँ। प्राकृतिक विधियाँ विवेकजनित ऐसे निष्कर्ष होते हैं जिनका उल्लंघन नहीं किया जा सकता। सामान्य नागरिक विधियाँ या रचनात्मक विधियाँ संप्रभु की इच्छा का प्रतिनिधित्व करती हैं। और प्रत्येक नागरिक का कर्तव्य है कि वह संप्रभु की इच्छा का पालन करे और विधियों द्वारा आचरण के जो नियम निर्धारित हों उनका पालन करे। नागरिक विधियों की उत्पत्ति का स्रोत मानव-स्वभाव की आत्मरक्षा की प्रवृत्ति में रहता है। विधियों के अनुसार आचरण करना इसी प्रवृत्ति का परिचायक है। हॉब्स साधारण सामाजिक प्रथाओं को भी नागरिक विधियों की भाँति ही उपयोगी और मान्य मानता था। उसका कहना था कि चाहे सामाजिक प्रथाओं को संप्रभु ने अपने मुंह से नहीं बनाया ही तब भी उनके विरुद्ध आचरण करने की आज्ञा संप्रभु नहीं देता। इस दशा में उसकी तटस्थता ही स्वीकृति का लक्षण है। इसीलिये सामाजिक प्रथाओं को वही स्थान प्राप्त होना चाहिए जो सामान्य नागरिक विधियों का होता है। ईश्वरीय विधियाँ वे हैं जिनकी रचना में मनुष्य का प्रत्यक्ष या अप्रत्यक्ष कोई हाथ नहीं होता।

विधियों का राज्य में स्थान क्या है ? इस संबंध में हॉब्स का मत व्यक्तिवादियों की तरह है। हॉब्स के संप्रभु का राज्य ऐसा है जिसमें नागरिक स्वतंत्रता में समान्यतः कोई हस्तक्षेप नहीं किया जाता। प्रत्येक नागरिक स्वतंत्रता से जो कार्य चाहे कर सकता है–बशर्ते, वह शान्ति भंग न करे, अव्यवस्था न फैलाए और राजद्रोही न हो। वह लोक-कल्याण का भी कोई उत्तरदायित्व अपने संप्रभु शासक के ऊपर नहीं छोड़ता। इस प्रकार हॉब्स के संप्रभु शासक का राज्य पुलिस राज्य है। आजकल के कल्याणकारी राज्य की कल्पना से उसका मेल नहीं बैठता।

हॉब्स के राज्य में व्यक्ति, व्यक्ति-स्वातंत्र्य और व्यक्ति के अधिकार

हॉब्स ने यद्यपि अपने राज्य की उत्पत्ति सामूहिक इच्छा द्वारा बतलाई है और यह भी कहा है कि संप्रभु शासक की आज्ञा मानना व्यक्ति का कर्तव्य है लेकिन उसने कहा है कि यदि कोई संप्रभु व्यक्ति के जीवन की रक्षा न कर सके तो नागरिक उसकी आज्ञा मानने के लिए बाध्य नहीं हैं। उसने कहा है कि यदि शासक व्यक्ति से आत्महत्या करने को कहे तो वह ऐसा करने से इन्कार कर सकता है। यदि उसे प्राणों का भय हो तो वह सैनिक बनने से भी इन्कार कर सकता है। जहाँ तक व्यक्ति-स्वातंत्र्य का संबंध है–हॉब्स अपने राज्य में व्यक्ति को कोई ऐसी स्वतंत्रता नहीं देता जो संप्रभु की स्वतंत्रता में बाधा डालती हो। व्यक्ति को केवल इतना ही अधिकार है कि यदि संप्रभु उसके जीवन की रक्षा करने में असमर्थ हो या उसके प्राण हरना चाहे तो वह उसकी आज्ञा न मान कर अपने को बचाने का प्रयत्न कर सकता है। जहाँ संप्रभु अपनी प्रजा की रक्षा करने में असमर्थ हो वहाँ उसके सारे अधिकार समाप्त हो जाते हैं।

सर्वश्रेष्ठ शासनतंत्र

हॉब्स राजतंत्र को सर्वश्रेष्ठ शासनतंत्र मानता है। उसने राजतंत्र की सर्वश्रेष्ठता सिद्ध करने के पूर्व यह बतलाया कि शासनतंत्र किस-किस प्रकार के होते हैं। वह कहता है कि मोटे तौर पर शासनतंत्रों का वर्गीकरण इन वर्गों में किया जा सकता है–(1) राजतंत्र, (2) आभिजात्यतंत्र, और (3) प्रजातंत्र। यह वर्गीकरण इस आधार पर किया गया है कि संप्रभुता कितने व्यक्तियों के हाथ में रहती है। यदि संप्रभुता एक व्यक्ति तक ही सीमित है तो वह राजतन्त्र कहलायेगा। यदि संप्रभुता राज्य के सम्पन्न और बौद्धिक प्रतिभायुक्त व्यक्तियों के एक वर्ग में सीमित है तो वह आभिजात्यतंत्र कहलायेगा और यदि संप्रभुता सम्पूर्ण नागरिकों से निहित है तो वह प्रजातंत्र कहलायेगा। वह लोककल्याण और सार्वजनिक हित की दृष्टि से आभिजात्य और प्रजातंत्रों को ठीक नहीं समझता। उसका कहना है कि इन दोनों ही शासनतंत्रों में राज्य के मुख्य लक्ष्य शांति और व्यवस्था की रक्षा भली-भाँति नहीं हो पाती। कारण, आभिजात्यतंत्र में एक वर्ग के व्यक्ति अधिक-से-अधिक

सत्ता प्राप्त करने के लिए प्रतिद्वंदात्मक संघर्ष में व्यस्त रहते हैं, और प्रजातंत्र में प्रत्येक व्यक्ति अपने-अपने स्वार्थों के लिए चिन्तित रहता है और उनकी पूर्ति के लिए आपस में लड़ता रहता है। इसके विपरीत राजतंत्र में संप्रभु सत्ता के लिए कोई संघर्ष होने का प्रश्न ही नहीं उठता, क्योंकि संप्रभुता के सारे अधिकार उसी के पास रहते हैं। राजा अपने स्वार्थों और प्रजा के हितों के बीच अपेक्षाकृत जल्दी सामंजस्य स्थापित कर सकता है। इसलिए हॉब्स का मत है कि "राजतंत्रात्मक शासन न केवल उचित ही है; वरन् सर्वश्रेष्ठ भी है। उसमें लाभ अधिक है; और त्रुटियाँ (अपेक्षाकृत) न्यून।" उसने इस संबंध में मार्सीलिओ के विचारों का भी अध्ययन किया था और वह इस परिणाम पर पहुँचा कि निर्वाचित राजतंत्र की पद्धति ठीक नहीं है—आनुवंशिक राजतंत्र ही अधिक अच्छा है।

हॉब्स के विचारों के गुण-दोष और अनुदाय

यदि हॉब्स के विचारों के गुण-दोषों का विवेचन किया जाए तो जिस तरफ हमारा ध्यान सबसे पहले जायेगा—वह है उसकी प्राकृतिक अवस्था तथा मनुष्य के स्वभाव का चित्रण। हॉब्स का कहना था कि मनुष्य स्वभाव से ही स्वार्थी है। वह अपने लाभ के अतिरिक्त अन्य किसी बात को नहीं देखता। वह अपनी कीर्ति चाहता है। लेकिन हॉब्स यह भूल जाता है कि मनुष्य में परोपकार और परसेवा की वृत्ति भी होती है; मनुष्य में दोष ही नहीं कुछ गुण भी होते हैं। मनुष्य को स्वभावतः बुरा मानकर आगे चलने का परिणाम यह होता है कि हॉब्स मनुष्य की राज्य के बनने की पूर्व दशा या प्राकृतिक अवस्था का जो चित्रण करता है—वह पढ़ने पर बड़ा भयावह मालूम होता है। उसके शब्दों में पूर्ण अराजकता की अवस्था ही इस बात का प्रमाण है कि मनुष्य प्राकृतिक अवस्था में कितना दुखी था। उसके इस कथन में सामयिक परिस्थितियों का प्रभाव भी झलकता है। इंग्लैण्ड में उन दिनों गृहयुद्धजनित अराजकता को हॉब्स मनुष्य की प्राकृतिक अवस्था का प्रतीक मान बैठा था। अपनी धारणा की पुष्टि के लिए उसने इतिहास से कोई प्रमाण ढूंढने का यत्न नहीं किया। इस प्रकार तर्क और विवेक की कसौटी पर उसका मानव-स्वभाव संबंधी मत खरा नहीं उतरता और प्राकृतिक अवस्था संबंधी उसकी कल्पना भी अवास्तविक प्रतीत होती है। उसे व्यवस्थित तर्कों में कई बातें ऐसी मिलती हैं जो उसकी ही बातों का खण्डन करती हैं। एक ओर तो वह कहता है कि प्राकृतिक अवस्था में मनुष्य के अत्यधिक स्वार्थी होने के कारण कोई अनुबंध संभव नहीं है। दूसरी ओर वह प्राकृतिक अवस्था के मनुष्य में ही, बिना कोई परिवर्तन लाये, दो अनुबंधों के अस्तित्व को मान लेता है। एक अनुबंध वह जिसके अनुसार मनुष्य सभ्य समाज की स्थापना करता है और दूसरा अनुबंध वह जिसके आधार पर मानव-समाज संप्रभु शासक की सृष्टि करता है। यहाँ यह शंका उत्पन्न होती है कि जब मनुष्य के स्वभाव में कोई परिवर्तन ही नहीं होता और प्राकृतिक अवस्था में कोई अनुबंध संभव नहीं है जब ये अनुबंध कैसे हो जाते हैं? हॉब्स की किसी पुस्तक में हमें इसका समाधान नहीं मिलता। यही नहीं, हॉब्स एक तरफ तो कहता है कि उसका

संप्रभु शासक या नश्वरदेव जनता का प्रतिनिधि है और दूसरी ओर कहता है कि वह जनता के प्रति तनिक भी उत्तरदायी नहीं है। समझ में नहीं आता कि ऐसा कौन-सा प्रजा का प्रतिनिधि हो सकता है जो उन व्यक्तियों के प्रति उत्तरदायी न हो जिनके द्वारा उसकी सृष्टि हुई है या जिनके प्रतिनिधित्व का वह दम भरता है। हॉब्स कहता है ऐसे संप्रभु शासक के हाथ में प्राकृतिक अवस्था के अंक में पलनेवाला स्वार्थी मनुष्य अपने सारे प्राकृतिक अधिकार सौंप देता है। यदि यह ठीक है तो हमें मनुष्य के विवेक पर ही संदेह हो उठता है और लॉक के ये शब्द याद आते हैं–"क्या प्राकृतिक अवस्था में रहनेवाले लोग इतने मूर्ख थे कि वे लोमड़ियों तथा जंगली बिल्लियों की शरारतों से बचने की तो फिक्र करते थे लेकिन उस अवस्था में संतुष्ट थे और अपने आपको सुरक्षित अनुभव करते थे जब शेर उन्हें निगले जा रहा हो।"

हॉब्स के सारे राजदर्शन का आधार व्यक्ति है। वह आदि से अन्त तक व्यक्ति को व्यक्ति ही रखता है। वह अरस्तू की भाँति व्यक्ति के क्रमिक विकास पर कोई ध्यान नहीं देता। वह बोदाँ की तरह व्यक्ति के पारिवारिक पक्ष की ओर नहीं जाता। इसका अर्थ हुआ कि वह इस तथ्य की ओर ध्यान नहीं देता कि मनुष्य एक सामाजिक प्राणी है। नतीजा यह होता है कि वह उसके स्वभाव की संतुलित व्याख्या करने में असफल रहता है। मनुष्य ने प्राकृतिक अवस्था से सभ्य समाज की दुनिया में पैर रखा–इसके बाद राज्य बनाया–यह सारा कार्य उसके क्रमिक बौद्धिक विकास का परिचायक है। वह एक दिन की आकस्मिक घटना का परिणाम नहीं है। प्राकृतिक अवस्था से राज्य निर्माण तक और उसके भी आगे मनुष्य ने जो प्रगति की–वह सब-की-सब उसकी आवश्यकताओं का परिणाम थी।

हॉब्स का कहना है कि प्राकृतिक अवस्था में आजकल जैसी कोई विधियाँ नहीं थीं। यह कहना भी बिल्कुल सच नहीं है; क्योंकि उस काल में आजकल की भाँति विधियों की रचना के लिए चाहे संसद और विधानसभाएं न रही हों लेकिन आदिकाल का मनुष्य भी कुछ-न-कुछ नैतिक सिद्धान्तों को अवश्य मानता था। हॉब्स का विधियों संबंधी मत अत्यन्त संकीर्ण हैं। कारण, हॉब्स अपने संप्रभु शासक को ही ऐसा अंतिम व्यक्ति मानता था जो विधि का स्रोत एवं उसका व्याख्याता हो। **क्लेरेण्डन** का तो कहना था कि उसे इंग्लैण्ड की विधियों और प्रथाओं का भी कोई ज्ञान नहीं था।

संप्रभुता वाले अध्याय में हॉब्स का कहना है कि प्रत्येक काल में निरंकुश सत्ता बराबर किसी-न-किसी व्यक्ति या वर्ग के हाथ में रही है; क्योंकि यदि यह निरंकुश सत्ता न रहे तो अराजकता फैल जायेगी और मनुष्य फिर वैसा ही हो जायेगा जैसा वह प्राकृतिक अवस्था में था; प्रत्येक व्यक्ति प्रत्येक के विरुद्ध संघर्ष करने लग जायेगा; युद्ध और हत्याओं का बाजार गरम हो जायेगा। लेकिन यह बात भी इतिहास द्वारा सिद्ध नहीं होती क्योंकि यदि हम मध्य युग के इतिहास के पृष्ठों को उलटें तो कुछ ही क्षणों में यह स्पष्ट

हो जायेगा कि मध्य युग में ऐसे सैकड़ों वर्ष गुजरे जब निरंकुश सत्ता किसी के हाथ में नहीं रही और वह धर्म और राजसत्ता के बीच बँट गई। ऐसी अवस्था में भी न तो राज्य ही नष्ट हुआ और न समाज ही और न हम यही देखते हैं कि मनुष्य फिर प्राकृतिक अवस्था में पहुँच गया हो। हॉब्स की शासनतंत्र की कल्पना में मिश्रित तंत्र की कोई गुंजाइश ही नहीं है। उसका कहना है कि यदि ऐसा होगा तो संप्रभुता एक स्थान में रह ही नहीं सकती और यदि वह एक स्थान में रह सकती तो फिर अराजकता अवश्यम्भावी है। इतिहास द्वारा फिर एक बार उसका यह मत खण्डित हो जाता है। वह यह भूल जाता है कि मनुष्य पर सदा हिंसा का ही भूत सवार नहीं रहा। उसका अपना भी विवेक है। मनुष्य के धार्मिक विश्वास होते हैं। सामाजिक मतों का भी उस पर असर पड़ता है। हॉब्स राज्य को आवश्यक बुराई के रूप में देखता है, वह उसे मनुष्य के कल्याण का साधन नहीं मानता।

हॉब्स ने अपने मतों के कारण समकालीन समाज के प्रत्येक वर्ग को अपना आलोचक बना लिया था। राजतंत्र के समर्थकों ने उसका समर्थन इसलिए नहीं किया कि वह प्रजा को संप्रभु शासक की आज्ञाकारिता से उस समय मुक्त कर देता है, जब वह नागरिकों की जीवनरक्षा करने के अयोग्य हो जाता है। राजतंत्र समर्थक विचारकों को कहना था कि किसी देश के राजा को विदेशी आक्रमण के कारण यदि अपना पद खो देना पड़े तो हॉब्स के अनुसार प्रजा को ऐसे राजा को प्रति भक्ति प्रकट करने की कोई जरूरत नहीं है क्योंकि वह राजा अपने प्रजा के जीवन की रक्षा करने के अयोग्य हो गया है। स्पष्ट था कि कोई भी राष्ट्रीय भावनाओं का व्यक्ति हॉब्स की यह बात नहीं मान सकता था। पादरी और गिरजे के लोग हॉब्स के भौतिकवादी दृष्टिकोण तथा धर्मसत्ता के राजनीतिक क्षेत्र में विरोध के कारण बिगड़ गये थे। प्रजातंत्रवादी कहते थे कि हॉब्स राजतंत्रात्मक शासन का हिमायती है। उन्होंने उसके बहुत से विचारों को अनैतिक बतलाया। मनोवैज्ञानिकों ने उसके मानव स्वभाव संबंधी चित्रण को इसलिये त्रुटिपूर्ण कहा कि उसने मानवीय स्वभाव के दुर्गुणों पर ही सबसे अधिक बल दिया था। व्यक्तिवादी उसके इसलिये विरुद्ध थे कि उसके राज्य में व्यक्ति-स्वातंत्र्य था ही नहीं। वह अपने राज्य में किसी को संप्रभु शासक की आलोचना करने का अधिकार ही नहीं देता था।

हॉब्स की आलोचना का यह क्रम बहुत दिनों तक चलता रहा। सबसे पहले लॉक इसके बाद रूसो तथा अन्य समकालीन विद्वानों ने उनकी कड़ी आलोचना की। लेकिन बाद में बेंथम ने सबसे पहले उसके अनुदायों की तरफ बौद्धिक एवं दार्शनिक वर्ग का ध्यान आकृष्ट किया। बेंथम ने हॉब्स का अध्ययन करके यह परिणाम निकाला कि हॉब्स ने मनुष्य के उस स्वभाव का चित्रण किया है जिसमें वह अपना ही लाभ देखता है। इस प्रकार यह कहा गया कि हॉब्स के मनुष्य का स्वभाव उपयोगितावादी है। ऑस्टिन ने उसके संप्रभुता

(या संप्रभु शासक के अधिकारों की कल्पना) से प्रभावित होकर संप्रभुता की न्यायशास्त्रीय ढंग से परिभाषा की। स्पिनोजा ने हॉब्स के अन्य सिद्धान्तों का प्रतिपादन किया।

हॉब्स के राजनीतिक अनुदायों में सबसे बड़ा अनुदाय तो यह है कि उसने राज्योत्पत्ति के सिद्धान्त का अभिनवीकरण किया। हॉब्स के पूर्व, अनुबंध द्वारा राज्य की उत्पत्ति की कल्पना की गई थी लेकिन फिर भी राज्य की उत्पत्ति को ईश्वरीय माना जाता था। हॉब्स ने अपने पूर्ववर्तियों का (ह्यूगनॉट्स विचारकों का विशेष रूप से) खण्डन किया और कहा राज्य की उत्पत्ति ईश्वरीय इच्छा का परिणाम नहीं बल्कि मानवीय इच्छा का परिणाम है। इसका नतीजा यह हुआ कि मानव-मस्तिष्क का ध्यान आगे बढ़ा और उसने राज्य के कर्तव्यों और उद्देश्यों को निर्धारित करने की भी चेष्टा की। कल्याणकारी राज्य की वर्तमान कल्पना इसी मनोवृत्ति का बृहद् रूप है।

हॉब्स का राजदर्शन आधुनिक युग की तरफ समस्त मानव-जाति को ले जानेवाला एक मोड़ इन अर्थों में है कि उसने मध्यकालीन मूढ़ विश्वासों का अन्त कर मानवीय विवेक पर सर्वाधिक बल दिया और बतलाया कि प्राकृतिक विधियों, दैवी विधियों और धर्मसत्ता की प्रधानता आदि का राजनीतिक क्षेत्र में कोई अलग अस्तित्व नहीं है। इन सबको राज्य का अंग और सहयोगी एवं सक्रिय अंग बनकर ही आगे चलना चाहिए। उसने व्यक्ति के हितों को सर्वोच्च महत्व दिया। वह यह मानता था कि जीवन-रक्षा के अधिकार से ही सभ्य समाज बनता है एवं राज्य की रचना होती है। इसी विश्वास ने आगे चलकर आधुनिक प्रजातांत्रिकता को जन्म दिया। हॉब्स के राज्योत्पत्ति के ये सिद्धान्त-कि भय तथा अपने कल्याण की भावना के कारण ही मनुष्य राज्य का अस्तित्व चाहता है—आधुनिक राज्यों की आधारशिला बने हुए हैं। हॉब्स संप्रभुशासक को स्वेच्छा से शासन करने का जो अधिकार देता है उसका एकमात्र कारण यही है कि वह एक ऐसी सत्ता को सब भाँति स्वतंत्र रखना चाहता था जो सामयिक आवश्यकताओं के अनुकूल कार्य कर सके। सच तो यह है कि संप्रभुता, व्यक्तिवादी विचारधारा, भौतिकवादी दर्शन, उपयोगितावाद आदि के आजकल के रूपों का वह जन्मदाता था।

जॉन लॉक

जीवन परिचय

जॉन लॉक का जन्म सन् 1632 में और मृत्यु सन् 1704 में हुई थी। इस काल का इतिहास देखने से पता चलता है कि लॉक को राजनीतिक क्षेत्र में किन परिस्थितियों की पृष्ठभूमि में कार्य करना पड़ा था। इसके अतिरिक्त नीचे लिखे उसके जीवन परिचय से भी यह पता चल जायेगा कि वह किन लोगों के साथ रहा और किन-किन विचारधाराओं का उस पर असर पड़ा। उसका जन्म इंग्लैण्ड के एक मध्यवर्ग के परिवार में हुआ था। उसके पिता सेना में अफसर थे। उन्होंने लॉक को उच्चतम शिक्षा दिलाई और उसने ऑक्सफोर्ड

विश्वविद्यालय से एम.ए. की परीक्षा उतीर्ण की। वह इतना प्रतिभासम्पन्न था कि उसे विश्वविद्यालय में ही अध्यापन कार्य मिल गया और इस अध्यापनकाल में उसका सम्पर्क अनेक विद्वानों से हुआ। इसी बीच लार्ड शेफ्ट्सबरी को एक सहायक की आवश्यता पड़ी और उनका ध्यान इस असाधारण प्रतिभावाले युवक की तरफ गया। उन्होंने उसे अपना सचिव बनाकर रख लिया। इसके बाद वह ह्विग दल का कर्ता बन गया। अपनी स्वाध्याय और अति परिश्रमी प्रकृति के कारण उसे क्षय रोग हो गया। इसकी चिकित्सा के लिये उसे फ्रांस जाना पड़ा। फ्रांस में ही अपने विश्रामकाल में उसने राजदर्शन का व्यापक अध्ययन किया। नतीजा यह हुआ कि वह समकालीन राजनीतिक घटना-चक्र का अत्यन्त संतुलित विवेचन कर सका। सन् 1683 में लॉक को फ्रांस से हॉलैण्ड कुछ राजनीतिक कारणों की वजह से चला जाना पड़ा। यहाँ वह सन् 1688 तक रहा। तभी सन् 1688 की स्वर्णक्रान्ति इंग्लैण्ड में हुई। लॉक ने इस क्रान्ति का समर्थन किया। इसी वजह से वह उस गौरवमय क्रान्ति का दार्शनिक और विचारक माना जाता है। उसकी मृत्यु 72 वर्ष की अवस्था में हुई।

सामयिक परिस्थितियों का प्रभाव

लॉक पर सामयिक परिस्थितियों एवं पूर्ववर्ती विचारकों का असर पड़ा जैसा कि स्वाभाविक था। अध्ययन की आरंभिक अवस्था में उस पर डॉ. बसवी और डॉ. जॉन ओवेन की प्योरिटन विचारधारा का असर पड़ा था। लॉर्ड शेफ्ट्सबरी के सम्पर्क के कारण वह ह्विग दल तथा उदारतावादियों से भी प्रभावित हुआ। हुकर का उसकी कृतियों पर काफी असर है। इतने पर भी यदि हॉब्स और फिल्मर ने निरंकुश राजतंत्र का खुला समर्थन न किया होता तो शायद लॉक को इतना लिखने की जरूरत न पड़ती।

लॉक की समस्याएँ

हॉब्स और लॉक की समस्याओं में कुछ मौलिक अन्तर है और वह यह कि जहाँ हॉब्स की समस्या यह थी कि शान्ति और व्यवस्थायुक्त राज्य की स्थापना कैसे की जाए—वहाँ लॉक की समस्या थी कि एक ऐसे राजतंत्र को जिसकी स्थापना सन् 1688 की क्रान्ति के बाद हो गई थी, किस प्रकार उचित और न्यायसंगत बतलाया जाए। हॉब्स को तर्क द्वारा लोगों को ऐसे कार्य करने के लिए प्रेरित करना था जिनसे राजा की सत्ता बनी रहे; लॉक को जनता द्वारा की गई क्रांति का औचित्य सिद्ध करना था जो परिस्थितियोंवश हो चुकी थी और जिसका प्रयोग सफल हुआ था। यही बात लॉक ने भी प्रकारान्तर से स्वीकार की है।

रचनाएँ और अध्ययन-पद्धति

लॉक की रचनाओं में निम्नलिखित निबंधात्मक ग्रंथों के नाम उल्लेखनीय हैं : (1) एसे कनसर्निंग ह्यूमन अण्डरस्टेंन्डिंग, (2) टू ट्री-टाइजेज ऑफ गवर्नमेण्ट, और (3) लेटर्स ऑन टॉलरेशन। प्रथम दो कृतियाँ सन् 1690 में तथा अंतिम कृतियाँ एक-एक पत्र

के रूप में सन् 1695 तक प्रकाशित हो चुकी थीं। लॉक की अध्ययन पद्धति समकालीन मनोविज्ञान-युक्त है। वह अनुभूतिमूलक है। लॉक यह मानकर चलता है कि समस्त ज्ञान अनुभूति द्वारा संचित किया जाता है। मनुष्य का मस्तिष्क एक सख्त तख्ती की तरह है जिस पर अनुभव की उँगलियाँ बराबर लिखती रहती हैं। इस प्रकार लॉक की अध्ययन पद्धति व्याप्तिमूलक है।

राज्य की उत्पत्ति

राज्य की उत्पत्ति का सिद्धान्त स्थिर करते हुए हॉब्स की भाँति लॉक भी इस प्रश्न को दो भागों में विभक्त कर देता है–(1) एक भाग वह जो मनुष्य प्राकृतिक अवस्था में रहता था, और (ख) दूसरा वह जब वह राज्य का निर्माण कर लेता है। लेकिन वह हॉब्स का यही तक अनुसरण करता है। इसके आगे वह हॉब्स की किसी बात को नहीं मानता। हम सबसे पहले लॉक द्वारा वर्णित प्राकृतिक अवस्था तथा मनुष्य के स्वभाव पर विचार करेंगे।

मनुष्य का स्वभाव और प्राकृतिक अवस्था

लॉक का कहना था कि मनुष्य स्वभाव से हिंसक नहीं है। वह शांतिप्रेमी है। यही कारण है कि वह प्राकृतिक अवस्था में शान्तिपूर्वक रहता है। इस अवस्था में 'प्रत्येक व्यक्ति प्रत्येक के विरुद्ध युद्धरत नहीं रहता, वरन् प्रेम और शांति का जीवन व्यतीत करता है। लेकिन इसका यह अर्थ नहीं कि प्राकृतिक अवस्था में कभी लड़ाई-झगड़े नहीं होते। लड़ाई-झगड़े होते हैं लेकिन मनुष्य अपने विवेक द्वारा उन्हें न्यूनतम बनाये रखते हैं। इस प्रकार **लास्की** के शब्दों में, लॉक की प्राकृतिक अवस्था राज्यहीन अवश्य थी, परन्तु समाजहीन नहीं। इस अवस्था में मनुष्य संघर्षों को कम करने के लिए जिस विवेक का प्रयोग करता था वह प्राकृतिक विधियाँ कहलाती थीं। इन्हीं प्राकृतिक विधियों के आधार पर आगे चलकर नागरिक विधियाँ बनीं। लॉक यह नहीं मानता कि प्राकृतिक विधियाँ नागरिक विधियों का प्रतिकूल रूप हैं वरन् वह कहता था कि प्राकृतिक विधियाँ नागरिक विधियों का पूर्व रूप है। लॉक का यह भी कहना था कि प्राकृतिक अवस्था में सभी मनुष्य समान थे। यह समानता किस चीज की थी? इस प्रश्न का उत्तर में लॉक कहता है–'यह समानता जीवन, स्वातंत्र्य और सम्पत्ति की थी। वह कहता था कि प्रत्येक व्यक्ति को जीने का समान रूप से हक है। बोलने और आने-जाने की स्वतंत्रता है और स्वोपार्जित सम्पत्ति रखने का अधिकार है। इस प्रकार हम देखते हैं कि लॉक ने मनुष्य की जिस प्राकृतिक अवस्था का चित्रण किया है उसमें मनुष्य सामाजिक अवस्था में शांतिपूर्वक रहता है।

लॉक आगे चलकर इस बात का भी विश्लेषण करता है कि ये अधिकार क्या हैं। जीवन, स्वातंत्र्य और सम्पत्ति के अधिकार मौलिक हैं। लॉक का कहना है कि इन अधिकारों का परित्याग मनुष्य किसी भी अनुबंध के लिये नहीं कर सकता और न उसने कभी ऐसा किया ही है। ऐसी मूर्खता कोई व्यक्ति नहीं कर सकता कि वह अपने जीवन को किसी एक

व्यक्ति के भरोसे छोड़ दे। स्वातंत्र्य अधिकार से लॉक का आशय था ऐसे समस्त प्रतिबंधों का अभाव जो व्यक्ति के पूर्ण विकास में बाधक होते हैं। लेकिन वह प्राकृतिक विधियों के प्रतिबंधों को मानता था। प्रतिबंधों से लॉक का आशय उन विधियों से था जो राज्य द्वारा बनाई जाती हैं और जिनका आधार प्राकृतिक विधियाँ न होकर अन्य बातें होती हैं। मनुष्य के सम्पत्ति के अधिकार की भी लॉक ने व्याख्या की और बतलाया कि कोई वस्तु उस समय किसी मनुष्य की व्यक्तिगत सम्पत्ति बन जाती है जब उसमें उसका श्रम लग जाता है। उदाहरण के लिए किसी मैदान में मिट्टी पड़ी हुई है और यदि कोई व्यक्ति एक टोकरी मिट्टी खोद कर उसे अपने घर ले आता है तो श्रम के कारण वह मिट्टी उस व्यक्ति की सम्पत्ति हो जाती है। इन तीनों अधिकारों के संबंध में लॉक का कहना है कि प्राकृतिक अवस्था में भी मनुष्य उन्हें मानते थे और राज्य की स्थापना के बाद भी उन्होंने उनको नहीं छोड़ा है। प्राकृतिक अवस्था में मनुष्य को प्राकृतिक विधियों द्वारा यह शिक्षा मिली थी कि सभी व्यक्तियों के स्वतंत्र और समान होने के कारण किसी भी व्यक्ति को दूसरे के जीवन, स्वातंत्र्य और सम्पत्ति के अधिकारों का अपहरण नहीं करना चाहिए।

लेकिन प्राकृतिक अवस्था में भी कुछ कठिनाइयाँ थीं। सबसे पहली कठिनाई यह थी कि व्यक्ति प्राकृतिक विधियों को स्पष्टता, निष्पक्षता और विवेकपूर्वक कार्यान्वित नहीं कर पाते थे। इसका कारण यह था कि सभी की बौद्धिक क्षमताएँ समान नहीं थीं। परिणाम यह होता था कि प्राकृतिक विधियों की ही लोग भिन्न-भिन्न ढंगों से व्याख्या करते थे और उन व्याख्याओं के अनुसार उनका प्रयोग करते थे। अतः सब ने यह अनुभव किया कि विधियों को निश्चित शब्दों में लिखित रूप से होना चाहिए; जिससे उनके आधार पर यह निर्णय किया जा सके कि कौन अपराधी है और कौन नहीं। दूसरी कठिनाई यह थी कि विधियों को व्याख्या करनेवाला ऐसा कोई निष्पक्ष व्यक्ति नहीं था जिसके निर्णय पर भरोसा किया जा सके। बहुधा ऐसा हो जाता था कि लोग अपने हित संबंधियों के पक्ष में फैसला कर देते थे। यही नहीं, प्रत्येक व्यक्ति प्राकृतिक विधियों की अपनी-अपनी व्याख्या करने के लिए स्वतंत्र था। ऐसी स्थिति में यह स्वाभाविक था कि बहुत उलझनें पैदा हो जातीं। तीसरी दिक्कत यह थी कि यदि सर्वसम्मति से कोई अपराधी घोषित भी कर दिया जाता तो यह समस्या उत्पन्न होती थी कि उसे दण्डित किस प्रकार किया जाए। जो अन्यायी का शिकार होता था वही अपराधी को दण्ड देता था। लेकिन यदि आक्रान्त व्यक्ति निर्बल था तो वह अन्यायी को दण्ड देने के लिये अपने समर्थकों से आशा करता था कि वे उसके साथ सहयोग करेंगे। लेकिन यदि उनका सहयोग न मिलता तो अपराधी बिना दण्ड पाये ही रह जाता था। इसलिये न्यायपालिका के साथ ही कार्यपालिका की आवश्यकता भी अनुभव की गई।

राज्य की स्थापना

उपरोक्त कठिनाइयों की वजह से ही इस बात की आवश्यकता अनुभव की गई कि राज्य की स्थापना की जाए। तदनुसार न्यायपालिका और कार्यपालिकायुक्त एक शासनतंत्र

की स्थापना की गई। इस शासनतन्त्र को केवल वे ही शक्तियाँ दी गईं जिनसे मनुष्य समाज की उक्त कठिनाइयों तथा असुविधाओं का निवारण हो सके। शेष प्राकृतिक अधिकार मौलिक अधिकारों के रूप में व्यक्तियों के पास ही रहे। इस प्रकार लॉक के अनुबंध की यह विशेषताएँ थीं: (1) यह कि अनुबंध राजनीतिक था। (2) यह कि अनुबंध एक ही था दो नहीं; (3) अनुबंध का जन्म इसलिए हुआ कि मनुष्य सामाजिक प्राणी है और समाज की रक्षा के लिये राजनीतिक संवास एक हद के बाद आवश्यक हो जाते हैं। लॉक इस अनुबंध को विवेक की विजय बतलाता है; (4) अनुबंध के होते हुए भी व्यक्ति जीवन, स्वातंत्र्य और सम्पत्ति के अधिकार नहीं खोता। इस प्रकार हॉब्स और लॉक के अनुबंध में अन्तर है। हॉब्स का अनुबंध व्यक्ति से सब कुछ ले लेता है जब कि लॉक का अनुबंध व्यक्ति के पास भी कुछ बना रहने देता है; (5) अनुबंध द्वारा राज्य केवल प्राकृतिक विधियों के अन्तर्गत ही व्यक्ति की रक्षा करता है। अनुबंध द्वारा व्यक्ति किसी संप्रभु शासक या किसी संप्रभु वर्ग को उक्त अधिकार नहीं देता बल्कि वह जो कुछ भी अपने अधिकार समर्पित करता है वह समाज को समूह रूप में करता है। प्रत्येक व्यक्ति के साथ उक्त अनुबंध करता है। लेकिन व्यक्ति जो अधिकार छोड़ता है उसमें भी उसकी यह शर्त लगी रहती है कि समाज किसी भी व्यक्ति के मौलिक अधिकारों का अपहरण नहीं करेगा। इस प्रकार समाज के साथ जो अनुबंध होता है उससे कोई संप्रभु सत्ता नहीं बनती और वास्तविकता तो यह है कि संप्रभुता या संप्रभु सत्ता आदि जैसे किसी शब्द का लॉक प्रयोग ही नहीं करता। इस प्रकार कुल मिलाकर लॉक एक सीमित राज्य और राजसत्ता का चित्र लेकर हमारे सामने उपस्थित होता है। वह शासनतंत्र को एक प्रन्यास मानता है। जिस प्रकार कोई व्यक्ति यदि प्रन्यास का उल्लंघन करता है तो उसे हटाया जा सकता है उसी प्रकार कोई शासन यदि व्यक्ति के मौलिक अधिकारों अर्थात् प्राकृतिक अधिकारों का अपहरण करता है या उनकी रक्षा नहीं करता या अपने उन कर्तव्यों का पालन नहीं करता जो उसे सौंपे गये हैं तो उसे हटाया जा सकता है। लॉक के अनुबंध की ही एक उपसिद्धि यह भी है कि शासनतंत्र की स्थापना बहुमत से होती है; अतः उसे बहुमत से ही समाप्त भी किया जा सकता है। वह कहता है कि शासन को उधर ही चलना चाहिए जिधर बहुमत चलना चाहे। यदि लॉक के सामाजिक अनुबंध द्वारा निर्मित शासनतंत्र का हम भली-भाँति विश्लेषण करें तो इसी निष्कर्ष पर पहुँचेंगे। वह जनता की संप्रभुता अर्थात् लोकप्रिय संप्रभुता की कल्पना करता है। वह जनता की उस लोकप्रिय संप्रभुता को व्यक्ति के मौलिक अधिकारों द्वारा सीमित भी कर देता है। लॉक व्यक्ति-स्वातंत्र्य का प्रबल समर्थक था। वह राज्य को उसी हद तक अधिकार देना चाहता था जिस हद तक व्यक्ति के मौलिक अधिकारों पर कोई प्रहार नहीं होता। वह ऐसे शासनतंत्र का हिमायती था जिसको जनता की सहमति और स्वीकृति प्राप्त हो। यह स्वीकृति मौन भी हो सकती है और वाणी द्वारा भी दी जा सकती है। यदि कोई व्यक्ति किसी राज्य के शासनान्तर्गत रहता है और उसका

संरक्षण स्वीकार करता है तो यह मान लेना होगा कि उसने शासन को अपनी मौन स्वीकृति दे दी है। शासनतंत्र की जिस सत्ता या राज्य की जिस संप्रभुता की कल्पना लॉक ने की--वह अनिवार्यतः लोकसत्ता है। वह किसी अविभक्त, वैधानिक या निरंकुश संप्रभुसत्ता की कल्पना ही नहीं करता। उसके राज्य में शासनतंत्र के सीमित अधिकार और सीमित उत्तरदायित्व हैं। लॉक शासन को ऐसा कोई कार्य करने की इजाजत नहीं देता जो सार्वजनिक कल्याण के हेतु न हों। जो शासनतंत्र नागरिक के हितों के विरुद्ध कार्य करता है लॉक का कहना था कि वह शासनतंत्र जीवित नहीं रहना चाहिए। ऐसा कहकर लॉक ने कहा कि एक निरंकुश राजतंत्र को बिना प्रजा की अनुमति लिये कर लगाने का अधिकार नहीं। वह शासन की इच्छा को ही सब कुछ नहीं मानता था। उसका कहना था कि शासन विधि के अनुसार होना चाहिए और विधियाँ समस्त, या शायद यह कहना अधिक उचित और शुद्ध होगा कि बहुमत की सहमति से बननी चाहिए। यदि कोई शासनतंत्र अपनी सीमाओं की मर्यादा की परवाह नहीं करता तो उसे शासन के कर्णधारों को यह आशा नहीं करनी चाहिए कि प्रजा उनकी आज्ञाओं का पालन करेगी। वह शासनतंत्र को उपयोगिता की कसौटी पर जाँचता था। यदि कोई शासनतंत्र जनता के लिये उपयोगी नहीं तो वह जीवित रहने का भी अधिकारी नहीं। यहाँ हॉब्स के मूल सिद्धान्त उपयोगितावाद से लॉक भी मतैक्य प्रकट करता है।

शासनतंत्र के कर्तव्य

लॉक ने शासन का सबसे पहला कर्तव्य यह बतलाया कि उसे ऐसी विधियाँ बनानी चाहिए जो प्राकृतिक विधियों पर आधारित हों; क्योंकि प्राकृतिक विधियों की उपयोगिता के संबंध में किसी का मतभेद नहीं होता; और उन विधियों द्वारा प्रत्येक नागरिक के कर्तव्य तथा अधिकारों को निर्धारित किया जा सकता है। शासनतंत्र का दूसरा कार्य राज्य के विभिन्न समुदायों, वर्गों तथा व्यक्तियों के हितों के बीच सामंजस्य स्थापित करना है। शासन का तीसरा कार्य युद्ध, शान्ति, संधियाँ आदि के अन्तर्राष्ट्रीय कार्यों एवं कर्तव्यों की पूर्ति करना है। वह शासन की परिवर्तनशीलता में भी विश्वास करता था। लॉक का कहना था कि शासन अलग-अलग भागों में विभक्त होना चाहिए। कार्यपालिका को न्यायपालिका के निर्णयों तथा विधानमण्डल अथवा संसद द्वारा निर्मित विधियों के अनुसार कार्य करना चाहिए। इसी प्रकार विधानमण्डल को विधायन और न्यायपालिका को विधानमण्डल की विधियों को अनुकूल फैसले करने चाहिए। इस प्रकार हमें शासन की शक्ति विभाजन सिद्धान्त के बीच लॉक में मिलते हैं। फिर भी लॉक की कार्यपालिका सबल है; क्योंकि वह उसे अस्थायी विधियों या अध्यादेशों के बनाने का अधिकार भी देता है। उसका कहना था कि शक्ति-विभाजन बड़ा ही आवश्यक है। यदि ऐसा नहीं किया जाता और दोनों को एक ही में रखा जाता है तो "विधानमण्डल के सदस्य जो विधियाँ बनायें उनसे अपने आपको मुक्त रख सकते हैं और ऐसी विधियाँ बना सकते हैं जिनसे उन्हीं का स्वार्थ सिद्ध हो।"

इसी प्रकार का कार्य अन्य विभाग भी कर सकते हैं। अतएव, प्रत्येक विभाग के कर्तव्य निर्दिष्ट और उनके अधिकारी अलग-अलग होने चाहिए। इस प्रकार लॉक के राज्य में संप्रभुता रहती तो समाज में है लेकिन उसका प्रयोग बहुमत की आज्ञा के अनुसार होता है। राज्य सदैव सार्वजनिक कल्याण की भावना से ही कार्य करता है। उसकी विधियों की विशेषता यह है कि वे प्राकृतिक विधियों के अनुकूल होती है। प्रत्येक विभाग का कार्य निश्चित होता है और उस कार्य को कोई दूसरा विभाग नहीं कर सकता।

राज्य और धर्म

राज्य और धर्म संबंधी लॉक का मत हमें उसके 'लेटर्स ऑन टॉलरेशन' से प्राप्त होता है। लॉक धार्मिक सहिष्णुता का पक्षपाती था। लेकिन उसके पूर्व ही सोलहवीं शताब्दी में इस प्रकार का आन्दोलन शुरू हो गया था। धार्मिक सहिष्णुता का सबसे बड़ा पक्षपाती राबर्ट ब्राउन था। उसके बाद विलियम दि सायलेण्ट ने भी धार्मिक विश्वासों के कारण किये जानेवाले दमन के विरुद्ध आवाज उठायी। बुशर रिचर्डसन, रोजर विलियम आदि ने धर्म के आधार पर किये जानेवाले दमन के औचित्य को नहीं माना। हालैण्ड, अमेरिका तथा इंग्लैण्ड में भी समकालीन समाज इसी प्रकार के विचारों का पक्षपाती था। इस प्रश्न पर लॉक ने दार्शनिक ढंग से विचार किया। उसका कहना था कि धर्मतंत्र के किसी भी अंग को राजनीतिक वैधता प्राप्त नहीं है। इसी प्रकार राज्य में जिन अधिकारियों का कार्य शासन संबंधी उत्तरदायित्वों का पालन करना है उनको भी विधि के अनुसार काम करना चाहिए। विधि को आत्मा या भावना जगत की किसी वृत्ति की ओर ध्यान देने की आवश्यकता नहीं है। यदि धर्म की आड़ में राजविरोधी कार्य लोग करते हों तो लॉक बलप्रयोग की भी सलाह देता था लेकिन यह स्पष्ट कर देता था कि ऐसा तभी करना चाहिए जब अन्य किसी उपाय से काम न चले। वह कैथोलिकों, मुसलमानों और नास्तिकों का विरोधी था; क्योंकि कैथोलिक अपने धर्म के सिवा अन्य किसी को कोई भी "धर्म मानने नहीं देते थे और अपनी रक्षा के लिए विदेशी राजसत्ता की ओर देखते थे; मुसलमानों के नैतिक सिद्धान्त यूरोपियन सभ्यता के खप नहीं सकते थे और नास्तिकों के सामने ऐसी कोई वस्तु नहीं होती जिसकी वजह से वे आचरण की शुद्धता पर ध्यान दें।" लॉक गिरजा अर्थात् धर्म और राज्य-इन दोनों के बीच समन्वय का पक्षपाती था और चाहता था कि दोनों एक दूसरे की सहायता से आगे बढ़ें। वह धर्म को व्यक्ति के अपने व्यक्तिगत विश्वास की चीज मानता था। वह ईमानदार मत-प्रकाशन के लिए धर्म को राज्य के अन्तर्गत मानता था और कहता था कि राज्य को सभी मतावलम्बियों को अपने यहाँ रहने की इजाजत देनी चाहिए।

राजक्रान्ति का अधिकार

लॉक हॉब्स के प्रतिकूल प्रजा से राजक्रान्ति का अधिकार छीन लेने का विरोधी था। वह राज्य में शासनतंत्र को प्रन्यास मानता था और कहता था कि अधिकारियों को सबके

हितों के लिये एक निर्दिष्ट दिशा में कार्य करने का दायित्व सौंपा गया है। जब तक वे व्यक्ति के जीवन, स्वातंत्र्य और सम्पत्ति के अधिकारों को सुरक्षित रखते हैं तब तक उन्हें अपने पदों पर बने रहने का अधिकार है लेकिन जैसे ही वह उक्त अधिकारों पर प्रहार करते हैं या आन्तरिक या बाह्य आक्रमण से उनकी रक्षा करने में असमर्थ होते हैं–वैसे ही उनके विरुद्ध राजक्रान्ति करने का अधिकार नागरिकों को प्राप्त हो जाता है। जो शासक मनमानी करता है–विधियों के अनुसार नहीं चलता, वह प्रजा का हितु नहीं, शत्रु है। उसके विरुद्ध समाज के प्रत्येक व्यक्ति को क्रान्ति का अधिकार है लेकिन राजक्रान्ति तभी होनी चाहिए जब बहुमत उसके पक्ष में हो।

लॉक की व्यक्तिवादिता

लॉक पर बहुधा यह आरोप लगाया जाता है कि वह कट्टर व्यक्तिवादी था। वॉहन ने भी कहा है, "लॉक की व्यवस्था में हर वस्तु व्यक्ति के इर्दगिर्द चक्कर काटती है; प्रत्येक वस्तु को इस प्रकार सजा कर रखा गया है कि व्यक्ति की संप्रभुता सब प्रकार सुरक्षित रहे।" लॉक वस्तुतः क्रान्ति का सिद्धान्तशास्त्री था। **लॉस्की** के शब्दों में उसका काम सन् 1688 की राजक्रान्ति का औचित्य सिद्ध करना था। यह बात हम पिछले अनुच्छेदों में भी कह आये हैं। लेकिन यह बात इस स्थल पर एक बार पुनः दोहरानी इसलिये आवश्यक हो गई है क्योंकि इस तथ्य की पृष्ठभूमि में ही हम यह समझ सकते हैं कि वह किस हद तक व्यक्तिवादी था। दो स्टुअर्ट राजाओं का विरोध इंग्लैण्ड के सम्पत्तिशाली वर्गों ने किया था। ये लोग लेवलरों के विरोधी थे। वे इस परिणाम पर पहुँचे कि इंग्लैण्ड में राजतंत्र तो होना चाहिए लेकिन यह राजतंत्र नाममात्र का हो। सत्ता वस्तुतः उस वर्ग के हाथ में रहे जिसके पास सम्पत्ति हो। इस प्रकार तत्कालीन इंग्लैण्ड का धनीवर्ग राजा को हाथ-पैर बाँध कर अपना नेता बनाये रखना चाहता था। लॉक अपने राजदर्शन में इसी वर्ग के विचारों का प्रतिनिधित्व करता है। उसे एक ऐसे राज्य की कल्पना करनी थी जिसमें व्यक्ति के आर्थिक हित सर्वथा सुरक्षित रहें। लॉक को अपने इस मत की पुष्टि के लिये प्राकृतिक विधियों से बड़ी सहायता मिली। लॉक, हॉब्स के मत के विपरीत वह मानता था कि यथार्थ विधियाँ प्राकृतिक विधियों का ही विकसित स्वरूप हैं। वह यह नहीं मानता था कि ये दोनों विधियाँ परस्पर एक-दूसरे के विरुद्ध हैं। लॉक जैसा कि कहा जा चुका है कि प्राकृतिक विधियों को ऐसी नियमसंहिता मानता था जो हर समय, हर स्थान पर हर व्यक्ति के आचरणों का नियंत्रण करती है। प्राकृतिक विधियों की कसौटी विवेक है और यह बात विवेकसिद्ध है कि हर एक मनुष्य समान है। इस प्रकार वह प्राकृतिक विधियों के आधार पर प्राकृतिक अधिकारों की कल्पना करता था। यही उसकी व्यक्तिवादी विचारधारा की कुंजी थी। लॉक की प्राकृतिक विधि, नागरिक शासनतंत्र, सामाजिक अनुबंध आदि सभी चीजों की कल्पना उसकी व्यक्तिवादिता पर आधारित हैं। हॉब्स ने मानव-स्वभाव, प्राकृतिक अवस्था आदि का जो कुछ चित्रण किया है, वह सब अत्यन्त काला है लेकिन वह हॉब्स की

व्यक्तिवादिता का औचित्य सिद्ध करता है और लॉक ने मानव-स्वभाव और प्राकृतिक अवस्था का जो सुनहला चित्र अंकित किया है; वह भी उसकी व्यक्तिवादिता ही सिद्ध करता है। वह व्यक्ति के जीवन, स्वातंत्र्य और सम्पत्ति के अधिकारों को अविभाज्य और अविछिन्न मानता है। वह सम्पत्ति को अन्य दो अधिकारों की रक्षा का साधन मानता है। उसका कहना है कि बिना सम्पत्ति के जीवन और अन्य स्वतंत्रताओं की रक्षा नहीं हो सकती। शासनतंत्र का लक्ष्य सभ्य समाज की स्थापना करना है और सभ्य समाज में नागरिकों के जीवन और उनकी सम्पत्ति के प्राकृतिक अधिकारों की रक्षा होती है। यही दलील लॉक अपने सामाजिक अनुबंध को सिद्ध करने के लिए देता है। लेकिन यदि मानव प्राकृतिक-अवस्था में "शांति, सद्भावना और पारस्परिक सहायता और आत्मरक्षा" के वातवरण में रहता तो फिर उसे ऐसी क्या आवश्यकता आ पड़ी जिसकी वजह से उसे प्राकृतिक अवस्था छोड़ने के लिये विवश हो जाना पड़ा? इसके उत्तर में वह फिर कहता है कि मनुष्य ने प्राकृतिक अवस्था का परित्याग इसलिये किया कि वह चाहता था कि वह अपने प्राकृतिक अधिकारों की रक्षा कर सके और कुछ उन असुविधाओं को दूर कर सके जिनकी वजह से उसका जीवन उतना सुखमय नहीं हो पा रहा था जितना सभ्य समाज में आकर हो जाता। इसीलिए मनुष्य ने प्राकृतिक अवस्था को त्यागा और यह फैसला किया कि वह एकता के साथ एक सभ्य समाज का सदस्य बन कर रहेगा जिससे वह अधिक सुख से, सुरक्षा के वातवरण में, शांतिपर्वूक रह सके और एक-दूसरे की सम्पत्ति रक्षित रहे और उन सबको वह सुरक्षा प्राप्त हो जो पहले प्राप्य नहीं थी। वह राज्य की स्थापना के लिये प्रत्येक नागरिक की औपचारिक सहमति जरूरी समझता था। लेकिन समझौते या अनुबंध में एक बात स्पष्ट थी और वह यह कि कोई व्यक्ति अपने प्राकृतिक अधिकारों का समर्पण नहीं करेगा। प्रत्येक ने केवल इतने ही अधिकार समर्पित किये जितने प्राकृतिक विधियों को लागू करने के लिये आवश्यक थे और जितने दूसरों को समाज के विरुद्ध अपराध करने पर दण्ड दिये जाने के लिए जरूरी थे। ये अधिकार पूरे समाज को दिये गये थे। लॉक ने ऐसी कोई बात नहीं कही जिससे हॉब्स के संप्रभु जैसे किसी व्यक्ति की सृष्टि होती। लॉक ने केवल संप्रभुता शब्द का प्रयोग ही नहीं किया बल्कि अपने राज्य को संप्रभु राज्य नहीं माना। **मैक्सी** के शब्दों में उसका कार्य "राजसत्ता की स्थिति को उच्चतर बनाना नहीं अपितु उसकी मर्यादाओं को बताना था।" वह शासकों को समाज का प्रतिनिधि मात्र बतलाता था। उनको केवल इतनी ही शक्तियाँ हैं जितनी समाज को व्यक्ति ने दी हैं। राज्य एक तरह से एक बहुत बड़ी लिमिटेड कम्पनी है। प्रोफेसर **डनिंग** के शब्दों में, "व्यक्ति के प्राकृतिक अधिकार संप्रभु समाज के अधिकारों को ठीक वैसे ही सीमित करते हैं जिस प्रकार प्राकृतिक अवस्था में एक व्यक्ति के प्राकृतिक अधिकारों द्वारा दूसरे व्यक्ति के प्राकृतिक अधिकारों को सीमित करते हैं।" शक्ति का कोई दुरुपयोग न करे इसलिये लॉक ने शक्तिविभाजन का सिद्धान्त भी स्थिर कर दिया। वह विधायिका और कार्यपालिका विभागों को सर्वथा अलग-अलग रखना चाहता था, क्योंकि उसका कहना था कि यदि दोनों शक्तियों

को एक ही स्थान पर रखा जायेगा तो शक्ति के दुरुपयोग का खतरा रहेगा। वह लोगों को क्रान्ति का अधिकार भी अपनी व्यक्तिवादिता के कारण ही देता था। धर्म के संबंध में उसने जो विचार प्रकट किये उनमें भी व्यक्तिवादिता ही टपकती है। वह व्यक्ति को अपनी आत्मा के अनुसार कार्य करने की पूरी स्वतंत्रता देता था। इसी प्रकार धर्म और पूजन की छूट भी वह देता था। उसका कहना था कि एक ही राज्य में सबको इस बात की छूट होनी चाहिए कि व्यक्ति जो धर्म चाहे माने और चाहे जिस सम्प्रदाय का सदस्य रहे।

आलोचना

लॉक की व्यक्तिवादिता में त्रुटियाँ भी हैं और उन पर भी यहाँ विचार कर लेना आवश्यक है। यह तो हम देख ही चुके हैं कि उसके व्यक्तिवादी विचार प्राकृतिक अधिकारों पर आधारित हैं और प्राकृतिक अधिकार प्राकृतिक विधियों पर। लेकिन प्राकृतिक विधियाँ लॉक की व्यक्तिवादिता के प्रतिकूल पड़ जाती हैं। उसके सारे सिद्धान्त व्यक्ति की स्वीकृति पर निर्भर करते हैं। लेकिन वह सबकी स्वीकृति के बजाय वस्तुतः बहुमत की स्वीकृति पर बल देता था। इसका अर्थ यह हुआ कि अल्पमत स्वीकृति नहीं देता लेकिन राज्य बिना उनकी स्वीकृति के ही उन पर शासन करता है। इसका आशय है कि जिन प्राकृतिक अधिकारों को वह व्यक्ति से अभिन्न और अविभाज्य बतलाता है वे अल्पमत के पास नहीं रह पाते। स्पष्ट है कि उसकी पहली बात का दूसरी बात से खण्डन हो जाता है। इस प्रकार हमें इनके इस मत से सहमत होना पड़ता है कि लॉक के संप्रभु को समाज में भी व्यक्ति को बहुमत के सामने अपने उचित निश्चय का परित्याग करने के लिये विवश होना पड़ सकता है। यही नहीं **वॉहन** का कहना भी सही प्रतीत होता है कि राज्य की स्थापना के लिये वस्तुतः किसी व्यक्ति से स्वीकृति नहीं प्राप्त की जाती। अन्त में हम बहुमत को भी सफल होता नहीं देखते और उसके स्थान पर पाते हैं कि व्यक्तिगत निरंकुशता सफल हो जाती है। वही व्यक्ति समाज में शासन करेगा जिसके पास धन होगा और निर्धनों को उसकी आज्ञा माननी होगी। यही नहीं, लॉक का सिद्धान्त राज्य को व्यक्ति की दया पर छोड़ देता है क्योंकि प्राकृतिक अधिकारों की वजह से राज्य के किसी भी कार्य को कोई भी व्यक्ति चुनौती दे सकता है। सम्पत्ति की उत्पत्ति संबंधी लॉक का सिद्धान्त भी अधिक संतोषजनक नहीं है। सम्पत्ति की उत्पत्ति प्राकृतिक अवस्था में समझ में नहीं आती। लॉक के बजाय मॉण्टेस्क्यू का यह कहना अधिक सही जान पड़ता है कि सम्पत्ति सभ्य समाज की देन है। लॉक राज्य को व्यक्तियों का समूह मात्र मानता था और राज्य में व्यक्तियों को प्राकृतिक अधिकार देकर वह राज्य के कर्तव्यों को इतना सीमित कर देता था कि वह पुलिस राज्य मात्र रह जाता था। लॉक के राज्य में शासनतंत्र का कार्य केवल शान्ति और व्यवस्था की रक्षा करना मात्र है। अतएव, लॉक का यह राज्य उन लोगों की समझ में आजकल बिल्कुल नहीं आता जिनके मन में कल्याणचिन्तक राज्य की कल्पना की गई है।

लॉक के विचारों की त्रुटियाँ

लॉक के विचारों पर यदि आलोचनात्मक दृष्टि डाली जाए तो हम इस परिणाम पर पहुँचे बिना नहीं रह सकते कि उनमें अनेक त्रुटियाँ हैं। हम क्रमपूर्वक इन पर विचार करेंगे।

प्राकृतिक अवस्था का चित्रण

लॉक ऐसे वर्ग की विचारधारा से प्रभावित था जो सम्पत्तिवाला था। वह स्वयं भी उसी वर्ग का सदस्य था। इसी आधार पर उसने मनुष्य की प्राकृतिक अवस्था का भी चित्रण किया है। इस विवरण को पढ़ने से ऐसा लगता है कि औसतन प्राकृतिक अवस्था में भी जो समाज था उसमें प्रत्येक के पास सम्पत्ति थी और उस समाज का प्रत्येक व्यक्ति न्यूनाधिक रूप से विवेकयुक्त था। इस व्यक्ति का आचरण प्राकृतिक विधियों द्वारा नियमित और नियंत्रित होता था और वह ऐसा कोई कार्य नहीं करता था जिससे किसी दूसरे के प्राकृतिक अधिकार छिनें। इस प्रकार वह एक ऐसे सभ्य समाज का कल्पना चित्र हमारे सामने रखता है जो अत्यन्त अस्वाभाविक-सा लगता है। यह तो स्पष्ट ही है कि वह प्राकृतिक अवस्था में मनुष्य की जो दशा थी उसको सिद्ध करने के लिये हॉब्स की तरह ही कोई ठोस प्रमाण रखने में असफल रहा है।

दूसरे लॉक समुदाय और राज्य के बीच अन्तर की कोई स्पष्ट रेखा अंकित नहीं कर पाया है। वह अनुबंध द्वारा राज्य की स्थापना करता है, यह तो ठीक है लेकिन उसके सामाजिक अनुबंध के सिद्धान्त के सूत्र सुव्यवस्थित और तर्कसंगत नहीं हैं। वह अपने समकालीन समाज के विभिन्न संवासों और संस्थानों के उदाहरण देकर अपने एक-एक मत को प्रमाणित करना चाहता है, लेकिन ऐसा सफलतापूर्वक नहीं कर पाता। वह साफ-साफ यह भी नहीं बतलाता कि उसके अनुबंध से केवल समाज बनता है या केवल राज्य। दूसरे, उसके राज्योत्पत्ति सिद्धान्त संबंधी तर्क वास्तविकताओं के प्रतिकूल पड़ते हैं।

इसी प्रकार एक ओर तो वह शासनतंत्र में शक्ति-विभाजन के सिद्धान्त का प्रतिपादन करता है और दूसरी ओर कार्यपालिका को अध्यादेश जारी करने के अधिकार भी दे देता है।

लॉक का राज्य संप्रभु सत्तावान राज्य नहीं है। उसमें राज्य के बजाय व्यक्ति के हितों की रक्षा पर अपेक्षाकृत बहुत अधिक बल दिया जाता है। वह राज्य को केवल एक ऐसा मानवसमुदाय मानता है जो कुछ विशेष कार्यों और उद्देश्यों की सिद्धि के लिए परस्पर मिलकर रहते हैं। अतः वह राज्य के हितों को सर्वोपरि न मानकर व्यक्ति के हितों को सर्वोपरि मानता है। यह बात केवल पूँजीवादी आधार पर चलने वाले किसी व्यक्तिवादी राज्य में ही मानी जा सकती है। कोई कल्याणकारी राज्य का विचारक तो इसे नहीं मान सकता।

हॉब्स और लॉक की तुलना

हॉब्स और लॉक दोनों विचारकों के तर्कों की उत्पत्ति का केन्द्र एक ही है लेकिन तुलना करने पर ज्ञात होता है कि एक ही स्थान से चलने पर भी दोनों विचारक एक-दूसरे के कट्टर विरोधी हैं और दोनों ही एक-दूसरे के प्रतिकूल निष्कर्षों पर पहुँचते हैं। उदाहरण के लिये, हॉब्स और लॉक दोनों ने मनुष्य की उस अवस्था का चित्रण किया है जब वह प्राकृतिक अवस्था में था। लेकिन हॉब्स ने जहाँ मनुष्य को हिंसक, अविवेकी और सदैव लड़ने-झगड़नेवाला बतलाया, वहाँ लॉक ने प्राकृतिक अवस्था के मनुष्य को विवेकी, दयालु और दूसरे व्यक्तियों का ख्याल रखनेवाला कहा। मानव-स्वभाव के संबंध में भी उनके मत भिन्न हैं। हॉब्स के मनुष्य को प्राकृतिक अवस्था में अपनी जीवन-रक्षा करने के अधिकार के अतिरिक्त अन्य कोई प्राकृतिक अधिकार नहीं थे। इसके विपरीत लॉक अपने प्राकृतिक अवस्था के व्यक्ति के तीन प्राकृतिक अधिकार बतलाता है। हॉब्स का कहना है कि प्राकृतिक अवस्था में मनुष्य ने एक अनुबंध से सभ्य समाज में प्रवेश किया और दूसरे से संप्रभु शासक की स्थापना की–वहाँ लॉक केवल एक अनुबंध का ही अस्तित्व मानता है और कहता है कि वह अनुबंध केवल शासन–सीमित शासनतंत्र की स्थापना के लिये हुआ था। वह ऐसी प्राकृतिक अवस्था की कल्पना कर लेता है जिसमें मनुष्य को जीवन-रक्षा, स्वतंत्रता तथा सम्पत्ति-रक्षा के प्राकृतिक अधिकार प्राप्त थे। हॉब्स प्राकृतिक विधियों को यथार्थ विधियों का प्रतिवादात्मक रूप मानता है जब कि लॉक प्राकृतिक विधियों को नागरिक विधियों का पूर्व मानता है और कहता है कि उन्हीं के आधार पर आगे चलकर नागरिक विधियाँ विकसित होती हैं। हॉब्स कहता है कि जब तक सारे अधिकार संप्रभु शासक को नहीं दे दिये जाते तब तक वास्तविक राज्य बन ही नहीं सकता। इसके विपरीत लॉक कहता है कि वह कैसा राज्य होगा और कैसा शासनतंत्र जिसमें व्यक्ति के सारे अधिकार हड़प लिये जाएं। वह समस्त अधिकारों को हड़प लेनेवाले शासक को लालची शासक बतलाता है। लॉक ऐसे किसी शासक के शासनतंत्र को मानने के लिये तैयार नहीं है जो जनता की सहमति से न बना हो। शासनतंत्र के लिये जनता की स्वीकृति, लॉक की दृष्टि से, अनिवार्य है। वह हॉब्स की तरह अत्यन्त स्पष्ट ढंग से तर्कों को सुव्यवस्थित रूप से नहीं रख पाता।

लॉक का अनुदाय और स्थान

लॉक हॉब्स के बाद एक ऐसा सामाजिक अनुबंधवादी विचारक था जो बहुत अधिक मौलिक न होते हुए भी कई आधुनिक राजनीतिक विचारधाराओं की नींव रख गया। जिन विचारधाराओं की नींव उसने रखी; वे थीं–'उपयोगितावाद', 'व्यक्तिवाद' तथा 'प्रजातंत्रवाद'। उसने बतलाया कि मनुष्य सारे काम दुख से बचने के लिए और सुख प्राप्त करने के लिये करता है। वह नैतिक आचरण के सिद्धान्तों को अपने जीवन में ढालने का यत्न इसलिये करता है जिससे वह आनन्द प्राप्त कर सके। सभी विधियों के विधेयन का भी यही उद्देश्य

होता है। उसके इन्हीं विचारों से बेंथम ने प्रेरणा ग्रहण की थी। इसी प्रकार उसने सीमित शासनतंत्र और राज्य के सीमित कर्तव्यों पर बल दे कर एक ऐसी व्यक्तिवादी विचारधारा को आगे बढ़ाया जिससे प्रत्येक व्यक्ति अपना विकास भली-भाँति कर सके। लॉक अपने सामने एक लक्ष्य रखकर आगे चला था और वह यह कि वह सन् 1688 की राजक्रान्ति का औचित्य सिद्ध करे और बतलाये कि राजा को बिना संसद की अनुमति प्राप्त किये नये कर लगाने और नई विधियाँ बनाने का अधिकार नहीं है। इस प्रकार उसने प्रजा की प्रति उत्तरदायी शासनतंत्र की स्थापना के सिद्धान्त को मान्यता दिलायी जो आगे चलकर प्रजातंत्रवादी विचारधारा के रूप में पुष्पित हुआ। वह मौलिक नहीं था क्योंकि सामाजिक अनुबंध, प्राकृतिक विधि, प्राकृतिक अधिकार, राजक्रान्ति के अधिकारों आदि संबंधी उन मतों का बहुत पहले ही विकास हो चुका था जिनके आधार पर उसने अपने राज्योत्पत्ति के सिद्धान्त को स्थिर किया। यह सच है कि उसका मस्तिष्क हॉब्स की भाँति तार्किक नहीं था लेकिन उसने जिस सिद्धान्त का प्रतिपादन किया वह समकालीन इंग्लैण्ड के अनुकूल था और यही नहीं, आगे चलकर भी लॉक के विद्वत्तापूर्ण मतों की वजह से इंग्लैण्ड को प्रजातंत्र की दिशा में आगे बढ़ने में निश्चित रूप से बड़ी सहायता मिली। प्रत्येक प्रजातंत्रवादी राज्य में आज जीवन, स्वातंत्र्य और सम्पत्ति रक्षा के अधिकारों को संवैधानिक मान्यता दी जाती है। प्रत्येक प्रजातंत्रवादी राज्य का शासनतंत्र (सरकार) यह मानता है कि वह तभी तक चल सकता है जब तक उसे शासितों की सहमति प्राप्त हो। शासकों को प्रजा का स्वामी नहीं वरन् सेवक समझा जाता है। यह सच है कि लॉक के सामाजिक अनुबंध के सिद्धान्त आधुनिक युग में नहीं माने जाते लेकिन जिन बातों की चर्चा हम ऊपर कर आये हैं, वे आज भी मानी जाती हैं। लॉक के विचारों का रूसो पर बड़ा प्रभाव पड़ा और रूसो के सिद्धान्तों की पृष्ठभूमि में ही फ्रांस की राजक्रान्ति हुई। मॉन्टेस्क्यू ने लॉक के आधार पर ही शक्ति-विभाजन के सिद्धान्त का विकास किया। लॉक के विचार इंग्लैण्ड और फ्रांस तथा यूरोप तक ही सीमित नहीं रहे अपितु अमेरिका तक पहुँचे और अमेरिका के राज्यों के कई संविधान उन सिद्धान्तों के अनुसार बने। यह लॉक की ही शिक्षाओं का परिणाम था कि दैवी सिद्धान्तों के अनुसार अपनी उत्पत्ति सिद्ध करनेवाले राजतंत्रों का अन्यायपूर्वक शासन करने का अधिकार सदैव के लिये छिन गया। इसमें संदेह नहीं कि सामाजिक अनुबंध के सिद्धान्त के अमान्य हो जाने से लॉक की प्रतिष्ठा को हॉब्स से भी अधिक धक्का लगा। लेकिन उसका प्रभाव आज भी इतना अधिक है कि लॉक के ग्रंथों को बिना पढ़े ही लोग सर्वोत्कृष्ट मान लेते हैं। लॉक की लोकप्रियता का सबसे बड़ा कारण लास्की के शब्दों में यह था कि "लॉक के प्रश्न स्थूल रूप से आज भी हमारे प्रश्न बने हुए हैं और हमें व्यापक रूप से उसके सिद्धान्तों से उन प्रश्नों का उत्तर मिलने में सहायता मिलती है।"

अध्याय–21

सत्रहवीं शताब्दी के यूरोपियन विचारक

वेस्टफेलिया की संधि के राजनीतिक परिणाम, बेनेडिक्ट स्पिनोजा, सैम्युअल पफेनडर्फ, प्राकृतिक अवस्था का पफेनडर्फ द्वारा चित्रण, अनुबंध की द्वैधता, जेकस बॉसेट, मार्क्विस हैलीफेक्स।

वेस्टफेलिया की संधि के राजनीतिक परिणाम

पिछले अध्याय में हम सत्रहवीं शताब्दी के दो सबसे बड़े अँग्रेज विचारकों के राजदर्शन पर प्रकाश डाल आये हैं। इसमें संदेह नहीं कि अस्थायी रूप से जहाँ तक दार्शनिकों का संबंध है, लोगों का ध्यान यूरोप की तरफ से हटकर इंग्लैण्ड की ओर चला गया था और इसका कारण वहाँ की व्यवस्थित और शांतिपूर्ण राजनीतिक दशा थी। इंग्लैण्ड जहाँ सन् 1688 की क्रान्ति के बाद संवैधानिक राजतंत्र की ओर दृढ़ता से अग्रसर होता चला जा रहा था—वहाँ यूरोप तीस वर्षीय युद्ध से ग्रस्त था और यद्यपि सन् 1648 में वेस्टफेलिया की संधि हो गई थी फिर भी यूरोप का राजनीतिक वातावरण इतना क्षुब्ध था कि किसी भी विचारक के लिये स्थिर-चित्त ही दार्शनिक चिन्तन करना असंभव-सा था। यही वजह है कि सत्रहवीं शताब्दी में हॉब्स और लॉक की टक्कर का कोई विचारक हमें यूरोप में दिखलाई नहीं पड़ता। लेकिन वेस्टफेलिया की संधि के कुछ ऐसे राजनीतिक परिणाम हुए जिन्होंने राजदर्शन के चिन्तन को निश्चित रूप से प्रभावित किया। वे परिणाम इस प्रकार थे—(अ) पोप की मान्यता सदैव के लिये समाप्त हो गई, (आ) राजतंत्रात्मक राष्ट्रराज्यों की श्रीवृद्धि हुई, (इ) धार्मिक मतों को राजनीतिक निर्णयों में गौण स्थान दिया जाने लगा, और (ई) पवित्र रोमन साम्राज्य विघटित हो गया। ये सारे परिणाम राजदर्शन को आधुनिकता की ओर लाने में सहायक हुए।

स्पेन पोप के समर्थकों का गढ़ था। परन्तु क्रमशः इस राज्य की भी सैनिक शक्ति कम होती चली गई और निर्बलता इस सीमा तक पहुँची कि साम्राज्य के बँटवारे की बातें सोची जाने लगीं। इधर स्पेन की शक्ति ह्रास के साथ और प्रशा के राजनीतिक पतन के बाद यूरोप का नेतृत्व फ्रांस के हाथ में चला गया। फ्रांस ने रिचलू और मेजारिन की प्रतिभा से एक सुदृढ़ राजतंत्र की स्थापना की और चौदहवें लुई के रूप में एक निरंकुश राजा यूरोप में पैदा हुआ। इस महत्वाकांक्षी राजा ने राज्य-विस्तार की मैकियावली की नीति को अपनी विदेशनीति का आधार बनाया। औपनिवेशिक और व्यावसायिक क्षेत्र की वृद्धि के लिये प्रतिद्वंदिताएँ बढ़ गईं। इंग्लैण्ड फ्रांस के सबल प्रतिद्वंदी के रूप में राजनीतिक क्षेत्र में आ गया। उसने हॉलैंड को फ्रांस के आक्रमण से बचाया। इन राजनीतिक अवस्थाओं में यह स्वाभाविक ही था कि कोई उच्च कोटि का विचारक यूरोप में पैदा न हो सका और राजदर्शनशास्त्री अन्तर्राष्ट्रीय युद्धों की विभीषिका से घबड़ाकर किसी ऐसी व्यवस्था की खोज करते जिनसे अन्तर्राष्ट्रीय संबंध पहले की अपेक्षा अधिक सामंजस्यपूर्ण बन सकते। इसके साथ ही शासकों और शासितों के बीच के संबंधों को स्थिर करने का भी प्रयत्न किया जाता। मुख्यतः यही दो राजनीतिक समस्याएँ थीं। इन समस्याओं पर अपने-अपने ढंग से जिन-जिन विचारकों ने प्रकाश डाला, उनमें डच विचारक स्पिनोजा, जर्मन विचारक पफेनडर्फ, फ्रेंच विचारक बीसेट और एक अन्य अँग्रेज विचारक हैलीफेक्स के नाम विशेष रूप से उल्लेखनीय हैं। इस अध्याय में हम इन्हीं पर विचार करेंगे।

बेनेडिक्ट स्पिनोजा

बेनेडिक्ट स्पिनोजा का जन्म पुर्तगाल के एक यहूदी परिवार में सन् 1632 में हुआ था। लेकिन स्पेन और पुर्तगाल में उन दिनों कैथोलिकों का अन्य धर्मावलम्बियों पर जो दमन चक्र चल रहा था उसके फलस्वरूप अत्याचारों से बचने के लिये स्पिनोजा को अपनी मातृभूमि छोड़कर हॉलैण्ड भाग जाना पड़ा। यहाँ आकर उसने डच नागरिकता स्वीकार कर ली और वहीं बस गया। उसकी मृत्यु सन् 1677 में हालैण्ड में ही हुई। उसके जीवन के इस प्रसंग से यह तो स्पष्ट ही है कि वह धार्मिक असहिष्णुता का शिकार हुआ था। इसलिये स्पिनोजा के लिये यह स्वाभाविक ही था कि वह धार्मिक सहिष्णुता के सिद्धान्त का प्रतिपादन करता और राजतंत्र के विरुद्ध होकर आभिजात्यतंत्र का समर्थन करता। उसके राजनीतिक विचार हमें तीन पुस्तकों में मिलते हैं; जो इस प्रकार हैं: (1) ट्रेक्टेटस थियोलॉजिका पॉलिटिकस; (2) ट्रेक्टेटस पॉलिटिकस, और (3) ईथिक्स। ये तीनों पुस्तकें लैटिन में हैं। इनमें से पहली पुस्तक सन् 1670 में और शेष दो पुस्तकें सन् 1677 में प्रकाशित हुई थीं। स्पिनोजा के ग्रंथों से प्रकट होता है कि उस पर ग्रोशस और हॉब्स का प्रभाव पड़ा था। वह धार्मिक सहिष्णुतायुक्त उदारतावादी राज्य को आदर्श मानता है। इस प्रकार हम देखते हैं कि हॉब्स की कुछ मौलिक बातों से प्रभावित होते हुए भी हम उसके लक्ष्यों से सहमत नहीं हैं। उस पर मैकियावली का भी प्रभाव पड़ा।

राज्य की उत्पत्ति

स्पिनोजा मानवीय स्वभाव का विश्लेषण करता हुआ यह मानता है कि सारे कार्य अपने स्वार्थ की दृष्टि में रखते हुए करता है। वह मनुष्य की प्राकृतिक अवस्था का चित्रण करते हुए बतलाता है कि जीवन की रक्षा करने का अधिकार ही प्राकृतिक अधिकार है। इससे उसका आशय यह है कि प्राकृतिक अवस्था में मनुष्य को अपने जीवन की रक्षा के लिये सभी अधिकार थे। मनुष्य उचित या अनुचित का विचार न करके अपने प्राणों को बचाने के लिये सब कुछ कर सकता था। उसका कहना था कि सभ्य समाज में मनुष्य को प्राकृतिक अवस्था से कहीं अधिक अधिकार प्राप्त हैं। राज्य की उत्पत्ति का मुख्य कारण यह है कि मनुष्य की कुछ ऐसी शारीरिक, नैतिक और बौद्धिक आवश्यकताएँ हैं जो राज्य के बिना पूरी ही नहीं हो सकतीं। दूसरे, मनुष्य एक दूसरे की सहायता के बिना नहीं रह सकता क्योंकि समाज-रहित जीवन श्री और समृद्धिहीन होता है। स्पिनोजा पशुओं तथा मनुष्यों में स्वार्थभावना की दृष्टि से बहुत कम अन्तर देखता है। उसका कहना है कि मनुष्यों तथा जानवरों में फर्क यही है कि पशु अपने स्वार्थों की सिद्धि के लिये बुद्धि का प्रयोग नहीं करते जबकि मनुष्य ऐसा करता है। सामाजिक गुण केवल ऐसी परम्पराएं हैं जिनके द्वारा मनुष्य अपना हित साधन करता है। वह यह मानता है कि मनुष्य ने सभ्य समाज में किसी अनुबंध द्वारा प्रवेश नहीं किया, वरन मानव सभ्य समाज क्रमिक विकास का फल है। राज्य की उत्पत्ति अनुबंध द्वारा हुईं। वह अनुबंध इस प्रकार का था कि राज्य से प्रत्येक व्यक्ति ने अपने हित साधन की व्यवस्था माँगी। इस प्रकार स्पिनोजा का अनुबंध ऐसा नहीं है जैसा हॉब्स का; जिसमें प्रत्येक व्यक्ति अपने समस्त अधिकार एक संप्रभु शासक को अर्पित कर देता है। राज्य को वह केवल एक ऐसा साधन मानता है जिससे व्यक्ति का काम चलता है; और आवश्यकताओं की पूर्ति हो जाती है। इस प्रकार राज्योत्पत्ति का आधार केवल आवश्यकताएँ मानता है—किसी प्रकार की हिंसा का भय नहीं।

वह राज्य की एकता पर भी बल देता था लेकिन एकता से स्पिनोजा का आशय बौद्धिक प्रेरणाओं से जनित एकता था। उसका कहना था कि राज्य में जो व्यक्ति प्रजा के रूप में रहें उन्हें चाहिए कि वे राज्य के उपयोगी अंगों के रूप में रहें। वह शरीर जैसी एकता का पक्षपाती था। उसने राज्य की आवयविक एकता पर विशेष रूप से बल दिया। वह संप्रभुता को राज्य के समस्त निवासियों की इच्छा का औसत रूप मानता था। रूसो ने स्पिनोजा के सिद्धान्त से काफी लाभ उठाया।

संप्रभु सत्तावान शासक के अधिकार

फिर भी स्पिनोजा यह तो मानता ही है कि राज्य में शासक होता है और राज्य में उसके पास वे सारे अधिकार होते हैं जो व्यक्ति राज्य को प्रदान करता है—या अपनी इच्छा

से समर्पित कर देता है। वस्तुतः संप्रभु उन्हीं अधिकारों का सामूहिक प्रतिनिधित्व करता है जो व्यक्तियों द्वारा अलग-अलग उसे दे दिये जाते हैं। संप्रभु का यह कर्तव्य है कि वह ऐसी विधियाँ बनावे जो "समर्पित अधिकारों के अनुकूल" हों और लोग भली-भाँति एक दूसरे के साथ सहयोग करते हुए रह सकें। 'समर्पित अधिकारों' से आशय यहाँ उन अधिकारों से है जिन्हें व्यक्ति संप्रभु को दे देता है और जिनके कारण संप्रभु की शक्ति की रचना होती है। स्पिनोजा ने बतलाया कि न्याय या अन्याय की कल्पना राज्य में ही की जा सकती है; राज्य बनने के पूर्व प्राकृतिक अवस्था में नहीं। संप्रभु के अधिकार व्यक्ति की तुलना में अधिक हैं, क्योंकि व्यक्ति केवल अपने ही अधिकारों का प्रतिनिधित्व करता है जब कि संप्रभु बहुत-से व्यक्तियों के अधिकारों का। फिर भी वह हॉब्स की तरह यह नहीं कहता कि संप्रभु की आज्ञा के सामने व्यक्ति कुछ भी कर ही नहीं सकता। उसका कहना था कि मनुष्य चाहे तो सौदेबाजी कर सकता है।

हॉब्स को व्यक्ति-स्वातंत्र्य की चिन्ता नहीं थी। वह तो केवल एक ऐसा राज्य चाहता था जिसमें शांति और व्यवस्था रहे। स्पिनोजा के लक्ष्य कुछ भिन्न थे। उसकी इच्छा थी कि व्यवस्था के अतिरिक्त व्यक्तिस्वातंत्र्य भी सुरक्षित रहे। वह कहता था कि व्यक्ति को इतनी स्वतंत्रता होनी चाहिए कि वह अपने विवेक और तर्कबुद्धि द्वारा व्यक्तित्व का विकास करते हुए जीवित रह सके। यही उसके लिये राज्य का मुख्य लक्ष्य था। वह व्यक्ति को धर्म, वाणी और विचार का स्वातंत्र्य उस हद तक देने को तैयार है जिस हद तक राज्य को उन स्वतंत्रताओं से कोई खतरा नहीं पैदा हो जाता है। व्यक्ति-स्वातंत्र्य संबंधी इस दृष्टिकोण के कारण स्पिनोजा के राज्य में व्यक्ति दास नहीं रहता अपितु नागरिक का जीवन व्यतीत करता है। हॉब्स में ऐसा नहीं है वह व्यक्ति को संप्रभु का गुलाम बना देता है।

इसी सिलसिले में स्पिनोजा का कहना है कि व्यक्ति और शासनतंत्र के आचरण के सिद्धान्त समान नहीं हो सकते। वह राजनीति के आचारशास्त्र को मैकियावली की भाँति ही अलग कर देता है। उसका कहना है कि राज्य के कर्णधारों को समय की आवश्यकतानुसार कार्य करना चाहिए।

राज्य और आदर्श शासनतंत्र

स्पिनोजा ने राज्य और शासनतंत्र (सरकार) दोनों को अलग-अलग बतलाया। उसने शासनतंत्रों के तीन प्रकार गिनाते हुए बतलाया कि इनमें आदर्श शासनतंत्र कौन-सा है? स्पिनोजा के अनुसार आदर्श शासनतंत्र वह है जो आभिजात्यतंत्रात्मक गणराज्य हो। राजतंत्र में सत्ता एक व्यक्ति के हाथ में रहती है। उसे यह बात उचित प्रतीत नहीं होती थी। राजतंत्रात्मक शासन को वह सैद्धान्तिक रूप से पसन्द नहीं करता था और उसका कहना था कि यह व्यवस्था अव्यावहारिक है। इसी प्रकार उसे उग्र प्रजातंत्र के विरुद्ध यह

कहना था कि उसमें शासनकार्य में इतने अधिक लोग भाग लेने लगते हैं कि सभी की आवश्यकताओं की पूर्ति नहीं हो पाती अर्थात् राज्य प्रगति नहीं कर पाता। वह ऐसे प्रजातंत्र को पसन्द करता था कि जो विशुद्ध प्रजातंत्र न हो अपितु आभिजात्य और प्रजातंत्र का मिश्रित स्वरूप हो। इस प्रकार के शासनतंत्र को उसने आभिजात्यात्मक प्रजातंत्र कहा है। उसका कहना था कि ऐसी अवस्था में सत्ता-दुरुपयोग के अवसर कम आते हैं। अतः, राजतंत्र और प्रजातंत्र दोनों ही अवांछनीय हैं। वह ऐसे शासनतंत्र की कोई उपयोगिता नहीं मानता था जिसमें व्यक्ति को शांतिमय जीवन बिताने की सुविधाएँ प्राप्त न हों। वह समझता था कि यदि कोई शासन ऐसी अवस्था देने में असमर्थ सिद्ध रहता है तो समझना चाहिए कि वह अपने जीवित रहने का अधिकार समाप्त कर चुका है।

व्यक्ति के अधिकार

स्पिनोजा का कहना था कि व्यक्ति के राज्य में केवल उतने ही अधिकार हैं जितने कोई शासनतंत्र अपने नागरिकों को दे देता है। वह यह विश्वास नहीं करता था कि व्यक्ति को राज्य में प्राकृतिक अधिकार प्राप्त हैं। राज्य या शासनतंत्र से व्यक्ति को अधिकार दिलाने का स्पिनोजा का मतलब यह था कि नागरिकों की चेतना का जो संघटित समूह संप्रभुता के रूप में है और जो प्रत्येक व्यक्ति के हितों का समान रूप से ध्यान रखती है—उसी की तरफ से व्यक्ति के अधिकार निश्चित होने चाहिए। उसका ख्याल था कि ऐसा करने से व्यक्ति को प्राकृतिक अधिकारों से कहीं अधिक अधिकार मिल जाते हैं।

स्पिनोजा का स्थान

स्पिनोजा के व्यक्ति-स्वातंत्र्य के विचारों को लॉक ने ग्रहण किया था। उसकी संप्रभुता की कल्पना से आस्टिन ने भी लाभ उठाया। रूसो की सर्वोच्च इच्छा बहुत कुछ वही है जिसे स्पिनोजा ने समूह की संघटित चेतना बतलाया था। वह अपने धार्मिक विचारों की वजह से समकालीन विचारकों में अप्रिय भी हो गया और हॉब्स तथा लॉक की तरह उसे भी नास्तिक बतलाया गया। स्पिनोजा के ग्रंथ लगभग सौ वर्षों तक इस प्रकार पड़े रहे कि उनकी ओर किसी का ध्यान ही नहीं गया। लेकिन बाद में उपयोगितावादियों ने उसका अध्ययन किया और ह्यूम, बेंथम तथा बर्क आदि ने उसके सिद्धान्तों के आधार पर अपनी विचारधाराओं की पुष्टि की। ह्यूम और बेंथम तो यह मानकर चले कि मनुष्य सारे कार्य सुख पाने और दुख से बचने के लिये करता है। बर्क ने स्पिनोजा की यह बात मानी कि राज्य या शासनतंत्र को शृंखलाओं से नहीं जकड़ना चाहिए। उनको इस बात की स्वतंत्रता होनी चाहिए कि वे सामयिक आवश्यकताओं के अनुसार अपने आपको मोड़ लें। बर्क के सामयिक आवश्यकतानुसार कार्य करने के सिद्धान्त को स्पिनोजा से बड़ी सहायता मिली थी।

सैम्युअल पफेनडर्फ

आधुनिक युग की तरफ जिस व्यक्ति के बाद से जर्मनी के राजदर्शन की चिन्तनधारा मुड़ती है—वह विचारक है सैम्युअल पफेनडर्फ। पफेनडर्फ का जन्म सन् 1632 में हुआ था। इसकी मृत्यु 52 वर्ष की अवस्था में सन् 1694 में हुई। वह प्राकृतिक विधियों का अगाध विद्वान् था और इस संबंध में उसने न केवल यूनानी और रोमन साहित्य का अध्ययन किया बल्कि हॉब्स और ग्रोशस को भी पढ़ा। हॉब्स की निरंकुश संप्रभुता और ग्रोशस की सीमित और आचार-प्रधान संप्रभुता के बीच पफेनडर्फ ने सामंजस्य स्थापित किया था। उसके दो ग्रंथ हैं–(1) डी जूरे नेचर एट जेण्टियम, और (2) डी ऑफिशियो होमिनस एट सिविस। ये दोनों ग्रंथ सन् 1672 तथा 1673 में प्रकाशित हो गये थे। ग्रोशस और हॉब्स के बीच पफेनडर्फ ने किस प्रकार सामंजस्य स्थापित किया है यह इसी बात से प्रकट होता है कि वह एक ओर ग्रोशस की प्राकृतिक विधि की यह परिभाषा स्वीकार कर लेता है कि प्राकृतिक विधियाँ विवेक-जनित होती हैं और दूसरी ओर हॉब्स की यह बात भी मान लेता है कि मनुष्य के सारे कार्य उस कार्य की उपयोगिता के सिद्धान्त पर आधारित होते हैं। उसकी अध्ययन-प्रणाली विवेकाधारित है। प्राकृतिक विधियाँ चूँकि विवेकजनित होती हैं, इसलिये वह प्राकृतिक विधियों के चारों ओर ही अपने राजदर्शन के ताने-बाने बुनता है।

प्राकृतिक अवस्था का पफेनडर्फ द्वारा चित्रण

पफेनडर्फ मनुष्य की प्राकृतिक अवस्था को ऐतिहासिक तथ्य मानकर आगे चलता है। उसका कहना है कि राज्योत्पत्ति के पूर्व मनुष्य था—परन्तु वह एक दूसरे से अलग-अलग रहता था। एक मनुष्य दूसरे पर विश्वास नहीं करता था और प्रत्येक व्यक्ति सारे काम अपने लाभ के लिए करता था। धीरे-धीरे मनुष्य के साथ रहना सीखा और यह समझा कि समाज में रहना लाभप्रद है। इस प्रकार प्राकृतिक अवस्था में समाज बन गया लेकिन इस अवस्था में कोई ऐसी शक्तिशाली मानवीय सत्ता नहीं थी, जिसके आदेश मानने के लिये वे बाध्य किये जा सकते। इस समाज के सदस्य सदैव प्राकृतिक विधियों को भी नहीं मानते थे। उनको कभी-कभी झक सवार हो जाती थी, जिस दशा में वह जो मन में आता, कर डालते थे। ऐसे कार्यों से अनेक कठिनाइयाँ उत्पन्न हो जाती थीं। यह अवस्था मनुष्य के लिये बड़ी दुखदाई थी। हालाँकि यह सच है कि उस अवस्था में बराबर युद्ध नहीं होते थे, लोग विवेक से काम लेते थे। परन्तु यह अवस्था काफी असहनीय हो गई थी। कारण यह था कि अधिकांश व्यक्ति अविवेकी थे। इसी अविवेक के कारण ऐसी व्यवस्था का अभाव खटकता रहता था, जो न्याय और शांति की दशा की स्थापना कर सके। फलतः प्राकृतिक दशा के समाज में रहनेवाले मनुष्यों ने अपनी इच्छा से ऐसे सभ्य समाज की स्थापना की जिसमें मनुष्य अपेक्षाकृत शांति से रह सके। यह कार्य एक अनुबंध द्वारा किया गया। इस प्रकार हॉब्स की भाँति पफेनडर्फ ने भी अनुबंध की द्वैधता स्वीकार की है।

अनुबंध की द्वैधता

पफेनडर्फ ने अनुबंध की द्वैधता इस प्रकार सिद्ध की कि पहले तो सभ्य समाज स्थापित किया गया और इसके बाद दूसरी स्थिति में शासनतंत्र स्थापित किया गया। लेकिन किस प्रकार का शासनतंत्र स्थापित हो—इसका फैसला सभ्य-समाज ने बहुमत द्वारा किया। शासनतंत्र ने समाज से प्रतिज्ञा की कि वह सार्वजनिक कल्याण के लिये कार्य करेगा और समाज ने वचन दिया कि वह शासनतंत्र की आज्ञाओं का पालन करेगा। इस प्रकार राज्य की स्थापना के बाद शासनतंत्र को सर्वोच्च अधिकार तो दे दिये गये लेकिन वे अधिकार निरंकुश नहीं थे। शासनतंत्र इन अर्थों में सर्वोच्च था कि वह किसी भी प्रकार की मानवीय विधियों को मानने या किसी बाह्य मानवीय संस्था द्वारा बनाये गये कानूनों के पालन के लिये बाध्य नहीं किया जा सकता था। लेकिन शासनतंत्र दैवी विधियों और प्राकृतिक विधियों की मर्यादा मानने के लिये बाध्य था। राज्य तथा नागरिक को प्राकृतिक तथा दैवी विधियों की वह व्याख्या माननी पड़ी थी जो बुद्धिमान लोग करते थे। इस प्रकार शासनतंत्र के पास जो संप्रभु शक्ति थी वह सर्वोच्च होते हुए भी ऐसी नहीं थी कि वह सारे ब्रह्माण्ड की शक्ति का प्रतिनिधित्व करती हो। इस प्रकार पफेनडर्फ ने ऐसे व्यक्ति को संप्रभु माना जो निर्वाचित राजा हो और जिसके अधिकार सीमित हों। इस श्रेणी में इंग्लैण्ड का आजकल का राजा आ जाता है लेकिन हॉब्स की दृष्टि से इंग्लैण्ड के आजकल के राजा को संप्रभु शासन नहीं माना जाना चाहिए क्योंकि वह संवैधानिक परम्पराओं की दृष्टि से संसद की हर आज्ञा का पालन करने के लिये बाध्य है। यहाँ पफेनडर्फ पर ग्रोशस का प्रभाव है।

आलोचना

यदि ध्यान से पफेनडर्फ के राजनीतिक सिद्धान्तों का विवेचन किया जाए तो उसमें हम अनेक प्रतिवादात्मक बातें दिखलाई पड़ेगी। वह हॉब्स से कुछ ही भिन्न प्राकृतिक अवस्था की कल्पना करता है और द्वैध अनुबंधों का सिद्धान्त मानता है। लेकिन यहाँ फिर वही शंका उठती है कि यदि व्यक्ति इतने अधिक अविवेकी थे कि प्राकृतिक अवस्था में उनका रहना असहनीय हो उठा था तो सहसा वे किस प्रकार इतने सभ्य बन गये कि सभ्य समाज में रहते हुए राज्य बना सके। लेकिन अपनी प्रतिवादात्मक बातों के होते हुए भी जर्मनी तथा यूरोप के कई विचारकों ने इसे माना।

जेकस बॉसेट

बॉसेट का जन्म फ्रांस में सन् 1627 में हुआ था। इसे आरंभ से ही धार्मिक शिक्षा मिली थी और इसने फ्रांस के चर्च (गिरजा) की सेवा में ही अपना सारा जीवन व्यतीत कर दिया था। उस पर गेलिकन गिरजा के इस मत का बड़ा प्रभाव पड़ा था कि गिरजा को पोप के नियंत्रण से मुक्त रहना चाहिए। उसने अपने ग्रंथ में इसी विचारधारा का प्रतिपादन भी किया था। वह बड़ा प्रभावशाली वक्ता भी था। वह चौदहवें लुई के पुत्र का शिक्षक था।

उसकी मृत्यु सन् 1704 में हुई। बॉसेट की सबसे प्रसिद्ध पुस्तक 'पॉलिटिक्स' है। यह धार्मिक ग्रंथों के आधार पर लिखी गई है। इस पुस्तक में बॉसेट ने कहा है कि राजा ईश्वर का अंश है और उसकी आज्ञा का पालन करना प्रजा का कर्तव्य है। अपने सिद्धान्तों को सिद्ध करने में बॉसेट ने स्कॉलास्टिक दर्शन का सहारा लिया। वह हॉब्स के इस मत से भी प्रभावित हुआ कि शासक संप्रभु होता है और उस पर कोई अंकुश नहीं होना चाहिए।

बॉसेट ने बतलाया कि मनुष्य वैसे तो सामाजिक होता है लेकिन उसमें बहुत-सी बुराइयाँ भी होती हैं और इन बुराइयों की वजह से यह जरूरी है कि उस पर नियंत्रण रखा जाए। यह नियंत्रण शासनतंत्र या सरकार द्वारा ही रखा जा सकता है। उसका कहना था कि जिस प्रकार परिवार में परिवार के सदस्यों और बच्चों की देखभाल पिता करता है उसी प्रकार राज्य में विभिन्न वर्गों तथा प्रजा की देखभाल राजा करता है। राजा और पिता दोनों का दर्जा समान है। जिस प्रकार पिता अपने परिवार के किसी भी व्यक्ति द्वारा बनाये गये नियमों को मानने के लिए बाध्य नहीं है; उसी प्रकार राजा का स्वत्व भी पवित्र, पितातुल्य, निरंकुश और केवल अपने विवेक के मातहत है। राजा का कर्तव्य है कि वह प्रजा के कल्याण की चिन्ता उसी प्रकार करे जिस प्रकार पिता करता है; क्योंकि यदि वह ऐसा नहीं करता तो उसे इसका उत्तर ईश्वर के सम्मुख देना होगा। लेकिन राजा की आलोचना करना प्रजा का कार्य नहीं है। यदि कोई इस तरह की बात करता है तो धर्म की दृष्टि से वह निन्दनीय कार्य करता है। प्रजा के कल्याण-चिन्तन के अतिरिक्त चूँकि राजा का कार्य धर्म और न्याय की रक्षा करना भी है इसलिये वह धर्महीनों को दण्ड भी दे सकता है। राजा राज्य का प्रतीक है; समस्त प्रजाजनों की सामूहिक शक्ति का वह प्रतिनिधित्व करता है; इसलिये किसी भी व्यक्ति को उसका विरोध करने का अधिकार नहीं है। ध्यान से देखा जाए जो बॉसेट में दो बातों का बड़ा सुन्दर समन्वय मिलता है। एक ओर तो वह राजा की निरंकुशता और उच्चतम स्थिति का प्रतिपादन करता है और दूसरी ओर वह यह भी बतलाता है कि उसका नैतिक उत्तरदायित्व प्रजा का कल्याण करना है और यदि वह वैसा नहीं करता तो ईश्वर के सामने अपने कार्यों के लिये उत्तरदाई होगा। इस प्रकार वह राजतंत्रात्मक शासन को सर्वश्रेष्ठ मानता था। बॉसेट के इन विचारों का अपने समकालीन और बाद के कुछ जर्मन और फ्रेंच विचारकों पर काफी प्रभाव पड़ा। इन्हीं विचारों के परिणामस्वरूप कुछ समय के लिये राजतंत्र विरोधियों का नामों-निशान मिट गया।

मार्क्विस हैलीफेक्स

मार्क्विस हैलीफेक्स का पूरा नाम जॉर्ज सेवाइल मार्क्विस ऑफ हैलीफेक्स था। इनका जन्म सन् 1663 में हुआ। हैलीफेक्स ने जब राजनीतिक क्षेत्र में प्रवेश किया उस समय संसद्-समर्थक और राजतंत्र-समर्थकों के बीच गहरा विरोध था। हैलीफेक्स ने अपनी असाधारण प्रतिभा से दोनों पक्षों के बीच एक मार्ग खोज निकाला। उन्होंने दोनों ही पक्षों की उग्रवादिता को अनुचित बतलाया। लेकिन कुल मिलाकर हैलीफेक्स के विचारों का सार

निकाला जाए तो हम इस परिणाम पर पहुँचेंगे कि वह कट्टरतावादी था और ऐसा होना स्वाभाविक भी था क्योंकि वह भूमिपति (जमींदार) था और रूढ़िवादी वातावरण में ही उसका पालन-पोषण भी हुआ था। लेकिन वह अपने वर्ग के बहुत से प्रतिक्रियावादी विचारों का जबर्दस्त विरोधी था। उस पर हॉब्स का प्रभाव पड़ा था। हैलीफेक्स ने कोई पुस्तक नहीं लिखी है लेकिन हमें उसके विचार यत्रतत्र प्रकाशित लेखों और निबंधों आदि से मिल जाते हैं। उसके राजनीतिक विचारों का एक संग्रह सन् 1695 में उसकी मृत्यु हो जाने के पाँच वर्ष बाद छपा था। इस पुस्तिका का नाम 'थॉट्स एण्ड रिफ्लेक्शन्स' है। उसकी अध्ययन-पद्धति अनुभूतिमूलक थी। वह सिद्धान्तों की प्रयोगवादी उपयोगिता में विश्वास करता था। इस पद्धति से उसकी आधुनिकता प्रकट होती है। मानव-स्वभाव के संबंध में उसका मत भी हॉब्स की भाँति ही था। वह भी मनुष्य को स्वार्थी और हिंसक मानता था। लेकिन वह हॉब्स का निरंकुश संप्रभु नहीं चाहता था। हैलीफेक्स के आदर्श राजतंत्र की कल्पना बहुत कुछ लॉक से मिलती-जुलती थी। वह संप्रभु राजा के शासन का पक्षपाती तो था और यह भी चाहता था कि राजतंत्र आनुवंशिक हो लेकिन वह यह नहीं पसन्द करता था कि राजा को प्रजा पर शासन करने के निरंकुश अधिकार दिये जाएं। वह व्यक्ति की स्वाधीनता का हिमायती था। लेकिन इसके साथ ही उसका यह भी कहना था कि प्रजा को अपने अधिकार प्राप्त करने के लिये राजा के विरुद्ध युद्ध नहीं छेड़ देना चाहिए। प्रजा संवैधानिक साधनों द्वारा ही अपने अधिकारों को राजा से मनवा सकती है। धर्म के मामलों में उसका कहना था कि कैथोलिकों को राज्य में ऊँचे पद तो न दिये जाएं, क्योंकि वे पोप के प्रति आस्था प्रकट करते हैं और पोप इंग्लैण्ड का राष्ट्रीय धर्माध्यक्ष नहीं है; किन्तु वह कहता था कैथोलिकों को अनावश्यक रूप से तंग न किया जाए। संक्षेप में वह धार्मिक आधार पर किये जानेवाले दमन का विरोधी था।

अध्याय—22

मॉण्टेस्क्यू और उसके कुछ पूर्ववर्ती विचारक

अठारहवीं शताब्दी का पूर्वार्ध, बॉलिगब्रुक, डेविड ह्यूम, जियाम बेटिस्टा वीको, टामेसियस और वुल्फ, मॉण्टेस्क्यू के पूर्व फ्रांस की राजनीतिक अवस्था, मॉण्टेस्क्यू का जीवन-परिचय, ग्रंथ और अध्ययन-पद्धति, पूर्ववर्तियों का मॉण्टेस्क्यू पर प्रभाव, सामाजिक और राजनीतिक संवास तथा विधियाँ, शासनतंत्र, व्यक्ति-स्वातंत्र्य, शक्ति-विभाजन का सिद्धान्त, भौतिक वातावरण का राष्ट्रीय चरित्र पर प्रभाव, धर्म और राज्य, मॉण्टेस्क्यू के विचारों की मीमांसा, मॉण्टेस्क्यू का स्थान।

अठारहवीं शताब्दी का पूर्वार्ध

राजनीतिक विचारों की प्रगति की दृष्टि से अठारहवीं शताब्दी के पूर्वार्ध में ऐसा को: महत्वपूर्ण विचारक इंग्लैण्ड या यूरोप में पैदा नहीं हुआ जिसने राजदर्शन को को: युगान्तरकारी अनुदाय प्रदान किया हो। लॉक के उपरान्त मॉण्टेस्क्यू के अभ्युदय तक पाश्चात्य राजदर्शन में द्वितीय श्रेणी के विचारकों का बोलबाला रहा।

इंग्लैण्ड में हॉब्स और लॉक के बाद एक प्रकार से अशान्ति का युग समाप्त हो गया। राजसत्ता और प्रजा के पारस्परिक संबंधों के विषय में यह धारणा दृढ़तापूर्वक लोगों के हृदयों में घर कर गई कि राजा की सत्ता का स्रोत प्रजा है और प्रजा को ही अपने शासकों को निर्वाचित करने का अधिकार है। यह भी समझ लिया गया कि शासक स्वामी नहीं बल्कि प्रजा के सेवक हैं। धर्म और राज्य का संघर्ष भी इस विश्वास के दृढ़ हो जाने के

कारण लुप्त हो गया कि पादरियों और धर्माधिकारियों का क्षेत्र राजनीति से भिन्न है और उनको समाज की आध्यात्मिक उन्नति की ओर राजनीतिक समस्याओं को सुलझाने से अधिक ध्यान देना चाहिए। राजनीतिक क्षेत्र में प्रजासत्ता की धारणा के उदय हो जाने के कारण प्रशासनिक जटिलताएँ बढ़ गईं। और उन छोटी-छोटी जटिलताओं को दूर करने में ही सामान्य राजनीतिज्ञों का समय अधिक व्यतीत होने लगा। इन लोगों ने राज्य की उत्पत्ति, राज्य और शासनतंत्र के भेद आदि जैसे गहन विषयों पर बड़े-बड़े ग्रंथ लिखने के बजाय भिन्न-भिन्न राजनीतिक समस्याओं पर विचारपूर्ण निबंध लिखने आरंभ कर दिये। शासनतंत्र के विभिन्न अंगों के कर्तव्यों और अधिकारों के समन्वय और सामंजस्य पर अधिक बल दिया जाने लगा। कहा जाने लगा कि यदि सम्पूर्ण शासन को तीन भागों में विभक्त कर दिया जाए और तीनों विभागों के कर्तव्य और अधिकार विभक्त कर दिये जाए। तो किसी भी अधिकारी के हाथ में अधिक सत्ता न होने के कारण व्यक्ति या नागरिक की स्वतंत्रता अधिक सुरक्षित रह सकेगी। क्रमशः यह भी अनुभव किया जाने लगा कि संसद् की सत्ता बढ़ती जा रही है। शासन-कार्य उस दल के हाथ में सौंपा जाने लगा जिसका संसद् में बहुमत हो। इस प्रकार दलगत शासन की नींव पड़ी। विलियम और मेरी के सिंहासनारोहण के बाद यह परम्परा और भी मजबूत हो गई। कुछ समय के लिए सर्वदलीय शासन-प्रथा का प्रयोग किया गया था लेकिन वह असफल रहा और इस कारण यह प्रथा हमेशा के लिए स्थापित हो गई कि जो दल चुनाव में अधिक मत प्राप्त कर सके वही शासन करे।

बॉलिंगब्रुक

अठारहवीं शताब्दी के पूर्वार्ध में इंग्लैण्ड में दो उल्लेखनीय विचारक पैदा हुए। एक तो वाईकाउण्ट बॉलिंगब्रुक थे और दूसरे डेविड ह्यूम। बॉलिंगब्रुक का जन्म, जैसा कि नाम से ही प्रकट है, एक अमीर खानदान में सन् 1678 में हुआ था। रानी एन के जमाने में बॉलिंगब्रुक राजकीय सलाहकार के पद पर थे लेकिन विलियम के सिंहासनारोहण के बाद उन्हें अपना पद छोड़ना पड़ा। इनके राजनीतिक विचार समकालीन पत्रों में प्रकाशित लेखों से प्रकट होते हैं। इन्होंने "क्रैफ्ट्समैन" नाम का एक राजनीतिक समाचारपत्र निकाला जिसके बारे में कहा जाता है कि वह अपने समय का पहला दलगत मुखपत्र था। इसके पहले राजनीतिक दल कोई मुखपत्र नहीं निकालते थे।

बॉलिंगब्रुक के विचारों के एक सामान्य अवलोकन से ही पता चल जाता है कि वे कट्टरतावादी विचारक थे।

बॉलिंगब्रुक पर लॉक के विचारों का बड़ा प्रभाव पड़ा था और वह व्यक्ति-स्वातंत्र्य का बड़ा पक्षपाती था। वह राजा के निरंकुश अधिकारों के विरुद्ध था और उसका कहना था कि राजा को संसद के नियंत्रण में कार्य करना चाहिए। उसके प्रजा और राजा के

पारस्परिक संबंधों के बारे में अनुबंधवादी विचार थे। वह इंग्लैण्ड को एक उन्नतिशील व्यापारिक राष्ट्र के रूप में देखना चाहता था। उसका कहना था कि राजा को देशभक्त होना चाहिए। उसे राष्ट्रीय एकता और व्यक्ति-स्वातंत्र्य दोनों की रक्षा करनी चाहिए। देश में अनैक्य पैदा करनेवाले तत्वों को पनपने नहीं देना चाहिए। भ्रष्ट मंत्रियों को निकाल बाहर करना चाहिए। इस प्रकार राजा को प्रजा का प्रिय बनना चाहिए। उसे समझना चाहिए कि "राज्य की सर्वोच्च सत्ता का स्रोत प्रजा ही है। वह संविधान को राजा और प्रजा के बीच हुआ अनुबंध समझता था।" लॉक की ही भाँति वह यह मानता था कि यदि राजा अनुबंध का अर्थात् संविधान की मर्यादा का उल्लंघन करता है तो उसे हटा देने का प्रजा को पूरा-पूरा अधिकार है। वह राज्य की ही नहीं बल्कि प्रत्येक राजनीतिक संवास की उत्पत्ति को अनुबंधात्मक मानता था और कहता था कि यदि किसी संवास की उपयोगिता उसके सदस्यों के लिये नहीं रह जाती तो उसे समाप्त कर देना चाहिए। वह शक्ति-विभाजन के सिद्धान्त का समर्थक था। इसी के आधार पर वह यह मानता था कि नागरिक की स्वतंत्रता सुरक्षित रखी जा सकती है। उसके विचारों से जार्ज तृतीय और डिजरेली बहुत प्रभावित थे। बॉलिंगब्रुक ने मुख्यतः अस्थायी तुच्छ राजनीतिक समस्याओं की ओर ही अधिक ध्यान दिया। उसके राजनीतिक विचार बड़े प्रतिवादात्मक थे और उसके कार्यों तथा शिक्षाओं में परस्पर मेल नहीं खाता। उदाहरणार्थ जब बॉलिंगब्रुक बहुमत में था उस समय वह इस बात पर जोर दिया करता था कि शासनकार्य का भार केवल उस दल को सौंपा जाना चाहिए जिसका बहुमत हो; लेकिन जब वालल ने उसे परास्त कर दिया तो वह इस मत का विरोधी हो गया। एक ओर वह नैतिकता का बड़ा जबर्दस्त हिमायती बनता था और दूसरी ओर उसने वालपूल के दल को निर्बल बनाने के लिये उसके दल के असन्तुष्ट व्यक्तियों को अपनी ओर मिलाने का पूरा यत्न किया। उसके कार्यों और शिक्षाओं का यदि तुलनात्मक अध्ययन किया जाए तो ऐसी और भी बहुत-सी बातें मिलेंगी। बॉलिंगब्रुक की मृत्यु सन् 1751 में हो गई।

डेविड ह्यूम

डेविड ह्यूम का जन्म सन् 1711 में हुआ था। ह्यूम ने कई महत्वपूर्ण निबध लिखे। ये दो पुस्तकों के रूप में सन् 1748 और सन् 1752 में प्रकाशित हुए। लॉक और रूसो ने अपनी विभिन्नताओं के होते हुए सामाजिक अनुबंध का सिद्धान्त मान लिया था लेकिन ह्यूम ने उसे नहीं माना और इसका कारण उसकी अध्ययनपद्धति थी। ह्यूम ने राजदर्शन के अध्ययन और सिद्धान्त प्रणयन में ऐतिहासिक प्रणाली का आश्रय ग्रहण किया और सामाजिक अनुबंध के सिद्धान्त की इस दृष्टि से आलोचना की। लेकिन इस आलोचना में उसने सामाजिक अनुबंध के सिद्धान्त की सभी मान्यताओं को नहीं उलट फेंका बल्कि कुछ बातों को माना भी। परन्तु, ह्यूम ने जो भी बातें मानी उनको यथार्थता की कसौटी पर अवश्य कसा और जब वे विवेक और वास्तविकताओं के जगत् में ठीक उतरीं तभी उनको

स्वीकार किया। ह्यूम यह मानता था कि राज्य की उत्पत्ति के दैवी सिद्धान्त तथा सामाजिक अनुबंध द्वारा राज्य के जन्म के सिद्धान्तों की सृष्टि दलगत स्वार्थों की पुष्टि के लिए इंग्लैण्ड की ह्विग और टोरी पार्टियों के विचारकों ने कई पीढ़ियों के प्रयत्न के बाद की। इन सिद्धान्तों को पनपने में लगभग सौ बरसों का समय लग गया। ह्यूम ने दोनों सिद्धान्तों का अध्ययन करके यह परिणाम निकाला कि दोनों ही सिद्धान्तों में सत्य का अंश है लेकिन दोनों पूर्णतः सच हों ऐसी बात नहीं है। वह राज्य की उत्पत्ति के दैवी-सिद्धान्त की अपेक्षाकृत कम आलोचना करता है क्योंकि उसके समय तक दैवी-सिद्धान्तों की जड़ें पहले से ही उखड़ गई थीं। वह अपना ध्यान मुख्यतः सामाजिक अनुबंध के सिद्धान्तों को खंडित करने पर केन्द्रित करता है। उसने यह कार्य करने में इतिहास और पर्यवेक्षण दोनों का सहारा लिया। सबसे पहले उसने सिद्ध किया कि प्राकृतिक दशा में मनुष्य इतना अधिक बुद्धिमान नहीं था कि अनुबंध जैसी किसी जटिल व्यवस्था की कल्पना कर सकता। दूसरे, यदि प्राकृतिक दशा के मनुष्य ने कोई ऐसा अनुबंध किया भी हो तो–वह बाद की पीढ़ियों पर किस प्रकार लादा जा सकता था। तीसरे, किसी भी देश में, या दुनिया के किसी भी कोने में यह बात नहीं मानी जा सकती कि राजसत्ता जनता की सहमति पर आधारित है। ह्यूम का कहना था कि राजसत्ता अधिकारों के अपहरण या सैनिक विजय पर–या दोनों पर आधारित होती है। तो फिर मनुष्य राज्य के अधिकारियों की आज्ञा क्यों मानता है ? इस प्रश्न के उत्तर में ह्यूम कई कारण देता है, पहला यह कि व्यक्ति अपनी आदतों और समाज की प्रथाओं का दास होता है; इसलिये वह राज्य पैदा होने के समय से आदतन उसकी आज्ञाएँ मानता चला आया है। दूसरे, यह कि यदि वह ऐसा न करे तो मानव-समाज का अस्तित्व ही कठिन हो जायेगा। अस्तु, उसने सलाह दी कि जो भी सत्ता हो–मनुष्य को चाहिए कि वह उसकी आज्ञाओं का पालन करे।

ह्यूम का कहना था कि सामान्य राज्य की उत्पत्ति संबंधी समस्याओं पर कभी अधिक ध्यान नहीं देता क्योंकि उसे ऐसा करने की फुरसत ही नहीं मिलती। यह कार्य केवल कुछ ही लोग करते हैं। यही नहीं यदि हम यह मान भी लें कि व्यक्ति की अनुमति से राज्य बनता है तथा शासनतंत्र स्थापित होता है; तो इस अवस्था में हमें यह भी मानना होगा कि व्यक्ति राज्य की सदस्यता और शासन के प्रति अपने उत्तरदायित्वों से मुक्त भी हो सकता है। लेकिन जब हम इस निष्कर्ष की वास्तविकता से तुलना करते हैं तो इस परिणाम पर पहुँचते हैं कि ऐसा करना कभी संभव नहीं था और न आज भी है। यहाँ ह्यूम शासनतंत्र के अस्तित्व का औचित्य मनोविज्ञान के सहारे सिद्ध करने का यत्न करता है। वह कहता है कि शासन और राज्य दोनों का अस्तित्व इसलिये बना हुआ है कि समाज और व्यक्ति के लिये इनकी उपयोगिता है। मनुष्य का यह स्वभाव है कि वह दूसरों की राय तथा अपने विचारों के अनुसार कार्य करता है और उसके ये विचार इस वस्तु पर आधारित होते हैं कि उनसे उसके हितों की कितनी पूर्ति होती है। चूँकि मनुष्य स्वभाव से

ही स्वार्थी होता है—इसलिये वह कहीं अपने स्वार्थ में दूसरे के स्वार्थों का हनन कर दे, इसलिए राज्य को बीच में आना पड़ता है।

ह्यूम का शासनतंत्र की लोकप्रियता में कोई विश्वास नहीं था। वह उसे शक्ति का प्रतीक मानता था। वह शासनतंत्र का एक कर्तव्य यह भी मानता था कि वह सम्पत्ति का उचित बँटवारा करे। वह हैरिंगटन की इस बात को मानता था कि शासनतंत्र के संघटन में वही वर्ग सक्रिय भाग ले सकता है जो सम्पत्तिवान् हो। वह आनेवाले प्रजातंत्रवादी युग की पदचाप सुन रहा था; अतः युग की आवश्यकता की दृष्टि से उसने विचार और समाचारपत्र स्वातंत्र्य के अधिकार का समर्थन किया। वह व्यापार और वाणिज्य के क्षेत्र में इस बात के विरुद्ध था कि राज्य का बहुत अधिक नियंत्रण रहे।

ह्यूम पर स्कॉटिश लेखकों के अलावा लॉक, फ्रांसिस हचसन आदि के विचारों का प्रभाव पड़ा। वह नैतिकता के परम्परागत सिद्धान्तों में विश्वास न करके सामयिक आवश्यकतानुसार बदली जा सकनेवाली नैतिकता का समर्थक था। उसकी अध्ययन-प्रणाली ने कालान्तर में एडमण्ड बर्क तथा राजनीतिक सिद्धान्तों के निर्धारण में मनोविज्ञान के प्रयोग द्वारा बेंथम को प्रभावित किया।

ह्यूम के विचारों में व्यक्तिवादी अर्थशास्त्री भी प्रभावित हुए थे। ह्यूम की मृत्यु सन् 1776 में हुई थी।

जियाम बेटिस्टा वीको

हॉब्स, लॉक और ह्यूम आदि विचारक इसमें संदेह नहीं कि राजनीति में मनोविज्ञान को ले आये लेकिन इनमे से एक भी ऐसा विचारक नहीं था जिसने इतिहास और मनोविज्ञान का भली-भाँति समन्वय करके राजदर्शन के सिद्धान्तों के निरूपण का प्रयोग किया हो। यह कार्य सुप्रसिद्ध इटालियन राजदर्शन शास्त्री वीको ने किया।

वीको का जन्म सन् 1668 में हुआ था और मृत्यु सन् 1744 में। वह राजदर्शन के इतिहास में अपनी नवीन पद्धति के कारण अपना नाम चिरस्थायी कर गया है। वीको न्यायाचार्य था और उसने ग्रोशस तथा फ्रांसिस बेकन के विचारों का गहरा अध्ययन किया था। वह इनके प्राकृतिक विधि संबंधी विचारों से बड़ा प्रभावित हुआ था। राज्य की उत्पत्ति तथा संप्रभुता आदि संबंधी विचारों के क्षेत्र में वह मैकियावली तथा बोदाँ से प्रभावित हुआ था और अपनी तीनों पुस्तकों में इन दार्शनिकों के विचारों को व्यापक रूप से वीको ने उद्धृत किया है।

प्राकृतिक विधियाँ

वीको के प्राकृतिक विधि संबंधी विचार उल्लेखनीय हैं। प्रायः सभी मध्यकालीन विचारकों ने यह स्वीकार किया कि प्राकृतिक विधियाँ विवेकजनित होती हैं। वे यह भी कहते

थे कि वे अपरिवर्तनशील होती हैं। वीको यह तो मानता था कि प्राकृतिक विधियाँ सामान्यतः सभी व्यक्तियों पर लागू होती हैं; लेकिन उसका कहना था कि प्राकृतिक विधियाँ अपरिवर्तनशील और स्थिर नहीं होतीं; बल्कि वे प्रगतिशील भी होती हैं। वह यह बात इतिहास के प्रमाणों द्वारा सिद्ध करता है और उसके तर्कों का सार यह है कि ज्यों-ज्यों मनुष्य के मस्तिष्क का विकास होता जाता है त्यों-त्यों उसकी प्राकृतिक विधियों संबंधी कल्पना भी विकसित होती जाती है। इसी विकास को वह प्राकृतिक विधियों की प्रगतिशीलता कहता है। दूसरे, वीको का कहना था कि मनुष्य की यह दुर्बलता है कि वह सभी परिस्थितियों और स्थानों में विवेक का समान रूप से प्रयोग नहीं कर पाता। वह मनुष्य मात्र की बौद्धिक समानता में भी विश्वास नहीं करता था। इसीलिये वह हर मानवीय क्षेत्र में विधियों तथा अधिकारों की भिन्न-भिन्न कल्पनाएँ करता था।

राज्य और शासनतंत्र-संबंधी मत

वह राज्य की उत्पत्ति के अनुबंधात्मक सिद्धान्त में विश्वास नहीं करता था। उसने बतलाया कि इतिहास की धारा में अन्य राजनीतिक संवासों की भाँति राज्य का भी क्रमशः विकास हुआ है। वह शासनतंत्रों की चक्रवत् परिवर्तनशीलता में विश्वास करता था। वीको ने शासनतंत्रों का जो वर्गीकरण किया है उससे प्रकट होता है कि वह अन्य विचारकों की भाँति अरस्तू के शासनतंत्र के वर्गीकरण को आँखें मूँदकर नहीं मान लेता। वह शासनतंत्र का आधुनिकतम स्वरूप : (1) स्वतंत्र राज्य मानता है। स्वतंत्र राज्यों की तुलना वह समकालीन गणतंत्रात्मक या प्रजातंत्रात्मक अथवा राजतंत्रात्मक राज्यों से करता है। उसका कहना है कि इस अवस्था में राजसत्ता एक मनुष्य द्वारा प्रयुक्त की जाती है। वही सारे समाज का प्रतिनिधित्व करता है। इससे पूर्व की शासनतंत्र की अवस्था को वह (2) आभिजात्यतंत्रात्मक कहता है जिसमें परिवारों के अध्यक्ष शासन करते हैं। शासनतंत्र की प्राथमिक अवस्था वह (3) धर्मतंत्रात्मक मानता है। उसका कहना है कि उस समय शासनकार्य ईश्वरीय आदेशों द्वारा संचालित होता था। उसने मिश्रित शासनतंत्रों को भी माना लेकिन वह उन्हें अस्थायी या अन्तरिम काल की अवस्था मानता था। वह व्यक्तिवादी विचारधारा के विरुद्ध था। उसने अरस्तू का यह सिद्धान्त मान लिया था कि मनुष्य स्वभाव से ही सामाजिक होता है। वह व्यक्ति नहीं बल्कि बोदाँ की भाँति परिवार को महत्त्व देता था। वीको ने प्लेटो के प्रभाव के अन्तर्गत यह बात स्वीकार की कि समन्वय में ही मनुष्य-जीवन का सारा सुख निहित है। इसी आधार पर उसका कहना था कि मानवीय जीवन के धार्मिक, नागरिक, राजनीतिक और नैतिक जीवन एक-दूसरे से गुँथे हुए और समन्वित रहने चाहिए। राष्ट्रीय वातावरण, भूगोल और इतिहास का किसी देश के नागरिकों के चरित्र निर्माण में बहुत बड़ा हाथ रहता है—यह बात वीको के प्रभावान्तर्गत मॉण्टेस्क्यू ने भी स्वीकार की थी।

वीको का इतिहास-दर्शन विशेष रूप से जानने योग्य है। इस दर्शन में वह अपना त्रिविधिक सिद्धान्त स्थिर करता है। वह कहता है कि इस भौतिक जगत् के समस्त पदार्थों को तीन भागों में बाँटा जा सकता है, अर्थात् (1) शक्ति, (2) ज्ञान, और (3) इच्छा। वह प्रत्येक वस्तु की, प्रत्येक चरित्र की, प्रत्येक समाज की तीन अवस्थाओं की कल्पना करता है। यद्यपि वह अपने इस सिद्धान्त को भली-भाँति प्रतिपादित नहीं कर पाया लेकिन इस सिद्धान्त के आधार पर काण्ट आदि ने काफी प्रगति की और उसे एक नया रूप दिया।

टॉमेसियस और वुल्फ

पिछले अध्याय में हम दार्शनिक पफेनडर्फ के विचारों पर संक्षेप में प्रकाश डाल आये हैं। पफेनडर्फ सत्रहवीं शताब्दी के उत्तरार्ध का विचारक था; उसके विचारों की पृष्ठभूमि द्वारा एक बात तो जानी ही जा सकती है कि उन दिनों भी जर्मन बुद्धिवादियों पर धार्मिक प्रभाव काफी मात्रा में था। अठारहवीं शताब्दी के पूर्वार्ध में स्थिति यह थी कि पवित्र रोमन साम्राज्य का हवाई किला न जाने कब का धूल-धूसरित हो चुका था। छोटे-छोटे राज्य शेष अवश्य थे और वह सामन्तवादी युग की याद दिलाते थे। इन राज्यों के छोटे-छोटे राजा थे जो आपस में अपने निरंकुश अधिकारों के लिये सदैव परस्पर संघर्ष किया करते थे। पफेनडर्फ ने बौद्धिक जीवन को विवेकाधारित पथ पर चलाने की चेष्टा की। उसी की परम्परा में अठारहवीं शताब्दी में क्रिश्चियन टॉमेसियस और क्रिश्चियन वुल्फ—ये दो विद्वान् और हुए।

क्रिश्चियन टॉमेसियस का जन्म सन् 1655 में हुआ था। वह मुख्यतः न्यायशास्त्र का विद्वान् था और उसने विधिविज्ञान तथा नीति आदि का विशेष रूप से अध्ययन किया था। उसने विधि और नैतिकता का क्षेत्र बिल्कुल अलग-अलग कर दिया था। प्राकृतिक विधियों को मानवीय विधियों का मूलस्थान बतलाते हुए टॉमेसियस ने यह बतलाया कि प्राकृतिक अधिकार और नागरिक अधिकारों में क्या अन्तर है। उसका कहना था कि अपने जीवन की रक्षा करना जहाँ मनुष्य का प्राकृतिक अधिकार है वहाँ सम्पत्ति रखने का अधिकार कृत्रिम है क्योंकि यह अधिकार उसे राजकीय विधियों द्वारा मिलता है। टॉमेसियस इससे और अधिक आगे नहीं बढ़ा। टॉमेसियस की पुस्तक जिसमें उसने अपने उक्त सिद्धान्तों का प्रतिपादन किया था, सन् 1705 में प्रकाशित हुई थी। पुस्तक का नाम "फण्डामेण्टा जूरिस नेचर एट जेण्टियम" है। उनकी मृत्यु सन् 1728 में हुई।

क्रिश्चियन वुल्फ का जन्म सन् 1679 में हुआ था। वह हैले विश्वविद्यालय में प्राध्यापक (प्रोफेसर) था। उसकी सबसे प्रसिद्ध पुस्तक डी पॉलिटिक है जो 1721 में छपी। वुल्फ की मृत्यु सन् 1754 में हुई। वुल्फ अपने समय का सबसे लोकप्रिय विचारक था। इस पर ग्रोशस और पफेनडर्फ का बड़ा प्रभाव पड़ा। वुल्फ की महत्ता इसलिये है कि उसने विभिन्न राजनीतिक शब्दों की उचित परिभाषाएँ दीं जिनके अभाव में उन शब्दों के अर्थ

लुप्त हुए जा रहे थे। मनुष्य के स्वभाव का विश्लेषण करने में वुल्फ ने लॉक से सहायता ली और बतलाया कि प्राकृतिक विधियाँ मनुष्य के नैतिक स्वभाव की परिचायक हैं। उसने प्राकृतिक अधिकारों का भी इसी प्रकार विश्लेषण किया। पफेनडर्फ की भाँति वुल्फ यह मानता था कि सब मनुष्य समान हैं। उनके अधिकार भी समान हैं। वुल्फ अनुबंधवादी सिद्धान्त में विश्वास करता था। उसका कहना था कि राज्य की उत्पत्ति मनुष्य द्वारा अपने अधिकारों के समर्पण से हुई। लेकिन लॉक ने कहा कि इस अनुबंध से व्यक्ति ने अपने समस्त अधिकारों को समर्पित नहीं कर दिया। उसने केवल कुछ ही अधिकारों को समर्पित किया। राज्य का कर्तव्य है कि वह मानवकल्याण की अधिक-से-अधिक चिन्ता करे।

सन् 1740 में प्रशा (आधुनिक जर्मनी) के राजा फ्रेडरिक ने भी राजदर्शन के चिन्तन के क्षेत्र में सिंहासनारोहण के पूर्व और उसके बाद भी सक्रिय भाग लिया। फ्रेडरिक मैकियावली के सिद्धान्तों का खुला विरोधी था और उसने मैकियावली की बड़ी आलोचना की। वह राज्य और व्यक्ति की नैतिकता का अलग-अलग होना नहीं मानता था। लेकिन उसका मैकियावली का विरोध मुँह तक ही सीमित रहा। फ्रेडरिक महान् के युग के इतिहासकारों का कहना है कि मैकियावली का विरोध करते हुए भी फ्रेडरिक ने राजदर्शन के मैकियावली द्वारा प्रतिपादित अनेक सिद्धान्तों का अक्षरशः अनुकरण किया। फ्रेडरिक ने मैकियावली के विरुद्ध एक पुस्तक लिखी जिसका नाम **एण्टी मैकियावल** है और जो सन् 1739 में प्रकाशित हुई। इसमें फ्रेडरिक ने यह साफ-साफ लिखा कि राजा को निस्वार्थ भाव से सेवा करनी चाहिए। उसे अपने नैतिक आचरण द्वारा प्रजा के समक्ष आदर्श उपस्थित करना चाहिए। वह मैकियावली की राजा संबंधी इस कल्पना पर पूर्ण असहमति प्रकट करता था कि राजा को "स्वार्थों, निरंकुश और महत्वाकांक्षी" होना चाहिए।

मॉण्टेस्क्यू के पूर्व फ्रांस की राजनीतिक अवस्था

अठारहवीं शताब्दी में पूर्वार्ध में यदि हम फ्रांस की राजनीतिक अवस्था जानने की चेष्टा करें तो यह ज्ञात होने में हमें अधिक समय नहीं लगेगा कि वहाँ राजतंत्र होते हुए भी राज्य भर में सामन्तवादी व्यवस्था का बोलबाला था। प्रजा पर एक ओर तो राजा की ओर से कर लगाये जाते थे और दूसरी ओर सामन्तों पर यह प्रयत्न जारी रहता था कि वे गरीब किसानों से अधिक-से-अधिक धन चूस कर अपने कोष भर लें। राज-व्यवस्था में या तो राजवंश के लोग पूछे जाते थे या सामन्तों के संबंधी। शेष व्यक्तियों की न कोई सामाजिक स्थिति थी और न उनको कोई राजनीतिक अधिकार ही प्राप्त थे। लेकिन इस व्यवस्था के बीच में एक वर्ग तेजी के साथ पनप रहा था और वह था व्यापारियों का वर्ग। यह वर्ग न तो भुखमरा था और न इसके पास सामन्तों और राजवंश के संबंधियों-सी अतुल सम्पत्ति ही थी लेकिन भविष्य इसके हाथ में जरूर था। यह वर्ग ही वस्तुतः मध्यवर्ग था। किसानों की भाँति राजतंत्र और सामन्तवादी शासन की चक्की में मध्यवर्ग भी पिस

रहा था। राजदरबार के खर्च इतने अधिक बढ़ गये थे कि राज्य का खजाना खाली हो गया था और फ्रांस पर विदेशी कर्ज चढ़ गया था। ऐसी दशा में राज्य की वसूली के लिये सख्ती होना स्वाभाविक था। लेकिन इस सख्ती से प्रजा की बिगड़ी हुई अवस्था भी नहीं सुधर सकती थी। इस समस्या ने एक नई और क्रान्तिकारी राजनीतिक विचारधारा को जन्म दिया। इस विचारधारा के परिणामस्वरूप स्थिति में सुधार नहीं हुआ अपितु राजा तथा शासक वर्ग और प्रजा के बीच विरोध की खाई और भी अधिक बढ़ गई। इसी बीच चौदहवें लुई का देहान्त हो गया। इस घटना के बाद राज्याधिकारियों की दमन नीति और भी अधिक बढ़ गई। दमन के बढ़ने के साथ ही मध्यवर्ग के विचारकों का एक ऐसा दल उठ खड़ा हुआ जो राजनीतिक दृष्टि से अधिक जागरूक था। इसके अलावा लॉक के निरंकुश राजतंत्र विरोधी विचारों का भी फ्रांस में असर हुआ था। कुछ तो राजतंत्र की अपनी नीति के कारण, कुछ विदेशी अँग्रेजी राजनीतिक विचारों के कारण और कुछ मध्यवर्ग की राजनीतिक जागरूकता के फलस्वरूप, फ्रांसवासी यह महसूस करने लगे कि उनका कल्याण इसी में है कि निरंकुश राजतंत्र का खात्मा कर दिया जाए। लेकिन जनता की इन राजतंत्रविरोधी भावनाओं की तरफ फ्रांस के शासन वर्ग ने कोई ध्यान नहीं दिया और वह बराबर अपने स्वार्थों की पूर्ति में ही लगा रहा। इधर फ्रांसीसी विचारकों ने इंग्लैण्ड जा-जाकर वहाँ से राजनीतिक शिक्षा ली और फ्रांस के अनुत्तरदायी राजतंत्र की खुल कर निंदा की। इस प्रकार जब मॉण्टेस्क्यू ने फ्रेंच राजनीतिक क्षेत्र में प्रवेश किया उस समय राजतंत्र विरोधी वर्ग खड़ा हो चुका था।

मॉण्टेस्क्यू का जीवन-परिचय, ग्रंथ और अध्ययन-पद्धति

जीवनी

मॉण्टेस्क्यू का जन्म सन् 1689 में एक फ्रेंच वकील के घर में हुआ था। उसे अपने जीवन के आरंभ से ही काननू की शिक्षा मिली थी। लेकिन उसका अध्ययन कानून तक ही सीमित नहीं रहा बल्कि उसने इतिहास और साहित्य का भी गहरा अध्ययन किया। वह मध्यवर्ग का प्रतिनिधि था और उसके समय में अनुत्तरदायी शासनतंत्र के विरुद्ध जो बुद्धिवादी आन्दोलन चल रहा था—उसमें उसकी रुचि स्वाभाविक थी। वह बोर्डो की संसद का अध्यक्ष चुना गया था। इसके अतिरिक्त वह यूरोप और इंग्लैण्ड भी घूम चुका था। यह यात्राएँ उसने सन् 1728 से 1731 तक की थीं। यात्राओं का उद्देश्य राजनीतिक संवासों का अध्ययन करना था। वह जीवनभर राजनीति और दर्शन के संबंध में लिखता रहा। वह इंग्लैण्ड की रॉयल सोसाइटी का सम्मानित सदस्य था। एक अजीब बात यह भी है कि उसके राजनीतिक विचारों का विदेशों पर तो प्रभाव पड़ा लेकिन फ्रांस ने मॉण्टेस्क्यू के विचारों से कोई लाभ नहीं उठाया। उसकी मृत्यु सन् 1755 में 66 वर्ष की अवस्था में हुई।

ग्रंथ

मॉण्टेस्क्यू के तीन ग्रंथ अत्यन्त महत्वपूर्ण हैं। इनके अतिरिक्त भी उसने बहुत से फुटकर निबंध लिखे हैं। "पर्शियन लेटर्स", "कॉन्सीडरेशन्स ऑन ग्रेटनेस एण्ड डिके ऑफ रोमन्स" और "दि स्पिरिट ऑफ लॉज" उसकी प्रमुख पुस्तकों के नाम हैं। पहली पुस्तक उसके समकालीन राजनीतिक स्थिति पर व्यंगात्मक लेखों का संग्रह है। इसमें उसने तत्कालीन फ्रेंच समाज की मूर्खताओं की खूब खिल्ली उड़ाई है। इन लेखों में उसने मूढ़ सामाजिक रूढ़ियों और धार्मिक-अंधविश्वासों का भी मजाक उड़ाया है। दूसरी पुस्तक में उसकी वे प्रतिक्रियाएँ हैं जो विभिन्न देशों के इतिहासों के अध्ययन के परिणामस्वरूप उस पर हुई थीं। तीसरी पुस्तक राजनीतिक दृष्टि से अत्यन्त महत्वपूर्ण है। यह पुस्तक सत्रह वर्ष के अध्ययन के बाद मॉण्टेस्क्यू ने लिखी और यह कुल 31 अध्यायों में विभक्त है। मोटे तौर पर विचारों के आधार पर इसे छः भागों में बाँटा जा सकता है। प्रथम भाग में विधियों की परिभाषा, उनकी उत्पत्ति, शासनतंत्र तथा उनका वर्गीकरण आदि किया गया है। दूसरे में सैनिक-व्यवस्था तथा राजस्व आदि संबंधी विचार प्रकट किये गये हैं। तीसरे भाग में सामाजिक परम्पराओं की व्याख्या करते हुए यह बतलाया गया है कि नागरिकों के चरित्र निर्माण में देश त्रिदेश के भौगोलिक वातावरण का कितना असर पड़ता है। चौथे में आर्थिक विषयों और पाँचवे में धर्म-संबंधी समस्याओं के बारे में मॉटेस्क्यू के विचार हमें मिलते हैं। छठे भाग में विभिन्न देशों की विधियों पर विचार प्रकट किये गये हैं।

अध्ययन पद्धति

मॉण्टेस्क्यू की अध्ययन पद्धति ऐतिहासिक थी। लेकिन इस दृष्टि से उस पर मैकियावली का प्रभाव अधिक पड़ा था। वह ऐतिहासिक सिद्धान्त के आधार पर घटनाओं को विश्लेषण नहीं करता था; बल्कि कुछ घटनाओं के संबंध में अपना मत निर्धारित करके उनकी पुष्टि ऐतिहासिक प्रमाणों से करता था। मॉण्टेस्क्यू ने बौद्धिकतावादियों या कल्पनावादियों का प्रभाव अधिक नहीं पड़ा। वह सामाजिक और राजनीतिक संवासों के अध्ययन में विश्वास करता था। इस दृष्टि से कहा जा सकता है कि उसकी पद्धति पर्यवेक्षणात्मक थी। वह उपयोगिता के आधार पर राजनीतिक संवासों के बारे में दृष्टिकोण स्थिर करता था। इस दृष्टि से हमें मॉण्टेस्क्यू की अध्ययन पद्धति में अनुभूतिमूलकता दिखलाई पड़ती है। लेकिन माण्टेस्क्यू की पद्धति ऐतिहासिक पर्यवेक्षणात्मक यथार्थवादी और अनुभूतिमूलक ही नहीं थी—बल्कि उसमें एक उल्लेखनीय तत्व तुलनात्मक अध्ययन का भी था। वह विश्वास करता था कि प्रत्येक सामाजिक संवास का एक-दूसरे पर प्रभाव पड़ता है और इस प्रकार इन संबंधों द्वारा राजनीति का मार्ग प्रशस्त होता है। आधुनिक राजदर्शन के इतिहास में इस प्रकार की अध्ययन-पद्धति को काम में लाने का श्रेय मॉण्टेस्क्यू को ही है। उसके पूर्व मैकियावली और बोदाँ ने भी राजनीति में ऐतिहासिक पद्धति का प्रयोग किया था लेकिन

उनकी पद्धति इतनी व्यापक नहीं थी। **मॉण्टेस्क्यू** ने इतनी व्यापक पद्धति सहित प्रथम बार न केवल राजदर्शन के क्षेत्र में प्रवेश किया बल्कि उसे न्यायशास्त्र में भी ले गया।

मॉण्टेस्क्यू की अध्ययन पद्धति का यदि विश्लेषण किया जाए तो ज्ञात होगा कि वह प्लेटो और लॉक के बजाय अरस्तू और बोदाँ से अधिक मिलती-जुलती है।

लेकिन यह कहना अत्यन्त अशुद्ध होगा कि मॉण्टेस्क्यू की अध्ययन पद्धति सर्वथा दोषहीन थी और उसमें कोई त्रुटि ही नहीं थी। जैसा कि ऊपर बताया जा चुका है उसने ऐतिहासिक अनुसंधान पद्धति का उस प्रकार प्रयोग नहीं किया गया जिस प्रकार होना चाहिए था। दूसरे उसकी पद्धति सच्चे अर्थों में अनुभूतिमूलक भी नहीं थीं। अपने सिद्धान्तों और मतों को पुष्ट करने के लिये न तो उसके पास अनुभवाधारित प्रमाण थे और न उसने अनुभूति द्वारा प्रमाणों को प्राप्त करने का कोई यत्न ही किया।

पूर्ववर्तियों का मॉण्टेस्क्यू पर प्रभाव

मॉण्टेस्क्यू पर प्लेटो से अधिक अरस्तू का अधिक प्रभाव पड़ा था। इसी प्रभाव की वजह से वह प्लेटो की भाँति कल्पनावादी नहीं हुआ बल्कि अरस्तू की तरफ झुका और यथार्थवादी हो गया। उस पर संप्रभुता आदि संवैधानिक बातों में बोदाँ और मैकियावली का भी असर पड़ा था। उसने लॉक के साहित्य का अत्यन्त विस्तारपूर्वक अध्ययन किया था। अपने समकालीन अँग्रेज विचारकों में बॉलिंगब्रुक, हैरिंगटन और ब्लैकस्टोन से उसका अत्यन्त घनिष्ठ संबंध था। उसने यूनानी राजदर्शन के साहित्य के अतिरिक्त प्राचीन रोम के इतिहास का भी खूब अध्ययन किया था। उसके दृष्टिकोण को एक निश्चित रूप प्रदान करने के तत्कालीन यात्रा साहित्य का भी कम हाथ नहीं था।

मॉण्टेस्क्यू की समस्याएँ

इसके पहले कि हम मॉण्टेस्क्यू के राजदर्शन संबंधी विचारों पर प्रकाश डालना आरंभ करें—यह अधिक अच्छा होगा कि उसकी समस्याओं को समझ लें। इससे हमें ज्ञात हो जायेगा कि राजदर्शन के क्षेत्र में मॉण्टेस्क्यू ने किस दृष्टिकोण से प्रवेश किया था।

मॉण्टेस्क्यू सुधार चाहता था। उसकी इच्छा थी कि शासन की समस्याओं में व्यावहारिक सहायता दी जाए जिससे दक्षता आ सके। यही कारण है कि कल्पनावादियों की तरह वह राजा और उसके अधिकारों के बारे में ख्याली घोड़े नहीं दौड़ाता रहा। उसने नागरिकों के अधिकारों तथा कर्तव्यों पर भी इसीलिए अधिक ध्यान नहीं दिया। सच तो यह है कि वह काल्पनिक सिद्धान्तों के फेर में पड़ना नहीं चाहता था। अतएव हम देखते हैं कि उसकी दृष्टि मुख्यतः फ्रांस के राजनीतिक सुधार की ओर केन्द्रित थी लेकिन इसके साथ ही उसने अपने व्यापक दृष्टिकोण की वजह से कुछ सार्वभौमिक महत्व के भी विचार प्रकट किये।

सामाजिक और राजनीतिक संवास तथा विधियाँ

मॉण्टेस्क्यू मनुष्य और उसके स्वभाव को एक अनिवार्य सामाजिक ताने-बाने में देखता था। उसका मत था कि प्रत्येक सामाजिक और राजनीतिक संवास के लिये मनुष्यों की सदस्यता आवश्यक होती है और जिस प्रकार एक मनुष्य का अस्तित्व दूसरे मनुष्यों के बने संबंधों पर आधारित है उसी प्रकार सामाजिक और राजनीतिक संवास भी एक-दूसरे से स्वभावतः संबद्ध होते हैं। इसके बाद विधियों की चर्चा करने के पहले मॉण्टेस्क्यू ने मनुष्य के स्वभाव की चर्चा की। उसने बतलाया कि मनुष्य प्रारंभ में किसी ऐसी अवस्था में अवश्य था जब राज्य नहीं था। इस अवस्था को अन्य विचारकों की भाँति उसने मनुष्य की प्राकृतिक अवस्था बतलाया। मॉण्टेस्क्यू का मत था कि प्राकृतिक अवस्था में मनुष्य सदैव भयभीत रहा करता था। प्राकृतिक अवस्था की यह कल्पना लॉक और हॉब्स दोनों से भिन्न है। लॉक ने बतलाया कि प्राकृतिक अवस्था का मनुष्य बहुत अधिक बुद्धिमान था और हॉब्स ने कहा कि वह निर्दयी और निष्ठुर था, लेकिन मॉण्टेस्क्यू ने लॉक और हॉब्स दोनों से भिन्न मत प्रकट करते हुए कहा कि प्राकृतिक अवस्था से पहले तो मनुष्य भयभीत रहता था लेकिन क्रमशः उसका ज्ञान बढ़ा। ज्ञान की वृद्धि के साथ उसका भय तथा एक-दूसरे को समान समझने की प्रवृत्ति लुप्त हो गई और वह यह चाहने लगा कि अपने से कमजोर व्यक्तियों को दबा ले और उन पर शासन करने लगे। शासन करने की इस इच्छा के फलस्वरूप यह स्वाभाविक था कि युद्ध की स्थिति उत्पन्न हो जाती क्योंकि सभी एक-दूसरे का दमन कर उस पर शासन करने की बात सोचने लगे थे। अन्त में यह अवस्था आ गई कि कुछ बलवानों ने निर्बलों को दबा लिया और राज्य की स्थापना हुई। इस प्रकार वह राज्य की उत्पत्ति के अनुबंधात्मक सिद्धान्त का खण्डन कर देता है। वह कहता है कि राज्य किसी अनुबंध के कारण नहीं बल्कि उपयुक्त वातावरण की वजह से पैदा हुआ। राज्य की वह अवयविक कल्पना है। इसके साथ ही तीन प्रकार की विधियाँ भी विकसित हुईं। ये विधियाँ मनुष्य के तीन प्रकार के संबंधों से संबद्ध थीं। वे संबंध थे–(1) एक राज्य के निवासियों के दूसरे राज्य के निवासियों से संबंध, (2) राज्य के शासक के साथ शासितों के संबंध, और (3) शासितों या नागरिकों के पारस्परिक संबंध। पहले संबंधों के कारण अन्तर्राष्ट्रीय विधियों का जन्म और विकास हुआ; दूसरे प्रकार के संबंधों के कारण राजकीय विधियाँ बनीं और तीसरे प्रकार के संबंधों की वजह से नागरिक विधियाँ बनीं। अन्तर्राष्ट्रीय विधियों तथा शेष दो प्रकार की विधियों में मॉण्टेस्क्यू ने यह अन्तर बतलाया कि अन्तर्राष्ट्रीय विधियाँ सभी राज्यों में समान होती हैं जब कि राजकीय विधियाँ और नागरिक विधियाँ प्रत्येक राज्य में अलग-अलग प्रकार की होती हैं।

अपनी पुस्तक 'दि स्पिरिट ऑफ लॉज' में मॉण्टेस्क्यू का पहला वाक्य ही विधियों की उत्पत्ति से संबंधित है। वह कहता है "विधि का अर्थ ही वह अनिवार्य संबंध हैं। जो एक वस्तु से दूसरी वस्तु के लिये स्वभावतः उत्पन्न हो जाते हैं।" प्राकृतिक विधियों को वह

न्यायपूर्ण मानता है क्योंकि वे मनुष्य के स्वाभाविक विवेक पर आधारित होती है। प्राकृतिक विधियों का स्वभाव ही शांति की स्थापना करना और सामाजिक सुख-शांति बनाये रखना होता है।

मॉण्टेस्क्यू ने विस्तारपूर्वक बतलाया है कि विधियाँ सापेक्षिक होती हैं। आवश्यकतानुसार उनमें परिवर्तन होता है और होना भी चाहिए। वह किसी भी प्रकार की विधियों की अपरिवर्तनीयता नहीं मानता था। मॉण्टेस्क्यू चूँकि किसी प्रकार की काल्पनिकता में विश्वास नहीं करता था और इसी आधार पर कहता था कि सभी प्रकार का ज्ञान एक-दूसरे से संबद्ध है; इसीलिये उसने यह भी कहा कि विधियाँ उन संबंधों का प्रतिनिधित्व करती हैं जो एक-दूसरे के लिए स्वभावतः या अपने-आप उत्पन्न हो जाते हैं। इस प्रकार मॉण्टेस्क्यू ने बतलाया कि अन्तर्राष्ट्रीय विधियाँ, नागरिक विधियाँ, राजकीय विधियाँ और प्राकृतिक विधियाँ सभी एक-दूसरे से संबंधित हैं। विधियाँ मनुष्य की बुद्धि और मानवजाति के विकसित पारस्परिक संबंधों पर प्रकाश डालती हैं। उनमें सामाजिक प्रथाओं और परम्पराओं का रूप परिलक्षित होता है। उनसे मनुष्य के जीवन में नियमितता आती है और इसके साथ ही गतिविधियाँ भी नियंत्रित होती हैं। मॉण्टेस्क्यू अन्तर्राष्ट्रीय, राजकीय और नागरिक विधियों को रचनात्मक विधियों की श्रेणी में रखता था और कहता था कि सभी प्रकार की रचनात्मक विधियों को राष्ट्रीय परम्पराओं पर आधारित होना चाहिए। इन विधियों का मूल समाज ही है। राजकीय विधियों को ऐसा होना चाहिए कि उनसे राज्यवासियों का राष्ट्रीय चरित्र झलकता हो। यदि कोई राजकीय विधि राष्ट्रीय चरित्र के प्रतिकूल होगी तो मॉण्टेस्क्यू के मतानुसार वह असफल हो जायेगी। इसी प्रकार नागरिक विधियाँ अनिवार्यतः सामाजिक और भौगोलिक आवश्यकताओं की पूर्ति करनेवाली होनी चाहिए। इस प्रकार हम देखते हैं कि विधियों को मानवीय, सामाजिक, राजनीतिक और अन्तर्राष्ट्रीय संबंधों का प्रतिनिधि मानकर मॉण्टेस्क्यू ने विधियों संबंधी कल्पना को अपेक्षाकृत व्यापक बना दिया। विधियों की इस व्यापकता के कारण निस्संदेह उनकी उपयोगिता बहुत कुछ बढ़ गई।

शासनतंत्र (सरकारें)

मनुष्य के स्वभाव और राज्य की उत्पत्ति पर विचार कर लेने के बाद विधियों की उत्पत्ति तथा उनके वर्गीकरण और तत्संबंधी मॉण्टेस्क्यू की कल्पना की चर्चा हम ऊपर कर आये हैं। इसके बाद मॉण्टेस्क्यू ने शासनतंत्रों के संबंध में भी अपने विचार प्रकट किये। इन विचारों को हम तीन भागों में विभक्त कर सकते हैं। मॉण्टेस्क्यू ने सबसे पहले तो यह बतलाया कि शासनतंत्र के मौलिक सिद्धान्त क्या होने चाहिए। इसके बाद यह बतलाया कि शासनतंत्रों का वर्गीकरण किस प्रकार होना चाहिए। अन्त में उसने बतलाया कि सर्वोत्तम शासनतंत्र क्या होता है।

शासनतंत्र के मौलिक सिद्धान्त

शासनतंत्रों के मौलिक सिद्धान्तों की विवेचना करते हुए मॉण्टेस्क्यू ने बतलाया कि प्रत्येक प्रकार के शासनतंत्र के अपने-अपने अलग-अलग कुछ मौलिक सिद्धान्त होते हैं। लेकिन मॉण्टेस्क्यू ने शासनतंत्रों का वर्गीकरण दो प्रकार के आधारों पर किया। पहला यह कि कितने व्यक्तियों के हाथ में राजनीतिक सत्ता रहती है और दूसरा यह कि उस राजसत्ता का प्रयोग किस प्रकार किया जाता है। मॉण्टेस्क्यू ने बतलाया कि शासनतंत्र के उक्त दोनों सिद्धान्त शासनतंत्र के मूल स्वभाव से अधिक महत्वपूर्ण हैं। सिद्धान्तों की संज्ञा मॉण्टेस्क्यू ने उन "मानवीय भावनाओं" को दी जिनकी वजह से "शासनतंत्र चलता है।" किसी शासनतंत्र की एक निश्चित रूपरेखा को ही मॉण्टेस्क्यू उस शासनतंत्र का स्वभाव मानता है।

शासनतंत्रों का वर्गीकरण

मॉण्टेस्क्यू ने शासनतंत्रों को तीन वर्गों में विभाजित किया है जिनके नाम इस प्रकार हैं; गणतंत्रवाद, राजतंत्र या नृपतंत्र और निरंकुशतंत्र। गणतंत्र का मॉण्टेस्क्यू ने दो और विभागों में विभाजन किया है। गणतंत्र के उसने दो प्रकार बतलाये हैं; आभिजात्य तंत्र और प्रजातंत्र।

गणतंत्र में, चाहे वह आभिजात्यतंत्र हो और चाहे प्रजातंत्र, शासनतंत्र देशभक्ति पर आधारित रहता है। प्रत्येक नागरिक का गणतंत्रात्मक राज्य में इतना अधिक मानसिक विकास हो जाता है कि वह सदैव जनसेवा के लिए तत्पर रहता है और अपना प्रत्येक कार्य इस दृष्टि से करता है कि देश का कल्याण हो। वह राज्य के हित के लिये अपने स्वार्थों और निजी हितों को बलिदान करने से जरा भी नहीं हिचकिचाता। ऐसे राज्य में नागरिकों के चरित्रवान् और गुणयुक्त होने पर विशेष ध्यान दिया जाता है और तदनुसार अवसर प्रदान किये जाते हैं। इस प्रकार के राज्य में प्रत्येक नागरिक के हृदय में सार्वजनिक सेवा का भाव पैदा हो जाता है। गणतंत्र का प्रत्येक नागरिक राजनीतिक दृष्टि से बड़ा जागरूक होता है। इस प्रकार गणतंत्र चाहे आभिजात्यतंत्रात्मक हो या प्रजातंत्रात्मक उसके शासन के मूलतत्व देशभक्ति, देशकल्याण-चिन्तन, सार्वजनिक सेवा का भाव और बलिदान की भावना होते हैं।

राजतंत्र में समूची राजसत्ता एक ऐसे व्यक्ति के हाथ में चली जाती है जो विधिवत् शासन करता है। इसमें वे मौलिक तत्व नहीं रहते जो गणतंत्र में रहते हैं। राजतंत्र में व्यक्ति मान-रक्षा और मर्यादा की भावना से शासन करता है।

निरंकुशतंत्र में राजतंत्र की भाँति शासन तो एक ही व्यक्ति के हाथ में रहता है लेकिन विभिन्नता यह होती है कि उसमें राजा इस बात की परवाह नहीं करता कि वह

शासन विधिवत् ही करे। वह अधिकांशतः ऐसे कृत्य कर डालता है जिसमें विधियों का उल्लंघन किया गया हो। प्रजा बराबर निरंकुश राजा से भयभीत रहती है और भय के कारण ही सारे कार्य करती है। निरंकुशतंत्र में सारे प्रजाजन दास बना दिये जाते हैं।

आदर्श शासनतंत्र की कल्पना

सच तो यह है कि मॉण्टेस्क्यू ने अपने-आप में किसी शासनतंत्र को आदर्श शासनतंत्र माना ही नहीं। उसका कहना था कि किसी भी विधि या किसी भी प्रकार के शासनतंत्र को काल्पनिक और सार्वभौमिक आधार पर अच्छा या बुरा नहीं बतलाया जा सकता। इसका निश्चय तो केवल ऐतिहासिक और सापेक्षिक आधार पर ही किया जा सकता है। इस प्रकार शासनतंत्र के प्रथम, द्वितीय और तृतीय वर्गों को क्रमशः "प्रकाश, गोधूलि और अंधकार" बतलाया गया है। गणतंत्र 'प्रकाश' है, क्योंकि उसमें व्यक्ति के मानसिक विकास पर सर्वाधिक बल दिया जाता है। गणतंत्र में वह इस बात की चिन्ता नहीं करता कि शासन-सत्ता कुछ व्यक्तियों के हाथ में रहती है या बहुत से व्यक्तियों के हाथ में। वह सबसे अधिक इस तत्व पर बल देता है कि उसमें व्यक्ति के गुणों का समुचित विकास होता है या नहीं। लेकिन ऐसा गणतंत्र, मॉण्टेस्क्यू की राय में केवल छोटे राज्यों के लिये ही अधिक उपयुक्त होता है। बड़े-बड़े राज्यों के लिये राजतंत्र ही सर्वाधिक उपयुक्त होता है। मॉण्टेस्क्यू निरंकुशतंत्र का विरोधी था। वह गणतंत्र को आदर्श शासनतंत्र अवश्य मानता था लेकिन व्यावहारिक नहीं क्योंकि गणतंत्र की जैसी कल्पना उसने की वह मुख्यतः यूनानी नगर-राज्यों जैसे अपेक्षाकृत कम क्षेत्रवाले राज्यों में ही लागू हो सकती थी। आधुनिक देश-राज्यों के लिये वह राजतंत्र को ही सर्वोत्तम मानता था। राजतंत्र को सर्वोत्तम मानने का एक कारण यह भी था कि उसे फ्रांस के राजतंत्र से प्रेम था। दूसरा कारण यह था कि वह यथार्थवादी था और जानता था कि राजतंत्र की जड़ें उखाड़ना आसान नहीं है। लेकिन वह फ्रांस के समकालीन शासनतंत्र को निरंकुशतंत्र मानता था। उसने निरंकुशतंत्र की जो व्याख्या की वह तत्कालीन फ्रांस के शासनतंत्र के बारे में पूरी तरह लागू होती थी।

आलोचना

मॉण्टेस्क्यू ने तीन प्रकार के शासनतंत्र तो वर्गीकरण द्वारा बतला दिये लेकिन वे व्यापक होते हुए भी अपने-आप में सीमित और चुने हुए से प्रतीत होते हैं। यद्यपि प्रत्येक प्रकार के शासनतंत्र के मूलतत्वों या सिद्धान्तों को भी मॉण्टेस्क्यू ने बतलाया लेकिन कोई भी ऐसा सिद्धान्त नहीं बताया जिसके आधार पर हम तीनों शासनतंत्रों को एक कसौटी पर जाँच सकें। उदाहरण के लिये यदि इस आधार पर हम मॉण्टेस्क्यू के वर्गीकरण को देखें कि राजसत्ता कितने व्यक्तियों के हाथ में रहती है तो निरंकुशतंत्र और राजतंत्र का भेद लुप्त होता दिखलाई पड़ेगा; क्योंकि दोनों ही शासनतंत्रों में सत्ता एक ही व्यक्ति के हाथ में रहती

है। इस आधार पर यह कहा जा सकता है कि शासनतंत्रों के वर्गीकरण में मॉण्टेस्क्यू ने निश्चित सिद्धान्तों का प्रयोग नहीं किया। यदि संवैधानिकता के आधार पर देखा जाए तो गणतंत्र और निरंकुशतंत्र दोनों ही विधिहीन प्रतीत होंगे क्योंकि इनमें कोई भी इस बात के लिये बाध्य नहीं कि वह विधिपूर्वक शासन करे। इसके अलावा उसका वर्गीकरण पर्यवेक्षण और तुलनात्मक अध्ययन पर भी आधारित नहीं है। इनके अतिरिक्त मॉण्टेस्क्यू यह तो स्वीकार करता है कि कोई भी शासनतंत्र भ्रष्ट हो सकता है; शासनतंत्र का मौलिकतत्व ही उसका गुण होता है और यदि यह गुण नष्ट हो जाए तो शासनतंत्र भ्रष्ट हो जाता है, उदाहरणार्थ गणतंत्र का प्रजातंत्रात्मक स्वरूप नागरिकों के गुणवान होने और समानता के आदर्श गणतंत्र पर आश्रित हैं, यदि किसी राज्य में यह गुण न मिलें तो वह भ्रष्ट माना जाएगा। इसी प्रकार आभिजात्यतंत्रात्मक गणतंत्र उस समय भ्रष्ट समझा जाएगा जब उसका मुख्य गुण सहिष्णुता लुप्त हो जाए। इसी प्रकार वह राजतंत्र भ्रष्ट माना जाएगा जहाँ का शासक अपना मान खो बैठे। लेकिन इसके आगे मॉण्टेस्क्यू मौन है। वह यह नहीं बतलाता कि भ्रष्ट शासनतंत्र के सुधार के लिये क्या उपाय किया जाए या उसका स्थान किसी स्वस्थ शासनतंत्र को किस प्रकार दिया जाए। मॉण्टेस्क्यू ने राजक्रान्तियों का भी कोई सिद्धान्त स्थिर नहीं किया। इस प्रकार हम देखते हैं कि वह हमें भ्रष्ट शासनतंत्रों द्वारा जनित अव्यवस्था से बचने का कोई उपाय नहीं बतलाता।

व्यक्ति-स्वातंत्र्य

मॉण्टेस्क्यू के व्यक्ति-स्वातंत्र्य और अन्य प्रकार की स्वतंत्रताओं संबंधी विचार हमें मुख्यतः 'दि स्पिरिट ऑफ लॉज' के नवें भाग के पाँचवें अध्याय में मिलते हैं। सामान्यतः व्यक्ति-स्वातंत्र्य की रक्षा का मनोभाव हमें मॉण्टेस्क्यू की रचनाओं में उसी प्रकार शाश्वत रूप से झलकता दिखलाई पड़ता है जिस प्रकार "दर्पण में आकृति"। इस कथन का आशय यह है कि मॉण्टेस्क्यू ने न केवल व्यक्ति-स्वातंत्र्य संबंधी विचार ही प्रकट किये अपितु यह भी बतलाया कि प्रत्येक संवास को स्वतंत्रता मिलनी क्यों आवश्यक है। स्वतंत्रता का अर्थ मॉण्टेस्क्यू प्रतिबंधों का अभाव बतलाता था। उसका कहना था कि बहुत अधिक नियंत्रण से व्यक्तित्व भली-भाँति विकसित नहीं हो पाता। ये प्रतिबंध कहाँ से लगते हैं? बाह्य प्रतिबंधों का मुख्य स्रोत वह शासन (सरकार) को मानता था। इसलिये वह यह चाहता था कि स्वतंत्रता के मौलिक सिद्धान्तों की रक्षा करने के लिये शासनतंत्र की समस्त शक्तियों को एक ही स्थान पर केन्द्रित न रखा जाए बल्कि उन्हें विभिन्न विभागों के बीच बाँट दिया जाए। शक्ति का यह विभाजन इस प्रकार होना चाहिए कि शासनतंत्र का कोई भी भाग किसी भी नागरिक की व्यक्तिगत स्वतंत्रता का दमन या अपहरण न कर सके। इस लक्ष्य की पूर्ति के लिये मॉण्टेस्क्यू ने सुझाव दिया है कि प्रत्येक भाग एक-दूसरे के कार्यों पर नियंत्रण रखे। लॉक ने भी यह कहकर ऐसे विचार प्रकट किये थे कि शासनतंत्र के विधायक और कार्यपालिका संबंधी अधिकार और उनका कार्यक्षेत्र अलग-अलग होना चाहिए। लॉक

की ही रेखाओं का अनुसरण करते हुए मॉण्टेस्क्यू ने इस दिशा में एक चरण और आगे रख दिया। उसने कहा कि न्यायपालिका का क्षेत्र भी इन दोनों से अलग होने चाहिए। स्वातंत्र्य की कल्पना से उसकी सम्पूर्ण पुस्तक ओत-प्रोत है लेकिन यह आश्चर्य की बात है कि मॉण्टेस्क्यू ने अपनी पुस्तक में स्वातंत्र्य की कहीं भी परिभाषा नहीं दी। प्रसंगवश उसने जहाँ-जहाँ इस शब्द की व्याख्या की है–उस व्याख्या से यह आशय निकाला जा सकता है कि "राजनीतिक स्वतंत्रता वह अधिकार है जिससे कोई व्यक्ति (या संवास) वह सब कुछ कर सकता है जिसे करने का उसे विधि द्वारा अधिकार प्राप्त है।" मॉण्टेस्क्यू की स्वतंत्रता संबंधी कल्पना की दो विशेषताएँ और भी हैं जिन्हें स्पष्टतः समझ लेना आवश्यक है। वह राजनीतिक स्वातंत्र्य और नागरिक या व्यक्तिगत स्वातंत्र्य को दो भिन्न चीजें समझता है। दूसरे वह व्यक्ति-स्वातंत्र्य की कल्पना लॉक से तो लेता है; परन्तु, उसका प्राकृतिक अधिकारों और प्राकृतिक न्याय संबंधी सिद्धान्त बिल्कुल नहीं मानता। इसी प्रकार वह राजनीतिक स्वतंत्रता की अपनी व्याख्या द्वारा यह भी साफ कर देता है कि राजनीतिक स्वतंत्रता शासक और शासितों के बीच संबंध स्थिर करती है। उसका यह कहना था कि जहाँ लोग विधियों के अनुकूल आचरण नहीं करते वहाँ किसी भी व्यक्ति (या संवास) की स्वतंत्रता सुरक्षित नहीं है। उसने व्यक्तिगत स्वतंत्रता की परिभाषा करने पर इतना ध्यान नहीं दिया जितना इस ओर कि वह नियंत्रण और सन्तुलनयुक्त ऐसा शासनतंत्र खोज निकाले जिसमें व्यक्ति को विधियों की मर्यादा के अन्दर विकास के पूरे अवसर मिल सकें और सबकी राजनीतिक स्वतंत्रता सुरक्षित रहे। वह राजनीतिक स्वतंत्रता को केवल राजतंत्र में ही सुरक्षित मानता है और कहता है कि वह निरंकुशतंत्र में सुरक्षित नहीं रह सकती। लॉक की तरह मॉण्टेस्क्यू व्यक्ति-स्वातंत्र्य को प्राथमिक महत्व नहीं देता। व्यक्ति स्वातंत्र्य की उत्पत्ति वह व्यक्तियों के पारस्परिक संबंधों से मानता है और उसका कहना है कि स्वातंत्र्य की विपरीत अवस्था दासता है। वह दासता के विरुद्ध था और कहता था कि इसके रोकने का सभी राज्यों द्वारा सामूहिक प्रयत्न होना चाहिए।

शक्ति-विभाजन का सिद्धान्त

यह तो हम प्रसंगवश ऊपर बतला ही चुके हैं कि मॉण्टेस्क्यू एक ऐसे शासनतंत्र की शोध कर रहा था जिसमें प्रजा की राजनीतिक स्वतंत्रता बनी रह सके। उसने लगातार सत्रह वर्षों के प्रयत्न के उपरान्त यह निष्कर्ष निकाला कि शक्ति-विभाजन के आधार पर निर्मित शासनतंत्र में प्रजा की राजनीतिक स्वतंत्रता सुरक्षित रह सकती है। शक्ति विभाजन का सिद्धान्त ही मॉण्टेस्क्यू की आधुनिक युग की देन है।

लेकिन, इतिहास के पृष्ठ यदि उलटे जाएं तो शक्ति-विभाजन की कल्पना प्लेटो के समय में किसी-न-किसी रूप में विद्यमान रही है। प्लेटो ने इस प्रकार का विचार 'लॉज' में रखा है। प्राचीन रोम के युग में पोलिबियस ने रोम साम्राज्य की केन्द्रीय सत्ता को शक्ति-विभाजन के आधार पर ही संघटित बतलाया था और कहा था कि रोम साम्राज्य की

स्थिरता का भी यही कारण है। मध्य युग में भी कई विचारकों ने इस प्रकार के विचार प्रकट किये थे जिनमें इस सिद्धान्त की गंध आती थी। मार्सीलिओ पेदुआ का नाम इस संबंध में लिया जा सकता है लेकिन मॉण्टेस्क्यू को ही यह गौरव प्राप्त है कि उसने इस विचार को अत्यन्त व्यवस्थित रूप से आधुनिक राजदर्शन के इतिहास में रखा।

मॉण्टेस्क्यू ने शासनतंत्र (सरकार) के समस्त कार्यों को तीन भागों में विभक्त किया है–(1) कानून बनाना, (2) शासन करना, और (3) न्याय की व्यवस्था करना। उसने कहा कि यह तीनों कार्य तीन अलग-अलग संस्थाओं द्वारा किए जाने चाहिए अर्थात् मॉण्टेस्क्यू का कहना था कि ऐसा करने से राजनीतिक स्वातंत्र्य की रक्षा भली-भाँति हो सकेगी। लेकिन यदि ऐसा नहीं किया जाता तो राजनीतिक स्वतंत्रता सुरक्षित नहीं रहेगी। यह बात मॉण्टेस्क्यू ने काफी विस्तारपूर्वक बतलाई है। उसका कहना था कि यदि कार्यपालिका और विधायिका सभा के कार्य एक ही विभाग को या एक ही व्यक्ति को सौंप दिये जाएं तो यह विभाग या व्यक्ति मनमानी विधियाँ बनाकर मनमाना शासन कर सकता है और ऐसी अवस्था में किसी भी प्रकार की स्वतंत्रता का न रह जाना स्वाभाविक है। निरंकुशतंत्र में यही होता है। ऐसे राज्यों में शासक मनमाने कानून बनाकर मनमाना शासन करता है। परिणाम यह होता है कि लोगों को शासक के किसी कार्य पर विश्वास नहीं रहता और वे निरन्तर भयभीत रहते हैं। इसी प्रकार यदि किसी न्यायाधीश को विधेयन और कार्यपालिका संबंधी कर्तव्य भी सौंप दिये जाए तो पहले वह मनमानी विधियाँ बनायेगा फिर उनकी मनमानी व्याख्या करेगा और अन्त में कार्यपालिका के अधिकारों के जरिए जैसी उसकी इच्छा होगी वैसे फैसले देकर उन्हें कार्यान्वित करेगा। इसी प्रकार यदि तीनों शक्तियाँ किसी एक वर्ग या एक व्यक्ति के हाथ में केन्द्रित हो जाएं तो राज्य में किसी प्रकार की स्वतंत्रता कायम नहीं रह सकती। इसके विपरीत यदि विधायिका सभा केवल विधियाँ (कानून) बनाती है और कार्यपालिका उन विधियों के अनुसार शासन करती है तथा न्यायपालिका विधियों के उल्लंघनकर्ताओं को विधियों की उचित व्याख्या करके दण्ड देती है तो शासनतंत्र का प्रत्येक अंग अपने क्षेत्र में स्वतंत्र रहते हुए भी दूसरे विभाग के कार्यक्षेत्र में हस्तक्षेप नहीं करता। इससे प्रत्येक विभाग का एक-दूसरे पर स्वयमेव नियंत्रण रहता है और सन्तुलन भी।

सैद्धान्तिक दृष्टि से शक्ति-विभाजन की यह व्याख्या मॉण्टेस्क्यू ने ठीक की और यह उसके समय में खूब मानी भी गई। शक्ति-विभाजन के सिद्धान्त का असर न केवल यूरोप में ही हुआ बल्कि अटलाण्टिक पार अमेरिका में भी हुआ। वहाँ कई राज्यों के ऐसे संविधान बने जिनमें शक्ति-विभाजन के सिद्धान्त को मूल आधार मानकर संविधानों की रचना की गई। लेकिन जो भी हो माण्टेस्क्यू ने शक्ति-विभाजन का सिद्धान्त इंग्लैण्ड के संविधान के आधार पर स्थिर किया था। यह स्रोत गलत था। आज इंग्लैण्ड के संविधान में शक्ति-विभाजन जैसी कोई वस्तु कभी नहीं रही। उदाहरण के लिये हाउस ऑफ लार्ड्स को

विधायिका और न्यायपालिका दोनों ही प्रकार की शक्तियाँ प्राप्त हैं। लॉर्ड चान्सलर न्यायपालिका, विधायिका और कार्यपालिका तीनों के ही कृत्य सम्पन्न करता है। इतने पर भी उसका यह कहना तो ठीक ही था कि शक्ति-विभाजन द्वारा विधिसम्मत नियंत्रण और संतुलन का एक ऐसा सिद्धान्त स्थिर किया जा सकता है जिससे नागरिकों की राजनीतिक स्वतंत्रता की एक सीमा तक भली-भाँति रक्षा की जा सकती है। फिर भी उसने शासनतंत्र के विभिन्न अंगों के एकदम स्वतंत्र कर दिये जाने की सलाह नहीं दी। उसका मत था कि यदि शासनतंत्र के सभी विभाग एकदम स्वतंत्र हो जाएं तो इससे अराजकता का खतरा पैदा हो सकता है। इसलिये वह शक्ति-विभाजन द्वारा कार्य और अधिकार क्षेत्रों के अलग कर दिये जाने पर भी यह चाहता था कि एक विभाग दूसरे विभाग को इस प्रकार नियंत्रण में रखे कि सब विभाग सन्तुलित रूप से अपना-अपना कार्य करते चले जाएं।

आलोचना

मॉण्टेस्क्यू के शक्ति-विभाजन के सिद्धान्त की सबसे पहली और बड़ी त्रुटि यह है कि उसका मूल स्रोत ही गलत है। मॉण्टेस्क्यू यह मानकर चलता है कि इंग्लैण्ड में शक्ति-विभाजन के सिद्धान्त का व्यावहारिक प्रयोग हुआ है; जैसा कि वस्तुतः नहीं है। **दूसरे**, मॉण्टेस्क्यू यह साफ-साफ नहीं बतला पाता है कि शक्ति-विभाजन किस प्रकार होना चाहिए। सभी विभाग स्वतंत्र हों तो कितने स्वतंत्र हों और यदि एक-दूसरे पर निर्भर करें तो कितना करें। वह स्वयं कहता है कि सभी विभागों को परस्पर सम्पर्क रखना चाहिए, लेकिन उसके सिद्धान्तानुसार जिन-जिन संविधानों में ऐसा किया गया है उनमें सबसे बड़ी त्रुटि यह प्रकट हुई है कि व्यावहारिक रूप से सभी विभाग अपने कार्यक्षेत्र में आवश्यकता से अधिक स्वतंत्र हो गये हैं। इसकी वजह से राज्य की आवयविक एकता स्थिर नहीं रह पाती है। **तीसरे**, हरएक विभाग के कार्यक्षेत्र को एकदम अलग-अलग विभक्त नहीं किया जा सकता। ऐसा करना असंभव भी है और अस्वाभाविक भी। **चौथे**, मॉण्टेस्क्यू का यह कहना भी ठीक नहीं कि शक्ति-विभाजन से नागरिकों की राजनीतिक स्वतंत्रता की अनिवार्यतः रक्षा हो जाती है। सच यह है कि राजनीतिक स्वतंत्रता की रक्षा तभी होती है–जब सभी नागरिक जिनमें शासक और शासित दोनों ही सम्मिलित हैं–इस बात के लिए इच्छुक हों कि राजनीतिक स्वतंत्रता सुरक्षित रहे। किसी स्वतंत्रता की रक्षा के लिए जनता की शाश्वत जागरूकता की अपेक्षा है। यदि जागरूकता का अभाव होगा तो कोई भी शासनतंत्र भ्रष्ट हो सकता है। **पाँचवें**, शक्ति-विभाजन के सिद्धान्त पर यदि बहुत अधिक बल दिया जायेगा तो उसकी वजह से संकीर्ण विभागीयता की भावना पैदा हो जायेगी और इससे कुल मिलाकर राज्य के हितों की बड़ी हानि हो सकती है। इन हानियों पर जे.एस. मिल ने काफी विस्तारपूर्वक प्रकाश डाला है। **छठे**, न्यायपालिका के अधिकारियों का भी यदि अन्य विभागीय अध्यक्षों की तरह निर्वाचन किया जाता है तो दलबंदी के कारण

अयोग्य और अदक्ष व्यक्ति इस विभाग में प्रवेश कर सकते हैं। सातवें, शक्ति-विभाजन का सिद्धान्त यह मानकर चलता है कि प्रत्येक विभाग का दर्जा समान है और इसलिए प्रत्येक की शक्तियां भी समान होनी चाहिए लेकिन वास्तविकता यह है कि प्रत्येक विभाग का कार्य और उसकी शक्ति समान नहीं होती। जो विभाग राजस्व तथा करों के लगाने या न लगाने का फैसला करता है वह उस विभाग से निश्चित रूप से बड़ा है जो केवल आज्ञाओं का पालन करता है। अतएव, विधायिका की शक्ति और स्थिति कार्यपालिका तथा न्यायपालिका से अनिवार्यतः उच्चतर है।

भौतिक वातावरण का राष्ट्रीय चरित्र पर प्रभाव

बोदाँ ने सबसे पहले यह बात कही कि राज्य के वातावरण का किसी भी राज्य के नागरिकों के चरित्र निर्माण में बहुत बड़ा हाथ रहता है। मॉण्टेस्क्यू ने बोदाँ के इस विचार को और भी विकसित रूप प्रदान किया और बतलाया कि राष्ट्रीय चरित्र के निर्माण का कार्य न केवल भौगोलिक वातावरण ही करता है, अपितु, राष्ट्रीय चरित्र पर सामाजिक, आर्थिक, धार्मिक और राजनीतिक वातावरण का प्रभाव भी पड़ता है। भौगोलिक वातावरण से मॉण्टेस्क्यू का आशय किसी देश की जलवायु से है। जलवायु द्वारा ही किसी देश के नागरिकों का मानसिक विकास स्थिर होता है। उदाहरण के लिये गरम देशों के लोग अधिकांशतः आलसी, आरामपसन्द और कलाप्रेमी होते हैं। इसके विपरीत शीतल देशों के निवासी अधिक सक्रिय, बलवान् और परिश्रमी होते हैं। दोनों प्रदेशों के निवासियों का रहन-सहन भी भिन्न-भिन्न होता है। इसी की वजह से नैतिकता और विधियों संबंधी कल्पना भी भिन्न-भिन्न होती है। यही कारण है कि सभी देशों की राजकीय और नागरिक विधियाँ एक ही तरह की नहीं होतीं। वे भिन्न-भिन्न होती हैं। देशों के संविधान भी भौगोलिक वातावरणों की ही देन होते हैं क्योंकि जिस देश के नागरिकों का जैसा स्वभाव होता है, वैसा ही उनका रहन-सहन होता है और उसी रहन-सहन के अनुकूल वे अपना संविधान बनाते हैं। पहाड़ के लोगों को स्वतंत्रता से अपेक्षाकृत अधिक प्रेम होता है। उनको जीतना कठिन होता है। इसके विपरीत मैदानी लोगों को जल्दी परास्त किया जा सकता है। मॉण्टेस्क्यू ने आर्थिक वातावरण की भी चर्चा की है। वह हैरिंगटन की तरह यह मानता है कि राजसत्ता अधिकांशतः सम्पत्तिशाली वर्ग के पास ही रहती है। राजनीतिक परिवर्तन भी इन्हीं कारणों से होते हैं। यदि कोई राज्य व्यापार-वाणिज्य पर निर्भर करता है तो वहाँ के लोग यह कभी बरदाश्त नहीं करेंगे कि वहाँ निरंकुश राजतंत्र रहे। वे प्रजातंत्र को ही पसन्द करेंगे। वह धर्म में विचार-स्वातंत्र्य का काफी स्थान देता था। वह कैथोलिक धर्म की मूढ़ताओं और रूढ़िवादों के विरुद्ध था और उसने 'पर्शियन लेटर्स' में कैथोलिक संवासों का काफी उपहास किया है। वह धार्मिक निष्ठुरताओं के भी विरुद्ध था और यह नहीं चाहता था कि चर्च को शारीरिक-दण्ड या यातना देने के अधिकार दिये जाएं।

धर्म और राज्य

मॉण्टेस्क्यू यह नहीं चाहता था कि धर्मसत्ता राजसत्ता को अपने नियंत्रण में रखे। उसका यह भी कहना था कि चर्च के अधिकार न्यूनतम कर दिये जाएं। मॉण्टेस्क्यू ने यह भी बतलाया कि धर्म से राज्य का स्वभाव और राज्य के स्वभाव से धर्म को समझा जा सकता है। उदाहरण के लिये गणतंत्रात्मक राज्यों के लिये प्रोटेस्टेण्ट धर्म अच्छा होता है। निरंकुशतंत्र उन्हीं राज्यों में सफलतापूर्वक चल सकता है जिनमें इस्लाम धर्म माना जाता है। कैथोलिक ईसाई भी राजतंत्रात्मक शासन को पसंद करते हैं क्योंकि उनके धर्म में राजतंत्रात्मक शासन के स्वभाव के अनुकूल ही रंगीनी और शान-शौकत के प्रदर्शन के बीज होते हैं। कुल मिलाकर धर्म के संबंध में मॉण्टेस्क्यू का यह मत था कि धर्म व्यक्तिगत विश्वास की चीज है; इसलिये राज्य को व्यक्तिगत और सर्वथा अराजनीतिक विश्वासों में हस्तक्षेप नहीं करना चाहिए तथा धार्मिक सहिष्णुता दिखलानी चाहिए। इससे राज्य के शासनतंत्र की स्थिरता बढ़ती है और नागरिक-स्वातंत्र्य सुरक्षित होती है।

मॉण्टेस्क्यू के विचारों की मीमांसा

मॉण्टेस्क्यू को उसके राजदर्शन संबंधी विचारों के कारण रूसो के अलावा सबसे महत्वपूर्ण विचारक माना जाता है। इसका कारण यह है कि उसे अपने समय के सब विचारकों से अधिक सामाजिक विकास के दर्शन की जटिलताओं का ज्ञान था। जिस युग में वह पैदा हुआ था—वह बौद्धिकता का युग था और उसने युग की माँग को उसी पद्धति से पूरा किया जिसकी उस समय सबसे अधिक आवश्यकता थी। उसकी अध्ययन पद्धति न केवल ऐतिहासिक एवं व्याप्तिमूलक थी बल्कि अनुभव और व्यावहारिक उपयोगिता पर भी वह सबसे अधिक बल देता था। उसका दृष्टिकोण सार्वभौमिक था। वह आधुनिक युग की वैज्ञानिक महत्वाकांक्षाओं को प्रकट करता था। उसने अपने पूर्ववर्त्तियों से उसी सीमा तक सहायता ली जिस सीमा तक उसे आगे बढ़ने में सहायता मिली—लेकिन जहाँ उसने देखा कि पूर्ववर्त्तियों के विचार उसकी प्रगति में बाधा डाल रहे हैं—उनका अंधानुगमन करने से उसने साफ इन्कार कर दिया। उदाहरण के लिए उसने प्राकृतिक विधियों को तो अपनाया लेकिन अनुबंधवाद के सिद्धान्त का परित्याग कर दिया क्योंकि उसने अनुभव किया कि इतिहास द्वारा राज्य की उत्पत्ति के अनुबंधवादी सिद्धान्त को सिद्ध करना असंभव है। वह राजनीतिक स्वतंत्रता का पक्षपाती था। उसके इन विचारों के कारण निश्चित रूप से व्यक्तिवाद के पनपने में बड़ी सहायता मिली। मॉण्टेस्क्यू की पुस्तकें बोदाँ और मैकियावली के ग्रंथों की भाँति कभी भी इतिहास से ओझल नहीं हुई और इसका मुख्य कारण उनकी उत्कृष्ट शैली है। बोदाँ ने भी, भौतिक वातावरण का राजनीति पर किस प्रकार प्रभाव पड़ता है—इस प्रश्न को उठाया था लेकिन इसी बात को अपने तर्कों और प्रमाणों से मॉण्टेस्क्यू ने इतना अधिक पुष्ट कर दिया कि वह राजदर्शन का अभिन्न अंग माना जाने लगा। इस

प्रकार राजदर्शन के इतिहास में मॉण्टेस्क्यू का मानसिक व्यक्तित्व अत्यन्त ही गौरवमय प्रतीत होता है। लेकिन इसका यह अर्थ नहीं कि मॉण्टेस्क्यू में कुछ ही त्रुटियाँ नहीं थीं। उसमें त्रुटियाँ थीं और ऐसी कि जिनकी वजह से बड़े-बड़े विचारक उसके विचारों के निष्कर्षों को उद्धृत करने से घबड़ाते हैं। उन्हें यह खतरा महसूस होता है कि सूत्र रूप में मॉण्टेस्क्यू के विचारों को यदि रख दिया जायेगा तो कहीं उनका गलत अर्थ न समझ लिया जाए। यह सच है कि मॉण्टेस्क्यू संभवतः अपने युग का सबसे बड़ा समाजदर्शनशास्त्री था और राजनीतिक एवं सामाजिक गुत्थियों को समझता था लेकिन वह भी उन गुत्थियों को अत्यन्त सरल बतला देने के दोष से मुक्त नहीं किया जा सकता। वह अपने राजनीतिक सिद्धान्तों को ऐतिहासिक और अनुभूतिमूलक पद्धति द्वारा स्थिर करता था लेकिन वास्तविकता यह है कि उसने जो भी राजनीतिक सिद्धान्त स्थिर किये उनकी पुष्टि के लिये न तो उसके पास कोई अनुभवयुक्त प्रमाण थे और न उसने अनुभव द्वारा प्रमाणों को प्राप्त करने की कोई चेष्टा की। यह सच है कि उसके विचारों से सार्वभौमिकता परिलक्षित होती है; लेकिन यदि उसके विचारों का गहराई से विश्लेषण किया जाए तो उसके विचारों का मौलिक स्वर स्थानीय देशभक्ति ही प्रतीत होगा। वह सार्वभौमिक हित की बात बाद में सोचता है; पहले वह फ्रांस के कल्याण की बात सामने रखता है। उसे फ्रांस की राजनीतिक सुधार करना था, इसीलिये उसने इतना अध्ययन किया। वह हर विचार को वैज्ञानिक ढंग से उपस्थित करना चाहता था, इतने पर भी उसके विचार अनेक स्थलों पर अस्त-व्यस्त हैं। व्यवस्था को उनमें अभाव है। वह इस बात की भी चिन्ता नहीं करता था कि जिन तथ्यों के आधार पर वह अपना सिद्धान्त स्थिर करने जा रहा है; वे तथ्य हैं भी या नहीं। यही नहीं संवैधानिक सिद्धान्तों का जिस तेजी से और सरसरी तौर पर वह विश्लेषण करता है—उससे उसके निष्कर्षों में अनेक स्थलों पर अशुद्धियाँ रह जाती हैं। उसका अध्ययन असंदिग्धतः बड़ा गहरा था, लेकिन बड़ा उलझा हुआ। यही कारण है कि उसकी पुस्तकों की शैली पर विद्वता की छाप होते हुए भी अस्तव्यस्तता और उलझनों की भरमार है। अपने युग का वह प्रगतिशील विचारक माना जाता था लेकिन राजनीति के क्षेत्र में प्रतिक्रियावादियों ने उससे जितना फायदा उठाया; उतना शायद ही किसी प्रगतिशील विचारक ने उठाया हो। उसके विचारों का सारांश उपस्थित करना इसलिए बड़ा ही कठिन है क्योंकि वह दो परस्पर विरोधी विचारों के बीच झूलता रहता है। एक ओर तो वह यह विश्वास प्रकट करता है कि मानव-स्वभाव ही कल्याणकारी होता है; अतः विधियाँ और प्रथाएँ भी कल्याणकारी होती हैं। दूसरी ओर वह दास प्रथा को रोकने के लिये कहता है और बहुविवाह के विरुद्ध आवाज उठाता है। यदि सभी प्रथाएँ और विधियाँ कल्याणकारी होती हैं तो फिर दास प्रथा जिसे कई देशों की विधियों की सहमति भी प्राप्त थी और बहुविवाह की प्रथा कैसे अकल्याणकारी हो गईं। इस समाधान का वह कोई यत्न नहीं करता।

मॉण्टेस्क्यू का स्थान

मॉण्टेस्क्यू को समकालीन राजसत्ताधीशों ने भले ही मान्यता व सम्मान न दिया हो लेकिन राजदर्शन के इतिहास में उसका स्थान उसके अनुदायों और प्रभाव के कारण सदैव के लिये सुरक्षित है। अपने पूर्ववर्त्ती विचारकों से प्रभावित होते हुए भी उसने प्लेटो, अरस्तू, एक्वीनॉज, बोदाँ तथा पफेनडर्फ और सूरेज के विचारों का अंधानुगमन और पिष्टपेषण ही नहीं किया बल्कि भौतिक वातावरण का सामाजिक और राजनीतिक संवासों की रचना में निश्चित प्रभाव बतलाकर राजदर्शन का क्षेत्र पहले से अधिक व्यापक बना दिया। उसने समस्त संवासों को उपयोगिता की कसौटी पर परखा—जो उन पर सच्चे उतरे उनको स्वीकार किया, शेष को अमान्य ठहराया। वह प्राकृतिक विधियों का अस्तित्व मानता था लेकिन प्राकृतिक अधिकारों की रूढ़िवादिता में उसे कोई भी विश्वास नहीं था। वह राजनीतिक स्वतंत्रता की रक्षा का साधन शक्ति-विभाजन को मानता था। उसने राजदर्शन के अध्ययन में प्रयुक्त की जानेवाली पर्यवेक्षणात्मक और ऐतिहासिक पद्धति को और भी अधिक उन्नत बना दिया। राजदर्शन के अध्ययन में अर्थशास्त्र, न्यायशास्त्र, भौतिकशास्त्र आदि का प्रयोग कर राजनीतिक विचारकों और दार्शनिकों के लिये उसने ज्ञान के समन्वय का ऊँचा आदर्श उपस्थित किया। मॉण्टेस्क्यू का प्रभाव फ्रांस तक ही सीमित नहीं रहा—उसने अपने विचारों से इंग्लैण्ड में ब्लैकस्टोन आदि उच्च कोटि के विचारकों को प्रभावित किया। अमेरिका तक उसके विचारों की तरंगें पहुँचीं और अमेरिका के संविधान के निर्माता, जेफरसन, वाशिंगटन, गिब्सन आदि उससे प्रभावित हुए। व्यक्तिवादियों तथा उपयोगितावादियों ने भी उसके विचारों की सराहना करते हुए स्वीकार किया। बैंथम तो मॉण्टेस्क्यू की अनुभूतिमूलक पद्धति से काफी प्रभावित था।

अपने युग की आत्मा की तुलना में उसने अपेक्षाकृत प्रगतिशील विचार प्रकट किये लेकिन उसकी जड़ें कट्टरतावादी थीं क्योंकि उसे लोकप्रिय संप्रभुता में विश्वास न था। प्रजातंत्र को वह अव्यावहारिक समझता था। यह सच है कि उसने फ्रांस के अनेक सामाजिक, धार्मिक और राजनीतिक संवासों की मूढ़ताओं और रूढ़ियों की आलोचना की लेकिन वह उनके आमूल परिवर्तन का इच्छुक नहीं था—वह उनमें केवल सुधार चाहता था।

B